权威·前沿·原创

皮书系列为
"十二五""十三五""十四五"时期国家重点出版物出版专项规划项目

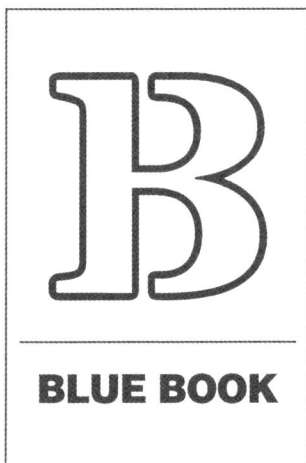

BLUE BOOK

智库成果出版与传播平台

南宁蓝皮书

BLUE BOOK OF NANNING

南宁经济社会发展报告（2023）

ANNUAL REPORT ON ECONOMIC AND SOCIAL DEVELOPMENT OF NANNING（2023）

社会卷

主　编／胡建华

副主编／覃洁贞　王　瑶

社会科学文献出版社

SOCIAL SCIENCES ACADEMIC PRESS（CHINA）

图书在版编目（CIP）数据

南宁经济社会发展报告 . 2023：全两册 / 胡建华主
编 . --北京：社会科学文献出版社，2023.8
（南宁蓝皮书）
ISBN 978-7-5228-2272-3

Ⅰ.①南… Ⅱ.①胡… Ⅲ.①区域经济发展-研究报
告-南宁-2023 ②社会发展-研究报告-南宁-2023
Ⅳ.①F127.671

中国国家版本馆 CIP 数据核字（2023）第 144668 号

南宁蓝皮书
南宁经济社会发展报告（2023）
社会卷

主　　编 / 胡建华
副 主 编 / 覃洁贞　王　瑶

出 版 人 / 冀祥德
组稿编辑 / 恽　薇
责任编辑 / 宋淑洁
文稿编辑 / 李艳璐　张　爽
责任印制 / 王京美

出　　　版 / 社会科学文献出版社·经济与管理分社（010）59367226
　　　　　　地址：北京市北三环中路甲 29 号院华龙大厦　邮编：100029
　　　　　　网址：www.ssap.com.cn
发　　　行 / 社会科学文献出版社（010）59367028
印　　装 / 天津千鹤文化传播有限公司

规　　　格 / 开 本：787mm×1092mm　1/16
　　　　　　印 张：23.25　字 数：348 千字
版　　　次 / 2023 年 8 月第 1 版　2023 年 8 月第 1 次印刷
书　　　号 / ISBN 978-7-5228-2272-3
定　　　价 / 258.00 元（全两册）

读者服务电话：4008918866

南宁蓝皮书编委会

主编简介

胡建华　男，汉族，籍贯河南汤阴，硕士研究生学历，南宁市社会科学院党组书记、院长，编审，《创新》主编。南宁市专业技术拔尖人才。

覃洁贞　女，瑶族，籍贯广西金秀，南宁市社会科学院副院长，研究员，主要研究方向为产业经济、民族文化发展。南宁市专业技术拔尖人才，南宁市新世纪学术和技术带头人。

王　瑶　女，壮族，籍贯广西百色，硕士研究生学历，南宁市社会科学院社会发展研究所所长，助理研究员，研究方向为部门法学和社会学。南宁市优秀青年专业技术人才，南宁市新世纪学术和技术带头人。

摘　要

《南宁经济社会发展报告（2023）》（社会卷）由南宁市社会科学院组织研究机构专家和政府相关职能部门研究人员共同协作完成。全书旨在对南宁市2022年社会发展总体情况及各领域的情况进行全面客观的分析和总结，同时对2023年社会发展形势及发展思路进行预测和展望。

本书分为总报告、民生事业篇、社会治理篇、民生保障篇、专题研究篇五部分。总报告认为，2022年南宁市坚持在发展中保障和改善民生，推进优质基本公共服务供给，加快推进乡村振兴，擦亮生态宜居品牌，守住城市安全底线。2023年，南宁市将全面贯彻落实党的二十大精神，引领经济社会高质量发展，持续增进民生福祉，推进乡村全面振兴，聚焦科教振兴，培育高质量发展优势，促进绿城宜居品质升级，更好统筹发展和安全，保障社会稳定健康发展。

民生事业篇主要从教育、科技、民政、就业、文化、体育六个方面对南宁社会发展状况展开论述，同时对2023年的社会发展态势进行展望并提出对策。社会治理篇主要从市域治理现代化、无物业小区管理、应急管理体系和能力现代化、智慧安防小区建设、道路交通安全、乡村治理能力建设等几个方面分析论述南宁市社会治理的基本情况。民生保障篇分别从发展普惠型养老托育服务、健全社会保障体系、健全公共卫生体系、生态环境资源保护、居民自建房安全治理等几个层面对南宁市民生保障情况展开论述。专题研究篇是专家学者对南宁市社会发展相关问题开展专题研究的成果，主要包括铸牢中华民族共同体意识、民族文化保护与传承、新时代文明实践中心建设、消防安全防范体系构建、农村基层干部队伍建设等内容，具有较强的理论价值和咨政价值。

关键词： 社会发展　民生保障　社会治理　乡村振兴

Abstract

Annual Report on Economic and Social Development of Nanning (2023) (Volume Social) was jointly compiled by the experts from research institutes and the researchers from relevant government departments under the coordination of Nanning Academy of Social Sciences. The Report aims to make comprehensive and objective introduction and analyses on overall social development and different social fields of Nanning City in 2022. In addition, it also makes forecasts and prospects on the trends and concepts of social development of the city in 2023.

The Report consists of five parts, including general report, reports on people's wellbeing, social governance and social security, as well as special reports. General report concludes that in the year 2022 Nanning City ensured and improved the people's wellbeing in the course of pursuing development, increased the supply of high-quality basic public services, accelerated rural revitalization, improved the brand image of being an eco-friendly and livable city, and ensured the security of the city. In 2023, Nanning City will fully implement the guiding principles of the 20th CPC National Congress, promote high-quality economic and social development, continue to improve people's wellbeing and advance rural revitalization across the board. Meanwhile, it will focus on the revitalization of science and education to establish advantages for high-quality development, promote the upgrading of its image as a green and livable city, better coordinate development and security, and ensure stable and sound development of the society.

Reports on people's wellbeing mainly introduce the development of six different fields in the city, including education, science and technology, civil affairs, employment, culture, and sports. They also make prospects and propose countermeasures on social development in 2023. Social governance reports mainly introduce and analyze the overall situations of social governance in Nanning City, including citywide social governance, management of residential communities without unified property services, emergency management system and capacity building, construction of residential communities with smart security, road traffic safety, and rural governance. Social security reports introduce related issues such as developing public-benefit elderly care and nursery service, improving social security system and public health system, protection of ecological and environmental resources, and the safety governance of self-built houses. Special reports collect the research findings of the scholars and experts on specific social issues in the city. They mainly cover forging a strong sense of community for the Chinese nation, protection and inheritance of national culture, building centers for promoting cultural and ethical advancement in the new era, fire safety, and capacity building for rural grassroots officials. Therefore, they have high theoretical and policy reference value.

Keywords: Social Development; People's Wellbeing and Social Security; Social Governance; Rural Revitalization

目 录 ↖↘

Ⅰ 总报告

Ⅱ 民生事业篇

Ⅲ 社会治理篇

Ⅳ 民生保障篇

V　专题研究篇

皮书数据库阅读**使用指南**

CONTENTS ↘

I General Report

II Reports on People's Wellbeing

Ⅲ Social Governance Reports

Ⅳ   Social Security Reports

V   Special Reports

CONTENTS

总 报 告

General Report

B.1

2022~2023年南宁市社会
发展形势分析及展望

联合课题组*

摘　要：　2022年，南宁市坚持在发展中保障和改善民生，增加优质基本公共
　　　　　服务供给，加快推进乡村振兴，擦亮生态宜居品牌，守住城市安全
　　　　　底线。在乡村振兴、绿城品质升级、社会治理等方面亮点纷呈，但
　　　　　同时存在一些发展短板，如教育、医疗卫生等社会民生领域尚有不
　　　　　足，生态环境保护面临诸多挑战，城乡发展不均衡等。2023年，南
　　　　　宁市将全面贯彻落实党的二十大精神，引领经济社会高质量发展，
　　　　　持续聚焦民生福祉、保障民众共享高质量发展成果，推进乡村全面
　　　　　振兴，优化市场发展环境、大力提振市场信心，稳步推进科教振兴

* 课题组组长：王瑶，南宁市社会科学院社会发展研究所所长，助理研究员。课题组成员：丁
浩芮，南宁市社会科学院社会发展研究所副所长，助理研究员；王许兵，南宁市社会科学院
东盟研究所，助理研究员；李娜，南宁市社会科学院经济发展研究所，研究实习员；王一
平，南宁市社会科学院社会发展研究所，研究实习员；苏静，广西民族大学副研究员；孙椿
睿，南宁市发展和改革委员会副主任；文钟泳，南宁市发展和改革委员会社会发展科科长。

战略，擦亮绿城生态品牌，增强城市宜居韧性，更好统筹发展和安全，保障社会稳定健康发展。

关键词： 社会发展　乡村振兴　科教振兴　生态宜居

2022 年是党的二十大胜利召开之年，南宁市坚持以习近平新时代中国特色社会主义思想为指导，持续统筹发展和安全，保障经济平稳运行和社会大局的和谐稳定，为开启南宁现代化建设新征程奠定坚实基础。在这一年里，城乡居民收入恢复性增长，就业大局稳中有序，民生事业稳步推进；持续巩固拓展脱贫攻坚成果，推进乡村全面振兴；生态宜居品牌持续擦亮，中国绿城宜居品质展现新内涵；进一步夯实社会治理基础，守住城市安全底线。2023 年是全面贯彻党的二十大精神的开局之年，是南宁加快建设面向东盟开放合作的国际化大都市、中国—东盟跨境产业融合发展合作区的起步之年。南宁市将全面贯彻落实党的二十大精神和中央经济工作会议精神，认真学习贯彻习近平总书记对广西"五个更大"重要要求，坚持稳中求进工作总基调，更加稳步增进民生福祉，保障人民共享发展成果，采取更多举措促进巩固脱贫攻坚成果与乡村振兴有效衔接，促进城乡均衡发展，更大力度推进科教振兴和人才兴市，塑造首府高质量发展竞争新优势，更高水平推进生态保护与环境治理，提升城市宜居品质，更高质效统筹发展和安全，保障社会大局和谐稳定与城市安全。

一　2022年南宁市社会发展总体形势

（一）坚持共享发展成果，推进公共服务高质量发展

1.城乡居民收入恢复性增长，就业大局稳中有序

2022 年，南宁市坚持在发展中保障和改善民生，全市财政支出七成以上投入民生领域，努力确保人民群众的获得感、幸福感、安全感。全市全年城镇居民人均可支配收入为 42636 元，同比增长 3.0%；农村居民人均可支

配收入为 19001 元，同比增长 6.7%（见表 1）。与 2021 年相比，居民收入增速有所放缓，但与经济增速基本同步，呈现恢复性增长态势。

表 1　2018~2022 年南宁市城乡居民人均可支配收入及增长率

单位：元，%

年份	常住地	人均可支配收入	同比增长率
2018	城镇	35276	6.2
	农村	13654	9.1
2019	城镇	37675	6.8
	农村	15047	10.2
2020	城镇	38542	2.3
	农村	16130	7.2
2021	城镇	41394	7.4
	农村	17808	10.4
2022	城镇	42636	3.0
	农村	19001	6.7

资料来源：根据南宁市人民政府网站和南宁市统计局网站数据整理。

2022 年，南宁市把稳就业、保就业作为兜牢民生底线、稳住发展大局的重中之重，推动实施更加积极的就业政策，就业大局稳中有序。2022 年，全市城镇新增就业 74397 人、城镇失业人员再就业 20771 人、就业困难人员实现就业 8091 人，主要就业指标好于预期且均超额完成自治区下达任务。南宁市组织开展"春暖农民工""春风行动"等专项活动，持续开展"点对点"返乡返岗等服务保障工作，全市农村劳动力转移就业新增 89096 人。南宁市开展"八桂系列"劳务品牌职业技能培训活动，已培训 8059 人次。

2. 推进教育优质均衡发展，建设高质量教育体系

2022 年，南宁市持续以"品质教育　学在南宁"新时代教育高质量发展工程为抓手，对教育质量提升、教育资源供给、教师队伍建设等方面进行统筹谋划，深化教育综合改革，持续提升各级各类教育质量。一是继续推动"幼有优教"。继续引导和扶持普惠性幼儿园发展，新认定自治区普惠性民办幼儿园 44 所。实施《南宁市学前教育教研工作指导手册（试行）》《南宁市幼儿园一日活动指南（试行）》，加强幼儿园和看护点的规范管理，提升学前教育质量。二是进一步促进义务教育师资均衡和提升教育质量。将龙头学校与新建学校、相对薄弱学校组成教育集团，帮扶提升新建学校和相对薄弱学校的教育质量。截至 2022 年底，已成立 38 个教育集团。出台《南宁市优质教育资源配置统筹协调机制实施方案》，建立优质教育资源配置统筹协调工作机制，进一步促进教育公平。三是推进普通高中教育质量提升。开展普通高中联盟提质行动和直属普通高中教育质量提升试点建设工作，南宁市第十中学获评自治区示范性高中。四是深化职业教育改革。聚焦战略性新兴产业集群，优化南宁市职业院校专业结构，新设 29 个专业、撤销 1 个专业，使专业设置更好地服务于区域经济发展。进一步深化产教融合，改革管理体制和治理机制，推进"1+X"证书制度试点、"校企"合作试点、现代学徒制试点等产教融合重点项目。五是加强教师队伍建设。与区内外高校建立人才推送协作机制，吸引优秀人才加入南宁教师队伍。开设中小学、幼儿园教师培训班，提升教师专业素养。建立名师定期展示机制，发挥名师带动培育教师成长作用。

3. 深化医药卫生体制改革，不断提升医疗卫生水平

一是深化医药卫生体制改革。出台《南宁市市直公立医院高质量发展项目遴选实施方案》，重点支持市属公立医院高质量发展和医学重点学科建设，常态化开展药品和医用耗材集中带量采购工作。以医联体建设为抓手推进分级诊疗，派出 71 名中级及以上医师到县乡驻点帮扶，并在部分地区实现基层检查、上级诊断。聘用 2691 名乡村医生到村卫生室执业，实现乡村医疗卫生机构和人员"空白点"动态清零，持续开展大病专项救治工作，实现健康扶贫成果与乡村振兴的有效衔接。截至 2022 年 11 月 20 日，全市脱贫人口和防止返贫监测对象确诊大病人数 18407 人，已救治 18285 人。二是不断健全公共卫生服务体系。疾病防控体系不断得到强化，全市适龄儿童免疫规划疫苗接种率达到 98.52%，南宁市为 4154 例生活困难的严重精神障碍患者提供非住院免费药物治疗，救助结核病病人 1072 人。加强部门联防联控，强化公共场所人员艾滋病抗体检测，全市进行 HIV 筛查检测 251.86 万人次，同比增长 25.32%，治疗覆盖率达 90.18%。

4. 促进文体事业繁荣发展，更好满足人民群众对美好生活的向往

2022年，南宁市文化和体育工作质量得到提升。一是群众精神文化生活更加丰富。全市14家图书馆、7家博物馆、13家文化馆和102家乡镇文化站全部实行免费开放。扶持村（社区）业余文艺队，积极推进"送戏下基层""进校园"，各类演出活动持续开展。举办各类群众文化活动4300多场，惠及群众200多万人次，网络曝光量达6800万次。着力打造艺术精品，创作排演的邕剧《茉莉花开》、轻喜剧《遇见邕城》、舞剧《山水之约》、声乐作品《童心桥》等40余项广播电视项目和作品获国家级和省部级奖项。利用传统节庆日、民俗活动日等举办专项培训活动，推动非遗传承发展，扶持建设南宁民谣、南宁"酸嘢"制作技艺等13个非物质文化遗产传承基地。二是构建更高水平的全民健身公共服务体系。持续推进体育公园、口袋公园和邕江两岸体育设施建设，进一步构建完善城市社区"10分钟健身圈"，着力破解群众"健身去哪儿"难题。包含篮球场、排球场（羽毛球场）、健身路径、乒乓球桌等在内的53个体育场地和设施已基本建成。举办"LYB李永波全球业余羽毛球锦标赛——南宁分站赛"、社区全民健身运动会等精品赛事，全年举办各类赛事活动500项次以上，实现月月有比赛、周周有活动、人人能参与、全年龄段覆盖。积极推广健身理念，针对办公室人群研发创编的《办公室一平米肩颈操》入选首批全国优秀体育科普作品名单。

5. 持续完善社会保障体系，民生福祉不断增进

2022年，南宁市坚持以人民为中心的发展思想，将社会保障体系建设放在更加突出的位置，不断增进民生福祉，为全面建成小康社会提供有力的民生保障。一是积极做好社会保险工作。截至2022年底，全市城镇职工基本养老保险参保223.75万人，失业保险参保117.73万人，工伤保险参保128.25万人，城乡居民基本养老保险参保270.36万人。精准进行各项社保待遇核定调整工作，以保障群众的社保权益。组织实施社会保险基金管理提升年行动，开展社保经办和基金财务风险防控专项检查。落实社会保险援企稳岗政策，共发放稳岗返还金3.36亿元。二是积极应对人口老龄化。出台《南宁市养老服务业发展规划（2021—2035年）》《南宁市新建住宅小区配

套社区居家养老服务用房管理办法》等，进一步完善政策体系。大力推进市、县（市、区）、乡镇（街道）、村（社区）四级养老服务设施建设，建设各类养老服务机构 184 家及家庭养老床位 2500 余张，与一批有实力的服务型养老企业开展城企联动普惠养老服务项目合作，获中央预算内投资 8284 万元，支持全市建设普惠养老床位 3842 张，养老服务供给逐步增加。通过支持养老机构设立医疗机构、鼓励医疗机构提供养老服务等方式，提升医养结合服务水平。三是增加托育服务供给。南宁市不断加强统筹规划，扩大托育服务多元供给，已建成市妇幼保健院托育园等多所公办普惠型托育机构，鼓励有条件的幼儿园通过新建或改扩建的方式开设托班，以及各类单位内部兴办托育机构。截至 2022 年底，南宁市每千常住人口拥有 3 岁以下婴幼儿托位数达到 2.9 个，可提供托位数达到 2.6 万个。

（二）巩固拓展脱贫攻坚成果，加快推进乡村振兴

1.落实产业振兴举措，防止规模性返贫

2022 年，南宁市推动一系列产业帮扶政策落地见效，坚决防止规模性返贫，乡村振兴事业取得积极进展。一是夯实产业振兴基础。制定印发《南宁市乡村振兴"6+6"全产业链建设行动方案》《南宁市乡村振兴产业示范区创建实施方案》，加快建设南宁市"6+6"农业全产业链和三大现代农业支撑产业，主要扶持茉莉花（茶）、古辣香米、农文体旅融合、水果、花卉等产业。全市 12 个市级乡村振兴产业示范区的 48 个项目，已开工 47 个，其中，横州市获批创建第二批国家农业现代化示范区。二是持续强化产业帮扶。通过落实政策、调整结构、示范带动，推进脱贫地区特色产业加快发展。马山县、上林县、隆安县、邕宁区均印发了"十四五"特色产业发展规划，为脱贫地区产业发展谋篇布局。加大对产业发展的资金投入力度，中央和自治区用于产业发展的乡村振兴补助资金占比分别不低于 55% 和 50%，全市产业帮扶覆盖率达到 95.18%。三是确保防止返贫动态监测和帮扶及时到位。成立监测增收和群众认可度工作专班，围绕脱贫人口增收问题整改定期召开专题会议，不断优化防止返贫动态监测和帮扶工作机制。从集

中排查、交叉检查等维度开展防止返贫动态监测，并在全国巩固脱贫攻坚成果，防返贫监测信息系明确防止返贫数据提供和量化分析标准，帮助各地开展精准排查。同时，对每位监测对象按规定落实帮扶联系人和相应的帮扶措施，确保帮扶措施及时有效。

2. 深入推进乡村建设，乡村面貌焕然一新

2022 年，南宁市将乡村建设放在社会主义现代化建设的重要位置，以乡村建设为抓手，打造宜居新农村。一是不断完善工作机制。成立了南宁市乡村振兴和防止返贫致贫工作指挥部乡村建设专责小组，草拟了《南宁市乡村建设行动实施方案（2022—2025 年）》《2022 年南宁市乡村建设工作责任表》，不断完善工作例会、定期暗访督导等工作机制，开展乡村建设信息采集工作，确保乡村建设工作更具针对性。二是抓好人居环境整治。积极筹措资金推进农村厕所革命，完成农村户厕改造 2231 户。印发《2022 年农村黑臭水体治理项目实施方案》《南宁市 2022 年农村生活污水整治项目实施方案》。51 条农村黑臭水体已完成治理 5 条，开工 24 条。南宁市计划建设农村生活污水治理项目 120 个，计划投资 1.56 亿元。编制《南宁市农村生活垃圾收运处置体系建设工作实施方案》，农村生活垃圾得到有效处理的行政村比例达 99.3%。

3. 深化农村改革，加快释放发展活力

一是持续推进农村集体产权制度改革。2022 年继续支持全市 1508 个行政村（社区）改革，农村集体经济得到进一步发展、巩固。争取中央、自治区财政扶持壮大村级集体经济发展资金 7750 万元，重点扶持南宁市 155 个行政村（社区），通过物业经营、产业带动、服务创收和资源开发等多种模式推动村级集体经济发展，做优做强村级集体经济示范项目。二是健全农村产权流转交易市场体系。在建成 12 个县级和 1 个市级农村产权流转交易中心的基础上，重点推进乡镇服务站和村级服务点建设。截至 2022 年 8 月，共建成乡镇服务站 41 个、村级服务点 258 个，构建形成市级统一运营的，市、县、乡、村四级联动的农村产权流转交易市场体系，进一步激活农村"沉睡的资产"。三是建成农村集体"三资"管理服务平台。该平台以产权制度改革数据为基础，利用产权制度改革的成果开展大数据分析，进一步强化对农村集体经济组织的监督管理，同时缩短了合同签订、财务开支等事项的审批时间，提升了工作效率。平台服务已覆盖南宁全市1500多个行政村（社区），已产生各类数据7.74万条，为开创南宁市农业发展新局面和实现乡村振兴提供新动能。

（三）擦亮生态宜居品牌，拓展绿城新内涵

1. 科学有序推进城市更新，城市品质大幅提升

2022年，南宁市加快推进城市更新，进一步完善城市功能、提升城市品质，推动发展成果惠及更多群众。一是建立健全统筹谋划机制。南宁市建立"市级统筹、城区主导、市场运作、公众参与"的城市更新工作机制，成立城市更新工作领导小组，探索解决城市更新项目的主要问题，部署相关工作，监督各部门更好履行职责。通过政府引导、市场运作、公众参与的方式，重点推进土地熟化投资人模式，吸引社会资金参与城市更新，有效解决南宁市旧城改造和棚户区改造资金困难问题。此外，南宁市还创新采用PPP模式推进城市更新工作，引进15.3亿元用于历史文化街区保护修缮。二是城市更新行动取得明显成效。2022年，实施城市更新项目149个，共涉及17.3万户，房屋建筑面积达4282万平方米。其中，危旧住房改造新开工1598套，基本建成1523套。改造252个老旧小区，涉及22448户，开工率100%。3个TOD（公共交通导向型发展）老旧街区、4个老旧厂区、5个城中村改造工作取得阶段性进展。

2. 巩固生态环境优势，首府"绿色"底蕴更加浓厚

2022年，南宁市进一步加强生态环境保护和污染防治攻坚，持续巩固、提升、厚植生态环境优势，南宁市生态环境质量保持优良并持续改善。一是多措并举打好蓝天保卫战。将改善空气质量作为最基础的民生工程，运用污染源分析系统和天气预报系统加强空气状况预警预报；推动水泥企业实施超低排放改造；对涉VOCs①排放企业展开调查，共调查4300余次；2022年通

---

① VOCs：挥发性有机物（Volatile Organic Compounds）。

过遥感监测系统检测机动车 184 万辆，完成 7300 台非道路移动机械实时监控装置安装；严控秸秆露天焚烧，处罚违法露天焚烧案件 113 起，秸秆焚烧点同比减少 46.43%；强化扬尘污染管理，开展市区主要道路积尘负荷走航监测 2310 公里，道路保洁洒水降尘用水量 591 万吨。据统计，市区空气质量在全国 168 个重点城市中排第 17 位，在省会城市中排第 6 位。二是创新模式打好碧水保卫战。常态化开展国家、自治区考核断面水质巡查，对郁江、红水河、武鸣河等重点流域开展污染源排查监测；科学精准开展饮用水水源保护，推进"千吨万人"水源地环境问题整治，开展农村千人以上集中式饮用水水源地环境问题排查；巩固黑臭水体治理成效，城市 38 段黑臭水体全部清零。三是多管齐下打好净土保卫战。农用地安全利用面积达 5 万亩，探索"建机制、筹资金、挖模式、抓技术、严管理"的"五位一体"组合拳，形成农用地安全利用工作"南宁模式"；出台《南宁市重点建设用地土壤污染状况调查实施细则》，保障土壤安全；重点抓好涉重金属企业污染防控，组织排查 484 次；加强医疗废弃物处置能力建设，全市固体废物处置中心处置能力从 57 吨/日提升至 115 吨/日；持续加强有害垃圾收运处置监管，累计建成有害垃圾贮存点 14 座，转移处置有害垃圾 44.78 吨；全市生活垃圾焚烧处理能力达 4250 吨/日，初步实现建成区原生垃圾零填埋。

3. 着力优化环保服务，推进社会发展绿色转型

2022 年，南宁市围绕"双碳"目标，着力优化环保服务举措，推动产业绿色发展。做好"六稳""六保"工作，落实执法正面清单制度，帮助企业减污。深化"放管服"改革，配合推进市场准入负面清单落地实施，对全市 143 家企业实行环境保护挂牌重点服务，推动营商环境不断优化。以项目为工作核心，成立工作专班，开展节能环保产业链全景梳理和深度研究。积极为新能源动力电池基地、千亿铝精深加工产业聚集区、东部新城、平陆运河产业带，以及太阳纸业、比亚迪动力电池、南国有色金属等重大项目提供环保服务，推动项目建设绿色高效。全面推行清洁生产，对重点企业进行强制性清洁生产审核验收及评估，倒逼产业结构、能源结构调整和转型升级。

（四）聚焦社会治理，牢牢守住安全底线

1. 健全城市治理机制，推进治理能力现代化

2022年，南宁市高度重视市域社会治理相关工作，市域社会治理社会化、法治化、智能化、专业化水平取得新突破。一是推进"一站式"矛盾调处中心建设。以调处中心平台建设为抓手，积极引导人民、治安、公证、律师、社会组织等力量，打造集法律服务、矛盾化解于一体的一站式、全流程便民服务平台。截至2022年8月，全市已挂牌"一站式"矛盾纠纷调处化解中心12个。二是逐步完善基层治理体系。市、县、乡三级综治中心落实编制558个，各级综治中心融合治安防控、消防等21个职能部门。同时，大力推进"党建+治理"网格全覆盖，引导驻街道单位、"两新"组织、物业公司等力量进入网格，切实做到"网中有格、格中有人，人在格上、事在格中"。截至2022年8月，已划分8900多个网格，选配1.4万余名网格员。通过居民群众"报"、网格员"采"、综治中心"统"、联动部门"办"的闭环工作流程，推动大事全网联动、小事网格处理，进一步推动市域社会治理工作由"多头管理"向"综合治理"转变。此外，继续健全完善党组织领导下的居民自治机制、民主协商机制、社会参与机制，推广"逢四说事"、"12345"工作法、"老友议事会"、"一组（支）三会三公开"等经验做法，进一步畅通基层治理"毛细血管"，构建共建共治共享共商格局。三是加强社会治理数字支撑。持续健全"雪亮工程"、综治视联网和综治信息系统，实现"三网合一"，守护人民群众安全。打造"一屏"（扬尘监控AI）、"一码"（扬尘源头监管三色码）、"一图"（全市地摊地图）、"一库"（创城智慧实测数据库），在扬尘治理、工地监管、街面秩序维护、创城实测、专题考评等应用场景推动智慧治理提质增效。

2. 全面推进依法治市，法治政府建设迈上新台阶

2022年，南宁市持续巩固提升第一批全国法治政府建设示范市的建设成果，凝心聚力建设更高水平的法治南宁。一是巩固提升法治政府建设成果。保护扬美古镇、发展全域旅游、优化法治化营商环境、促进精神文明建

设等方面的法规和规章相继出台，违法小广告查处、城市二次供水管理、数字化城市管理、城市公共交通基础设施管理、餐厨垃圾管理、活禽交易管理、农村居民建房管理等 19 件立法项目进入议程，法治体系进一步完善。开展市场监管、安全生产监管、教育等重点领域行政执法专项监督检查，加强行政执法协调监督。二是增加公共法律服务供给。持续开展网上法律援助活动，全市法律援助机构决定给予法律援助的案件、事项共计 8304 件，解答群众法律咨询 14782 人次，为当事人挽回损失或维护利益 2087.69 万元。在"爱南宁 App"平台上线"法治服务地图"应用，涵盖全市 4861 家法治服务机构的相关信息和 15522 名法治服务人员信息，为群众提供指尖上的公共法律服务。上线运行全区首个村（社区）法律顾问平台，促进村（社区）法律顾问工作的规范化、标准化、高效化。三是持续优化法治化营商环境。为扎实稳住经济一揽子政策措施提供法律服务，重点服务城市更新、重大项目建设、资本市场、产业发展、重点房地产项目等。编制全市轻微违法行为免罚清单和可以不采取行政强制措施清单，推行包容审慎监管。建立 137 家律师事务所与 260 家商会联系合作机制，开展民营企业法治体检。江南区乡村公共法律服务驿站采用"法律服务+金融服务"新模式，帮扶市场主体渡难关。

3. 强化安全风险防控，社会大局总体安全稳定

2022 年，南宁市全力防风险、保平安、护稳定、促发展，有效维护社会大局总体安全稳定。一是打击整治各类违法行为。针对电信诈骗，南宁市在做好预警劝阻工作的同时，成立资金追查专班，建立健全快速止付、冻结、资金返还标准化作业机制。2022 年 1 月 1 日至 6 月 30 日，南宁市反诈中心联动各县（区）分局反诈中心共办理冻结涉案资金返还业务 280 笔，返还被骗群众资金共计 1249.3 万元，同比分别上升 189.5%、210.4%。此外，南宁市常态化推进扫黑除恶斗争，严厉打击黄赌毒、传销、养老诈骗及食品、药品环境领域的违法犯罪活动，先后部署开展了夏季治安打击整治"百日行动"专项工作、岁末年初打击突出犯罪攻坚战，组织开展"春季攻势""百日行动""断源行动"等系列专项行动，并取得明显成效。二是织牢社会巡防和治安管控网。全力打造主要出入城道路公安检查站、城市中心区街面警务站和巡逻网格布局，推行"公安检查站+区域协防""街面巡防队+天网""骑警+无人机""巡逻艇+直升机"等多维巡防模式，形成"点线面融合、全方位围闭"的安全防控网，通过多层次社会治安综合防控体系全力守护城市的平安稳定，提升群众安全感。

二　2022年南宁市社会发展亮点

（一）乡村振兴绘就新画卷

一是粮食喜获大丰收，"饭碗"牢牢端在自己手中。国家统计局广西调查总队数据显示，2022年，南宁市完成早稻种植面积191.99万亩、产量75.87万吨，种植面积和产量均稳居全区第一，获得自治区通报表扬。南宁市全年完成粮食种植面积639.24万亩，粮食总产量达212.54万吨，实现"三连增"，粮食种植面积和产量均稳居全区第一。马山县玉米、水稻种植面积超万亩，粮食安全基础持续夯实。二是预制菜产业成为乡村产业振兴中的发展亮点。2022年，南宁市成立预制菜高质量发展领导小组和办公室，发布了《预制菜术语》《预制菜分类》《预制菜冷链配送操作规范》3项第一批地方标准，填补了国内预制菜产业地方标准的空白，为推动预制菜产业发展提供了重要的规则支撑。目前，南宁市正规划建设3个预制菜产业园，夯实产业基础，进一步整合全市预制菜上下游资源，壮大产业队伍，实现资源共享、共同发展，使预制菜产业成为全市推进一二三产业融合发展、推动乡村振兴的"加速器"。此外，本地特色农产品产量持续增加，沃柑、茉莉花、火龙果等产业规模稳居全国第一。三是农村人居环境治理成效明显。2022年6月，南宁市被列入全国农村黑臭水体治理试点城市，是广西唯一被列入全国农村黑臭水体治理试点的城市。此外，2022年，南宁市获评全国首批"四好农村路"建设市域突出单位，建成市级乡村振兴（生态综合）示范村45个，"厕所革命"整村示范项目完工率100%。

（二）绿城品质增添新保障

一是绿色制造体系加速形成。南宁市积极鼓励工业园区和企业开展2022年度国家和自治区绿色制造体系示范创建工作，在公布的2022年度广西绿色制造名单中，南宁市共有6家企业进入绿色工厂名单，6种产品进入绿色设计产品名单，南宁高新技术产业开发区进入绿色园区名单，广西太古可口可乐饮料有限公司进入绿色供应链管理核心企业名单，入榜数量居自治区前列。二是生态品牌优势不断扩大。2022年，南宁市入选全国废旧物资循环体系建设重点城市和"十四五"时期"无废城市"建设名单；"垃圾去哪了"生态环境科普课外实践活动入选全国环保设施和城市污水垃圾处理设施向公众开放优秀案例；宾阳县农村环境治理与产业融合发展项目入选全国第二批生态环境导向的开发模式（EOD）试点；马山县入选自治区生态环境厅第六批国家生态文明建设示范区推荐名单；邕宁区建设"生态壮乡"促进生态产品价值实现案例、兴宁区那考河流域综合治理及价值实现案例入选广西壮族自治区生态产品价值实现典型案例（第一批）。全市累计有28家单位获批国家级和自治区级生态环境教育基地，数量在全国排名前列。三是生活垃圾分类成效凸显。自2022年以来，南宁市建成区生活垃圾无害化处理率保持100%，生活垃圾回收利用率达35.22%、生活垃圾资源化利用率达83.85%，生活垃圾分类工作自住建部考核以来连续8个季度位居全国考评城市第一档，且保持在前10名的位置。

（三）科教振兴取得新突破

一是科技创新主体和创新平台建设取得新突破。2022年，南宁市高新技术企业保有量达1581家，新增科技型中小企业1340家，占全区总数的31.35%，位居全区第一。新增广西瞪羚企业培育库入库企业140家、国家级专精特新"小巨人"4家。新增汽车芯片设计、新型电池材料等领域新型研究机构5家，成功与中南大学合作共建高水平研究平台，引进桂林电子科技大学并成立南宁研究院。新增国家级创新创业平台6家、自治区级创新平台 34 家，数量均居全区首位。此外，南宁市获批国家知识产权强市建设示范城市。二是思政课质量大幅提升。南宁市实施中小学思政课落实培根铸魂行动，全面推进"大思政课"建设和中小学 2022 年思政课建设工作。在全区中小学德育微课教学"精彩一课"比赛中，南宁市共有 7 节课获一等奖，成绩稳居全区第一。组织优秀教师参加全国思政课教师教学基本功展示交流活动，在全国典型经验名单中，南宁市有 6 名教师上榜，占全区总入选教师的 50%。三是"双减"工作成效凸显。截至 2022 年底，南宁市各义务教育学校作业公示制度等 10 项监测项目完成率均达到 100%。市教育局出台 12 个南宁市义务教育阶段学科作业设计与实施指导意见，南宁市 14 项单元作业设计在自治区 2022 年义务教育阶段学校设计评选中入选优秀作业，获奖数量居全区首位。成立首届南宁市校外培训项目分类鉴别专家委员会，南宁市全域压减学科类校外培训机构 714 家，压减率达 94.07%，超额完成自治区 80%的指标要求。

（四）"平安南宁"交出新答卷

一是食品安全满意度再创新高。2022 年，南宁市率先在全区开展"满意消费"系列活动，通过全领域、全媒体传播的形式，在全市范围内广泛开展"满意消费·我献良策""满意消费·我喜爱的商家"有奖征集活动，吸引 1 万多名消费者踊跃参与，收集到加强小餐饮规范管理、保障食品安全质量等方面的"金点子"。南宁市率先在全区打造首个"政府引导+企业参与+市场化运作"的食品安全责任保险新模式，挂牌成立南宁市食品安全责任保险推广运营中心，推行免费险种，为企业落实食品安全主体责任装上"安全锁"，为消费者理赔维权构筑了"保护罩"。2022 年，南宁市食品安全群众满意度为 87.48 分，较 2016 年国家食品安全示范城市创建前提高了 25.28 分。二是平稳化解房地产市场运行风险。2022 年 8 月 15 日，南宁市平稳房地产基金正式设立，全市"保交楼，稳民生"工作取得突破性进展，从源头上化解停工楼盘资金短缺的根本问题。持续推进潜在逾期风险项目复工建设。截至 2022 年 11 月 15 日，在南宁市 62 个潜在逾期风险项目中，已有 58 个实现复工建设，主城区 43 个潜在逾期风险项目（其中专项借款 20 个）已复工 40 个，未复工 3 个（其中恒大国际中心将由平稳基金接盘后统筹复工；中满青江郡因股东原因正在开展破产重整工作；千方百境为商办公寓，仅销售 37 套，开发企业目前正在办理退房工作）。全市 28 个专项借款项目均已复工。

三　2022年南宁市社会发展存在的问题

（一）社会民生领域尚有短板

一是医疗卫生服务保障体系有待完善。重大疫情防控救治能力有待提高，南宁市存在疾病防控体系建设落后、专业人员不足、待遇保障水平有待提升、人才流失严重等问题，各县疾控中心实验室设备配置均未达到相关标准要求。基层医疗机构短板较为突出，全市基层医疗机构条件相对较差、队伍不稳定，2021~2022 年，全市基层医疗卫生机构流失卫技人员超过 1000 人。[1] 智慧医保建设滞后，跨部门业务联办机制有待进一步改进，医疗救助基金统筹层次低。"一老一小"工作面临不少问题，全市人口老龄化程度不断加深[2]，老年人健康服务压力大；三孩生育政策配套支持不够健全，配套衔接有待加强。二是优质教育资源配置不均衡问题仍然存在。区域之间、城乡之间、校际办学水平和教育质量存在一定差距，人民群众不断增长的高质量教育需求与高质量教育供给不足之间的矛盾依然存在；部分区域教育设施建设跟不上城市建设的步伐，农村教育基础设施建设相对滞后。三是城市更新推进仍有阻力。"三旧"[3] 改造方面，受市场环境影响，房地产经济下行，企业投资信心不足。老旧小区改造方面，改造项目工地复工缓慢，施工进度

---

① 数据来源：南宁市卫生健康委员会。
② 根据《南宁市第七次全国人口普查主要数据公报》，全市 60 岁及以上人口占常住人口的 14.78%。
③ 指旧城镇、旧厂房、旧村庄。

慢。历史文化街区保护修缮方面，征拆难度大，影响项目施工建设。四是稳就业压力大。驻邕高校毕业生总量多、增量多，就业人口基数大，促进充分就业压力较大；就业结构性矛盾依然存在，"就业难"和"招工难"并存。

（二）粮食安全综合保障能力有待提升

一是全市粮食仓储设施建设有待加强。基层粮食仓储设施陈旧，仓储设施设备信息化建设跟不上现代仓储管理要求。大部分县乡粮食仓储设施建设时间久远，仓库密封性差，仓储设备数量和质量均不能满足仓库扩容和生产需求。现有仓储设施实施技术改造投入高、难度大，与国家提出力争"十四五"末基本实现政府储备绿色储粮全覆盖的目标要求还有较大差距。二是粮食应急保障体系有待完善。地方储备粮承储主体单一，支持和引导多元主体参与粮食储备业务的力度有待加大。现有粮食应急调控体系存在成品粮储备规模偏低的问题，全市粮食应急保障能力存在区域不平衡的问题，部分基层粮库应急加工、应急供应、成品粮储备规模与当地应急保障需求不相适应。另外，地方粮食储备规模布局和品种结构也需要进一步优化。三是粮食监管能力有待加强。部分县（市、区）粮食储备执法监管力量相对较弱，行业人才年龄结构不合理、人才梯队建设不足，高层次和专业技术人员较少，仪器设备配备不足，基层监管人、财、物普遍不足。地方粮食储备规模大，储存方式和主体相对多元，但粮食监管信息化手段不足，特别是全市粮食质量安全监测能力仍较弱，监管难度持续增加。执法监管制度有待完善，监管界限、依据、要求等内容都需要进一步明晰。

（三）生态环境保护面临诸多挑战

一是重点流域水质持续改善存在一定难度。当前城镇生活污染源、农业面源仍是影响南宁市水质改善的主要因素。部分流域仍存在污水处理设施及配套管网运行不畅、覆盖不全、污水截污不彻底的问题。汛期武鸣河、八尺江、清水河等河流水质未实现稳定达标，对全市水环境综合指数产生较大影响。二是完成降碳任务难度较大。南宁碳排放强度和能耗"双控"形势不容乐观，碳排放强度持续下降较为困难。2022年，南宁市工业增加值占地区生产总值的比重不高，碳排放增长速度仍然较快。全市能源总产量不大，能源自给率不高，按国家和自治区提高能源自主安全保障能力的要求，未来南宁市将重点提升火电发电能力；另外，全市能源利用效率不高，主要表现为余热余压回收利用率低、加工转换效率不高，这些都将导致碳排放量进一步增加。三是年度生态环境保护目标完成存在困难。2022年度南宁市生态环境保护目标涵盖16项考核指标任务，内容主要涉及推动绿色发展、改善环境质量、守护生态红线、解决区域突出问题、保障环境安全等方面，截至2022年11月底，有9项完成较好，有3项（县域污水处理厂进水化学需氧量浓度、河湖问题治理、中央生态环境保护督察整改）未达到目标进度。[①]

（四）城乡发展不协调不平衡

一是城乡居民收入差距较大。由于资源禀赋、历史延续、经济基础和结构等方面的差异，农村居民收入增长缓慢。2022年，南宁市城镇居民、农村居民人均可支配收入分别为42636元、19001元，城乡居民收入倍差达2.24。[②] 二是农村基本公共服务仍有短板。基础设施方面，农村交通基础设施建设明显落后于城镇，农村道路等级低、路网小，一些必要的路面养护维修、安全防护配套设施不足；农村饮用水安全工程建设亟待加强，农村供水水厂建设缺少统一规划及标准，设备管网老化，尤其是经济欠发达的乡村、边远山村和水源条件较差的地方饮水安全问题未完全得到解决。三是民生事业基层服务力量不足。机构改革之后，民政部门工作范围不断扩大，工作内容不断细化，基层相比市区需要处理的事务更为繁杂，而基层民政工作人员编制数不增反降，人少事多的矛盾比较突出。四是城乡要素合理流动机制不完善。城乡要素双向流动通道不够畅通，农村优秀人才

---

① 数据来源：南宁市生态环境局。
② 数据来源：2022年《南宁经济动态月报》。

"乡—城"单向流动的情况持续存在，农村空心化和边缘化现象未得到有效解决。五是生态环境保护差距大。随着乡镇企业发展、城市企业转移到农村、工业化畜禽养殖业发展等，农村生态环境遭到一定破坏，农村生态环境保护有待加强。另外，垃圾分类城乡推进不平衡。垃圾分类推进和试点工作多在中心城区进行，农村地区加入试点的比例和成效普遍落后于中心城区。

四　2023年南宁市社会发展态势展望

（一）持续增进民生福祉，不断提高人民生活品质

2023年，南宁市将紧紧抓住群众最关心、最直接、最现实的利益问题，采取更多惠民生、解民忧、暖民心的举措，不断提高人民生活品质。一是稳就业保就业工作将持续优化，就业创业政策进一步完善，政策兑现和经办服务水平不断提升，重点群体就业工作分类施策、强化帮扶，公益性岗位等安置渠道不断扩大，就业局势逐步好转。二是社会救助兜底保障工作将进一步加强，社会救助数字化转型升级，脱贫攻坚兜底保障成果同乡村振兴衔接得更加紧密，低收入人口动态监测得到加强，特困人员救助供养更加充分。三是养老服务体系更加健全，市、县、乡镇（街道）、村（社区）四级养老服务设施网络逐步搭建完成，老年人助餐配餐服务体系初步建成，社区居家养老服务工作取得新进展，农村互助养老服务试点开始设立，养老服务质量得到全面提升。四是婴幼儿、儿童、未成年人权益得到更好保护，困境儿童和留守儿童将获得更多关爱，孤儿和事实无人抚养儿童保障标准进一步提高，儿童福利机构将不断优化提质和创新转型，县、乡、村未成年人保护阵地建设取得新进展，公办示范普惠托育机构数量逐步增加，整体质量不断提升。五是医疗卫生服务能力不断提升，在重大疾病防治、传染病防治等方面取得更大进展，基层医疗机构服务能力显著提升，中医药传承创新发展速度持续加快，区域医疗健康信息一体化服

务平台、"三医联动"平台、"三位一体"智慧医院、医院信息标准化建设取得新进展，面向东盟的中医药文化合作交流更加频繁，中医药在东南亚国家的影响力不断扩大。

（二）持续推进乡村振兴，不断深化农业农村现代化

2023年，南宁市将继续把巩固拓展脱贫攻坚成果放在突出位置，坚持以巩固拓展脱贫攻坚成果推进乡村振兴，农业农村现代化水平不断提升，农村社会发展呈现新面貌。一是脱贫攻坚成果不断巩固和拓展，一批能带动脱贫群众就业的特色优势富民产业逐步建成，粤桂协作进一步深化，"圳品"认证、"供深基地"建设取得新进展，产业提档升级，乡村公益性岗位数量持续增加，群众就近就地就业更加便捷，脱贫人口持续增收，国家乡村振兴重点县（马山县）帮扶、粤桂协作乡村振兴现代农业产业园建设、乡村振兴示范村建设等重点工作将持续推进。二是粮食安全根基进一步打牢夯实。耕地"非农化"得到有效遏制，耕地"非粮化"得到有效管控，"撂荒地"得到有效治理，高标准农田建设取得新进展。粮食储备规模不断提升、布局不断优化，绿色化、智能化仓储设施逐步建成。种粮农民收益保障机制不断健全，化肥、农药等农资价格稳定、供应充足。三是现代农业特色产业更加兴旺，农业农村有效投资持续扩大，乡村振兴"6+6"全产业链打造取得新进展，新型农业经营主体不断扩大，农业生产规模化、专业化、集约化和农产品绿色化、优质化水平不断提升，国家农业现代化示范区和农业高质量发展平台逐步建成，农业农村现代化将打开新局面。四是农民收入将进一步增加，产业发展、产销对接、农民培训、村集体经济发展、土地流转和惠农补贴兑付等事关农民增收的中心工作将取得新进展，农民经营性、工资性、财产性和转移性收入将切实得到提高。五是乡村建设得到稳妥有序推进，随着《乡村建设行动实施方案》全面贯彻落实，一体化、系统性乡村整治开始实施，农村人居环境水平逐步提升，"水电气讯"、乡村公路和数字乡村等重点领域农村基础设施建设取得新进展，乡村全面振兴稳步推进。

（三）统筹推进科教振兴，不断塑造竞争新优势

2023 年，南宁市科教高质量发展体系将不断完善，教育、科技、人才形成"三位一体"模式，科技创新取得新进展，科技成果转移转化数量持续增加，新技术与教育进一步融合，智能时代的教育教学方式将发生新变化，拔尖创新人才培育模式更加完善，教育、科技、人才协同支撑强国建设取得新进展，首府教育进入高质量发展阶段。在教育方面，南宁市教育品牌建设取得新进展，学位充足、布局合理、资源优质的教育公共服务体系将不断完善。教育高质量发展稳步推进，以广西建设面向东盟的职业教育合作示范区为契机，"产业+职业院校+智库"三位一体模式将推动产教集聚融合，与东盟国家学校之间的职业教育合作交流更加紧密，职业教育国际化水平不断提升，高考综合改革和普通高中新课程新教材实施国家级示范区建设取得新进展。教育保障更加充分，优质学位供给水平实现新提升，义务教育阶段入学全程网办微改革取得新进展，学校学生安全得到更充分的保障。在科技方面，重大科技创新平台建设速度加快，南宁·中关村、中国—东盟科创合作区、桂林电子科技大学南宁研究院、新型产业技术研究机构、国家农业科技园区等重大创新平台建设取得新进展，科技创新平台对产业发展的支撑引领作用将更加显著。企业创新主体地位不断强化，南宁市持续加大对科技型中小企业、高新技术企业的服务力度，促进科技创新主力军不断壮大。在人才方面，南宁市将多层次强化人才智力支撑，科技人才引育速度不断提升，中国—东盟人才城和南宁市"人才飞地"建设取得新进展，跨区域人才交流与合作实现新突破，人才创新活力得到进一步激发。创新人才载体建设、新型智库体系建设不断完善，吸引更多海（境）外人才到南宁创新创业。人才培养和人才储备能力稳步提升，市属院校和驻邕高校将结合重点产业发展与用工需求相匹配的专业，强化人才培养和供给效能。

（四）持续提升绿城品质，不断增强城市宜居性

2023 年，南宁市将继续加快推动首府生态文明建设，扩大生态环境

优势，推动生态系统持续优化，不断擦亮"中国绿城"生态宜居品牌，进一步筑牢我国南方的生态屏障。一是发展方式绿色转型步伐不断加快，生态环境要素保障机制不断完善，产业结构不断优化，各类项目环评服务指导更加细致，各类资源节约集约利用效率不断提高，废弃物循环利用体系逐步完善，企业绿色生产迈上新台阶。二是环境污染问题得到进一步缓解，坚持精准治污、科学治污、依法治污，持续深入打好蓝天、碧水、净土保卫战，积极推进"无废城市"建设，现代环境治理体系不断健全，污染物协同控制更加有效，重污染天气逐步减少，水资源、水环境、水生态、土壤污染源头、新污染物治理成效更加显著，全市生态环境质量稳步提升，城乡人居环境水平持续提高。三是生态系统多样性、稳定性、持续性不断得到提升，以国家重点生态功能区、生态保护红线、自然保护地等为重点的重要生态系统保护和修复重大工程取得新进展，生态保护补偿制度不断完善，生态环境风险得到防范和化解，森林、河流、湖泊和湿地得到更好的保护。

五 推进新时代南宁社会事业高质量发展对策建议

（一）在发展中增进民生福祉，保障民众共享高质量发展成果

1. 多措并举做好稳就业工作，促进高质量充分就业

全面深化稳就业工作。一是落实就业创业扶持政策，加强政策兑现和就业服务，推动实现更充分、更高质量就业。一方面，通过发展数字经济、新个体经济、电商平台等新就业形态，以及加快项目建设、培育优质企业、支持小微企业发展等途径，拓展就业容量，增加就业供给。另一方面，通过加大对企业稳岗拓岗的支持力度，落实各项补贴优惠政策，用好对外开放平台，积极探索国际劳务合作等途径，持续拓展就业岗位，保障就业局势稳定。二是促进高校毕业生、脱贫人口、农民工、就业困难人员、退役军人等重点群体就业，对重点群体就业实行分类施策、强化帮扶。继续提升来邕留

邕高校毕业生的就业稳定性；促进农民工就地就近转移就业，深化劳务协作，培育南宁市特色劳务品牌；强化对就业困难人员的兜底帮扶，稳定并合理扩大公益性岗位等安置渠道。三是做好企业用工服务工作。聚焦新引进重大项目、主要企业的用工需求，健全城乡产业工人信息库，组织开展高技能人才和产业紧缺人才的培训工作，完善人力资源信息共享机制，持续推进统一规范有序的人力资源市场建设，多渠道支持满足企业用工需求。四是切实保障劳动者合法权益。进一步规范劳务派遣管理工作，提高劳动监察执法能力，完善劳动维权一体化平台监控预警功能，提高欠薪预警和处置能力，推动多元联合调解从当前的"点对点"机制变成"人社＋工会＋法院＋N"的"一条龙"式机制，健全面向新就业形态劳动者的就业服务制度，确保劳动者实现体面就业、高质量就业。

2. 加强"一老一小"服务供给，全面提升公共服务质量

一是持续探索长期护理保险制度的"南宁模式"，提高医养结合服务质量，赋能护理服务行业发展。健全长期护理保险申请评估体系，建立完善护理服务清单，加强对定点护理服务机构的有效监管；在农村地区加快建设一批日间互助照料中心、村卫生所、农村养老院等医养结合服务设施，推动农村养老与医疗卫生资源整合；探索南宁市养老机构与在邕卫生院校、职业学校的合作路径，打造一批养老护理实训基地，精准化培养医养结合专业服务人才；鼓励中医药、民族医药服务进入养老机构，为护理对象提供多元化的康养服务。二是健全养老服务体系。以南宁市列入全国居家和社区基本服务能力提升项目地区为契机，加快发展社区居家养老服务，完善老年人助餐配餐服务体系，建设一批"长者饭堂"；推进南宁智慧养老平台建设，精准对接老年人需求和市场服务供给，提升养老服务质量；发展银发经济，规划建设面向东盟的开放合作银发经济产业园区和养老服务国际交易市场，打造"长寿福地"品牌，推动南宁市健康养老产业可持续发展。三是加大优质普惠托育服务的供给力度。有效整合幼儿园、早教机构、托育服务机构等托育资源，加快建设公办示范普惠托育机构，规范、促进早教机构托幼服务的发展，鼓励有条件的幼儿园增加托班接收3岁以下婴幼儿；建立完善市场托育

机构、志愿者机构的社区嵌入机制，充实社区托育服务力量，利用社区养老服务的人员、场地、医疗等资源，构建"医育结合""老幼共享"的社区托育新模式。

3.加快完善医疗卫生服务体系，稳步推进健康南宁建设

一是纵深推进"三医联动"改革。借鉴三明医改经验，常态化开展药品和医用耗材集中带量采购，完善医疗服务监管，调整和规范医疗服务价格，通过薪酬改革调动医务人员积极性；推进区域医疗健康信息一体化服务平台和"三医联动"平台建设，实现南宁市不同机构、不同平台的医疗健康信息和数据互联互通，推进电子病历、智慧服务、智慧管理"三位一体"的智慧医院建设和医院信息标准化建设，强化医疗改革科技支撑。二是推动优质医疗资源扩容下沉。加快推进中国—东盟心脑血管、眼科中心、朱琏针灸国际研究基地、慢性病防治等基地的建设工作；支持市级医院和县级医院开展重点专科建设，形成覆盖居民常见病、多发病、传染病的临床服务体系；创新发展中医药和民族医药，建设一批公立中医医疗机构、社区卫生服务中心和乡镇卫生院旗舰中医馆等；采取建立紧密型县域医共体、组织二级以上医疗机构对口支援乡镇卫生院等方式，提升基层医疗机构服务能力。三是提高重点传染病和重大疾病的应急救治能力。在市县区域医疗中心设立慢性病防治中心，推动实现慢性病早发现、早诊断、早治疗和规范管理；加快建设南宁市重点传染病监测预警及应急指挥平台、南宁市公共卫生临床中心，建立分级分层的重大疫情救治体系；强化应对重大传染病疫情的区域合作交流，探索建立区域性突发重大传染疾病应急处置机制，促进重大传染性疾病的区域信息共享和联防联控。

（二）高质量推进乡村全面振兴，建设宜居宜业和美乡村

1.促进农民增收，巩固拓展脱贫攻坚成果

一是强化产业帮扶，助力农民增收。依托南宁市着力打造的以粮食、水果、蔬菜、糖料蔗、林木、生猪为主，以牛羊、家禽、水产、桑蚕、中药材、茉莉花（茶）为辅的乡村振兴"6+6"全产业链，建立健全农企利

益联结机制，拓展农民创业、就业和增收的空间；依托云汇鲜智慧港，支持预制菜产业高质量发展，结合南宁市实际推动预制菜行业标准制定完善，发挥脱贫地区农业资源禀赋，培育邕系预制菜品牌；进一步发展壮大南宁市脱贫地区特色优势产业，立足上林大米、上林小龙虾、马山黑山羊、隆安火龙果等特色农牧渔资源，发展新型农村集体经济，促进脱贫人口增收。二是强化就业帮扶，巩固脱贫效果。通过粤桂协作和区内劳务协作等途径，加大脱贫劳动力输出力度，推动脱贫人口实现就业、持续增收；做好脱贫人口务工、以工代赈、乡村公益性岗位开发、乡村工匠培训、"雨露计划＋"就业促进等工作，持续促进脱贫人口就近就地就业。三是强化动态监测帮扶，防止返贫致贫。加强对脱贫人口的收入信息收集和监测分析，确保收入信息登记准确、群众认可，定期分析收入情况，逐户研究制订增收计划并落实帮扶措施；建立完善县域防止返贫监测信息大数据共享平台，建立"线上数字化、线下网格化"的防止返贫监测机制；持续完善落实农村社会保障和生活困难群众兜底救助类政策，守住不发生规模性返贫的底线。

2. 建设数字乡村，全面激发乡村经济活力

一是高水平建设乡村数字基础设施。在持续推进农村全光纤覆盖、4G精品网络建设的基础上，加快实施农村地区移动互联网、广播电视网络等设施的智能化升级改造，在农村地区积极布局5G商用网络；围绕南宁市现代特色农业发展方向，开发建设横州市数字茉莉大数据平台、宾阳县优质稻全产业链智能管理平台、武鸣沃柑大数据平台、南宁农业综合信息管理与服务平台等一批农业数字化平台；促进数字化信息技术与传统信息基础设施的融合，以大数据技术、区块链、人工智能、物联网等数字技术为创新引擎，推动农村信息基础设施的转型发展；以发展农村电子商务为先导，推广农产品从田间到餐桌的全产业链模式。二是提高农民数字素养。发挥政府、企业和社会组织的力量，培育一批掌握数字技术和现代农业生产技术的职业农民；整合驻村干部、大学生村官的力量，积极引进农业技术性人才，完善人才激励机制和评价机制，促进人才下沉和科技下乡；加强政府与头部电商企业的合作，通过知识培训、参观学习、直播节等活动形式，提升广大农民的电子商务意识。三是构建乡村数字治理体系。提升农村政务服务数字化水平的关键在于破除政务数据壁垒，推动实现政府、企业和农户间的数据对接和共享合作；以人工智能技术引领"雪亮工程"建设，推动实现农村公共区域、村屯重要路段的视频监控全覆盖，鼓励农民自建视频监控接入村级平台，强化农村治安综合防控体系；创新农村"智慧党建"，推广应用农村"智慧党建"App，加快实现农村党员管理的数据化、智慧化、移动化。

3.改善人居环境，不断提升乡村生活品质

一是加强农村基础设施建设。推进农村集中连片供水工程建设，统筹城乡一体化供水，保障农村安全饮水全覆盖；加快建设农村卫生厕所、污水处理设施、生活垃圾分类处理设施，并建立健全设施运维的长效机制，聘请本地村民参与管护工作；整合农村农田水利基础设施，推进农村小流域综合治理，全面消除农村黑臭水体，集中打造一批水系连通及水美乡村。二是因地制宜构建农村人居环境治理创新模式。坚持规划先行，南宁市农村人居环境发展不平衡，少数民族聚居村占比较大，因此规划时应充分考虑乡村聚落传统形态、民族习俗、人文历史、地理环境、自然资源、产业发展等因素，打造一批地域特色鲜明、整洁有序的和美乡村；以差异化建设、保留乡村风貌、塑造特色品牌为导向，探索"人居环境+乡村旅游""人居环境+休闲养老""人居环境+农业体验"等多种创新模式；建立健全农村人居环境整治的财政投入机制，通过政府购买服务、特许经营、以奖代补等形式引导企业参与投资，创新投融资机制，形成农村人居环境整治多元投入格局。三是引导村民参与农村人居环境治理工作。充分发挥基层组织作用，整治"清单"应经过村民自治组织的讨论并形成决议；在有条件的乡村探索建立由党员、地方精英、返乡大学生等组成的村落理事组织，构建多元化的村民自治模式；加强科普宣传和教育培训，提高村民的互助能力；以农村改厕提质为抓手，让村民养成良好的卫生习惯，促进乡村文明风尚的形成。

（三）大力提振市场信心，夯实首府全面高质量发展基础

1. 营造良好的消费环境，提振信心释放消费潜能

一是提升消费便利度，增强居民消费意愿。强化"互联网+"对居民消费升级的驱动作用，通过消费示范、媒介宣传、服务创新等途径，培育农民群体、老年群体、国际旅客等新消费客群；依托携程、飞猪、同程等网络平台，改造提升商务酒店、旅客集散中心、消费服务中心等场所，打造集餐饮、休闲、展示于一体的文旅消费网点；鼓励购物中心、大型商场利用数字技术优化消费场景，建设一批"智慧商铺""智慧街区""智慧零售"消费场景，丰富数字消费供给。二是强化市场监管。畅通消费者投诉、反馈、举报渠道，建立健全市场行业规范、服务质量标准，推动市场综合监管机制建立；加大对消费市场违法违规行为的整治力度，严查虚假宣传、强买强卖、价格欺诈等突出问题，保障消费者合法权益。三是加快南宁市文旅资源的数字化开发应用。推广"云旅游"，开发线上文旅产品，推动南宁市主要景点与线上平台合作，以线上课堂、全景游园、在线讲解、语音导览等方式，推广南宁市文旅品牌；依托南宁市主要旅游景点、旅客集散中心、特色文旅商店等场所，引进专业机构提供信息资讯、景点导航、智能导览、电子讲解等服务内容；提升南宁市文旅行业文化品质，深入挖掘地方红色文化、历史文化、民族文化、国潮文化、东盟文化等特色文化资源，塑造数字化特色文旅IP；促进信息技术、产业新业态与传统教育培训、医疗健康、休闲娱乐等行业的深度融合，发展在线教育、网络游戏、共享出行等消费新业态。

2. 提升政务服务效能，打造市场化法治化国际化营商环境

一是建设市场化营商环境。推进南宁市与区内外城市政务服务一体化，推动更多服务事项"跨城通办""跨域通办"，加速融入和服务全国统一大市场；围绕企业注册、变更、经营、上市、注销等环节的需求，构建企业全生命周期集成服务和监管模式，为企业提供"一站式"全链条服务；探索前置式服务模式，优化政府部门代帮办制度，拓展线上代办服

务；持续推进便民利企"微改革"、"全链通办"改革、"一枚印章管审批"改革等，促进政务服务规范化、高效化、便利化；强化数据共享，完善"邕易办"智能审批系统和"一站通"系统功能，实现线上线下渠道深度融合。二是建设法治化营商环境。强化建章立制，从创业扶持、资金融通、创新改革、市场经营等方面为优化营商环境提供法治保障；通过座谈会、网络调查、定期意见征集、电话访问等多种形式，拓宽市场主体参与法治建设的渠道；对行政审批、市场监管、环境保护等重点领域开展专项督查，规范市场主体行为，实现规范公正文明执法；利用营商环境"直通车"平台，深入开展"上门办"服务、企业约见院庭长服务等，提升涉企法律服务供给的便利性；以南宁市建设国家知识产权强市为契机，建立健全知识产权保护机制，不断激发企业改革创新活力。三是建设国际化营商环境。推进涉外政务服务综合改革，加快建设涉外服务平台，为在邕投资的外资企业和个人提供政策咨询和"无差别"政务服务；完善来邕留学生就业创业落地服务，打造融合、开放、和谐的国际青年社区；通过举办线上推介会，发布国外营商环境资讯、开展企业培训，以及完善对外投资风险防范机制等多项举措，助力南宁市外贸企业、"专精特新"中小企业"走出去"。

（四）推进科教兴市人才强市，塑造高质量发展竞争新优势

1.优化教育资源供给，分层级办好人民满意教育

一是优化普惠性学前教育资源配置。针对普惠性学前教育发展面临的资源结构性矛盾，一方面，持续扩大优质学位供给，规范细化普惠性民办幼儿园认定及管理办法，畅通具有资质的非普惠性民办园转普惠性途径，逐步将社区办园、中小学附设幼儿班等纳入多元化办园形式；另一方面，发挥政策引导作用，优化园所布局，推动优质普惠性教育资源向农村薄弱地区倾斜，探索建立以乡镇中心园为主，小规模园、混龄班、送教到村等特色园为补充的县域学前教育公共服务体系。二是不断提升义务教育办学质量。深入推进"双减"工作，完善第三方机构参与课后

服务工作机制；充分利用南宁市少年宫、妇女儿童活动中心、科技馆、纪念馆、博物馆等公共资源，依据互补、公益、社区化的原则，推进校外教育公共服务体系建设；大力发展义务教育阶段集团化办学，发挥核心校引领作用，推进品质课程资源的集群化发展，实现集团办学的内涵式发展。三是实现高中阶段教育的多样化发展。明确高中阶段教育兼具升学、就业多重功能，统筹职业教育和普通高中教育的协调发展，通过开设职业教育选修课和学术教育课程的"拼盘式课程"，促进普职两类教育的融通；加大财政投入，全面提升中等职业教育质量；引导南宁市域内高中在自身优势基础上，建设科技、艺术、体育、职业技能等多类别特色高中，并逐步建立与之相适应的管理模式、师资队伍、课程体系和运作机制；加大宣传力度，营造尊重技术人才、崇尚创新的良好社会风尚。

2. 提升科技创新能力，强化首府产业发展科技支撑

一是加快重大科技创新平台建设，聚焦南宁市六大千亿元产业①发展需求，持续加强南宁·中关村、桂林电子科技大学南宁研究院、新型产业技术研究机构、国家农业科技园区等重大创新平台建设；整合优化南宁市科技创新资源，推进中国—东盟科创合作区建设。二是持续优化创新生态。强化企业创新主体地位，持续做好高新技术企业、专精特新"小巨人"企业、科技型中小企业、瞪羚企业的培育工作，加强科技型中小企业入库评价工作，加快形成梯次提升格局，不断壮大科技创新力量；深入实施科技保险、科技创新券、科技信贷风险补偿政策，建立健全科技投入稳定增长机制，推动形成产业链、创新链、人才链融合发展新格局；积极引入第三方科技服务机构，开展高新技术企业提质增量行动；加强知识产权保护，培育创新文化，营造浓厚创新氛围；培育示范性科技教育学校，培养高水平科技辅导员队伍，搭建高品质科普教育活动展示交流平台。三是加快关键核心技术攻关。

---

① 南宁市六大千亿元产业指新能源汽车及零配件、金属及化工新材料、铝精深加工、电子信息、林产品及高端家具家居、食品加工等产业。

聚焦新能源汽车、先进装备制造产业、电子信息产业、生物医药产业等重点产业链关键技术瓶颈和人才需求，采取重大科技项目立项、揭榜挂帅等方式，集中力量组织开展重大关键性技术攻关、重大产品开发，通过技术创新培育细分产业和盘活产业集群；加大生态健康、人口健康、公共安全、应急管理等社会发展领域关键核心技术和转化应用力度，推动更多科技成果惠及民生；加大农业农村科技创新供给，加强农业科技培训，加快农业科技园区建设，推动乡村振兴战略实施。

3. 加强人才引进和国际合作，构筑开放办学新格局

一是构建人才发展体系。深化人事人才制度改革，推进实施重点人才项目，进一步加强人才引育平台和服务平台的建设与管理；持续推进"智慧人事"一体化服务平台建设，并向县（市、区）推广应用；举办海（境）外人才创新创业大赛，进一步激发人才创新活力；鼓励香港（内地）青年创业服务中心等创业孵化基地和众创空间发展，更大力度培育和引进科技人才、产业人才和创新团队；深入实施科技特派员制度，助力乡村振兴提质增效。二是发展高质量职业教育。引导市属院校和驻邕高校结合南宁市重点产业发展的用工需求，设置匹配的特色专业，推动校企共建产教融合实训基地和现代产业学院；鼓励职业学校在工业园区建设企业校区，与园区重点企业共建高水平专业化产教融合实训基地和现代产业学院，构建职业教育与产业集群联动发展机制；持续开展与南宁师范大学间的校地协同深度合作；加强与港澳教育部门的交流，支持南职院桂港现代职业教育发展中心开展对港职业教育交流合作，为南宁市重点产业、战略性新兴产业发展培育高技能人才。三是开展多层次的国际教育合作。以将天桃实验学校、民主路小学打造为中国—东盟教育开放合作试验区人文交流基地的契机，加强南宁市中小学与东盟国家中小学校际交流；以广西建设面向东盟的职业教育合作示范区为契机，探索"产业+职业院校+智库"三位一体模式，推动产教研集聚融合，加强南宁市中职学校与东盟国家学校和企业的合作交流，提升职业教育国际化水平；推动中外合作办学政策落实，助力南宁市优质产业项目、紧缺高端人才引进。

（五）提升绿城品质，为首府高质量发展营造良好生态环境

1. 系统推进治水扩绿工程，实现生态环境质量持续改善

一是推进污水设施建设，持续巩固黑臭水体治理成效。加快推进武鸣城南水质净化厂、仙葫水质净化厂、五合大道污水管工程、新武高校区至武鸣区水质净化厂污水管网工程、沙江河污水管和那考河污水管工程等项目建设；强化水资源开发利用控制、用水效率控制、水功能区限制纳污"三条红线"刚性约束，推进邕北灌区工程等水网工程建设，提升南宁市水资源配置，全面增强水资源统筹调配能力、供水保障能力和战略储备能力；严防源头污染，持续加强河湖水污染综合防治，巩固提升水污染综合防治成效。二是持续强化水生态环境治理和保护。坚持绿色发展理念，统筹山水林田湖草沙系统治理；进一步优化升级南宁市排水设施地理信息系统"厂网河湖一体化"管控平台；坚持节水优先，严格保护河湖水资源，强化河湖水生态修复；全面强化河湖林长制，抓好动态治理、系统治理、精细治理，严格管控河湖水域岸线保护与利用；加强事前事中事后监管，实施全市水土流失动态监测，依法严格查处造成水土流失的违法违规行为，整体提升水土保持监测、评价、决策、管理水平。三是增绿扩绿提升城市品质。大力实施植树造绿、道路扩绿、水系增绿工程，改造提升邕江沿岸绿色生态，不断拓展城市绿化空间；建设球类运动、民族特色体育运动、儿童体育运动、东盟特色运动、山地户外运动、拓展康体运动等各类体育公园，建成开放一批口袋公园，丰富城市绿化景观；对城区道路进行绿化提升，打造道路绿化景观，构建城市绿色廊道网络系统。

2. 实施智管安全行动，打造宜居韧性智慧城市

一是推动城市治理智慧化转型。发挥一线监督员作用，按网格化管理要求加强对城市管理问题的巡查、采集、监控和办理，拓展监督服务范围；研究推进无人机监控、视频智能监控、机器人智能采集等智能化应用，利用智能技术加强对问题发生区域、数量、类型、时段等变化情况的系统分析、自动研判和监控预警，提升数字化城市管理监控预警能力；推进城市基础信息

共享，构建权责明晰、边界清楚、表述一致、联动协调的工作责任"一张网"，建立健全问题督促整改的工作标准和长效机制；推进数字化城市管理信息系统在大数据决策应用、大数据统计分析、案件自动派遣等方面的完善和提升。二是优化升级城市内河运维管理，确保城市防洪排涝安全。加强重要河流生态流量的保障措施，优化调度方案，保障河流健康；强化防内涝抢险专业化队伍建设，完善城市防内涝应急预案，加强预案演练，提升应急实战能力，增加和更新物资储备，提高物资管理水平和调运能力；结合汛期情况，改造中心城区易涝积水点；深入推进河湖治理常态化规范化，开展妨碍河道行洪突出问题的排查整治工作，确保重要河湖防洪安全。三是有序高效推进城市更新。挖掘南宁市历史文化街区、文物建筑等资源，保护修缮中山路、水街历史文化街区，构建独特的城市景观风貌；综合实施城镇棚户区改造和老旧小区改造，持续推进地下管网改造、空中线缆整治、老旧路面修复、道路桥梁亮化及沿街建筑立面更新等项目，整体改善市容市貌；通过主干路提质扩容、次干路和支路网络系统建设、强化微循环等途径，进一步优化城市路网。

3. 坚持源头治理和综合治理，持续推进治污节能降碳工作

一是大力发展固废产业。加快建设六景循环经济产业园生活垃圾焚烧发电厂、双定循环经济产业园医疗废弃物处置厂、宾阳县生活垃圾焚烧厂等项目建设；深入推进城乡环卫一体化建设，实现"村收、镇运、片区处理"，逐步建立覆盖全域、绿色循环、城乡统筹的生活垃圾收集、转运、处理一体化体系；深化与上海康恒的合作，向广西区内外与东南亚区域拓展生活垃圾焚烧发电等固废项目；推动实施全面节约战略，加快构建废弃物循环利用体系。二是深入推进环境污染防治工作。坚持科学治污、精准治污、依法治污，持续深入打好蓝天、碧水、净土保卫战，积极推进南宁市"无废城市"建设；加强污染物协同控制，消除重污染天气；加强土壤污染源头防控，开展新污染物治理；服务南宁东部新城等重点园区产业规划建设，助推产业结构优化升级，全面推进"帮企减污"工作，促进企业绿色生产。三是积极稳妥推进碳达峰碳中和。全面贯彻落实《南宁市完整准确全面贯彻新发展理念做好碳达峰碳中和工作实施方案》，实施碳达峰十大行动；严格管控重点领域二氧化碳排放，推动能耗双控向碳排放总量和强度双控转变，提升应对气候变化的能力；倡导绿色生活方式，利用互联网、广播电视报刊、公园电子显示屏等载体开展节能降碳主题宣传活动，营造良好社会舆论氛围；打造宾阳县光伏"双百亿"产业园，加快推进风电、光伏新能源项目建设，推进清洁生产和能源资源节约高效利用，推动能源清洁低碳转型。

（六）统筹发展和安全，建设更高水平"平安南宁"

1. 推进应急管理体系和能力现代化建设

一是加强重大传染病防控救治体系建设。发挥传染病网络直报系统作用，增强医务工作人员依法报告意识，提高监测平台识别、评估和预警重大突发传染病的能力；坚持精准防控和局部应急处置有机结合，加大应急物资保障体系建设投入，加强公共卫生设施建设，提升应急处置水平。二是提升城市应急能力。完善应对城市突发事件的监测预警处置机制，加强对社区网格员应急管理能力和风险识别能力的培训，广泛开展风险防范知识宣传，提升市民避险意识；利用公园绿地、学校、体育场馆、广场等公共场所资源，统筹建设应急避难场所，增强城市抵抗风险的能力；推进应急管理体制改革，提高防灾减灾救灾和重大突发公共事件处置保障能力，严防一般事故，全力遏制较大及以上事故发生。三是防范化解各领域重大风险，以新安全格局保障新发展格局。严格落实意识形态工作责任制，加强舆情信息收集和舆情管控，提高舆情应对处置能力，有效防范化解意识形态领域风险；持续强化政府债务全口径审查和全过程监管，严防新增隐性债务，确保不发生区域性系统性债务风险；全面摸排在建及已售房地产项目，落实"保交楼"工作，有效防范房地产企业风险外溢；深入开展"反三违"专项行动，持续加强自建房、城镇燃气、危化品等重点领域风险隐患排查和治理工作，坚决防范遏制较大及以上生产安全事故发生。

2. 夯实粮食安全根基

一是全力稳住南宁市农业发展基本盘。实行粮食安全党政同责，全面落实"田长制"，坚决遏制耕地"非农化"，管控耕地"非粮化"，压实保护永久基本农田、稳定粮食播种面积、增加粮食产量等责任；加快补齐农业基础设施短板，加大农田水利设施建设投入，缓解农田水网末端弱化现象；优化粮食储备规模和布局，建设绿色化、智能化仓储设施；建立健全粮食应急保障体系，确保首府粮仓安全。二是加强南宁市粮食生产能力建设。开展粮食产能提升行动，在上林县、宾阳县、横州市等南宁市粮食主要产区开展水稻、玉米高产攻关行动，确保粮食增产；改善粮食生产条件，推进耕地提质改造（旱改水）和新建高产稳产高标准农田，提高水稻耕种收机械化水平；健全粮农收益保障机制，加大化肥、种子、农药等农资稳价保供体系；强化科技兴粮特别是种业科技创新能力，大面积集成示范推广粮食高产高效栽培新技术和农机农艺融合集成技术；发展农业适度规模经营，健全完善"企业+合作社+农户"的农业社会化服务模式，不断提升南宁市农业现代化水平。三是发挥产业链带动作用。以现代种业为依托，加快构建产学研相结合、育繁推一体化的现代种业体系，推进自治区产业融合发展示范园、粤桂协作乡村振兴现代农业产业园建设，持续增加杂交玉米制种面积和优质水稻制种面积；落实扶持政策，助推南宁市粮食全产业链发展，加快粮食产业农旅融合发展，支持开发规模化粮食基地和园区的农耕文化观光游、体验游，促进农民增收。

3.提升社会治理法治化现代化水平

一是推动完整社区建设和治理。运用大数据、物联网、云技术、人工智能等新技术，推动数字社区服务平台与政府管理服务平台、家庭智能终端的资源共享和融合应用，为社区居民提供一体化管理服务；建设智慧物业管理服务平台，依托服务平台为社区居民提供网络团购、医疗健康、快递代理、社区活动等数字信息服务；健全社区治理机制，建立由居民自治组织、社区居委会、物业、产权单位等多元主体参与的社区管理联席会议制度，完善社区协商议事机制，推动社区长效管理机制形成；发挥社区党组织作用，推动党建与群团组织、社会组织的协作，多方动员社会力量参与完整社区建设和治理。二是以市域社会治理现代化试点为载体，推动矛盾纠纷多元化解。健全完善网格化治理机制，推动基层社会治理向末端延伸，确保群众"急难愁盼"问题得到切实解决；坚持和发展新时代"枫桥经验"，及时把矛盾纠纷化解在基层、化解在萌芽状态，持续推动"出嫁女""小产权房""城中村信访"等问题的有效解决；深化乡村治理体系建设，提升乡村数字化治理能力。三是加快建设更高水平的"平安南宁"。深入开展创建社会治安模范区行动，持续巩固打击整治"百日行动"成果；常态化开展扫黑除恶斗争，打击各类违法犯罪活动，不断提升群众安全感；保持对电信网络诈骗犯罪严打的高压态势，不断巩固和深化打击治理成效，全力斩断非法买卖"两卡"黑灰链条，全力劝返滞留境外涉诈人员。

参考文献

肖金成：《打造宜居、韧性、智慧城市》，《经济》2023年第4期。

白念亮、解颖：《强化体制机制保障 以数字改革激发区域经济社会发展新动能》，《机构与行政》2023年第3期。

叶健能、汤大权、徐佩瑶：《镇海区以数字化改革赋能稳就业惠民生》，《浙江经济》2023年第3期。

本刊评论员：《把宜居安居放在人民城市建设的首位》，《上海房地》2023年第3期。

文言：《赋能经济社会发展 全面推进数字中国建设》，《中国商界》2023年第3期。

周莉雅等：《充分发挥灵活就业稳就业"蓄水池"作用》，《唯实》2023年第3期。

秦杰等：《易地搬迁安置社区的经济社会发展困境调查——基于G省Q市Z县的分析》，《经营与管理》2023年第3期。

谢芳：《地方高等教育与经济社会发展关系再认识》，《江苏高教》2023年第3期。

张志勇：《科教融汇助推中职培养模式改革催化乡村振兴人才供给》，《中国多媒体与网络教学学报》（中旬刊）2023年第2期。

曲玥：《就业压力成因与稳就业》，《中国经济评论》2023年第1期。

刘淑清：《振兴农业科教 发展现代农业》，《山西农经》2022年第2期。

民生事业篇

Reports on People's Wellbeing

B.2

2022~2023年南宁市教育发展状况分析及展望[*]

米珍枢[**]

摘　要： 2022年，南宁市多措并举持续推进教育事业高质量发展，学前教育的规模与质量得到进一步提升，坚持推动义务教育优质均衡发展，大力发展职业教育，使其更好地服务区域经济高质量发展，不断完善办学体系，深化教育教学改革，加强教育信息化建设。但仍存在优质教育资源配置不均衡，部分区域教育设施建设跟不上城市建设的步伐，学位供给不足等问题。下一步，南宁市将加快构建高质量教育发展体系，加快建设面向东盟的职业教育合作区，全面提升师资师能，持续落实教育保障工作，打响南宁教育品牌。

[*] 本报告数据均来源于南宁市教育局。

[**] 米珍枢，南宁市教育局办公室四级主任科员。

关键词: 教育事业　教育发展　教育资源

2022 年，南宁市坚持以习近平新时代中国特色社会主义思想为指导，以推动教育高质量发展为核心，以实施"品质教育　学在南宁"新时代教育高质量发展工程为抓手，坚持人民满意标准，加压奋进、狠抓落实，实现教育高质量发展新突破。

一　2022年南宁市教育发展总体情况

（一）聚焦党的建设，全面加强党对教育工作的领导

1. 坚持党的领导，全面推动重点工作落实见效

推动南宁市各县（市、区）委成立教育工委、教育工作领导小组，全面加强党对教育工作的领导。自治区重点委托课题"发挥党委教育工作领导小组作用加强党对教育工作的全面领导推进教育高质量发展——以中共南宁市委教育工作领导小组为例"顺利结题并作为经验材料印发各地市参考。持续推进"品质教育　学在南宁"新时代教育高质量发展工程，鼓励各级各类学校打造特色品牌，选树一批"样本示范"优秀学校，形成一批"由弱变强、强变更强"的品质学校典型，发挥示范引领作用。

2. 夯实战斗堡垒，全力推进基层党组织建设

南宁市创新建立中小学校党组织领导的"1+4"校长负责制体系，以"一盘棋"统筹推进、"一张网"夯实根基、"一套制度"规范运转的创新举措，推动中小学校党的建设和领导体制改革，工作经验获得全区推广。推进中小学校党支部标准化、规范化建设，实现"超大"党支部全面清零，全市中小学校（含民办学校）党组织覆盖率达 100%。开展"喜迎二十大　永远跟党走"等主题团（队）课 1.8 万余场，少先队风采展示活动 5000 余场，青少年红色研学活动 3000 余场，演讲演唱活动 2000 余场，100% 覆盖

全市各中小学校。市委教育工委下设党组织近6000名党员志愿者积极下沉社区，参与"走访促"活动。市教育局获广西少先队辅导员技能大赛团体一等奖，教育局关工委获评全市优秀集体、全国教育系统关心下一代工作先进集体。

3.树立"大思政课"观，积极推进思政课高质量发展

南宁市实施中小学思政课落实培根铸魂行动，全面推进"大思政课"建设和中小学2022年思政课建设工作。组织参加全国思政课教师教学基本功展示交流活动，全国典型经验名单中有6名南宁教师上榜，占全区总入选教师的50%。召开全市"大思政课"建设研讨会，展示4个学段5节示范课，进一步推动"大思政课"建设。

（二）聚焦教育主责主业，加速推进首府教育高质量发展

1.坚持幼有优教，学前教育优质发展

一是着力扩大普惠性学前教育资源覆盖面。持续做好巩固公办幼儿园在园幼儿占比、扩大普惠性幼儿园覆盖率工作，新认定自治区普惠性民办幼儿园44所。规范细化南宁市普惠性民办幼儿园认定及管理办法，进一步引导和扶持南宁市普惠性民办幼儿园发展。二是全面规范幼儿园管理。加强幼儿园及看护点规范管理，开展全市幼儿园、看护点名称规范清理整治和看护点排查工作。持续开展全市城镇小区配套幼儿园治理"回头看"工作，巩固城镇小区配套幼儿园治理成果，完善配套幼儿园建设管理长效机制。三是全力提升幼儿园保教质量。实施《南宁市学前教育教研工作指导手册（试行）》《南宁市幼儿园一日活动指南（试行）》，指导幼儿园科学实施"一日活动"。发挥示范幼儿园辐射引领作用，开展自治区、南宁市两级示范幼儿园评估工作。2022年，新评估通过2所自治区示范幼儿园和29所市级示范幼儿园。推进托幼一体化发展，2022年2所幼儿园获评自治区托幼一体化试点园。做好幼儿园和小学科学衔接，指导各县（市、区）、开发区完善工作机制，督促各幼儿园和小学建立教研共同体。

2. 坚持优质均衡，多方位推动义务教育高质量发展

一是高位推进"双减"工作落地有效。组织开展"减负提质'月月行'"主题活动200余场，开展直属公办初中学校质量协同提升试点工作和义务教育考试管理试点学校创建工作，南宁市共有9所学校列入第一批直属公办初中学校质量协同提升试点学校，有11所学校列入自治区义务教育考试管理试点学校。南宁市14项单元作业设计入选自治区优秀作业，82节课获评自治区精品课，获奖数量居全区首位。组建市县两级"义务教育学校引进第三方机构参与课后服务备选库"，推进数字化管理，规范学校引进第三方机构开展服务，实现应开展课后服务义务教育学校和有课后服务需求的学生两类100%覆盖。落实校外培训机构治理工作，常态化开展"监管护苗"等多次专项治理及"回头看"行动，严厉打击校外培训机构违法违规行为。成立首届南宁市校外培训项目分类鉴别专家委员会，建立完善分类鉴别和监管机制，"双减随手拍"等平台问题线索按时办结率达100%。不断巩固学科类培训机构压减成果，全市压减学科类校外培训机构714家，压减率达94.07%，压减数量全区第一。二是大力推进集团化办学。使龙头学校与若干所新建学校（校区）、相对薄弱学校组成教育集团，提升新建学校（校区）及相对薄弱学校的办学品质和教学质量。2022年南宁市共成立38个教育集团，共覆盖11个县（市、区）、开发区的125所学校160个校区。组织召开全市集团化办学工作阶段性总结会，有力推动义务教育集团化办学工作向纵深发展。三是抓好优质教育资源配置工作。制定《南宁市优质教育资源配置统筹协调机制实施方案》，建立南宁市优质教育资源配置统筹协调工作机制，有效推进优质教育资源配置工作。2022年共引进15所优质学校进驻青运村等13个片区办学，惠及江南区、良庆区、邕宁区、青秀区、西乡塘区等城区，有效助推义务教育优质均衡发展。

3. 坚持"双新"推进，普通高中教育示范提升效果显著

一是做好消除普通高中学校大班额收官工作，完成自治区下达的年度任务。二是推进县域普通高中发展提升，启动浙江大学托管帮扶马山中学工作，组织开展县域普通高中发展提升调研工作。三是深入推进高考综合改

革，积极发挥南宁市作为普通高中新课程新教材实施国家级示范区的示范引领作用，承办2022年广西新课程新教材实施经验交流暨教学展示活动，全国共10.1万人次观看。四是扎实推进普通高中联盟提质行动和直属普通高中教育质量提升试点建设工作，探索不同层次普通高中教育质量提升的方法和路径。五是积极扩大普通高中优质资源，南宁市第十中学获评自治区示范性普通高中，南宁市华侨实验高中、武鸣中学获评自治区星级特色普通高中；南宁市第三十四中学等4所学校成为自治区特色普通高中立项建设学校。

4. 深化职教改革，职业教育优质发展

一是稳步推进面向东盟的职业教育合作区建设。南宁市通过开展座谈会、实地调研、赴外地学习先进经验等方式，起草南宁市建设面向东盟的职业教育合作区实施方案，已初步明确合作区建设总体目标和工作措施。二是巩固中职教育基础地位。支持11所中职学校办学条件达标项目建设，项目学校合计生均建筑面积、生均仪器设备值等均超额达标。三是深化职业教育教学改革。南宁市在广西职业院校技能大赛中共获得一等奖69名、二等奖97名、三等奖126名，比赛成绩位居全区之首，实现"十二连冠"。中职毕业生就业率达97%，升学率达76%。统筹优化南宁市辖区职业院校专业结构，同意29所学校新增设"工业机器人技术应用"等29个专业，撤销9所学校的"化学工艺"等9个专业，促进形成科学合理的专业体系。四是强化政策保障，深化产教融合。研究制定南宁市进一步深化产教融合及推动职业教育高质量发展的若干措施，改革产教融合宏观管理体制和内外部治理机制，建立激励措施。建立南宁市职业教育工作联席会议制度，强化统筹协调，形成工作合力。扎实推进"1+X"证书制度试点、现代学徒制试点等产教融合重点项目，投入1000万元支持8所中职学校与重点企业共建10个产业学院，与多家市内外重点行业企业达成合作，推进校企协同育人。

5. 完善办学体系，办好特殊教育、民族教育、社区教育

通过特殊教育指导中心指导和培训各县（市、区）、开发区残疾人教育专家委员会成员及特殊教育工作者。开展适龄残疾儿童少年秋季学期入学评估工作，对有学习能力的残疾儿童少年100%予以安置。大力推进示范学校创建工作，15所学校获得自治区第二批非物质文化遗产传承教育示范学校立项资格，7所学校获得自治区民族团结示范学校立项资格。印发社区教育加快学习型社会建设方案，组建700多人的社区教育师资库。举办南宁市首届"能者为师——共创美好新生活 寻找社区好老师"活动，6人进入广西总决赛，在前10强中占5席。制作"老年人智能技术使用微课程"30节，组织开展老年人智能技术运用情况专项调研和老年人智能技术运用培训80多场次，受益居民达1700多人次。横州市、邕宁区获评自治区级社区教育实验区。

（三）聚焦全面育人，全力提升人才培养质量

1.坚持推深做实，促进心理健康工作开展

市教育局、市卫健委、团市委、市妇联组建南宁市中小学校心理健康联合专家志愿服务队，作为入校指导储备专家队伍。细化广西大学等高校与全市中小学心理健康教育工作室的对口帮扶工作，发挥高校引领提高心理教育水平。探索医教结合，与南宁市第五人民医院等开展医教联盟合作模式探索与实践，建立完善校园心理危机学生转介诊疗机制。编印《家庭教育问答指南》和《教师行为指导一百问》，有针对性地进行心理教育的家庭教育指导和教师行为指导；开通未成年人心理咨询专线，让中小学师生、家长能及时获得心理援助。开展中小学心理健康教育"三制三线"系列工作和年度学生心理危机全覆盖排查工作，建立动态心理危机学生信息库，建立健全危机干预体系，提早预防、快速反应。

2.强化德劳结合，深化道德教育、劳动教育

一是进一步深化未成年人思想道德建设。全市5所学校获评"自治区中小学德育示范校"，18个学校案例被评为自治区中小学家庭教育优秀案例，14节课例获评2022年全区中小学德育微课教学"精彩一课"，数量均居全区前列。兴宁区三塘镇中心小学获评全国乡村温馨校园典型案例学校。南宁市2名学生获评广西壮族自治区新时代好少年，8名学生获得全国第十

五届宋庆龄奖学金。二是创新建立市本级劳动教育课程体系及评价体系。根据2022年国家最新出台的义务教育课程方案，南宁市率先印发《南宁市中小学劳动教育行动方案》，创新增加高中学段劳动教育项目指南，根据南宁市实际创新建立本地劳动课程及劳动评价体系，整理各类案例供各学段学校参考。审核认定市级中小学劳动教育示范学校17个，劳动教育实践基地24个。

3. 坚持融合发展，学校艺体工作成效突出

一是成立第一届全国学生（青年）运动会综合保障部办公室，扎实做好第一届全国学生（青年）运动会工作。在自治区第十三届学生运动会中，南宁市多个项目取得冠军和团体总分第一。1400余名学生代表南宁市参加自治区第十五届运动会体育比赛，代表队共获金牌280枚、银牌191枚、铜牌194枚，团体总分1.2万分。南宁市第一中学等112所学校获评市级体育传统特色学校，南宁市第五中学与南宁市邕宁高级中学获评广西体育特色示范学校。二是艺术展演成绩突出。18个（件）艺术作品代表自治区教育厅入选全国第七届中小学生艺术展演，表演类名额超过全区名额的半数，总体入选数量位居全区第一。

4. 坚持提质增效，加强中小学生校外教育

全力推进南宁市中小学综合实践教育学校建设。全面实施学生素质培育"六训九赛三平台"升级工程，持续开展科技、文体艺术、安全教育等方面的公益培训，惠及全市上万名学生。2名中小学生荣获第二届广西青少年科技创新自治区主席奖，2所学校获第八届中国国际"互联网+"大学生创新创业大赛广西赛区选拔赛"创新潜力奖"。南宁市教育局获第二十九届青少年爱国主义读书教育广西赛区优秀组织奖。升级南宁市中小学研学实践教育管理平台。15个基地被评为自治区第四批中小学生研学实践教育基地，各研学和劳动教育实践基地积极开展各项主题活动，接待学校、学生及家庭参与研学实践教育活动，接待量约31万人次。全市20多所学校近3万名学生参加"燎原计划"科创研学助力"双减"活动，南宁市获评"'科创筑梦'助力'双减'科普行动"试点城市，南宁市中小学校外教育活动中心等 16 个单位被评为试点单位。

5.坚持传承发展，推进语言文字工作和培育文化交流基地

实施"童语同音"计划，开展"学前学会普通话"行动、"推普脱贫乡村行"活动。开展全市教师普通话达标情况调查。加快推进全市 80% 以上的学校完成语言文字规范化建设。指导南宁市华侨实验高中面向国外，特别是东盟国家做好招生宣传工作，办好"东盟班""留学生班"。南宁市天桃实验学校、南宁市民主路小学申报中国—东盟教育开放合作试验区人文交流基地培育学校并顺利立项。积极组织外籍学生参加"中华诵"经典诵读大赛等活动，吸引更多外国留学生到邕学习。积极组织参加 2022 年北京冬奥会和冬残奥会"共迎未来"中外青少年人文交流活动暨第二届"中外人文交流小使者"全国总展示活动。组织南宁市天桃实验学校和南宁市民主路小学教育集团参加 2022 年 12 月 6～9 日举办的以"人文湾区　筑梦同心"为主题的"中外人文交流小使者"活动，并在澳门百老汇大剧院分别展示《童心逐梦》和《壮美广西幸福花》节目，深化桂澳两地人文交流。南宁市天桃实验学校西洋乐《红星闪闪》、南宁市民主路小学教育集团啦啦操《逐梦悦动亚运》、南宁市华强路小学壮族合唱《好比甜糕层叠层》和南宁市青秀区第一初级中学壮族舞蹈《歌飘三月三》等节目参加了 2023 年 3 月 6～7日在杭州市举办的"中外人文交流小使者"迎亚运倒计时 200 天活动，弘扬亚运精神，讲好广西故事，展现出了可信、可爱、可敬的青少年形象。

（四）聚焦教育教学改革，不断增强教育服务发展能力

1.坚持教育公平发展，继续深化考试招生制度改革

2022 年南宁市共完成高考、中考等 11 场教育考试组织管理工作，全力为近 50 万名考生保驾护航，实现"平安考试""健康考试"。全面落实义务教育免试就近入学政策，继续完善以居住证为主要依据的进城务工人员随迁子女入学政策，2022 年秋季学期南宁市义务教育阶段学校接收的进城务工人员随迁子女就读人数约 16.62 万人，连续多年位列自治区第一。探索建立进城务工人员随迁子女义务教育阶段新生入学"一站式"绿色通道联动机制。精细化做好招生工作，依托南宁教育云服务平台，启动"南宁市中小学幼儿园招生入学管理系统"二期建设。推进义务教育入学"一件事一次办"微改革，实现服务效能和政务效能的双提升。利用云技术升级完善南宁中考招生信息网和录取系统，考生和家长"足不出户"即可完成所有报名录取工作，录取过程实现"零投诉""零失误"。

2. 坚持教科研，助力教育教学创新发展

2022年，在南宁市市级教学成果等次评定中，产生教学成果特等奖等次4项、一等奖等次21项、二等奖等次50项、三等奖等次91项，评选出的教学成果具有创新性、科学性、实用性，下一步将不断发挥教学成果的引领激励作用。打造南宁特色"品质课堂"，引导教师开展课堂教学研究，提高课堂效率。推进基础教育国家级优秀教学成果推广应用示范区建设。实验教学、信息化教学教育教研工作再创佳绩。65名教师参加自治区实验教学说课比赛，一等奖数及获奖总数均居全区第一，南宁市教育局获得优秀组织奖，7个案例入选2022年广西中小学校创新、特色实验室优秀案例，市现教中心被评为优秀组织单位。17名参加2021年广西中小学信息技术与学科教学深度融合优秀课例评选活动的教师均获奖，获奖总数及一等奖数均居全区第一。2022年全区义务教育学校数字资源建设及应用论文征集活动中，南宁市共有188篇论文获评自治区级优秀论文，获奖总数及一等奖数均占全区30%以上，位列全区第一。组织参加中小学中华优秀传统文化自治区优秀课例遴选，南宁市获奖21节，占全区获奖总数的21%，位居全区第一。

3. 坚持"把脉问诊"，充分发挥教育督导导向作用

一是组织开展市县政府履行教育职责评价工作。2021年度南宁市政府履行教育职责获评"优秀"等次，在设区市中排名第一，实现"双连冠"。武鸣区、横州市在县（市、区）中分别排名第一、第三，全市8个县（市、区）获评"优秀"等次。二是积极推进县域学前教育普及普惠、义务教育优质均衡发展督导评估。制定义务教育优质均衡发展奖励机制，对2027年前通过义务教育优质均衡发展督导评估的县（市、区）给予差异化奖励。三是开展中小学校常规管理评估，"以学校常规管理评估为抓手推动中小学校高质量发展"被列为广西深化新时代教育评价改革第一批试点项目。四是组织实施与结果运用成为全区示范标杆。顺利完成2022年国家义务教育质量监测工作,西乡塘区拍摄了广西义务教育质量监测组织工作示范视频,为全区各地市开展培训提供了"南宁样本"。南宁市17篇案例入选广西义务教育质量监测结果运用优秀案例,入选数量居全区首位。青秀区、马山县、西乡塘区入选广西首批义务教育质量监测结果运用实验区名单,南宁市是全区入选数量最多的地市。五是开展教育热难点专项督导。突出抓好义务教育教师工资收入落实情况、教育经费两个"只增不减"落实情况等专项督导,将校园安全、"五项管理"、"双减"、新高考改革等教育重点工作纳入每月常规入校督导工作内容,确保教育政策落实落地。截至2022年11月,直属责任督学共入校督导550余次,出具13份整改通知单。

4. 坚持规范办学,加强民办教育规范管理

加强民办学校党建工作,强化对符合单独组建条件的民办学校的指导,提高党组织的单独组建率。印发《关于规范民办学校办学行为的指导意见》,指导民办学校完成将党建内容写入章程、决策机构成员备案、分类登记等重点工作,促进民办学校依法治校管理水平提升。依法开展民办学校年度检查,按时按质完成规范民办义务教育发展专项工作,全面清理规范民办义务教育学校名称。强化民办学校招生行为监管,要求招生计划一次性下达,公民办同步招生,确保民办学校招生行为与备案的招生广告和招生简章一致。

(五)聚焦立德树人,全面建强教师队伍

1. 构建成长梯队,打造高质量教师队伍

推动2~5年教龄青年教师成长规划落地见效。建立学科首席教师制,南宁市教育局直属学校共确定首席教师253名。2022年,南宁市获自治区教育厅表彰广西教学名师12名、特级教师27名、自治区优秀教师24名、自治区优秀教育工作者5名,获表彰的各项人数及总人数均居全区首位;选拔南宁市教坛明星25名、学科带头人400名、教学骨干2999名;表扬南宁

市教育系统优秀教师 450 名、优秀班主任 349 名、优秀教育工作者 100 名。

2. 坚持筑牢根基，狠抓师德师风建设

持续开展"正风铸魂强品质，立德树人向未来"主题师德师风建设工作。开展"师德巡回宣讲活动"，成立了第五批南宁市师德宣讲团，2022 年在全市开展 211 场宣讲活动，5.4 万余名教师聆听了宣讲团成员的报告。开展"万名教师访万家"活动，广大教师利用节假日和课余时间，走访学生所在社区和家庭，入户家访约 10.3 万次，有力推进了家校共育。在全市教育系统开展师德监督惩处活动，引导教师自觉匡正从教行为。推进思想铸魂、政治引航、从严治党、以案促改、正风反腐、先锋引领、联动监督、固本培元八大工程。深入开展警示教育"六个一"活动。

3. 坚持选优配强，强化师资配备

与区内外师范院校等高校探索建立就业指导暨人才推送协作机制，与南宁师范大学等 5 所对口驻邕高校签订就业服务合作协议，开展线上就业指导会。主动对接非毕业班优秀学生，引导优秀学子毕业前加入首府教师队伍。积极拓宽教师补充渠道，加大免笔试招聘、毕业生双选会招聘、"特岗教师"计划、定向培养计划的实施力度。截至 2022 年 12 月，已通过多种渠道补充教职工 8190 名。

4. 健全长效机制，加强教师待遇保障

通过月报制度动态监测、及时协调，2022 年每月各县（市、区）均已落实义务教育教师平均工资收入不低于当地公务员平均工资收入。及时调整岗位结构比例，全市中小学增加约 5000 个高级岗位。开展幼儿园、小学、初中名优教师聘任正高三级岗位工作，建立更符合学校实际、更能激励教师担当作为的岗位管理制度。拨付市级配套专项经费 370.74 万元，进一步提高乡村教师生活补助，惠及 6000 余名教师。2022 年市本级财政安排专项绩效经费 2717.5 万元，继续实施高三专任教师绩效激励。

5. 坚持铸魂引领，推进师资队伍培育

南宁市 13 所学校获评自治区级校本研修示范学校。市级开展中小学、幼儿园教师培训班 132 个，共计培训 1.1 万人次。艺体学科优秀教师培养工程实施效果显著，2022年南宁市5名艺体学科教师获评广西特级教师。推进人才小高地建设，连续10年组织开展"南宁·东盟人才活动月"基础教育先锋志愿者巡讲活动。遴选115所教师培训示范基地校、20所师德专项培训基地校，培育31个师德专项课题，获得调研课题答卷78万余份，有力支持了基础教育师德专项课题研究。南宁市2个案例获评2021年全国信息化教学创新典型案例。实施南宁市中小学（幼儿园）"一对一"精准帮扶培训项目，2022年共组织162位名师，为47所乡村中小学（幼儿园）及教师提供个性化诊疗式帮扶，惠及乡村教师超7000人次。

6.塑造品牌用才，着力发挥名师引领带动作用

推动名师定期展示与日常考核相结合，带动培育全市学科教师专业成长。推动151名特级教师、正高级教师、教坛明星及109个特级教师工作室、47个"三名"工作室向全市教师分享教育思想，让全市教师体验名师课堂，塑造"南宁市特级教师学术交流会""名师大讲堂月月谈"活动品牌，2022年安排活动124场，参与人数逾百万人次。实施名师及后备队伍示范引领、课题研究、教师培养、成果辐射四项考核，完善名师作用发挥的管理激励机制。开展基础教育名师团队学科帮扶校遴选工作，首批42所学校进行申报，遴选22个名师团队结对帮扶22所学校学科建设。

（六）聚焦人民满意标准，不断优化教育惠民举措

1.持续优化育人环境，教育投入取得新实效

2022年预算内生均学生公用经费定额达到幼儿园500元/（生·年），小学370元/（生·年），初中410元/（生·年），高中1000元/（生·年），职高1100元/（生·年），有力保障学校日常运转。2022年南宁市义务教育阶段学校学生享受国家免除学杂费政策，共下达中央、自治区城乡义务教育公用经费补助资金10.42亿元。积极践行"项目为王"理念，2022年录入南宁市"项目为王"项目管理平台的教育项目为336个，总投资约759.35亿元。进一步优化教育设施布局，加快推进教育基础设施建设，实现学位扩容增量。改善办学条件，2022年全市建成投入使用公办中小学校

18所（包括新建、重建），新增学位约3.13万个；建成投入使用公办幼儿园27所，新增学位约8850个。南宁市第九中学、南宁市五象新区第一实验小学新校区等第一批PPP教育基建项目正在陆续开工建设。

2. 精准施策，巩固拓展脱贫攻坚成果同乡村振兴工作有效衔接

一是统筹开展定点帮扶工作，2022年共派出6位驻村第一书记赴脱贫县开展乡村振兴工作，派出36名教师赴脱贫县中小学校从事支教工作。二是控辍保学常态化清零。压实控辍保学主体责任，强化培训督查，严格规范政策性休学办理工作流程，持续保持常态化清零成果。假期开展"大家访""大劝返"工作，将线上家访与适当入户家访结合，寒假期间组织4.7万名教师进行"大家访"，家访学生53万余人；暑假参与家访教师5.9万余人，家访学生43万余人。推进南宁市义务教育学校控辍保学专项行动工作，完善督导检查工作常态机制，通过常态化检查督促工作落实。坚持控辍保学日报、月报制度。控辍保学工作保持"双清零"，持续推进常态化清零。三是农村义务教育营养改善计划安全、稳定实施，2022年横州、宾阳、上林、马山、隆安、武鸣等四县一市一区受益学生超90余万人。四是全年各项学生资助项目投入资金约11.8亿元，受惠学生达83.2万人次。

3. 坚持"智慧教育"，稳步推进教育信息化建设，提高应用水平

2022年，南宁市为448间南宁市城乡教室配套"三个课堂"教室安装硬件设备，为1000多所公办中小学幼儿园建设校门人像采集布控系统及保安联网核验管理系统。大力推进南宁教育云平台应用发展，累计服务41所直属学校约10万名师生。其中，通过建设走班排课系统等7个新高考改革配套应用系统，累计服务市直属27所高中学校约2.6万名高中学生和4600多名高中教师，有力保障了新高考政策平稳落地；逐步搭建教、研、学、实践活动等多类可复制推广的高质量教育应用场景。推进融创实验区（校）建设工作，宾阳县、兴宁区被确认为实验区，南宁市第一中学、南宁市第八中学、南宁市第三中学初中部、龙堤路初级中学、星湖小学等5所学校（校区）被确认为实验校。南宁市第二中学等9所学校的教育信息化案例获评自治区教育厅2022年度教育信息化优秀案例。

（七）聚焦教育保障工作，持续优化育人环境

1. 多措并举，进一步提升法治教育水平及教育治理能力

扎实推动习近平法治思想进校园、进课堂、进头脑，免费发放《习近平新时代中国特色社会主义思想学生读本》。进一步完善中小学法治副校长工作机制，探索建立检察官进校园制度。创新"互联网+普法"新模式，建立"青少年法治教育资源库"，构建面向教师、学生的在线学法资源平台。全市超127万人次参加全国"宪法卫士"网上学习活动，参与人数连续七年居全区首位，进一步提高了宪法宣传教育影响力。依法编制教育领域轻微违法行为免罚清单和信用管理办法，对市场主体实行包容审慎监管。教育、市场监管、财政、物价等部门齐抓共管治理教育乱收费，明确了南宁市教育系统治理教育乱收费责任追究实施细则，有效规范了各学校的教育收费行为。

2. 坚持校园安全，不断健全安全稳定保障体系

全市中小学幼儿园安防建设"4个100%"动态达标。深入开展全市中小学生防溺水专项行动，建立市成员单位与县（市、区）、开发区防溺水精工作专班准结对治理机制，有效防范学生溺水事件发生。以《南宁市学校安全风险防控清单》为抓手，持续深入开展学校安全隐患排查整治，落实教育部门领导联系县区、学校工作制度，形成安全检查"日日检、周周查、月月巡"长效机制。建立教育系统防汛工作专班，全面抓好教育系统防汛防灾减灾工作。全面做好国家安全、消防、校车安全、危化品燃气安全、禁毒、防电信诈骗及信访等各项工作，部门联合落实"护校安园""护学岗"等工作，加强校园及周边治安综合治理、校园安全巡防联动及应急处置工作，强化学校应急处置演练和安全宣传教育，持续提高师生安全感。

3. 建设健康校园，学校卫健工作有序开展

一是加强校园食品安全管理。南宁市已开展食材集采集配的公办学校（含教学点）共计1624所，服务师生82万人；在100所新建学校食堂安装并投入使用"明厨亮灶"摄像头，实现对学校食堂的智慧监管。二是持续规范学校卫生健康工作，修订并印制万余册《南宁市学校卫生工作指导手

册》下发各学校学习使用，指导学校规范开展学校卫生工作。三是扎实推进儿童青少年近视防控工作，在"爱眼日"和近视防控宣传教育月活动中，南宁市学校共举办主题班队会 4 万余场次，发放致《家长一封信》107.8 万份，举行眼保健操评比近千场次。组织专家进校园健康宣讲 51 场次，医教协同，联防联控。组织开展 2022 年春、秋季学期儿童青少年视力监测工作。

4. 回应群众关切，推动宣传工作成效提升

加强门户网站和新媒体阵地建设。2022 年，南宁市教育局门户网站共推送信息 809 篇，进一步优化网站结构，加强门户网站的建设、管理与更新；"南宁教育"微信公众号更新 250 余次，推送文章 760 余篇，微信订阅人数超过 68.8 万人（2021 年为 38.4 万人），同比增长 79%。共出版《南宁日报·教育周刊》44 期。2022 年共组织各级各类媒体采访 30 余次，在各级各类主流媒体上发布新闻稿件约 200 篇。强化新媒体等"接地气"的宣传方式，新开设抖音平台短视频账号，利用更新颖、更贴近群众的方式做好教育宣传工作，共发布超 120 条视频，总浏览量近 150 万次，畅通渠道与群众对话。加大力度宣传"品质教育 学在南宁"系统工程，拍摄制作"党建""品质教育""清廉学校建设""喜迎二十大"等主题宣传片，出版 8 期《"品质教育 学在南宁"新时代教育高质量发展工程工作信息》。

二 2023年南宁市教育高质量发展工作展望

南宁市 2022 年教育工作虽然取得了一定的成效，但是还存在一定的困难及问题。部分区域优质教育资源配置不均衡，教育设施建设跟不上城市建设的步伐，学位供给不足问题仍然存在。

2023 年，南宁市将以"品质教育 学在南宁"新时代教育高质量发展工程为抓手，不断提升人民群众的教育获得感。

（一）加快构建高质量发展体系

统筹教育、科技、人才三位一体，推动首府教育高质量发展。培育示范

性科技教育学校，培养高水平科技辅导员队伍，搭建高品质科普教育活动展示交流平台，推进教育数字化，推动新技术与教育教学融合应用。深化智能时代的教育教学方式变革，推进拔尖创新人才育人模式改革，坚持教育、科技、人才协同支撑强国建设。

（二）打响南宁教育品牌

积极谋划制定南宁市教育高质量发展行动方案及一揽子配套文件，以市委、市政府名义召开全市教育高质量发展会议，密集出台一系列利好政策，全面建设学位充足、布局合理、资源优质的教育公共服务体系。

（三）加快建设面向东盟的职业教育合作区

优化专业设置，加强办学条件达标建设和品牌专业建设，优化职业教育供给结构；依托职业教育集团、现代产业学院等平台深化校企合作，建设市域产教联合体，探索"产业+职业院校+智库"三位一体模式，推动产教集聚融合；加强南宁市职业院校与东盟国家学校和企业的合作交流，提升职业教育国际化水平。确保2023年公办幼儿园在园幼儿占比不滑落，持续高位推进义务教育"双减"工作，深入推进高考综合改革和普通高中新课程新教材实施国家级示范区建设。以南宁市天桃实验学校、南宁市民主路小学中国—东盟教育开放合作试验区人文交流基地为平台，加强南宁市中小学与东盟国家中小学师生的交流。持续开展与南宁师范大学的校地协同深度合作。

（四）全面提升师资师能

持续推进名师、名班主任、名校长工程，开展教坛精英领航工程、学科带头人深蓝工程、"教学骨干育秀工程"第二期培养，以及南宁市教育系统优秀教师、优秀班主任、优秀教育工作者评选工作。及时动态核定学校教职工编制控制数，积极保障师资配备。

（五）持续落实教育保障工作

继续推进教育基建项目，新建、改扩建一批学校及幼儿园，扩充学位供给。将招生入学工作与基础教育改革发展、城乡义务教育一体化相结合，加强招生入学信息化服务，进一步推进义务教育入学"一件事一次办"微改革。抓好全市教育系统学校安全工作检查和专项督查，落实中小学幼儿园安全防范建设"4个100%"动态达标。

（六）推进教育信息化融创工作

力争形成可推广的基础教育信息化融合创新模式。进一步整合市级、区级及全国优秀教育教学资源，推动教育资源跨区域共享，扩大优质教育资源覆盖面。

B.3

2022~2023年南宁市科技发展状况
分析及展望

闭春红　吕阳*

摘　要： 2022年，南宁市深入实施创新驱动发展战略，按照"前端聚焦、中间协同、后端转化"工作思路，聚焦产业链、搭建创新链、激活人才链，推动科教振兴，全社会研发投入得到新增强，重大科研项目立项实现新突破，创新创业平台建设取得新进展，创新型企业培育跃上新台阶，创新人才引育取得新成效。但同时仍存在全市科技创新基础薄弱、高新技术企业培育困难、创新主体的科技成果转化能力有待提升等问题。2023年，南宁市将加快重大科技创新平台建设，强化企业创新主体地位，促进关键核心技术攻关和科技人才引育，不断优化科技创新机制，推动形成产业链、创新链、人才链融合发展新格局。

关键词： 科技创新　创新驱动　科技成果　创新载体

2022年，在市委、市政府的正确领导下，南宁市科技战线坚持以习近平新时代中国特色社会主义思想为指导，认真学习贯彻党的二十大精神，以及全国、全区科技工作会议精神，深入实施创新驱动发展战略，按照"前端聚焦、中间协同、后端转化"工作思路，推动产业链、创新链、人才链深度融合，各项科技创新工作稳步推进，为首府高质量发展提供坚强的科技创新支撑。

---

* 闭春红，南宁市科学技术局农业农村科技科科长；吕阳，南宁市科学技术局办公室科员。

一 2022年南宁市科技发展状况

（一）建平台，加速创新资源要素汇聚

1. 新型产业研究机构建设取得新进展

围绕服务重点产业领域，新引进和培育中国—东盟地理信息系统技术区域协同发展创新中心等新型产业研究机构5家，累计引进培育22家。支持新型产业研究机构牵头实施科技项目4项、"邕江计划"2项，转化科技成果85项，实现营收超3.7亿元。修订和完善新型产业研究机构认定和管理办法，进一步加强和规范新型产业研究机构管理。

2. 区域协同创新平台建设实现新突破

深入推进产教融合基地建设，参与推动桂电南宁研究院揭牌运营，整建制引进研究生1600多名，研究院科研团队与驻邕单位在研合作项目89项，涉及合同金额1.1亿元。高质量抓好深圳、上海"飞地孵化器"运营管理，累计孵化企业52家，引进22家大湾区、长三角企业落户南宁，实现营业收入6亿元。

3. 农业科技创新平台建设得到新增强

广西南宁国家农业科技园区累计完成投资4.5亿元，基本完成园区"八大体系"建设任务，促成华中农业大学与南宁市政府签订战略合作协议，引进邓秀新院士柑橘团队，成立了广西果业技术研究院。选派乡村科技特派员707名，累计开展服务超2.5万人次。新增广西农业科技园区4家，推动广西金陵农牧集团入选国家级地方鸡种基因库项目。

（二）强主体，科技创新主力军不断壮大

1. 聚焦重点产业实施科技招商

围绕重点产业领域需求，赴南京大学、上海宝武集团等20多家高校院所、龙头企业招商考察，成功签约北京超图地理信息创新中心、主线科技无

人驾驶研究院等，汇方科技"智能机器人研发制造项目"等 4 个项目落地南宁，计划总投资达 3.5 亿元。

2. 创新型科技企业不断壮大

构建创新型企业梯级培育体系，南宁市各类创新型企业数量继续保持全区首位，国家科技型中小企业达 1340 家，占全区总数的 31.4%；高新企业保有量达 1581 家，占全区总数的 41.5%，拨付高新企业认定后补助奖励共 3425 万元。广西瞪羚企业培育库新增入库企业 140 家。

3. 企业技术创新能力不断提升

企业研发平台数量保持全区首位，新增国家级创新创业平台 6 家，总数达 40 家；引导国家重点实验室与南宁市企业签约合作 2 家；新增自治区级创新创业平台 61 家，总数达 441 家，超额完成年度新增任务。新增自治区级创新联合体 1 家，总数达 4 家。新增市级工程技术研究中心 21 家，总数达 108 家。

（三）聚人才，创新创业动力加快凝聚

1. 高层次人才引育取得新成效

加快"人才飞地"建设，在广州、长沙新增"人才飞地" 2 家，总数达 5 家；广州、深圳人才工作站引进粤港澳大湾区创新项目 5 项。大力实施领军人才"邕江计划"，评选资助领军人才团队 24 个，资助经费达 2400 万元。2022 年累计引育高层次人才和团队 123 人（个），超额完成年度任务。做好外国专家服务和管理，组织审核急需紧缺外国人返桂来桂申请 17 人次。

2. 青年科技创新人才培育取得新增强

成功举办第五届"中国·南宁海（境）外人才创新创业大赛"，全球共有 459 个项目参赛，评选出优质获奖项目 30 个。支持 12 个优秀青年科技创新创业人才培育项目立项。发动科技企业提供 338 个科研助理岗位，吸纳高校应届毕业生 336 人。

3.科技孵化载体建设取得新提升

新增国家级科技企业孵化器 1 家、自治区级 2 家、市级 4 家，南宁市科技企业孵化器累计达 35 家，在孵企业 1575 家，3 家国家级科技企业孵化器获评科技部火炬中心优秀（A 类）评价。新增自治区级众创空间 4 家、市级 5 家，南宁市众创空间累计达 40 家，为 693 家创业团队和初创企业提供服务。

（四）抓攻关，持续增强产业技术创新能力

1.关键核心技术攻关有新突破

围绕千亿元重点产业和战略性新兴产业等领域发展需求，组织实施科技计划项目 46 项，安排科技经费 2600 万元。其中，产业链、创新链、人才链"三链"融合项目 28 项，支持科技经费 1785 万元；立项实施重大科技攻关"揭榜挂帅"项目 3 项，总投资 2780 万元，支持科技经费 834 万元，预期项目实施经济效益达 2.6 亿元。争取自治区科技项目资金支持 4.03 亿元，占自治区科技项目资金的 40.24%。南宁市共有 49 项科技成果获得 2021 年度广西科学技术奖，占全区获奖总数的 26%。

2.科技成果转移转化有新拓展

新增自治区级科技成果转化中试研究基地 3 家，占全区数量的 30%。实施自治区科技成果转化项目 324 项，超额完成年度任务（110 项），居全区首位，兑现科技成果转化奖补资金 804.155 万元；2022 年完成科技成果登记 1182 项，完成技术合同交易额 319.31 亿元，其中技术交易额 182.48 亿元。

（五）优生态，创新创业活力全面激发

1.科技创新政策保障体系更加完善

制订出台《南宁市科技创新发展"十四五"规划》《南宁市落实科技强桂行动实施方案》《南宁市产业链、创新链、人才链融合发展工作方案》等 5 个系列政策文件，不断完善科技创新政策体系。修订完善南宁市科技计划项目管理、验收结题，以及市本级财政科研经费管理办法等 7 个规范性文

件，不断提高科技项目实施效益。

2. 科技投融资服务更加全面

发动南宁市相关单位申领广西科技创新券2264万元，同比增长50.4%，占全区发放总额的35%，居全区首位。发放南宁市科技创新券1094.3万元、科技保险保费补贴313.1万元。落实"桂惠贷"政策，助力科技企业获得金融机构贷款31.43亿元，为企业减少融资成本9116.62万元。发布首批科技型融资担保"白名单"企业1241家，为52家科技型企业提供担保资金2.25亿元。

3. 全社会研发投入更加强化

建立重点规上企业研发投入服务名单，向首批428家企业发放研发费用财政奖补5700多万元，2021年南宁市全社会研发投入总量和强度实现双增长，经费总额和增加值均居全区第一，南宁市获得自治区科技厅2021年研发投入工作成绩突出地区通报表扬。规上企业中有研发活动的企业占比为27.27%，居全区首位。

（六）强党建，科技部门自身建设进一步提升

1. 抓实模范机关创建工作

扎实推进"五基三化"建设，以党建引领科技创新，打造机关党建品牌，组建"党建+"系列党员服务先锋队，在37家科技企业设立科技服务先锋岗，当好科技服务"店小二"。

2. 落实党风廉政主体责任

坚持全面从严治党，扎实开展清廉机关建设专题，传达学习党风廉政建设有关精神15次，开展以案示警教育11次，组织党员干部前往家教家风主题展、青秀山廉洁文化主题园等开展廉政主题教育3次，厚植崇廉根基。

3. 建强高素质干部队伍

创新举办"科创讲坛"8期，培训党员干部500多人次，切实提高干部履职能力。2022年新提拔正科级领导干部3名，新调入公务员4名。选派4名年轻干部参与全市重点工作，在一线培养锻炼干部。

二　2022年南宁市科技发展存在的问题

随着新一轮科技和产业变革的深入推进，南宁市经济复苏和产业结构优化升级，亟须依靠更多创新驱动推动高质量发展。

1. 科技创新基础薄弱

2022年，南宁市全社会研发投入强度（1.12%）与全国研发投入强度（2.44%）相比仍有较大差距，在全国省会城市排名靠后，追赶昆明（128.23亿元，1.78%）、贵阳（87.3亿元，1.85%）等西部省会城市缺乏动力。财政科研经费投入不足，2021年南宁市科技财政支出为13.69亿元，占全市财政支出的1.76%，与同期贵阳市（20.32亿元，2.98%）、昆明市（18.62亿元，2%）等城市相比仍存在较大差距。2021年市级技术研究与开发经费为1.75亿元，比2020年减少0.25亿元。

2. 高新技术企业培育存在困难

目前南宁市产业结构中，新兴产业占比偏小，中小微企业比例较大，创新投入不足，研发费用未及时有效归集。受疫情影响，很多企业财务成长性指标无法达到高新技术企业认定条件。

3. 创新主体的科技成果转化能力有待提升

南宁市创新型企业规模偏小，有能力开展科技创新和成果转化的企业不多，创新成果及技术仍处于较低水平。

三　2023年南宁市科技创新工作展望

2023年，南宁市科技系统坚持以习近平新时代中国特色社会主义思想为指导，全面贯彻落实党的二十大精神和中央经济工作会议精神，认真学习贯彻习近平对广西"五个更大"重要要求，深入贯彻落实习近平视察广西"4.27"重要讲话和对广西工作系列重要指示精神，深入落实全区科技创新工作会议精神，全面落实自治区党委、政府和市委、市政府的各项决策部署，坚持政策为大、项目为王、环境为本、创新为要，坚持科技是第一生产力、人才是第一资源、创新是第一动力，三位一体落实科教兴桂、人才强桂、创新驱动发展战略，按照"前端聚焦、中间协同、后端转化"工作思路，聚焦产业技术攻关，聚合科技资源要素，聚拢各类创新主体，聚力厚植人才沃土，聚积创新发展动能，着力补短板、强弱项、固底板、扬优势、锻长板，提高科技供给体系质量和效率，不断增强科技创新赋能高质量发展的支撑力，奋力开创新时代南宁科技创新发展新篇章。

2023 年科技创新工作主要目标：引进和布局新型产业技术研究机构 5 家，新增各类创新创业平台 30 个；力争高新技术企业保有量突破 1600 家；实施重大科技项目 10 项和科技成果转化项目 150 项；引进和培育高层次科技人才和团队 35 人（个）；推进南宁国家农业科技园区建设，建设 1~2 家农业新品种育种基地。

（一）着力突破产业关键技术和共性技术难题，推动南宁市科技创新发展能力迈上新台阶

2022 年 6 月，习近平在湖北省武汉市考察时强调，随着我国综合国力发展壮大，突破"卡脖子"关键核心技术刻不容缓，必须坚持问题导向，发挥新型举国体制优势，踔厉奋发、奋起直追，加快实现科技自立自强。2022 年，南宁市一批企业实施的科技攻关项目取得了可喜的成果。如南南铝加工的"新能源汽车母线导体用 6101 铝合金新材料研发及产业化"项目实现了国产化，新增销售收入 8244 万元。但目前全市大部分企业处于产业链中低端，产品附加值不高，市场竞争力不强，因此企业的创新发展还是要依靠关键核心技术攻关，以提高企业自主创新能力。全面落实自治区科技"尖峰"行动，结合南宁市实际，继续聚焦新能源汽车、电子信息、先进装备制造等重点产业链关键技术和人才需求，坚持"产业出题、科技答题"机制，采取重大科技计划项目立项、"揭榜挂帅"等方式，部署实施创新链、产业链、资金链、人才链"四链"融合专项重点项目，推动实施一批具有战略性、全局性、前瞻性的重大科技

项目，推动核心技术自主创新和"卡脖子"技术突破，推进产学研深度融合。

（二）着力突出高能级创新载体建设，加快推动南宁市科技成果孵化、转化、产业化

1.加快重大科技创新平台建设

2021年5月习近平在两院院士大会上强调，国家实验室、国家科研机构、高水平研究型大学、科技领军企业都是国家战略科技力量的重要组成部分，要自觉履行高水平科技自立自强的使命担当。当前，南宁市自治区级以上创新平台数量达407家，全区占比接近4成。但与其他周边省会城市相比，国家企业技术中心南宁市仅6家，贵阳市有16家；国家地方联合工程研究中心，南宁市仅6家，贵阳市有20家；国家重点实验室，南宁市仅5家，长沙市有12家，成都市有12家。这背后反映的是南宁市企业自主研发创新水平还有待提升，此外驻邕高校院所中缺乏重点国字头大院大所和理工类院校，培育的本土科研人才满足不了产业创新发展的需求，"校企产学研"合作还不够密切。因此，要加快重大科技创新平台建设，重点支持桂林电子科技大学南宁研究院打造服务RCEP的高水平"产学研用"中心；加大力度推进中南大学组建新型电池产业技术研究院，推进厦门大学在南宁市设立东盟研究院；加快建立教学、科研、创新、创业全方位、全过程深度融合的产学研联合模式，提高科技成果转化率，不断强化科技创新平台对产业高质量发展的支撑引领作用。

2.进一步提升创新创业平台服务能力

当前，南宁市各类创新创业平台服务能力明显提升，一大批具有自主创新能力的高新技术企业在各类科技创新创业平台的催化下不断涌现，推动了一批新兴产业的快速发展，促进了区域内产业结构的合理调整，对区域经济发展的贡献日益显现。如南宁·中关村2022年新引进创新项目104个，累计聚集创新主体785家，其中科技型中小企业122家、国家高新技术企业70家、规上企业30家、广西瞪羚企业（含入库）22家、广西

"专精特新"企业（含入库）7家，入驻企业营收超200亿元。但也要看到，一些创新创业平台服务的深度、精度不足，孵化器只有量的扩张而缺乏质的突破。如全市拥有科技企业孵化器35家，其中国家级孵化器仅有8家，还没有国内一流、世界知名的孵化器服务品牌。因此，要加快完善"众创空间—科技企业孵化器—科技园区"全链条创新型企业孵化体系，积极参与推进面向东盟科技创新合作区建设；加快推进南宁·中关村示范基地升级发展，推进南宁高新区、横州市国家级双创示范基地建设；推进深圳、上海两地"飞地科技企业孵化器"建设运营；推动意向落地的科技企业快速向南宁转移，促进科技成果转化，助力大众创业、万众创新高质量发展。

（三）着力强化企业科技创新主体地位，努力塑造南宁市高质量发展新优势

1. 大力培育科技型中小企业

当前南宁市各类科技型企业数量及占比均位居全区第一，科技型中小企业、瞪羚企业数量全区占比超过3成，高新技术企业数量全区占比超过4成，但与长沙、合肥、昆明等相比，在数量和质量上仍存在较大差距，以高新技术企业为例，2022年底南宁市高新技术企业数量为1581家，而长沙市有6588家，合肥市有6412家，昆明市有1788家，南宁市的高新技术企业数量、规模偏小，科技型企业培育刻不容缓。加快构建完善"科技型中小企业—高新技术企业—瞪羚企业—独角兽企业"创新型企业梯级培育体系，建立科技型企业成长加速机制，不断壮大科技型企业主体规模，重点遴选培育一批创新能力强、主营业务突出、竞争优势强、成长性好的优质企业，促进资金、项目、技术、人才等各类创新要素向企业集聚，推动科技型企业成为创新创造主力军。

2. 支持和激励企业加大科技研发投入

近年来，南宁市科技型企业群体不断壮大，创新能力显著增强，全市规上企业研发投入达32.1亿元，对南宁市全社会研发投入的贡献率提升至

56%，但与全国平均水平（76.9%）相比还有很大差距。"十四五"时期，南宁市应突出发挥企业创新主体作用，激励企业加大科技研发投入，切实落实科技项目经费后补助、研发费用加计扣除税收优惠、科技创新券等政策，推动行业龙头科技型企业建设高能级创新平台、牵头实施重大科技项目等，集聚产学研力量，链接创新资源，提升企业创新发展能力，为产业链提供技术支撑与服务。

3. 引导和支持企业牵头组建各类新型研发机构

坚持以市场为导向、企业为主体、需求为牵引，支持和引导产业链重点龙头企业联合行业上下游企业、高等学校、科研院所组建新型研发机构，深化校院企地合作，推动政产学研用协同创新，通过创新让产业链各环节实现价值增值，依托创新链促进产业链升级，提高科技成果转化率和产业化水平。

（四）着力构建协同高效科技创新生态，全方位激发南宁市科技创新活力

1. 优化创新人才发展环境

2022年6月，习近平在湖北省武汉市考察时强调，各级党委和政府要尽可能创造有利于科技创新的体制机制和工作生活环境，让科技工作者为祖国和人民做贡献。为此，自治区党委全面深化改革委员会成立了教育科技人才综合改革专项小组，统筹协调、一体推进教育、科技、人才改革事项。南宁市也在积极谋划、统筹推进，做好"科技与教育融合"和"科技与人才融合"两篇文章。聚焦南宁市重大产业发展需求，积极探索引进高层次科技人才的新模式，通过项目实施、平台建设、关键核心技术攻关、成果转化应用等形式，加强对企业科技领军人才和重点领域创新团队的支持，着力培养集聚创新人才；支持企业依托各类科技计划项目和创新创业平台等开发科研助理岗位，引导科技人才向企业集聚。加快建设中国—东盟人才城，举办"中国·南宁海（境）外人才创新创业大赛""南宁市创新创业大赛"等赛事，支持和鼓励更多优秀人才来邕就业创业。持续推进"人才飞地"建设，

大力引育一批南宁发展急需的"高精尖缺特"人才，推动产业链、创新链、资金链、人才链"四链"畅通融合。要切实加强高层次科技人才服务保障，落实好高层次人才住房保障、子女教育、医疗服务等相关待遇。

2. 完善政府投入刚性增长机制和社会多渠道投入激励机制

2022年，南宁市科学技术支出为18.55亿元，较上年增长35.9%，市本级（含开发区）一般公共预算科学技术支出为8.32亿元，占市本级（含开发区）一般公共预算支出的2.28%，达到《广西壮族自治区科技创新条例》提出的不低于2%的要求，青秀区、西乡塘区、良庆区、武鸣区、横州市、邕宁区、江南区、兴宁区等8个区（市）达到《广西壮族自治区科技创新条例》提出的不低于1%的要求，但还有宾阳县、上林县、马山县、隆安县4个县达不到此要求，尤其是上林县只有0.02%。因此，南宁市要把财政科技支出列入预算保障重点，逐年增加科技投入，各县（市、区）、开发区的科技经费要重点投向创新平台建设、创新主体培育、重点产业关键共性技术研究等科技活动；加强科技金融支撑，运用"科创贷""科创担"等金融产品加大对科技企业融资的支持力度，发挥政府投资引导基金作用，带动社会资本投向创新领域项目、创新企业，推动完善以财政科技投入为引导、企业科技投入为主体、社会资本投入为补充的多元化科技投入体系。

3. 突出强化农业科技创新

习近平在中央农村工作会议上强调，要加快实现高水平农业科技自立自强，依靠科技和改革双轮驱动加快建设农业强国。要推进农业科技进步和成果转化应用，加快农业新品种选育和繁育推广，推动重大动物疫病防控、生物种业、绿色投入品、农产品加工等领域技术研发。认真组织落实乡村科技特派员选派制度，不断壮大农业科技服务力量。加快完善广西南宁国家农业科技园区"八大体系"建设，不断提升示范区的科技创新水平，确保年底通过科技部验收；支持武鸣区、横州市开展创新型县（市、区）创建工作，推进星创天地建设。同时聚焦民生领域科技需求，强化生态环保、公共安全、健康养老等民生领域科技创新，使科技创新成果惠及广大人民群众，同心协力全面推进乡村振兴。

4.狠抓科技政策落实

2022年以来，中央、自治区先后出台《科技体制改革三年工作方案》、《关于完善科技经济体制的意见》和《广西科技体制改革三年攻坚方案》、《广西壮族自治区科技创新条例》等系列有关科技创新文件，南宁也制定了《南宁市科技创新发展"十四五"规划》《南宁市落实科技强桂行动实施方案》《南宁市贯彻落实〈广西科技体制改革三年攻坚方案〉分工方案》等政策措施，全市科技系统要带头抓落实、善于抓落实、层层抓落实，要继续实施重大科研项目"揭榜挂帅"制，积极构建协同高效的科技创新服务体系，千方百计把政策机遇转化为发展的"真金白银"，营造创新创业良好生态。

（五）着力打造过硬科技管理队伍，切实提升科技创新发展内生动力

1.加强政治建设

南宁市科技系统要旗帜鲜明讲政治，把贯彻落实党的二十大精神、党中央的决策部署和习近平重要指示精神作为首要的政治深刻领悟。要坚定拥护"两个确立"，深刻领悟"两个确立"的决定性意义，不断增强"四个意识"，坚定"四个自信"，做到"两个维护"。坚持党对科技创新工作的全面领导，严守政治纪律和政治规矩，确保科技工作在政治立场、政治方向、政治原则、政治道路上同以习近平同志为核心的党中央保持一致，在战略谋划、政策制定、工作推进上始终按照党中央、自治区关于科技创新工作的重大决策部署，以及市委、市政府确定的中心工作来开展，主动作为，狠抓科技政策落地见效。

2.加强对科技项目管理的监督检查

科技部门要严格落实全面从严治党各项要求，特别是要贯彻落实好习近平总书记在二十届中央纪委二次全会上的讲话精神，紧紧围绕市委、市政府确定的重大项目和重点工作，主动适应新形势、新变化，善于把握大局大势，自觉把科技创新工作放在全区、全市发展格局中去思考、推动，把握好新增长点，挖掘科技创新活力，应势而动、顺势而为、乘势而上。结合重

点企业、重大项目走访服务工作，切实强化科技项目管理，加强廉政风险研判，突出做好已立项科技项目的实施管理工作，强化科技专项资金使用情况的监督检查，确保科技经费花在点子上、用在关键处。严格执行民主集中制，进一步提高决策的科学性和民主性，把党和人民赋予的权力和资源管住、用好。

3. 加强干部队伍建设

当前，南宁市各县（市、区）、开发区不同程度地存在科技管理队伍老化、学历偏低、人员匮乏等问题。因此，各县（市、区）、开发区要按照党中央、国务院关于机构改革工作的部署和要求，进一步加强科技管理干部队伍建设，注重培养年轻干部，不断优化科技管理干部队伍结构。科技部门要加强科技管理干部业务培训，提高干部队伍适应科技创新治理新要求的能力水平，提升工作执行能力。

2022~2023年南宁市民政事业发展状况分析及展望

唐小若 陆雪莹 涂豫湘 陈梅娇 黄彦霞*

摘　要： 2022年，南宁市民政事业在切实履行好基本民生保障、基层社会治理、基本社会服务等职责的基础上，积极保障和改善民生，持续推进民生福祉升级，在养老服务、社会救助工作等方面取得良好成效，但还面临一些困难和挑战。2023年，南宁市民政事业拟实施"六大行动"、健全"六大体系"，如实施社会救助精准兜底行动，更深层次健全分层分类的社会救助体系；实施养老服务质量提升行动，更高水平完善养老事业和养老产业体系；实施儿童福利精细服务行动，更大力度完善儿童福利和未成年人关爱保护体系；实施"五社联动"提质增效行动，更实举措健全基层社会治理体系，以促进南宁民政事业高质量发展，持续积极保障和改善民生。

关键词： 民政事业　兜底保障　养老服务　改革创新

2022年，南宁市积极践行"民政为民、民政爱民"的工作理念，切实履行好基本民生保障、基层社会治理、基本社会服务等职责，积极保障和改善民生，持续推进民生福祉升级，养老服务、社会救助等方面取得了良好成

* 唐小若，南宁市民政局党组书记、局长；陆雪莹，南宁市民政局副局长、党组成员；涂豫湘，南宁市民政局办公室（政策法规科）主任；陈梅娇，南宁市民政局办公室（政策法规科）副主任；黄彦霞，南宁市民政局办公室（政策法规科）工作人员。

效。南宁市养老服务工作获国务院督查激励并给予5000万元奖励支持，南宁市入选国家层面积极应对人口老龄化重点联系城市、全国2022年居家和社区基本养老服务提升行动项目地区；南宁市城乡居民最低生活保障管理办公室被评为全国社会救助工作先进单位；社会救助创新改革试点、居住地申办低保、养老服务高质量发展、"15分钟养老圈"、市民政局政府网站建设等工作经验获民政部、广西民政厅及南宁市政府肯定和推广。

一　2022年南宁市民政事业发展状况

（一）强化党的政治建设，以高质量党建为民政事业高质量发展提供坚强保障

一是强化理论武装，持续推动习近平新时代中国特色社会主义思想走深走实。坚持把学懂、弄通、做实习近平新时代中国特色社会主义思想作为首要政治任务，落实党组中心组理论学习制度，坚持"第一议题、第一内容"制度，全年开展党组理论学习、中心组集中学习5次，18名处级党员领导干部做中心发言。深入学习宣传贯彻党的二十大精神，民政局系统开展学习宣讲10场次，参与人数400多人次。

二是强化清廉建设，筑牢思想防线。大力推进清廉南宁建设，开展廉政、警示教育活动25场次，参与人数达700多人次。出台《南宁市民政局重大事项请示报告制度》《中共南宁市民政局党组"一把手"权力清单和负面清单》等6项制度、1个清单。深化家庭家教家风建设，进一步筑牢干部职工思想防线。

三是强化党建引领，助力乡村振兴。落实定点帮扶责任，民政局系统定点帮扶单位领导到帮扶村（社区）指导工作37次，投入、引进资金32.2万元，购买消费帮扶产品33.5万元，以实际行动做好巩固拓展脱贫攻坚成果同乡村振兴有效衔接工作。

（二）提高社会救助兜底保障水平，编密织牢困难群众基本生活安全网

一是全面落实兜底保障政策，有效保障困难群众基本生活。2022 年，全市城乡最低生活保障标准提高至每人每月 810 元和每人每年 6800 元。城乡最低生活保障对象中完全丧失劳动能力或生活自理能力的重点保障对象（A 类对象）平均补助水平每人每月提高 15 元，其他城乡最低生活保障对象平均补助水平每人每月提高 5 元。同时，为低保对象、特困人员发放一次性生活补贴和价格临时补贴。全年累计发放城乡低保金 130.35 万户次、312.5 万人次、9.2 亿元，城乡特困人员特困供养金 33.67 万人次、2.74 亿元，临时救助 1.17 万人次、1626.57 万元，有效保障了困难群众的基本生活。

二是巩固拓展脱贫攻坚成果同乡村振兴有效衔接，坚决守住不发生规模性返贫底线。建成南宁市监测对象信息库，扎实开展低保边缘家庭和支出型困难家庭认定工作，推进低收入人口标记和常态化监测。印发《南宁市民政局关于做好分散供养特困人员定期访视工作的通知》，保障分散供养特困人员照料护理责任落实到位，基本生活权益得到保障。推动出台《南宁市社会救助动态管理实施细则》，为提高低保对象动态管理的时效性、规范性和标准化水平提供有力支持。截至 2022 年 12 月 31 日，全市纳入低保的脱贫监测户共 3.77 万人，累计发放低保金 1.23 亿元；纳入特困人员供养的脱贫监测户共 1619 人，累计发放供养补助 1086.6 万元。

三是社会救助数字化、信息化工作取得突破性进展。建成困难群众主动发现信息库，创新实现核对数据共享本地化拓展，探索推进"快速精准实施失业人员救助服务"，困难群众主动发现工作机制不断完善。推动"南宁民政+智慧救助"系统上线运行，低保、特困、临时救助全部实现线上申请，民政对象线上生存认证工作全面开展，在全区率先全面启用低保对象、特困人员电子证照服务，推进社会救助服务管理向信息化、便捷化转型，让数据多跑路、群众少跑腿。

（三）抢抓发展机遇，建强健全养老服务体系

一是养老服务领域改革创新亮点纷呈。2022 年，南宁市养老服务工作获国务院督查激励并给予 5000 万元奖励支持，南宁市被国家发展改革委、民政部、国家卫健委列为积极应对人口老龄化重点联系城市，入选全国 2022 年居家和社区基本养老服务提升行动项目地区，获得 2665 万元中央专项彩票公益金支持。

二是健全养老服务制度体系。出台《南宁市养老服务业发展规划（2021—2035 年）》，瞄准"将南宁市打造成为布局合理、功能完备、服务优化、特色突出的全国养老服务综合改革示范城市和区域性国际休闲养生健康养老胜地"，系统谋划南宁市养老服务业高质量发展的方向和路径。出台《南宁市大健康产业发展"十四五"规划》，推动《南宁市居家养老服务条例》立法起草，修订出台《南宁市新建住宅小区配套社区居家养老服务用房管理办法》《南宁市高龄津贴管理办法》等政策，为促进养老服务业发展提供政策支持。

三是加快布局和建设养老设施。推进上林、经开区等地的 2 个县级示范性养老服务设施建设，下达 1600 万资金用于 9 个县级示范性养老服务项目和乡镇（街道）综合性养老服务中心建设，165 个新供应居住用地把新建住宅小区配建社区居家养老服务用房作为出让条件。

四是大力发展社区居家养老服务。全力办好为民办实事项目，为 1.5 万名五类老年人提供居家养老服务；为 2006 户特殊困难老年人提供居家适老化改造，让"小改造"成为老年人的"大幸福"。开展 30 个"长者饭堂"助餐配餐服务试点，1 万多名老年人在长者饭堂系统注册用餐，累计服务老年人 80 多万人次，打造"舌尖上的幸福晚年"。人民日报、中国新闻网等全国主流媒体予以报道关注。

五是强力保障养老机构安全。举行消防安全培训，联合市场监管部门对全市 31 家养老机构开展"双随机一公开""养老机构安全规范"强标执行情况和"创国家食安示范城迎检工作"检查，指导和督促养老机构

做好自建房、消防、燃气、食品安全等工作，切实保障机构老年人生命健康安全。

六是做好老年人福利工作。精准发放高龄津贴，全年累计发放80周岁以上老年人高龄津贴73.87万人次，约1.97亿元。

（四）扎实做好儿童福利保障工作，护航未成年人健康成长

一是提升儿童福利保障水平。机构供养孤儿、事实无人抚养儿童（散居孤儿）基本生活最低养育标准分别提高到每人每月1422元、1022元，全年累计发放孤儿（含艾滋病病毒感染儿童）基本生活费和事实无人抚养儿童基本生活补贴3.19万人次、3180.05万元。

二是加大特殊儿童教育保障力度。实施"福彩圆梦·孤儿助学工程"项目，为在读大中专院校的199名孤儿发放助学金183.42万元。组织招收19名孤儿和事实无人抚养儿童到南宁市明天学校免费就读。投入48万元打造南宁市社会福利院青少年社会实践实训基地，为孤残青少年职业教育提供实训场地，增强孤残青少年的社会实践能力，进一步推进孤残青少年融入社会。

三是深化农村留守儿童和困境儿童关爱保护服务。在全市开展7个农村留守儿童和困境儿童关爱保护服务项目，全市范围内推广"代理妈妈"农村留守儿童关爱志愿服务模式，加强农村留守儿童动态信息管理，建立完善的留守儿童信息台账，目前全市登记在册留守儿童约1.6万人。

四是推动儿童福利机构提质转型。将县级儿童福利机构内长期监护的36名儿童移交安置到市级机构，提高儿童福利机构资源使用效率，为病残孤儿提供更优质的保障，为健康儿童和轻度残疾儿童提供更优质的成长成才环境。

五是扎实做好未成年人保护工作。联合公安局、文化广电和旅游局等七部门对娱乐场所开展涉未成年人问题专项检查，开展"点亮六一"未成年人保护宣传工作。

（五）加强基层政权建设和社区治理工作，不断完善城乡社区治理体系

一是强化部门联动，推进各项重点工作落地见效。积极参与新时代党建引领基层治理、清廉社区、清廉乡村建设，有力推进乡镇（街道）纪检监察组织与村（居）务监督委员会有效衔接试点工作，推动市域社会治理现代化试点工作指标落实。

二是提升保障水平，为城乡社区治理赋能赋力。安排自治区福彩公益金270万元，在青秀区、上林县、马山县和隆安县开展城乡社区服务场所示范建设。协调南宁市本级财政资金2610万元，按照每个城市社区10万元标准落实社区党组织服务群众专项经费，用以解决群众关切的民生问题。全面落实城市社区专职社工"三岗十八级"薪酬体系，优化报酬系数，进一步提升村（社区）干部薪酬待遇。探索开拓线上培训渠道，培训社区干部2220余人次。

三是积极探索创新，推进城乡社区治理体系不断完善。编制南宁市基层群众性自治组织依法自治事项、依法协助政府工作事项、依法协助政务服务事项、出具证明事项、服务场所挂牌、减负措施和不应由村（社区）承担工作事项等7个清单，进一步厘清村（社区）职责边界。推动社区、小区、村（屯）议事常态化开展，有效推进以居民参与为主体的社区治理模式。在上林县云灵村、马山县福兰村、横州市替桥村、隆安县那重村创建4个全国村级议事协商创新实验试点。指导5个县（市、区）14个试点村（社区）开展乡村治理社会工作服务项目及督导项目，有序引导城乡居民、乡村自治组织、志愿者、乡贤等社会力量和市场主体参与乡村治理。

四是挖掘典型经验，持续提升城乡社区治理水平。在全市范围内推广武鸣区"乡贤+"治理模式以及村（居）务监督委员会"678"模式等基层治理典型案例。会同南宁市委宣传部大力挖掘、宣传忠良村、邕乐村、银沙社区、那楼社区等4个村（社区）的村规民约和居民公约，为南宁市村规民约（居民公约）的制定修订树立典范，进一步推动乡风文明建设。

（六）持续加强社会组织管理，全面提升监管水平

一是加强培育扶持。全市新登记成立社会组织205家，总数达4868家（其中市本级新登记成立75家，总数达1266家），居全区首位。投入230余万元完成南宁市社会组织孵化中心升级改造，入驻社会组织27家。开展社会组织公益创投大赛，投入48万元扶持10个社会组织创投项目，鼓励社会力量参与社会事业建设发展。做好等级评估工作，评出5A等级社会组织10家、3A等级2家、2A等级1家。

二是加强综合监管。持续开展社会组织不规范行为清理整治专项行动，劝散非法社会组织分支机构1家，撤销"僵尸型"社会组织2家。开展全市行业协会商会乱收费清理整治"回头看"工作，通过主动减免和降低收费减轻企业负担141.22万元，营造良好营商环境。

三是加强社会组织党建工作。以政治建设为统领，强化基层党组织政治功能和组织建设，市社会组织综合党委新组建党组织16个，培养入党积极分子70名，确定发展对象34名，新发展党员36名。深入开展民营企业"先锋引领·亲商强企"大行动，加强事业单位、社会组织与民营企业之间的密切联系，共同推进各项事业发展。

四是持续引导社会组织参与乡村振兴工作。南宁市本级252家社会组织通过产业合作、消费帮扶及技术培训等形式扶持共建村，折合价值4000余万元。

（七）着力促进慈善事业加快发展，推动福利彩票转型升级

一是加强慈善组织活动指导。全市各慈善组织积极开展慈善公益活动，组织实施救助项目，发放慈善款物合计2066余万元。

二是深入实施乡镇（街道）社会工作服务站和社会工作人才队伍建设三年行动计划。投入资金2210万元，建成127个乡镇（街道）社工站，服务困难群众近10万人次。

三是推广使用全国志愿服务信息系统2.0版和"桂志愿"志愿服务系

统。注册志愿者 168.97 万人，志愿队伍 5716 个，记录服务时长 1598.07 万小时。

四是大力推动福利彩票健康安全转型发展。南宁市 2022 年即开型福利彩票累计销售 3.11 亿元，同比增长 19.3%，占全区销售额的 33%，筹集公益金约 6224.39 万元，充分发挥福彩公益金保障民生、改善民生的渠道作用。

（八）深化社会事务管理，有效提升民政公共服务水平

一是积极推进婚俗改革。下拨补助资金 150 万元支持开展市内首批婚俗改革试点，积极推进婚俗改革和婚姻登记机关进驻公园办公，全区首家公园式室外婚姻登记处（西乡塘区民政局婚姻登记处）在南宁西乡塘区上尧码头美丽的邕江河畔对外服务，成为新人登记打卡热门地。全年全市办理婚姻登记工作总量为 5.8 万余件，其中结婚 3.8 万件、离婚 1.34 万件、补发证件 0.7 万件。

二是提升流浪乞讨人员救助管理质量。开展流浪乞讨人员救助专项行动和"大爱寻亲、温暖回家"主题寻亲活动，全年全市各级民政部门开展救助服务达 7688 人次，寻亲成功 262 人。

三是大力推进殡葬改革。贯彻落实殡葬服务设施建设三年行动计划，加快推进殡仪馆、城市公益性公墓、农村公益性公墓等殡葬服务设施建设。落实惠民殡葬政策，对困难群体实施惠民减免 2600 多人次，约 600 万元。

四是落实好残疾人福利制度。指导青秀区、良庆区、西乡塘区开展精神障碍社区康复服务试点工作，做好残疾人两项补贴"跨省通办"和补贴发放工作，全年全市累计发放残疾人两项补贴 155.83 万人次，约 1.25 亿元。

（九）加强地名管理服务，稳慎推进行政区划优化调整

一是抓好区划调整调研审核。认真学习宣传贯彻落实《关于加强和改进行政区划工作的意见》，组织指导各县（市、区）认真做好区划调整的调研论证。

二是强化行政区域界线管理。牵头做好与钦州市、防城港市毗邻县界线联检和平安边界建设工作，指导兴宁区、青秀区、良庆区、邕宁区做好市内195.14公里毗邻县界线联检工作。

三是加强地名规范管理。指导和审核31条道路和6座立交桥的命名调研工作，完成6个城区2533条道路路牌设置点位的核查统计工作。集中开展地名信息数据质量建设行动，分两个阶段完成全市10万余条地名信息数据的审改提升。

四是扎实做好新《地名管理条例》学习宣传工作。印发《地名管理条例》简册和宣传海报1万余份，开展新条例学习宣传和地名文化进机关、进学校、进社区系列活动，组织开展"千年古镇、千年古村落"申报认定和"深化乡村地名服务，点亮美好家园"试点工作。

五是指导各县（市、区）推进地名普查成果转化三年行动计划。启动编撰出版《南宁地名文化故事》，做好地名文化传承保护工作。

（十）坚持"项目为王"，统筹推进民政项目建设

一是制定《南宁市民政局"项目为王"工作实施方案》，成立项目建设工作组，自主谋划全市民政事业发展项目库，形成1个总库、4个分库，共28个项目，计划总投资达92亿元，构建了养老服务项目"东西南北中"、儿童福利项目"一主两翼"、福利医疗项目"多点布局"、公益公墓项目"点面结合"的项目策划与发展新格局。全力推进养老、儿童、殡葬等领域项目建设，南宁市儿童福利院工程项目于2022年10月18日正式开工建设，规划总用地面积50.01亩，拟建4栋生活、医疗、康复、社工业务用楼，配套建设特殊教育学校2栋教学楼，设置床位600张，建成后将进一步改善南宁市儿童福利机构基础设施，大力提升南宁市孤弃儿童养育、护理、医疗、康复、特殊教育以及困境儿童的扶助水平。

二是统筹推进法治政府建设、政务服务改革、信访、乡村振兴等工作。加强民政信息化建设，于2022年11月1日上线"南宁数字民政"，整合社会救助、养老服务等8个业务模块，可办理查询便民应用服务43项，实现

民政服务事项网上办、掌上办、一次办，为民服务更加高效便捷。

在看到成绩的同时，南宁市民政局也清醒认识到当前民政事业发展还面临一些困难和挑战，主要表现为与先进发达地区还有很大的差距，谋划项目、推进项目力度还不足，思想解放、观念转变还不够快，等等。

二 推进南宁市民政事业高质量发展对策措施

（一）实施社会救助精准兜底行动，更深层次健全分层分类的社会救助体系

推进巩固拓展脱贫攻坚兜底保障成果同乡村振兴有效衔接，探索完善低收入人口动态监测信息平台监测预警功能，完善困难群众主动发现机制，快速精准实施社会救助服务。加大低保扩围增效力度，规范低保、特困供养、临时救助以及低保边缘和支出型困难家庭审核认定，推动、优化低收入群体生活用电、水、气等费用优惠和补贴政策，适度扩大救助对象覆盖面。探索完善"社会救助+慈善"模式，建立政府救助与慈善救助衔接机制。深化居住地申办低保等社会救助改革，推进救助异地、跨自治区申请受理常态化，全力争取将南宁市社会救助工作纳入 2023 年国务院督查激励范围。

（二）实施养老服务质量提升行动，更高水平完善养老事业和养老产业体系

落实市委主要领导指示精神，像发展优质教育、优质医疗一样发展优质养老服务。建立健全市长作为召集人的养老服务工作联席会议制度。编制《南宁市养老服务设施建设布局专项规划（2022—2035 年）》，完成《南宁市居家养老服务条例》起草工作。坚定不移推动南宁市城市养老服务中心、南宁市第一养老院等一批市级示范性公办养老服务项目建设，建设社区居家养老服务综合示范点，完善市、县、乡镇（街道）、村（社区）四级养老服务设施网络。优化 50 个"长者饭堂"运营模式，为 1.5 万名"五类老人"

提供居家养老服务，推进3000张家庭养老床位建设。推动在公园、小区、商场等人口密集的公共服务场所开展共享辅具租赁试点工作，满足老年人、残疾人等的出行需求。推进南宁智慧养老平台建设，实现养老服务信息化、智能化管理。实施针对养老护理员、养老院院长、老年人能力评估员等的培训提升行动，建设一批养老服务人才培训基地。加强招商引资和项目建设，规划布局中国—东盟养老服务交易中心和中国—东盟银发经济产业园，全力打造"长寿福地·颐养南宁"品牌。

（三）实施儿童福利精细服务行动，更大力度完善儿童福利和未成年人关爱保护体系

坚决扛起未成年人保护牵头协调重大职责，建立健全南宁市未成年人保护工作委员会督查督办工作制度、联席会议制度。积极申报全国、全区未成年人保护示范点，创建培育未成年人保护工作站示范点。推动提高南宁市孤儿和事实无人抚养儿童保障标准，建立孤儿和事实无人抚养儿童基本生活保障标准自然增长机制。精准摸排全市留守儿童、困境儿童等需重点关注的未成年人底数，建立孤儿和事实无人抚养儿童数据信息共享机制。推进"儿童福利机构精准化管理、精细化服务质量提升年行动"，深化农村留守儿童和困境儿童关爱服务，推进南宁市培智学校二期建设和南宁市儿童福利院一期主体工程，优化孤弃儿童职业教育课程设置，打造就业实践基地。加快推进县、乡、村三级未成年人保护工作网络建设，加强儿童主任队伍建设。

（四）实施"五社联动"提质增效行动，更实举措健全基层社会治理体系

以项目为引领，不断强化社区、社会组织、社区志愿者、社会慈善资源与社工专业人才联动机制。在城乡社区治理方面，修订完善社区惠民资金使用管理办法，完善基层民主议事协商工作机制，建立健全城乡社区动员体系。推行"全科社工"服务模式，打造一站式城乡社区综合服务示范点，进一步提升社区服务品质。在社会组织管理方面，加强党对社会组织的领

导。加大公益创投力度，持续孵化培育新经济、高科技等经济社会发展急需紧缺领域社会组织，积极引导全市各级各类社会组织在乡村振兴、扶贫助困、社会治理等方面发挥积极作用。规范社会组织等级评估，加强社会组织品牌建设。在慈善事业和社会工作发展方面，加强慈善事业促进和志愿服务政策研究，推动慈善志愿服务领域地方性政策法规出台；实施"社工+慈善"战略，大力推进社区慈善基金建设发展，推动慈善资源下沉社区，支持慈善组织为社区群众提供多元化、精细化的慈善服务。

（五）实施婚姻殡葬移风易俗行动，更严要求健全基本社会服务体系

按照增强均衡性和可及性要求，稳步推进残疾人保障工作，进一步深化婚姻服务改革，着力加强殡葬管理工作，全力保障流浪乞讨人员生活水平，全面落实党对行政区划工作的集中统一领导，提升地名管理服务质量，让人民群众获得感、幸福感更加充实。推行内地居民婚姻登记"跨省通办"，为群众提供更加便捷的服务。加强婚姻登记机关规范化建设，推进"互联网+婚姻"，全面推进婚姻登记档案电子化。对标国家级、省级婚俗改革实验区建设，打造室外婚姻登记处典型示范点，继续巩固拓展婚俗改革试点成效。落实残疾人两项补贴指标，补贴申请实现"全程网办""跨省通办"，精准发放残疾人两项补贴。完善大龄残障青年就业实训基地，会同残联打造残疾人创业产业园。深入推进公益性、经营性公墓试点任务，探索形成一批理论创新、实践创新、制度创新的典型范例。挖掘地名文化，完成《南宁地名文化故事》编撰出版工作。

（六）实施民政综合能力提升行动，提升民政服务体系

一是全面落实"项目为王"，加强项目规划、储备、建设和管理，有针对性地推动部分重大民政项目纳入中央和自治区、南宁市"大盘子"统筹推进。二是深化"数字民政"建设，打破数据壁垒，推进集成应用，不断提升民政工作精准化、精细化、便捷化水平。三是围绕实现高质量发展，加

快发展养老服务、社区服务和康复辅具产业等，更好发挥民政服务在促消费、扩内需中的积极作用，增强社会组织服务经济、服务行业能力。全面加强农村民政工作，助力实施乡村振兴战略。四是加快法治化标准化建设步伐，立足保障和改善民生，健全重点领域法规制度体系，加强执法规范化建设，推进标准体系建设和标准贯彻实施，为民政事业改革发展保驾护航。五是深化政策理论研究，围绕学习贯彻党的二十大精神，抓好研究课题申报、结项和研究成果转化应用，为民政事业发展提供智力支持。六是筑牢安全发展屏障，严格落实意识形态工作责任制，加强舆情监测和舆论引导，确保民政领域意识形态安全。坚决落实安全生产工作"十五条硬措施"，慎终如始抓好民政服务机构安全管理，推进风险隐患排查整治，健全完善应急管理机制，守住不发生重特大事故底线。强化资金保障和监管，扎实做好各项审计整改工作。继续抓好信访维稳工作，依法及时解决人民群众的合理诉求。七是提升规划引领实效，抓好民政事业发展"十四五"规划实施的跟踪监测和分析评估，围绕关键指标推动重要任务、重点工程、重大项目落实落地。同时，全面落实民政领域乡村振兴任务，持续推进扫黑除恶专项斗争，扎实做好民族团结进步创建工作，借势借力推动民政工作发展。

B.5

2022~2023年南宁市就业状况
分析及展望[*]

赵光虎[**]

摘　要： 2022年，南宁市大力推进就业优先战略实施，注重从全市层面
高位统筹"稳就业"工作，通过加大就业资金投入、出台特色
就业政策、提升就业服务水平、加强就业兜底帮扶等举措，实
现全市就业局势稳定。2023年，随着国内经济回升向好，南宁
市就业工作迎来新的机遇，同时面临促进充分就业压力较大、
再就业的难度增大、就业结构性矛盾持续影响等挑战。预计
2023年南宁市就业形势将呈现"总体稳定、持续向好、挑战
并存、压力不减"的特点，应从高位统筹推进就业工作、坚持
发展经济带动就业、加大就业兜底保障力度、联动企业用工促
进就业、强化灵活就业支持体系等方面促进就业形势稳定
向好。

关键词： 稳就业　就业形势　技能培训　就业对策

党的二十大报告指出，就业是最基本的民生。要强化就业优先政策，健
全就业促进机制，促进高质量充分就业。习近平视察广西"4.27"重要讲
话精神和对广西工作系列重要指示强调：要提高人民生活品质，落实就业优

---

* 本报告数据来源于各级人力资源和社会保障部门统计或测算。

** 赵光虎，南宁市人力资源和社会保障局就业科四级主任科员。

先战略和积极就业政策，做好高校毕业生、退役军人、农民工和城镇困难人员等重点群体就业工作。2022年，南宁市深入贯彻中央、自治区、南宁市部署要求，大力实施就业优先战略，确保就业局势保持稳定。

一 2022年南宁市就业基本情况

南宁市是广西壮族自治区内人口最多的市，也是周边人力资源丰富的首府（省会）城市。据测算，南宁市共有劳动年龄段人口约548万人，其中城镇劳动年龄段人口约238万人，农村劳动年龄段人口约310万人。据测算，南宁市城镇从业人员约338万人，农村劳动力转移就业194.20万人。

（一）城镇新增就业、再就业情况

2022年，南宁市城镇新增就业74397人，同比减少3.80%；城镇失业人员再就业20771人，同比减少3.90%；城镇就业困难人员再就业8091人，同比减少7.53%（见表1）。

表1　2020～2022年南宁市城镇新增就业及再就业情况

单位：人

年份	城镇新增就业人数	城镇失业人员再就业人数	城镇就业困难人员再就业人数
2020	66973	15731	7405
2021	77338	21613	8750
2022	74397	20771	8091

（二）农村劳动力转移就业情况

截至2022年底，从总量看，全市农村劳动力外出务工总人数为194.20万人，其中广西区外务工人数为68.94万人，占35.50%；广西区内务工人数为125.26万人，占64.50%。从增量看，全市农村劳动力新增转移就业8.91万人，同比增长54.42%（2021年为5.77万人）。此外，全市脱贫人口务工人数为27.52万人。

（三）应届高校毕业生就业情况

驻邕高校毕业生方面，据统计，驻邕高校2022届毕业生数量为18.71万人，增加4.71万人，同比增长33.64%。截至2022年8月31日，共落实毕业去向15.23万人，驻邕高校2022届毕业生初次去向落实率为81.40%。南宁市生源离校未就业方面，据统计，2022年南宁市生源高校毕业生共4.37万人，其中南宁市生源2022届离校未就业高校毕业生共2.35万人，当年末南宁市生源离校未就业高校毕业生就业率为95.50%（见表2）。高校毕业生来邕留邕就业方面，截至2022年底，南宁市吸引高校毕业生来邕留邕就业创业约11.8万人（含非应届毕业生）。

表2 2021~2022年南宁市高校毕业生数量及就业情况

单位：人，%

年份	驻邕35所高校毕业生总数	南宁市生源高校毕业生人数	南宁市生源离校未就业高校毕业生人数	年末南宁市生源离校未就业高校毕业生就业率
2021	140004	34560	14978	96.32
2022	187116	43726	23455	95.50

资料来源：广西壮族自治区、南宁市人力资源和社会保障部门统计。

（四）人力资源市场供需情况

2022年，根据南宁市本级人力资源市场统计，进入市场登记招聘的用人单位为5253家（次），相较于2021年的6168家（次）下降14.83%；需求岗位数13.28万个（次），相较于2021年的13.76万个（次）下降3.49%；进场求职人员43486人（次），比2021年的41285人（次）上升

5.33%；求人倍率为 3.05（平均每 100 位求职者，市场有 305 个岗位招聘），低于 2021 年（3.33）的求人倍率。

（五）开展职业技能培训情况

全年开展补贴性职业技能培训 3.11 万人次。推进"八桂家政""八桂建工""八桂米粉师傅"等八桂系列劳务品牌建设。指导各县（市、区）组织"订单式"定向培训，促进人岗对接，共开展"八桂"系列技能培训8059 人（次）。按照自治区"技能强百企"任务要求，支持南南铝业等 10家重点企业开展产业工人培训，全年共开展培训 11369 人次。全年开展脱贫劳动力技能培训 5562 人次，其中易地安置人员培训 1278 人次，粤桂劳务协作培训 772 人次。

二　2022年南宁市就业形势特点

（一）就业局势总体稳定

2022 年，南宁市未发生规模性失业状况，城乡劳动者就业总体稳定。特别是城镇新增就业人数（7.44 万人，同比增长 3.95%）、农村劳动力新增转移就业人数（8.91 万人、同比增长 54.54%）、脱贫人口务工人数（27.52万人，完成自治区下达任务的 103.36%）、离校未就业高校毕业生就业率（年末为 95.50%）等主要就业指标，好于预期且均超额完成自治区下达任务。

（二）制造业用工需求增多

2022 年，南宁市本级人力资源市场企业进场招聘家次和招聘总量较2021 年均有所减少，但从具体招工行业来看，制造业、居民服务和其他服务业、房地产业招工量仍然较多，是市本级人力资源市场当年招工需求最多的行业，新增招工总需求 9.95 万人（次），占 20 类行业总需求的 74.93%。

调研显示，随着南宁市先后落地比亚迪（南宁）项目、合众新能源项目、潮力铝业公司等重点企业重大项目，后续制造业用工需求将进一步增加。

（三）高校毕业生增量较大

南宁市现有驻邕高校35所，占全区高校总量（85所）的41.18%，具有高校多、毕业生多的特点。根据人社部、自治区人力资源和社会保障厅的数据，全国2022届高校毕业生共1076万人，同比增加167万人，增长18.37%；广西区内2022届高校毕业生总数为38.30万人，同比增加8.81万人，增长27.28%；驻邕高校2022届毕业生总数为18.71万人，同比增加4.71万人，增长33.64%，南宁市增幅高于全国和全区水平。此外，据统计，2022届南宁市生源离校未就业高校毕业生有2.35万人，同比增长57%。驻邕高校毕业生增量多、南宁市生源离校未就业高校毕业生多，给就业工作带来较大挑战。

（四）新增农民工外出就业多

2022年农民工外出务工呈现"总量区内就业为主，增量区外就业较多"的特点。从总量看，2022年底，全市农村劳动力外出就业人数为194.20万人，其中广西区外务工68.94万人，占比为35%；广西区内务工125.26万人，占比为65%。从增量看，2022年新增外出务工8.91万人，其中广西区外务工4.61万人，占比为52%；广西区内务工4.29万人，占比为48%。这在一定程度上反映出新生代农民工到外地就业意愿较强的特点。

三 2022年南宁市就业保障工作情况

（一）坚持高位统筹抓就业

南宁市委、市政府高度重视就业工作，坚持从市委、市政府高度统筹就业工作，实施就业优先战略。2022年，市委、市政府、市就业工作领导小组多次研究、部署就业工作。2022年南宁市政府工作报告首次明确提出了

"城镇调查（登记）失业率低于全区平均水平""做好来邕留邕应届高校毕业生的就业服务，今后凡有就业意愿的，确保'人人有岗位、个个能就业'，实现100%就业"等高质量、高标准要求。同时，南宁市还在全区创新成立了"南宁市做好来邕留邕应届高校毕业生100%就业工作专班"，先后印发了《南宁市2022年稳就业保就业工作实施方案》《南宁市开展常态化对接联络服务驻邕高校引导毕业生留邕就业创业专项活动工作方案》《南宁市"打好稳就业保民生攻坚战"工作实施方案》等全市性就业工作文件，集合市人社、市发展改革委、市工信局、市教育局、市民政局、市退役军人局等40多个市直单位，以及各县（市、区）人民政府、开发区管委会的力量，奋力攻坚，扎实推进就业工作。

（二）落实就业政策稳就业

深入落实中央、自治区"稳就业""保就业"各项政策措施，重点落实援企、减负、稳岗、扩就业政策，统筹兑现稳岗返还、企业新增岗位社保补贴、企业吸纳高校毕业生等群体的带动就业补贴等。结合南宁市实际，先后出台了《南宁市大力支持2022年度应届高校毕业生来邕留邕就业创业十条措施》《关于更大力度促进大中专院校毕业生在南宁就业发展的若干政策措施》等特色政策，突出加大对高校毕业生等青年群体的就业创业支持。比如"创业启动资金""万元就业奖励""来邕就业交通补贴"等政策，对应届高校毕业生创业的，经评审通过，直接给予1万元~20万元的创业启动资金支持；对到南宁市重点开发区和东部新城就业的应届高校毕业生，按规定给予每月1000元、最长10个月、最高1万元的"万元就业奖励"；对来邕求职就业的高校毕业生给予交通补贴等。通过更加有力的扶持政策，助力企业吸纳更多就业、帮助求职群众更好实现就业。同时，持续加大就业补助资金投入力度，全年就业补助资金投入5.35亿元，直接惠及群众40.40万人（次）。

（三）联动企业用工送就业

聚焦联动服务企业用工和促进农民增收，以重点企业、重点行业用工需求为基础，大力服务"项目为王"用工，特别聚焦比亚迪（南宁）项目、合众新能源项目、富士康公司、瑞声科技等项目和企业，先后印发了《南宁市2022年服务劳动密集型重点企业用工实施方案》《南宁市"项目为王"要素保障人力资源要素组工作实施方案》《南宁市"服务企业用工，促进农民增收"专项行动——服务比亚迪用工金秋行动工作方案》等，成立了由市政府分管领导任组长，市直各部门和各县（市、区）、开发区为成员单位的人力资源要素组，建立需求对接机制、任务分配机制、用工保障投入机制、用工保障服务机制等，跟进掌握、主动服务南宁市项目、企业用工，并积极引导劳动者就业。据统计，2022年，经全市各级各部门动员和送工，共为南宁市重点企业重大项目直接送工到岗1.78万人，有力地保障了企业用工和群众转移就业增收。

（四）强化就业服务促就业

招聘服务方面，组织开展"就业援助月""春风行动""金秋招聘月"等"10+N"公共就业服务活动，并创新"直播带岗""视频面试"等形式，线上线下促进就业。2022年全市举办线上线下招聘活动888场，提供岗位136.86万个（次）。零工市场方面，加强灵活就业服务支持，辐射服务各类自由职业者，2022年7月，南宁市在西乡塘区打造全市首家公益性线上线下一体化零工市场，集等候用工、求职信息发布、技能培训、劳动维权、法律咨询等功能于一体。送工服务方面，继续开展"点对点"送工、就业援助"暖心活动"等，通过送岗位、送服务上门和送工到厂等方式，提供更加优质的就业服务，活动期间举办招聘会63场，提供岗位9.55万个；组织专车运送30次，接送人数965人。此外，隆安县还在易地扶贫搬迁安置区打造"小梁送工"服务品牌，联动农业基地和本地企业，将群众"点对点"常态送工到企业（基地），促灵活就业增收，2022年7月，"小梁送工就业服务成果"获第二届公共就业服务专项业务竞赛全国总决赛成果类一等奖。创业服务方面，继续加大创业基地认定管理、创业担保贷款政策支持力度，截至2020年底，全市共有市级创业孵化基地28家，入驻基地企业1538

家，共吸纳就业8804人；2022年全市发放创业担保贷款855笔，约1.12亿元。

（五）加强技能培训助就业

技能提升行动方面，落实"技能广西行动"，实施"广西技工"工程，全面推广职业培训券，开展新业态就业人员、产业技术工人职业技能培训，对符合条件的按规定给予补贴。全年开展补贴性职业技能培训共3.11万人次。推进"八桂家政""八桂建工""八桂米粉师傅"等八桂系列劳务品牌建设。指导各县（市、区）组织"订单式"定向培训，促进人岗对接，共开展"八桂"系列技能培训8059人次。产业工人培训方面，结合年初全市摸底企业数及培训需求，指导各县（市、区）开展企业职工岗位技能培训。同时，按照自治区"技能强百企"任务要求，支持南南铝业等10家重点企业开展产业工人培训，全年共培训1.14万人次。农村转移劳动力培训方面，针对南宁市外出务工人员规模减小、收入不升反降等问题，持续做好培训就业帮扶。全年开展脱贫劳动力技能培训5562人次，其中易地安置人员培训1278人次，粤桂劳务协作培训772人次。此外，突出加强校企合作，全力做好重点企业重大项目的人才招聘、招工用工等人力资源要素保障工作，向企业推送岗位实习学生1294人。

三　2023年南宁市就业形势展望

2023年是全面贯彻落实党的二十大精神的开局之年，也是就业工作迎来新机遇和接受严峻挑战的一年。综合2023年就业机遇和利好、挑战和困难来看，预计2023年南宁市就业形势将呈现"总体稳定、持续向好、挑战并存、压力不减"的特点。

（一）机遇和利好

一是中央、自治区稳就业决心不变。2022年12月，中央经济会议强调,突出做好稳增长、稳就业、稳物价工作。稳就业工作是国务院政府工作报告的重点内容之一。自治区、南宁市政府深入落实决策部署,全力、全面、扎实部署和推动就业工作。

二是经济发展好转的带动作用显现。2022年底,南宁市乃至广西、全国经济运行整体好转,经济发展作为拉动就业的最关键因素,将会对就业产生很大利好,将有更多企业创造更多就业岗位,从源头上夯实稳就业基础。

三是积累的政策经验优势凸显。在政策上,形成了援企、减负、稳岗、扩就业等系列稳就业有效政策,部分政策延续至今;在服务上,探索出了"点对点"送工、促进新就业业态发展、多渠道促进灵活就业等工作经验;在机制上,不断健全政府主导的就业工作机制,形成了各级各部门协同发力、齐抓共促就业的良好机制。

(二)挑战和困难

一是就业总量增量压力大。总量方面,主要是就业人口基数大,就业服务面广,促进充分就业压力较大。增量方面,主要是新增就业较多带来的持续压力。以高校毕业生为例,根据对自治区教育厅发布数据的测算,2023届驻邕高校预计毕业生人数为20.36万人,比2022年(18.71万人)增加约1.65万人,增长约8.82%。驻邕高校毕业生总量多、增量多,必将给就业带来很大挑战。

二是促进再就业的难度增大。2022年全年,南宁市城镇失业人员再就业2.08万人,同比减少3.90%;就业困难人员再就业0.81万人,同比减少7.53%,反映出促进失业人员、就业困难人员再就业难度增大。此外,部分劳动者反映,企业招工存在青睐青年群体等情况,这也增加了上述人员的就业压力。

三是就业结构性矛盾影响持续。供需市场上,长期存在企业招工难与群众就业难并存的情况。结构性矛盾主要体现在:求职者技能水平与企业需求不一致;高校毕业生、新生代农民工等群体对就业质量的期盼提高,而本地优质就业岗位供给不足;企业提供的薪酬待遇偏低,而求职者期盼薪酬待遇偏高。就业结构性矛盾的解决，需要通过技能培训、经济转型升级等逐步缓解。

四是转型升级造成局部招工减少。随着经济结构转型升级加快，部分企业通过机械化、智能化发展，提高效益并赢得市场竞争力，但也造成局部性的企业招工需求减少。比如，南宁市某规模较大的劳动密集型企业，在升级机器生产以后，以往每年春节后需要招工几千人，现在春节后基本不新招工。因此在促进企业转型升级的同时，还要提前应对可能出现的减员问题。

四 2023年南宁市就业工作思路

（一）坚持政府主导，高位统筹推进就业工作

《就业促进法》明确"国家把扩大就业放在经济社会发展的突出位置，实施积极的就业政策，坚持劳动者自主择业、市场调节就业、政府促进就业的方针"，同时明确了各级政府"把扩大就业作为经济和社会发展的重要目标，纳入国民经济和社会发展规划"等系列要求，在实际工作中，要真正落实就业优先战略和积极的就业政策，就必须充分发挥政府主导作用，统筹协调产业政策与就业政策，系统部署发展经济和促进就业工作，积极加大就业补助资金投入，充分联动人社、发展改革、工信、教育、民政等多个部门，才能更好地实现稳就业工作目标，更好地促进群众高质量充分就业。

（二）聚焦源头发力，坚持发展经济带动就业

解决就业问题的根本要靠发展经济，只有经济发展了、企业发展了，才能创造更多的就业机会，促进更加充分的就业。在具体工作中，应更加注重发挥稳增长对稳就业的带动作用，千方百计促进经济发展，通过落地企业（项目），助力企业发展壮大，带动更多就业。同时，还应注重稳增长和稳就业良性互动，既通过稳增长带动稳就业，又通过实施援企、减负、稳岗、扩就业等稳就业政策，促进企业发展，助力经济稳增长。

（三）围绕难点攻坚，加大就业兜底保障力度

当前，各地经济仍在持续回暖，据不完全统计，当前的失业人员、就业困难人员有所增加，同时部分企业招工时对群众年龄、学历等要求较高，导致大龄的失业人员、就业困难人员通过市场求职方式再就业较为困难。后续应进一步加大就业兜底保障力度，重点聚焦失业人员和就业困难人员等，加大就业帮扶、政策支持和公益性岗位开发力度，强化对就业困难人员再就业的立体支持，加强就业兜底保障力度。

（四）立足实际谋划，联动企业用工促进就业

近年来，南宁市大力实施"项目为王"工作，先后落地比亚迪（南宁）项目、太阳纸业、潮力铝业、合众新能源等一大批重点企业重大项目，2023年应全面谋划部署，联动服务企业用工和促进群众就业，依托引进项目（企业），充分挖掘就业岗位，创造就业机会，积极引导和服务本地群众就地就近转移就业，实现企业用工满足和群众就业增收双赢。同时，立足本地产业发展实际，找准本地经济发展重点行业、重点企业，长远谋划、系统布局，深度推进职业技能培训工作，造就一批适应本地产业发展的技能人才队伍，推动就业结构性矛盾等突出问题的解决，助推群众实现高质量充分就业。

（五）紧跟形势服务，强化灵活就业支持体系

随着网络零售、移动出行、线上教育培训、互联网医疗、在线娱乐等新就业业态发展壮大，群众灵活就业人数不断增加。灵活就业作为一种重要的就业形式，对解决群众就业有着重要积极作用，需要进一步完善政策支持、服务支持、权益维护支持、市场化服务支持等。同时，与传统的就业困难人员从事灵活就业不同，新就业业态的灵活就业人员，具有素质较高、收入较高、年轻化等特点，在加强灵活就业支持的同时，还应积极探索推进分类施策、针对性服务等工作，构建更加完善的支持体系。

B.6

2022~2023年南宁市文化事业发展状况分析及展望[*]

赵文思[**]

摘　要： 2022年，南宁市深入学习宣传贯彻党的二十大精神，为做好新时代文化工作提供根本遵循，深入实施首府文化品质提升工程，全面深化改革，强化文化市场监管，首府文化事业发展取得一定成绩。2023年，南宁市坚持以党建引领促进文化事业高质量发展，推进商文旅体深度融合发展；打造特色文化品牌，推进文艺精品创作；大力弘扬传统文化，推动文化遗产传承发展；优化公共文化服务，强化对外交流合作，推动广电事业提档升级，奋力谱写首府文化事业高质量发展新篇章。

关键词： 文化事业　文化惠民　文化品牌　传承文脉

　　2022年，南宁市坚持以习近平新时代中国特色社会主义思想为指导，深入学习宣传贯彻党的二十大精神，坚定文化自信，自觉承担起"举旗帜、聚民心、育新人、兴文化、展形象"的使命任务，深入实施首府文化品质提升工程，繁荣发展文化事业，推动首府城市文化软实力不断提升，为新时代南宁现代化建设贡献文化力量。

---

　*　本报告数据均来源于南宁市文化广电和旅游局。

**　赵文思，南宁市文化广电和旅游局三级主任科员。

一 深入学习宣传贯彻党的二十大精神，为做好新时代文化工作提供根本遵循

党的二十大做出"推进文化自信自强、铸就社会主义文化新辉煌"的重大战略部署，南宁市准确把握社会主义文化建设的指导思想、基本原则和奋斗目标，深入学习宣传贯彻党的二十大精神，以勇立时代潮头的气概和回应时代之问的作为，推进文化自信自强，切实增强实现中华民族伟大复兴的精神力量。

（一）全面加强党的领导，党员干部理论武装持续深化

按照党中央、自治区党委部署，把学习宣传贯彻党的二十大精神作为重大政治任务，深入学习习近平关于文化工作的系列重要论述，结合工作实际，提出具体要求，着力抓好落实，将学习宣传贯彻党的二十大精神与党员干部教育培训工作、加强领导班子建设和基层党组织建设结合起来，开展特色学习教育活动，迅速兴起学习宣传贯彻党的二十大精神热潮，营造浓厚氛围，推动党的二十大精神在南宁宣传思想文化战线落地生根、开花结果。

（二）紧紧围绕党的二十大开展文化活动，群众文化生活丰富多彩

紧扣"党的二十大"精神，加大优质文化产品和服务供给力度，为人民提供更多更好精神食粮。举办"喜迎二十大 奋进新征程"2022年南宁市基层群众文艺会演、"奋进新征程"广西全民艺术普及月暨南宁市公共文化服务月主会场活动、"奋进新时代 唱响新南宁"2022年度南宁市优秀歌曲创作征集、"创享文化之美"2022年南宁市公共服务空间创新设计大赛等一系列群众文化活动，在全社会营造奋进新征程的浓厚氛围。

（三）突出党的二十大宣传，巩固壮大广播电视和网络视听宣传舆论阵地

围绕迎接、宣传、贯彻党的二十大这条主线，南宁市在各重要新闻栏目

中推出系列主题报道，为党委和政府提供舆论引导、政策宣传，确保舆论宣传主基调平稳、主旋律响亮。强化广播电视和网络视听主流媒体的喉舌功能和新闻舆论宣传主阵地、主渠道职能，以零事故、零事件的优异成绩圆满完成党的二十大全市广播电视宣传报道和安全播出任务。

二 深入实施首府文化品质提升工程，
切实提升首府文化软实力

以《南宁市文化广电和旅游业发展"十四五"规划》为指引，深入实施红色文化赓续、邕江文明展示、邕城文脉延续、文化空间拓展、文化品牌提升、文艺创作登峰、文旅融合引领、文化产业培育等首府文化品质提升八大工程，组织编制《首府文化品质提升工程总体策划》《全市红色资源保护利用和红色旅游发展三年行动计划》，为文化事业发展指明前进方向。

（一）精品铸魂，文艺创作演绎精彩华章

1. 展赛塑形，文艺精品创作硕果累累

邕剧《拦马过关》、粤剧《未央宫》入选2022年全国地方戏精粹展演；舞剧《山水之约》、邕剧《天香》荣获"广西有戏品牌"三年行动计划——2022年度重点扶持作品中的"2022年度广西舞台艺术创作重点选题"；舞蹈《母亲的天路》、歌曲《摘星星的妈妈》、小戏《催房租》分别入选"2022年度广西舞台艺术作品（舞蹈、歌曲、小戏小品）签约创作项目"；歌曲《童心桥》《壮乡儿女跟党走》《打转来》等4个作品获广西新民歌大会铜奖、优秀作品奖等奖项；歌曲《一树桂花百家香》《一路走来》被评为广西当代文学艺术创作工程三年规划（2022—2024年）重大主题精品音乐创作项目"喜迎二十大讴歌新时代"优秀歌曲；歌曲《山水人家》《动车穿过小村庄》《幸福在祖国大地上》荣获"农行杯"乡村音乐原创歌曲创作大赛三等奖、优秀奖等奖项；曲艺邕州横鼓《一条棉被》、粤曲《千里睦邻一戏牵》、宾阳丝弦《王司令开火车》分别获第三届广西曲艺展演优秀剧目

奖、优秀表演奖、优秀创作奖。"云上丝路"国际传播项目等广播电视和网络视听作品、项目获国家级、省部级奖项40多项。

2. 守正创新，文化艺术品牌熠熠生辉

打造商文旅融合品牌，以"老友相约 乐游南宁"为主题，以"演艺+旅游+商业"融合方式，开展文化旅游进商圈活动，在东盟商务区、三街两巷等商圈、特色街区举办文艺先锋队进商圈演出304场、公共文化进商圈群众文化活动40余场、商文旅融合促销活动51场、线上直播活动11场。打造旅游演艺品牌，重点打造老南宁·三街两巷"人民剧院"轻喜剧《遇见邕城》驻场系列演出项目；持续开展南宁电影党校沉浸式演出《红》。打造文艺精品品牌，创作排演邕剧《茉莉花开》、邕州横鼓《一条棉被》、粤曲《千里睦邻一戏牵》等8个曲艺作品，以及《一树桂花百家香》《一路走来》等12首歌曲。打造群众文化品牌，南宁民歌湖大舞台周周演、邕州剧场地方戏曲月月演、"邕州神韵"新会书院地方戏曲周周演、"大成礼乐"等文艺演出精彩纷呈，举办南宁市少儿艺术节、夕阳秀文化艺术展演、市民文化艺术节、外来务工人员专场、文化科技卫生"三下乡"等一系列群众文化活动。

（二）以人为本，文化惠民共享精神盛宴

1. 文化惠民工程深入实施

持续开展为民办实事项目，全市14家图书馆、13家文化馆和102家乡镇文化站全部免费开放，有序开展各类阅读推广和群众文化活动，市级公共图书馆、文化馆、博物馆共接待群众182万人次。开展"送戏下基层"演出400场，"儿童剧、卡通剧、地方戏曲进校园"演出129场，"传统戏曲、精品剧目进高校"演出25场；扶持邕剧、师公戏、丝弦戏等濒危剧种免费或低价演出300场；扶持乡村社区业余文艺队213支，其中十佳文艺队10支、一级文艺队60支、二级文艺队68支、三级文艺队75支，共开展演出3717场，惠及群众200万余人次。

2. 全民阅读活动如火如荼

举办南宁市2022年全民阅读活动暨"绿书签行动"启动仪式，以"4·

23世界读书日"全民阅读活动为重点,通过沉浸式演出、图书推介、文化展览和讲座等多种形式,将阅读推广与学习党史、新中国史结合起来,以丰富多彩的全民阅读活动庆祝党的二十大胜利召开。从2022年4月18日起,为读者送上内容丰富的"阅读"大礼包,先后举办"书海泛舟·乘风远航——4·23世界读书日"主题阅读墙、"静心阅读一小时"挑战赛、"汽车图书馆"进校园等线下活动,以及"满城书香 经典诵读"征集、"新语杯"茅盾文学奖知识竞答、"绿城讲坛·文化素养"直播讲座等线上活动。市级公共图书馆共举办阅读推广活动1116场,文献外借89.9万册次,新办借书证1.1万张,新增藏量6.3万册,累计总藏量约187.4万册,参与读者25.3万人次。

3. 全民艺术普及提质升级

举办"'奋进新征程'5·23广西全民艺术普及月暨南宁市公共文化服务月主会场活动",这是广西全民艺术由"普及日"升级为"普及月"的首次主会场活动,将传统"培训+展演"的艺术普及模式转变为创新型沉浸式、互动式艺术体验。此外,举办"壮美广西·魅力南宁"全区中国画作品展、"'相约民歌湖畔·共眷天下民歌'2022大型民歌专场——广西原创歌曲专场晚会"等一系列全民艺术普及活动。

4. 文化公益培训惠及大众

引进社会力量,组建南宁市公益培训联盟,壮大阵地培训规模。市文化馆整合社会力量,联合市内10家有资质、有规模的社会培训机构,联合开展公益培训联盟服务,举办免费培训班61个,培训4800人次。2022年成功举办两场培训成果汇报演出,累计开设舞蹈、时装、化妆、播音主持、声乐、器乐、跆拳道、美术、壁挂编织、书法等25个培训项目,共241个班次,惠及5.3万人次。

(三)传承文脉,文博事业蓬勃发展

1. 文物保护利用卓有成效

全市共有不可移动文物592处,其中全国重点文保单位6处,自治区级重点文保单位42处,市县级文保单位241处,未定级文物点303处。大力推进文物保护单位的修缮保护，组织开展周家坡古民居建筑群、扬美黄氏庄园、黄氏炮楼、安徽会馆等一批文保单位和文物点的修缮建设。推进考古遗址公园建设。充分挖掘三街两巷（二期）历史文化内涵。组织开展南宁历史文化研究与出版服务项目，进行3个历史文化课题研究，编写出版3本历史文化丛书。完成《中国少数民族文物图谱·广西卷》南宁部分的文物调查编纂工作。

2. 特色博物馆体系持续完善

建设特色博物馆，依托两湖会馆建设南宁骑楼文化博物馆，在南宁商会旧址基础上筹划建设古邕州记忆陈列馆。推动南宁市瓯骆遗粹博物馆、无为美术馆等非国有博物馆建设。截至2022年，南宁市辖区内各类综合性博物馆、专题性博物馆（纪念馆、陈列馆）共计23家，其中国有博物馆19家、非国有博物馆4家，初步形成了以国有博物馆为主体、非国有博物馆为补充的主体多元、类型丰富、主题鲜明的博物馆体系。

3. 馆藏文物更加丰富多元

加强文物征集和保护，经过主动走访、实地调研文物征集线索，通过网络、报刊等形式向广大市民征集文物，南宁市博物馆征集到印章、书画、民族服饰等各类藏品共计393件（套）；南宁市顶蛳山遗址博物馆征集到石器、骨器、蚌器、陶器、玻璃器等新、旧石器时代藏品共283件（套）；孔庙博物馆从江西省文物交流中心征集到晚清至民国的瓷碗、瓷瓶、瓷罐等瓷器文物共计41件（套），极大丰富了馆藏品类和数量，满足文物陈列展览、研究的需要。另外，丰富文物衍生品，推出手绘明信片、帆布袋、螺壳摆件、陆宝釉粗陶小茶盏、纸质/金属书签、个性化纪念邮折、线装笔记本、钥匙扣等文创纪念品，把历史文化触角延伸至城市末梢。

4. 文博陈列展览精美绝伦

南宁市博物馆依托丰富的馆藏文物，坚持思想性、艺术性相统一，策划《唯真格物——黄必济、曾高宪书画作品展》《丝路·家园——馆藏当代书画精品展》《中华昆仑关·海峡两岸情——血色雄关民族魂》等一系列高质量、本土化、特色化的精品展览，涵盖风土人情、非遗文化、书法绘画、历史文化等，内容精彩广泛，为观众提供丰富多彩的历史文化艺术体验。其中，在暑假期间推出的年度大展《王的地下宫殿——河北汉代王室文物展》引起市民广泛关注，形成观展热潮，游客累计参观量达15万人次，创下该馆展览参观量新高。以"螺蛳堆里读历史"为主题，在南宁地铁3号线设置"顶蛳山文化"宣传主题专列。这是广西首辆以博物馆历史文化为主题的地铁专列，辐射人流量超过数百万人次，丰富了广大群众了解南宁文化的途径。

5. 活态传承绽放非遗之美

持续推进南宁市非物质文化遗产展示中心、壮族歌圩文化（南宁）生态保护区建设。加强示范性传承基地建设，扶持南宁民谣、南宁酸嘢制作技艺等13个非物质文化遗产传承基地。强化非遗传承推广，举办2022年"非遗过大年 文化进万家"迎春活动、"文化和自然遗产日"非遗宣传展示、"锦绣云裳·美丽南宁"民族服饰设计大赛等活动。积极申报第九批自治区级非遗代表性项目和第六批国家级非遗代表性传承人。截至2023年3月，全市共有市级非物质文化遗产代表性项目252项，市级非物质文化遗产代表性传承人234名。

三 深化改革和强化监管，文化广电领域安全稳定有序

（一）深化文化体制改革，开创文化建设新局面

1. 深化国有文艺院团改革，推动文化文艺创新发展

根据中央、自治区关于深化国有文艺院团改革精神，南宁市坚持"二为"方向、"双百方针"，坚持创造性转化、创新性发展，以演出为中心环节，提升市艺术剧院和市民族文化艺术研究院创作能力、管理能力，落实"一团一场"政策，完善人才引进培养政策，建立健全剧本质高量多、剧目纷呈多彩、剧场布局合理、院团人才结构优化的体制机制，持续推动院团改革工作落实落细，全面激发国有文艺院团内生活力。

2. 深化广播电视改革，推动广电事业高质量发展

持续深化应急广播体系"建、管、用、融"工作，印发实施《促进南

宁市应急广播体系高质量发展的实施意见》，主动对接应急管理和气象部门，与市气象局签订战略框架协议，将应急广播应用纳入气象行业高质量发展规划内容，使应急广播在防灾减灾中发挥更大的积极作用。不断加强阵地建设，新建市本级应急广播平台1个、县级应急广播体系6个，实现全市应急广播体系全覆盖。

（二）强化执法检查，全力保障文化市场安全稳定

加强对各类文化市场经营场所的执法检查力度，狠抓安全生产不放松，严厉查处各类违法违规经营行为。组织开展文化市场秩序专项整治、净化社会文化环境、安全生产大排查大整治等多个专项行动。全面推行"双随机、一公开"监管模式，优化文化市场发展环境，深化文化行业信用体系建设。2022年，全市各级文化市场综合行政执法机构共出动检查人员26761人次，检查各类经营单位12740家次，立案调查46件，警告45家次，责令停业整顿7家，吊销许可证1家，取缔4家。

四　2022年南宁市文化事业发展存在的问题

2022年，全市文化事业繁荣发展，文艺创作取得佳绩，群众文化丰富多彩，文化遗产活化传承，文化市场安全稳定，首府文化事业发展取得了一定成绩，但也存在一些问题。如国内外线下文化活动、文艺演出及群众文化活动未能常态化持续开展，南宁国际民歌艺术节、壮族三月三、中国—东盟（南宁）戏剧周等大型活动延期举办，"文化走亲东盟行"等对外文化活动暂停举办，未能有效实现"走出去"和"请进来"。

五　2023年南宁市文化事业发展展望

2023年，南宁市坚持以习近平新时代中国特色社会主义思想为指导，深入学习贯彻党的二十大精神，认真学习贯彻习近平视察广西"4·27"重

要讲话和对广西工作系列重要指示精神，深刻领悟"两个确立"的决定性意义，增强"四个意识"，坚定"四个自信"，做到"两个维护"，深入实施首府文化品质提升八大工程，繁荣发展文化事业，全力提升城市文化品位，奋力谱写首府文化事业高质量发展新篇章。

（一）全面学习贯彻落实党的二十大精神，凝聚共识，以党建引领促进文化事业高质量发展

坚持把学习领会党的二十大精神同学习习近平新时代中国特色社会主义思想结合起来，同学习"四史"结合起来，增强文化自觉，坚定文化自信，牢牢把握正确的政治方向、舆论导向、价值取向，严格落实意识形态工作责任制，守好意识形态主阵地，持之以恒抓好文化战线宣传思想工作，组织好主题文艺创作和群众文化活动，着力用党的二十大精神统一思想，凝聚起航新征程、建功新时代的强大力量。

（二）围绕2023南宁文化旅游提升年，推进商文旅体深度融合发展

以承办好广西文化旅游发展大会为契机，实施2023南宁文化旅游提升年行动，打造"中国绿城 老友南宁"世界级文化旅游品牌，讲好南宁故事。重点围绕春节、"壮族三月三"、暑期、中国—东盟博览会及国庆假期、广西文化旅游发展大会、学青会等时间节点，举办40个大型文化旅游体育活动、23个旅游节庆、200场文化旅游进商圈文艺演出、200个文旅惠游主题等系列活动，发放6000万元文旅消费券，持续以"商业+演艺+旅游"方式开展文化旅游进商圈活动，组织实施"南宁月月文化旅游节"，全年不间断举办一系列文化旅游节庆活动，聚集人气，拉动消费，促进商文旅体深度融合。按照"举办一届文旅大会，提升一个承办城市"的办会要求，高标准办好2023年广西文化旅游发展大会，举办好文化旅游商品博览会、五周年成果展等一批大会配套活动，不断提升南宁文旅的知名度、关注度及影响力。

（三）打造文化特色品牌，推进文艺精品创作

塑造一批首府文化特色品牌，创新举办"壮族三月三"和第 24 届南宁国际民歌艺术节，提升中国—东盟（南宁）戏剧周和"绿城歌台"等文化品牌影响力，持续打造南宁民歌湖大舞台周周演、邕州剧场地方戏曲月月演、"邕州神韵"新会书院地方戏曲周周演等特色文化品牌。推动文艺精品创作，排演现代邕剧《茉莉花开》、舞剧《山水之约》、邕剧《天香》等精品剧目。打造原创演出剧目，做优做强三街两巷"人民剧院"轻喜剧《遇见邕城》驻场系列演出，持续推出沉浸式演出《红》。积极组织群众文化活动，扎实开展为民办实事项目，实施文化惠民工程，持续开展送戏下基层、进校园，扶持乡村社区业余文艺队，持续推进公共文化基础设施场所免费开放，做好"文化志愿春风行""百姓歌圩"和艺术培训等文化服务工作，满足城乡群众就近享受文化服务的需求。

（四）大力弘扬传统文化，推动文化遗产传承发展

深入挖掘南宁优秀历史文化，大力推进津头村革命文物保护利用，继续推进周家坡古民居建筑群修缮工程二期项目建设，申报公布一批自治区级文物保护单位，做好三街两巷（二期）文化挖掘工作，建设南宁骑楼文化博物馆、古邕州记忆陈列馆，推进南宁市非物质文化遗产展示中心、壮族歌圩文化（南宁）生态保护区建设。组织开展第八批自治区级非物质文化遗产代表性传承人、第十批市级非物质文化遗产代表性项目、第九批市级非物质文化遗产代表性传承人申报认定工作。举办好南宁市"文化和自然遗产日"非遗宣传展示、"非遗过大年　文化进万家"迎春活动、2023 年"南宁礼物"大赛、"5·18 国际博物馆日"南宁主会场活动。

（五）加强对外交流合作，提升首府城市文化国际影响力

深化与东盟等国家的对外文化交流合作，精心策划实施中国—东盟（南宁）戏剧周、"文化走亲东盟行"等活动。密切与港澳台地区及其他省

份的文化旅游交流合作，策划实施"共建共享新通道　共谱群文新篇章"2023年西南六省（区、市）民间艺术成果展、2023年桂—粤港澳群众文化活动周等活动。在东盟、日韩、港澳等地开展文化宣传推广，前往菲律宾、马来西亚、印度尼西亚开展专项文旅市场开拓工作，邀请新加坡、马来西亚的旅行商到南宁实地考察体验文旅精品项目。

（六）发挥广电强大能量，推动广电事业提档升级

加强广播电视宣传，深化广播电视媒体"头条"建设和网络视听媒体"首页首屏首条"建设，增大优质内容供给，指导全市各级广播电视播出机构及网络视听节目服务机构推出一批有影响力的主题宣传节目，组织开展各类专题的广播电视公益广告创作和展播活动。积极推进市级播出机构频道频率专业化、特色化、品牌化建设。重点推进公共频道改版为少儿科教频道、都市生活频道改版为文旅生活频道事宜。加强广播电视和网络视听节目的监督管理，组织查处非法开展网络视听节目服务行为。探索智慧广电"建管用融"长效机制，形成智慧广电服务乡村振兴的有效模式。

（七）优化公共文化服务，提升服务效能，改善民生

持续实施强首府文化旅游公共服务设施建设三年攻坚战，构建层次分明、覆盖面广的文化广电公共服务体系。不断完善基础设施建设，建设新型公共文化空间，推进各级各类公共文化设施智能升级，盘活村级公共文化服务中心等公共资源。以"壮美广西·智慧广电"为抓手，完善农村广播电视基础设施，推进有线电视网络整合和广电5G建设一体化发展。推进"智慧文旅"平台建设，增加公共文化线上服务功能，加快建成南宁市公共数字文化服务平台，拓宽服务渠道，推动公共文化服务数字化发展。

（八）深化体制机制改革，推进文化事业领域创新发展

深化国有文艺院团改革，以创作为核心任务、演出为中心环节，加强文艺人才队伍建设。深入实施国家、自治区文化数字化战略，加强南宁广播电

视公共服务体系建设，加强非物质文化遗产保护传承，提高文物研究阐释和展示传播水平，深入实施文物"活起来"相关方案。健全优化文化市场联合执法机制，明确执法标准，加强执法信息共享、问题线索移送、协助调查取证、配合打击查处等方面的沟通联络和工作协作。

（九）规范文化市场，强化行业治理能力建设

积极推进法治政府建设工作，提升行业综合治理现代化水平，健全市场监管体系，加大文旅市场、广播电视、文化场馆、文化活动等各个领域行业安全检查力度，开展文化旅游市场突出问题综合治理工作。推进文旅行业社会诚信建设工作，完善信息互推、"双随机、一公开"、双公示、守信和严重失信名单制度，推动行业纳入社会信用联合惩戒体系，确保文化市场安全、播出安全和生产安全。

（十）强化要素保障，筑牢文化发展基础支撑

强化立法保障，推动文化重点领域立法，加快《南宁市地方戏曲保护办法》《南宁市进一步加强非物质文化遗产保护工作实施方案》等立法进程。强化资金保障，用好中央补助地方公共文化服务体系建设专项资金，重点用于文物保护利用、舞台艺术创作。强化人才保障，加快建设文化广电行业专家智库，筹划举办各类业务专题培训会。培养优秀艺术人才，选拔一批人才到国内著名艺术院校深造；加大文艺创作人才引进力度；做好"名家传戏、收徒传艺"等相关平台建设；做好基层文博专业人才培养；组织开展文化执法队伍和行业队伍等的业务技能培训。

2022~2023年南宁市体育事业发展状况分析及展望

张宗千*

摘 要： 党的二十大报告提出"广泛开展全民健身活动，加强青少年体育工作，促进群众体育和竞技体育全面发展，加快建设体育强国"。2022年，南宁市积极构建更高水平的全民健身公共服务体系，持续巩固提升竞技体育综合实力，推动体育产业高质量发展，加快建设体育强市，但仍存在公共体育设施供给不均衡、竞技体育基础不够牢固、体育产业发展速度放缓等问题。本报告从补齐公共体育设施短板、加快发展体育服务业、加强体育对外交流等方面对2023年南宁市体育工作提出建议，努力推动体育事业再上新台阶，实现"群众体育在全区示范、竞技体育在全区领先、体育产业在全区领跑"的目标。

关键词： 体育强市 全民健身 竞技体育 体育产业

2022年是党的二十大胜利召开之年，也是南宁体育事业发展进程中极为重要的一年，南宁市坚持以习近平新时代中国特色社会主义思想为指导，全面贯彻落实党的二十大精神，深入学习贯彻习近平关于体育的重要论述，以及习近平视察广西"4·27"重要讲话和对广西工作系列重要指示精神，围绕市委、市政府中心工作，加快建设体育强市，统筹推进群众体育、竞技

---

* 张宗千，南宁市体育局办公室四级主任科员。

体育、体育产业等体育工作全面发展，为新时代南宁现代化建设开好局、起好步贡献力量。

一 2022年南宁市体育事业发展状况

（一）筑牢群众体育根基，着力构建更高水平的全民健身公共服务体系

1. 落实全民健身设施建设补短板工程，让群众健身更便捷

积极创建广西全民运动健身模范市，以为民办实事工程、"项目为王"、"打造百里秀美邕江"、"构建'一轴九区'文旅商体发展大格局"、"体育设施'十四五'补短板工程"为契机，大力推进体育公园、口袋公园和邕江两岸体育设施建设，在百里秀美邕江建设中增添体育元素，加快打造、建设、完善具有更高品质的城市社区"10分钟健身圈"，为群众提供举步可就的健身器材与设施，着力破解群众"健身去哪儿"难题。完成自治区级为民办实事全民健身工程项目和南宁市级为民办实事健康惠民工程服务群众健身项目，新建了一批篮球场、气排球场、羽毛球场等体育场地和设施，2022年全市新增体育场地面积达400多万平方米，全市体育场地面积为2167.1662万平方米，占全区体育场地总面积的18.05%。同时，申请到大型体育场馆向社会免费、低收费开放补助资金749万，用于补助符合条件的各体育场馆，解决体育场地不足的问题。到2022年底，全市人均体育场地面积超过2.4平方米。2022年，南宁市青秀区获评全国首批全民运动健身模范县（市、区），是广西唯一获此荣誉的县（市、区）；马山县、青秀区获评广西首批自治区级全民运动健身模范县（区）。

2. 强化全民健身服务供给，满足群众个性化锻炼需求

举办品牌赛事，办好"LYB李永波全球业余羽毛球锦标赛—南宁分站赛"、青少年阳光体育大会、"邕城长者运动乐"系列活动等南宁精品赛事。加大民族传统体育保护与传承，办好少数民族传统体育赛事，形成"一地一

品"一地多品"赛事格局。联合市民宗委、残联等部门组队参加自治区第十五届少数民族传统体育运动会和第十届残疾人运动会，配合自治区做好广西体育节南宁主会场活动、第六届广西万名全民健身志愿者服务百县千乡活动。全年全市举办各类体育赛事活动500多项次，实现日日可锻炼、周周有活动、月月有比赛、人人能参与、全人群覆盖。成立南宁市代表团参加广西第十五届运动会群众赛事活动，共获得25枚金牌（其中一等奖11个）、16枚银牌（其中二等奖7个）和7枚铜牌（其中三等奖4个），金牌数位列全区第一；参加广西第十五届少数民族传统体育运动会，共获得3枚金牌、17枚银牌和24枚铜牌。加强对各项目体育协会及体育单项俱乐部的监管，充分发挥其作用，全市体育社会组织架构不断完善，基层全民健身组织不断壮大，赛事活动丰富多彩，如篮球协会举办了2022年篮球裁判员培训班，武术协会承办了"迎学青会"2022南宁传统武术精英赛等。目前，全市体育社会组织共283家（体育协会52家、体育俱乐部231家），年内新成立体育协会1家、体育俱乐部21家。年内各体育协会、俱乐部共举办各类培训班30次，培训人数超2000人次。

3.加强科学健身指导，推动体卫融合发展

充分发挥南宁市全民健身和全民健康指导中心、体育社会指导员的作用，大力普及科学健身知识，通过举办公益培训班、指导开展科学健身训练等，推广树立科学健身理念，满足群众对"如何健好身"的需求，实现全民健身和全民健康深度融合。2022年，全市抽样开展国民体质测试，共测试10000多人，合格率超过92%。推荐报送的《儿童常见功能性姿势不良的评估与纠正技术》在全区科技"两周一展"专题活动中荣获广西十佳科普读物大赛三等奖；针对办公室人群研发创编的《办公室一平米肩颈操》入选首批全国优秀体育科普作品名单，是广西唯一入选作品。

（二）提升竞技体育综合实力，当好全区"领头羊"

1.聚焦第一届全国学生（青年）运动会和广西第十五届运动会两大赛事，凸显首府实力和担当

积极配合学青会自治区执委会做好赛事筹备相关工作，成立学青会南宁

市执委会,市政府主要领导任执委会主任,加大筹备工作统筹协调力度,有力推动学青会南宁赛区各项筹备工作,顺利推进广西飞碟靶场训练比赛基地、三塘体育训练比赛基地、江南运动员公寓等自治区执委会委托南宁市代建项目,以及市(县)本级新建的3个场馆项目和2个场馆改造项目。举办了"迎学青会"第七届南宁市社区全民健身运动会、"奔跑吧·少年"迎学青会体育项目进校园等活动,为学青会营造了浓厚的赛事氛围。承接学青会手球、水球、跳水、技巧等项目的南宁市体育运动学校(新校区)建设工程,年度完成投资约2.4亿元,开工累计完成投资超过8.9亿元,占总投资的75.5%,整体工程预计2023年5月建成。高度重视广西第十五届运动会备战和参赛工作,成立1720人的南宁市代表团(其中运动员1454人、教练员及领队等266人),由市政府分管体育工作的副市长担任团长,参加竞技体育赛事全部31个大项、群众赛事活动18个项目,是全区15个代表团中唯一一个参加全部竞技体育项目的代表团,也是南宁市代表团历届参加区运会规模最大的一届,共获得金牌280枚(其中竞赛金牌245枚,参加国际大赛及全运会获得奖励金牌35枚)、银牌191枚、铜牌194枚,团体总分12392分,实现了"金牌总数、奖牌总数、团体总分"三个第一的目标,参赛规模(参加人数和大项)、金牌总数、奖牌总数、团体总分均为历届区运会之最,19人2队23次打破14项全区青少年最高纪录,1人1次创一项全区青少年纪录,南宁市代表团同时获得"广西竞技体育突出贡献奖"和"体育道德风尚奖",技巧、跳水、女子举重等20个代表队获得体育道德风尚奖。

2.实施教练员和运动员"双强"工程,强化竞技体育队伍建设

实施教练员"强将"工程,全面提升教练员执教能力,搭建各项目教练员公开课教学技能执教实践和展示交流平台,交流经验、取长补短,互相借鉴融合优秀的训练方法,打造建立集"实干型、学习型、研究型、创新型"于一体的教练员队伍,提高训练质量,提升竞技水平。实施运动员"尖子"工程,进一步丰富赛事活动支撑,健全完善青少年赛事活动体系,举办2022年南宁市迎学青会"奔跑吧·少年"青少年阳光体育大会暨南宁竞技体育后备人才"选星计划"选拔活动等。全年向自治区优秀运动队输送 158 名优秀运动苗子，超额完成年度输送目标任务，完成率为 316%。培养输送的南宁市籍运动员韦筱圆、玉玲珑、许艺川等在国际重大赛事中取得 6 枚金牌、2 枚银牌、2 枚铜牌的优异成绩，其中韦筱圆在第 9 届亚洲体操锦标赛及第 51 届世界体操锦标赛个人赛中获得 3 枚金牌，目标锁定 2024 年巴黎奥运会；玉玲珑在 2022 年亚洲举重锦标赛中勇夺 1 枚金牌、2 枚银牌；许艺川在世界蹼泳锦标赛获得 2 枚金牌、2 枚铜牌。

3. 推动体教融合，实现体育与教育资源共享、优势互补

2022 年 4 月，南宁市获批成为第一批广西体教融合示范市创建单位，全市多部门协同推进体教融合工作，印发了工作方案，建立了工作局际联席会议制度，制定落实深化体教融合任务清单，落实"3126"计划，将全市 199 所学校纳入"3126"计划，开展运动项目布局，年内推动横州市、宾阳县、青秀区、江南区、西乡塘区、武鸣区等 6 个县（市、区）完成"3126"计划布局。加强基层体校建设，横州市、上林县已建成县级标准体校，指导隆安县、邕宁区建设、申报县级标准体校。加强体育传统特色学校建设，全市共有全国青少年校园篮球特色学校 37 所、排球特色学校 5 所，全国青少年校园足球特色学校和全国足球特色幼儿园 148 所，广西体育特色示范学校 5 所，市级体育传统特色学校 112 所；充分发挥体育部门专业优势，整合市级体校、体育社会组织、退役运动员等各方资源，在全市部分中小学开展体育项目进校园活动，举行了田径、棋牌、球类、轮滑、滑板、马术等赛事以及 2022 年广西（南宁）迎学青会"奔跑吧·少年"儿童青少年主题健身活动等，在全市中小学校形成良好的青少年体育氛围。12 月，南宁市被评为"广西体教融合示范市"，青秀区、兴宁区、马山县被评为"广西体教融合示范县（市、区）"。

（三）推动体育产业高质量发展，形成经济增长新动能

1. 推动体旅融合，促进体育产业发展

推动"体育+""+体育"融合发展，将体育产业纳入南宁市大健康产

业、现代服务业、乡村振兴计划等战略发展内容，加快与旅游、文化、医疗、养生、商务等产业的融合发展，不断优化体育产业发展环境，形成优势互补、特色鲜明的产业发展格局。加快创建广西体育旅游示范市试点工作，组织各县（市、区）开展2022中国体育旅游精品项目和中华体育文化优秀项目申报工作，培育打造更多户外运动基地、体育旅游精品景区及线路，不断丰富南宁市体育旅游品牌。2022年，南宁秀美邕江·邕江古韵旅游景区获评"中国体育旅游精品景区"，马山攀岩小镇获评"中国体育旅游精品目的地"，广西五环星光体育文化发展有限公司获评广西体育产业示范单位、项目，顶蛳山田园风光区进入广西山地户外运动营地名单。目前，全市体育产业项目累计获得国家级荣誉23个、自治区级荣誉49个。

2. 优化营商环境，扶持体育产业发展壮大

成立南宁市体育局服务体育企业工作专班，建立南宁市重点体育企业联络库，按照"一企一策"原则，积极走访、加强政策宣传，指导符合条件的企业申报减税、降费、减租等，为企业排忧解难。组织优秀体育企业到广西体育高等专科学校开展常态化对口服务高校毕业生留邕就业创业专项调研，搭建校企沟通桥梁。持续加强工业振兴特派员服务，为广西李宁体育用品有限公司解决用人、用工、用电等难题。利用自治区体育局与广西农信社搭建的体育产业支行平台，组织近400户体育企业开设账户，成功申请贷款3700万元，为企业解决了融资困难问题。强措施重落实提振体育市场，发放价值300万元的体育消费券，不断激发消费潜力。截至2022年底，全市体育产业总规模约160亿元，规模以上体育企业8家；体育彩票销售网点1095个，体育彩票年度累计销售10.69亿元，累计产生公益金约1.13亿元，各项指标均排全区第一。

3. 强化项目支撑，扩大体育产业发展规模

加快重大体育产业项目落地建设，扎实做好重点项目服务保障，主动靠前服务，推动广西教科训一体化基地、威宁青运村、五象博盟中心、三塘智力运动综合体、南宁市体育运动学校、上林国际马术康养基地、东盟李宁中心等重大项目加快建设，年度完成投资约24亿元。扎实推进体育行业"三企入桂"工作，实行"一对一"项目洽谈和精准招商，与铭泰集团、万达体育、京东集团等10多家企业分别就南宁赛车综合体、邕江水上运动基地、学青会物流仓储等项目达成初步合作意向。通过"以商招商"与华邦建设集团、南京万德集团等召开项目招商推介会，宣传推介五象新区体育公园PPP项目、相思湖综合整治PPP项目、金沙湖轨道项目等，争创共赢发展的新局面。积极引导社会力量参与项目建设，支持南宁市体育产业协会参与全民健身设施补短板工程，推进五象新区、邕江两岸、相思湖、明月湖、心圩江等板块的体育项目建设。结合城市商场及旧厂房改造、大型体育场馆改扩建、景区服务提升等，整合资源，推动绿港欢乐里、欧亚仙湖体育汇、蛋壳体育公园等体育综合体建设，不断丰富体育服务供给。

4. 强化经营高危险性体育项目场所监管，营造良好体育市场环境

对全市经营高危险性体育项目的场所进行摸底排查，梳理、完善场馆基本信息、经营行为、安全管理现状等，形成"一馆一册"，更新完善全市高危险性体育项目场馆数据库，评定场馆的安全风险，分成"A级（重大风险）""B级（较大风险）""C级（轻度风险）""D级（轻微风险）"四个等级，构建高危险性体育项目经营场馆动态分级监管格局。结合"双随机、一公开"检查及夏季游泳经营场所专项执法检查行动、高危险性体育项目经营场所专项执法检查等，联合市文化市场综合行政执法支队、各县（市、区）体育行政主管部门对全市游泳、潜水、攀岩等高危险性体育项目经营场所进行检查，通过下发《责令改正通知书》、立案调查、开具行政处罚决定书、罚款等措施维护体育市场安全稳定。

（四）坚持党建引领发展，强化体育发展阵地建设

1. 重视党的建设，不断强化政治理论学习

坚持将政治建设放在第一位，将党建引领作用贯穿体育工作全过程，强化政治理论学习和思想政治建设，通过党组中心组（扩大）学习、主题党日活动、"七一"红色教育活动等，引导体育系统党员干部深刻领悟"两个确立"的决定性意义，增强"四个意识"、坚定"四个自信"、做到"两个

维护"。始终坚持党的领导，将党建引领作用贯穿体育工作全过程，开展共产党员"亮身份、亮承诺、亮行动""先锋引领+"等系列活动，充分发挥党员在全民健身运动、体育赛事服务以及文明城（卫生城）创建等工作中的先锋模范作用，以时不我待的奋斗姿态、实干为先的踏实作风践行初心使命，推动南宁市体育事业高质量发展。

2. 激发体育行业社会组织力量，发挥基层党组织战斗堡垒作用

充分凝聚全市体育系统力量，开展"走街巷 访民情 促发展""党建领航 全民健身 你我同行""微光行动 益起出彩"联建共建主题党日活动等，党员深入全民健身运动、体育赛事活动服务等工作，受益人群近10万人次。开展"党旗领航 助力乡村振兴"主题党日活动，组织体育社会组织及党员到马山县加方乡内金村、武鸣区锣圩镇济力村开展结对共建活动，共资助米、油、体育器材等价值30余万元的物资。动员南宁市政协委员、游泳世界冠军杨丽娜开展直播带货，为武鸣沃柑代言，利用体育冠军的正能量和影响力，促进农副产品销售，持续巩固脱贫攻坚成果，助力乡村振兴。

3. 强化舆论阵地建设，抓好体育宣传工作

严把信息发布质量审核关，落实《南宁市体育局信息发布"三审三校"制度》。组织召开南宁市体育强市工作推进情况新闻发布会，以及《南宁市全民健身实施计划（2021—2025年）》《南宁市体育发展"十四五"规划》政策解读媒体吹风会，积极扩大影响、营造良好氛围，谋划探索开创体育事业新局面、谱写体育强市新篇章，推动全市体育事业高质量发展。持续做好运动绿城App的推广宣传，扩大使用范围，加强对运动绿城App的运营、维护、管理，进一步健全完善体育资讯、赛事报名、体育休闲、健身指导、科学健身知识等功能。同时，为不断扩大运动绿城App群众知晓率、关注度和使用率，增加用户黏合度，同步上线了"运动绿城"微信公众号。目前，通过运动绿城App及其微信公众号发布科学健身指导文章及视频13篇（条）、体育设施和场馆信息13072条、宣传信息1580篇，平台总注册用户达33241人。

二　2022年南宁市体育事业发展存在的主要问题

（一）公共体育设施供给不均衡

人均体育场地面积相对不足，城乡之间公共体育设施发展不均衡，出现县（市、区）人均体育场地较充足、城区相对不足的情况。

（二）竞技体育基础不够牢固

基层体校建设不够完善，全市县（市、区）级体校仅6所，7个城区仅武鸣区设有体校。

（三）体育产业发展亟须提速

其他营利性服务业营业收入减少，体育产业发展速度有所放缓。

三　2023年南宁市体育事业发展展望

深入贯彻落实党的二十大报告中"广泛开展全民健身活动，加强青少年体育工作，促进群众体育和竞技体育全面发展，加快建设体育强国"的精神，围绕南宁加快建设面向东盟开放合作的国际化大都市的定位和使命，坚持以人民为中心，办人民满意体育，以群众体育为基础、竞技体育为支撑、体育产业为保障，奋力谱写新时代体育强市建设新篇章，在新时代、新征程中践行新使命。

（一）补齐公共体育设施短板，构建更高水平的全民健身公共服务体系

以创建全民健身模范市和全民健身模范县（市、区）为契机，进一步完善全民健身场地设施建设，推进全民健身设施补短板工程，提高人均体育

场地面积，破解群众"健身去哪儿"难题和满足群众"如何健好身"需求。持续加大公共体育设施建设的投入力度，充分利用、盘活现有资源，在城区、乡镇建设各类公共体育基础设施；结合"秀美邕江"两岸商文体旅基础设施建设，围绕邕江沿岸码头、邕江水上资源增设各类体育设施；持续推进体育公园建设，编制五象新区、邕江两岸、相思湖、明月湖、心圩江等板块的体育项目规划，并配合各城区体育公园的规划进行建设。加强大型场馆免费、低收费开放监督指导，确保享受资金补助的场馆按要求、规范化开放。开展全年龄段的体育赛事活动，满足广大群众的个性化需求。举办畅游邕江、社区全民健身运动会、南宁市第十一届运动会、南宁龙舟公开赛、南宁马拉松等品牌赛事活动，线上线下活动全面开花。加大民族传统体育保护与传承，支持各县（市、区）、开发区的各部门及社会力量依托地方民俗文化举办体育赛事，打造"一地一品""一地多品"赛事格局。构建多层级健身设施网络和城市社区"10分钟健身圈"，满足群众日益增长的体育锻炼需求，不断增强全民身体素质。

（二）加快发展体育服务业，促进体育市场繁荣有序

1. 深入推进"体卫"融合发展，指导群众"如何健好身"

持续推进全民健身和全民健康深度融合，发挥南宁市全民健身和全民健康指导中心、体育社会指导员的作用，推动设立科学健身指导服务站，推行"零距离"健身指导，推广国家体育锻炼标准达标测验活动，开具运动处方，积极探索建立体育运动康复医疗中心。为群众提供更全面、更多元化、更便捷的全民健身公共服务，向市民提供运动营养、科学健身、伤病防护、心理调适等多样化服务，推广常见慢性病运动干预项目和方法，切实提高人民群众的生活品质和健康水平。

2. 深入推进"体教"融合发展，加强青少年体育工作

围绕深化体教融合总体目标，以创建全区体教融合示范市为契机，构建具有南宁特色的体教融合发展新格局和工作机制，进一步健全完善青少年教学、训练、竞赛体系，打造课后服务品牌，提升青少年健康素养、运动技能

水平。创新建立和完善政府主导、部门协作、多元参与的体教融合促进机制，构建市县级体校、传统体育项目学校、青少年体育俱乐部"三位一体"的竞技体育人才培养阵地。积极探索构建中小学生运动人才"小、初、高""一条龙"人才培养体系等，强化有机衔接，提升青少年体育后备人才成材率。完成第一届全国学生（青年）运动会南宁赛区筹备办赛任务。

3. 深入推进"体旅"融合发展，满足人民群众日益增长的体育消费需求

以2023年广西文化旅游发展大会及第一届全国学生（青年）运动会为契机，不断推动南宁马拉松、中国—东盟系列赛等本土赛事品牌发展。按照"一核聚集，一带展开，五区支撑，多维辐射"的产业发展布局，培育美丽南方运动休闲集聚区、兴宁区十里花卉长廊及昆仑大道乡村体育旅游集聚区、广西体育中心体育赛事表演集聚区、环大明山户外运动集聚区、百里秀美邕江健身休闲经济带等，打造一批体育产业示范基地、示范项目及体育旅游精品景区、线路，丰富南宁市体育产业品牌。持续推动"体育+""+体育"融合发展，形成发展合力，拉动人气促消费。培育建设一批生态体育公园、户外研学基地、航空飞行营地、水上运动基地、汽车露营基地等，打造体育特色鲜明、服务功能完善的运动休闲特色小镇及体育综合体，促进体育消费结构升级。加大招商引资力度，继续扶持一批体育服务业临规企业上规入统，同时培育一批"专、精、特、新"中小体育企业，推动产业规模不断壮大。

（三）加强体育对外交流，推动南宁打造面向东盟开放合作的国际化体育赛事中心城市

一是推动南宁打造面向东盟开放合作的国际化体育赛事中心城市。将南宁马拉松比赛、中国—东盟系列赛〔含中国—东盟（南宁）国际龙舟邀请赛、中国—东盟国际自行车挑战赛、中国—东盟国际棋牌邀请赛、中国—东盟城市羽毛球邀请赛、中国—东盟城市足球邀请赛〕等打造成全国一流、东盟知名的品牌赛事；积极申办更多高水平国际重大赛事，如2019年承办的苏迪曼杯世界羽毛球混合团体锦标赛。

二是依托南宁市体育运动学校五合校区优势，深度推进体教融合，打造

南宁市东盟国际体操武术学校、中国—东盟青少年体育交流中心，争取国家高水平单项培训基地落户南宁，加强与东盟国家在青少年体育培训、训练、赛事等方面的交流合作。

三是支持南宁市加强与东盟国家的交流合作，联合打造一批跨海岸线、跨边境线的体育产业项目、体育旅游精品路线和户外休闲运动品牌；引入东盟国家特色赛事，开展户外旅游、体育休闲项目的合作，促进南宁体育"走出去"和"引进来"。

社会治理篇

Social Governance Reports

B.8

打造市域治理现代化"南宁样板"
路径分析

南宁市社会科学院课题组 *

摘　要： 南宁市作为全国第一期市域社会治理现代化试点地区，市域社会治理能力和水平得到了显著提高，为创建广西市域社会治理现代化标杆城市提供了基础。本报告分析了南宁市创建市域社会治理现代化标杆城市的做法和成效，认为目前仍存在市域社会治理体系化建设有待提升、基层网格治理力量有待加强、智能化基础建设资金保障有待解决、综治中心规范化建设有待强化、品牌效应和特色效应有待提升等问题，并在此基础上构建以党建"领友"、社会"安友"、多元"睦友"、智慧"联友"、文化"聚友"、法治"善友"为指标的南宁

* 课题组成员：龚维玲，南宁市社会科学院城市发展研究所所长，正高级经济师；吴寿平，南宁市社会科学院城市发展研究所副所长，副研究员；庞嘉宜，南宁市社会科学院城市发展研究所，助理研究员；周博，南宁市社会科学院东盟研究所所长，高级人力资源管理师；蒋秋谨，南宁市社会科学院农村发展研究所所长，副研究员；谢振华，南宁市社会科学院农村发展研究所副所长，助理研究员；周娟，南宁市社会科学院农村发展研究所，助理研究员；王许兵，南宁市社会科学院东盟研究所，助理研究员；陈代弟，南宁市社会科学院办公室，助理研究员。

市市域社会治理现代化标杆城市评价框架，并提出相应的对策建议。

关键词： 市域社会治理 标杆城市 "一站式平台建设"

市域社会治理现代化是国家治理体系和治理能力现代化的重要组成部分。继党的十九届四中全会提出"加快推进市域社会治理现代化"之后，党的十九届五中全会又提出"加强和创新市域社会治理，推进市域社会治理现代化"，凸显了市域社会治理现代化的重要性和紧迫性。

一 南宁创建市域社会治理现代化 标杆城市的做法和成效

（一）发挥政治引领作用，健全首府市域社会治理工作体系

1. 推进市域社会治理体制现代化

南宁市自获批为全国市域社会治理现代化第一批试点城市以来，市委、市政府高度重视，南宁市第十三次党代会报告明确提出"打造社会治理现代化示范城市"。市委高位推进，发挥党委总揽全局、协调各方的作用，出台了《关于坚持发展新时代"枫桥经验"推进首府市域社会治理现代化的若干意见》等5个配套文件，明确市、县、乡三级党委书记为社会治理第一责任人，细化制定路线图、时间表、任务书，形成党政领导负责、政法委牵头抓总、各部门分工协作的齐抓共管格局。持续健全"党委领导、政府负责、社会协同、群团助推、公众参与"的横向治理体制，构建完善权责明晰、上下贯通的市、县（市、区）、乡镇（街道）、村（社区）四级纵向治理架构。

2. 建立基层治理协同综合体

以综治中心为依托，统筹基层综治单位资源力量，打造市域社会治理综合体。市、县、乡三级综治中心落实编制558个，各级综治中心融合治安防

控、消防等 21 个职能部门系统模块，推动执法力量下沉到乡镇（街道）。全面开展网格化服务管理标准化建设，将专项治理融入网格治理，建立健全"事事入格，全网统筹"的工作机制。通过居民群众"报"、网格员"采"、综治中心"统"、联动部门"办"的闭环工作流程，推动大事全网联动、小事网格处理，实现市域社会治理工作由多头管理向综合治理转变。

（二）发挥协调联动作用，完善具有时代特征的社会治安防控体系

1. 升级市域社会治理"最强大脑"

建立高效畅通的全市政法机关跨部门大数据平台，融入数字政府治理体系，初步实现"一个平台管平安"。在市、县两级公安机关情报指挥中心建设"1+N"合成作战平台，实现多数据整合共享、多手段同步支撑、多警种合成作战。在全区率先建立 110 报警与 12345 热线协作运行机制，实现 110 社会联动事项的无缝对接流转，对各类社会治理事项"一站式接收、一揽子调处、全链条解决"。

2. 健全治安风险、公共风险联测联防联处机制

积极打造街面智慧巡防体系，在全市部署 31 个治安责任区、148 个巡区、10 个快反区、10 个要害部位、28 个新型警务站，实现"1、3、5"分钟"快反处突"。完善全市治安防控实战应用平台，实现对重点人员、重点场所、重点部位、重点行业、重点物品的研判预警和实时管控。不断完善基层治安防控"人防、物防、技防"措施手段，大力推进"一村（社区）一警务""一村（社区）一警务助理"机制建设，221 名社区民警兼任村（社区）副书记，设置 1511 名专职警务助理，配齐基层警务力量，全市 1820 个基层社区组织均已成立治保会，共有群防群治组织超 6900 个。

（三）发挥法治保障作用，构建具有民族特色的矛盾纠纷化解机制

1. 推进"一站式"矛盾纠纷调处中心建设，创新矛盾纠纷联动联调机制

兴宁区以矛盾纠纷调解"一站式"平台建设为抓手，2018 年建成兴宁区综

治中心与城区群众信访服务中心、矛盾纠纷调处中心、行政争议调解中心、维稳中心，实现"一站式"集中办公，法院、检察院、司法、财政、发改、经贸、教育、人社、交通、应急管理、城管等部门以及镇（街道）领导轮驻接访。此外，兴宁区充分发挥乡贤优势，助力调解难题，城区法院将"族老调解"制度①与纠纷解决制度相结合，充分发挥"族老调解"工作的人地资源优势，将"族老"打造为化解矛盾的"老娘舅"和政策法规的"讲解员"，助力分流法院诉源、化解基层纠纷，探索建立了适合当地社情民情的纠纷解决机制。

2. 探索新路子，引导群众依法维权

南宁市建立"工会+人社""法院+工会"等劳动矛盾纠纷多元化解联调机制，整合各部门资源优势，从源头化解劳动矛盾纠纷。为了更好地引导群众依法维护劳动权益，南宁市成立全国首个"灵活就业人员合法权益保障联动化解中心"，快速解决拖欠灵活就业人员劳务报酬等问题。2018年南宁"智慧人社"系统正式上线，自上线以来，突破性地实现了人社全业务一体化，创新实现了"线上一网通、线下一门办"，先后推出"即申秒办""免申即办""打包快办"等一系列创新成果。同时，全面构建线上线下一体化"大维权"体系，通过劳动维权一体化平台，将传统维权模式升级为数字维权体系，实现全区领先的劳动维权综合治理。劳动维权一体化平台自2021年9月试运行以来，截至2021年底，成功调处劳动纠纷1050件。

3. 探索首府新时代城市民族工作新办法

南宁市以铸牢中华民族共同体意识为主线，充分发挥民族关系监测评价处置机制和城市平台作用，县（市、区）民宗部门成立民族关系监测评价处置工作领导小组，在社区建立民族关系监测站，全市332个村（社区）建立了民族工作服务站。搭建"1+10"点站联建联动工作体系，即在南宁市民宗委设立联系点，在兴宁区望仙坡社区、江南区二桥西社区、青秀区新竹社区、西乡塘区万秀村社区、良庆区三叠石社区、邕宁区红星社区、武鸣

---

① "族老"：壮族农村群众对同族长辈或村中德高望重的长者的尊称，"族老"们通常精通当地语言、了解地方历史、熟悉本土风俗习惯，在农村中威望颇高。

区红岭社区、南宁市司法局普法与依法治理科、南宁市师范学校附属小学、广西万益律师事务所等10个社区、单位建立联系站。各站点发挥职能作用，积极为少数民族群众提供劳动就业、困难救助、随迁子女入学、法律援助等服务。按照"发现问题及时、提出建议中肯、先行先试有亮点"的要求，将各站点建设成为城市民族事务法治化体系和机制的前哨点与实践基地，打造成为提高民族工作部门依法治理民族事务的示范点。

（四）发挥自治强基作用，创新构建具有首府特征的共治共享共商格局

1. 打造民主议事平台，激发居民群众主人翁精神

全市各社区（村）充分利用民主议事会平台，通过多方沟通协商化解基层普遍性纠纷，江南区二桥西社区"大党委"发起的"逢四说事会"是南宁市响亮的共治共享共商品牌，使居民群众成为社区事务真正的决策者和监督者。南宁市、区两级政府通过资金支持、人员培训和政策指导积极推广基层协商平台议事建设，使居民通过协商平台讨论解决社区公共事务和实际问题。

2. 探索"统一战线+商会人民调解委员会"基层治理新模式

充分发挥协同治理中商会的重要作用。在社会主义市场经济条件下，商会既是企业与政府之间的重要桥梁，也是新型社会治理的重要主体。2011年12月，南安商会与西乡塘区法院合作成立了广西第一家商会人民调解组织——闽商人民调解委员会，先后妥善解决会员各类涉企纠纷20多起，为维护社会和谐稳定做出巨大贡献。目前，全市已建立了261个商会人民调解组织，在全区实现市、县、乡三级商会人民调解组织全覆盖。

（五）发挥德治教化作用，探索市域未成年人权益保护与法治教育工作

针对未成年人违法犯罪案件数量不断增加，公安不好管、学校管不了、家庭管不住的"三不管"问题，南宁市于2019年成立专门教育指导

委员会，推进建成南宁励志专门学校，预防青少年犯罪，引导学生把人生扣错的第一粒纽扣重新扣好，将偏离正确人生轨道的青少年重新拉回正轨。2021年，学校在教育教学体系上进行探索尝试，推动行为矫治和综合教育相融合。在教育矫治方式上，探索尝试"三阶"教学，即感恩—向善—立志；在教育矫治内容上，设立义务教育课程，确保未成年人达到义务教育相应学习要求，突出心理健康教育，配备专业心理健康教师，开设生命教育课程，突出亲子教育和职业教育，开设家长课堂，提升未成年人父母的家庭教育能力。

（六）发挥智治支撑作用，持续强化市域社会治理智能化建设

1. 强化数字支撑、数智分析、数治实战

持续健全"雪亮工程"、综治视联网、综治信息系统，实现"三网合一"，按照"应联尽联"原则，持续扩容拓展村（社区）基层"雪亮工程"。截至2022年6月20日，综治视联网已实现15个县（市、区）、开发区和127个乡镇（街道）100%覆盖，全市1820个村（社区）覆盖率达72%，在全区位于领先行列。目前，"雪亮工程"基本实现"全域覆盖、全网共享、全时可用、全程可控"的基础目标，技术先进、覆盖全面、资源共享的南宁市公共安全视频监控立体防控体系逐步完善。

2. 针对重点难点问题，建立应急处置机制

2017年起，由南宁市委政法委牵头，市消防救援支队具体实施，推动居民电动自行车集中停放和充电标准化管理。按照"五个一"标准，消防救援支队在全市范围内建设了4000个电动自行车规范化停放充电点，将全市电动自行车规范停放场所的5860个视频监控、11720个独立报警器，依托南宁政法云平台，利用平台"消防网格管理系统"模块、电动车棚远程监控系统施行智慧防范，全天候联网轮巡电动自行车规范停放场所视频监控，实现实时预警，切实加强消防网格管理。2017~2020年，全市电动自行车火灾起数比2016年分别下降了88%、91%、80%、83%，2017年以来未发生电动车火灾亡人事件。

二 南宁创建市域社会治理现代化标杆城市面临的困境和问题

（一）市域社会治理体系化建设有待提升

虽然南宁市推进市域社会治理现代化试点工作已初见成效，但法律法规等有效管理制度仍有待进一步完善。此外，个别部门、部分层级对于"市域社会治理现代化"的概念理解仍不够充分，部分问题的解决仍然沿用"老方法"，治理现代化流于形式。"市级层面引领+基层落实推进"的体系化建设，以及"市级各部门整合+基层各部门联动协调"的融合建设仍有待强化。

（二）基层网格治理力量有待加强

目前，南宁市社区专职工作人员比较少，专业化人才匮乏，专职网格员力量较为薄弱，"费随事转"制度尚未形成，例如南宁市城中村目前参照的标准是村级配置 7 名网格员，但城中村流动人口多、矛盾纠纷复杂、治理难度大，7 名网格员不足以承担起城中村的治理任务。

（三）智能化基础建设资金保障有待解决

智慧安防小区建设后期管理应用的运营、维护存在较大资金缺口。此外，南宁市无物业老旧小区因其大多建设年代较早，普遍存在房屋本体及配套设施陈旧、基础配套设施缺失、卫生环境较差等问题，社区受限于有限的财政资金和力量支持，对辖区内老旧小区的兜底管理只能采取较为粗放的方法。

（四）综治中心规范化建设有待强化

部分城区、街道、社区综治中心功能有待健全，综治中心规范化建设有待加强，部分"一站式"矛盾纠纷调处中心虽然挂牌成立，但尚未真正发挥应有作用。同时,部门之间工作联动不足,政法、法院、司法、公安、街道等相关部门在促进矛盾纠纷多元化解工作中均做出了积极探索,但仍存在力量分散、整合不够、数据共享不足等问题。

(五)品牌效应和特色效应有待提升

总体而言,市域社会治理的品牌效应不明显,特色效应不突出。例如,兴宁区集诉讼服务、多元调解纠纷、普法宣传、红色教育于一体的红色诉讼服务中心,为群众提供了便捷、优质、智能化的诉讼服务,是较好的典型示范,但该经验做法尚未在全市全面推广。

三 南宁市市域社会治理现代化标杆城市的评价框架和指标体系

(一)评价框架

"老友"是南宁的城市符号,"老友"文化根植于南宁市民的日常生活之中,体现了南宁包容、开放、友好的城市文化属性。因此,构建南宁市域社会治理现代化标杆城市的"老友指数",凸显了南宁特色。同时,在宣传上更能够密切联系群众、贴近群众,有助于文化与社会治理深度融合和高质量发展。

以南宁市域社会治理"老友南宁"工作体系为基础,以时代特征、首府特点和民族特色为目标,构建以党建"领友"、社会"安友"、多元"睦友"、智慧"联友"、文化"聚友"、法治"善友"为指标的南宁市域社会治理现代化标杆城市评价框架(见图1)。建立具有南宁特色的"老友指数",以"小指数"撬动"大治理",通过开展"老友指数"动态监测,监测南宁市域范围的社会治理状况,及时发现治理堵点、难点、热点,不断强化效能导向,助力提升南宁市域社会治理现代化水平,创建具有示范效应的市域社会治理现代化标杆城市。

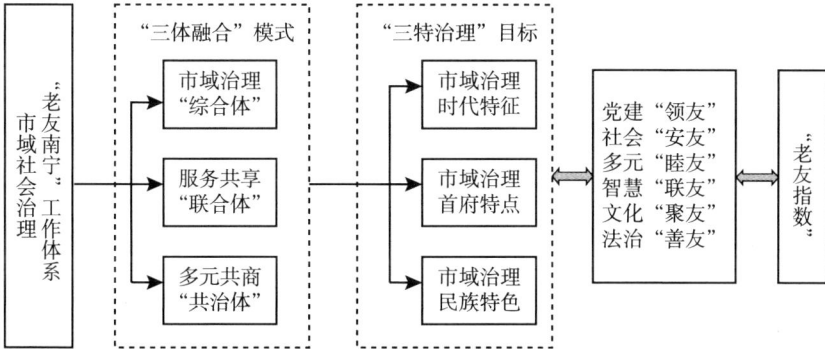

图1 南宁市域社会治理现代化标杆城市评价框架

（二）指标体系

评价框架是创建市域社会治理现代化标杆城市的重要指南和评价标准，而评价指标体系则是行动指南。根据南宁市域社会治理现代化标杆城市评价框架，突出"六友"能力，构建了评价指标体系（见表1）。

表1 南宁市域社会治理现代化标杆城市指标体系

一级指标	二级指标	三级指标	目标层
市域社会治理"老友指数"	党建"领友"	"一体化"组织领导体系	100%
		网格党建覆盖率	100%
		三级党群服务中心覆盖率	100%
		政府购买社会组织公共服务支出占公共服务总支出的比重	≥30%
	社会"安友"	居民幸福感	≥98%
		居民对公共服务的满意度	≥98%
		居民对社会保障水平的满意度	≥98%
		居民对参与社会治理的满意度	≥98%
	多元"睦友"	居民参选率	>95%
		重大决策听证率	>95%
		商会人民调解委员会的覆盖率	>98%
		"一站式"司法服务覆盖率	>98%

续表

一级指标	二级指标	三级指标	目标层
市域社会治理"老友指数"	智慧"联友"	网格化服务管理覆盖率	>99%
		智慧社区建成率	>99%
		视频监控系统覆盖率	100%
		重大突发事件应急系统建设率	100%
		基本公共服务事项网上办理率	>95%
	文化"聚友"	县、乡两级社会组织孵化培育和活动场所覆盖率	≥50%
		城市社区综合服务设施覆盖率	≥90%
		村综合服务设施覆盖率	≥90%
		社会心理服务体系覆盖率	>95%
	法治"善友"	专兼职平安巡防队伍人数占常住人口的比重	≥1‰
		"一社区(村)一警(辅警)"的覆盖率	100%
		万人刑事案件发案率	<30 起
		万人治安案件发案率	<100 起
		校园法治教育实践基地覆盖率	100%
		民主法治示范村(社区)建设率	>50%

注：目标层的目标为打造市域社会治理现代化标杆城市的基本线。

1.党建"领友"指标

党建是社会治理的重要基石，更是引领社会公众参与社会治理的重要途径。市域社会治理能力的强弱在一定程度上取决于党建"领友"能力。课题组选取4个指标来衡量党建"领友"能力："一体化"组织领导体系、网格党建覆盖率、三级党群服务中心覆盖率、政府购买社会组织公共服务支出占公共服务总支出的比重。"一体化"组织领导体系是纵贯市、县（城区）、乡镇（街道）、村（社区）的指挥枢纽和健全的领导体系，在市域层面构建联动治理共同体，能够有效反映市域社会治理过程中部门、行业、单位、县、乡村之间的联动。网格党建覆盖率反映基层党的建设、政策贯彻落实情况。三级党群服务中心覆盖率反映基层治理中联系群众、服务群众的情况。政府购买社会服务是企事业单位和社会组织参与社会服务供给、发挥协同作用的重要途径，同时是社会组织活动资源保障和活动空间发展壮大的重要途径。政府购买社会组织公共服务支出占公共服务总支出的比重，反映了政府在引导社会力量参与社会治理、转变政府自身职能方面所做努力的程度。

2. 社会"安友"指标

市域社会治理的"安友"是社会公众对社会治理满意度的一种表现，更是对市域社会治理工作提出的更高要求。课题组选取 4 个指标来衡量社会"安友"能力：居民幸福感、居民对公共服务的满意度、居民对社会保障水平的满意度和居民对参与社会治理的满意度。居民幸福感反映市域居民对当地生存和生活条件、发展现状的主观评价，主要以就业、收入、医疗条件、安全等指标来衡量。居民对公共服务的满意度反映居民对市域公共服务能力和水平的主观评价。居民对社会保障水平的满意度反映居民对社会保障水平的主观评价。居民对参与社会治理的满意度反映居民对市域社会治理过程中自身参与社会治理所发挥作用的满意度评价。

3. 多元"睦友"指标

多元"睦友"主要体现市域社会治理中化解纠纷的能力，既是夯实群众基础的重要途径，也是紧密联系群众的重要方法。课题组选取 4 个指标来衡量多元"睦友"能力：居民参选率、重大决策听证率、商会人民调解委员会的覆盖率和"一站式"司法服务覆盖率。城乡社区自治是市域社会治理的重要载体，居民参选率反映居民对城乡社区自治参与水平和选举质量的主观评价。重大决策听证制度是公民参与社会政策决策的重要制度安排之一，重大决策听政率反映居民对政策决策的参与程度和关注度的主观评价。商会人民调解委员会是发挥商会调解民营经济领域纠纷的重要机制，商会人民调解委员会的覆盖率反映多元调解模式的创新及调解质效。"一站式"司法服务覆盖率反映市域推动诉讼服务便民便利程度。

4. 智慧"联友"指标

市域社会治理智能化是现代科技与社会治理深度融合的体现，也是创建市域社会治理"标杆城市"的重要内容。课题组选取了 5 个指标来衡量智慧"联友"能力：网格化服务管理覆盖率、智慧社区建成率、视频监控系统覆盖率、重大突发事件应急系统建设率和基本公共服务事项网上办理率。网格化服务管理是改进社会治理方式、推进国家治理体系和治理能力现代化的重要内容，是加强和创新基层社会管理的有效方法。网格化服务管理覆盖率反映加强和创新基层社会管理的实际情况。智慧社区建成率反映社区设施智能、服务便捷、管理精细、环境宜居的情况。视频监控系统是市域社会治理信息化智能化项目，视频监控系统覆盖率反映天网系统在服务市域社会治安治理方面的能力及作用。重大突发事件应急系统建设率指城市管理各个领域中对重大突发事件信息化应急系统的建设水平。基本公共服务事项网上办理率反映政务服务的智能性、便捷性。

5. 文化"聚友"指标

文化是沟通人与人心灵和情感的桥梁，是凝聚社会公众、社会组织参与社会治理的重要力量。课题组选取了 4 个指标来衡量文化"聚友"能力：县、乡两级社会组织孵化培育和活动场所覆盖率、城市社区综合服务设施覆盖率、村综合服务设施覆盖率和社会心理服务体系覆盖率。县、乡两级社会组织孵化培育和活动场所是县、乡两级社会组织开展文化活动、参与社会治理的重要场所，其覆盖率反映文化活动对居民的影响。城市社区综合服务设施覆盖率、村综合服务设施覆盖率都反映了文化活动场所情况。社会心理服务体系建设是创新现代社会治理的必然要求，其覆盖率反映化解社会矛盾纠纷的能力。

6. 法治"善友"指标

市域社会治理法治化是国家治理体系和治理能力现代化的重要依托，也是和谐社会建设的重要保障。课题组选取 6 个指标来衡量法治"善友"能力：专兼职平安巡防队伍人数占常住人口的比重、"一社区（村）一警（辅警）"的覆盖率、万人刑事案件发案率、万人治安案件发案率、校园法治教育实践基地覆盖率和民主法治示范村（社区）建设率。专兼职平安巡防队伍人数占常住人口的比重反映平安建设的成效。"一社区（村）一警（辅警）"的覆盖率反映城市安全建设情况。万人刑事案件发案率和万人治安案件发案率反映市域社会治安状况。校园法治教育实践基地覆盖率反映未成年人的法治教育状况。民主法治示范村（社区）建设率反映乡村和社区推进依法治理、基层社会治理法治化的水平。

四 南宁市创建市域社会治理现代化标杆城市的对策建议

（一）强引领，突出新时代特征

1. 强化统筹引领，打造共商共治大格局

加强市级统筹，推动部门融合。出台市域社会治理现代化标杆城市工作方案，推动全方位的部门融合，推动部门间在资源共享、政策配套、法规衔接等方面做到无缝对接，实现部门协同高效履职。加强市域社会治理现代化标杆城市建设架构，组织政法委、组织部、宣传部、财政局、法院、检察院、公安局、司法局、信访局、卫健委、民政局、人社局等单位，针对市域社会治理试点城市工作中的短板弱项问题进行深入分析和研判，找准关键突破口和发力点，加快制定《南宁市打造市域社会治理现代化标杆城市工作方案》，全力推进市域社会治理现代化标杆城市建设工作。构建"都市命运共同体"，充分发挥多元主体的治理力量，实现社会多元共治，要有"化整为零"的理念，破解治理碎片化的格局，有效联动多部门主体形成治理合力。

2. 强化政治引领，凝聚共识力量

继续强化政治引领，进一步健全党委总揽全局、协调各方领导机制，强化"一体化"组织领导体系和市域治理协同"共治圈"的作用，实现"一体化"组织领导体系的全覆盖。推动将党支部建在网格上，提升党建引领网格管理能力，要求有3名以上正式党员的网格单独成立党支部。全力推动职能部门力量下沉到基层，动员各级部门党组织、党员到社区登记报到，积极参与社区网格化服务管理，帮助群众解决实际问题。创新"党建+"联动模式，进一步加强基层组织政治建设。推进县级、乡镇（街道）、村（社

区）三级党群服务中心建设，实现党群服务中心的全覆盖。探索"党建+网格化""党建+心理健康服务""党建+群建""党建联席议事"等模式，实现网格党建的全覆盖。

3. 强化法治引领，提升治理质效

以法治保障为引领，发挥市域（地方）社会治理现代化创新样本作用。加快制定符合南宁市域社会治理的法治体系，为创建市域社会治理现代化标杆城市提供基本遵循和衡量标准。加快构建市域社会治理法律规范体系，充分运用市域层面的立法权，针对公共卫生、民生保障、食品药品安全、社会信用、生态保护等重点领域和突出问题进行立法探索，制定出务实管用的地方性法规和行政规章。同时，要充分挖掘并创新发展乡规民约和少数民族习惯法的"规则之治"价值，不断完善社会治理法律法规。加快推进"一站式"司法服务体系和商会人民调解委员会建设，使其覆盖率不低于98%。加快推进民主法治示范村（社区）、校园法治教育实践基地建设，全市民主法治示范村（社区）占比大于50%，校园法治教育实践基地实现全覆盖。

（二）强示范，突出首府南宁特点

1. 优化试点架构，打造试点"升级版"

全面强化南宁市市域社会治理现代化试点城市的建设工作，总结试点工作中的亮点、成功经验和存在的不足，并根据城市迭代升级、发展规律、治理演化等，结合时代特征、首府特点和民族特色，加快形成全域化、体系化的市域社会治理集成经验和亮点。同时，持续优化市域社会治理机构设置，成立市域社会治理现代化标杆城市工作领导小组，编制出台市域社会治理现代化标杆城市的专项规划和细则，全力打造市域社会治理现代化试点城市的"升级版"。

2. 加强示范带动，突出典型引领作用

按照市级统筹、县区主抓、基层首创的原则，打造一批可复制、可借鉴、可推广、示范效应强的"南宁样本"。推动"社区（乡村）治理"现代化试点，依托通信运营商，全面开展村级综治中心建设，提升乡村治安处置能力和矛盾纠纷化解能力。以江南区江南街道二桥西社区"逢四说事"居民议事制度、青秀区翡翠园小区"红色物业"、青秀区仙葫开发区、邕宁区龙象社区综治中心"居民点单—中心派单—网格员接单—群众评单"四单工作机制、隆安县震东新区综治中心为示范点,向全市推广,打造一批具有南宁特色的社会治理品牌,提升南宁市市域社会治理现代化品牌效应和特色效应。大力推广独具区域特色的调解工作法,如横州市莲塘派出所民警黄美燕"大喇叭+"工作法、横州市云表镇司法所司法干警"礼哥"调解工作法、马山法院"贝侬"调解工作法、兴宁法院多元化纠纷联合调解工作法以及西乡塘区的警民联调法等,加快纠纷解决方式创新。

3. 发挥道德教化作用,增强市域社会治理动力

充分发挥道德典型示范作用,依靠道德教化增强市域社会治理内生动力,切实化解社会稳定新风险。深入开展时代楷模、道德模范、最美家庭的宣传,在全市范围内培育、宣传和践行社会主义核心价值观,开展"星级文明户""文明家庭"等"身边的榜样"评选活动,树立良好的道德榜样,激活市域社会治理自治、法治与德治的活力。同时,大力宣扬家风建设,深入挖掘全市优良家风家庭,传播积极向上向善的社会风尚和优秀传统文化。创新多种形式宣传道德模范,持续开展南宁市新时代文明实践道德模范基层巡演活动,并以电影、电视剧、短视频、话剧、歌曲、小品、情景剧等多种形式,宣传抗疫英雄梁小霞、全国孝老爱亲模范蓝连青、脱贫致富的"茉莉仙子"梁巧恩等人的故事,充分发挥道德模范的榜样示范作用,大力营造学习先进、崇尚先进、赶超先进的浓厚氛围。

(三)强评价,突出首府民族特色

1. 持续优化评价体系

以市域社会治理"老友南宁"工作体系为基础,根据新时代特征和新发展格局,结合南宁市经济社会发展新特点和民族特色,从大处着眼,借鉴国内其他社会治理先进城市,总结提升市域社会治理现代化试点城市的经

验，理顺历史、现实与未来逻辑，深入研究市域社会治理现代化标杆城市的大逻辑。同时，与智库机构建立合作关系，每年研究发布南宁市域社会治理现代化标杆城市研究报告，全方位分析南宁作为标杆城市的领先优势、问题与困境、愿景目标和可供借鉴的发展经验，持续优化评价指标体系和评价标准，并提出南宁市创建市域社会治理现代化标杆城市的科学路径和多元举措，持续优化南宁市创建市域社会治理现代化标杆城市的评价框架和指标体系。

2. 以"小指数"带动"大治理"

将打造"老友指数"作为整体提升南宁市市域社会治理现代化水平的重要抓手，由市政法委牵头，专业智库具体研发，各级部门配合实施。加快建设南宁市市域社会治理现代化标杆城市"老友指数"预警监测系统，实现社会治理指标数据报送、结果运算、动态监测、风险研判和决策指挥等功能。通过"老友指数"常态化的数据监测、数据评估，及时发现短板和不足，适时调整策略，完善治理体制机制，不断提升"领友""安友""睦友""联友""聚友""善友"等能力，助推市域社会治理能力的提高。

（四）强创新，突出治理理念升级

1. 加强管理理念创新，树立全周期管理意识

市域社会治理是一个系统工程，涉及城市管理、建设、经济和社会发展等方面，具有复杂性、不确定性和长期性。创建市域社会治理现代化标杆城市就需要不断创新管理理念，以新理念推动社会治理新发展，打造市域层面、全区乃至全国具有示范效应的"南宁样板"。完善事前事中事后全过程治理机制，形成从源头到末梢完整的治理链条，把"全周期管理"理念贯穿城市规划、建设、管理各环节，增强城市的"弹性"和"韧性"，实现城市动态治理。

2. 加强网格管理创新，树立全域治理理念

牢固树立全域治理理念，参照深圳市福田区"物业城市"改革，实

行多部门管理"整合归一",彻底解决部门多头管理问题,构建"多对一、一管多"的创新业务管理模式,实现城市全域治理。加快构建"街社一体化"管理体系,整合街道和社区的相关机构,明确基层治理主体,统一由综治中心进行管理,形成资源集中、统筹协调、统一调度、高效处置的扁平化管理模式。同时,加强综治中心规范化、实体化、职能化建设,全面整合政法、法院、司法、公安、街道等相关部门在矛盾纠纷多元化解中的作用,以"大联动、微治理"为理念,以问题为导向,做细做实矛盾纠纷化解、平安稳定维护工作。加快推进基层治理"红色网格"建设,推行党组织建在网格上,实现每个网格有一名党员作为网格员,将党建工作、民意征集、服务代办、矛盾化解等工作下沉到网格,有效打通服务群众的"最后一公里"。加快推进"全科网格"建设,按照"以块为主、条块结合"加强责任管理,实现上下联动长效管理,力争网格化服务管理覆盖率大于99%。

3. 加强智能管理创新,树立"大数据"理念

牢固树立"大数据"理念,借助高科技成果推进治理技术创新,以技术为支撑,推动治理模式和方式的创新。一方面,加快构建智能治理"一张网",推动市域社会治理与区块链、大数据、云计算等现代科技深度融合,依托南宁市数据治理平台等现有平台,建立集市域覆盖、信息采集、数据集成、智能研判、社会治理过程监管于一体的社会治理智慧系统,构建"一网共享、多元共治"体系。另一方面,强化信息获取的自动化和利用的合法化,通过决策的科学化,推动市民意愿与政府服务的高度契合。利用信息化手段,实时监控、感知社会运行,强化信息技术在资源整合、化解多元矛盾、风险预测、预警和预防等方面的作用。同时,培育壮大现代信息技术产业,扶持数字经济标杆企业,大力发展数字经济,将南宁打造成为引领广西数字经济发展的标杆城市。加快推进重大突发事件应急系统和视频监控系统建设,实现全覆盖,切实提高市域社会治理的智能化水平。加快推进智慧社区建设,力争建成率大于99%。持续优化营商环境,实现基本公共服务事项网上办理率不低于95%。

（五）强保障，突出社会治理效能

1. 强化制度保障，提升工作效能

根据时代特征、首府特点和民族特色，以及经济社会发展现状，制定符合地方实际情况的制度体系。加快市域社会治理现代化标杆城市的制度建设，建立法治、自治、德治、技术等方面的制度规范。充分利用广西壮族自治区首府城市的立法权，围绕城市治理的制度需求，适时出台地方性法规规章。借鉴国内先进城市的成功经验，加强信用制度规范建设，建立健全社会信用规范标准，规范征信机构、市场主体、市民的信用服务和行为。同时，在完善市域层面的顶层制度设计之外，进一步加大微观层面的制度安排和基层制度创新，持续提高基层治理工作效能。

2. 强化资金保障，提升服务效能

不断完善与建设市域社会治理现代化标杆城市相适应的经费保障机制，多渠道筹措资金，充分保障"雪亮工程"建设、智能化基础建设、社会救助、风险化解、城市保障等方面的资金需求。加强市域社会治理项目的财政预算，全面落实"过紧日子"的财政方针，建立健全以事前绩效评估、事中运行监控、事后绩效评估和绩效结果应用为主的全生命周期预算绩效管理机制。同时，借鉴南京市"三岗十八级"薪酬体系，探索建立健全专职网格员资格认证、薪酬保障、管理考评、关心关爱四项机制，切实解决网格员待遇不高、队伍不稳定的问题。加大政府购买社会组织公共服务支出占公共服务总支出的比重，根据市域社会治理现代化需求，适时更新政府购买服务目录，向社会组织购买的比例不低于30%。加快推进县、乡两级社会组织孵化培育以及活动场所、城市社区综合服务设施和村综合服务设施建设，保障建设资金，使社会组织孵化培育率和活动场所覆盖率不低于50%，服务设施覆盖率不低于90%。

3. 强化人才保障，提升执行效能

加强人才培养，为社会治理提供足够的优秀人才。以南宁市社会治理学院为平台，搭建市域社会治理人才培养教育基地，为南宁推进市域社会治理

现代化提供理论支持和人才支持。充分发挥南宁市社会治理学院的教育、培训、研讨等作用，每年组织基层社会治理工作人员集中开展培训，引入案例教学法、行动学习法等现代培训方法，重点提升基层人员的依法履职能力、矛盾排查化解能力、社会稳定风险评估能力、心理疏导能力、现代信息技术应用能力等。全力打造南宁市专职网格员队伍，提升网格员队伍的专业化、职业化水平，切实增强网格员队伍的组织力和战斗力。加大对人才的激励力度，特别是对基层人才的表彰奖励力度，提高基层人才的获得感和幸福感，进而提高执行效能。拓宽人才引进渠道，加强用人单位与高校、人力资源服务机构的联系，通过高校、人力资源服务机构向社会发布人才需求和优惠政策，吸引更多人才入邕发展。同时，实行灵活的引才条件，放宽紧缺人才的学历、职称等条件，更关注人才的服务稳定性和能力。

参考文献

"中国社会管理评价体系"课题组、俞可平：《中国社会治理评价指标体系》，《中国治理评价》2012 年第 2 期。

宁超、喻君瑶：《"智治"与"联动"：中国市域社会治理现代化的一种新形态——基于佛山市"1+3+X"的案例分析》，《地方治理研究》2022 年第 1 期。

王春光：《市域社会治理现代化的台州探索》，社会科学文献出版社，2021。

辛全龙：《市域社会治理现代化问题研究》，山东大学出版社，2021。

中共中央文献研究室编《习近平关于社会主义社会建设论述摘编》，中央文献出版社，2017。

B.9
南宁市无物业小区管理创新路径与对策

南宁市社会科学院课题组*

摘　要：　住宅小区是人民生活的最基本场所，是城市治理的最基础单元，小区管理是事关群众切身利益的民生问题。近年来，不少配套落后的"老、破、旧"无物业小区管理问题突出，成为市民群众安居的"短板"和基层治理的难点。本报告分析无物业小区管理的主要做法和成效以及存在的问题，在借鉴外地城市有益经验的基础上，坚持以人为本，按照"分类施策、多措并举、长效管理"的总体思路，提出构建"准物业"管理格局、创新健全政策法规体系、创新无物业小区管理多元模式、加强无物业小区自身建设、完善多元筹资渠道、发挥基层群众主体自治作用等一系列对策建议。

关键词：　无物业小区　社区治理　党建引领　多方共治

补齐无物业小区管理短板、完善长效管理机制是一项重要的民生工程和民心工程，有利于满足市民群众美好生活需要，提升居民幸福指数，加快完

---

* 课题组组长：梁瑜静，南宁市社会科学院经济发展研究所所长，讲师；课题组成员：吴金艳，南宁市社会科学院副院长，正高级经济师；谢强强，南宁市社会科学院科研管理所，助理研究员；陈琦，南宁市社会科学院经济发展研究所，中级经济师；陈灿龙，南宁市社会科学院科研管理所，研究实习员；李娜，南宁市社会科学院经济发展研究所，研究实习员；张珊娜，南宁市社会科学院科研管理所，研究实习员；黄瑞卉，南宁市人民政府发展研究中心科研管理与信息科主任科员；廖茜茜，南宁市智慧城管信息中心科员；陈代弟，南宁市社会科学院办公室，助理研究员；李宏明，南宁市社会科学院科研管理所，助理研究员。

善基层社会治理体系，提高现代治理能力，提升城市管理水平，塑造良好城市形象。

一 南宁市加强无物业小区管理创新的现状分析

（一）南宁市无物业小区总体情况

南宁市无物业小区以老旧小区为主，多数建于20世纪70年代末至90年代初。因年代久远，普遍存在基础公用设施老旧、环境脏乱、居民结构复杂等问题。据不完全统计，2022年8月南宁市共有1934个无物业小区，这些小区的管理模式主要是依托社区兜底。调研发现，在以往试行引进物业服务的无物业小区，由于居民没有按时按标准缴纳物业费，物业企业进驻小区后难以实现长效运营。目前，多数居民收入较低、管理基础较差的无物业小区均采取由社区代管的模式，但是社区代管一般仅能从面上兜底，对于无物业小区的管理服务仅限于一般的环卫清洁等基础事项，无法全面满足小区居民的其他管理服务需求。同时，由于建成时间较长，小区房屋的修缮问题突出，维修资金面临巨大的缺口。对于由社区代管的无物业小区，其在单位、企业破产后长期处于无人管理的状态，也从未征收房屋维修基金，无法支撑小区的设施管理维护，导致物业服务引进难、运营难。

（二）南宁市加强无物业小区管理的主要做法

1.逐步完善物业管理政策法规，夯实无物业小区管理基础

2018年，南宁市制定物业管理体制改革方案，深入推进物业管理体制改革，强化物业服务监管职能，进一步明确市、城区、街道办和社区物业管理职责，加快推进建立市、城区、街道办和社区四级物业管理监管体系。根据新修订的《广西壮族自治区物业管理条例》（2021年1月1日起施行）相

关精神，南宁市相继制定出台了《南宁市住宅小区精细化管理标准》《南宁市住宅小区首次业主大会会议筹备经费管理办法》《南宁市无物业小区生活垃圾分类精细化管理方案》等配套文件。目前《南宁市物业管理电子投票规则》《南宁市物业管理专家库管理暂行规定》等规范性文件正在加快制定。

2. 落实责任主体与职责分工，推进无物业小区综合治理

南宁市将加强无物业小区管理工作纳入市本级为民办实事工程。住建、城管、公安、自然资源、市场监管、生态环境、市政园林、消防、供电、水务等职能部门按照职责分工履行对无物业小区的监管职责，为抓好无物业小区综合治理构建联动工作机制。充分发挥"城区—镇（街道）—社区（村）"三级联动机制，各级干部职工按照创城工作要求，对无物业小区加强网格巡查，及时发现和上报问题，遏制无物业小区脏、乱、差现象。

3. 加强社区网格化管理，提升基层治理效能

南宁市坚持党建引领，以加强基层服务型党组织建设为载体，以社区网格化管理为依托，创新工作方式、方法，推动治理重心下移，有效突破无物业小区管理困境。各县（市、区）积极探索"党建+无物业小区"联建管理，将辖区范围内的无物业小区划分为红色网格"责任田"，深入挖掘社区党员干部、热心居民、在职党员等力量，建立无物业小区网格管理体系，并将每一个小区、楼栋的管理责任落实到网格员身上。

4. 鼓励引进物业服务，试点探索无物业小区规范管理

2022年，南宁市住建局牵头制定并印发了《南宁市无物业老旧小区引进物业服务试点工作方案》及工作流程、合同范本等指导文件，计划在全市选取20个以上无物业服务的老旧小区（片区）作为试点引进物业服务。2022年列入试点的20个小区补助资金约200万元，市级和城区财政各承担约100万元。同时，鼓励国有物业服务企业（阳光居乐物业公司、威凯智慧物业公司）进驻"三无"老旧小区，待实现小区改造后提供物业服务，目前已有290多个老旧小区开展改造，已组织30多个小区协商引入专业物业服务。

5. 先自治后改造，将老旧小区改造与基层社会治理相融合

针对老旧小区多为无业委会、无物业管理主体，组织老旧小区改造工作难度大等问题，南宁市探索实行"先自治、后改造"的工作模式，创新提出成立业委会的过渡性居民自治组织——"老友议事会"。2019 年 8 月以来，南宁市共有 623 个小区成立了"老友议事会"，依托"老友议事会"的协商治理模式，引导居民议事协商和自治自管，有效推动老旧小区的改造和管理。

6. 引进国有平台公司改造运营，探索改造管理一体化

针对老旧小区物业管理缺位的现象，南宁市本级老旧小区改造采取"中央补助+平台公司融资"模式，引进平台公司南宁威宁集团作为项目业主统一运营，推行"三位一体"（改造建设服务、商业运营服务、物业管理服务）改造服务方案，解决改造资金缺口较大问题。

（三）南宁市无物业小区管理创新的有益实践经验

1. 构建"街道社区+物业企业+业委会"的多方共治模式

为充分激发基层主体在无物业小区管理中的自治作用，南宁市探索出"街道社区+物业企业+业委会"多方共治模式，最大限度释放基层治理活力。一是成立民办非企业性质的社区物业服务中心。通过政府前期扶持、社区组织运作、居民积极参与等方式，为社区居民提供物业管理服务。二是建立"街道联系干部、社区包片人员、小区业委会"三级网格化管理机制。投入专项经费，成立居住小区联合整治队伍，联合城管、住建、环卫站、街道社区的力量，定期开展居住小区联合整治行动。三是指导成立业主委员会，完善小区管理制度，发挥小区自治作用。在社区指导下依托小区业委会自管，通过向居民收取低廉的物业费和小区停车费，加强小区服务。通过小区自管广泛征集业主意见，票选小区整改修缮项目，改善小区居住环境。

专栏 1　新竹社区：居委会组建成立社区物业服务中心，

承接老旧小区物业管理

南宁市青秀区新竹社区新竹小区是 20 世纪 80 年代建成的混合型小区，共有居民住宅楼 75 栋、政府机关办公楼 5 栋，常住居民 2284 户，人口 6900 多人。2010 年小区物业公司撤离后，物业服务由新竹社区居委会代管，每年花费大量人力、物力、财力，但仍满足不了居民需求。为解决老旧小区物业管理主体缺失的问题，2015 年初，新竹社区居委会以社会组织的形式，组建成立社区物业服务中心，采取街道核准备案、民政注册登记、房管归口管理的方式，成立不以营利为目的的民办非企业性质的物业服务中心，中心主任由社区居委会副主任兼任，其他成员由社区工作人员及小区热心业主组成，通过政府前期扶持、社区组织运作、居民积极参与等方式，为社区居民提供物业管理服务。按每户每月 10 元的标准收取物业服务费、每月 50 元的标准收取车辆停放服务费，还争取到每年约 10 万元的财政补助经费，有效降低了运行成本，弥补了政府管理、市场调节的不足。

资料来源：改革网广西。

2. 搭建居民协商平台的共商共治模式

针对无物业小区环境脏乱、安全隐患多、管理主体缺失等问题，南宁市各县（市、区）积极搭建居民协商平台，畅通居民诉求表达的渠道。一是引导小区热心居民成立"老友协商议事会"。依托"老友协商议事会"，各辖区内相关部门、街道、社区和居民就企业进驻无物业小区进行管理、车辆乱停乱放、老旧房屋楼顶漏水、物业费难以收取等重点难点问题进行有效协商，集思广益，提出解决方案。二是建立社区居民定期协商议事机制。江南区沙井街道南站社区探索建立"逢四说事"协商机制，通过群众商讨，实现小区治理精细化服务、覆盖式管理。

专栏2　青秀区："老友协商议事会"促进多方协商自治

推动无物业小区规范化管理

由于多种原因，畔山花园小区一直没有引进物业管理，长期以来小区环境脏乱差。为此，秀山社区经多方面论证、综合考虑后，决定通过"老友协商议事会"协助该小区引进物业进行管理。社区组织召开了3次协商议事会，最后选定广西云彦物业服务有限责任公司为小区居民服务。物业公司进驻小区后，小区的整体面貌得到了改善。

同样，2000年建成的公交宿舍是单位宿舍型小区，多数居民以收费高且原物业公司未能及时解决居民的相关诉求为由拒交物业费，物业公司于2021年5月份退出小区管理，一时间公交宿舍变成无物业小区，小区公共道路、楼道卫生无人打扫，居民意见非常大。社区了解情况后，及时组织小区内热心居民开展"老友协商议事会"，通过组织2次协商议事，最后选定南宁市阳光居乐物业服务有限责任公司为小区居民服务，环境卫生得到极大好转，从脏乱差一步步向洁净美转变。

资料来源：青秀区政府。

3.实施"片区物业服务"打包管理模式

针对部分无物业小区规模小而分散，难以独立引进物业服务的问题，南宁市探索采取"片区物业服务模式"，把多个分散的物业单体整合成一个物业区域进行统一管理，统筹分配和调度人力、物力资源，降低物业管理成本，片区物业服务模式的低廉物业费也让老旧小区居民更易接受。同时进一步挖掘、盘活街道、社区的闲置资源，结合垃圾分类、家政服务、社区养老服务等社区运营来反哺物业服务，提升企业收益，实现物业服务企业的可持续运营。街道、社区通过主动对接物业公司，组织小区居民代表与物业公司座谈，开展集中测评，严格甄选满足小区居民实际需求的物业服务，有针对性地解决无物业小区管理难题。

专栏3 青秀区：采取"片区物业服务模式"

为引进物业奠定坚实的基础

青秀区下辖的建政、中山、津头、新竹等街道主动对接物业公司，根据辖区的实际情况，走访辖区内的小区，了解居民的现实需求，组织居民代表选取适合的物业企业，最后与南宁市阳光居乐物业服务有限责任公司签署合作协议，将24个无物业老旧小区、3条背街小巷纳入片区物业管理范畴，惠及1200户居民。目前，公司第一批工作人员已入驻各老旧小区，积极开展以秩序维护、绿化保洁、安全防范、停车管理和维修维护为基础的保障型物业服务，居民生活的舒适度和安全感普遍提升。青秀区采取"片区物业服务模式"，有利于加强宣传与动员，让居民了解有物业管理的好处，为物业引进工作奠定坚实的基础。

资料来源：广西日报。

4. 创新信息化管理系统的智慧管理模式

南宁市注重加强信息化技术手段在小区物业管理工作中的应用，创新各类智慧管理方式。2019年，南宁威宁集团党委在全市33个老旧小区开展供水、供电、供气及物业管理等"三供一业"物业设施维修改造工程，惠及2642户住户。依托"能帮就帮"智慧社区服务平台指挥中心，建立平台系统实时监控与"小区管家"、业主的手机联动，可远程遥控智能门禁门锁、充电桩开关，实时采集人流、车位等信息。经过智能化改造，老旧小区升级为"无人值守小区"，在严格控制成本的基础上，实现智慧化的高效管理。青秀区运用"互联网+"、大数据等信息化手段，自主研发和借助上级的科技平台、智能设备，提升小区管理服务数字化、智能化水平，让居民享受更便利、更及时的服务。利用"青秀通""手上青秀"等自主研发的电子政务系统及时发现、处置老旧小区的环境卫生、安全隐患等方面的问题。

二 南宁市无物业小区管理存在的主要问题

（一）顶层设计不完善、管理机制不健全

一是无物业小区管理的政策支持体系尚未完善。我国目前主要以《物权法》和《物业管理条例》作为物业管理行业的法律法规依据，针对无物业小区的管理服务问题尚未有相应的政策法规进行指导和约束。二是无物业小区管理的体制机制尚未健全。调研发现，目前南宁市的无物业小区尚未建立起完善的管理机制，涉及多部门的联动管理机制需进一步明确和理顺，特别是涉及业务主管部门与属地政府之间对于无物业小区的监管机制需要进一步明确。

（二）行业监管及社会参与不完善、不到位

一是部门和属地监管不完善、不到位。无物业小区的管理涉及住建、城管、规划、公安、消防、民政、生态环境等多个部门，但从以往的管理工作中发现，部门间缺乏必要的沟通协调和信息共享，难以形成对无物业小区这一特殊对象的监管合力。二是社会参与无物业小区管理不足。目前，南宁市无物业小区的管理模式更多依靠政府兜底，如小区的保洁维护基本依靠政府财政托底，社会资本投入不足，社会力量参与积极性不高，未能形成政府与社会等多方参与的合力。

（三）无物业老旧小区规划建设早、设施老旧维护难

一是无物业老旧小区规划建设遗留问题整改困难。很多无物业老旧小区的配套设施设备陈旧、老化，安全性能差，需要投入大量的维修资金进行相应整改，但大部分无物业老旧小区的维修资金已基本使用完毕，设施设备难以进行有效维护。二是无物业老旧小区建筑设施运营维护难，导致引进物业管理难度大。无物业老旧小区基础设施的修复需要大量资金投入，物业公司

难以承担相关维修费用，加之由于原产权单位交接不规范，且没有建立物业维修资金，出现各类问题事故的风险大，导致引进物业服务存在困难。

（四）居民消费观念落后及市场化意识不足

一是居民无交费购买服务的意识，房屋维修资金征收存在困难。目前，南宁市无物业小区大多为职工宿舍或老旧小区，部分居民习惯依赖原单位或政府的包揽服务，对于后期小区房屋修缮需要额外上缴维修基金的情况不愿意配合，基金收取难度大。二是无物业小区居民缺乏合同意识，物业缴费难度大。许多无物业小区的居民缺乏合同意识、契约意识，缺乏"花钱买服务"的现代物业服务消费观念。当小区物业服务与居民期盼存在较大差距时，许多居民甚至会选择拒绝缴纳物业费，导致小区引进物业公司后难以正常收缴物业费，管理运营陷入困境。

（五）居民多样化服务需求未能获得充分满足

一是居民服务需求多样化发展，精细化、个性化管理有待加强。由于缺少专业化队伍、管理成本压力大，无法及时对无物业小区居民的需求进行主动研判，未能针对居民的多样化需求实行精细化、个性化管理，造成居民需求与管理服务供给不对等的现象。二是现有的无物业小区管理服务无法适应居家养老服务需求的井喷式增长。随着人口老龄化趋势加剧，无物业小区居家养老服务需求量呈现明显增长态势。然而，现行的小区居家养老服务模式过度依靠财政支出与政府补贴等手段，政府承担的压力较大，无法满足小区居家养老服务不断增长的需求。

（六）业主自治组织不健全、作用发挥不充分

一是业主自治组织缺位，群众诉求传达不够通畅。大多数无物业小区未建立业主民主自治组织，自下而上的层级链缺少业主自管自治这一环，从而导致小区住户间的利益表达、利益协调、利益保护机制不够通畅。二是业主自治组织组建难度大，自治组织监管难以推行。由于小区业主大多互不认

识，在投票表决时很难达到"双过半"门槛，从而加剧了业主之间一盘散沙的状况；同时，相应的办公场所、经费使用、管理制度等无法有效落实，导致南宁市许多无物业小区业主大会、业主委员会的成立困难重重。三是业主自治组织运行监管难度大，自治作用未能充分发挥。目前，我国法律并未赋予业主委员会民事主体资格，且南宁市物业服务市场存在业委会管理半真空、业委会良莠不齐、业委会与居民或物业企业之间矛盾纠纷化解难等问题，缺乏有效的业主监督制度。

三　加强南宁市无物业小区管理创新的对策建议

（一）政策创新：完善长效管理政策支持体系

1.调查摸底，出台无物业小区分类治理指导政策

一是开展全市性的调查摸底行动。分类梳理各县（市、区）无物业小区的基本现状，建立无物业小区基础数据库。二是开展全市性的总结提升行动。重点提炼无物业管理试点小区、成熟小区的成功经验和有益做法，为制定出台无物业小区管理顶层指导政策奠定实践基础。三是根据调查摸底和总结提升的具体实际和现有经验，加快研究出台南宁市加强无物业小区管理创新实施意见和实施方案，确定按照无物业小区具体实际分类开展物业管理服务的指导性意见，明确在3~5年内由点到面、分阶段有序推进无物业小区长效管理机制建设，实现小区自治有序、引进物业可持续、多方联动共治的工作目标。

2.分类施策，实施无物业小区环境优化配套政策

一是结合城市更新的老旧小区改造计划，同步制定无物业小区改造和管理实施方案。明确无物业小区改造的重点，并根据居民意愿、小区实际以及片区情况等综合制定无物业小区改造后的长效管理方案。二是结合老旧小区适老化设施改造计划，同步制定无物业小区公共设施配套改造方案。重点推进无物业小区养老、托幼以及体育锻炼、休闲娱乐等公共服务设施的配套建

设，尽可能将小区可利用的公共区域进行合理规划，完善提升小区的居住配套环境。三是结合文明城市创建、卫生城市创建工作要求，同步制订无物业小区居民文明素质提升计划。依托"大手牵小手"文明素质养成方式，以学校教育和家庭教育的联动合力，加强对无物业小区居民的文明素质培育，重点加强小区卫生环境管理、设施维护、邻里互助等文明素养的培育养成。

3. 以点带面，制定无物业小区分类治理试点政策

一是加快分类研究制定无物业小区试点工作方案。结合县（市、区）无物业小区的性质和实际，可按照党建引领小区自治、"先体验后买单"、"片区化"引进物业服务企业等模式开展试点工作，根据试点工作情况明确市财政配套前期经费。二是研究出台无物业与准物业小区管理的规范化政策文件。围绕"有清扫保洁、有协商机制、有绿化养护、有安全防范、有停车管理"的"五有目标"，加快制定出台针对无物业与准物业小区规范化管理文件。三是强化全过程配套资金政策支持。借鉴杭州市的做法，针对引进物业服务的无物业小区实行资金奖补政策，将小区物业收缴率纳入申请条件，并根据不同物业费及收缴率制定差异化的奖补标准。同时，加大对无物业小区专项维修资金、项目改造资金的投入，使无物业小区的居住环境得以优化改善，为引进物业企业奠定前期基础。

（二）机制创新：健全多元主体互动工作机制

1. 完善政府部门联动管理工作机制

一是将无物业小区管理纳入城市治理联席工作会议的长期议题。建立健全党委统一领导、党政齐抓共管的工作机制，完善无物业小区行业主管部门及属地管理机构的执法责任清单，依托各级基层党组织的平台优势，促进对企业、社会组织及广大公众等各类主体治理资源的整合运用，重点厘清无物业小区的监管职责清单，构建党委政府对无物业小区管理全局统领、综合调控的工作体系。二是健全完善居住小区综合执法机制。由住建部门统筹进行行业指导，城管、公安、消防、交警、市政园林等部门联合街道办、社区采取联合执法、联合检查、联合督办等形式，完善综合执法进小区工作机制。三是完善无物业小区应急管理机制建设。住建部门根据辖区居住小区的网格化实际情况，定期完善更新应急物业服务人员备选库，制定针对无物业小区突发情况的联合应急预案。

2. 完善基层综合治理工作机制建设

一是全面落实街道办和社区居委会配备专人专职专岗负责辖区无物业小区管理工作制度，适时设立物业综合管理中心等机构，履行街道物业管理属地责任，通过增设人员编制或采用购买服务形式增加人员配备，负责开展小区物业管理具体工作，人员配备、工作经费纳入市、县（区）财政预算。二是建立"街道吹哨、全员到位"的属地召集管理机制。建立属地管理责任人对各个相关业务部门的召集制度，通过定期的部门联席会议和不定期的紧急事项处置会议，联动处置无物业小区的日常管理、改造事项、矛盾纠纷等工作，强化街道办、社区的基层综合协调治理能力。三是建立无物业小区管理责任落实的考核评价机制。重点检查考核街道办事处（乡镇政府）、居委会（社区服务站）对无物业小区管理工作的执行力度、成效，以及各类矛盾纠纷处理情况、群众满意度情况等，将无物业小区管理与街道（乡镇）目标考核、职级晋升、绩效奖金挂钩。

3. 完善多方主体联动治理工作机制建设

一是坚持党建引领，建立多方联动工作机制。针对无物业小区管理需求成立物业服务中心。街道层面成立物业服务中心，社区层面成立物业管理委员会、开办物业服务站，鼓励和引导各片区无物业小区的业委会成员、党员业主等加入物业服务中心的监管成员队伍，构建党组织领导下的居委会、业委会、物业服务中心三方联动工作机制。二是完善覆盖无物业小区的网格化管理机制。通过细化网格，有效整合人力资源，并结合城市管理、民族服务、治安管理等层面的工作要求，明确网格员工作清单，落实网格管理登记报告制度，实现网格治理成效的最大化。三是完善无物业小区居民自我管理机制。组织制定居民公约，通过入户上墙、定期宣传、民主评议等措施，增强居民公约的生命力和约束力。发动居民骨干、党员志愿者兼职物管人员，及时发现、报告、处置楼栋里的问题，实现自我监督、自我管理。

（三）模式创新：实施精准分类管理多样模式

1. 加强党建引领促活小区自治，探索"红色物业管家"模式

一是完善小区党支部等基础党组织建设，推动党组织在基层实现"有形覆盖"，将小区党组织打造成为沟通协调、监督管理、服务居民的"红色阵地"。借鉴广州市经验，以加强党对业委会的全面领导为突破口，推动支部建在业委会、住宅小区（楼栋）上。二是发挥党员的先锋模范作用，将小区党支部、物业服务公司、业委会、共建单位、小区居民中的优秀党员干部任命为"红色楼长"，负责组织开展宣传通知、沟通对接，着力解决与居民切身利益相关、较为复杂和敏感的问题。三是打造"红色物业"，各县（市、区）街道办和社区摸底辖区小区引进的物业服务企业情况，选派党建指导员对物业党建工作开展专门指导，加强物业企业基层党组织规范化建设，落实组织建设的章程和制度，把物业党建作为"两新"组织党建工作的重要内容。

2. 突出"老友自治+社会参与"，探索"改造管理一体化"模式

一是打造南宁"老友"文化自治品牌，搭建小区自治协商平台。基于"老友议事会"的现有经验，以无物业小区设施环境改造提升为抓手，在全市全面推广由小区热心居民、党员业主、退休干部等搭建的老友文化协商议事平台，聚焦小区居民最关心、最直接、最现实的核心诉求，明确老旧小区的配套基础设施及环境改造提升诉求清单。二是引入政府和社会资本合作模式（PPP），实行"大片区"打包统一改造。各县（市、区）可根据辖区需改造小区的分布情况，按片区划分城镇老旧小区改造区域，以"大片区"打包的模式进行PPP项目的全盘统筹谋划和推进实施。三是实行BOT（建设—运营—移交）运作模式，推进改管一体化。初期可以试行"先体验后付费"的形式，物业服务试用期（半年内）的物业费由政府财政进行补贴，试用期结束后，则进入居民自缴模式。

3. 创新片区化"大小物业套管"，探索片区化"打包物管"模式

一是实行零散小区"抱团物管"的新模式。针对部分无物业小区规模小、分布零散等特点，各县（市、区）应全盘统筹辖区各街道、社区下属的无物业小区，对零散小区进行"抱团打包"，按照协商一致原则引入物业企业。二是实行"城市物业＋小区物业"的"以大带小"模式，由各县（市、区）政府统筹，将城市建成区内市政公共设施的物业管理服务按照辖区划分，对辖区内零散的无物业小区管理服务进行配套打包，为无物业小区引进物业企业，提供过渡服务，让居民先体验后买单。三是探索片区化"打包物管"模式。物业服务企业应建立片区经理统管和小区负责人专管制度，对零散小区的各类公共服务进行统一共享。四是建立对第三方物业服务机构的监督评价机制。各县（市、区）结合实际建立配套的监督评价机制，立足市民群众、属地政府和社区，由市民群众、属地政府及社区对物管机构的业务开展、配套服务等情况做出综合评价，并将这一评价作为期满后是否续聘的重要参考指标。

（四）治理创新：提升社区基层治理综合效能

1.示范创建"社区治理和服务创新实验区"

一是创新治理方式方法，引入"微治理"等外地成功经验做法，将社区治理细化为更小的治理单元格，让服务覆盖更小生活单位；运用"互联网＋"，搭建居民议事平台，方便居民快速、便捷、有效参与小区治理，反馈问题意见，打造数字化背景下的社区治理和服务新模式。二是打造"老友文化"协商自治品牌，探索"邻里＋"城市基层新治理模式。打造邻里互助品牌项目，营造浓厚邻里关爱氛围，使邻里成为撬动社区治理的支点、连接社区和居民的节点、激发居民参与社会治理的原点。三是引入社会组织进社区开展公益活动，打造公益项目品牌。构建社区公益文化，建设有"人情味"的社区家园，丰富居民文化生活，凝聚社区人心，倡导健康生活方式。四是发挥群团组织的作用，重点关注无物业小区的特殊群体权益保障，有效动员强大的社会力量，起到"抓住一点、牵动一片"的效果。

2.加快推进平安小区"智慧管理"建设

一是明确管理需求，部署智能设备。统筹协调市公安、住建等部门及社区对辖区无物业小区开展实地考察，结合管理需求和居民诉求制定智能设备配备需求清单，根据公安部制定的智慧平安小区技术规范标准，重点明确人员出入、车辆出入、视频监控等治安防控设备配备的细化设计方案。二是全面升级智慧物业管理系统。鼓励支持物业企业构建信息共建共享的集成物业管理模式，在智慧化技术管理的基础上，配合人力管理，提高管理效率。三是将探索无物业试点小区智能化小区改造相关项目纳入市政惠民工程，重点配备智慧化管理系统，安装智慧门禁与高空抛物 AI 监控等智能化设施，构建数字消防、数字停车、数字安保等智慧管理场景，提升无物业小区智慧化管理水平。

3. 推进业主自治组织建设与管理规范化

一是加强对业主群体的政策宣传和有序引导。广泛开展物业管理政策法规宣传，定期在社区开展《物权法》《物业管理条例》等法律法规宣讲，聘请专业法律顾问进街道，为辖区内业主提供专业指导，更好地解决业委会运作中的难点。加强信用意识和合同观念宣传，推动业主自觉履行合同义务，遵守小区管理公约，共同维护小区物业服务的友好环境。二是加强对小区居民自治组织的建设指导。街道办、社区要抓牢业委会筹备选举主动权，街道办负责主导成立业委会筹备组，社区党组织全程服务指导换届选举委员会的组建。三是积极发动小区业主，特别是辖区内专业领域人才如会计、律师、建筑师、公务员以及活跃、有影响力的退休居民参与业委会筹办，提高小区业主参与度。总结完善电子投票系统试点工作经验，争取在市区范围内全面开展小区电子投票工作，让业主能够更加便捷参与、决定小区治理问题。

（五）筹资创新：完善拓宽多元化筹资渠道

1. 加大政府资金投入与补贴

一是加大财政扶持力度，有条件的县（市、区）应把无物业小区的治理工作和培训经费、工作人员的报酬、配套基础服务设施建设经费纳入同级财政预算；市级层面纳入每年的"为民办实事"项目；积极争取国家补助资金，自治区级财政统筹安排资金支持无物业小区管理创新。二是通过以奖代补支持无物业小区管理。以小区户数、规模大小、物业费用缴纳情况、小区自管组织工作和居民参与积极性作为考量指标，根据星级评定等方法给予财政补贴，用于进一步提升小区基础设施建设和环境整治。对推进较为困难、条件不成熟的小区，可以设置一定的过渡期限，过渡期内采取政府购买服务的办法引进物业管理企业。三是加大对优秀企业的扶持与补贴力度，鼓励星级物业企业接手无物业小区管理，对初期可能出现的亏损，由政府给予一定的财政补贴和物质奖励。鼓励街道成立物业服务中心（公司），对验收合格的中心（公司）给予一定奖励；对已经开展基本物业服务的中心（公司），给予相应标准的物业服务费补贴。

2. 引入市场主体参与无物业小区管理

一是扶持培育地方领军物业企业参与无物业小区服务。通过评优奖补的方式鼓励企业参与无物业小区管理，对有一定实力的物业服务企业提档升级、降本增效，支持其走规模化、品牌化、规范化的道路；重点支持集团化企业高质量发展、高水平提升；鼓励中小微企业拓展业务种类，延伸经营服务项目，实现跨越转型升级。二是加大社会资本引进力度，加强政策支持，充分挖掘增值潜力，制定相关制度。学习借鉴美国、日本和中国台湾地区社区更新中的多元化融资模式，探索无物业小区的投资链与收益链建设，引导物业管理企业增加物业经费来源，实现"微利可持续"。

3. 落实居民物业收费保障措施

一是针对物业服务费收缴难的问题，建立物业服务收费追缴及惩戒机制，指导小区制订相关管理规约，明确追缴及惩戒措施。探索将无故拒不缴纳物业服务费、恶意侵占公共利益等行为纳入信用管理，将相关业主纳入失信名单；对于特别恶劣的，建议协调司法机关通过案件快速调解、审判通道等方式，助力物业服务企业依法维权。二是对政府兜底保障的无物业小区，建立或完善小区住宅维修专项资金，根据小区建筑维修评估结果，确定单位面积住宅的维修专项资金收费标准，并将其纳入信用信息体系，从机制上督促业主按时按标准缴纳专项资金，保障小区后期建筑设施运营、维护的基本经费。同时，通过收取物业管理费、获得公共收益等方式拓宽小区物业收费保障渠道，为后续的维修和管理工作提供物质基础和资金保障。

参考文献

侯晓东、闵晶、侯照生：《基于商品属性的住宅小区物业管理收费难问题研究》，《齐齐哈尔师范高等专科学校学报》2019 年第 1 期。

雷露：《住宅小区物业管理行业政府监管问题研究——以武汉市 A 区为例》，硕士学位论文，广西师范大学，2019。

李奇会、孙莉：《住宅小区前期物业管理中各参与方作用重构研究》，《上海城市管理》2019 年第 2 期。

林扬：《深圳市住宅小区物业管理中的政府监管问题研究》，硕士学位论文，深圳大学，2019。

吴薇薇：《大连市住宅小区物业管理中政府监管存在的问题及对策研究》，硕士学位论文，辽宁师范大学，2019。

张进：《"互联网+"背景下住宅小区物业管理创新研究》，《地产》2019 年第 13 期。

黄彩建：《物联网技术在老旧小区物业管理中的应用研究与评价——以滨河花园小区为例》，硕士学位论文，扬州大学，2020。

刘乐：《人际网络视角下老旧小区物业管理模式影响分析及选择研究》，硕士学位论文，西安建筑科技大学，2020。

沈建新：《和谐视角下老旧住宅小区物业管理困境及管理服务模式创新》，《住宅与房地产》2020 年第 18 期。

夏保华：《镇江市住宅小区物业管理中的政府监管研究》，硕士学位论文，江苏科技大学，2020。

徐志山：《小区物业管理法治化研究——以淮安市 Q 街道为例》，硕士学位论文，扬州大学，2020。

徐菁、孙铭成：《老旧住宅小区物业管理信访问题探源及应对措施》，《房地产世界》2021 年第 9 期。

《南宁市住房和城乡建设局关于市政协十二届一次会议第 12.01.220 号提案答复的函——南住建函〔2022〕1506 号》，南宁市住房和城乡建设局网站，2022 年 4 月 27 日，http://zjj.nanning.gov.cn/xxgk/fdzdgknr/tajy/t5165527.html。

《南宁市 33 所老旧企业小区将实现"无人值守"物业服务》，广西新闻网，2019 年 11 月 22 日，http://www.gxnews.com.cn/staticpages/20191122/newgx5dd71b90-19054177.shtml。

B.10
南宁市应急管理体系和能力
现代化调研分析

南宁市政协专题调研组*

摘　要： 推进地方国家安全体系和能力现代化建设，搭建应急管理安全框架，促进应急管理能力提升，提高防灾减灾救灾和重大突发公共事件处置保障能力，是维护国家安全和社会稳定的重要保障。本报告调研和梳理了南宁市应急管理体系能力建设现状，分析存在的困难和问题，如应急管理机制有待健全、重大风险管控水平有待提升、应急保障水平有待强化等，在借鉴其他地市成功经验的基础上，提出建立大安全大应急框架，着力构建应急管理力量体系、法规标准政策体系、突发事件应急预案体系、应急保障体系等四个体系，以及完善公共安全体系、加快应急基础建设等对策建议。

关键词： 应急管理机制　公共安全　防灾减灾　公共事件处置保障

习近平总书记在党的二十大报告中强调，推进国家安全体系和能力现代化，坚决维护国家安全和社会稳定；提高公共安全治理水平，坚持安全第

---

* 调研组组长：杜伟，南宁市政协党组书记、主席。副组长：邓亚平，南宁市政协党组成员、副主席。成员：李兵，南宁市政协秘书长、党组成员、办公室主任、机关党组书记，南宁市二级巡视员；黄芳，南宁市政协社会法制委员会主任；韦泽伦，广西上林县政协党组书记、主席；冯晓华，南宁市总工会副主席、党组成员；樊容宾，南宁市政协社会法制委员会办公室二级主任科员。

一,预防为主,建立大安全大应急框架,完善公共安全体系,推动公共安全治理模式向事前预防转型;提高防灾减灾救灾和急难险重突发公共事件处置保障能力,加强国家区域应急力量建设。《中共广西壮族自治区委员会关于深入学习宣传贯彻党的二十大精神 奋力开创新时代壮美广西建设新局面的决定》要求推进地方国家安全体系和能力现代化,建立大安全大应急框架,提高防灾减灾救灾和重大突发公共事件处置保障能力。《中共南宁市委员会关于认真学习宣传贯彻党的二十大精神 奋力谱写新时代南宁现代化建设新篇章的决定》要求加强城市基础设施等安全管理,提高防灾减灾救灾和重大突发公共事件处置保障能力,全面提升安全生产管理水平。加快推进南宁市应急管理体系和能力现代化是现实需要。

一 2022年南宁市生产安全事故和自然灾害总体情况

(一)生产安全事故情况

2022年,全市发生各类生产安全事故90起,共造成90人死亡、39人受伤,事故起数比2021年下降75.7%,受伤人数比2021年下降83.3%,死亡人数比2021年下降68.1%,未发生重大以上事故。

(二)自然灾害情况

2022年,南宁市受干旱、台风、洪涝、地质灾害等自然灾害影响,全市受灾人口为19.2万人,紧急避险转移人口229人,紧急转移安置人口196人,需紧急生活救助人口1559人;农作物受灾面积为13610公顷,其中成灾面积为5777.6公顷,绝收778.6公顷;倒塌居民住房7户8间,严重损坏居民住房14户21间,一般损坏居民住房49户64间;直接经济损失10987万元。全市受灾需救助人员得到妥善安置和救助。全市共发生森林火灾4起(其中一般森林火灾2起,较大森林火灾2起),过火面积为70.81公顷,受害森林面积为7.29公顷。无重特大森林火灾发生，森林受害率控制在 0.007‰，远低于自治区规定的 0.8‰ 的控制目标任务。

二　南宁市应急管理体系和能力建设现代化基本情况

近年来，南宁市通过搭平台、建机制、强队伍、重监管等举措，协同推进应急管理改革，不断推动首府安全生产形势持续稳定好转。南宁市"强监管严执法"防范化解重大安全风险的经验做法，于 2019 年、2020 年连续两年在全区安全生产工作会议上进行经验介绍；具有南宁特色的"八桂应急先锋社区响应队"基层应急建设模式在全区得到推广。

（一）资源整合，搭建应急指挥平台

借助城市应急联动平台系统优势，全面整合治安、消防、急救、交通事故等四大应急信息资源，搭建了联动中心接处警平台和信息分类处置平台，组建了南宁市应急管理局应急指挥中心后台综合研判和快速响应的"情、指、行、勤、督"一体化综合应急指挥协调模式，形成了信息获取、会商研判、预报预警、快速响应、指挥协调、协同处置"六位一体"的市、县高效协同应急指挥体系。推行精准会商研判机制，在汛期、重要节日、重大活动时段开展部门联合会商，对全市应急值守、应急准备等情况进行调度。汇聚"数据池"，搭建"调度网"，用"数据流转"打通"联动节点"，激活"信息源"，生成"路径图"，达到全流程闭环应急处置。

2021 年 9 月，南宁市被国务院安全生产委员会办公室确定为全国城市安全风险综合监测预警中心建设试点城市。目前该项目已启动，预算投入 2.3 亿元，预计在 2023 年完成第一期建设。持续完善应急救援"一张图"，包括地理信息、风险隐患、应急救援队伍、应急救援物资、避难场所等基础数据，为应急抢险救援提供信息化支撑保障。

2022 年，应急指挥中心共受理值班电话 11000 余个，处置各类突发事件 1400 起，其中较大或较为敏感事件 350 起，发送"应急信息直报"短

信、防汛防火类短信和预警类短信息约 617 条次，向全市全体市民发送预警和提醒类百万条次短信 4 次。

（二）责任引领，建立应急处突机制

按照一体化建设要求，健全完善以行政首长负责制为核心的防灾减灾救灾责任体系，应急管理部门与专业部门的职责边界基本厘清，"防与救"的职责关系基本理顺，真正做到了"统""防""救"的协同有力。坚持防汛"五个一"和防内涝"四个一"的防汛减灾"一线工作法"，充分发挥在应对事故灾难和自然灾害中牵头抓总的作用。

全面开展防汛防涝隐患排查整治，共排查水库 744 座、水电站 85 座、堤防 167.4 公里，掌握山洪灾害危险区 1950 处、内涝易发区 82 处、地质灾害隐患点 947 处，并督促整改。坚决做好应急处置工作，2022 年汛期，南宁市共遭受 17 轮次强降雨天气过程和 4 个台风影响，在市区内涝抢险处置中，指挥调度各级出动、备勤人员 12758 人，出动车辆或装备 2780 辆次、抽水设备 548 台次，发送预警短信 10000 余条，启动防内涝四级预警 19 次、三级预警 3 次、二级预警 3 次，报送"一雨一报告" 3 期。

积极推动救灾应急物资保障转型升级工作，加快引入京东集团参与应急救援救灾物资供应链，实现应急救援救灾物资采购、调运、配送的全链条集成管理。

（三）关口下移，健全基层管理网格

针对基层防灾减灾救灾能力薄弱的状况，南宁市整合应急信息员、综治网格员、微型消防站队员等基层应急力量，打造社区网格化管理升级版，推进全市应急管理工作下沉到一线。目前，全市 1821 个社区建立了"八桂应急先锋社区响应队"，共计约 3.4 万人。这支队伍凭借人员来自社区、贴近基层的优势，充分发挥了安全员查隐患、监测员应急信息"千里眼、顺风耳"、第一响应人组织开展先期处置、联防员守护社区安全、宣传员送应急知识进万家等"五大作用"，成为南宁市探索提高社区应急管理能力的具体实践者。

加强基层消防救援力量建设，依托市政府为民办实事项目，建设乡镇社区微型消防站 72 个，各城区自建微型消防站 123 个，重点单位自建微型消防站 2155 个，依托乡镇政府、乡镇派出所、乡镇企业建成 31 个乡镇专职消防队，建成产储易燃易爆和危化品企业、石油化工企业、发电厂等 5 大类共 12 个企业的专职消防队，发展行政村（1000 人以上）志愿消防队 668 个，共采购消防车辆 329 辆，目前全市消防救援站装备配备率和备份率均达到 100%。

（四）抓细抓实，完善风险管控机制

持续推进安全生产领导改革。印发《南宁市创建安全发展示范城市实施方案》，深入推进国家安全发展示范城市创建工作，有序完成市政消防管网及附属设施的建设及日常维护，依照工作安排有序完成 17300 米老旧供水管网改造工作；加强对城市生命线的监控，油气长输管道定检率达到 100%，电梯使用登记和定检率达到 100%，重点区域公共安全视频监控覆盖率达到 100%，重点行业接入率达 95% 以上。

印发《全市安全生产专项整治三年行动集中攻坚实施方案》，明确攻坚任务责任，全面排查整治安全隐患，突出重点行业领域专项整治，加强安全风险防控，强化各个环节安全责任措施的落实。共成立各类检查组 27946 个，开展督导检查 80201 次，检查企事业单位 132415 家，对 50466 个安全问题进行了督导，累计排查隐患 94469 项并督促整改。及时动态更新"两个清单"，共上报突出问题 6 个、重大隐患 32 项、制度措施 182 条，促进全市安全生产形势稳定向好。

印发《南宁市突发事件应急预案管理办法》，规范应急预案的规划、编制、审批、发布、备案、演练、修订、培训、宣传教育等工作。截至 2022 年 12 月，市级层面已建立总体应急预案 1 个、专项应急预案 41 个；县（市、区）层面共建立总体应急预案 15 个、专项应急预案 590 个；企业层面按照"一企一案"，建立综合预案 5880 个、专项预案 1602 个和现场处置

方案 742 个，初步形成"纵向到底、横向到边"的应急预案体系。通过组织开展应急预案演练，进一步提高对突发事件的应对能力。

积极组织开展全国第二十个安全生产月活动和推进全市安全宣传"五进"工作。围绕"落实安全责任，推动安全发展"主题，依托防灾减灾宣传周、安全生产月、科普宣传周、防汛宣传季、森林防灭火宣传月和"新安法"实施等重要节点开展安全科普大宣传。据不完全统计，全市共开展安全宣传主题活动 2580 场，约 4170 家单位、企业参加科普宣传，受众人数约 3360 万人次。通过宣传普及与人民群众生产生活息息相关的互救等应急安全常识，大大提高了社会公众的安全意识、防灾减灾常识及避险能力。

（五）制定蓝图，强化应急管理体系建设

制定《南宁市应急体系建设"十四五"规划》，提出南宁市"十四五"时期应急管理体系建设指导思想、基本原则、目标任务、重大工程项目和保障措施。该规划立足新发展阶段、贯彻新发展理念、构建新发展格局，统筹发展和安全，牢牢守住安全发展底线，有效防范化解各类风险挑战，全面提高公共安全保障能力，紧紧围绕应急管理、安全生产、防灾减灾三个方面，从完善应急管理体制机制、完善应急指挥调度体系、实施"智慧应急"工程、完善应急预案体系、推进应急救援队伍、推进应急管理队伍建设、加强信息发布和舆情引导、落实安全生产责任、完善双重预防控制体系、强化监督管理、提高安全设防水平、提升生产单位安全生产水平、推进执法改革、提升防灾减灾科技支撑能力、加强防灾减灾救灾资源统筹、提升风险防范能力、提升城市基层社区的综合减灾能力、提升公众减灾意识、规范社会救援力量管理等 19 个方面明确重点任务，并安排了 22 项重点工程。

印发《南宁市深化应急管理综合行政执法改革实施方案》，聚焦应急工作短板，着力解决当前存在的问题，重点推进完善应急管理指挥体系，推进市、县、乡三级应急指挥中心（平台）建设；防范化解安全风险，推进自然灾害和事故灾难隐患排查治理；加强应急基础设施建设，推进应急救援基

地项目；强化应急预案管理，建立完善全灾种应急预案体系；完善应急保障机制，建立健全抢险救灾物资调拨机制；加强应急队伍建设，提高应急救援能力；加快推进智慧应急建设，筑牢应急管理信息基础，推进南宁市应急管理体系和能力现代化建设。

三 南宁市应急管理体系和能力现代化建设存在的困难和问题

（一）应急管理机制有待进一步健全

1. 应急管理机制需要进一步畅通

监测预警机制还不够健全，各部门之间仍缺乏高效的协同配合与联动机制。应急预案体系有待进一步健全，科学的应急预案体系尚未完全建立，跨区域、流域性突发事件的联合应急预案还没有制定。应急救援体系不健全，应急队伍建设尚存在短板，高素质应急人才短缺，基层管理人员存在一岗多责现象，工作强度较大；市、县（区）两级综合性应急救援队伍的编制和机构设置尚未明确和落实；市级安全生产专业救援队伍、专业森林消防队伍和防汛抗旱应急救援队伍建设推进缓慢。应急资源有待实现有效整合，应急数据仍然存在纵向尚未共享、横向有待联通的现象。应急救援社会动员机制还有待完善。

2. 应急管理基层基础需要进一步夯实

南宁市应急管理综合行政执法改革虽然已出台了实施方案，但工作推进仍未取得实质性进展。机构改革后由于"人未随事走"，导致县（区）级应急管理部门的人员编制偏少，亟须进一步补齐配强。乡镇政府（街道办事处）、村（居）委会，由于人、财、物等保障机制不健全、专业知识支撑不足等，风险管控能力比较薄弱。公众和社会组织参与应急管理机制仍不成熟，一些专业人员、装备等社会资源未被纳入应急管理体系统筹管理使用。

（二）重大风险管控水平有待进一步提升

1.源头性风险隐患治理难度大

近年来，随着经济社会快速发展，产业结构转型加快，新兴业态大量涌现，给城市安全生产工作带来新挑战。城市内交通旅客增多、货物运输量增大，道路运行车辆密度高，城市轨道交通、高速公路桥梁等交通基础设施建设进程加快，都会带来较多的交通事故、建筑施工事故等行业风险隐患。在企业内部，安全风险防控能力还有待提升，安全生产制度不健全，安全生产基础薄弱，安全防控措施待完善，安全经费投入有限，违章指挥、违章作业、违反劳动纪律等现象尚不能完全杜绝，生产各环节不同程度地存在风险隐患。新材料、新能源、新工艺的广泛应用，以及新产业、新业态、新模式的大量涌现，带来新的安全防范挑战。随着城市运行系统逐步升级，部分安全设施设防标准偏低，潜在安全风险较大；一些重大安全隐患，如城乡接合部火灾隐患、经营性自建房安全隐患、燃气的经营使用事故等，已成为监督难点和重点。

2.风险感知和监测预警手段水平不高

目前南宁市对城市安全风险的管控总体上仍依靠人防，虽然近年来危化、桥梁、排水管网、建筑工地、电梯、燃气管网等重点行业领域建立了以信息化为核心的风险控制系统，但仍处于起步阶段，风险感知网络的覆盖面有待扩大，针对高危风险要素的动态感知有更高要求。对危及城市运行安全的连锁型、系统性安全风险难以实现实时监测、分析和预警，更难以达到及时控制和初期处置的目的。

3.防范化解重大风险手段不多

城市安全风险治理应当综合运用行政管理、工程技术措施、市场化治理等多种手段，综合施策、多管齐下，但风险防控相关制度规范、工作机制建设相对滞后，难以有效整合各部门行政资源和社会资源对群发性、链状性特征显著的城市安全风险进行协同响应处置。如液化石油气运输监管"最后一公里"、危险废物处置、施工破坏地下管线管理，以及新业态、新领域、新材料大量涌现带来的城市安全管理问题，所涉及的多个行业部门存在监管边界不清、合力不够的问题，一般性行政处罚震慑力度不足，安全信用体系和自律机制还不健全、作用发挥不够明显，政府主导、社会力量多方共同参与机制、灵活可控的多元共治模式还需完善。

（三）应急保障水平有待进一步强化

1. 应急装备设施水平相对落后

部分消防站点布局还不能满足"5 分钟消防"需要，一些消防栓、消防水鹤等设施无法正常工作。目前布局的应急避难场所，其场地设置、配套服务设施和后勤保障机制尚不完善。

2. 应急物资保障能力仍有不足

应急物资尚未实现统一管理，种类不全、底数不清；应急物资供需信息掌握不准，调配错位失衡，资源配置效率不高，易形成结构性短缺。救灾物资归口管理工作进展较缓慢，市级抗洪抢险和排涝、森林灭火等的救援物资仍归原职能部门管理，部分县（市、区）的救援、救灾物资尚未移交应急部门归口管理。

3. 应急重点工程项目推进有难度

由于大多数项目涉及公共安全，属于国家安全基础设施投资项目，在争取国家、自治区政策资金支持上难度较大，在一定程度上影响重点工程项目建设。

四　加强南宁市应急管理体系和能力现代化建设的对策建议

（一）建立大安全大应急框架，着力构建四个体系

1. 健全应急管理力量体系

搭建以综合性消防救援队伍为主力、军队救援队伍为突击、专业救援队

伍为协同、社会救援队伍为辅助、应急管理专家智库为指导的"4+1"应急救援力量体系。构建完善应急救援空域保障机制，提升空地一体的应急投送保障能力，组建"风险—任务型"应急救援编组模块，加强先进装备、器材配备，提升应急行动效能。加快明确依托原消防救援队伍组建的地震灾害消防救援重型专业队、抗洪抢险救援队等市县两级综合性应急救援队伍的编制和机构设置。学习借鉴百色市、玉林市组建市级专业森林消防队伍的经验，尽快审批通过市级安全生产专业救援队伍、专业森林消防队伍和防汛抗旱应急救援队伍的建设方案。各县（市、区）根据本区域灾害事故实际，组建常备综合应急救援队伍；探索建立包括医护人员、专业救援人员等在内的"预备役"制度，储备和提升基层应急能力。

2. 完善法规标准政策体系

加快《南宁市安全生产条例》立法，修订《南宁市消防条例》，积极开展应急管理、自然灾害防治、应急救援等地方性法规的立法调研，将应急管理体系及能力现代化建设相关制度纳入法治体系。因地制宜制定各类应急管理标准规范，持续推动风险隐患识别评估、监测预警和信息发布、应急队伍及其装备配置、公共场所的应急设施设备配置、应急避难场所建设、物资储备、应急通信、应急平台、应急演练、应急标识等相关标准的研制工作，推动标准实施应用，实现应急管理"标准化运行"。研究制定应急经济、应急社会保障、应急人才和队伍建设、应急教育培训等系列政策，为应急管理工作和紧急状态下区域经济社会运行提供保障。

3. 健全突发事件应急预案体系

及时修订更新市、县（市、区）两级突发事件总体预案、专项预案和部门预案，加强对功能区、乡镇（街道）、村（社区）、居民小区等基层组织预案编制的指导，强化重要目标物、重大危险源、重大活动保障等专项应急预案的编制和管理，制定跨区域、流域性突发事件联合应急预案，形成职责明确、流程清晰、衔接顺畅的预案体系。坚持从难从严、从实战出发开展预案桌面演练和实战演练，增强各级各部门快速响应动员和应急处置效能；利用互联网、大数据、智能辅助决策等新技术，开展应急预案的数字化、智能化建设，加快预案结构化、实战化进程。在风险评估和资源普查的基础上，借助情景构建等手段，持续动态优化应急预案；完善预案评估和备案审查制度，加强对预案执行的监督。

4. 健全应急保障体系

强化科技支撑，设立应急管理专项科研项目，鼓励、引导和扶持市内大专院校、科研机构、专业技术机构参与应急政策制定和关键技术攻关。提升"互联网+"应急管理信息化水平，强化城市运行风险感知和应急通信保障能力，实现应急管理的系统化、智能化、精准化。强化应急财政与资金保障，建立紧急状态预备财政体系和危机财政调度机制，探索预备费用基金式管理等方式，探索建立重大传染病疫情、自然灾害和事故灾难政府救助责任保险（巨灾保险）。强化应急物资保障能力，建立健全应急物资的市场化配置机制，促进应急物资生产和物流企业的有序参与；打造应急物资供应产业互联网云仓，形成"端到端"的应急物资精细化管理模式；建立应急物资紧急生产、政府采购、收储轮换、调剂调用制度，开展实物储备、协议储备、产能储备、共享储备。

（二）完善公共安全体系，着力提升四种能力

1. 提升风险监测预警能力

继续开展自然灾害综合风险普查，全面调查各类承灾体历史灾害情况，摸清自然灾害重点隐患分布，编制灾害综合防治区划图。综合运用人工巡查巡检、自动传感装置、卫星遥感遥测等管理和技术手段，打造"空天地"一体化监测体系，实现对重要设施、重大危险源、重点脆弱性目标和重点区域安全风险的实时动态感知，提升多灾种和灾害链综合监测、风险早期识别及预报预警能力。进一步完善"分类管理、分级预警、平台共享、规范发布"的突发事件预警信息发布体系，建立重大突发事件预警信息发布中心，规划建设公共应急广播系统，制定具备容错机制的预警信息发布规范，进一步强化针对特定区域和特定人群的精准发送能力，打通预警信息传播"最后一公里"。尽快实质性推进南宁市应急管理综合行政执法改革，学习借鉴

柳州市将市应急管理综合行政执法支队定级为副处级单位的经验做法；将新一轮体制机制改革后负有安全生产监督管理职责部门的安全生产监管职责以部门"三定"规定进行明确，并编制安全生产权责清单；按照"人随事走"原则，尽快补齐配强县（市、区）、开发区级应急管理部门的人员编制。

2. 提升应急响应处置能力

在防灾预案基础上，编制重点灾害事故专项应急处置工作方案，形成较大以上灾害事故"1个响应总册+N个分灾种手册+N个保障机制"的应急响应处置体系。加强消防站队伍建设，建成"五分钟"灭火应急救援体系；建立安全可靠高效的疏散救援通道系统，制定抢险救灾车辆公路免费优先通行政策，健全抢险救援补偿奖励机制。建立"扁平化"应急指挥模式，以应急指挥中心为中枢，理顺前后方应急处置工作体系；有条件的乡镇（街道）、功能区要建立应急指挥中心；探索设立现场总指挥官，强化多方协同综合保障。按照"巨灾情形、功能优先、平战结合"的原则，在国土空间规划中科学布局应急避难场所，逐步形成"枢纽—节点"防灾网状体系；建立避难场所日常管理维护机制，并将其纳入市政公共设施管理范围，确保其处于完好可用状态；加快布局建设传染病危机处理备用冗余系统和紧急医学救援体系，提升应急医疗救治储备能力。

3. 提升社会动员和危机沟通能力

加强公民心理素质教育、社区共同体建设、工作单元共同体建设、社会组织建设、虚拟空间共同体建设，提升公民和社会组织的危机快速反应和应对能力，形成"社会自发免疫系统"。构建社会力量参与应急救援的制度安排，明晰与相关政府部门、社会各方、市民以及周边城市的应急职责关系。遵循公开透明、准确及时的原则，及时发布公众亟须获取的信息，满足社会公众的知情需求，强化政府公众互信。

4. 提升事故灾害恢复重建能力

建立由突发公共事件处置向经济社会恢复过渡的各项评价指标和具体实施方案，加强突发公共事件结束后的经济预期引导和社会舆论引导，及时稳定社会情绪，稳妥推进复工复产，提振公众和企业信心，组织受影响地区尽快恢复生产生活和社会秩序。科学制定灾后重建计划，以前瞻、全局的视角规划灾后重大安全风险防控，实现灾后经济、社会的可持续发展，提升韧性发展能力。建立灾后调查评估制度和学习机制，对社会影响较大的典型突发公共事件进行复盘反思，及时汲取灾害应对处置经验教训，用制度固化成功工作经验。

（三）加快应急基础建设，着力推进四大工程

1. 推进智慧应急工程

建立城市安全运行中心，学习借鉴上海市"城市大脑"建设经验，加快国家城市安全风险综合监测预警平台、"智慧应急"指挥中心平台和智慧消防平台建设。聚焦生产安全、消防安全、自然灾害等城市安全运行领域，打造覆盖全域的城市安全运行监测感知网、城市安全大数据体系，建立贯穿应急管理全流程的集风险识别、监测管控、预测预警、响应决策、调度指挥于一体的智慧应急"大脑"，实现应急管理的系统化、智能化、精准化，从源头上防范城市重大安全风险，坚决遏制重大安全事故发生。

2. 推进防灾备灾工程

将应急管理和防灾减灾救灾纳入国土空间规划，编制修订应急避难场所布局规划等专项规划，加大资金扶持力度，开展公共医疗、应急避难、防洪排涝等综合防灾避灾设施体系建设。推进常规和应急两种状态空间并置和相互转化，通过改造、共建、租借、征用、共享等手段，提高各类具有公共服务效能的存量公共空间的通用性，增强其应急使用的弹性，提升重大突发事件的应急处置空间存量。持续开展"城市体检"，落实城市建（构）筑物和基础设施设防标准。

3. 推进综合应急保障工程

建设综合应急物资储备库，打造应急物资供应互联网云仓，建设应急物资综合信息管理系统，形成市、县（市、区）、乡镇（街道）三级应急物资储备网络。强化顶层设计和统筹协调，将市、县（市、区）两级抗洪抢险和排涝、森林灭火等救援物资尽快移交应急部门归口管理。强化应急通信保障能力，建立应急通信专业保障队伍，提升利用卫星、自组网、毫米波通

信、运营商公网进行音视频调度和应急指挥的能力，基层各类救援队伍和应急机构逐步配备小型便携应急通信终端。完善铁路、公路、水路、民航等的应急运力储备，探索运输能力社会化储备，建设应急运输服务队伍，健全应急物流体系，提升人员物资紧急运输能力。

4.推进应急社会动员工程

整合"村村通"广播、应急广播、手机、电视和人防、水务等部门宣传预警载体，建设公共应急广播系统，实现安全应急日常宣传、预警信息发布和紧急状态下社会动员的规范协同。大力推进安全应急体验场馆建设，全面开展"综合减灾社区"建设、社区应急"第一响应人"计划、"安全大使"计划、重大灾害事故演练，有条件的乡镇（街道）要建设应急服务中心，提升全民公共安全意识和安全应急能力。制定基层应急机构和职责、工作机制、应急队伍、应急物资、应急设施、信息系统等方面的标准和规范，推进基层应急管理体系和能力现代化建设。

参考文献

《南宁市人民政府办公室关于印发南宁市应急体系建设"十四五"规划的通知》，《南宁政报》2022年2月8日。

《南宁市人民政府办公室关于印发南宁市消防工作"十四五"规划的通知》，《南宁政报》2022年3月23日。

曲国胜：《构建新时代应急救援体系能力建设的思考》，《中国减灾》2023年1月1日。

《北京经济技术开发区管理委员会关于印发〈北京经济技术开发区突发事件总体应急预案（2022年修订）〉的通知》，《北京市人民政府公报》2023年1月6日。

《国务院关于印发"十四五"国家应急体系规划的通知》，《中华人民共和国国务院公报》2022年2月28日。

刘裕、杨焱、陈珂羽：《探索应急管理协作机制可行路径——以成渝经济圈为例》，《中国应急管理》2022年第4期。

杨正波：《浅谈如何加强安全生产应急能力建设》，《中国安全生产》2021年第12期。

B.11
南宁市智慧安防小区建设对策建议

南宁市社会科学院课题组[*]

摘　要： 智慧安防小区建设是深入推进"雪亮工程"的内在要求，是打造更高水平"平安南宁"的重要举措，对于增强群众安全感、获得感、幸福感，具有重要现实意义。近年来，南宁市加快推进智慧安防小区建设，取得一定成效，但仍存在老旧小区推广难度大、经费保障不足、数据汇聚接入难度大、数据汇聚接入覆盖面有待提高等问题。应强化组织领导，营造治理新格局；强化架构搭建，夯实发展新起点；强化标准建设，打造区域新标杆；强化分类推进，开创建设新局面；强化保障措施，推动建设新发展，加快南宁市智慧安防小区的建设。

关键词： 智慧安防小区建设　公共安全　平安南宁

智慧安防小区建设，是深入推进"雪亮工程"的内在要求，是提高公共安全治理水平、打造更高水平"平安南宁"的重要举措，对于增强群众安全感、获得感、幸福感，具有重要现实意义。

---
[*] 课题组组长：龚维玲，南宁市社会科学院城市发展研究所所长，正高级经济师。课题组成员：吴寿平，南宁市社会科学院城市发展研究所副所长，副研究员；庞嘉宜，南宁市社会科学院城市发展研究所，助理研究员；周博，南宁市社会科学院东盟研究所所长，高级人力资源管理师；蒋秋谨，南宁市社会科学院农村发展研究所所长，副研究员；谢振华，南宁市社会科学院农村发展研究所副所长，助理研究员；王许兵，南宁市社会科学院东盟研究所，助理研究员；钟敬，南宁市法学会常务副会长。

一 南宁市智慧安防小区建设现状

党的十八大以来，南宁市坚决贯彻落实总体国家安全观和"以人民为中心"的治理理念，把创建全国社会治安防控体系建设示范城市摆在高质量发展全局中谋划和推进，不断推动具有首府特色的智慧化新型社会治安防控体系建设，着力提升首府南宁公共安全首位度，打造更高水平"平安南宁"，加快推进南宁市智慧安防小区建设工作。

（一）居民小区治安防控建设总体情况

1. 南宁市住宅小区总体情况

截至 2022 年 7 月，南宁市共有 3848 个居民小区，其中，无物业小区有 1838 个，占比为 47.8%，而这些无物业小区绝大多数都是老旧小区。根据 2019 年 10 月全自治区老旧小区摸底结果，南宁市共有 911 个老旧小区，之后各县区陆续增补老旧小区 359 个，现共有老旧小区 1270 个，占全市居民小区的 33.0%，其中市本级老旧小区共 1023 个，武鸣区及各县老旧小区共 247 个。①

课题组为了全面了解南宁市智慧安防小区建设工作进展情况，通过向市民发放调查问卷、深度访谈等方式开展调研，共回收了 392 份有效问卷。其中，当被问及"近三年，您对所居住的小区治安状况的总体感受"时，超过九成的调查对象对居住小区的治安状况给出了肯定性的评价，只有 3.06% 的调查对象认为"不太安全"（见图 1）。在被问及"近三年，您所居住的小区是否发生过入户盗窃或其他不法侵害"时，只有不到两成的调查对象选择了有过相关情况（见图 2）。

---

① 数据由南宁市住房和城乡建设局提供。

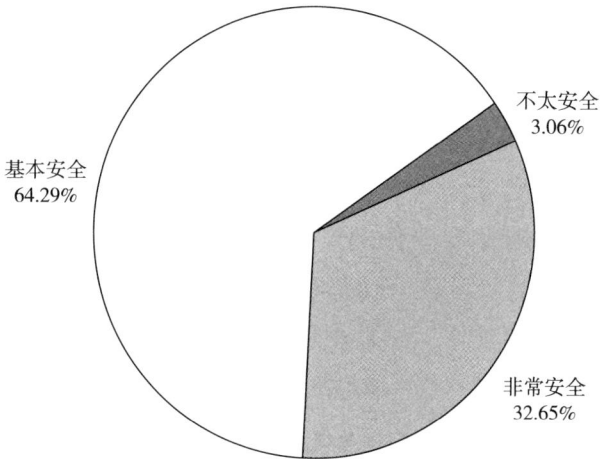

图 1 调查对象对所居住的小区治安状况的总体感受

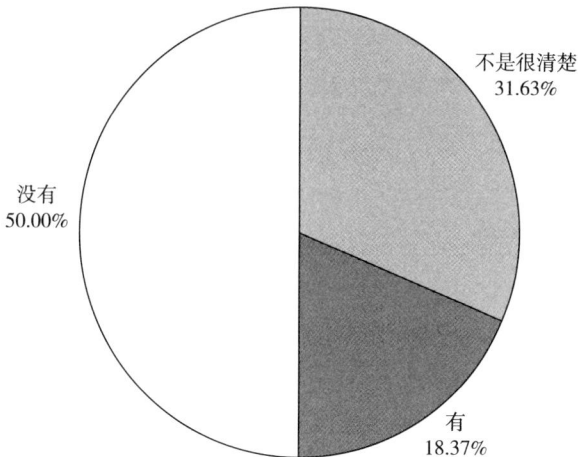

图 2 调查对象所居住的小区是否发生过入户盗窃或其他不法侵害的情况

2. 稳步推进智慧安防小区项目

2019 年，南宁市以已建成小区为基础，将智慧安防小区建设与老旧小区改造工作相结合，按照利旧利现模式升级改造小区前端硬件设备，利用门禁、车辆识别系统、人脸抓拍等技术，将智慧安防小区的门禁、车禁、人脸、视频等数据汇聚接入公安平台，并通过大数据应用支撑公安机关对社区的治安防控工作，实现"信息自动采集、管理智能高效、防范严密精准"。截至2021年底，全市安装门禁、车禁、人脸抓拍、视频监控等一类感知设备的安防小区为1072个；真正接入公安平台的安防小区为427个，以视频监控接入为主。电梯云平台有效运行，已有4.5万台电梯加入，覆盖率达到91.0%。2021年，电梯云平台共处置电梯困人事件2652起，成功解救被困群众5600多人，平均处置时长19.6分钟，较国家要求的30分钟赶到救援现场缩短了1/3的时间。①问卷结果显示，"车辆识别""人脸识别""视频监控监测"等3项安防技术手段是调查对象所居住的小区当中应用普及率最高的，均超过七成。"消防安全报警"技术手段也较为常见，应用普及率超过五成（见图3）。

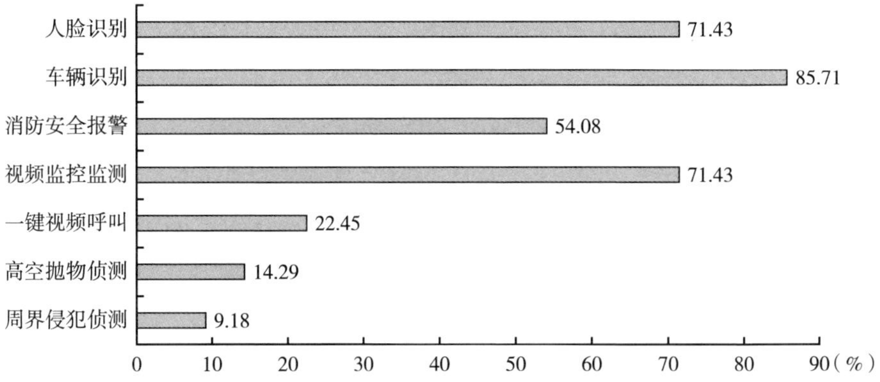

图3　调查对象所居住的小区应用的安防技术手段

3.强化小区治理智能化平台建设

近年来，南宁市充分利用新一代信息技术不断加固基层治理智能化保障。运用大数据、云计算、人工智能等技术，以"智治"为支撑，以综治中心实体化、"全科网格"、社区治理信息化和智能化为突破口，把数据资源整合共享作为最基础的工程来抓，充分发挥"城市大脑"的"智能、智慧、智治"社会治理体系作用，持续提升基层治理"智力"支撑。一是创

---

① 数据由南宁市公安局提供。

新研发基于要素化提醒、流程化引导和智能化辅助的新一代接处警智慧系统，研创智能指挥决策平台，完善应急处置机制，全面构建实战化、扁平化、合成化智能接警"南宁模式"，初步建成了具有南宁特色的立体化、智能化、全方位的社会治安防控体系。二是扎实推进南宁特色"枫桥经验"创新发展，在全面开展网格化服务管理标准化建设的基础上，在部分小区试点推进"物业互联网+社区警务+智慧安防"一体化安防体系建设，利用"AI+大数据""摄像头硬件与平台""服务创新+体验提升"的三重联动，把小区居民、物业、社区有机地融合在一起，构建了涵盖快捷通行、违法识别、云看护、高空抛物监测等众多科技的场景。在一体化安防体系中，人脸识别与公安系统实时对接，实现公安黑名单"7×24 小时"全天候布控；一键式报警柱报警信号直传派出所，提升接警速度；监测云平台预警数据，掌握固定人群的活动方位等。三是建立分区划片、包干负责的网格化房地产市场管理体系，把网格信息管理与房屋信息管理、市场主体管理有效结合，推动管理关口前移，增强提前发现、排查、报告和快速处置房地产管理隐患问题的能力，并进一步实现房地产市场管理的规范化、精细化、长效化。

（二）城中村治安防控建设总体情况

1. 南宁市城中村划分及居住人口情况

目前南宁市城中村统计口径是由民政、自然资源、住建三个主管部门根据管理需求进行划分的。民政部门从行政管理角度出发，将南宁市的村分为街道下辖的（城中）村 83 个、乡镇下辖的村 270 个、乡镇下辖按村委会管理的社区 26 个，共计 379 个村［不含各县（市）、武鸣区、广西—东盟经济技术开发区（以下简称"经开区"）］；自然资源部门从征收补偿安置的适用范围出发，将南宁市市区分为四个片区，共计 367 个村（社区）［不含各县（市）、武鸣区、广西—东盟经济技术开发区］，未单独统计城中村口径。

住建部门作为城中村改造的行业主管部门，从城中村改造、推进功能提升等角度出发，组织各城区、开发区的住建部门，从三个片区中心城区的原环城高速（二环）以内及周边片区、原环城高速（二环）以外、高速环道

（三环）以内的邕江沿岸片区、邕宁主城区及邕江沿岸周边片区梳理了 133 个村，并已对其中 74 个城中村开展了调查。

公安、住建等部门对 74 个城中村进行了摸排梳理，其中居住人口超万人的城中村共有 37 个，涉及户数约 5.6 万户，常住人口数约 65 万人（含户籍人口数 14.7 万人、外来租客 50.3 万人，其中外来租客占比为 77.4%）。如表 1 所示，目前超万人居住的城中村集中分布在江南区、西乡塘区和高新区，这三个区超万人居住的城中村数量高达 27 个，占比近 73.0%。

表 1 南宁市居住人口超万人的城中村分布情况

城区	城中村
兴宁区	虎邱村、官桥村、鸡村
江南区	平西村、亭子村、白沙村、新屋村、东南村、富德村、南乡村、同乐村、仁义村、三津村
青秀区	葛麻村、埌西村、长堽村、埌东村、莫村
西乡塘区	秀灵村、万秀村、永和村、秀厢村、友爱村、位子渌、陈东村、上尧村
良庆区	玉洞村
高新区	西津村、北湖村、皂角村、心圩村、四联村、振兴村、罗赖村、和德村、大岭村
经开区	平阳村

资料来源：南宁市住房和城乡建设局。

2. 参照智慧安防小区推进城中村智能化建设

南宁市作为全国首批"雪亮工程"建设示范城市，经过多年建设，已经打通视频监控连接老百姓家门口的"最后一百米"。目前，南宁市"雪亮工程"共享应用平台已实现市、县（市、区）、乡镇（街道）、村（社区）四级联网，连接汇聚到市级综治中心的视频探头超过 5 万个。在此基础上，城中村新型数字社区基础设施建设稳步推进，参照智慧安防小区管理模式开展城中村的立体化社会治安管控建设，致力于推动城中村改造管理智能化、标准化、规范化。截至 2022 年中，全市已完成 7 个城区（含经开区）17 个城中村共 355 个"平安城中村"智能门禁系统数据采集点建设，实现重点城中村人口和车辆数据信息的汇集、分析、研判。① 依托公安大数据中心、

① 数据由南宁市公安局提供。

政法云平台、安全生产综合监管平台和危险源监管平台，逐步构建起覆盖全面、资源共享、反应迅速的公共安全视频监控立体防控体系。

3. 推动城中村自治体系建设与警务系统相融合

近年来，南宁市高度重视城中村向新型城市社区转变的推进工作，接连出台《南宁市市政和园林管理局关于指导全市城中村标准化规范化建设管理工作的通知》《南宁市城中村改造提升工作指引》《南宁市城中村精细化管理》等文件，为城中村标准化、规范化建设提供政策支撑。在改造提升进程中，积极与警务系统进行对接，推动由社区民警主导，城中村村委会、居民、网格员共同参与的城中村基层自治体系建设。针对城中村人口密度高、人员结构复杂、治安防控难度大等特点，不断完善"人防+物防+技防"措施手段，大力推进"一村（社区）一警务""一村（社区）一警务助理"机制建设，配齐基层警务力量。运用"五微工作法"（微宣传、微服务、微调解、微调度、微破案），把社区干部、物业保安、治安积极分子和人民群众组织起来，组建"义务巡逻队"等，例如，万秀村等城中村就配备了村民自发组织的"护村队"，共同维护辖区社会治安和谐稳定。

二 南宁市智慧安防小区建设面临的瓶颈

（一）老旧小区改造推广难度大

老旧小区主要是由政府、单位出资建设的职工住宅居住区，大多建于20世纪80~90年代，由于建设时社会经济条件限制以及房屋建筑建成时间较长，普遍存在房屋本体及配套设施陈旧、硬件条件落后、基础配套设施缺失等问题，加上安全管理投入有限，人员及车辆流动情况无法及时掌握，给居民生活安全带来风险隐患。这些老旧小区绝大多数为"三无"小区，即无物业管理，无主管部门，无人防、物防。虽然近年来南宁市积极探索构建老旧小区改造提升长效治理机制，鼓励小区实施改造后由国有物业企业与小区居民协商，在"三无"小区引入专业物业管理，并配套专业的智慧安防设施，但是老旧小区产权形式及产权人不明晰，给物业管理介入以及智慧安防系统建设造成很大困难。

在调查问卷中，57.14%的调查对象认为自己目前居住的小区智慧安防技术手段应用运行的情况"一般"，并没有达到让人满意的程度，有14.29%的调查对象甚至认为"较差"（见图4）。在深度访谈过程中，有部分调查对象表示"有些老旧小区对于智慧安防系统普及不到位，建议运用大数据等技术手段，在小区内实现一键报警等功能""新建成的商住小区对于智慧安防体系的安装运用普及率应该较高，但老旧小区（在推进智慧安防小区建设中）也不能落后"。

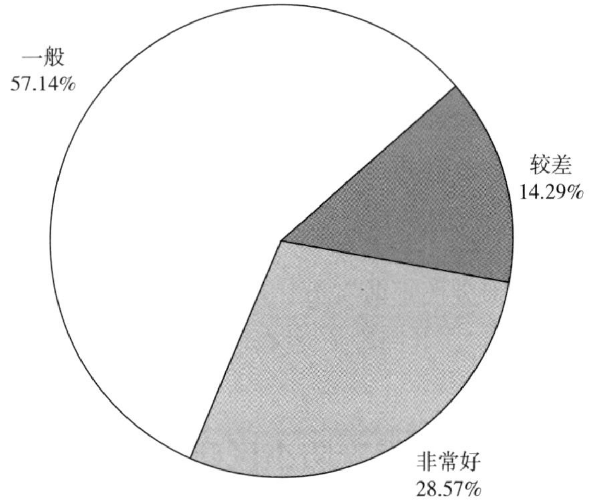

图4   调查对象对所居住的小区智慧安防技术手段应用运行情况的评价

（二）经费保障不足导致项目推进缓慢

智慧安防小区建设与维护既需要获得财政支持，也需要扩大资金来源，以电动自行车规范化停放充电点建设为例，依托南宁市为民办实事工程，投入4500万元，城区财政投入3000万元，在全市范围内建设了4000个电动自行车规范化停放充电点，但是后续运行维护资金的筹措仍面临一定困难。此外，对于老旧小区，大部分居民习惯于自管或是原产权单位直接兜底管理的模式，缺乏"自己出钱买服务"的意识，对于安防改造涉及的视频监控系统、出入口门禁管理系统、智慧消防系统等技术手段的后期运营、使用、维护支出还存在一定的抵触心理，对于流动租户而言更是不愿意增加"额外居住成本"。

（三）技术支撑不够导致数据汇聚接入难度大

智慧安防小区标准化建设，需要以先进技术和设备为支撑，但是目前市场上智慧安防小区前端设备厂家品牌杂乱、标准不一，很多企业提供的产品并没有通过公安部门认可的符合国家标准、行业标准、地方标准的检测；部分物联网产品在感知、通信模块上尚未达到认证标准，或未能取得入网证明、频率资源准入等；部分企业未能按照有关的安防规范进行专业规划设计；部分小区线路带宽不够等，导致相关数据汇聚接入公安平台的难度较大。

（四）数据汇聚接入覆盖面有待提高

根据《广西智能安防小区建设指导性技术方案》要求，建设智慧安防小区要以业主自愿为原则。在推进建设过程中，虽然小区业主不介意小区安防系统统一接入公安平台，但物业及运营维护公司基于商业利益的考虑，在前期基础设施建设和后期基本维护过程中配合度均不高。目前，南宁市真正接入公安平台的安防小区为 427 个，仅占具有感知设备小区的 39.8%，不到四成。

三　南宁市建设智慧安防小区的对策建议

（一）强化组织领导，营造治理新格局

1. 健全完善工作机制和政策体系

加快制定出台《南宁市智慧安防小区建设实施方案》，成立南宁市智慧安防小区建设领导小组，由公安、住建、政法、工信、财政、发改、自然资源、大数据等部门为领导小组成员单位。按照"政府部门主导、市场化运

作、公安局牵头、住建委和财政局协助保障"的工作思路,成立市级层面的智慧安防小区建设工作专班,统筹推进全市智慧安防小区建设。加快建立全市智慧安防小区建设长效机制,把智慧安防小区建设纳入城市发展规划和平安建设考核。同时,积极召开智慧安防小区推介会、推进会、研讨会和调度会,加强各层级、各部门之间的沟通协调,总结建设经验,发现并解决问题,全力推进智慧安防小区建设工作有序开展。

2. 加快构建共建、共治、共享的基层治理新格局

加强部门联动,建立公安、住建、政法、工信、财政、发改、自然资源、大数据等部门的联席会议制度。定期召开联席会议,会商智慧安防小区建设过程中遇到的困难和问题。分工协作,明确权责,各层级和各部门合力推进全市智慧安防小区建设。公安部门负责智慧安防小区建设方案、标准、考评和机制研发,开发完善数据收集应用平台,制定全市智慧安防小区建设标准体系。平安办负责全市智慧安防小区建设的统筹督导。发改部门负责指导智慧安防小区建设项目单位争取配套项目资金。财政部门负责落实智慧安防小区建设的奖励、补助等经费保障。住建部门负责督导智慧安防小区建设与项目工程的同步性,做到同步设计、同步施工、同步竣工。大数据部门做好智慧安防数据与爱南宁 App 的对接和应用。创建数字化派出所,打造基层"智慧大脑",建立指挥中心、执法管理中心、视频中心和接警室"四位一体"的中心警务站,为"小区—社区警务室—派出所"联动协同机制提供有效的枢纽。

3. 全面加强基层社会治理能力

构筑"物联、数联、智联"三位一体新型智慧安防体系,必须紧紧依靠党委政府,科学应用智慧安防系统,提升服务实战效能,完善小区管理机制,助推平安小区建设,增强基层社会治理效能。大力加强基础设施建设、数据采集、平台建设与应用等,紧紧围绕"人""房子""车子""警情事件"等要素,构建治安防控"最后一公里"多维信息感知圈,以居住的住宅小区为中心,以智慧化信息技术和数据应用为核心,形成公安、综治、街道、物业多方联合的立体化小区防控体系,全面提升小区的安全防控和预警能力。充分利用现代信息技术，搭建"线上+线下"沟通议事平台，开展小区、公安、住建、财政等多层级、多形式的基层协商，积极了解居民诉求，宣传智慧安防小区建设的重要意义，引导企事业单位、居民积极参与小区改造方案的制定、施工建设、监督与设备维护管理等，促进智慧安防小区有序建设。

4. 大力整合资源，形成建设合力

将智慧安防小区建设纳入民生工程专项工作、平安南宁建设和市域社会治理现代化示范区建设，与"雪亮工程"融合规划，建设统一的智慧安防小区平台。加强智慧安防小区建设与全科网格、"政法云"、综治中心、"雪亮工程"等的互联互通，整合各方资源和力量，以现代信息技术为手段，紧紧围绕"建前端、搭平台、汇资源、强应用"，提升全市小区安防建设和管理服务水平，全面提升居民安全满意度。

（二）强化架构搭建，夯实发展新起点

1. 建立符合南宁市发展实际的智慧安防小区建设架构

智慧安防小区建设架构大致包含前端建设与数据采集、网络传输、管理平台和信息展示及应用，集成门禁、视频、多维数据采集与应用、人车管控等系统，通过对小区数据的采集及应用，完成对高危人员和车辆的管控。参照广东省智感安防区建设提出的"八项设施"、"六类感知"、"四道防线"和"两大专题应用"总体框架，以"可视、高效、动态"为目标，通过视频监控系统、人脸门禁系统、车辆卡口系统、人员管控系统、物联感知系统等，建立起"人防部署到位、物防设施完善、技术手段先进、应急处置高效"的集管理、防范、控制于一体的小区安防保障体系，对各类事件做到预知、预判、预防、预警和有效处置，实现小区"人、屋、车、网"等的管理立体化、可视化和可控化，切实加强小区的安全保障能力和应急响应能力。同时，采用"SaaS+私有云+多级中心"架构，积极拓展智慧安防小区治理场景以及机器视觉、机器人、视讯协作、消防、汽车技术、存储、安检、显控等创新业务，充分增强小区居民对智慧安全服务的更多体验。

2. 摸清家底，强化分类施策

对全市智慧安防小区建设现状进行全面勘察和统计，建立市级层面的智慧安防小区建设数据库，全面掌握全市老旧小区（含无物业小区和有物业的老旧小区）、新建小区、城中村等的情况，并为小区量身定制建设方案，根据小区情况按照"达标型""优先型""示范型"分别推进，形成"一小区一方案""一小区一图纸""一小区一预算"，明确各小区的需建项目、安装位置、资金预算。同时，针对小区安防现状和发案数量，有针对性地制定全市智慧安防小区建设方案。对老旧小区（含无物业小区和有物业的老旧小区）、新建小区、城中村进行重点排查，针对管理难度大、改造难点多、施工条件苛刻等实际情况，坚持分类施策和指导，根据小区特点、难点，制定特色明显、功能齐全的智慧安防小区建设方案。

3. 加快构建数据智慧采集、管理高效有序、防范智慧有力的现代社区治理新模式

将全市智慧安防小区的视频监控、门禁系统等接入公安大数据中心，由公安部门实时掌握动态数据，合理规划数据汇聚、平台接入及授权应用，确保数据管理高效有序，防范智慧有力。充分利用物联网、互联网、云技术、VR/AR、人工智慧等技术，通过人脸识别、车牌识别、视频监控、智慧门禁、电子围墙等科技手段，依托"人防+技防"的治理模式，实现各层级间数据的互联互通、资源整合，实现由"线下服务"向"指尖服务"的转变，构建便民利警智慧服务新模式，打造立体化的小区智慧防控网。以智慧物业为切入点，集云对讲、物业服务、智慧家居、社区商圈、安防监控、医疗健康等功能和服务于一体，为小区居民提供资讯和生活服务，为物管企业提供O2O商业服务模式，为小区居民打造经济舒适、高效快捷、安全可靠的宜居环境，使小区生活服务得到质的飞跃。同时，加强信息发布工作，发布内容包括党风党建、安防宣贯、警情通告、紧急通告、好人好事等，充分调动社会多元主体参与共治，形成"联动融合、开放共治、共建共享"的格局。

（三）强化标准建设，打造区域新标杆

1.加快编制全市智慧安防小区建设标准

探索编制符合南宁市住宅小区的智慧安防建设标准，编制出台《南宁市智慧安防小区建设技术要点（试行）》，规范智慧安防小区建设的开发设计、工程实施、评价验收、运维管理。立足南宁市智慧安防小区建设标准，开展试点示范工作，建设一批标准化、示范化的智慧安防小区，打造广西智慧安防小区建设新标杆，推动南宁住宅小区建设的智慧化、标准化发展。按照"政府主导、警企联创、市场化运作"的思路，积极与相关技术企业沟通，让本地企业提供技术支持，化解产品的兼容性和互换性问题。

2.加快建立全市智慧安防小区建设的评价机制

参照重庆市等先进城市的做法，由住建部门牵头，组织行业专家、高科技企业、房地产开发企业，编制《南宁市智慧安防小区评价标准》，涵盖通信基础设施、公共应用系统、家庭应用系统和小区公共服务平台等内容，构建南宁市智慧安防小区建设评价指标体系，指导全市智慧安防小区建设。

（四）强化分类推进，开创建设新局面

1.统筹分类推进"达标型""优先型""示范型"智慧安防小区建设

按照《南宁市智慧安防小区建设技术要点（试行）》、《南宁市智慧安防小区建设标准规范（试行）》，统筹分类、分阶段推进智慧安防小区建设。一是2025年全市辖区内实现达标型智慧安防小区全覆盖，重点推进老旧小区、"三无小区"的智慧安防建设。全面加强小区出入口封控圈建设，建设人脸、车辆识别系统，实时采集小区出入口的人像、车辆信息；对小区内感知设施整合联网，实现实时在线的数据跟踪；建立小区基础信息档案库，逐步完善小区房屋、人员、车辆等信息的采集。二是鼓励和支持有条件的住宅小区建设优选型智慧安防小区。鼓励全市小区在达标型建设的基础上进一步加强入口管控、视频监控、智能感知、便民服务设施等方面的建设，在重点部位布建高点全景、高空抛物摄像机，选装周界防护、电子巡查、无

线上网管理、紧急报警等公共安全物联网智能感知设备，建设自行车和新能源汽车充电桩。同时，组建以小区保安、网格员、志愿者、党员等为骨干的专兼职治安巡逻队。三是在全市范围内逐步建设一批示范型智慧安防小区。每年在有物业的老旧小区、新建小区、城中村中选择50个小区建设示范型智慧安防小区，起到示范带头作用。示范型智慧安防小区建设包括智能楼宇门禁系统、小区综合安防平台、小区服务办公室、前端智能感知设施、专业化警务队伍的建设等。对小区所有楼宇单元加装人脸识别门禁系统。整合小区门禁、视频、人像、报警等设施，建立小区综合安防平台。建设小区服务办公室，实现小区动态信息实时汇聚分析和情指联动，以及开展安全防范、法治等宣传教育工作。选装消防栓压力感知器、物联网烟感器、智能充电桩、智能充电柜、智慧路灯、智慧出租屋设施、周界防护、紧急报警、电子巡查等管理服务设施，进一步提升小区的智能化水平。建立专职巡逻队员、网格员、户籍管理员等，高效开展信息采集、治安防控、小区服务等工作。

2. 加快老旧小区智慧化改造

坚持分类推进的策略，突出重点，先试先行，与城市更新、老旧小区改造结合，大力推进老旧小区智慧安防建设。一是加大老旧小区智慧化改造推广力度，由政府层面出台措施，针对老旧小区开展智慧化改造计划。二是总结老旧小区改造工作经验，积极推动老旧小区改造与智慧安防小区建设相融合，全力推动老旧小区智慧化改造与升级。探索将智慧安防设施改造内容纳入老旧小区改造"基础项"范畴，并按照《住宅小区安全防范系统通用技术要求》对老旧小区技防设施进行改造。三是重点加强老旧小区视频监控、门禁系统和车辆抓拍装置的"基础版"智慧安防建设。加快全市老旧小区视频监控建设，实现老旧小区视频监控全覆盖，并连接到市公安局相应的平台上，实现实时互联互通。加快老旧小区人脸车牌识别系统、智慧门禁系统等的建设，切实提高老旧小区预测预警预防的能力。

3. 加强新建小区智慧安防建设

充分结合当前智慧安防小区建设的要求与标准，根据小区规模、居民环境、安全管理要求、建筑设施等要素，切实加强新建小区安全技术防范的建设。一方面，引导鼓励房地产开发企业在规划建设新建商品房和商住楼时，将智慧安防系统纳入工程建设，使智慧安防设施成为新建小区的基本设施。另一方面，由公安、住建、政法、自然资源等部门共同推进，组织房地产开发企业、智慧设备供应商等企业，加强部门与企业间的沟通与交流，指导智慧安防小区建设布局、标准的制定和评价体系的实施，对新建小区的智慧安防建设严格按照评价标准体系进行评估验收。

（五）强化保障措施，推动建设新发展

1. 加强基础设施保障

不断提高小区居民生活便利度，满足居民生活改善型需求，大力推动小区照明、停车、电动车充电站、收件箱等设施的建设，加快小区文化休闲设施、适老设施、无障碍设施、体育健身设施等配套设施的改造与建设。同时，充分利用国家、自治区、南宁市的相关政策，不断完备小区物联网、互联网、局域网等设施设备，大力提升小区门禁系统、视频监控系统、智慧泊车充电系统等设备的覆盖率。

2. 加强运维保障

智慧安防的运维管理是智慧安防小区建设的重中之重，关乎安全能否真正落实，也是智慧安防小区建成后，能够持续推广的重要条件。一是明确智慧安防小区运维管理的责任主体，小区业主是智慧安防运维管理的主要责任方，物业服务公司是智慧安防运维管理的主要管理方和第二责任方。二是建立高效快捷的运维机制，由市级层面选择有智慧安防建设资质的单位、物业公司建立智慧安防小区运维管理数据库，小区业主可委托物业公司、建设单位或专门的科技公司进行智慧安防运维管理。对无物业的小区，由当地社区或者街道选聘相关公司进行运维管理。三是切实加强智慧安防运维管理的违法治理，加大对恶意破坏智慧安防设施、窃取安防数据等行为的处罚力度，构成违法犯罪的，移交司法机关依法追究法律责任。

3. 加强政策保障

加快建立健全智慧安防小区的政策体系，根据《关于全面推进城镇老

旧小区改造工作的指导意见》《全国公安机关社会治安防控体系建设指南》《关于深入推进智慧社区建设的意见》等政策，加快制定出台《南宁市智慧安防小区建设实施办法》《南宁市智慧安防小区建设实施方案》《南宁市智慧安防小区建设三年实施计划》，全力推进全市智慧安防小区建设。同时，参考重庆市的做法，制定出台《加大智慧安防小区建设和装配式建筑项目实施相关激励政策的通知》，明确提出对实施智慧安防小区项目的企业在项目资本金、项目预售金监管及企业诚信加分上给予政策激励。参考浙江温州市的做法，制定出台《南宁市智慧安防小区建设项目"以奖代补"实施细则》，通过以奖代补、居民自筹、社会商业化资本投入等多元化资金筹措方式，落实智慧安防小区建设资金保障方案。

4. 加强经费保障

针对智慧安防小区前期建设资金需求大等问题，各级地方政府、相关部门要高度重视智慧安防小区建设，大力支持相关项目建设，按照"财政补贴一部分，街道社区拿一部分，物业、维修资金出一部分，承建公司让利一部分"和"谁受益、谁投资"的原则，积极推动引导社区、企业、居民参与建设，拓展经费渠道，努力实现多方共建共赢。引导和鼓励建设单位通过自筹资金、社会资本参与等方式，多渠道筹措资金，形成共建、共享、共治的建设模式，推进智慧安防小区建设。

参考文献

华东、郑滋椀：《大数据时代下智慧安防居民小区的研究与探索》，《今日科技》2018年第5期。

彭景晖：《为平安中国保驾护航 为社会稳定筑牢屏障——全国公安机关推进更高水平平安中国建设》，光明网，2022年7月26日，https://news.gmw.cn/2022-07/26/content_35908363.htm。

肖益茂等：《智慧安防：平安小区建设的新路径》，《河北公安警察职业学院学报》2021年第4期。

张学政、王量、王宁：《以智慧安防小区建设为抓手　加快推动平安衡水创建步伐》，《共产党员（河北）》2021年第19期。

腾羽：《智慧小区：智慧警务视域下社区警务建设模式的创新研究——以上海样板智慧小区建设为例》，《河北公安警察职业学院学报》2019年第3期。

汪春雨：《广电网络在智慧安防小区应用分析》，《卫星电视与宽带多媒体》2020年第1期。

程文峰、李凯：《加强胶州老旧小区改造，打造智慧社区建设标准》，《中国建设信息化》2022年第9期。

张昌国：《智慧安防小区服务市场的发展动力与走向——专访深圳市丛文安全电子有限公司总经理余刚》，《中国安防》2022年第7期。

李志强、廖恺珣：《武汉智慧平安小区平台建设及应用》，《警察技术》2019年第6期。

殷灿彬、余方、敬涛：《"智慧家"APP颠覆住宅小区生活观》，《现代信息科技》2018年第10期。

黄祁聪等：《重庆市智慧小区发展情况分析》，《智库时代》2018年第52期。

李红莲：《智慧安防小区建设提速　提升基层社会治理水平》，《中国安防》2020年第8期。

广州市番禺区住房和城乡建设局：《番禺区：布局智慧小区与数字家庭协同发展》，《中国建设信息化》2022年第13期。

《国务院办公厅关于全面推进城镇老旧小区改造工作的指导意见》，中国政府网，2020年7月20日，http：//www.gov.cn/zhengce/content/2020-07/20/content_5528320.htm。

《九部门印发〈关于深入推进智慧社区建设的意见〉的通知》，中国政府网，2022年5月10日，http：//www.gov.cn/zhengce/zhengceku/2022-05/21/content_5691593.htm。

许秀燕等：《莒县："四个强化"助推智慧安防小区提档升级》，《中国建设信息化》2022年第15期。

B.12
2022年南宁市道路交通安全分析报告

林俊旭　李子龙　吴文皓　梁礼成　杨　敏[*]

摘　要： 2022年，南宁市以道路交通事故预防"减量控大"行动为抓手，采取有力措施，确保全市道路交通安全形势持续向好发展，为新时代南宁现代化建设开局起步创造了安全稳定的道路交通环境。同时须客观认识到，南宁市道路交通安全管理工作仍存在较大提升空间，结合当前市情研判分析，本报告提出在建立健全体制机制、农村安全综合治理、风险隐患排查整治、相关部门齐抓共管、交通违法专项整治、交通宣传精准高效等方面持续发力，纵深推动全市道路交通安全管理工作高质量发展。

关键词： 道路交通　交通安全　"减量控大"

2022年，南宁市深入贯彻落实习近平关于安全生产重要论述和重要指示精神，坚持"人民至上、生命至上"，以道路交通事故预防"减量控大"（减少道路交通事故死亡人数，防控较大以上道路交通事故发生）行动为抓手，推进源头治理、综合治理、系统治理，采取有力举措全力以赴防事故、减事故，道路交通事故发生、死亡人数、受伤人数、经济损失等四项指数比2021年全面下降，事故死亡人数创历史最大降幅，确保全市道路交通安全

---

[*] 林俊旭，南宁市公安局交通警察支队副支队长；李子龙，南宁市公安局交通警察支队副支队长，警务技术四级主任，高级工程师；吴文皓，南宁市公安局交通警察支队科研所副所长，警务技术二级主管；梁礼成，南宁市公安局交通警察支队事故大队副大队长，警务技术一级主管；杨敏，南宁市公安局交通警察支队科研所民警，警务技术三级主管。

形势持续向好发展，为新时代南宁现代化建设开局起步创造了安全稳定的道路交通环境。

一　南宁市道路交通安全基本情况分析

南宁市总面积 2.21 万平方公里，常住人口 874.16 万人，城市道路总里程为 2797.48 公里，高速公路总里程为 722.20 公里，普通国省道（以下简称"国省道"）总里程为 2106.90 公里，县乡村道（农村公路）总里程约 1.10 万公里[①]。截至 2022 年底，全市机动车保有量为 319.02 万辆，电动自行车保有量为 399.49 万辆。

（一）涉及道路交通事故空间、时间、车辆等情况分析

1. 南宁市道路交通事故空间分布特点

从南宁市各县（市、区）道路交通事故死亡人数分布上看，2022 年南宁市各城区道路交通事故共造成 251 人死亡，占全市的 59.48%，其中最多的是江南区，共死亡 56 人，占比为 13.27%；"四县一市"道路交通事故死亡人数为 171 人，占比为 40.52%，其中横州市最多，共死亡 58 人，占比为 13.74%（见图 1）。

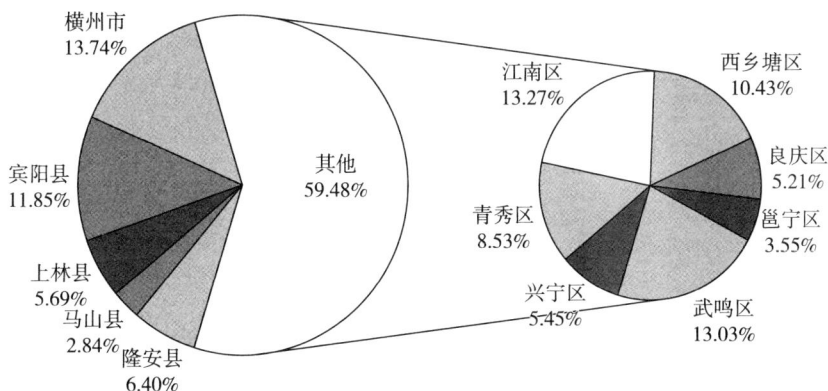

图 1　2022 年南宁市各县（市、区）道路交通事故死亡人数分布情况

---

① 以下若无特殊说明，公路指高速公路、国省道和农村公路。

2022 年南宁市各县（市、区）采用一般程序处理的道路交通事故（以下简称"一般事故"）中，各城区共发生 1696 起，占比较大，为 68.69%。其中最多的西乡塘区发生 377 起，占总数的 15.27%；最少的邕宁区发生 103 起，占总数的 4.17%。在"四县一市"中，宾阳县最多，共发生 293 起，占比为 11.87%；最少的是马山县，共发生 50 起，占比为 2.03%（见表 1）。

表 1 2022 年南宁市各县（市、区）采用一般程序处理的道路交通事故分布情况

地区	事故起数（起）	增减百分比（%）	占比（%）	死亡人数（人）	增减百分比（%）	占比（%）
兴宁区	153	−29.82	6.20	23	−8.00	5.45
青秀区	357	1.42	14.46	36	−7.69	8.53
江南区	275	1.10	11.14	56	−16.42	13.27
西乡塘区	377	−7.60	15.27	44	−37.14	10.43
良庆区	167	−24.77	6.76	22	−15.38	5.21
邕宁区	103	11.96	4.17	15	−28.57	3.55
武鸣区	264·	−28.84	10.69	55	−15.38	13.03
隆安县	80	−6.98	3.24	27	−42.55	6.40
马山县	50	−48.98	2.03	12	−55.56	2.84
上林县	93	−35.86	3.77	24	−14.29	5.69
宾阳县	293	−13.57	11.87	50	−21.88	11.85
横州市	257	−26.99	10.41	58	−19.44	13.74
合计	2469	−16.45	100	422	−23.41	100

2022 年南宁市各县（市、区）采用简易程序处理的道路交通事故（以下简称"简易事故"）共 94806 起，其中最多的是青秀区，发生 25731 起，占总数的 27.14%，最少的是邕宁区，发生 1248 起，占总数的 1.32%。在"四县一市"中，宾阳县最多，共发生 3973 起，占比为 4.19%；最少的是隆安县，共发生 1447 起，占比为 1.53%。

2. 南宁市道路交通事故道路类型情况

2022 年，全市城市道路共发生事故 1630 起，造成 184 人死亡，同比分别下

降9.99%、17.86%；国省道和农村公路共发生事故807起，造成223人死亡，同比分别下降25.96%、25.67%；高速公路共发生事故32起，造成15人死亡，同比分别下降39.62%、44.44%（见表2）。安吉大道、三津大道、那洪大道、高新大道、罗文大道、银海大道等重点关注的城市货运通道累计事故起数和死亡人数同比分别下降16.67%和42.86%。

表2 2022年南宁市道路交通事故道路类型情况

道路类型	事故起数（起）	同比（%）	死亡人数（人）	同比（%）
城市道路	1630	-9.99	184	-17.86
国省道和农村公路	807	-25.96	223	-25.67
高速公路	32	-39.62	15	-44.44
合计	2469	-16.45	422	-23.41

从各道路类型死亡人数分布上看，公路交通事故死亡人数最多，共238人，占总数的56.40%，其中二级公路死亡130人，占比最大，为30.81%。城市道路因交通事故死亡165人，占总数的39.10%，其中一般城市道路死亡146人，占总数的34.60%。单位小区自建路、公共广场、公共停车场及其他道路交通事故造成19人死亡，占死亡总人数的4.50%（见图2）。

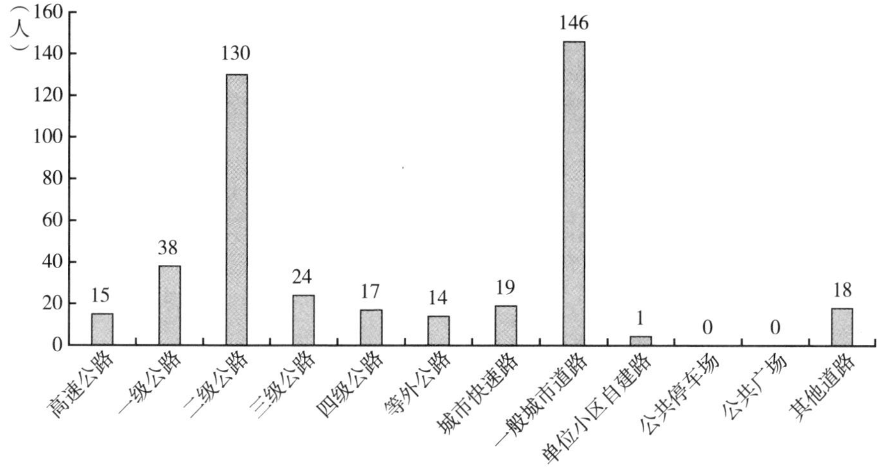

图2 2022年南宁市不同道路类型交通事故死亡人数分布情况

从一般事故情况来看，南宁市城市道路发生的一般事故数要高于公路。其中，城市道路共发生 1630 起，占比为 66.02%；国省道公路共发生 508 起，占比为 20.58%；农村公路共发生 299 起，占比为 12.11%；高速公路共发生 32 起，占比为 1.30%。城市道路交通事故方面，城市快速路共发生 104 起，占比为 4.21%，而一1对了04都是般城市道路共发生 1339 起，占比为 54.23%，可见城市道路交 x0 通事故主要集中在一般性道路（主干路、次干路、支路）。公路交通事故方面，发生交通事故比例最大的是二级公路，占比为 18.31%，其次为三级公路和四级公路，占比分别为 4.46% 和 3.73%（见表3）。

表3 2022年南宁市不同道路类型一般事故分布情况

道路	事故起数（起）	占比（%）	死亡人数（人）	占比（%）
高速公路	32	1.30	15	3.55
一级公路	107	4.33	38	9.00
二级公路	452	18.31	130	30.81
三级公路	110	4.46	24	5.69
四级公路	92	3.73	17	4.03
等外公路	46	1.86	14	3.32
城市快速路	104	4.21	19	4.50
一般城市道路	1339	54.23	146	34.60
单位小区自建路	16	0.65	1	0.24
公共停车场	8	0.32	0	0.00
公共广场	1	0.04	0	0.00
其他道路	162	6.56	18	4.27
合计	2469	100	422	100

从简易事故情况来看，发生事故数最多的是一般城市道路，为 25394 起，占总数的 65%；公路共 9178 起，占总数的 24%。其中高速公路简易事故数为 1414 起，占总数的 3.6%，同比增长 5.3 倍，增长幅度最大。

3. 南宁市道路交通事故造成死亡人数较多的道路情况

从死亡人数道路分布看，道路交通事故造成死亡人数较多的前 14 条道路是：国道 324 线、国道 358 线、省道 210 线、国道 210 线、省道 309 线、国道 322 线、县道 470 线、国道 355 线、江南大道、省道 514 线、国道 209

线、县道034线、省道211线、南宁绕城高速，共造成154人死亡，占总数的36.49%。造成死亡人数最多的是国道324线，为24人，其次是国道358线（见图3）。

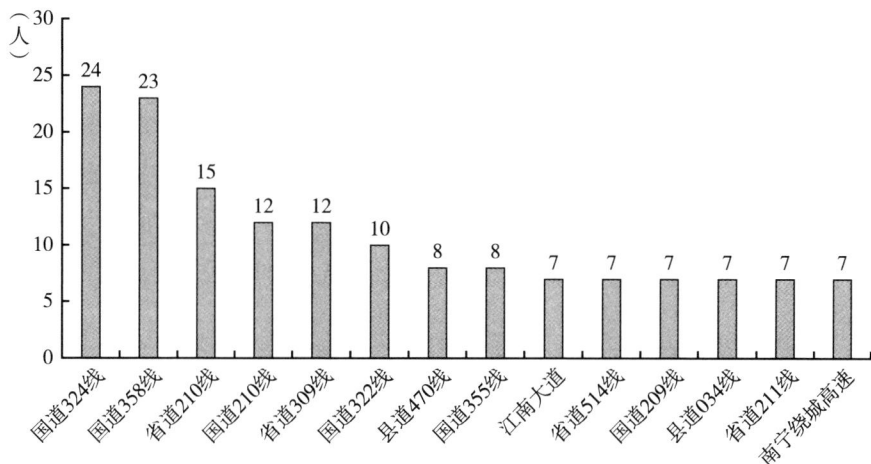

图3　2022年南宁市道路交通事故造成死亡人数较多的前14条道路

　　上述道路以国省道为主，一方面是因为国省道线路较长，例如国道324线在南宁市范围内里程约253公里，沿线穿越多个县、区、乡镇；另一方面，国省道交通安全设施原设计标准偏低，以满足机动车长距离跨辖区快速通行为主，基本未考虑国省道两侧乡镇、村屯居民就近出行的生活性交通需求，即步行和电动自行车出行的需求。因而其交通安全设施设置已不能满足当前国省道混合通行的交通安全需求，导致国省道交通事故频发。因此，围绕国省道和农村地区公路开展交通安全隐患治理是预防交通事故的主要工作。

　　道路交通事故造成死亡人数较多的前10条城市道路为：江南大道、沙井大道、昆仑大道、秀厢大道、五象大道、江北大道、南武大道、岭头坡—根竹坡、友谊路、仙葫大道。其中江南大道全年道路交通事故死亡人数最多，共造成7人死亡（见图4）。主要货运通道如沙井大道、昆仑大道、秀厢大道、五象大道、友谊路等道路交通事故多发。

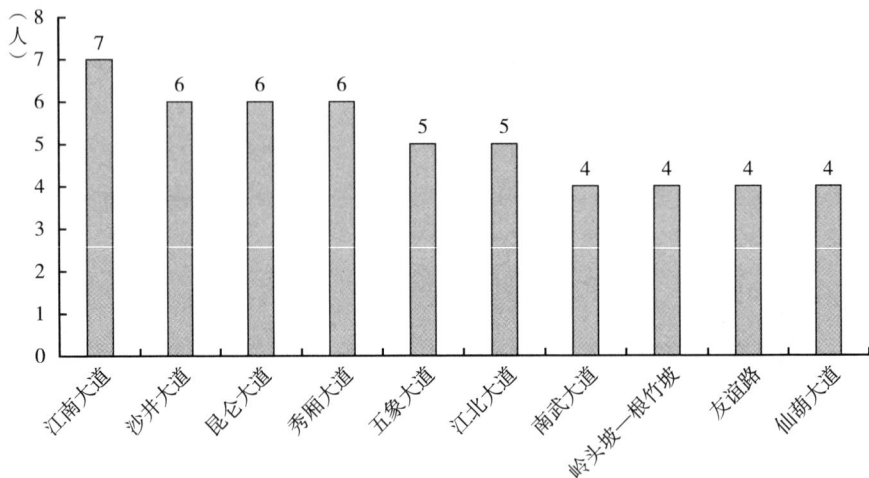

图4 2022年南宁市道路交通事故造成死亡人数较多的前10条城市道路

4.南宁市道路交通事故时间分布特点

从死亡交通事故的时间分布来看,凌晨5~7时和每日11~21时的发生率较高,死亡交通事故起数逐渐攀升,至21时达到峰值(32起)。

从一般事故发生的时间分布来看,一般事故发生的高峰期通常为凌晨5时至早上9时,下午从16时到20时,夜间从21时到23时,其中峰值在7时和18时左右,值得注意的是,22时也出现小峰值(见图5)。

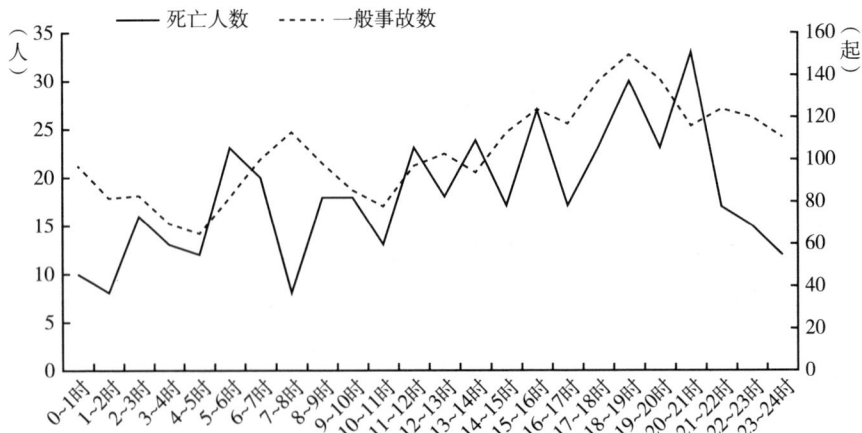

图5 南宁市道路交通事故死亡人数与一般事故数时间分布情况

对比事故发生的时间分布情况，可以发现其与南宁市民生活习惯高度相关，一般事故多发生在出行高峰时段，同时是白天行政班工作时段和人民群众生产生活最为活跃的时间段。此外，夜间的小高峰与当前提倡发展"夜间经济"，人民群众夜间出行增多有关。

从南宁市一般事故月份分布来看，在1月、6月和10月左右出现峰值。从死亡交通事故月份分布来看，峰值出现在1月、5月、10月。因此，岁末年初的1月，夏季和秋季农忙时间，是开展事故预防工作的重要时间节点。

5. 道路交通事故与交通出行方式关联度分析

致人死亡的道路交通事故中，按照事故致因方交通方式看，造成死亡人数最多的交通方式是驾驶小型客车，共造成131人死亡，占总数的29.91%；其次是电动自行车，共造成72人死亡，占总数的16.44%；重型货车造成58人死亡，占总数的13.24%。

从车辆使用性质上看，私用车辆发生一般事故1477起，占事故总数的59.20%。其次是货运车辆，共发生190起，占事故总数的7.62%（见表4）。私家车、电动自行车和货运车辆仍然是开展事故预防工作的重点。

表4　2022年南宁市不同使用性质车辆一般事故发生情况

单位：起，人

不同使用性质车辆	事故起数	死亡人数
私用车辆	1477	235
货运车辆	190	70
预约出租客运车辆	19	1
其他非营运车辆	13	7
出租客运车辆	10	0
营转非车辆	8	3
施工作业车	5	2
其他营运车辆	5	1
校车	4	1
公路客运车辆	2	0
公交客运车辆	2	0
企事业单位其他用车	2	1

6. 道路交通事故涉及的交通违法类型情况分析

从所导致道路交通事故死亡人数来看，排在前10位的交通违法行为是：超速行驶、无证驾驶、其他操作不当、在同车道行驶中不按规定与前车保持必要的安全距离、违法超车、机动车未让优先通行方先行、行人不按规定横过机动车道、其他影响安全行为、未按规定让行（非）、违反交通信号（非）（见表5）。

表5 2022年南宁市不同违法行为导致的道路交通事故情况

违法行为	死亡人数（人）	增减百分比（%）	占总数的比例（%）	事故起数（起）	增减百分比（%）	占总数的比例（%）
超速行驶	50	56.25	11.66	48	54.84	11.54
无证驾驶	43	-34.85	10.02	43	-31.75	10.34
其他操作不当	31	29.17	7.23	31	29.17	7.45
在同车道行驶中不按规定与前车保持必要的安全距离	29	11.54	6.76	29	26.09	6.97
违法超车	28	7.69	6.53	25	0.00	6.01
机动车未让优先通行方先行	25	-24.24	5.83	24	-20.00	5.77
行人不按规定横过机动车道	20	0.00	4.66	20	0.00	4.81
其他影响安全行为	19	-62.75	4.43	19	-58.70	4.57
未按规定让行（非）	18	5.88	4.20	17	0.00	4.09
违反交通信号（非）	14	-17.65	3.26	13	-23.53	3.13

从违法行为的数量分布可以看出，无证驾驶、机动车未让优先通行方先行、非机动车违反交通信号和其他影响安全行为的比例呈现较大幅度的下降，这说明南宁市开展的车管下乡服务、交通安全宣传教育工作、"看得见，才安全"以及"被看见，才安全"的"两个看见"行动取得了明显的成效。但同时须客观认识到，超速行驶导致的事故数量呈现明显上升，这对于下一阶段事故风险防控工作和超速执法工作提出了要求。

7. 道路交通事故涉及的企业和行业情况分析

各行业运输车辆共发生道路交通事故661起，造成179人死亡，占全市一般事故总数的比例分别为 26.8% 和 42.4%。事故占比较高的是南宁籍重型、中型普通货车（不含泥头车、搅拌车、环卫车），非南宁籍重型、中型普通货车（不含泥头车、搅拌车、环卫车）。涉及中小学生交通事故 164 起，中小学生死亡 9 人。交通运输行业道路交通事故数和死亡人数占比最大。

（二）涉及道路交通事故人的因素分析

1. 道路交通事故性别分布情况

从道路交通事故的性别分布来看，机动车方面，一般事故涉及男性 2035 人，其中驾驶人为 2033 人；涉及女性 453 人，其中驾驶人为 359 人。从道路交通事故死亡人数来看，男性作为驾驶人的机动车交通事故死亡 148 人；女性作为驾驶人的机动车交通事故死亡 17 人（见表6）。

表6　2022 年南宁市机动车一般事故性别分布情况

单位：人，%

驾驶员性别	驾驶员人数	驾驶员死亡人数	占比
男	2033	148	7.28
女	359	17	4.74

非机动车方面，一般事故涉及男性 848 人，其中驾驶人 823 人；女性 485 人，其中驾驶人 419 人。从交通事故死亡人数来看，男性作为非机动车驾驶人的交通事故死亡 139 人，女性作为非机动车驾驶人的交通事故死亡 60 人（见表7）。

表7　2022 年南宁市非机动车一般事故性别分布情况

单位：人，%

驾驶员性别	驾驶员人数	驾驶员死亡人数	占比
男	823	139	16.89
女	419	60	14.32

2. 道路交通事故年龄分布情况

从年龄分布来看，机动车方面，2022 年 1~17 岁年龄段死于道路交通事故的有 8 人，18~60 岁年龄段共 343 人，61 岁及以上年龄段共 87 人（见表 8）。

表 8　2022 年南宁市道路交通事故死亡年龄分布情况

单位：人

年份	1~17 岁	18~60 岁	61 岁及以上
2022	8	343	87

驾乘机动车致死 178 人，其中 1~17 岁年龄段死亡人数为 3 人，18~60 岁年龄段 147 人，61 岁及以上年龄段 28 人。驾乘非机动车致死 174 人，其中 1~17 岁年龄段死亡人数为 3 人，18~60 岁年龄段 135 人，61 岁及以上年龄段 36 人（见表 9）。

表 9　2022 年南宁市不同交通方式死亡人数年龄分布情况

单位：人

交通方式	1~17 岁	18~60 岁	61 岁及以上
机动车	3	147	28
非机动车	3	135	36
步行	2	61	23

3. 道路交通事故机动车驾龄分布情况

按照机动车驾龄划分得出，1 年以下驾龄事故数量为 3249 起，死亡人数为 7 人；驾龄 1~3 年的事故数量为 6809 起，死亡人数为 22 人；驾龄 4~19 年的事故数量为 62088 起，死亡人数为 180 人；驾龄 21 年以上事故数量为 11621 起，死亡人数为 44 人。

二 2022年南宁市加强道路交通安全管理工作的主要措施及成效

（一）以党委政府重视为牵引点，持续推动交通管理组织架构向高位延伸

长期以来，南宁市各级领导高度重视道路交通安全工作。市委、市政府主要领导先后多次对道路交通安全工作做出批示指示，市委常委会将深化安全生产专项整治行动纳入2022年工作要点，市政府成立道路交通综合治理领导小组以及专项工作领导小组，印发《道路运输生产安全事故预防攻坚整治行动实施方案》《南宁市电动自行车交通安全综合整治工作方案》，召开专题会议部署深化交通事故预防工作，全面强化交通安全工作组织领导，为事故预防工作提供了坚强有力保障。攻坚整治行动开展以来，全市道路运输生产安全事故和死亡人数较2021年同期分别下降85.4%和78.1%。

（二）以压实属地管理责任为关键点，持续推动交通安全协同共治向县乡延伸

依托市联席办平台，推动将道路交通安全管理工作纳入乡镇（街道）平安建设、乡村振兴、安全生产绩效考评范畴，督促落实交通安全预防的各项工作措施，推动各县（市、区）、开发区党政主要领导挂帅担任交通安全管理工作领导小组组长，结合辖区实际制定专项工作方案，为做好辖区交通安全工作提供了有力支撑；各级各部门领导率队深入一线实地督导检查交通安全工作，协调督促加大交通隐患整改力度。

（三）以开展视距清理行动为切入点，持续推动生命安全防护工程向路面延伸

一方面，清剿路面视线盲区。深入开展"看得见，才安全"视距清理

行动，消除农村公路、国省道交叉口、弯道、穿村过镇路段绿植、广告牌遮挡视距隐患。另一方面，推动部门协同共治。以开展"看得见，才安全"视距清理行动为切入点，推动交通安全工作联席会议实体化运行，协调区、市、县三级公路养护中心，交通运输部门及乡镇政府职能部门、爱心企业共同开展公路隐患排查"大篷车"行动。据统计，2022 年 9 月 1 日至 12 月 31 日，普通国省道和农村公路路口交通事故起数和死亡人数显著下降，同比分别下降 37.97% 和 80%，死亡人数环比下降 42.86%。

（四）以开展荧光守护行动为主攻点，持续推动电动自行车安全治理向农村延伸

一是粘贴反光标贴。在全市范围内开展"被看见，才安全"荧光守护行动，南宁市公安交通管理部门联合市委、市直机关工委、市文明办等部门发动爱心企业公益认购捐赠反光标贴，面向农村地区，免费粘贴在电动自行车尾部，让农村群众夜间驾驶电动自行车上路"被看见"。二是推动服务下乡。在基层交警大队、远郊中队推行"邻里车管"服务模式，在部分乡镇新建摩托车驾驶人考试场，全面做实车辆登记入户和驾驶人考试工作，为全面推进交通安全管理工作打下了坚实基础。三是强化巡回宣讲。依托传统媒体和"两微一抖"等新媒体平台，深入开展"美丽乡村行""基层平安行"巡回宣讲，大力倡导"被看见，才安全"的理念。自 2022 年 9 月 1 日开展荧光守护行动以来，电动自行车夜间交通事故起数、死亡人数同比分别下降 14.84%、45.0%。

（五）以实施全域整治勤务为发力点，持续推动交警执勤执法触角向全时空延伸

一是统筹四大战场抓整治。统筹城市道路、高速公路、国省干道和农村地区"四大战场"，推动事故预防整治向货运通道、城郊接合部和农村地区延伸，在全市农村公安派出所推行"交所联勤"，全面压缩交通违法空间，有效减少交通事故的发生。二是突出重点时段抓管控。结合交

通安全形势研判，综合推出夜间勤务、大兵团作战勤务、小分队整治勤务等，实现对周末、节假日等群众出行高峰时段的交通安全精准管控。三是坚持科技赋能抓预警。进一步完善智能交通设施，强化交通安全提示预警，严查弯道压实线超车、超速等严重交通违法行为，严防交通事故的发生。2022年，南宁市公安交通管理部门通过在国省道、县乡道路建设视频监控、单点测速、区间测速、路口信号灯、高清卡口、安全警示器、车速反馈牌等智能交通设施，有效减少国省道、县乡道路交通事故的发生，实现事故起数和死亡人数同比分别下降27.67%和29.97%，科技赋能效果显现。

（六）以打击重点交通违法为支撑点，持续推动情报引领精准查缉向实战延伸

一是推动机制创新。坚持"跳出交警看交警""跳出南宁看南宁"，组建成立支队、大队两级情报大数据应用工作专班，健全情报采集和预警联动机制，实现对重点交通违法、警情的快速反应、快速处置。二是建立打击模型。按照情报制导打击的工作思路，针对不同交通违法行为的规律特点，研究推出驾驶证异常打击模型、农村地区面包车超员预警模型、非法入境人员车辆查处模型、"毒驾"打击模型等，以精准情报制导交通违法精准打击。三是创新打击战法。充分发挥部门联动作用，创新推出路面精准打击、主动上门查处、"瞭望布网"、精准蹲守伏击等技战法，有效突破以往路面设卡"守株待兔"的打击模式，提高了勤务效率和精准度，精准打击成果位居全国前列。

（七）以完善优化交通设施为保障点，持续推动城市货运通道安全系数提升

持续推进交通秩序隐患点、拥堵点的综合治理、系统治理和源头治理，有效降低交通事故发生率，为推动首府经济社会高质量发展营造安全畅通的城市交通环境。一是制定"一点一方案"，对全市68个路口（路段）进行

交通设施优化提升。二是针对城市货运通道安全隐患问题完成 27 个路口大型车辆右转盲区改造工作，通过有针对性地设置水泥隔离墩，完善交通警示标志、交通标线等配套设施，明确路权，强化通行轨迹，减少交通冲突点。三是主动沟通、协调绿化管理部门开展交通设施的绿化修剪工作，全年对江南大道、三津大道等 32 条主次干路共计 135 处交通设施遮挡树木进行修剪，同时对数百处斑马线进行更新亮化。

（八）以加强运输企业管理为督促点，持续推动交通安全风险清剿向源头延伸

一方面，精准画像排查风险。依托大数据研判平台，通过企业画像、双向比对等方式，精准梳理排查高风险运输企业、车辆及驾驶人，采取抄告主管部门、"红黑榜"通报等方式督促企业落实安全生产主体责任。另一方面，联合约谈重点企业。联合市交通运输、应急管理、农业农村等部门组成专项督导组，对全市 15 个县（市、区）、开发区集中开展道路运输生产安全大检查，对存在问题的运输企业下发抄告、整改通知书（函），开展集中警示约谈，对全市重点运输企业及驾驶人走访、约谈。2022 年，涉及"十二类"生产经营性车辆交通事故起数和死亡人数同比分别下降 21.07% 和 29.88%。

三 2022年南宁市道路交通安全管理工作存在的问题和不足

总体上看，2022 年南宁市道路交通安全管理工作取得了长足发展和进步，但仍然存在一些问题和不足。具体表现在以下几个方面。

一是道路交通事故仍然处于高位运行。虽然 2022 年全市道路交通事故起数和死亡人数大幅下降，但是仍然处于高位运行态势，还有较大的下降空间。

二是城乡发展不平衡问题仍然突出。各县（市、区）、开发区的交通设施建设、管养和维护工作因资金来源渠道、维护主体不同等原因，与城市建成区域的交通设施建设、管养和维护机制不统一，导致县（市、区）、开发

区的公路交通安全设施维护水平较低，尤其是国省道管辖养护权限划分不清及交通安全设施更新投入不足。需解决各县（市、区）、开发区范围内普通国省道临水临崖路段、穿村过镇路段、平交路口处亟须解决防撞护栏、警示标志标线、警示灯、夜间照明路灯、交叉路口交通信号灯的安装设置、更新提升问题，以有效提升道路交通安全水平。

三是涉及电动自行车交通事故多发频发。虽然南宁市已针对电动自行车交通安全管理工作采取了一系列有力措施，但因为国省干道、城市货运通道、农村公路隐患点多面广，电动自行车路权保护和交通安全防护设施不足，加之部分农村群众交通安全意识淡薄，涉及电动自行车交通事故多发频发势头仍未得到有效遏制。

四是道路交通安全工作尚未形成齐抓共管格局。县（市、区）、乡镇道路交通安全主体责任还不够清晰，属地管理责任落实还不够到位；道路交通安全联席会议尚未实体化运作，牵头抓总、协调督导作用未能充分发挥，还未形成"党委政府牵头、行业部门齐抓共管、全社会共同参与"的道路交通安全管理工作格局。

四　2023年南宁市道路交通安全工作思路

（一）推动建立健全体制机制

推动市道路交通安全联席会议制度实体化运行，建立健全工作汇报和情况通报制度，扎实推进系统治理、综合治理、依法治理、源头治理。将道路交通安全管理工作纳入对各县（市、区）、开发区安全生产、平安建设、乡村振兴等工作绩效考评范畴，压紧压实道路交通安全属地领导责任、部门监管责任、企业主体责任，努力构建"党政主导、部门联动、社会共治"的工作格局。推进车辆销售源头监管体制建设，强化对电动自行车等重点车辆的全链条安全监管。

（二）推动农村安全综合治理

深入推进农村公路生命安全防护工程建设，分期分批完善公路交通安全基础设施。加强农村道路交通安全工作，推动建立健全农村道路交通安全网格化管理责任体系。优化农村交通安全宣传阵地效能，创新农村安全文明交通共治模式；深化"邻里车管"服务模式，加强警企合作，解决农村群众上牌难、办证难问题。深入推进重点路口精细治理提升工作，在货车流量较大、事故易发的路口增设右转警示区，推行大货车右转礼让措施。

（三）推动风险隐患排查整治

完善道路交通安全风险监测预警、分析研判、约谈通报、警示曝光制度机制，对重点隐患、重大风险、重点区域实行分级分类挂牌督办、挂账整改，实现"发生一起事故，歼灭一类（批）隐患，完善一类（批）制度"。完善重点企业和重点车辆、驾驶人风险画像制度，定期通报高风险道路运输企业名单，推广道路安全风险画像制度；由南宁市公安交通管理部门会同交通运输、应急管理等部门深入运输企业开展大排查、大检查，采取联合约谈、警示曝光等方式推动重点隐患企业落实主体责任。推进国省干道、货运通道、县乡公路等道路隐患动态排查整治，持续开展"看得见，才安全"视距清理行动。深化交通事故深度调查，推动压实突出问题隐患整改责任。

（四）推动相关部门齐抓共管

督促学校健全完善校车安全管理制度，推动教育部门落实学校交通安全宣传和教育责任。推动交通运输部门优化农村客运配置，构建供需匹配、组织灵活、模式多样的农村客运供给体系。推动建立完善农机安全监管体系，加强机动车检验机构资质认定，严把农机准入关。联合市场监管部门严厉打击销售不合格电动自行车的违法行为，强化对电动自行车非法改装行为的整治。

（五）推动交通违法专项整治

统筹国省干道、高速公路、城市道路、农村地区"四大战场"，按照"市县主战、派出所主防"的工作思路，进一步深化"交所联勤""两站两员"等机制，针对重点时段、重点路段，采取组建执法小分队、跨辖区整治等方式，扩大农村地区秩序整治覆盖面。

（六）推动交通宣传精准高效

深入开展"美丽乡村行"巡回宣讲活动，开展电动自行车"荧光守护行动"、骑乘安全"戴盔行动"，推广电动自行车交通安全"手机学"，加强"一老一小"群体出行安全常识普及教育，推行准驾人员文明交通体验教学，提升"122全国交通安全日"品牌影响力，增强全民交通安全意识、守法意识。建设交警融媒体中心，强化新媒体矩阵建设及宣传联动。健全涉警舆情监测研判常态化机制，增强舆情防范应对能力，落实好"三同步"工作。

B.13
南宁市乡村治理能力建设调查报告

南宁市政协专题调研组*

摘　要： 乡村振兴是我国全面建设社会主义现代化国家的重要内容，近年来，南宁市构建共建共治共享的乡村治理格局，提升乡村治理能力，促进巩固脱贫攻坚成果与全面推进乡村振兴战略深度融合，对于有效维护农村地区社会和谐稳定具有积极作用。与此同时，南宁市在乡村文明实践积分制、乡村治理人才队伍建设、法治乡村建设等方面工作仍有待进一步完善。结合南宁市乡村治理实际，提出借鉴"德育银行"模式、完善文明实践积分制度、加快乡村治理人才队伍建设、加快推进法治乡村建设等对策建议。

关键词： 乡村治理　乡村振兴　社会治理　"德育银行"

习近平总书记在党的二十大报告中强调，全面建设社会主义现代化国家，最艰巨最繁重的任务仍然在农村。应加快建设法治社会。推进多层次多领域依法治理，提升社会治理法治化水平，完善社会治理体系，健全共建共治共享的社会治理制度，提升社会治理效能。近年来，南宁市坚持全面推进乡村振兴重点工作，不断健全基层党组织领导下自治、法治、德治相结合的乡村治理体系，逐步构建共建共治共享的社会治理格局，促进巩固脱贫攻坚

---

* 调研组组长：邓亚平，南宁市政协党组成员、副主席。调研组成员：黄芳，南宁市政协社会法制委员会主任；刘燕萍，南宁市政协办公室二级调研员；樊容宾，南宁市政协社会法制委员会办公室二级主任科员。

成果与全面推进乡村振兴战略深度融合，乡村治理工作取得新进展、新成效，有效维护农村地区社会和谐稳定，乡村群众安全感、满意度持续提升。

一　南宁市乡村治理能力建设的基本情况

（一）加强基层党组织建设，筑牢乡村建设基础

1. 增强党建乡村治理工作力量

深入实施"头雁提升"行动，全面推动村（社区）党组织书记担任村（居）委会主任、集体经济组织负责人，目前全市村（社区）党组织和村（居）委会主任"一肩挑"率达100%，切实强化村党组织对村级各类组织的领导，坚决防止黑恶势力干扰渗透、把持基层组织、侵蚀基层政权。注重选拔思想政治素质好、道德品行好、带富能力强的优秀人才进入村级后备干部队伍，推动每个村（社区）常态化储备35名后备人才，按1∶1比例建立村党组织书记后备人才库，全市共储备村级后备人才7000多人。加大在青年农民特别是致富能手、外出务工经商人员中发展党员的力度，推动全市1560个村每个村至少培养2名入党积极分子。

2. 夯实党建引领乡村治理基础

2022年7月，南宁市印发《关于持续提升村（社区）基本保障水平的若干措施》，市财政按照每村7万元的标准划拨专项资金，进一步提高村（社区）干部报酬待遇，全市村干部待遇最高达4800元/月；同时，进一步提高村干部绩效奖励报酬，正常离任村干部离任补贴补助，屯级小组长（队长）、屯级党支部书记工作补贴标准，专职化管理的网格员工作补贴，提高基层干部抓乡村治理的积极性和主动性。协调2022年南宁市财政扶持资金3900万元，重点扶持11个县（市、区）的766个村发展村级集体经济，示范带动各级各部门投入资金资源促进全市村级集体经济发展壮大。2022年，全市1560个村集体经济收入均达5万元以上，集体经济收入达10万元、20万元、50万元的村分别有817个、355个、128个，超额完成自治

区下达的指标任务。

3. 充分发挥乡村基层党组织战斗堡垒作用

推动南宁市直有关单位和县乡村紧盯夯实筑牢农村基层党组织战斗堡垒，以及防范和整治"村霸"问题的6方面19项重点任务，抓好农村基层党建工作。深入推进农村基层党建"整乡推进、整县提升"，持续开展示范县乡创建行动，督促指导各县（市、区）、开发区落实"四个一"和"八个一"整顿措施并实行"一定两年不变"，整顿提升2022年70个后进村党组织，全市累计获评星级村党组织769个，认定达标村党组织960个，达标屯党支部873个，夯实筑牢领导乡村治理的坚强战斗堡垒。推动县级领导班子成员带队，会同纪委监委、组织、民政等部门按照"五查五看"要求，开展村（社区）"两委"换届"回头看"，全市总体评价为"好"等次的村（社区）"两委"班子有1613个。

（二）自治法治德治融合发展，推动乡村精神文明建设

1. 不断提升基层群众自治能力

一是主动引导村（居）民"自治"，从"要我参与"转变为"我要参与"。突出党建带群建，建立健全自然坡党组织，推行党员编组管理制，每个自然坡（村）设置2~3户党员中心户，每户党员中心户领班5~8户党员户，每户党员户联系20~30户农户，建立"党组织+党员中心户+党员户+农户"的工作链条，定人、定责、定时间、定进度，常态化联系群众，让广大村民积极参与和主动参与，变"要我参与"为"我要参与"。突出文化育民，充分挖掘各民族传统文化，利用南宁国际民歌艺术节、"三月三"歌圩节、牛魂节等民族节日传播正能量，打造"礼哥""贝侬"等一批具有民族特色的基层社会治理品牌。

二是积极推广积分制，提升自治能力。截至2022年底，南宁市实施积分制的行政村（自然村）共93个，全市行政村覆盖率达6%，其中横州市有5个、宾阳县有5个、上林县有5个、马山县有21个、隆安县有17个、兴宁区有6个、江南区有5个、青秀区有6个、西乡塘区有5个、邕宁区有5个、良庆区有

8个、武鸣区有5个。自积分制试点工作开展以来，各试点按照"四定"量化原则，以网格形式层层细化工作职责，压实工作责任，确保积分试点工作方向不偏、推进有力、落实有效。通过"一组三会"（党小组、坡户主代表会、坡务理事会、坡务监督会）机制开展积分评定工作。党组织负责提议把关、户代表会商议决定、理事会执行实施、监督会监督评价，通过坡级事务运行机制开展积分管理工作，从组织管理层面确保"积分制"得到有效落实。

三是积极推广清单制，规范村级事务流程。通过梳理村级重大事项和一般事务工作，村（社区）探索研究建立"基层群众性自治组织依法自治事项清单""基层群众性自治组织依法协助政府工作事项清单""不应由村（社区）承担工作事项指导清单""基层群众性自治组织减负措施清单"四张清单，明确自治事项和协助政府工作事项，分清职责和边界，防范小微权力腐败，方便群众办事，维护村民合法权益，规范村级管理服务事项运转流程，密切党群干群关系。目前，南宁市隆安县震东社区、定江村、那元村，兴宁区围村，江南区同宁村，西乡塘区秀山村，宾阳县兴宁村等7个行政村正在探索试行清单制。

2. 不断提高乡村治理的法治化水平

常态化开展"法律七进""平安南宁　法治护航""法治三月三""科技文化卫生三下乡"等主题宣传活动，深入村屯开展法治宣传活动。2022年，全市累计为群众提供法律咨询30575人次，开展法治宣传2624场次，发放法治宣传资料20多万份。全面组织实施"法律明白人"培养工程，积极推进"法律明白人""法治带头人"培育工作，全市共培养17953名"法律明白人"，并发放证书和徽章。积极开展民主法治示范村创建工作，全面推进南宁市法治文化阵地建设，提高普法的针对性、实效性，目前全市已有1386个村建设法治文化宣传阵地，实现村法治文化宣传阵地全覆盖。

3. 充分发挥德治教化的作用

一是积极推进移风易俗工作。根据《民政部关于开展婚俗改革试点工作的指导意见》精神，南宁市民政局统筹调配下拨资金150万元，在青秀区、西乡塘区和武鸣区开展婚俗改革试点工作。试点工作的重点是加强婚俗文化建设，积极倡导简约适度的婚俗礼仪，倡导婚事新办、仪式从简，开展对天价彩礼、铺张浪费、低俗婚闹、随礼攀比等不正之风的整治。

二是持续推进城乡基层精神文明建设。持续推进中国传统节日振兴工程，弘扬传统美德，培育文明新风；积极开展"新时代好少年"选树推荐工作，南宁市江南小学学生黄鼎浩、南宁市南湖小学学生曾鸿文获评全区"新时代好少年"；印发《2022年全国未成年人思想道德建设工作测评体系操作手册责任分解表》，组织开展未成年人思想道德建设工作测评。召开南宁市学习宣传贯彻习近平总书记给"中国好人"李培生、胡晓春重要回信精神座谈会，邀请南宁市历届道德模范、身边好人代表参加会议，深入学习习近平总书记重要回信精神，交流探讨如何更好地发挥榜样作用，培育和弘扬社会主义核心价值观，带动身边更多人向上向善。

（三）开展专项安全整治行动，维护农村地区平安稳定

1.完善矛盾纠纷排查机制

各县（市、区）至少每半年组织一次矛盾纠纷大排查工作，乡镇（街道）、村（社区）至少每月排查一次，建立月工作情况报送机制，压紧压实工作责任，最大限度将矛盾吸附在市域、化解在萌芽、解决在基层。2022年，全市共开展矛盾纠纷排查30090次，发现矛盾纠纷9067件，成功调解22588件，调解成功率为98.50%（调解成功率高于自治区90.05%的考评标准）。

2.常态化开展扫黑除恶专项斗争

南宁市公安局印发《南宁市公安局进一步加强打击和整治"村霸"等农村黑恶势力工作实施方案》《南宁市公安局"亮剑·2022扫黑除恶"专项斗争工作方案》等多个行动方案，适时开展专项打击整治行动，着力铲除黑恶势力。自2022年以来，南宁市打掉宾阳县农村黑恶势力团伙1个，刑事拘留4人，破获刑事案件6起。南宁市破获性侵农村妇女儿童案件96起，破案率达94%；破获农村涉黄刑事案件13起，抓获涉案人员35人；破

获农村地区非法集资案件 3 起，抓获犯罪嫌疑人 21 人；开展打拐专项行动，破获拐卖儿童案件 2 起，抓获犯罪嫌疑人 8 人。深入开展乡村交通事故预防整治工作，在全市 148 个农村派出所落实"交所联勤"模式；对近 3 年农村地区交通事故多发路段进行分析研判，对 18 处事故多发路段挂牌督办整改，完成乡镇、村道接入国、省道路口安全设施提升工程 227 处。走访宗教活动场所 20 余处，开展法治宣传 16 场次，会同统战、民宗等部门查处农村违规宗教活动 10 余起。

3. 开展农业农村重点领域专项整治"行业清源"行动

全市各级农业农村部门瞄准农村和城乡接合部、农资经营集散地、种养殖生产基地、菜篮子产品主产区等重点区域，加大对农药、兽药、肥料、饲料和饲料添加剂等农资产品监督检查的执法力度，以生产经营环节为重点，强化对制假黑窝点、网络违法销售假冒伪劣农资、农资下乡"忽悠团"、游商走村入户贩售假冒伪劣农资等环节的整治。2022 年，全市开展打击渔业非法捕捞行动，张贴禁渔宣传通告（标语）412 份、悬挂横幅 378 条、发放宣传资料 10807 份；出动执法检查人员 1395 人次，出动执法船舶 106 艘次，取缔、拆除各类违法网具 972 件（套），查办违规违法捕捞案件 28 起，查获涉渔"三无"船只 23 艘，行政处罚金额达 5.02 万元，移送司法部门追究刑事责任 20 人。全市共开展打击生猪私屠滥宰执法行动 146 次，查处屠宰案件 24 起，打击私宰窝点 23 处，没收私宰生猪 31 头、生猪产品 4120 公斤。南宁市对辖区畜禽养殖场、屠宰企业、兽药生产经营企业门店、动物诊疗机构等开展监督检查行动，合计出动执法人员 6656 人次，检查畜禽养殖场 1034 家次、屠宰企业 220 家次，下达责令整改通知书或监督意见书 25 份。全市组织开展针对辖区畜禽养殖企业、饲料兽药生产企业和畜禽屠宰企业的监督检查行动，检查畜禽养殖场 25（个）次、饲料及饲料添加剂生产企业 33 家次，检查发现安全隐患 7 处，已全部完成整改。全市开展农机安全执法检查 1196 次，出动执法人员 5111 人次，共检查农机 4717 台，排查农机安全隐患 713 处，整改 713 处，整改完成率达 100%，行政处罚 336 起，处罚金额达 8.49 万元。

4.加强普法宣传教育

全市 1821 个村（社区）共有法律顾问 570 名、法律明白人 17953 名，实现全市每个村（社区）有 3 名以上"法律明白人"。2022 年，法律顾问、法律明白人累计为群众提供法律咨询 30575 人次，开展法治宣传 2624 场次，为群众、村级重大事项决策提供法律意见及参与化解矛盾纠纷 5751 件，为法治乡村、法治社会建设提供重要保障。

5.统筹推进应急管理与乡村治理资源整合

一是建立纵向从市、县、乡、村到企业，横向从政府到应急、水利、林业、自然资源、住建、交通运输、消防、卫生健康、公安等专业系统，涵盖自然灾害、事故灾难、公共卫生、社会安全等四大突发事件"全灾种、大应急"的预案体系。2022 年，及时组织群众紧急避险转移 229 人、紧急转移安置受灾群众 196 人，给 782 名受灾困难群众发放御寒棉被、622 名受灾困难群众发放御寒衣物，给 215 名受灾群众发放救助资金（用于应急救助）8.6 万元，给 10 名受灾群众发放救助（用于过渡期救助）资金 2.25 万元，有效保障了受灾群众的基本生活。扎实开展冬春救助工作，全市实际发放 2021~2022 年冬春救助资金 528 万元，救助受灾群众 33716 人。

二是重点推进乡镇（街道）、村（社区）应急预案体系建设。目前，全市 127 个乡镇（街道）、1821 个村（社区）共编修了 35545 个应急预案，其中乡镇（街道）4137 个、村（社区）31408 个，在全区率先完成基层应急预案体系"六化"建设。每年市、县、乡、村组织各种类型演练近 1 万场（次），企事业单位演练达 3 万场（次）。全市基层预案管理信息化总量位列全区首位，基本形成了涵盖自然灾害、事故灾难、公共卫生、社会安全等四大突发事件"全灾种"，从市县到乡村全覆盖，衔接各类生产经营单位的预案管理体系，为有力、有序、有效应对各类灾害事故提供了制度保障。

三是组建八桂应急先锋社区响应队。自 2022 年以来，立足基层，加大推进八桂应急先锋社区响应队伍建设力度，率先在全区推进具有南宁特色的八桂应急先锋社区响应队伍规范化建设，全市 1821 个村（社区）均已成立八桂应急先锋社区响应队伍，队员达 3.4 万人，有效解决基层应急处置

"最后一公里"难题，进一步筑牢乡村防灾减灾救灾的人民防线。

四是大力创建综合减灾示范社区，推动综合减灾工作由全覆盖向纵深提质转变，进一步落实综合防灾减灾基层工作。2022年，全市共投入175万元扶持45个村（社区）申报创建综合减灾示范村（社区），其中，15个国家级示范村（社区）、30个自治区级示范村（社区），主要包括扶持村（社区）建立健全综合减灾制度、配置应急救援装备和物资、设立应急避难场所等。目前，全市共有国家级综合减灾示范村（社区）54个、自治区级综合减灾示范村（社区）121个，全市1821个村（社区）全部达到自治区减灾准备认证要求。

二 南宁市乡村治理能力建设存在的问题和困难

（一）文明实践积分制有待进一步完善

一是积分"超市"的商品种类偏少、价值低，对村民的吸引力有所下降。二是制度不够完善，村干部记分、评议等流程不够规范明确，对大数据等技术的应用较少。三是积分"超市"的支持渠道较为单一，多为企业、商会或个人捐赠。

（二）乡村治理人才队伍建设有待进一步加强

一是农业农村人才素质有待提高，高中及以下学历的农业生产经营人员占多数。二是人才总量相对不足、结构失衡，农村各类人才尤其是年轻后备力量严重匮乏，农村人口老龄化趋势加剧。三是乡村人才培育机制有待健全，对小农户的专业技能培训和其他专业技术人才的培训关注度不高；一般性培训较多，专业技能培训不够。四是乡村人才发展环境需进一步改善，大部分乡村地理位置较为偏僻，工作生活条件艰苦，乡村教育、卫生、文化等公共配套设施较为落后，不能较好地满足人才及其配偶、子女工作生活等需要；农村用地难、农业融资难，乡村就业创业营商环境及配套措施不够完善等影响了农村人才回乡创业。

（三）法治乡村建设有待进一步加强

一是村规民约的制定不够规范。目前，村规民约由民政部门提供范本，村屯按照范本填写提交，不具个性化特色，村规民约存在"千人一面"的情况。乡镇司法所工作人员的法律素养有待提高，目前他们难以胜任专业性很强的合法性审查工作。在村规民约的制定过程中，存在"出嫁女"纠纷等违宪问题，容易引起较大的矛盾纠纷。村规民约的制定存在违反民主议定程序的现象，一些村集体重大决策未经过议定表决人数表决通过。二是村（社区）法律顾问制度不够规范。南宁市已上线运行全区首个村（社区）法律顾问信息化平台，实行线上签到、考核和数据统计等数字化管理，但管理考核过于强调形式、轻实效，不利于法律顾问在法治乡村建设中作用的发挥。村（社区）法律顾问所得报酬有限，每月补贴约为500元，难以充分调动其工作积极性。村（社区）法律顾问对村民个人层面的法律问题等介入不够深入，在村民中的存在感不强。

三 加快推进南宁市乡村治理能力建设的对策建议

（一）借鉴"德育银行"模式，完善文明实践积分制度

"德育银行"是青岛西海岸新区宝山镇探索出的以数字化积分撬动乡村文明跃升的乡村治理新模式，得到了农业农村部的肯定。宝山镇党委和镇政府在辖区每个村庄开展由党支部领办一家德育银行的工作，为每个家庭建立一个银行账户，每月对居民在环境保护、家和睦邻等方面进行量化积分，经党支部会议审核并公示后，录入村民积分账户。这些德育积分可以充当货币，可按照相应的兑换标准，在德育银行超市换取相应商品或享受理发、体检等服务，受到村民广泛欢迎，参与度较高。

一是建立健全指标评价体系和优化流程。建立"1+5+N"开放性德育指标评价体系，"1"即维护支持村党支部、村委领导，"5"是每月根据群

众在践行和参与环境保护、睦邻和家、乡村发展、公益奉献、自治守法等5方面的表现情况进行量化积分；"N"是将村民获得乡镇级以上表彰或其他经党支部认定的应该给予奖励的事项通过"一事一议"全面纳入赋分系统。优化操作体系，实施"小组提报和个人申报—小组评审—积分汇总—积分公示—积分兑换和结果运用"的项目运行流程。

二是采取正向激励，增强文明实践积分制生命活力。通过兑换福利激励养成良好习惯，积分经审核公示后，录入村民积分账户，村民每月可使用积分兑换相关福利；同时，年底将积分情况进行统一公示，按照积分排名情况评选"五好家庭""文明家庭"等，再予以奖励，引导村民养成良好习惯。荣誉激励提升文明水准，每月进行积分排名公示，对排名靠前的村民，以一定方式进行公开；于每家每户门前悬挂德育积分牌，通过微信扫码即可获知该户积分情况。每年对排名靠前的家庭进行表扬，引导村民主动参与村庄文明建设。积极营造和谐氛围，充分发挥"1+5+N"指标评价体系作用，将"干好事、赚积分、得实惠"理念深植村民内心，提升村民共建共治共享的"主人翁"意识，推动形成文明乡风、良好家风、淳朴民风。

三是充分发挥企业在乡村振兴中的作用，助推文明实践积分制可持续发展。在平台方面，打造线上平台，以县（市、区）、乡镇（街道）、村（社区）三级架构为基础，用数字化工具实现标准建立、任务派发、积分申请、审核公示、积分兑换等多项功能。在信息化方面，发挥中国电信技术优势和广电集成播控资源的作用，将更多现代化数字产品纳入文明实践积分制项目。在物资供应方面，发挥供销社系统经营服务网络优势，在中心村建立营销网点，为群众提供质优价廉的日用品、农产品、农业生产资料，为积分兑换提供有效的实物支撑。

（二）加快乡村治理人才队伍建设，强化乡村人才引领作用

一是加强乡村治理人才队伍建设。全市要加强统筹选调生、"三支一扶"、大学生村官、志愿者等人才资源，同时探索推出面向乡村的柔性人才

引进机制，引导高端人才资源下沉到乡村，并提供相应的服务和保障，让人才在农村地区引得进、留得住、发挥作用。要充分发挥乡镇在人才服务中的"枢纽节点"作用，赋予乡镇在乡村人才队伍建设中更大的自主权。自治区及市、县（市、区）投放的公共服务资源应以乡镇或村党组织为主要承接渠道，通过权力下放、资源下沉，实现"人才下得去""基层接得住""作用能发挥"。

二是加快实施"一村一名大学生"培育计划。《中共中央办公厅、国务院办公厅关于加快推进乡村人才振兴意见》针对乡村治理提出"一村一名大学生"的人才培育计划。根据这一计划，在各地遴选一批职高学校，对村干部、乡村经营主体带头人等进行培训，并制定灵活的培训计划，培养一批在乡大学生和乡村治理人才。因此，要充分发挥南宁市职业教育的优势，由市教育局配合遴选一批农业职业院校，实施"一村一名大学生"计划。在专业设置方面，应充分考虑当前乡村治理人才的短板，重点设置与农村经营管理、农村法律服务、农村社会工作等人才培育相关的专业及课程，加大人才培育力度。

三是积极培育农村社会工作人才、农村经营管理人才、农村法律服务人才等乡村治理人才队伍。鼓励有能力的社会机构、社会组织下沉到农村开展社会服务，加大政府购买社会服务的力度，为乡村治理现代化提供帮助。全市要加大对社会工作人才的引进力度，同时在农村党员、退伍军人中遴选有社会工作能力的人才，让他们到区内高校、职业院校等参加社会工作方面的专业培训，培养本土农村社会工作人才。加大高素质农民的培训力度，把培育一批农村经营管理人才作为重点，定期对农村致富带头人、农村经营管理人员等进行培训。注重"实训结合"，引导相关农业企业的经营管理人员对农村经营管理人才进行专业指导和培训；引导法律服务机构下沉到基层，主动为农村地区提供公益性法律服务；主动与司法机构、律师事务所等"结对子"，建立健全农村法律人才到相应法律机构跟班学习的制度。加大农村人民调解员的培养力度，有意识地在"五老"人员中培养一批农村人民调解员，为乡村治理提供法律服务。

（三）加快推进法治乡村建设，夯实乡村振兴法治基础

一是规范村规民约合宪合法性审查。按照《村民委员会组织法》规定的民主议定程序，借鉴《公司法》中股东大会召开和做出决议的流程，制定村规民约的程序性规则，使村规民约的制定在会议规格、议题选定、通知程序、会议讨论、会议表决、会议决议、会议记录及材料归档等方面都有章可循，充分体现全体村民的意志，保障村民的知情权、参与权和管理权。村规民约涉及的范围较广，涉及村民的利益和行为准则，具有负面清单和正面清单的属性，为此，需要对其内容应进行实质性审查，实质性审查包括合宪性审查、合法性审查、公序良俗审查、精神文明审查等。改变村规民约高度雷同的状况，村规民约有相同的规定，但也应体现各村的特色，不同的村有不同的管理需求，这些都应该纳入村规民约，使村规民约成为村民乐于遵守的共同准则，而非挂在墙上的制度。提升村规民约合宪合法性审查的水平，成立村规民约合宪合法性审查委员会，委员由具有专业背景和法务实践经验丰富的人士担任，补齐乡镇司法所人员工作繁忙、专业能力不足的短板。

二是完善村（居）法律顾问制度。制定村（居）法律顾问服务指南，由司法行政部门牵头，组织相关专家和具有一线村（居）法律顾问服务经验的律师进行深入调研，结合南宁市实际制定《南宁市村（居）法律顾问服务指南》（以下简称《指南》），进一步规范服务标准、遵循原则、任务指标、工作程序及注意事项等内容；相关标准的制定应注重实效性，如以完成一定的任务指标作为考核标准，而非简单地将每月到实地服务的小时数作为考核标准；《指南》应更具指导性和实操性，帮助法律顾问为乡村及村民提供高效便捷的法律服务。多渠道、多举措调动法律顾问的服务积极性，除尽可能争取更多补贴经费外，每年组织评选"十大优秀村（居）法律顾问"等，将工作中表现优异的法律顾问选树为先进典型，提高其社会美誉度，调动其工作积极性；组织开展涉农法律事务相关的业务学习、业务交流等专场活动，在营造氛围的同时帮助其提高法律服务技能。加大对村（居）法律顾问的宣传力度，将担任村（居）法律顾问的律师、法律工作者的相关信

息在村委及基层服务站等进行公布，法律顾问可通过微信群和热线电话与当地村民展开交流，主动提供服务，让其社会角色与作用深入民心，真正成为村民身边"想得起、用得着"的法律专家。

参考文献

周小燕：《健全社会治理制度 全面推进乡村振兴》，《南宁日报》2022年12月12日。

高鸣：《加强乡村振兴人才队伍建设》，《中国人才》2022年4月10日。

谢治菊、梁英华、高璇：《诱致性制度变迁下村庄治理资源的跨界整合——基于青岛市X新区"德育银行"的考察》，《中共天津市委党校学报》2022年9月15日。

胡春华：《建设宜居宜业和美乡村》，《人民日报》2022年11月15日。

花亚伟等：《滨海小镇"五色"振兴升级发展策略探究——以惠来县靖海镇为例》，《山西农经》2022年11月15日。

李西明：《健全乡村治理体系 筑牢乡村振兴基石——安宁市推进全国乡村治理体系建设试点的实践与思考》，《农家参谋》2022年2月25日。

民生保障篇

Social Security Reports

B.14

南宁市发展普惠型养老托育
服务路径分析

南宁市社会科学院课题组*

摘　要： 老有所养、幼有所育是保障和改善民生的重要内容。近年来，南宁市全面落实国家、自治区工作要求，以"一老一小"为重点完善人口服务体系，着力推动养老托育服务提质扩容和区域均衡布局，养老托育服务水平实现稳步提升。与此同时，全市养老托育服务体系建设仍有较大提升空间，如服务政策体系有待进一步完善、服务供给不足、服务质量有待提升、服务种类单一、机构运营激励机制不健全等。本报告从完善"一老一小"服务体系顶层设计、扩大普惠型养老托育服务供给、提升服务质量、健全机构

* 课题组组长：王瑶，南宁市社会科学院社会发展研究所所长，助理研究员。课题组成员：梁瑜静，南宁市社会科学院经济发展研究所所长，讲师；丁浩芮，南宁市社会科学院社会发展研究所副所长，助理研究员；李娜，南宁市社会科学院经济发展研究所，研究实习员；陈灿龙，南宁市社会科学院科研管理所，研究实习员；王一平，南宁市社会科学院社会发展研究所，研究实习员；张珊娜，南宁市社会科学院科研管理所，研究实习员；邓学龙，南宁师范大学，副研究员；刘娴，广西社会科学院，副研究员。

运营激励机制、促进养老托育产业发展、健全服务要素保障等方面提出发展普惠型养老托育服务体系的路径建议。

关键词： 养老托育 普惠保障 服务体系

随着人口老龄化的加剧以及全面三孩政策的落地实施，养老和托育服务需求不断增长。《国民经济和社会发展第十四个五年规划和2035年远景目标纲要》明确"优化生育政策，以一老一小为重点完善人口服务体系，促进人口长期均衡发展"，这是我国实施积极应对人口老龄化国家战略的重要举措。党的二十大报告强调："着力解决好人民群众急难愁盼问题，健全基本公共服务体系，提高公共服务水平，增强均衡性和可及性，扎实推进共同富裕。"2023年是全面落实党的二十大精神的开局之年，也是实施"十四五"规划的关键之年，南宁市应着力完善"一老一小"服务体系建设，大力发展成本可负担、方便可及的普惠型养老托育服务，切实保障和改善民生，增强人民群众的获得感、幸福感、安全感。

一 南宁市养老托育服务现状

（一）南宁市养老服务发展总体情况

1. 社区养老服务供给逐步增加

2022年，南宁市以列入全国居家和社区基本养老服务能力提升项目地区为契机，计划增设2500张家庭养老床位，同时提供不少于5000人次居家上门服务。在全市开展"长者饭堂"试点工作，试点数量已达60个。自2021年以来，南宁市为4000户特殊困难老年人家庭开展居家适老化改造，进一步夯实居家养老基础。开展老年人宜居社区建设，目前已有万力社区等7个社区被评为3A级广西老年人宜居社区。

2. 养老服务设施布局逐步优化

南宁市大力推进市、县（市、区）、乡镇（街道）、村（社区）四级养老服务设施建设。截至 2022 年底，南宁市各类养老服务机构共 184 家，其中公办养老机构 9 家、民办养老机构 83 家、乡镇敬老院 92 家，每千名老年人拥有床位数从 2013 年的 15 张增至 2020 年的 28 张，养老服务基础设施逐步完善。同时，南宁市要求新建住宅小区按照每百户不少于 30 平方米的标准配套建设社区居家养老服务用房，并实行同步规划、同步建设、同步验收、同步交付，对未配套养老服务设施的社区逐一制定整改方案。

3. 医养结合服务模式逐渐形成

通过养中有医、医中有养、医养合作、家医签约服务、社区居家医养服务等医养结合服务方式，为老年人提供医养结合服务。自 2020 年以来，连续 3 年将社区医养结合项目纳入市政府为民办实事项目，着力为老年人提供具有多功能的"家门口"医养结合服务。在南宁市医养结合的要求下，9 家公立医疗机构开设养老服务。通过优化营商环境，吸引社会资本参与南宁市医养结合事业。目前，全市共建有太和自城等 6 家大型医养结合机构，养老和医疗床位共 10782 张，在南宁市医养结合机构中占比为 57.5%。福寿康、丹诺康等多家区外居家护理服务机构进驻南宁市，共有 26 家居家护理服务机构获得长护险定点资格。截至 2022 年 8 月，全市共服务老年人 2405 人。

4. 养老产业发展潜力逐步释放

结合培育"医、养、管、食、游、动"的大健康产业链举措，南宁市出台促进健康产业、养老产业发展政策，华润悦年华颐养社区、前海人寿幸福之家等重大健康养老产业项目投入运营。2021 年，南宁市大健康养老产业项目完成总投资 11.2 亿元。自 2019 年起，南宁市加快谋划推进一批普惠型养老项目，通过政策组合支持有实力的服务型养老企业开展城企联动普惠养老服务项目，全市 3842 张床位获中央预算内投资 8284 万元，带动新备案养老机构 34 家，登记备案的床位有 6253 张。大力发展银发经济，支持养老服务与文化、旅游、餐饮、体育、家政、教育、养生、健康等产业融合发展，发展康复辅具、智能穿戴设备、无障碍新产品，积极打造老年人产品用品产业园区，不断繁荣老年用品消费市场、养老产业。

5. 养老服务监管效能不断提升

出台《养老服务信用信息管理办法（试行）》，进一步规范养老服务市场秩序，并将养老服务信用信息归集至南宁市公共信用信息共享平台，实现养老服务信息与各部门数据互联互通。联合住建、卫健、市场监管、消防等部门组成检查组，实施安全管理联检联查，对发现的安全隐患问题形成检查情况通报和问题清单，由业务主管部门指导、督促整改。同时，使用线上、线下两种备案方式，建立养老机构备案台账，加强养老机构备案管理。针对民办非营利性养老机构建设补贴和运营补贴数据进行第三方核查，确保申报补贴金额的准确性，并督促补贴发放到位。开展打击整治养老诈骗专项行动，落实养老机构服务质量考评机制，连续5年在全市开展养老机构等级评定。目前，全市有五星级养老机构3家、四星级养老机构6家、三星级养老机构14家、二星级养老机构14家。成立养老服务行业协会，聚焦解决养老服务机构"不规范"问题。

6. 养老服务要素保障持续有力

推动出台《南宁市养老服务业发展规划（2021—2035年）》《南宁市民办非营利性养老机构补贴实施办法》《南宁市居家养老服务条例》等政策文件，让健康、养老等领域的法规政策体系更加完备。支持广西医科大学、广西卫生职业技术学院、南宁市职业技术学院等设立养老服务相关专业，开展养老服务职业技能培训的民办职业培训机构达23家。举办养老机构备案及执法能力提升、养老机构服务安全基本规范等专题培训班，不断提升南宁市养老服务从业人员的服务水平。落实养老护理人员补贴机制，做好高龄补助发放工作。2022年，发放高龄津贴1.98亿元，惠及73.9万名80岁以上老年人。

（二）南宁市托育服务发展总体情况

1. 推进示范性托育机构建设

2020~2022年，南宁市累计安排614万元用于打造一批管理规范、具有示范效应的公办普惠型托育机构，并以此为抓手，构建市、县（市、区）、乡镇（街道）、村（社区）四级公办托育服务网络。2022年8月，南宁市每千常住人口拥有 3 岁以下婴幼儿托位数达到 2.8 个，可提供托位数达到 2.6 万个。目前，全市已建成 8 所公办普惠型托育园，有 6 家托育机构获评广西首批示范性托育机构。截至 2022 年 8 月，南宁市共有 28 个托育项目获得国家普惠托育专项补助资金（共计 2157 万元），新增托位 2157 个，获得补助资金的项目总数居广西首位。

2. 健全托育服务政策保障

注重托育服务的规划制定，将每千人拥有 3 岁以下婴幼儿托位数目标、建设托育综合服务中心任务纳入《南宁市国民经济和社会发展第十四个五年规划和 2035 年远景目标纲要》，明确县级以上人民政府应当支持托育服务行业发展；在城市国土空间规划中安排托育机构和设施建设用地，确保项目有计划实施。2021 年 12 月，印发《南宁市促进养老托育健康服务发展实施方案》，明确南宁市新建的住宅小区按每百户不低于 20 平方米的标准配套建设社区婴幼儿照护服务场地；在老城区和已建成居住区的改造工程中，按照每百户不低于 15 平方米的标准配套婴幼儿照护服务场地。明确托育服务相关部门的分工责任，建立起政府牵头、部门联动的联席会议制度，不断完善 3 岁以下婴幼儿照护服务工作。

3. 扩大托育服务多元供给

充分发挥优势医疗资源的作用，为婴幼儿照护机构及周边婴幼儿照护者提供育儿方面的专业指导。截至 2022 年 8 月，南宁市已建成市妇幼保健院托育园、横州市妇幼保健院托育园等多所公办普惠型"医育结合"的托育机构。鼓励政府机关、企事业单位、社会团体和其他非公企业等在单位内部兴办托育机构，已建成市第四人民医院托育园、第八人民医院沙井大道南段社区卫生服务站托育园等多所托育机构。鼓励有条件的幼儿园通过新建或改扩建的方式开设托班，对开设托班的新建和改扩建幼儿园项目优先给予财政补贴资金。截至 2022 年底，全市提供托育服务的民办幼儿园共有 480 家，在园婴幼儿达 13372 人。

4. 加强婴幼儿照护服务人才培养

采取政、校、企合作培训机制，与广西幼儿师范高等专科学校共同创建婴幼儿照护服务人才培养基地，首批 48 名学生已到南宁市 23 家备案托育机构参加学习实训。将托育服务机构从业人员能力提升列入南宁市为民办实事项目，分批次逐年开展从业人员培训。2022年，全市共为300名机构从业人员提供入职前培训和入职后培训。南宁市婴幼儿照护服务指导中心依托市妇幼保健院的专业优势，采取线上、线下相结合的方式开展9期托育机构保育员及基层儿保人员培训，培训近1000人。此外，南宁市人社部门将育婴、保育、母婴护理等婴幼照护类职业（工种）纳入补贴范围，并将职业培训补贴标准提高至1800元/人。截至2022年8月，南宁市共开展婴幼儿照护服务相关培训9762人次。

5. 完善托育服务综合监管体系

采取"部门联动，综合监管"工作机制，南宁市各街道（乡镇）、村（社区）每季度对辖区内托育机构进行全面排查和现场督导。重点核查新设立机构的规范设置情况，走访了解机构面临的困难和问题，提出意见和建议，指导机构完成备案。以县（市、区）、开发区为主体，卫健部门牵头组织市场监管、消防、疾控中心、卫监、街道办事处等部门和单位，对托育机构开展备案评估及开园前疫情防控评估工作。严格落实托育机构联系人制度，不断织牢县（市、区）、乡镇（街道）、村（居）、社区卫生服务中心（乡镇卫生院）四级服务网络，开展"4对1"管理服务模式，选配好托育机构联系人，联系人每月至少1次走进辖区托育机构开展走访、巡察，动态掌握辖区托育机构情况，确保托育机构健康、规范、有序发展。

二 南宁市发展普惠型养老托育服务存在的问题

（一）普惠型养老托育服务政策体系有待进一步完善

1. 配套政策体系还不完善

普惠型养老托育服务体系是一项需要全市上下统一联动、城乡共同部署的系统工程，然而目前南宁市尚未出台普惠型养老托育工作推进的专项规划或文件，对如何有序、渐进地推进普惠型养老托育服务体系建设并未做出明确部署，普惠型养老托育服务体系相关用地、经费等配套政策也尚未完善。此外，由于普惠型养老托育服务体系的建设刚刚起步，针对公办机构和民办机构的市场化服务政策尚未出台，直接影响行业内部的良性竞争和有序发展。调研发现，由于缺少政策规范，没有确定明确的收费标准和服务标准，家长对保教队伍的专业性以及托育机构的收费标准等存在较大的疑虑和意见。

2.部门协作工作机制还不健全

在养老服务方面，目前南宁市养老服务事业发展主要由市民政部门牵头、多部门协作参与，但在实际的业务监管和指导过程中，还未形成高效运行的部门协作机制，一些监管事项甚至存在多头管理、职责不清等问题。在托育服务方面，虽然当前南宁市已建立起托育工作的部门联席会议制度，但是对议事原则、议事范围、议事程序、参与人员、纪律要求等未进行细化规定，主管托育服务机构的各部门职责不明晰，具体的监督监管议事机制尚未健全。同时，普惠型养老托育服务在建设过程中需要依托乡镇（街道）、村（社区）等基层管理机构，但由于基层工作人员身兼多职、事务繁杂，往往难以兼顾属地的养老托育事务管理服务工作。

（二）普惠型养老托育服务供给不足

1.普惠型养老服务供给不足

近年来，南宁市人口老龄化趋势愈加明显，普惠型养老服务需求总量持续上升。调研发现，公办养老机构收费相对较低、入住率高，这说明普惠型养老服务机构供给仍然存在较大缺口。对于社区居家养老而言，截至2020年底，南宁市共有291个社区，而社区养老服务设施仅有188个，社区养老服务供给仍存在较大缺口。对农村养老服务而言，南宁市各县（市、区）农村养老服务体系建设滞后于农村居民的养老服务需求。此外，数据显示，南宁市现有18万名失能或半失能老年人。截至2021年，全市已建成52所既具有医疗资质又具有养老服务能力的医养结合机构，但供给缺口仍然存在。

2. 普惠型托育服务供给不足

当前，南宁市婴幼儿照护服务事业还处于初步探索阶段，据统计，2020年南宁市每千人常住人口拥有托位数1.8个，共计1.7万个托位。现有托位数与国家每千人常住人口4.5个托位数的标准相差甚远。此外，目前现有的700多家婴幼儿照护服务机构在全市分布不均衡，部分县（市、区）托育服务供给亟待增加。

（三）养老托育服务质量有待提升

1. 养老托育服务的标准化运营水平不高

民办养老机构收费标准与服务标准缺乏行业统一规定，同时，随着养老服务事项的细化及老年人存在个体差异，针对养老服务中可能出现的各类突发事件的处置流程尚未有较细化的参考标准，对于消费者来说，他们将面临收费不公正和服务纠纷等问题。对托育机构的监管主要是进行网络备案和部门现场复核，目前全市700多家托育机构中，已通过现场备案复核的托育机构仅70家，复核率较低。此外，由于尚未出台婴幼儿照护服务事项的标准化规范，多数民办托育机构仍采用企业连锁式或个体经营模式，服务的标准不统一，消费者的权益无法得到有效保障。

2. 养老托育服务的专业化队伍保障不足

根据最新统计，南宁市现有2000多名护理员，按照南宁市18万失能、半失能老年人测算，全市护理员需求大概为3万~4万人，与现有护理员数量相差甚远。目前，南宁市养老护理相关职业资格的培训和认证工作仍不健全，养老护理员队伍普遍存在从业人员年龄偏高、学历层次低、薪酬待遇低、社会地位低，缺少专业系统培训、缺少职业发展前景等问题，导致护理员队伍不稳定。婴幼儿照护服务专业化、职业化培训体系也尚未建立，亟待加快培育婴幼儿照护人才队伍。

（四）养老托育服务种类不够多样

就养老服务而言，目前南宁市的社区养老以日间照料为主，提供日间用餐和娱乐场地服务等，居家养老提供托老、购物、送餐、代购物品、家政服务等一般照料和陪护等特殊照顾服务，缺少针对老年群体的精神文化服务，医疗保险类服务仅能提供量血压、健康知识讲座等低水平服务。就托育服务而言，南宁市各类托育机构主要提供以 2 岁以上婴幼儿为对象的托育服务，对于 1~2 岁的婴幼儿，甚至更小年龄婴幼儿的照护服务供给基本处于空白状态。然而在调研中多数家庭反映，2 岁以下的婴幼儿照护对许多家庭来说也是极为迫切的需求。此外，南宁市的托育服务机构提供临时日托型、半日托型服务的数量极少，大部分机构都只提供月托型服务，应急型服务目前还存在空缺。

（五）养老托育服务机构运营激励机制不健全

南宁市在贯彻执行国家、自治区关于养老托育机构的相关补贴政策时，对"以奖代补""贷款贴息"以及专项资金投入等方面的政策创新仍然较少，针对养老托育机构的激励性政策依然较少。此外，南宁市对养老托育队伍建设采取的激励措施仍然较少，如养老服务的职业化工作人员可以根据在行业内的连续工作年限每月获得相应的补贴（50 元/月、300 元/月、500 元/月等），岗位补贴与其岗位承担的工作压力和风险仍然不对等，不利于保持队伍建设的稳定性，急需创新出台更多的激励扶持政策。

（六）老年和儿童友好型社会环境有待改善

营造老年和儿童友好型社会环境是构建普惠型养老托育服务体系的重要基础条件。当前，南宁市在全龄友好型社区的打造上还处于起步阶段，对于终生社区、百年住宅的理念运用和渗透还不足，尤其是在住宅设施配套、小区居住环境建设、交通环境建设、城市公共区域环境建设等领域尚未广泛应用适用于老年人和婴幼儿等特殊群体的通用性设计和包容性设计技术。在居家养老服务智慧平台建设方面，老年人可通过电话或网络的方式发布服务需求，平台会派出服务人员提供相应服务，但这一智慧化的服务配置模式尚未在南宁市社区得到推广。

三 南宁市发展普惠型养老托育服务的对策建议

（一）加强优化"一老一小"服务顶层设计

1.优化养老托育服务规划布局

充分考虑老年人口和婴幼儿人口规模等基础条件和养老托育服务半径，构建与南宁市各县（市、区）人口分布和年龄结构相适应的养老托育服务规模布局。加强顶层设计，加快搭建完善与家庭社区机构相协调、医养康养相结合的养老服务体系和老年人健康支持体系，逐步建立起主体多元、均衡发展、服务规范、专业优质的托育服务体系。协调推进各级各类养老服务设施建设，不断完善市、县（市、区）、乡镇（街道）、村（社区）四级养老服务设施网络。编制养老服务专项布局规划，在城区加强社区嵌入式小型养老护理机构建设，在农村重点抓敬老院改造提升，助推敬老院转型为区域性综合养老服务中心，促进城乡均衡发展。此外，在规划与建设新幼儿园时，要统筹规划托位。新建、改扩建社区婴幼儿照护服务机构或服务点，优先支持普惠型托育服务机构进驻社区开展服务工作。老城区和已建成居住区无托育服务设施的，可根据现有条件采用社区统筹、社会兴办、单位自建、幼儿园办托班等方式，加大托育服务供给，实现托育机构或托育服务社区全覆盖。

2.强化养老托育服务政策保障

一是完善养老托育服务财税支持政策。在深入落实相关税费优惠政策基础上，进一步加大对医养结合、医育结合机构的财政支持力度，开展普惠养老托育专项行动，全方位引导符合条件的养老托育服务机构和项目积极争取国家财政支持。二是完善养老托育服务机构激励政策。严格落实普惠型养老托育服务机构建设和运营补贴，鼓励和引导社会力量兴办养老托育服务机构，鼓励金融机构创新信贷产品支持养老托育服务发展。三是完善农村养老托育相关政策。在加强农村养老托育制度建设、完善养老服务体系、开发农村老年人力资源、重视农村养老托育服务机构建设等方面进行统筹规划和布局。四是加快制定"一老一小"工作推进机制。压实各级相关部门主体责任，以积极申报国家应对人口老龄化重点联系城市为契机，促进南宁养老托育服务的健康发展。进一步完善国有资本投资建设养老托育服务设施的相关机制，畅通国有资本进入和退出渠道。五是完善养老托育服务政策实施后评价机制。针对南宁市已出台养老托育服务相关政策进行全过程评估，在评估过程中综合考虑政策制定者、政策作用对象、第三方评估机构等多主体的评估意见，并将评估结论作为政策立、改、废的重要参考依据。

（二）扩大普惠型养老托育服务供给

1.加大基本养老托育服务保障力度

巩固完善养老托育保障制度，落实政府投入责任，鼓励社会参与，优先满足特困人员集中供养需求。将托育服务纳入基本公共服务项目，建立健全托育服务标准，切实做好基本妇幼保健服务工作。依托市、县（市、区）两级托育服务示范指导中心，为托育机构提供卫生保健管理、专业技术指导、人员培训等服务。切实将社区养老托育服务设施建设纳入城乡社区配套用房建设范围，全面实施新建住宅小区配套养老托育服务设施"四同步"，通过政府补建、置换等方式统筹推进老旧小区养老托育服务设施建设，鼓励有条件的社区、街道集中建设养老和托育综合体，强化居住区配套养老托育服务设施建设。稳步推进长期护理保险制度国家试点工作，探索建立长护险失能评估标准和长护险护理服务质量评价标准，面向高龄、失能和失智老年群体，建立健全家庭、社区、机构无缝衔接式长期照护服务体系。

2.增加普惠多元养老托育服务供给

探索采取特许经营、政府购买服务、PPP等方式支持社会力量兴办养老托育服务机构，扩大普惠型养老托育服务供给，逐步使社会力量成为发展养老托育服务的主体。加大国有经济对普惠型养老托育服务机构的支持力度，鼓励市、县级国有投资公司投资建设养老托育服务机构。支持和鼓励品牌养老机构连锁化发展，为养老机构开设子公司或分支机构提供政策上的便利。摸清全市党政机关和国有企事业单位疗养资源底数，按照"应改尽改、能转则转"的原则，推动其转型发展为养老托育服务机构。分类推进婴幼儿照护服务体系建设，坚持托幼一体化主方向，积极支持幼儿园增开托班，引导社会力量兴办托育服务机构，开展家庭托育试点服务，鼓励医疗机构、机关企事业单位等开展婴幼儿照护服务，加大普惠型托育服务供给。鼓励托育服务供需矛盾突出、需求强烈且有条件的地区从实际出发先行先试，探索形成各具特色的托育服务模式。

3.完善多层次养老服务设施

养老机构应根据入住老年人健康状况、照料特征、生活喜好等布局多层次养老服务设施，以信息技术和数字技术赋能养老设施，为老年人提供贴心的全方位照护。将基本医疗、体育娱乐、公园绿地等公益性设施纳入公共财政预算，根据不同社区的特点和实际需求进行配置。在满足老年人基本需求的基础上采用社会资本开发运营的模式适当提供营利性特色化设施，通过营利性配套模式实现可持续运营。

4.拓展养老托育服务模式

推动养老托育服务机构精准把握家庭养老托育服务的不同需求特点，增强按需供给、有效供给、就近供给的能力，丰富和优化养老托育服务的供给主体、供给层次，着力提升养老托育服务供给有效性。推进养老机构转变服务方式，在重视老年人基本生活照料和物质关怀的同时关注老年人心理健康和精神层面需求。优化养老托育机构服务收费管理办法，实施差异化养老托育服务收费政策，促进养老托育机构专业化、高质量发展。

（三）提升普惠型养老托育服务质量

1.优化居家社区养老托育服务

推进居家社区适老化改造，营建适老城乡人居环境，包括特殊困难家庭、高龄独居老人居家适老化改造，老旧小区、老城区的公共服务设施适老化及无障碍改造。推进"长者饭堂"试点和家庭床位建设，稳步推进政府购买居家养老服务工作。支持以街道为单位的"中心带站点"运营模式，培育和发展一批具有核心竞争力和专业服务效果的居家养老服务品牌。积极支持家庭托育，全面落实产假等生育类假期政策，研究实施父母育儿假方案，健全假期用工成本分担机制，采取提供就业指导、职业技能培训等方式支持父母重返工作岗位。完善社区儿童活动场所及照护服务设施建设，打造"15分钟托育服务圈"，推动发展"1+N"托育服务模式，即依托1个示范性托育服务机构，带动N个小型社区嵌入式和专业化托育服务设施共同发展。

2. 促进城乡养老托育服务均衡发展

深化农村养老服务改革，将补齐农村养老服务短板纳入乡村振兴战略统筹推进，推动建立县、乡、村三级养老服务网络，加强老年人供养、区域性养老服务、互助养老等。积极发挥城市养老托育服务的资源优势与辐射带动作用，推进城乡养老托育服务资源和要素自由流动，探索制定农村养老服务建设运营标准和规范。鼓励和支持乡镇（街道）与专业托育机构共建托育服务点，扶持符合条件的农村幼儿园推行托幼一体化建设，进一步拓宽农村地区托育服务的覆盖面。充分发挥乡镇（街道）、村（社区）两级医疗机构的作用，提供婴幼儿照护服务指导和培训等服务。

3. 加强养老托育服务规范化建设

贯彻落实国家和自治区对养老托育服务机构的规范要求，构建南宁市养老托育服务基础通用标准、服务技能标准、服务机构管理标准、"一老一小"产品标准等四大标准体系，统筹推进等级评定、合格评定、示范建设工作。推动政府与市场标准协调推进，培育行业领先企业，建立服务标准化试点。实施"互联网+养老"、智慧托育等行动，充分运用互联网、大数据、人工智能、5G等新一代信息技术和智能化硬件设施，精准对接养老托育需求与供给，为老年人和婴幼儿家庭提供"菜单式"的便捷养老托育服务，实现线上线下融合发展。

（四）健全养老托育机构运营激励机制

1. 优化政务服务环境

定期发布南宁市支持养老托育服务发展的政策清单，进一步完善设立养老托育机构的办事指南和服务事项清单，探索完善机构在线申请办理程序，持续优化办事流程，为养老托育服务机构的设立和备案提供办事指南和便捷服务。切实支持公办养老托育服务机构建设，鼓励养老托育服务机构采取公建民营、民办公助等方式运营，规范养老托育设施项目建设的政府购买服务，杜绝地方保护、采用不正当竞争方式排斥营利性养老机构等妨碍市场公平的做法。强化相关部门市场监督的主体责任，加快构建以信用为基础的市场监管机制，针对全市养老托育服务机构加强服务质量、从业人员、运营秩序等方面的监管。加大协同监管力度，组建养老托育执法队伍，定期开展行政执法检查。

2. 完善多元激励措施

落实养老托育服务机构的减税降费政策，符合条件的养老托育服务机构依据相关规定享受增值税、企业所得税等税收优惠。修订《南宁市民办非营利性养老机构补贴实施办法》，完善托育机构社保补贴制度。持续实施非营利托育机构差异化政策补贴制度，吸引社会资本进入托育行业。探索建立从业人员岗位补贴制度，对参加养老托育服务岗位职业培训并且获得技能等级认定合格的从业人员，依据相关规定给予其培训费用补贴或技能提升补贴。构建政府、家庭和用人单位托育成本共担机制，加大普惠型托育机构的补贴力度，减轻家庭负担，推动政府对雇用育龄女性用人单位实施税费减免、财政补贴等优惠政策。

3. 拓宽投融资渠道

支持银行业金融机构创新推出养老托育特色信贷产品及相关保险产品，为养老托育服务机构的平稳运营提供信贷支持和较为全面的风险保障。由政府出资的产业投资基金、市场化的创业投资基金、私募股权基金等应适当加大对养老托育服务领域的投资力度。支持以区域为单位整体谋划养老托育服务机构项目，申请地方政府专项债券资金支持。

（五）促进和培育养老托育产业发展

1. 培育发展养老托育市场主体

加快推进养老托育服务"放管服"改革，进一步优化营商环境，吸引、鼓励和支持优质养老托育服务企业连锁化、规模化、品牌化发展，加快形成具有较强辐射功能、产业链完整的养老托育服务产业集群。借助社会资本的力量，探索社区老幼同养模式，在有条件的社区配建"养老居室""长期照护床位""照护服务中心"等，促进养老托育服务设施资源功能最大化。深化公办养老机构改革，探索有条件的公办养老机构改制为国有养老服务企业或拓展为连锁服务机构，增强其发展活力，提升其服务质量。

2. 聚焦"养老服务+"融合发展模式

延伸养老产业链，以需求为导向积极布局发展"养老服务+"，支持面向老年群体的养生保健、文化旅游、餐饮药补、体育金融等业态融合发展。立足本土资源禀赋和产业优势，建设康养产业集聚高地，打造区域性国际健康休闲养老胜地，促进中医药资源广泛运用于阿尔茨海默病、肿瘤、心脑血管等疾病的治疗。加强医养结合服务网络建设，重点提升二级及以上综合医院、中医医院老年相关学科服务能力。不断完善城乡均衡的老年健康服务体系，促进机构养老、社区居家养老的医养结合服务发展，实现健康管理、疾病治疗、康复训练等服务的有机衔接，打造一批示范性医养结合服务中心。不断完善医养结合及"双向转诊"机制，鼓励和支持医疗机构与养老机构深度合作，完善诊疗一体的医养康养服务体系。

3. 创新培育智慧养老托育新业态

实施"互联网+"行动，探索建立智慧养老、智慧托育服务平台，加大物联网及远程智能监控技术的开发力度，积极探索养老床位线上综合评估和轮候制度，鼓励开展婴幼儿早教课程、父母课堂、健康咨询等线上预约和线上课程服务。鼓励企业采用新技术、新工艺、新材料，研发生产智能监测监护设备、智慧化母婴设施等产品。促进养老托育产品数字化转型，支持互联网、人工智能、大数据等在养老托育服务领域的深度运用，引导建设养老托育产业合作园区，推动老年、婴幼儿产品制造企业现代化、集群化发展。

（六）加强老年和儿童友好型社会建设

基于全生命周期管理打造老年宜居环境，包括在城市规划和住宅区设计中充分考虑老年人需求，增设无障碍设施和适老辅具等，建立健全市、县、乡、村四级老年教育办学网络体系，探索创新文化养老模式，普及"老年人智能技术咨询"服务驿站等。建立儿童友好型城市和社区，完善母婴健康、普惠托育和教育等服务体系，降低城市教育资源对流动儿童等特殊群体的门槛，推动全体儿童基础教育和综合素质的全面均衡发展，布局儿童活动设施和体育运动场所，并加强对困难儿童、残疾儿童的关爱服务。通过政策帮扶和社会组织、民间公益组织、保险机构的介入，搭建起对乡村儿童、特殊儿童群体的关爱帮扶渠道。

（七）加强养老托育服务要素保障

1. 防范化解各类风险

建立风险预警和应急处置机制，确保服务机构安全平稳运转。加强对养老托育机构重点环节安全监督检查。完善监管措施，加强养老托育机构收取大额资金的规范管理和监督检查，加强防范和处置非法集资活动。特别要关注特殊困难老年人和婴幼儿的法律服务、法律援助和司法救助工作。建设养老托育信用信息综合服务平台，集成养老托育机构、服务人员信用信息和监督检查信息，形成信用档案，健全失信惩戒机制。

2. 加强养老托育服务人才队伍建设

一是加强专业人才培养。包括与高校合作增设相关专业、培育产教融合型企业、建立实训基地、培养专业社会工作者队伍等。二是加强养老托育从业人员的技能培训。建立多层次的培训机制，加强入职培训和定期轮训，重视法律意识、专业技能和职业素养的培养和考核。三是完善人才激励保障政策，完善薪酬等级体系，开展养老托育从业人员工资市场指导价位监测，建立工资长效增长机制和职业等级评定、岗位分级发展、岗位晋升等制度，提高职业吸引力和工作积极性，增强人才队伍稳定性。

参考文献

王深远主编《中国新养老》，人民出版社，2022。

陈斯华编《居家养老与社区管理》，中国财富出版社有限公司，2021。

程杰等：《中国 0~3 岁托育服务需求与政策体系研究（2021）》，中国社会科学出版社，2021。

张本波等：《从新开端到新希望：新时代托育服务体系的构建和发展》，企业管理出版社，2021。

尚子娟、张帆帆、石智雷：《我国公共托育服务中政府与市场的关系研究：合作与边界》，《成都师范学院学报》2022 年第 10 期。

本刊编辑部：《聚焦"一老一小"推动养老托育服务健康发展》，《发展研究》2022 年第 9 期。

陈茉：《新中国 70 年养老制度的成就与发展》，《学习与探索》2019 年第 10 期。

黄少宽：《我国城市社区养老服务模式创新研究综述》，《城市观察》2018 年第 4 期。

B.15
南宁市健全社会保障体系分析报告

黄云渲　李嘉凌*

摘　要： 2022 年，南宁市社会保险工作在保障和改善民生、助企纾困、巩固推进乡村振兴、强化社保基金监督管理、优化社保业务经办服务等方面取得了良好成绩。在此基础上，本报告分析了南宁市社会保险事业面临的形势和困难，提出推进南宁市社会保险事业发展的对策建议，通过建立社保清廉建设长效机制、持续推动各类群体应保尽保、高效便捷兑现社保惠企政策、持续推进社保重点工作改革、切实完善社保基金风控体系、确保社保帮扶政策有效落地、持续提升社保经办服务水平等措施，进一步发挥社会保险的民生保障作用。

关键词： 社会保险　社会保障　助企纾困

社会保障是民生安全之本，更是社会稳定之基，保障和改善民生是民心所向，是贯彻以人民为中心的发展理念的重要着力点。2022 年，南宁市社会保险事业管理中心深入践行以人民为中心的发展理念，紧紧围绕广西壮族自治区、南宁市的工作部署，聚焦主责主业，紧盯目标任务，注重实干实效，着力强扩面、保发放、防风险、优服务、抓改革、促转型，全力打好"稳就业保民生"攻坚战，推动社会保险工作向高质量发展迈出坚实步伐。

---

* 黄云渲，南宁市社会保险事业管理中心办公室副主任；李嘉凌，南宁市社会保险事业管理中心办公室工作人员。

一　2022年南宁市社会保险事业发展状况

（一）基本养老保险、工伤保险、失业保险基本情况

1.参保人数情况

2022年，全市基本养老保险、工伤保险和失业保险参保754.53万人次，完成全年目标任务（773.17万人）的97.59%。其中城镇职工基本养老保险、城乡居民基本养老保险、失业保险、工伤保险分别参保225.19万人、268.32万人、118.53万人、142.49万人，分别完成全年任务的106.20%、85.04%、100.88%、111.23%。全市新开工工程建设项目工伤保险参保率达到100%。

2.基金收支情况

2022年，南宁市各项社会保险基金总收入为230.34亿元，比上年同期增加3.03%；总支出为199.78亿元，比上年同期增长2.00%。基金征缴收入为199.89亿元，同比增长8.29%；基金待遇支出为193.31亿元，同比增长1.26%，惠及参保人员116.95万人。

基金支撑能力情况：机关事业单位基本养老保险基金可支付月数为3.98个月，城乡居民基本养老保险基金可支付月数为35.77个月，失业保险基金可支付月数为10.17个月，工伤保险基金可支付月数为45.64个月。

3.广西壮族自治区为民办实事项目落实情况

2022年，全市268.32万人参加城乡居民基本养老保险。1~12月，对参保人员进行缴费补助6192万元。为13万名符合条件的困难参保群众代缴部分或全部最低标准养老保险费用1036.68万元。为符合条件的居民100%按月按时足额发放基础养老金12.73亿元。为33418名符合条件的人员发放丧葬补助金2558.66万元。

（二）社会保险企业年金、职业年金基本情况

1.企业年金

企业年金是企业及其职工在依法参加基本养老保险的基础上，自主建立

的补充养老保险制度，是我国多层次、多支柱养老保险体系的重要组成部分。2022年南宁市共有49家（新备案38家、变更备案企业10家、终止备案1家）企业（单位）进行年金备案，其中32家为国有企业，还有9家私营企业、2家民办企业、3家社会组织、3家企业单位，参与企业年金人数共6298人。

2.职业年金

职业年金是机关事业单位及其工作人员在参加机关事业单位基本养老保险的基础上建立的补充养老保险制度。

目前，南宁市职业年金同步参与全区资金归集、投资运营和待遇统一发放工作，每月定期归集到自治区，由自治区委托专业机构通过市场化运作模式进行运营管理。职业年金在制度建设、基金规模、投资收益方面取得较快发展。2022年，全市职业年金已覆盖15.5万名职工，基金投资规模达80多亿元，全市累计发放职业年金1.44亿元。

（三）社会保险个人养老金基本情况

2022年4月8日，《国务院办公厅关于推动个人养老金发展的意见》印发，南宁市人社、税务、银保监会、金融机构等相关部门和单位深入贯彻落实南宁市个人养老金制度，扎实推进南宁市多层次、多支柱养老保险体系建设，促进养老保险制度可持续、高质量发展，满足人民群众日益增长的多样化养老保险需求。

2022年11月25日，国家人力资源和社会保障部宣布个人养老金制度启动实施。个人养老金制度在部分城市或地区先行，涵盖北京、上海、福建等5个省级单位，以及杭州、广州等31个地级城市，南宁市是广西唯一一个试点城市。个人养老金制度逐步推开，已参加城镇职工基本养老保险或城乡居民基本养老保险的劳动者可自愿开立个人养老金账户和个人养老金资金账户，按照目前国家试点的个人养老保险制度规定开展个人养老金相关业务。

根据国家人力资源和社会保障部相关统计数据，截至2023年1月底，南宁市个人养老金缴费总人数达25.82万人，在地级市中排名第五，仅次于杭州、广州、深圳、成都，其中，开立个人养老金账户达48.27万人，开立个人养老金资金账户达47.56万人，共缴纳个人养老金1.48亿元。

二 2022年南宁市社会保障工作的主要成效

（一）深入实施全民参保计划，扩大社会保障覆盖面

根据广西壮族自治区统一部署，南宁市积极开展新业态从业人员和灵活就业人员基本养老保险参保扩面专项行动，做到入户调查常态化，以推动灵活就业、新业态、进城务工人员和城乡居民参保扩面为重点，进一步加强宣传引导，扎实推进应保尽保，推动基本养老保险扩面参保，持续推动社会保险从"制度全覆盖"到"人员全覆盖"。

（二）按时足额发放社保待遇，保障参保群众社保权益

加大力度进行各项社保待遇核定，做到精准精确，确保各项社保待遇发放不拖一天、不漏一人、不少一分。2022年，全市共发放养老、失业、工伤保险金193.31亿元。

（三）持续落实社保纾困帮扶政策，助力企业轻装上阵

根据《国务院关于印发扎实稳住经济一揽子政策措施的通知》及广西壮族自治区、南宁市有关稳住经济大盘工作要求，持续落实各项社保惠企政策。

1. 降费率政策落实情况

严格按照国家和广西壮族自治区规定，2022年5月1日至2023年4月30日，继续延长实施阶段性降低失业保险和工伤保险费率政策，失业保险单位费率降至0.5%，工伤保险费平均费率降至0.167%，相关降费政策已

调整落实到位。2022年1～12月，为全市企业降低职工失业保险、工伤保险两项社会保险费人工成本共计85176.94万元。其中失业保险降低成本62444.04万元，涉及全市9.88万家企业、118.56万名职工；工伤保险降低成本22732.90万元，涉及全市10.13万家企业、146.69万名职工。

2. 社保费缓缴政策落实情况

严格按照国家和广西壮族自治区规定，对已参保的5个特困行业和17个困难行业企业实施阶段性缓缴社保费政策，南宁市各人社服务大厅均开设"企业缓缴申请专窗"，为企业优先办理缓缴业务。通过向企业发送短信、网上办事大厅弹框提醒、寄送《致企业的一封信》、开展"线上"直播、政策宣讲、电视台采访解读和微信公众号宣传等多种方式，加大社保费缓缴政策宣传力度，扩大企业政策知晓面；于2022年7月6日通过实地走访和召开座谈会等方式摸排了23家符合缓缴社保费条件的企业，了解企业缓缴意向。2022年，为全市2490家企业办理缓缴业务，缓缴金额达4.08亿元。其中，五类特困行业企业2312家，缓缴金额共计3.83亿元；17个困难行业企业178家，缓缴金额共计0.25亿元。

3. 加大稳岗支持力度政策措施落实情况

一是继续实施稳岗返还政策。2022年5月31日，南宁市率先向本市5.11万家大中小微企业兑现稳岗返还资金3.11亿元，6月2日各县（市、区）、开发区相继完成稳岗返还资金发放工作，全市共为5.39万家企业发放稳岗返还资金3.36亿元，实现100%发放。发放的企业涵盖受疫情影响较大的餐饮、零售、旅游、民航、公路水路铁路运输等行业企业，其中获得返还金额较多的企业有南宁邕城公共交通有限公司（返还资金225.68万元），南宁轨道交通集团有限责任公司（返还资金342.84万元），南宁富士康科技集团公司（返还资金305.00万元），瑞声科技（南宁）有限公司（返还资金155.19万元）。稳岗返还全程通过后台数据比对精准发放，发放过程中企业"免申请""免材料""免跑腿"，进一步缓解了企业流动资金压力，促进企业稳定岗位及经营发展。

二是继续实施失业保险扩围政策。对领取失业保险金期满仍未就业的失业人员、不符合领取失业保险金条件的参保失业人员，延长失业补助金业务的受理期限，保障范围为 2022 年 1 月 1 日至 12 月 31 日期间新发生参保失业人员。2022 年，全市失业补助金发放人数为 3.40 万人，累计发放4299.73 万元。

三是落实一次性扩岗补助情况。2022 年，全市已发放南宁富联富桂精密工业有限公司等 385 家企业的一次性扩岗补助 184.5 万元，涉及应届高校毕业生 1230 人。

四是一次性留工培训补助情况。南宁市主动对接自治区人力资源和社会保障厅、5 类特困行业的主管部门，全面掌握符合条件企业的信息，为下一步工作打好基础。2022 年，全市共发放广西北部湾航空有限责任公司等2264 家企业的一次性留工培训补助 3383.23 万元，帮助企业留工 6.77 万人，涵盖民航、旅游、公路水路铁路运输等 5 类特困行业。

五是技能提升补贴发放情况。不断拓宽技能提升补贴受益范围，对企业参保职工、领取失业保险金人员取得职业资格证书或职业技能等级证书的发放技能提升补贴。2022 年，全市共发放技能提升补贴 10411 人次，累计发放技能提升补贴 1874.16 万元。

（四）完善工作机制，巩固推进乡村振兴战略工作

完善城乡居民养老保险制度，对已脱贫人口和低保对象、特困人员、返贫致贫人口、重度残疾人等特殊困难群体，继续保留原有最低缴费档次标准，按规定继续由政府代缴部分或全部最低标准的养老保险费，扎实推进贫困人口应保尽保。截至 2022 年 12 月底，全市符合条件的 42.77 万名特殊困难人口 100% 参保，9.57 万名 60 周岁及以上特殊困难人口 100% 领取相应养老待遇。

（五）强化监管措施，严格防范社保基金"跑冒滴漏"

严格落实社会保险基金管理问题专项整治有关工作要求，健全社会保障基金监管体系，扎实开展社会保险基金管理提升年行动，持续推进风险防控

"进制度、进规程、进系统",开展社保工作人员常态化警示教育。抓好一线监督检查,为进一步完善南宁市社会保险经办管理信息系统功能、提高系统风险防控能力,在全市开展社会保险经办风险防控专项检查。加强投诉举报稽核工作,维护参保人员合法权益。2022年,全市共稽核1389家用人单位,追回欠缴社保费248.17万元。

(六)优化经办服务,大力提升行风建设工作效能

一是按照广西壮族自治区统一部署积极开展广西社会保险标准宣传和贯彻工作,进一步推进经办服务科学化、标准化、规范化,优化服务流程、提高服务效率、提升服务质量。二是为满足群众"就近办""多点可办"的公共服务需求,协调工商银行、农业银行等9家银行在南宁市开通协助认证服务,南宁市各城区的退休职工可就近到这9家银行的任意网点进行养老保险待遇领取资格认证,可以办理的网点共600多家,惠及全市40多万名退休人员。三是为方便企业办理缓缴业务,在南宁市区内7个南宁人社服务大厅开设"企业缓缴申请专窗",为企业提供优先办理缓缴业务服务。四是大力开展预防养老诈骗宣传,在市内公告栏张贴反诈宣传画、发放宣传册子、组织群众观看防诈影片、进企业下社区开展宣传、利用微信公众号宣传防诈知识等,要求各单位、各社区工作人员向家人、辖区内老年人传达防诈骗知识。

三 南宁市社会保障工作面临的困难

(一)刚性追缴难以实施,社保扩面增收压力大

在持续优化营商环境、帮助企业降本减负形势下,有关部门难以采取上门追缴和银行划扣等刚性手段开展追缴和社保稽核,对违规企业无法形成震慑,造成社会保险扩面增收困难。

(二)跨部门信息共享机制有待进一步完善

目前与市场监管、公安、法院、教育、卫健等相关市直部门的数据共享

中疑点数据的反馈较为滞后，还未能实现在事前、事中环节完全杜绝相关违规现象，数字化转型过程中跨系统、跨业务部门的数据共享和应用有待进一步加强。

（三）适老化与智能化相适应面临一定挑战

随着人口预期寿命增加、老龄化加剧，社保服务老年人口数量逐年增加。由于历史原因和长期习惯，大多数老年人主要依赖线下渠道获取服务，在推进社保经办管理数字化转型过程中，如何实现智能化与适老化相适应面临一定挑战。

四　完善南宁市社会保障体系的对策建议

党的二十大报告指出：要完善基本养老保险全国统筹制度，健全覆盖全民、统筹城乡、公平统一、安全规范、可持续的多层次社会保障体系。南宁市社会保险事业管理中心以党的二十大精神为指引，持续深化社会保障制度改革，进一步完善覆盖全民、城乡统筹、权责清晰、保障适度、可持续发展的多层次、多支柱社会保障体系，促进社会保障网更加牢固紧密，使老百姓获得感、幸福感、安全感不断提升。

（一）围绕体系建设，建立社保清廉建设长效机制

围绕加强对"一把手"和领导班子监督、深化"四风"整治，进一步健全和完善清廉社保建设，推进关键岗位、关键人员、关键环节的风险防控制度建设，把教育、监督运作机制融入制度建设，深入推进清廉建设，切实增强党风廉政建设、制度体系建设的实效性，做到依规治党、依法经办。

（二）围绕全民参保，持续推动各类群体应保尽保

一是持续深入实施全民参保计划，聚焦各类市场主体，加强政策宣传和数据比对，做好应保未保人员的统计、核查和建档立卡工作，精准引导应保

尽保工作。二是推动精准扩面。大力推进农民工、灵活就业人员、新业态就业人员等群体纳入社会保险范围。三是持续推进基层快递网点优先参加工伤保险工作。四是进一步加大城乡居民养老保险扩面参保工作力度。进一步扩大社保覆盖面，完善覆盖全民的社会保障体系。

（三）围绕惠企纾困，高效便捷兑现社保惠企政策

坚守保稳定、保民生底线，严格按国家和广西壮族自治区规定做好各项社会保险待遇的核定、调整、重算工作，加强各项待遇发放数据的审核、复核工作，按时足额、精准核算并便捷高效地发放各项社保待遇和涉企补贴。继续落实好阶段性降低失业保险和工伤保险费率政策。持续推进国家及广西壮族自治区各项社保惠企纾困政策落地见效。

（四）围绕改革创新，持续推进社保重点工作改革

继续配合广西壮族自治区做好失业保险和工伤保险自治区级统筹工作；配合推进个人养老金制度；持续推进工伤预防五年行动计划，抓好工伤预防政策实施，不断加大重点行业、重点企业工伤预防力度。

（五）围绕基金安全，切实完善社保基金风控体系

健全社会保障基金监管体系，持续推进风险防控"进制度、进规程、进系统"，巩固社会保险基金管理提升年行动成果，开展社保工作人员常态化警示教育。全面做好基金运行管理工作，强化对基金运行风险的分析研判和及时预警，确保基金规范管理、安全运行，积极防范社保基金跑冒滴漏。

（六）围绕乡村振兴，确保社保帮扶政策有效落地

落实社保帮扶相关政策，持续巩固脱贫人口等困难群体基本养老保险应保尽保成果，落实好城乡居民困难群体基本养老保险费代缴政策，督促各县区社保经办机构与相关主管部门积极对接，按要求落实好有关资金，做到应保尽保、应兜尽兜，防止断保、退保，持续推进动态清零。

（七）围绕暖心便民，持续提升社保经办服务水平

持续深入推进"放管服"改革，持续推进"清事项、减材料、压时限"，扎实提升社保标准化建设水平。根据广西壮族自治区统一部署，持续推进社保经办数字化转型，让"网上办"成为主渠道。深入推进社银合作，让"就近办"成为新亮点。紧紧围绕解决人民群众"急难愁盼"问题，坚持不懈为群众办实事办好事，不断提升群众满意度和获得感。

B.16
南宁市健全公共卫生体系
和能力建设调研报告

蓝 勇[*]

摘 要： 加强公共卫生体系建设是践行党的宗旨与护佑人民健康的内在要求，是防范重大风险与维护公共安全的重要保障。近年来，南宁市公共卫生体系进一步健全，公共卫生服务能力和质量进一步提升，公共卫生服务的公平性、可及性进一步增强。与此同时，南宁市公共卫生体系仍存在一些短板和弱项，主要是疾病控制信息化水平较低、应急处置能力有待提高、卫生监督执法人员匮乏、妇幼健康服务资源分布不均衡等。基于此，本报告提出构建医防融合机制，推动公共卫生医疗一体化协同发展，扩大疫情防控监测检测网络，加强应急体制机制和能力建设，完善医疗服务行业综合监管制度等举措，以期提升南宁市公共卫生体系整体实力、医疗服务和保障能力，提高人民群众健康水平。

关键词： 公共卫生 疾病防控 妇幼保健

一 南宁市公共卫生体系建设的总体情况

我国公共卫生服务体系由专业公共卫生服务网络和医疗服务体系的公共卫生服务职能组成。其中，专业公共卫生服务网络包括疾病预防控制、卫生

---

* 蓝勇，南宁市卫生学校办公室主任，挂职于南宁市卫生健康委员会办公室。

监督、妇幼保健、应急救治、采供血等专业公共卫生机构。不同医疗机构依职责履行医疗服务体系的公共卫生服务职能：乡镇卫生院、村卫生室和城市社区卫生服务中心／站等城乡基层医疗卫生机构免费为全体居民提供国家基本公共卫生服务项目，医院依法承担重大疾病和突发公共卫生事件监测、报告、救治等职责。

（一）疾病预防控制体系建设现状

2009年疾控机构改革后，南宁市城区及所有县均配套建设了属地疾控中心，各级疾控机构基础设施明显改善，成立了专（兼）职卫生应急队伍，传染病疫情处置、风险评估、预警预测能力明显增强，初步构建起以县（市、区）疾控中心为核心、县级以上医疗机构为补充、社区卫生服务中心和乡镇卫生院为枢纽、社区卫生服务站和村卫生室为基础的疾病预防控制体系。目前，全市共有16家疾病预防控制机构（南宁市疾病预防控制中心及5县7城区3开发区疾病预防控制中心），这些机构均为财政全额拨款单位。各级疾病预防控制机构、县级以上医疗机构、基层医疗卫生机构均通过"中国疾病预防控制信息系统"实现了法定传染病实时网络直报，网络直报覆盖率达到100%。截至2022年12月31日，南宁市疾控系统共核定编制数1174人，共有在职人数1324人、在编人数995人、聘用人数322人。

（二）卫生计生监督执法体系建设现状

2016年，南宁市对全市卫生及计划生育监督执法资源进行整合，在市级及各县（市、区）、开发区整合建立了卫生计生监督机构——卫生计生监督所，它是卫生计生行政部门集中行使医疗卫生、公共卫生、计划生育等执法任务的行政执法机构。截至2022年12月，全市共有15个卫生计生监督机构〔市级1个，为市卫生计生监督所，其他14个为县（市、区）、开发区卫生计生监督所〕。武鸣区于2019年成立综合行政执法局，该机构行使医疗卫生、公共卫生、传染病防治和消毒产品等卫生健康方面的法律、法规、规章规定的行政处罚权和相应的行政监督检查权与行政强制权。宾阳县于

2021 年将卫生计生监督所更名为执法大队。截至 2022 年 12 月 31 日，全市共有卫生监督人员 263 人，其中市级 94 人，县（市、区）、开发区 169 人；全市共有乡镇（街道）卫生监督协管站 134 家，协管人员 1150 人，村级卫生监督信息员 2919 人；执法车辆 21 台，其中快速检测车 1 台。

（三）妇幼保健网络体系建设现状

2016 年，南宁市对全市妇幼卫生及计划生育技术服务资源进行整合，将市级、县级人口和计划生育服务中心（站）整体并入同级妇幼保健院，同时加挂市级、县级"妇幼保健计划生育服务中心"的牌子，构建了优质高效、群众满意的妇幼保健和计划生育服务体系。目前，南宁市辖区共有 10 家妇幼保健机构，其中，自治区级妇幼保健院有 1 家，市级妇幼保健院有 2 家，县级妇幼保健院有 7 家；自治区级地中海贫血产前诊断中心有 3 家，自治区级地中海贫血产前诊断分中心有 1 家，县级地中海贫血筛查实验室有 7 家；乡镇卫生院有 110 所；开展母婴保健技术服务的二级以上医疗保健机构有 44 所，妇幼健康事业得到快速发展。全市 10 家妇幼保健院共有编制数 4333 人，实际在职职工数为 6270 人，其中执业医师有 1676 人、执业助理医师有 37 人、注册护士有 2705 人。10 家妇幼保健院共有编制床位 4076 张，实有床位 3110 张。

（四）应急救治体系建设现状

在应急救治及院前急救体系方面，南宁市在中心城区初步建成了"急救中心—急救站（网络医院）—急救点（乡镇卫生院）"三级院前急救体系。其中，急救中心有 1 家，急救站有 14 家，网络医院有 50 家，乡镇卫生院急救点有 77 个。全市共有急救站点 142 个，应急反应时间由开展急救智能化前的 20.10 分钟降至目前的 9.05 分钟。2022 年，南宁市大力推动全市院前急救城乡一体化建设，稳扎稳打铺就南宁全域院前急救"一张网"。隆安县、横州市、上林县、马山县、宾阳县依次纳入市级调度，南宁全域"120"急救电话实现由急救中心统一受理和指挥调度，急救辐射全域

874.16万人。截至2022年12月31日，全市卫生应急救治（院前急救）体系共核定编制数113人，现有在编人员101人，聘用17人。

（五）采供血体系建设现状

南宁中心血站是全额拨款的专业公共卫生机构，是非营利的公益一类事业单位。全市共设置32个采血点（屋），其中捐血屋有17个、流动采血点有15个，基本形成横向到边、纵向到底、覆盖城乡的采供血服务体系。南宁中心血站年采集全血4000万毫升以上，血小板达2万个治疗量，采集人次超14万人次，业务量占广西的1/4。南宁中心血站每年承担南宁市800多万人、90余家驻邕医院（含区直、部队医院）的临床用血和应急供血重任，供血面积达2万平方公里，最大供血半径为150公里，是全区规模最大、软硬件实力最强、功能最齐全的采供血机构和输血医学科研机构。截至2022年12月31日，南宁中心血站共有职工271人，其中在编116人、非编155人；拥有高级职称的职工有27人、中级职称有99人；研究生学历有19人、本科学历有211人；卫生技术人员有212人，占全站职工总数的比例为78.23%。

（六）基层医疗机构公共卫生体系建设现状

目前，南宁市基本公共卫生服务项目主要由各乡镇卫生院、村卫生室和城市社区卫生服务中心/站等免费为全体居民提供，各乡镇卫生院、社区卫生服务中心/站均建立由公共卫生服务部门负责，由卫生院（卫生服务中心）根据工作需要安排人员专门（兼职）长期（阶段性）负责实施的基本公共卫生项目。而市、县级医院主要承担重大疾病和突发公共卫生事件监测、报告、救治等职责，以及对基层医疗卫生机构开展慢性病防治等基本公共卫生项目进行指导，多数医院不设置专门的公共卫生科室（部门）。截至2022年底，全市共有乡镇卫生院118个，基层医疗卫生机构床位12129张，公共卫生机构床位3158张；乡镇卫生院核定编制数（含后勤人员控制数）7021人，现有职工10509人，其中在编在岗5910人，编制使用率为84%，空编1111人，空编率为16%；临时聘用人员有4599人，占比为44%。其中，卫技人员有 8929 人，占比为 85%，执业（助理）医师有 2685 人，注册护士有 3381 人。全市政府投资建设的村卫生室有 1384 个，共配备 2690 名乡村医生，基本构建了覆盖全市的乡村医疗卫生服务体系，乡村卫生服务能力逐年提升。

二 南宁市公共卫生体系运行的总体情况

（一）疾病防控方面

一是持续提升实验室软硬件能力。近 3 年，南宁市共新增移动核酸检测车、高通量基因测序系统等各类设备 1000 多台（套），同时持续培养高素质实验室专业技术人员，科学规范实验室质量管理体系，能够在病原学特别是基因组层面上迅速识别鉴定各类病原微生物，具有完善的疫情防控监测、溯源和预警能力，在各类疫情防控监测工作中起到"一锤定音"的作用。

二是成立突发公共卫生事件应急处置领导小组。领导小组由南宁市疾病预防控制中心主任担任组长，中心内部单独设置应急办公室，专职工作人员负责卫生应急日常管理及组织协调突发公共卫生事件的应急处置工作。增强应急通信指挥能力，通过应急通信指挥车实现了音视频实时通信指挥功能，极大地提高了应急通信指挥能力。

三是健全突发公共卫生事件防控机制。持续完善南宁市疾控机构定期会商机制，密切上下级疾控机构间的沟通和联系。通过会商分析研判突发公共卫生事件发生的风险，探讨有效的应对策略与措施，提前制定好防范与应对措施；完善南宁市疾控机构突发公共卫生事件信息报告运行机制，进一步规范辖区突发事件的监测预警和报告处置程序，对突发事件或苗头事件努力做到"早发现、早报告、早处置"；实行 24 小时应急值班制，值班人员电话 24 小时保持畅通，在国家法定节假日和南宁市举办重大活动期间强化应急值班及应急准备工作。

四是持续完善各类卫生应急制度。全面做好必需应急物资的储备工作，制定应急物资库存清单，落实专人管理，做好随时应对突发公共卫生事件的准备工作。

（二）卫生监督执法方面

一是持续加强疫情防控监督工作。根据疫情发展需要加强监督指导，完成对全市医疗机构监督覆盖，每季度对公共场所、学校、集中隔离医学观察点等 4 类重点场所进行监督，聚焦预防接种、预检分诊、消毒供应等 3 个重点岗位，紧盯预防接种管理、消毒隔离制度执行、医疗废物处置等 3 个重点环节，切实推进各项新冠肺炎疫情防控措施的有效落实。

二是重点领域专项整治成效显著。根据国家、自治区的工作部署，围绕社会关注的涉及卫生健康领域焦点、热点问题，以及重点传染病防控工作，组织开展"蓝盾 2022"八大系列专项执法行动，多部门联动，开展非法医疗美容服务、非法行医行为等专项整治工作，共监督检查单位 4237 家次，下达监督意见书 2931 份，立案处罚 196 件，处罚金额达 324.12 万元，没收违法所得 12.28 万元，投诉举报 75 件，规范处置率达到 100%。

三是加大监督执法力度。加强非现场执法工作，2022 年发布的《广西公共卫生防控救治能力建设三年行动计划（2020—2022 年）的通知》要求，全市 12 个县（市、区）完成了 404 台乡镇生活饮用水在线监测设备的采购及安装工作，该项目实现了对基层水质进行 24 小时不间断监测、数据汇总建模和趋势分析，提升了基层非现场执法能力和水平。南宁市应重点加强医疗服务多元化监管，贯彻实施《医疗机构依法执业自查管理办法》、《广西壮族自治区医疗机构不良执业行为记分管理暂行办法》和《广西壮族自治区医师不良执业行为记分管理办法》。广西医疗机构依法执业自查系统显示，南宁市一级、二级、三级和未定级医疗卫生机构自查和整改完成率分别为 100% 和 99.8%。依据《广西壮族自治区医疗机构不良执业行为记分管理暂行办法》，相关部门对 212 家医疗卫生机构不良行为予以记分。

四是完成各项重大活动公共卫生安全保障工作。市、城区卫生计生监督所共同完成中国—东盟博览会、中国—东盟商务与投资峰会等各项重大活动疫情防控和医疗保障工作，主要对会场、接待酒店等公共场所的新冠肺炎疫情防控、公共卫生管理等落实情况加强综合卫生执法保障。

（三）妇幼保健方面

一是妇女儿童健康水平得到进一步提高。2022年，南宁市孕产妇死亡率下降至8.68/10万，连续4年下降，创历史新低。婴儿死亡率、5岁以下儿童死亡率、重大致死致残出生缺陷发生率全面下降并低于全国全区平均水平。孕产妇系统管理率从2021年的86.35%提升至2022年的94.25%，全年成功救治危重孕产妇1791例。

二是出生缺陷防控工作取得新成效。2022年，南宁市共为2.53万对夫妇提供免费婚检，为2.24万对夫妇提供免费孕前优生健康检查。累计开展地中海贫血病筛查6.8万人，为7.9万名新生儿开展疾病筛查，重大致死致残出生缺陷干预率达97.65%。

三是妇幼健康项目取得新跨越。2022年，南宁市为18.38万名育龄妇女提供妇女常见病筛查，为8.5万名育龄妇女提供免费"两癌"检查，为1.21万名婴幼儿免费提供辅食营养补充品，3岁以下儿童系统服务率由2021年的82.39%提升至2022年的88.60%。

四是妇幼健康体系进一步完善。2022年，南宁市二级妇幼保健机构等级复评审工作进度在全区排名第一，5家妇幼保健机构绩效考核获优秀等次，南宁市第二人民医院是广西唯一运行全部5项人类辅助生殖技术的生殖医疗中心。

（四）应急救治方面

一是全力以赴做好突发公共卫生事件应急处置工作。联合公安、消防、应急等部门妥善处置"兴宁区五塘镇绕城高速交通事故""邕宁区砷中毒事件"等各类突发公共卫生事件30余起。积极做好突发公共卫生事件转运救治工作，2022年全市共受理呼救电话424751次，派出救护车辆125767车次，转运救治病人98792人次。及时收集突发公共卫生事件发生、处置、善后等方面的信息数据，向南宁市委、市政府，自治区卫健委及相关单位报送卫生应急文件90份。

二是部署实施各项重大活动保障工作，完成各项保障任务。2022年，向南宁市委、市政府举办的各类重大会议、活动及中高考等重要考试提出疫情防控书面意见 170 余份，指导主办方制定方案预案、落实疫情防控措施。组织专家研究制定第 19 届中国—东盟博览会和峰会、南宁市人大十五届三次会议等 20 余场重大活动的新冠肺炎疫情防控和医疗卫生保障方案预案，保障各类重大活动安全、顺利开展。

（五）采供血方面

一是采血量增幅居全国主要城市首位，南宁献血品牌美誉度获得有效提升。2022 年，全市共采集全血 15.08 万人次和 26.48 万单位，同比分别增长 6.95% 和 19.53%；采集血小板 1.88 万人次和 3.35 万个治疗量，同比分别增长 13.54% 和 12.26%。

二是释放无偿献血"政策红利"，推动献血者关爱措施落地见效。出台《南宁市无偿献血关爱和救助办法》及其实施方案；组建《南宁市献血条例》宣讲团，共计开展宣讲 36 场次；南宁市率先开通微信血费报销功能，全年直免率达 86.48%；推出"电子无偿献血荣誉卡"，践行无偿献血优待政策"便民、利民、为民"初衷。

三是宣传招募稳步推进，释放南宁献血品牌活力。2022 年，南宁市持续开展两个品牌"活动季"、"医务人员无偿献血活动季"等活动，共有 7060 人次献血 240.43 万毫升，献血人次和献血量同比分别增长 121.8% 和 145.8%；"公务员无偿献血活动季"活动共有 9280 人次献血 326.29 万毫升，献血人次和献血量同比分别增长 63.61% 和 84.55%。打造南宁市无偿献血 IP，建成全国首个由献血 IP 形象打造的无偿献血主题公园，推出"邕小献"系列文创衍生品。

四是阔步推进"三型血站"建设，在守正创新中助力采供血事业高质量发展。持续推进全国首个"RFID"血液全流程监控系统和"献血登记+档案无纸化管理"系统建设。首次承办国家人社部专业技术人才知识更新工程高级研修项目，这是我国首次由采供血机构承办此类项目。与老挝国家血液中心签订国际合作框架协议，推动中国—东盟公共卫生血液保障能力建设取得新发展新突破。

（六）基层医疗机构公共卫生体系方面

一是加强基础设施建设。自治区政府办公厅印发《广西公共卫生防控救治能力建设三年行动计划（2020—2022年）》，明确了广西公共卫生应急管理体系建设的目标和方向，提出了任务需求。自2020年以来，广西按照统一部署，遴选服务能力强、辐射范围广、具备建设条件的基层医疗机构进行改造提升。全市累计投入9140万元，实施12个重点中心乡镇卫生院综合救治体系建设项目。推进乡镇卫生院标准化急救示范点建设。每年将乡镇卫生院标准化急救示范点建设纳入市委、市政府为民办实事项目，为乡镇卫生院配置抢救监护型救护车、车载急救设备和院内抢救治疗设备，并升级改造急救场所，培训急救骨干人员等。截至2022年底，全市已累计投入7000万元，建设了69个乡镇卫生院标准化急救点。加强村卫生室标准化建设。自2020年以来，南宁市投入200万元对188个村卫生室进行修缮，并投入80万元为800个村卫生室配备了中医诊疗设备。

二是加强信息化建设。在全市推广使用广西基层医疗卫生机构管理信息系统（长信系统），建立统一的基层信息平台，推动相关业务数据信息互通共享。同时建设远程分级诊疗平台，在全市34个公立医院和15个乡镇卫生院部署远程会诊系统，在所有公立医院和乡镇卫生院部署区域影像、心电远程诊断平台，实现"基层检查、上级诊断"。

三是开展乡村医生"乡聘村用"工作。制定《南宁市人民政府办公室关于推进乡村医生"乡聘村用"的实施意见（试行）》《市卫健委、人社局、医保局、财政局关于做好乡村医生"乡聘村用"工作的通知》等文件，自2020年6月1日起正式实施乡村医生"乡聘村用"政策，市县财政每年投入1亿多元，按当地村（居）民委员会副主任补助标准发放乡村医生基本工资，并为其购买"五险"及医疗责任险，提高乡村医生待遇，稳定乡村医生队伍。乡村医生平均收入由原来的每月1000~2000元，提高至每月4000~5000元。截至2022年12月底，各县（市、区）、开发区共聘用2690名乡村医生到村卫生室执业。

四是完善基层用人制度。在全市乡镇卫生院实行"定编定岗不定人"

的用人新机制，实施全员岗位聘用制。同时将基层医疗卫生机构人员招聘权限下放到县级人民政府，并规定了简化情形，为符合条件的人员开通绿色通道。新机制人员与实名编制人员同工同酬，在工龄计算、工资套改和公租房的住房分配等方面享有同等福利待遇，并依法参加社会保险、享受社会保险待遇。实行职称倾斜政策，对基层医疗卫生机构专业技术人员取得中高级职称的，采取"即评即聘"，不受岗位总量、结构比例限制。

五是加强全科医生培养。实施农村订单定向免费医学生培养项目，截至2022年12月底，全市已累计录取772名农村订单定向医学生，经全科医生规范化培训后已有198名毕业生回到乡镇卫生院工作。同时开展全科医生转岗培训，截至2022年12月，全市已培训全科转岗医生2290人，其中为基层医疗机构培养了1100多名全科医生，全市每万名常住人口拥有全科医生达2.62人。

六是加大专业技术人才培训力度。实施基层卫生人才能力提升培训项目，截至2022年12月底，全市累计投入668万元，依托市县两级公立医院、市卫生学校等资源，累计培训基层医务人员2460人，重点提高常见病、多发病的诊疗能力及传染病防控能力等。实施基层中医药服务能力提升项目，截至2022年12月，全市累计投入1012万元，培训2358名乡村医生及120名乡镇卫生院中医骨干。

七是大力推进医联体建设。以上林县为试点，稳步推进紧密型县域医共体建设，并逐步在全市推广。上林县通过积极探索、改革创新、先试先行，走出了独具特色的紧密型县域医共体建设"上林模式"，开创了"群众受益、网底夯实、乡镇发展、县级提升、多方共赢"的紧密型县域医共体新局面，"上林模式"也多次出现在全国、全区各种会议上。全市共组建医联体15个，其中城市医疗集团2个、专科联盟5个、县域医共体8个。

三　南宁市公共卫生体系建设存在的问题和不足

（一）疾病防控方面

一是市内主城区疾控中心实验室建制不全，绝大部分区疾控中心尚无实验室，疫情防控监测检测网络网底不实。市内疫情防控检测实验室布点少，一定程度影响疫情防控溯源工作的速度。二是目前南宁市本级及各县区疾控机构信息化水平落后，除使用国家统一的"中国疾病预防控制信息系统"外，无任何其他系统，缺少传染病监测预警综合信息管理系统和信息互联互通平台。三是应急处置能力有待提升。南宁市公共卫生应急处置中心资金投入保障不足，县区疾控中心尚未设置独立应急办公室，应急物资储备仍显不足。四是职工工资待遇偏低，疫控机构对人才吸引力不足。疾控机构与差额医疗机构在待遇上有一定差距，作为承担市级公共卫生工作的主要机构，疾控机构服务人群广泛，职工承担工作量增加。疫情期间，很多职工一人身兼数职，普遍压力过大，医技人员流失情况严重。五是评聘矛盾突出，高级职称待聘情况严峻，影响人才干事创业积极性。不少取得高级职称的人员并未能聘入相应岗位，由于所聘岗位和职工工资挂钩，直接影响职工待遇，在一定程度上影响职工干事创业的积极性。

（二）卫生监督执法方面

一是卫生监督执法人员严重匮乏。卫生监督执法人员相较2020年减少124人，根据卫计委规定每万名常住人口需配置1~1.5名卫生监督员，广西每万人口卫生监督员数为0.37名，南宁市不足0.31名，个别城区卫生监督在岗在编人数不足3人，远不能满足卫生监督运转需要。二是卫生监督执法缺乏应有的保障。执法车辆配备不足。公务车辆改革后，监督执法车辆严重不足，造成监督覆盖率低，也阻碍了"双随机一公开"监督抽检工作正常开展。三是卫生监督执法网底脆弱。由于隶属及身份认定不清楚、不明确，乡镇（街道）卫生监督协管站尚未承担监督执法职责，仅负责卫生协管和巡查等工作，乡镇（街道）监督执法资源没有得到充分利用。四是卫生计生监督体制改革滞后。国家关于卫生健康监督执法体制改革方向尚未明确。各县（市、区）改革步调不一致，如宾阳县卫生计生监督所改为事业单位性质的宾阳县卫生健康监督大队，不利于执法工作开展。如武鸣区卫生计生监督所已被撤销，人、财、物等整体并入城区综合执法局，执法局与卫健局职责分工仍待理顺。

（三）妇幼保健方面

一是基础设施薄弱。南宁市部分二级妇幼保健机构基础设施建设相对落后，医疗设施设备更新不及时，影响了妇幼保健机构的健康持续发展。二是妇幼健康服务资源分布不均衡。辖区内三级综合医院及自治区妇幼保健院、南宁市妇幼保健院在硬件设施、人才储备、服务品质方面优势均较为集中，二级妇幼保健院相对薄弱，优势资源分布不均衡。三是人才支撑不足。近年来，受县级妇幼保健机构业务萎缩影响，县级妇幼保健机构人员流失严重、人才引进难，极大地影响了妇幼保健机构业务发展和为群众提供优质的妇幼保健服务。

（四）应急救治方面

一是突发事件预警机制有待进一步加强。近年来，各部门对突发公共卫生事件的协同处置水平在逐步提升，各类突发事件均得到了有效的应对和处置，但在突发事件预警机制、信息互通、风险评估等方面的建设投入仍然不足，尤其是突发事件预警的机制建设、专业人才、经费保障、交通工具、通信设施等方面仍需进一步加强，构建一个沟通顺畅、组织网络完备、职责分工明确、有序高效应对的突发事件公共管理体系。二是基层卫生应急处置水平仍有待提升。当前卫生应急工作面临许多新特点、新变化，南宁市基层卫生应急处置能力建设虽然在逐步提升，但是基层医疗卫生机构依然普遍存在人员更迭频繁、设施设备陈旧、专业水平参差不齐等情况，这些因素制约全市整体卫生应急处置能力的提升，卫生应急处置能力仍显不足。

（五）采供血方面

一是血站能力建设与医院发展不匹配。"十三五"末期，全市辖区内医院病床数较"十二五"末期增加 1.1 万张，增幅超过 36%，而血液采集量增幅仅为 17%，临床血液供需矛盾突出并逐年加大。二是一类保障二类管理政策难以落地。受公益一类事业单位绩效工资总量控制影响，血站绩效工资核定水平偏低，薪酬待遇与南宁市医疗机构差距过大，导致人才流失严重，同时限制了采血量的持续提升。三是南宁中心血站五象分站项目建设资金缺口较大。作为完善五象新区采供血网络和落实广西血液动员中心要求血液异地备份的基建项目，2018年五项分站项目获市发展改革委批复立项，但因建设资金未能落实，至今建设进度缓慢。

（六）基层医疗机构公共卫生体系方面

承担基本公共卫生服务项目的乡镇卫生院、社区卫生服务中心服务环境、服务能力和服务水平有待提高。一是基层医疗卫生机构基础设施建设有待加强。当前仍有少部分乡镇卫生院业务用房面积、设备配备、科室设置等指标未达到《乡镇卫生院服务能力标准》要求。二是基层医疗卫生机构人才不足，服务能力有待提高。当前南宁市基层医疗卫生机构"招人留人难"的问题比较突出，体现在以下几个方面。第一，人员总量不足。全市每千常住人口基层卫生人员数约为2人（自治区要求2025年达到3.5人以上），基层医疗卫生机构卫生人员占全市各级卫生人员总数比例为22%（自治区要求2025年达到37%以上），南宁市基层卫生人员的配备情况与自治区要求仍有较大差距。第二，结构不合理。执业（助理）医师占比为30%，本科以上学历占比为16.2%，中级以上职称占比为17.7%，整体素质偏低。同时，随着工作下移、工作任务增加，基层医疗卫生机构招不到编制人员，只能降低标准招聘临时人员，导致出现空编率高和低水平临聘人员多并存的现象，目前全市乡镇卫生院空编率达16%，临聘人员占比达44%。

四　加快南宁市公共卫生体系建设的思路与对策

（一）疾病防控体系建设方面

一是构建医防融合机制，推动公共卫生与医疗救治一体化协同发展。推动医疗服务与公共卫生服务高效协同、无缝衔接，健全科学研究、疾病控制、临床治疗的有效协同机制，推进疾预防和连续管理，实现防控关口前移。探索建立医防融合培训和人员双向流动机制，推动医防机构人员通、信息通、资源通。探索推进疾控机构参与医疗联合体工作，市级、县级疾控中心分别与医疗集团、县域医共体牵头医院签订医防联盟合作协议，强化医疗机构和疾控机构之间的业务协作与职能衔接。推进基层医防融合，实施城乡社区慢性病医防融合能力提升工程，为每个乡镇卫生院、社区卫生服务中心培养具备医、防、管等能力的复合型人才，为基层医疗卫生机构配备数字化、智能化辅助诊疗、随访、信息采集等设备。

二是落实各级医疗机构公共卫生职责。完善公立医疗卫生机构公共卫生岗位设置，配备具备相应资质的人员。将履职情况纳入医疗机构绩效考核。增强公立医院应对处置突发公共卫生事件能力，逐步建立权责清晰、医防协同、运行高效的公立医院公共卫生运行新机制。城乡基层医疗卫生机构落实基层疾病预防控制、公共卫生管理服务职责，接受疾病预防控制行政管理部门对传染病防控的业务指导和监督。

三是扩大疫情防控监测检测网络，筑牢全市疾控系统的检测网底，完善主城区疾控中心实验室建制，提升南宁市重大传染病的应对处置能力。通过新建、改建、扩建等方式推进市、县（市、区）两级疾控中心标准化建设，使其业务、实验室、保障等各类用房面积 100% 达到建设标准。市级疾控中心重点提升实验室检验检测能力，推动生物安全三级（P3）实验室项目立项建设，推动完善重点传染病实验室检测体系建设。完善并加快主城区疾控中心实验室建设，强化县（市、区）级疾控中心实验室职能，重点提升疫情发现和现场处置能力，具备 2 小时完成现场检验检测、24 小时完成流行病学调查等应急处置工作的设备配置。

四是建设统一高效的、综合性的公共卫生监测预警及应急指挥一体化平台，综合利用各种资源，及早发现传染病及突发公共卫生事件的苗头，辨别事件危害性质和严重程度，上传下达，统一指挥，科学、及时、有效地采取防控措施，防止传染病的暴发与流行。

五是进一步加强应急体制机制建设。完善突发公共卫生事件应急响应联防联控机制，提高重大疫情防控和应急处置效率。进一步提升基层疾控机构应急处置能力。加强县级疾控中心应急管理机构建设，增加应急物资储备。

六是加强公共卫生人才队伍建设。搭建全市公共卫生人才培养锻炼平台，提供更多交流挂职、进修学习的机会，以提高公共卫生人才综合素质和能力。优化绩效工资机制，探索实行一类保障二类管理新机制，在完成公共卫生职责的前提下，突破现行绩效工资调控方式，绩效工资总量按照"基础总量+动态奖励"核定，激发干部职工干事创业热情。争取市委编办、市人社等部门支持，调整专业技术岗位设置结构。

（二）卫生监督执法方面

一是健全卫生计生监督体制机制。根据《广西壮族自治区人民政府办公厅关于改革完善医疗卫生行业综合监管制度的实施意见》，南宁市将开展摸底调研，研究"将卫生监督机构从事业单位转为卫生行政部门内设机构"。争取市委、市政府支持，加强与部门的协调沟通，进一步梳理明确市、县（市、区）、乡镇三级机构职责分工，理顺卫生监督工作关系。

二是强化卫生计生监督执法工作保障。争取南宁市委、市政府支持，市、县（市、区）、开发区逐步按国家要求配备卫生监督执法人员，充分发挥乡镇卫生计生服务所的协管作用，弥补全市卫生计生监督执法人员不足的问题。加强监督机构规范化建设，加快推进市卫生计生监督所业务综合楼等项目建设，逐步实现办公用房、执法装备、执法车辆达到国家和自治区有关规定标准，保证综合监督执法工作顺利开展。

三是深化医疗服务综合监管制度，推动非现场执法和"互联网+"监管。进一步推动医疗服务多元化监管工作，优化医疗服务要素准入制度、加强医疗服务质量和安全监管，实施医疗机构不良行为记分和医务人员不良行为记分管理，依法加强职业卫生、精神卫生、传染病防治、实验室生物安全、公共场所卫生、饮用水卫生和学校卫生等公共卫生服务的监管。

（三）妇幼保健方面

一是加强妇幼健康机构基础设施建设。加大财政对妇幼健康事业的投入，加强以市为龙头、县为枢纽、乡镇为基础的妇幼健康服务标准化建设。推进南宁市妇幼保健院东院区项目建设，加强兴宁区妇幼保健院规范化建设，推进横州市、宾阳县、马山县、江南区、良庆区妇幼保健院等县级妇幼保健院新建和迁建项目。

二是整合优化妇幼保健资源。组建以南宁市妇幼保健院为龙头、二级妇幼保健院为核心、基层医疗卫生机构为枢纽、村卫生室为基础的妇幼专科联盟，通过加大妇幼网底指导力度、推广妇幼适宜技术、加强绩效考核等手段，推动基层妇幼健康服务体系标准化建设，推动各级妇幼保健机构切实履行公共卫生职责，提升妇幼保健机构服务效率和水平。

三是加强妇幼健康人才队伍建设。加大产儿科、助产专业人才培养力度，结合职称晋升建立"上进修、下蹲点"的人才培养机制。组织临床技术人员参加出生缺陷防治人才、妇幼卫生紧缺人才基层产科培训项目。结合妇幼健康项目，开展地中海贫血防治、孕产保健技术、儿童保健等业务培训。

（四）应急救治方面

一是全面加强卫生应急能力建设。继续组织南宁市卫生应急工作人员加强系统学习、培训，组织演练拉练，加强卫生应急工作理论学习，全面提升紧急医学救援和处置技能，轮换卫生应急队伍成员，更新卫生应急设施设备，进一步提升南宁市突发公共卫生事件的应急处置能力。

二是构建三级院前急救医疗网络。加快完成南宁急救分中心建设，进一步完善急救网络建设，形成以县急救中心为中心，县级医疗机构和乡镇卫生院为急救点的二级网络，逐步实现市、县（市、区）、乡镇（街道）三级院前急救体系全覆盖。

三是加强公共卫生应急管理信息化建设。完善全市突发公共卫生事件应急指挥体系，构建政府统一调度，部门协同联动，权责匹配、权威高效的公共卫生应急管理大格局。建设覆盖市、县（市、区）、乡镇（街道）的三级应急指挥中心，建设跨部门多元融合数据平台和高效协同、上下联动的统一指挥平台，实现多部门指挥的实时决策、信息共享。

（五）采供血方面

一是加大财政投入，与医疗机构发展同规划、同部署、同建设。加快推进标准化、自动化、智慧化血站建设，为采供血全过程提供安全保障；加强应急基础设施建设，将采供血应急能力建设相关内容纳入公共卫生应急体系；持续完善无偿献血长效机制，健全政策保障体系，修订出台《南宁市献血条例》，通过夯实政府主导责任、深化多部门联动协作、完善站院联动等措施，进一步创新献血宣传模式，强化行业引领、加强典型示范引导，形成全媒体宣传矩阵，打造独具特色的"邕有热血·拥有爱"无偿献血品牌。

二是加快推进公共卫生单位绩效工资改革。运用好中央"两个允许"政策，稳步提高公共卫生单位绩效工资水平，加快建立"公益一类财政保障，公益二类绩效管理"机制，逐步缩小公共卫生单位医务人员与公立医院医务人员福利待遇差距，稳定公共卫生人才队伍。

三是拓宽输血医学研究领域。通过区、市共建的方式，依托南宁中心血站组建"广西血液安全重点实验室"，在血小板免疫和输血传播疾病等领域开展更广泛和深入的合作研究，加强临床转化应用和增强临床服务能力，为保障广西血液安全、保护人民群众生命健康提供有力支撑。

（六）基层医疗机构公共卫生体系建设方面

一是健全基层公共卫生体系。完善县乡村三级公共卫生防疫体系，强化和明确乡镇（街道）公共卫生管理职责，推动村（居）委会成立公共卫生委员会，城乡基层医疗卫生机构至少配备1名公共卫生医师。

二是加强基层医疗服务资源规划。以基层和资源短缺地区为重点,加强优质医疗卫生资源扩容下沉和区域均衡布局,建立优质高效的整合型医疗卫生服务体系,着力补短板、强弱项,促进卫生健康事业协调、可持续发展。

三是加快推进基层医疗机构标准化建设。积极申报上级专项资金、政府专项债券、财政贴息等,用于支持乡镇卫生院、村卫生室的基础设施建设,全面提升基层医疗卫生机构疫情防控和救治能力,持续加强发热诊室建设和运行监测,确保"应设尽设、应开尽开"。

四是改革完善基层卫生运行机制。深化基层医疗卫生机构薪酬制度改革,推动乡镇卫生院和政府办社区卫生服务机构建立"公益一类保障和专门绩效激励相结合"的运行机制,逐步提高基层医务人员待遇保障水平,稳定基层卫生人才队伍。

五是开展对口支援乡镇卫生院工作。组织二级以上公立医院对口支援乡镇卫生院,通过临床带教、病例讨论、巡回医疗、专题讲座、免费接收人员进修培训、推广新项目和新技术、扶持基础设施建设、开展健康扶贫等帮扶形式,建立"传、帮、带、扶"的长效机制,推动医疗卫生人才、技术力量和管理理念下沉到基层,全面提升基层医疗卫生服务能力。

六是深化紧密型县域医共体和城市医疗集团建设。进一步完善医疗、医保、医药、人事、财政等相关配套政策,建立健全医联体内部分工合作和利益共享机制,促进优质医疗资源下沉基层。

七是持续加强基层卫生人才培训。继续实施基层卫生人才能力提升培训项目,重点增强常见病、多发病的诊疗能力及传染病防控能力等。

八是全面落实乡村医生"乡聘村用"政策。进一步加强乡村医生规范管理,全面落实乡村医生待遇,同时建立并完善乡村医生绩效考评机制,将考核结果作为绩效工资发放和乡村医生聘用的重要依据。

九是深入开展"优质服务基层行"活动。组织全市乡镇卫生院积极参与"优质服务基层行"活动,认真对照《乡镇卫生院服务能力标准》开展自评，找差距、补短板、强弱项、抓整改，持续改进提升。

十是持续巩固拓展健康扶贫成果同乡村振兴有效衔接。对脱贫人口和边缘易致贫人口大病、重病救治情况进行监测，主动发现、及时跟进，全力做好救治、康复等健康服务工作。

B.17
南宁市生态环境资源保护公益诉讼
调研报告

南宁市政协专题调研组 *

摘　要： 生态环境资源保护公益诉讼从 2017 年开始试点到全面铺开已 6
年，南宁市生态环境资源保护公益诉讼在南宁市检察机关的努
力推动下取得了丰硕的成果，在环境污染治理和生态修复等方
面发挥了重大作用。然而，目前南宁市生态环境资源保护公益
诉讼还存在生态环境资源保护总体联动格局有待深化、生态环
境损害鉴定评估机制有待完善、行政机关整改力度有待加大、
修复资金的管理和使用制度有待建立等问题。基于此，本报告
提出完善协作机制、提高生态环境损害鉴定能力、健全跟踪监
督机制、设立生态环保公益基金、加大对环境侵害行为人的执
法力度等对策建议，助推南宁市生态环境资源保护公益诉讼制
度不断完善。

关键词： 生态环境资源保护　公益诉讼　检察机关　共建共治共享

一　南宁市生态环境资源保护公益诉讼的基本情况

近年来，公益诉讼制度在推进南宁市生态环境资源保护方面取得了积极

---

* 调研组组长：梁鸿，南宁市政协副主席、九三学社南宁市委会主委。调研组成员：黄芳，南
宁市政协社会法制委主任；刘燕萍，南宁市政协办公室二级调研员；樊容宾，南宁市政协社
会法制委办公室二级主任科员。

成效。南宁市检察机关深入贯彻落实习近平生态文明思想，牢固树立"绿水青山就是金山银山"的理念，充分发挥检察公益诉讼职能作用，持续深化公益诉讼守护美好生活理念，聚焦黑臭水体、固体废物污染、非法采矿、滥伐林木等环境问题，加大监督力度，坚持"双赢多赢共赢"，为全市生态文明建设和法治南宁建设提供有力检察保障。

2020~2022年，全市检察机关共立案办理生态环境公益诉讼案件1199件，其中行政公益诉讼案件758件，民事公益诉讼案件441件；发出诉前检察建议625件，提起磋商74件。提起刑事附带民事公益诉讼153件，法院审结143件，全部支持检察机关诉讼请求。2022年，全市检察机关办理生态环境和自然资源保护领域案件439件，通过办案督促治理被毁损、污染土地901.245亩；督促治理被毁损、污染林地1589.822亩；督促治理恢复被污染水源地面积5.04万亩；回收和清理各类垃圾、固体废物4.2万吨，追偿修复生态、治理环境费用约466万元。

在2020年、2021年广西全区检察机关精品、优秀公益诉讼案件，检察建议评选中，南宁市检察机关囊括多个奖项。2020年、2021年南宁市连续两年在全区检察机关公益诉讼检察工作推进会上进行经验发言，上林县检察院、良庆区检察院、西乡塘区检察院经验材料入选推进会书面经验交流材料。2021年，良庆区检察院办理的农资包装废弃物行政公益诉讼案件入选最高人民检察院公益诉讼检察服务乡村振兴助力脱贫攻坚典型案例。以生态环境保护案为原型拍摄的公益诉讼微电影《无尽》荣获2022年"德行天下·微影故事"主题微电影征集展示活动三等奖。

（一）加强建章立制，规范工作开展

南宁市出台了《关于加强检察公益诉讼工作的决定》《南宁市扬美古镇保护管理条例》《南宁市机制砂石行业管理暂行办法》等地方性法规规章，制定了《南宁市污染环境类小型生态环境损害案件办理工作指引（试行）》等规范性文件，以规范化的方式推动工作开展。此外，南宁市检察院先后与市生态环境局、市农业农村局、市水利局、市市场监管局等14个市直部门

会签了《加强检察公益诉讼和行政执法配合协作实施意见》，明确建立公益诉讼案件研商、反馈、落实效果评估等多项工作机制，规范了南宁市生态环境资源保护公益诉讼工作。

（二）强化专项监督，实施精准治理

南宁市检察机关先后组织开展"厚植生态底色　推动绿色发展"专项行动和"公益诉讼守护美好生活""护春耕　保耕地　助生产"等专项监督行动。2021年，江南区检察院联合辖区公安、城管等部门开展城市噪声污染问题治理，以扎实的办案成效践行"公益诉讼守护美好生活"的目标要求。良庆区检察院通过诉前检察建议督促多个行政机关共同依法履职，推进废弃农资包装物回收、贮存、运输、无害化处置闭环管理，促进回收处置体系长效机制建设，减少农业面源污染，助推乡村振兴战略实施。

2022年，邕宁区检察院针对辖区内近10处生猪养殖场未经批准占用基本农田进行小规模养殖生产，致使土地种植条件恶化，生态环境遭到破坏的情况向相关行政机关发出检察建议，推动职能部门开展联合整治行动，严守耕地红线，共护美好环境。青秀区检察院通过现场勘查、无人机航拍、调取"林调宝"涉案地块的测绘数据及土地类证明等方式进行调查取证，发现青秀区长塘镇东盟—稻作文化产业园存在占用耕地种植速生桉树的问题，种植面积高达300亩，涉及农户561户。经过整改，目前已完成"退桉还耕"面积260余亩，并累计建设第一、第二期高标准农田2000亩，第三期计划的1000亩高标准农田建设也正在开展前期工作。农民依托园区龙头企业引进的技术团队，采用改良水稻品种、稻菜轮作、稻鱼混养、机械化种植等方式，实现每亩土地增收1950元。通过"退桉还耕"建设高标准农田实现了"联农带农"、助农增收。

（三）健全制度机制，推动多方协作

2022年，良庆区检察院持续落实《关于八尺江（库）流域生态环境和资源保护协作机制》，办理了良庆区那马镇那计坡人饮工程水源地保护案，

杜绝了生产、生活污水直排，督促行政机关增加 19 万元经费用于水源地整治，清理周边水葫芦面积达 17038.36 平方米，八尺江水质差状况得到及时改善，有效保障了邕江南岸近百万群众饮水安全。投入 334.55 万元建设共和村连片集中供水工程项目，设计供水规模为 500 立方米/天，极大地提升了当地水源质量，解决了周边村民日益增长的用水需求，助推当地经济社会高质量发展，实现从"有水喝"到"喝好水"的转变，为乡村振兴注入源源不断的动力。近年来，南宁市检察机关通过办案主动探索跨区域生态保护协作新模式，推动上下游的钦州市、防城港市、南宁市三地五县区检察机关构建八尺江全流域共治长效机制，并取得了良好成效。

良庆区检察院与良庆区自然资源局签订了《检察公益诉讼生态修复协作机制》，规定由良庆区南州林场每年提供 400 亩的林地作为生态修复基地，该"动态"生态修复基地有效解决了传统生态修复基地场地固定、面积有限、一次性使用等问题，有助于当事人更好地履行生态修复责任。

南宁市两级检察机关深化拓展"X+检察长"协作模式，在原有的"河长+检察长"依法治水新模式下，新增"田长+检察长"和"林长+检察长"协作模式，有效实现行政执法与检察监督衔接，形成"横向到边、纵向到底、全覆盖、无缝隙"的保护工作体系。市检察院多次会同南宁市河长办等有关单位分别到郁江干流横州段、沙坪河支流公鸡江、江南区扬美古镇邕江支流左江河段等重要河段开展河道巡查，并对巡查中发现的私设码头、网箱养殖、河岸坍塌等线索进行研判，及时将线索移交辖区相关部门做进一步调查，形成多方联动有力打击违法犯罪的高压态势。"田长+检察长"协作机制实施后，市检察院每月定期向市田长办通报农田保护类公益诉讼案件办理情况，还会同市田长办到青秀区长塘镇中国—东盟稻作文化园开展联合巡田暨"退桉还田"公益诉讼耕地保护现场调研活动，并邀请特邀检察官助理参与检察建议"回头看"工作，确保"退桉还田"取得扎实成效。依托"林长+检察长"协作机制，南宁市检察院、良庆区检察院、良庆区法院与南宁市林业局召开座谈交流会。南宁市林业局公布南宁市首批林业专家库成员名单，这些林业专家将为林业资源保护公益诉讼案件提供专业性指导。

南宁市检察机关推广"刑事+公益"二合一办案经验，正式下文明确刑事附带民事公益诉讼案件由公益诉讼部门办理，解决办案不统一难题。全市公益诉讼检察部门与行政机关共签订 16 份协作机制，接入 3 个行政机关数据平台。邕宁区检察院与南宁市行政审批局电话办搭建了"12345"热线平台，实现了只需设置标题、工单区域、诉求时间、事件发生地等搜索条件，就能从成千上万条数据中精准筛选出邕宁辖区范围内的环境保护等线索。邕宁区检察院借助"12345"热线平台摸排了 500 余份工单，发现有价值的线索 16 条，立案 11 件，大大节约了司法成本，使检察监督更加精准、高效。

（四）善借"外脑"，提高效率水平

南宁市两级检察机关约有 120 名检察人员从事公益诉讼工作，兴宁区检察院探索建立专家咨询人才库，邀请高校教师、专家学者、律师、退休法官、检察官等专家参与疑难复杂案件的咨询论证，提高办案质量。西乡塘区检察院专门设立知识产权检察办案组，聘请 4 名高校专家学者组成咨询委员会，并联合公安分局、法院出台知识产权案件量刑指引和证据标准。此外，还聘请林业资源保护、野生动物救护、环境评估和土壤修复等领域专家学者担任特邀检察官助理，协助办理疑难、复杂案件，借助特邀检察官助理的智慧破解办案工作中的专业性、技术性难题。武鸣区检察院与南宁师范大学通过加强检企共建，以"涉自然资源案件大数据分析实践基地"为依托，聚合两方优势深化案件办理、课题研究、科研技术交流合作，携手促进科研技术与司法实践的深度融合，最大限度实现资源共享、优势互补。

（五）科技创新赋能，建强专业队伍

优化培训模式，开展岗位练兵。2022 年，市检察机关多次举办"公益诉讼我来说""公益诉讼漫慢谈"活动，依托两级检察机关电视电话会议终端，多次邀请相关业务专家进行远程授课，授课内容涉及生态环境和资源保护、安全生产等，通过办案、培训、研究，打造了一批高素质的公益诉讼检察办案人才。通过以赛促学促提升方式开展岗位练兵，举办南宁市检察机关首届公益诉讼业务竞赛，南宁市两级检察机关43名公益诉讼业务干警同场竞技、比拼实力，在比赛中学习、在学习中比赛。参赛选手分别荣获"业务标兵"荣誉称号、"业务能手"荣誉称号、"最佳辩论奖"、"优秀辩论奖"，市检察院第七检察部荣获"首届广西检察机关公益诉讼检察业务竞赛优秀组织奖"，岗位练兵取得扎实成效。

以科技创新赋能检察办案，提升队伍战斗实力。武鸣区检察院与南宁师范大学、广西大明山国家级自然保护区管理局共同签订《2022年南宁市武鸣区科学研究与技术开发计划项目联合申报合作协议书》，并就合作申报南宁市武鸣区科技基地专项项目"广西大明山自然资源监测与公益诉讼检察科普基地"达成一致意见，运用科技手段对大明山自然资源进行监测，比原先依靠人力巡山监测更便捷、高效、精准，能够及时捕捉异常情况，启动应急预案，为打击违法犯罪赢得时间。良庆区检察院运用直播技术，通过无人机对凤亭河水库进行巡查，与防城港市上思县检察院实现"云巡河"协同联动，同时邀请自治区检察院、南宁市检察院及南宁各基层院的领导进行现场直播互动，进一步实现智能化办案。

以典型案例促进办案质效提升。典型案例对内发挥指导办案、统一司法标准的作用，对外起到以案释法、增强社会法治意识的良好效果。2022年，南宁市检察院下发《关于在全市检察机关开展"护春耕 保耕地 助生产"公益诉讼专项监督活动的通知》，明确了农业生产资料供应、农田水利项目、国土空间管护、财政衔接推进乡村振兴补助资金、水土保持补偿费及其他各项补贴、税费等国有财产保护等6个方面的监督重点，要求县级检察机关针对监督重点领域开展案件办理。为持续深入推进保障粮食安全与重要农产品供给公益诉讼办案工作，选取青秀区检察院督促保护耕地资源助力高标准农田建设行政公益诉讼案等7个典型案例进行刊载，供学习借鉴，将典型案例作为办理耕地保护类案件的"教科书"，鼓励各县级检察机关办理更多高质量的优秀案件。

二　南宁市生态环境资源保护公益诉讼存在的问题

（一）生态环境资源保护总体联动格局有待深化

一是部分行政机关对生态环境资源保护公益诉讼认识不到位。"有案不移、以罚代刑"的问题仍然较为突出，行政执法与司法办案衔接不畅，职能部门简单地认为公益诉讼就是自己被告上了法庭，认为检察机关"无事找事"，具有抵触心理，存在对公益诉讼检察建议不愿接受、接受后应付回复等情况，这不仅忽视法律监督权威，也影响依法行政效能。二是社会公众对生态环境资源保护公益诉讼知之甚少。向检察机关反映公益诉讼线索的主动性尚需进一步激发，当前南宁市群众举报立案数仅为总案件数的 1/4 左右，公益诉讼工作宣传普及水平有待进一步提升。三是案源的获取途径单一、狭窄。当前南宁市的案源获取以检察机关依职权寻找为主，社会公众的举报很少，行政机关移送更少，审判机关和纪检监察机关移送的几乎为零。

（二）生态环境损害鉴定评估机制有待完善

一是鉴定机构少。目前，广西具有生态环境损害鉴定资格的鉴定机构只有广西环境保护科学研究院 1 家。二是鉴定周期长。1 项环境损害鉴定一般要经过数月才能完成，影响办案效率。三是鉴定费用高。鉴定费用的市场化使得生态环境损害鉴定费用高昂，不但影响环境污染受害人、环保社会组织提起公益诉讼的积极性，也影响执法机关和司法机关启动环境损害鉴定评估的积极性。实践中，办案部门鉴于环境损害鉴定、修复评估费用高、流程烦琐的现实问题，往往只提取能对行为人进行处罚和需要移送司法机关的证据，而没有启动对环境破坏受损修复情况进行鉴定的程序，导致后续难以追究环境侵权人生态修复的责任。四是部分鉴定评估结论公信力不足。有些委托的区外鉴定机构鉴定水平跟不上发展的速度，得出的鉴定结果不够科学合理，当事人不认同，给公益诉讼审理带来困难。五是部分专家有顾虑。作为诉讼证据补充手段的专家意见，因专家多由行政部门人员兼任，除兼职的收入难以规范外，对提供专家意见后因诉讼产生的责任也存在顾虑，故存在不愿不敢提供意见的情况。

（三）行政机关整改力度有待加大

一是重视程度不够。有的行政机关接到公益诉讼诉前检察建议后，没有真正引起重视，没有专题开会研究，整改方案针对性不强，甚至没有指定具体责任人，整改过程也缺乏有效监督，整改速度较慢且效果不理想。二是执法效果不佳。以生态环境领域行政公益诉讼中检察机关提起的诉讼类型进行划分，检察机关的诉讼请求一般是确认行政行为违法、确认行政机关不作为违法、判决行政机关继续履职等，前两者为确认之诉，后者则是属于给付之诉。确认之诉在判决生效后无履行的空间，检察机关也就没有可监督之处。给付之诉中，大多数情况下会出现行政机关被动执法的情况，执法效果自然不尽人意。三是存在推诿及拖延现象。在执行判决过程中出现相关行政机关之间相互推诿、怠于执行的情况，致使公益诉讼效果大打折扣。

（四）修复资金的管理和使用制度有待建立

一是中央层面及全国大多数地区包括广西，修复资金的管理和使用制度仍未有效建立。只有山东、海南、贵州等地设立了专门的环境修复资金账户，使用当事人缴纳的生态环境修复资金。二是南宁市生态环境损害修复资金面临难以统一有效管理的突出问题。修复资金主要由对环境侵害行为人的行政罚款、生态环境损害赔偿费、生态环境修复费、生态系统修复期服务功能损失费、替代性修复赔偿金等组成。修复资金的使用制度尚未建立，虽然修复资金通过行政机关、检察院和法院上缴财政国库，但是财政资金管理十分严格，修复资金进入财政账户，易进难出，呈"僵尸资金"状态或被挪用，实践中，成功申请财政支出用于生态环境修复的很少。可见，对于生态环境公益诉讼修复资金的管理和使用需要建章立制，畅通使用路径。

三　完善南宁市生态环境资源保护公益诉讼制度的对策建议

（一）完善协作机制，构建共建共治共享大格局

一是建立健全行政机关与检察机关之间的协作机制。建立联席会议、案件移送、案件信息相互通报、联合行动、联合培训等机制，进一步明确行政机关将在工作中发现的刑事案件线索或公益诉讼案件线索移送给检察机关的标准和要求，协助配合检察机关调查取证。二是运用大数据人工智能强化协作成效。推进对大数据、人工智能的运用，增加案件线索的发现机会。切实推进"两法衔接"平台的优化和运用，通过信息科技来掌握行政执法工作情况，实时掌握可能出现生态环境和资源破坏问题的地区。三是提高公众知晓度，夯实社会协作基础。各级行政机关、审判机关、检察机关和新闻媒体以故事化、可视化的传播方式，加大对公益诉讼制度的宣传力度，切实落实"谁执法谁普法"责任制，提高公益诉讼工作的社会知晓度，营造全社会共同监督生态环境的良好氛围。四是建立多渠道案件线索获取机制，提升协同效能。建立公众举报机制，公布公益诉讼举报电话；在微博、App 等新媒体平台上建立实时举报平台，便于公众和媒体随时提交案件线索；与"12345"市长热线合作，获取案件线索。完善检察机关内部案件线索协作机制。推动审判机关和纪检监察机关依职权主动发现和移送线索。建立举报激励机制，探索出台《公益诉讼案件线索举报奖励办法》，奖励举报者，激发群众举报案件线索的积极性。

（二）加强专业治理，提高生态环境损害鉴定能力

一是加快培育生态环境损害评估机构。重点培育专业鉴定大气、水、森林资源受损情况的评估机构。鼓励优质的科研机构加入鉴定评估队伍，增加鉴定评估机构数量，满足环境公益诉讼鉴定需求。在符合科学规律及合法合

规的前提下，尽可能缩短鉴定评估时间。二是降低生态环境损害鉴定费用。基于生态环境损害赔偿的公益属性，以及对公共利益、社会利益的保护，降低鉴定评估费用，行政管理部门和司法部门应当介入。三是引入生态环境资源领域"智囊团"，建立生态环境资源保护专家库。生态环境资源保护涉及生物多样性、生态系统功能、环境监测、污染防治、能源等，为确保保护工作的科学性和严谨性，需要发挥专家对保护项目可行性、环境影响评价、损害鉴定等的技术支撑和政策咨询作用。有针对性地与科研院所、高等院校、政府机构、行业协会及企事业单位等搭建生态环境资源保护专家库，引进相关技术人员参与工作，帮助解决工作中遇到的专业性难题，科学制定保护方案。四是让具有专业知识的行政人员和检察人员互派挂职，增进相互间的学习和交流。行政机关与检察机关加强共训共研，通过常规化的培训和具体执法，提升行政执法人员在涉及生态环境资源保护公益诉讼中的调查、取证、流程规范等方面的能力和水平。

（三）完善跟踪监督，确保整改取得实质性成效

一是建立诉前检察建议办理情况"回头看"机制。在生态环境行政公益诉讼案件中，检察机关以诉前建议程序结案的，由检察机关负责后续的跟踪监督。检察机关应当建立检察建议执行跟踪反馈机制，检察机关在收到行政机关的反馈回函后，应对行政机关是否采取有效措施、生态环境资源的损害是否已终止、是否已采取有效修复措施进行跟踪监督。对法院做出判决的环境民事公益诉讼和行政公益诉讼案件，检察机关与法院的执行机构均有跟踪监督的义务，对于当事人或行政机关拒不执行判决或迟延履行判决的，由法院强制执行或提出司法建议，督促行政机关履行判决，检察机关亦可以依法提出检察建议。二是建立行政机关监督管理"回头看"机制。破坏生态环境资源的违法行为致使生态系统服务功能受损，侵害国家利益和社会利益，行政机关应积极履行监督管理职能，依法处罚的同时，应重点关注生态环境修复情况，督促违法行为人及时按要求整改，并通过"回头看"机制，杜绝虚假整改，确保整改不反弹。

（四）助推生态保护，设立生态环保公益基金

一是市政府统一设立生态环保公益基金。由环保行政机关、司法机关、环保组织、环境专家、法律专家等共同组成管理委员会，统筹安排生态环境修复工作，保证生态环保公益基金管理得当、使用合理、账目透明，从长远来看，更能达到公平、公正的效果。二是明确生态环保公益基金的用途。将生态环境损害修复资金归入生态环保公益基金，用于修复生态环境，支付公益诉讼工作中鉴定、诉讼等相关费用，以及奖励对提起生态环境公益诉讼或在环保事业中做出突出贡献的组织和个人，调动全社会参与环保的积极性。三是建立定期汇报制度。由南宁市各县（市、区）生态环境局的负责人担任该管理委员会的联络员，定期向管理委员会汇报本地的环境公益诉讼情况及受损环境修复进度，上下联动，形成高质量的监管格局。

（五）切实履职尽责，加大对环境侵害行为人的执法力度

一是对环境违法行为始终保持"零容忍"的高压态势。对依法做出的行政处罚、行政命令等具体行政行为的执行情况，实施执法后监察，坚决纠正整改不到位问题。积极鼓励和支持社会组织提起公益诉讼。二是强化行政执法与刑事司法、检察公益诉讼的联动。建立长效联动执法、会商督办机制，完善刑事案件移送、公益诉讼线索移送、联合调查、信息共享和奖惩机制，坚决克服有案不移、有案难移、以罚代刑现象，实现行政处罚和刑事处罚、检察公益诉讼的无缝衔接。三是实现对生态环境破坏受损修复鉴定的"零突破"。行政处罚和行政命令虽能使环境侵害人的行为受到惩罚，但是受损的生态系统和生态功能并不能恢复原状，损害后果没有得到修复。对生态环境破坏受损进行修复鉴定，让环境侵害人承担生态环境修复的费用，这种巨额侵权责任的承担，有更好的惩罚效果，同时让生态系统和生态功能恢复原状，才是环境行政执法的最终目的。

参考文献

房子跃、黄晓洁、李嘉莉:《用检察力量守护绿城碧水蓝天》,《广西法治日报》2022年7月22日。

詹棱:《检察机关提起环境行政公益诉讼的困境与对策》,硕士学位论文,甘肃政法学院,2019。

南宁市人民检察院:《忠诚履行职责 建设"首善检察"》,《广西日报》2023年2月14日。

邓铁军、房子跃、梁杰:《稻菽丰收有"检香"》,《检察日报》2023年1月4日。

李英、王淼:《检察机关提起环境行政公益诉讼面临的挑战》,《华北电力大学学报》(社会科学版)2019年第2期。

韩东成:《检察案例该如何撰写》,《检察日报》2021年8月30日。

郭玉春:《邢台市信都区强抓示范点建设推进林长制全面落实》,《河北林业》2022年第5期。

B.18
南宁市居民自建房安全整治调研报告

南宁市政协专题调研组 *

摘　要： 自建房安全整治事关人民群众生命财产安全、事关社会大局稳定。当前南宁市居民自建房数量多、范围广，存在一定的安全隐患，亟须进行安全整治。在整治南宁市居民自建房安全过程中发现存在房屋安全鉴定相关政策有待细化、群众配合意愿较低、工作经费筹措难、危房户居民安置难、历史遗留问题化解难、违法建筑处置难等问题，通过学习借鉴长沙、广州、武汉等城市自建房安全整治的经验做法，提出明确宣传舆论导向、强化相关资金保障、妥善解决危房户安置问题、分类实施整治、铁腕整治违法建筑、强化事前审批和事后监管等促进南宁市居民自建房安全整治的对策建议。

关键词： 房屋安全　自建房　安全整治

　　湖南长沙"4·29"居民自建房发生倒塌事故后，自建房的安全性成为社会各界广泛关注的问题。习近平总书记对湖南长沙居民自建房倒塌事故做出重要指示："要对全国自建房安全开展专项整治，彻查隐患，及时解决。

* 调研组组长：魏凤君，南宁市政协党组成员、副主席。调研组成员：李海光，南宁市政协人口资源环境与城乡建设委员会主任；周旭红，南宁市政协人口资源环境与城乡建设委员会副主任；何广华（执笔人），南宁市政协人口资源环境与城乡建设委员会副主任；黄敏丽，南宁市兴宁区政协主席；李海波，南宁市江南区政协主席；张俊然，北京金准咨询有限公司（广西）首席顾问、执行总经理；徐洪涛，华蓝设计（集团）有限公司总建筑师；马艳芳，南宁市政协人口资源环境与城乡建设委员会办公室主任；张丽明，民建南宁市委秘书长；肖志刚，南宁市住房和城乡建设局村镇科副科长；郑立川，南宁市政协人口资源环境与城乡建设委员会办公室工作人员。

坚决防范各类重大事故发生，切实保障人民生命财产安全和社会大局稳定。"目前，南宁市居民自建房数量多、范围广，存在一定的安全隐患，亟须进行安全整治。深入开展自建房安全专项整治工作，是贯彻落实党的二十大精神和习近平总书记关于安全生产特别是居民自建房安全有关重要指示精神的政治要求，是统筹发展、加强居民自建房安全管理常态长效、切实保障人民群众生命财产安全的迫切需要。

一　南宁市居民自建房安全性现状

（一）结构安全性"先天不足"

南宁市自建房数量多、范围广，涉及各行各业，牵涉人口众多，情况复杂。自建房规划建设管理不够到位，已建成自建房大多无设计图纸，建筑布局全凭房主喜好，施工质量全凭施工人员经验。有的自建房由包工头或几个农民工合伙承包，施工方为降低施工成本，不惜偷工减料。在建筑结构、水泥标号、钢筋大小等方面的使用随意性很大，建筑质量较差、结构不够合理、缺乏防震抗震设计等问题非常普遍。1990年前建好的自建房，由于受当时经济条件和技术条件限制，几乎都是预应力空心板砖混结构，加上年久失修等因素，现在大多存在一定安全隐患。据初次排查，初判南宁市中心城区自建房存在安全隐患率为4.92%。

（二）经营安全隐患乱象丛生

随着城镇化快速发展，在城中村、城乡接合部、工业园区、学校周边等区域，一些自建房经改扩建、加盖楼层后被违规用作饭店、超市、民宿等经营场所或出租给房客。这些自建房大多没有将房屋安全鉴定合格证明作为经营许可的前提条件，场所安全性有待提升。截至2022年，市中心城区经营性自建房占比已达57%。部分经营性自建房存在随意加盖装修、破坏承重结构、增加楼面负荷，以及相关设施不符合消防要求等突出问题，特别是城中村，房屋比邻而建，有的安全防火距离严重不足，室外未设消火栓，所用电线质劣且布线杂乱如蜘蛛网，飞线充电现象较普遍，导致经营安全性大大降低。市中心城区经营性自建房初判存在安全隐患率为 4.92%。

（三）违法建设行为频现

南宁市的自建房大量分布于城中村、老旧城区、拆迁安置区等区域。过去一些居民在未取得规划许可或未按照规划许可的情况下，以抢建、野蛮施工、隐蔽施工等形式进行违法建设，尤其是在城中村，这种违建的现象更为普遍。由于城中村存在大量的人口流动，出租屋和小旅馆规模迅速壮大。目前，中心城区自建房中 5 层及以上房屋占比达到 47.75%。违法加建至 7 层已属平常，超过 10 层的也屡见不鲜。此外，还有一些自建房为转为经营用房而自行装修增加隔墙、卫生间等，对原自建房建筑主体和承重结构造成严重破坏，使房屋建筑安全得不到保障。2012 年 4 月 29 日，南宁市江南区五一西路伟康市场内，一栋面积约 6500 平方米的在建 8 层楼房发生倒塌事故，幸好现场施工的 26 名施工人员迅速撤离，没有造成人员伤亡。

二 南宁市居民自建房安全整治工作总体情况

南宁市委、市政府部署开展自建房安全专项整治"百日攻坚"行动，自 2022 年 4 月 30 日起，对南宁市城镇建成区内（市区、县城和乡镇镇区，共 956.52 平方公里）的自建房开展第一轮全覆盖排查，并对农村部分自建房进行动态核查。2022 年 5 月 27 日，《自治区住房城乡建设厅关于开展城乡自建房全面摸底工作的通知》印发后，南宁市对全市自建房（含城市和农村）开展第二轮排查，重点聚焦经营性自建房。2022 年 11～12 月，南宁市开展经营性自建房"回头看"市级核查。

截至 2022 年 12 月 31 日，南宁市在全国房屋建筑和市政设施调查系统共录入房屋图斑 255.6 万个，录入率约 100%。自建房已录入 162.2 万栋，其中，经营性自建房 16.1 万栋，已全部完成自建房信息录入。按照住建部印发的《自建房结构安全排查技术要点（暂行）》标准，南宁市先后组织了110家施工建筑和勘察设计企业共计1000多名技术人员，会同数千名基层干部对经营性自建房开展了三轮（基础数据调查、安全隐患初步判定、"回头看"）全覆盖安全评估，共发现疑似存在安全隐患的经营性自建房16785栋，其中严重安全隐患1982栋；已整治管控11390栋，其中严重安全隐患1982栋，已完成年度工作任务，逐步消除房屋倒塌及人员伤亡安全隐患。同时，南宁市高度重视自治区督导检查，2022年共反馈南宁市涉及自建房结构安全隐患问题34个（其中自治区安委办反馈11个，自治区自建房整治办反馈23个），已整改32个，正在整改2个。未整改的两项为整体推动武鸣、上林存在安全隐患经营性自建房安全鉴定，按照自治区要求，计划于2023年6月前完成整改。

三 南宁市居民自建房安全整治面临的主要困难和问题

（一）群众配合意愿较低

南宁市很多自建房的产权人对技术初判的结论不认同，认为自己的房子不存在安全隐患，不愿意做房屋安全鉴定，更不愿意自费开展房屋安全鉴定。这些自建房的经营者普遍认为由经营者来承担房屋安全鉴定费不合理。部分房屋产权人也意识到自己的房子可能是危房，但是担心一旦鉴定成危房则无法出租和经营，于是就强硬拒绝进行房屋安全鉴定。作为出租或经营使用的自建房，往往是房屋产权人的唯一经济来源。在自建房安全整治过程中，一旦发现存在严重安全隐患的房屋，需要第一时间停用并疏散房屋内住户和租户，然后进行封控处置、限制经营，该拆除的要依法进行拆除。这一系列的措施会触及房屋产权人的个人利益，因此，开展自建房安全整治遇到的阻力较大，且存在一定程度的维稳风险。

（二）工作经费筹措难

南宁市自建房数量多、涉及范围广，疑似存在安全隐患的自建房基数大。

根据自建房的排查整治要求，C级危房需采取维修加固等措施进行整治，D级危房须通知用户停止使用并腾空搬离危房后进行整治。对排查出的疑似危房需要开展房屋安全鉴定和整治，这些工作的技术含量高，需聘请专业技术人员、建筑工匠参与专项整治工作，需要大笔经费。特别是由于安全鉴定难度大，需做鉴定的房屋数量多，技术人员缺、相关资料缺、经费缺等"三缺"现象严重。此外，目前房屋鉴定工作的费用较高，部分房主不愿意花钱开展安全鉴定工作，且鉴定费用随着房屋安全整治工作的推进呈迅猛增长趋势。对需维修加固的自建房，还需要编制加固方案和实施加固，这其中涉及的资金就更多了。部分县区财力不足，统筹开展房屋安全整治工作的经费十分困难。

（三）危房户居民安置难

部分安全鉴定为D级的危房无法及时腾空安置，仍在继续使用。由于规划调整、城市更新等原因，部分危房拆除后无法获批重建，进而导致业主不愿意配合拆除。即使获批重建，危房户需要另行筹集资金自行建设，自行安排过渡居住，对原自建房产权人形成较大资金压力，仅有唯一住房、经济收入水平低的危房户无力承担。目前，没有针对危房户可购买拆迁安置房的政策，因此，危房户无法得到及时安置。南宁市中心城区不少自建房居住的人员为外地来邕就业的新市民、青年人，收入普遍偏低。如对存在安全隐患的自建房进行大规模关停封闭、违章建筑进行拆除（或降层），将会新增许多家庭暂时无房居住，产生新的社会问题。有较多判定为疑似安全隐患的自建房屋都是因改变房屋使用性质而判定的，多数不存在房屋结构性隐患。如以上自建房按上级要求立即封控的话，将会引起社会不稳定，特别是教育类经营性自建房，涉及南宁市许多学生就读问题。

（四）历史遗留问题化解难

历史遗留原因造成南宁市城乡规划建设管理较为落后，城中村违规建房、加层现象较普遍，且村内环境复杂。尤其是由于历次行政区划调整等原因，自建房管控出现真空期，比如良庆区目前已建成的自建房，大部分开工

273

建设及建成时间均在 2005 年 3 月邕宁县撤县设区之前，大量城镇自建房报建手续不齐全、建档不规范、数据信息不准确，排查数据质量堪忧。对排查存在严重安全隐患需要拆除重建的危房，即使产权人有意愿自行拆除重建，但由于片区前期工作未成熟等原因，这部分危房暂时无法纳入改造范围；部分危旧房已列入旧改范围，更无法立刻实施整改。且目前尚未有危房重建相关政策规定，缺乏办理危房重建手续的流程。因不少自建房建设时间跨度大，依据的建设法规标准不断更新，而目前界定标准未统一，且大部分自建房无正式审批、无资质设计、无资质施工、无竣工验收，导致自建房合法合规性认定工作进展缓慢。对于部分超过使用年限且存在重大隐患的房屋，即使原房屋有合法证件，房屋拆除重建后难以取得合法手续，原自建房产权人也不愿意配合拆除。

（五）违法建筑处置难

城中村违法加层拆除难度大，处置效率低，大型器械难以进入城中村进行拆除施工，主要是靠人工降层拆除，难度大、成本高、速度慢。经营性自建房查处审批难，行业主管单位职责监管范围不够明晰，部分经营性用房存在交叉监管或监管空缺现象。不管是清空封闭还是强制拆除，对于入住人员的安置都需谨慎考虑，维稳压力巨大。在原有老旧自建房基础上直接违法加层，存在原老房与后加建房建筑结构不一致的现象，且由于原老房地基未考虑后加建结构重量，存在很大的安全隐患。有的自建房是拆除原有老旧自建房后在原址重建的，出于经济利益考虑建设层数超过规定层数，这些违法建设部分与合法部分一体化，后续执法处置拆掉违法部分存在安全隐患和难度，也让拆违费用难以协调解决。

（六）房屋安全鉴定相关政策有待细化

各部门在开展经营性自建房安全隐患排查工作过程中，一旦发现存在安全隐患的自建房，可对经营主体采取停业、吊销营业执照的措施，仅教育、宾馆、养老、宗教等行业和部门有明确要求，其他行业目前没有法律法规依据，只有对危房进行查处的依据。通过立法推动房屋安全鉴定合格证明作为前置条件，是当前解决经营性自建房安全隐患问题的途径之一。然而解决此问题的途径也碰到了以下三个方面的问题：一是提供房屋安全鉴定与降低企业开办门槛、杜绝变相增加企业审批前置条件等的优化营商环境要求相违背；二是企业自行提供的房屋鉴定安全证明是由第三方服务机构提供的，需企业支付一定数额的费用，与开办设立零成本的要求相违背；三是易引发群众投诉，造成登记机关履职风险。因此，需要充分统筹考虑发展和安全之间的平衡。

四 其他城市针对居民自建房安全整治的经验做法

（一）长沙市

长沙市在发生"4·29"事故后，迅速出台《经营性自建房安全管理十条措施》，提出"凡建必批""投用必验""安全必鉴""凡险必除""凡危必关""凡疏必改""凡假必究""手续必全""经营必审""混杂必清"十个"必"具体举措，全面加强经营性自建房的审批、建设、验收、经营等全流程、全领域管理，形成工作闭环，全面强化房屋全生命周期安全保证。

（二）广州市

广州市结合城中村较多、老旧房屋较为密集等现状，将排查重点范围确定为村民及村集体组织建设的房屋、城镇居民自行建设的房屋及其他存在安全隐患的房屋。明确要求自建房的产权人（使用人）对拥有、使用的房屋进行安全自查，重点检查"擅自加建、改建、扩建""房屋地基基础不均匀沉降""承重墙体开裂、变形、风化疏松""混凝土构件变形开裂或露筋锈蚀""钢屋架或木屋架倾斜变形""承重木构件严重腐朽"等安全隐患。

（三）武汉市

武汉市颁布实施控制和查处违法建设条例，明确违法建设不但不能获得拆迁补偿，当事人还需要承担强制拆除费用。按照违法建设不得获利的原则，规定房屋征收部门征收房屋，对被认定为违法建设的不予补偿；规定供水、供电等市政公共服务单位和建设工程设计单位、施工单位、监理单位、房地产经纪机构不得为违法建设提供相应服务。对被下达违法建设强制拆除通知书的违建当事人需承担强制拆除费用、建筑垃圾清运处置费用以及物品保管、处置、提存等费用。

（四）杭州市

杭州市以数字化为支撑，全力打造房屋全生命周期管理服务数字化平台，把破解"审批建房难""风貌管控难""危房整治难""建房管理难"作为数字化平台的标志性成果。将自建房和危房纳入全市房屋基础数据库和人、防、地一体化智慧平台；设置计划管理、过程管理、危房管理、解危管理、查询统计等功能模块，实现了线上联通与线下处置的协同。

五　加强南宁市居民自建房安全整治工作的建议

根据国家和自治区自建房安全专项整治工作方案及相关配套文件要求，南宁市应在2023年6月底前完成全市所有自建房安全隐患排查，力争到2025年6月底前完成全市既有自建房安全隐患整治工作，并建立完善防范和处置自建房安全隐患制度，保证新增自建房的质量安全。为推动南宁市自建房安全整治工作方案的贯彻落实，针对目前南宁市自建房安全整治工作中存在的问题和工作难点，提出以下几点建议。

（一）明确宣传舆论导向

1. 提高思想认识

居民自建房安全整治工作关系人民群众的生命财产安全，要提前做好居民自建房安全整治宣传发动工作，加大房屋安全科普教育力度，不断提高城乡居民的建筑安全意识，进而预防自建房安全事故的发生。南宁市相关部门要高度重视自建房安全整治宣传发动工作，营造党政重视、社会支持、群众参与的良好氛围，并将其作为一项长期的基础性工作抓实抓细抓好。

2. 创新宣传形式

要认真筹划宣传活动的内容及形式，紧扣自建房安全整治这个热点，突出全市上下统一的宣传主题，通过各种有效形式开展宣传报道。可考虑使用网络、电视、报纸等新闻媒体，不断宣传强调自建房安全整治工作的重要性，提高自建房产权人（使用人）的安全使用主体责任意识和全社会公共安全意识。充分发挥基层组织的主力军作用，扎实细致地做好自建房安全宣传工作。开展自建房安全应知应会知识宣传活动，印制《自建房安全常识一张图》《房屋安全知识手册》《致自建房业主（使用人）的一封信》。发挥专项整治微信公众号、管理服务工作群、公共场所电子屏等媒介优势，强化居民自建房安全整治知识宣传。将自建房建筑工匠纳入重点宣传对象，使广大建筑工匠成为自建房安全整治政策法规知识的执行者和宣传者。

3. 强化宣传实效

结合居民自建房安全整治宣传活动，南宁市各级政府要认真开展居民自建房安全整治政策法规知识的宣传督导工作，不折不扣地落实属地责任。居民自建房安全整治工作手册要做到所有乡镇（街道）便民服务大厅有摆放、所有行政村（社区）有张贴、所有自建房业主有发放，确保自建房安全整治宣传到位。结合典型案例宣传，畅通问题线索移送渠道，引导房屋所有权人、使用人增强安全意识，动员引导群众支持配合排查，坚决遏制涉及自建房安全的重特大事故发生。

（二）强化相关资金保障

1. 保障相关工作经费

南宁市各级财政应对本级自建房安全专项整治工作专班提供必要的经费保障，用于隐患排查、安全鉴定、技术服务等工作，落实应急情况下的资金保障。将房屋安全管理信息化建设统筹纳入各级政务信息化工程，并给予经费保障。专项工作经费以南宁市各县（市、区）保障为主，市级财政负责市本级相关支出和市级有关部门承担的跨行政区域组织协调、技术指导、信息采集等工作相关支出。

2. 落实鉴定费用

按照"谁拥有谁负责"的原则，由各行业主管部门督促房屋产权人对经营性自建房进行房屋安全鉴定，鉴定所需费用由房屋产权人承担。对初判为存在安全隐患的自建房，乡镇（街道）应督促房屋产权人进行安全鉴定。房屋产权人没有按期对其进行鉴定的，县（市、区）政府可依法依规指定有关单位代为履行，所需鉴定费用由房屋产权人承担。

3. 大力筹措整治费用

南宁市自建房产权人应根据安全鉴定结论，及时采取修缮、拆除或其他解除安全隐患的措施对其进行整治，并承担相关费用。同时，可借鉴机动车强制险的经验做法，探索建立房屋养老金、房屋质量保险和城镇自建房经营用途保险等制度，将风险管理防线前移。

（三）妥善解决危房户安置问题

1. 设立产权置换方式

相关危房户通过产权置换、购买拆迁安置房等政策解决安置问题。置换后启用政府资金对危房进行拆除重建或作为政府储备用地。属于 D 级危房，且仅有唯一住房的住户，承诺同意拆除危房并申请产权置换的，可按规定申请保障性住房。

2. 完善租赁安置模式

D 级危房承诺同意拆除危房后获批危房翻新的、C 级危房承诺加固维修的，可引导危房内的居民投亲靠友或租住、借住其他安全房屋，政府可给予一定补贴；按规定申请保障性租赁住房，待房屋建成或完成修缮后再予以清退，租金由被安置租户自行缴纳。腾空后的危房由业主自行排险解危。加快发展保障性租赁住房，解决外地来邕新市民、青年人等群体的安置问题。

3. 创新救助安置机制

建立自建房安全救助机制，设立自建房安全救助专项资金，对特殊困难家庭进行补助，因地制宜地使用集体用房解决临时居住问题。

（四）分类分批实施整治

1. 聚焦经营性自建房安全整治

对不具备合法手续、存在违建加层、擅自拆改主体结构等违规改扩建行为的经营性自建房，应责令产权人或使用人立即停止经营活动进行整改，并要求通过安全鉴定确认安全状况。未整改到位的，或不满足安全要求的应采取拆除或加固处理等措施予以消除隐患。

2. 抓紧对年代久远的房屋进行安全整治

对于年代久远的自建房要通过安全鉴定确认安全状况，如不满足安全要求，应立即停止使用。对如宾州古城历史文化街区历史建筑的保护开发利用与房屋安全整治，要在政策、技术、资金上加强指导支持帮扶。

3. 抓紧对疑似存在重大安全隐患的房屋实施整治

对存在结构倒塌风险、危及公共安全的自建房，应立即停用并疏散房屋内和周边群众，采用封闭处置、现场排险等方式，该拆除的依法拆除。对存在地质灾害隐患的自建房，应采取地质灾害工程治理、避让搬迁等措施。其他疑似存在安全隐患比较小的自建房可推迟整治。

（五）铁腕整治违法建筑

1. 抓好违法建设的认定工作

凡未依法取得建设用地规划许可证、建设工程规划许可证、乡村建设规划许可证或未按照有关许可内容进行建设（如擅自改变承重结构、加层、扩建等）的行为及其形成的建筑物、构筑物等，依法认定为违法建设。居民自住房改变用途用于生产经营造成严重安全隐患的，比照违法建设行为进行处理。房屋产权人及使用人必须彻底整改，消除安全隐患。对拒不整改或整改不合格的，依法依规强制恢复自住用途。

2. 加强部门联动

南宁市可成立市自建房安全专项整治工作领导小组，统筹推进南宁市的自建房专项整治工作。根据工作需要进一步细化工作任务，落实自建房安全管理责任，加大对南宁市居民自建房安全排查整治工作的督促力度。市住建局要发挥统筹协调作用，组织各成员单位抓好自建房安全专项整治工作落实。市相关部门要落实行业监管范围内自建房的安全监管责任，共同推进专项整治工作。南宁市各县（市、区）政府会同市相关部门，对排查出存在风险隐患的房屋做出是否保留的决定，对不予保留的房屋开展联合执法，按违法建设管控要求及时依法拆除。对阻碍专项行动、造成不良后果的行为，由公安机关依法依规严厉打击，涉嫌违法犯罪的，由司法机关依法追究法律责任。

3. 引导房屋产权人及使用人开展自查自纠

房屋产权人及使用人应当积极配合调查，如实提供相关资料，主动申请合法性认定和房屋建筑、消防安全鉴定，主动开展自查自纠，自觉对违法建设进行拆除。对经判定需要立即拆除而未自觉主动拆除的违法建设，房屋产权人及使用人应当在通知的规定期限内自行拆除。逾期未拆除的，依法采取行政强制措施予以拆除。

（六）强化事前审批和事后监管

1. 加强源头治理

围绕自建房用地、规划、设计、施工、改（扩）建和变更用途等行为，健全管理制度，严格审批监管，形成自建房新建翻修管理闭环，进一步细化规划、立项、施工许可、竣工验收、不动产确权登记等全过程管理要求。建议自治区通过立法或出台政府规章的形式，明确将房屋安全鉴定合格证明作为前置条件。房屋产权人或使用人在办理相关经营许可、开展经营活动前应依法依规取得房屋安全鉴定合格证明。同时，给予相关部门一定过渡期，做好经营性自建房分类分期分批鉴定的安排。

2. 完善常态化巡查机制

整合相关职能部门业务流程，打造综合管理平台，实行一栋一码房屋管理，实施智慧监管。落实乡镇（街道）属地责任，发挥城管、村（居）"两委"的前哨和探头作用，健全房屋安全管理员制度和网格化动态管理制度，地面人员巡查与空中无人机结合，完善信息系统，保证图斑位置的准确性，实现数据同步录入和信息共享，做到底数清、情况明、发现早、处置快。

3. 加强基层监管队伍建设

落实县（市、区）、乡镇（街道）用地规划和建设管理等职责，明确监管机构和相关工作人员，配齐配强房屋安全监管专业队伍，加强一线房屋安全管理人员专业能力和应急处置能力。村（居）委会应积极协助相关部门做好居民自建房建设和使用安全监督管理工作，将居民自建房安全监管有关规定纳入村规民约、居民公约。各相关行业主管部门应落实行业监管范围内自建房的安全监管责任。

参考文献

《国务院办公厅关于印发全国自建房安全专项整治工作方案的通知》，中国政府网，2022年5月27日，http：//www.gov.cn/zhengce/content/2022-05/27/content_ 5692543. htm。

广西壮族自治区人民政府办公厅：《关于印发全区自建房安全专项整治工作方案的通知》，2022年6月。

《北京市人民政府办公厅关于印发〈北京市自建房安全专项整治工作方案〉的通知》，北京市人民政府网站，2022年6月30日，https：//www.beijing.gov. cn/zhengce/zfwj/zfwj2016/bgtwj/202206/t20220630_ 2756218. html。

《省政府办公厅关于印发江苏省自建房安全专项整治实施方案的通知》，江苏省人民政府网站，2022年7月15日，http：//www.jiangsu.gov.cn/art/2022/7/15/art_ 64797_ 10543149. html。

专题研究篇
Special Reports

B.19
南宁市铸牢中华民族共同体意识
路径分析

南宁市社会科学院课题组*

摘　要： 中华民族共同体意识是国家统一之基、民族团结之本、精神力量
之魂。近年来，南宁市紧紧围绕铸牢中华民族共同体意识这条主
线，在宣传教育、文化交流、经济发展、各民族交往交流交融、
服务治理体系构建上取得了较好的实践成效。同时在常态化宣传
教育机制构建、民族工作服务与管理提升、经济高质量发展推
进、文化认同基础巩固上仍存在挑战，本报告建议从夯实思想基
础、丰富创建载体、夯实经济基础、加强治理保障、完善工作机
制等方面入手，推动新时代党的民族工作高质量发展。

* 课题组组长：覃洁贞，南宁市社会科学院副院长，研究员。课题组成员：吴金艳，南宁市社
会科学院副院长，正高级经济师；王瑶，南宁市社会科学院社会发展研究所所长，助理研究
员；梁瑜静，南宁市社会科学院经济发展研究所所长，助理研究员；杜富海，南宁市社会科
学院经济发展研究所副所长，助理研究员；庞嘉宜，南宁市社会科学院城市发展研究所，助
理研究员；陈琦，南宁市社会科学院经济发展研究所，中级经济师；林琼芳，广西民族大
学，副教授；覃晓宁，广西科技师范学院，教授。

关键词： 中华民族共同体意识　宣传教育　民族工作

党的十九大郑重提出"铸牢中华民族共同体意识"，并将其写入党章。党的二十大报告明确提出："以铸牢中华民族共同体意识为主线，坚定不移走中国特色解决民族问题的正确道路，坚持和完善民族区域自治制度，加强和改进党的民族工作，全面推进民族团结进步事业。"2017年4月，习近平总书记视察广西时指出，希望广西"总结好、运用好、发展好民族团结进步的成功经验，深入开展民族团结进步创建活动，像爱护自己的眼睛一样爱护民族团结"。① 广西牢记习近平总书记殷切嘱托，把民族团结进步事业作为基础性事业抓紧抓好，开创新局面、创出新佳绩。2021年4月，习近平总书记再次视察广西，赋予广西"全国民族团结进步示范区"崇高荣誉，并提出"继续发挥好示范带动作用"的要求。② "十四五"时期，南宁市作为广西壮族自治区首府、多民族聚居城市，铸牢中华民族共同体意识有利于推动民族团结进步与各民族交往交流交融，促进民族事务治理现代化。这既是顺应时代变化、开创民族工作新局面、扎实做好民族工作的要求，更是实现好、维护好、发展好南宁各族人民根本利益，实现全市经济社会高质量发展的必由之路。

一　南宁市铸牢中华民族共同体意识的实践基础

（一）深入开展宣传教育，凝聚铸牢中华民族共同体的思想共识

1. 积极构建大宣教工作格局

在宣传活动面上，围绕领导干部和青少年等重点群体，将民族团结、铸

---

① 《让民族团结之花开得更加鲜艳——深入学习贯彻习近平总书记关于民族工作的重要思想》，求是网，2017年8月3日 http://www.qstheory.cn/dukan/qs/2017-08/03/c_1121422363.htm。
② 《习近平在广西考察时强调 解放思想深化改革凝心聚力担当实干 建设新时代中国特色社会主义壮美广西》，新华网，2021年4月27日 http://www.xinhuanet.com/politics/2021-04/27/c_1127382754.htm。

牢中华民族共同体意识宣传教育纳入干部教育、国民教育、社会教育。广泛在各级干部学院、各级党校、中小学、职业学校、机关、企事业单位、社区开展知识读本发放、课程开设、主题征文等活动。在宣传教育阵地建设上，通过铸牢中华民族共同体意识宣传教育中心，命名一批南宁市铸牢中华民族共同体意识教育基地，中共南宁市委党校获批为自治区首批铸牢中华民族共同体意识研究基地，成立南宁市铸牢中华民族共同体意识宣传教育中心，打造集民族理论宣讲、课题研究、主题教育、宣传于一体的重要平台。昆仑关战役旧址等8家单位为首批南宁市铸牢中华民族共同体意识实践教育基地。同时，以传统节日为载体，与青少年活动中心等平台合作，不断开展校外课堂铸牢中华民族共同体意识主题教育活动。

2. 创新多样化宣传教育形式内容

一方面，积极探索"线上+线下"融合宣传教育形式。在线下以弘扬红色文化为重点，通过邕江游船、红色故地事迹来增强铸牢中华民族共同体意识的坚强政治定力。在线上充分运用新技术、新媒体，开展"空中课堂"、网络答题、"云"端赶歌圩等线上主题活动，同时在宣传上利用南宁广播电视台、地铁LED巨屏等全媒体多渠道多元化传播形式来强化传播效果。2022年4月，打造建设了广西首家"铸牢中华民族共同体意识"主题影院，打造"影院+主题教育+民族团结创建+N"沉浸式宣传教育模式。另一方面，强化示范引领。积极开展示范单位评选活动，创新开展"五比五争""石榴花开美邕城"等主题创优争先活动。截至2022年6月，南宁市共有10个国家级、44个自治区级、397个市级民族团结进步示范单位，共命名了1252个模范家庭，通过个人与单位集体的示范带动，不断引导更多的干部群众铸牢中华民族共同体意识，推动其参加民族团结进步创建活动与工作。

（二）文化交流互鉴不断深化，夯实共有精神家园文化基础

1. 积极开展各类民族文化活动

南宁市已形成民族文化活动常态化开展机制。截至2021年，南宁市已连续13年开展民族团结进步宣传月活动，常态化的活动举办机制也极大地调

动了各族人民群众的参与积极性。数据显示，每年南宁市围绕民族发展主题开展的宣传活动超 1000 场次，在"您在南宁参加过哪些民族文化活动"的问卷调查中，有 68.56% 的受访群众表示参加过民族歌圩等文艺活动，58.28% 的受访群众表示参加过民族特色美食制作推广活动（见图 1）。通过多元化的民族文化活动载体，进一步传承与发展民族文化，凝聚民族和谐发展的向心力。

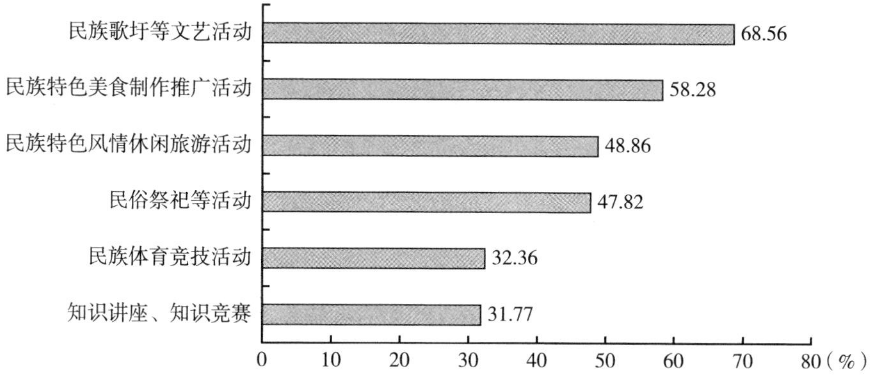

民族歌圩等文艺活动 ──────────────── 68.56
民族特色美食制作推广活动 ──────────── 58.28
民族特色风情休闲旅游活动 ────────── 48.86
民俗祭祀等活动 ────────── 47.82
民族体育竞技活动 ────── 32.36
知识讲座、知识竞赛 ────── 31.77

0　10　20　30　40　50　60　70　80（%）

图 1　对南宁市民众参加民族文化活动的调查情况

2. 持续推进民族语言文化保护与推广工作

持续推进语言文字共通。语言文字是各民族文化认同的基础。"十三五"以来，南宁市以乡村、学校、社区为重点持续推进国家通用语言文字推广。在乡村，积极开展"推普乡村行""家园中国·经典润乡土"等推普脱贫培训及语言文字规范化建设活动。在社区，以社区之家为依托开展语言培训推广活动，如中华路社区构建与广西民族大学合作机制，在社区内建立大学生民汉双语志愿服务实践基地，建立汉语培训推广的常态化机制。在学校，南宁市持续在青秀、隆安、邕宁、上林等 7 个县（市、区）的 61 所中小学及幼儿园开展壮汉双语实验教学工作，截至 2022 年 6 月，南宁市中小学普通话普及率已达到 100%。同时，强化民族语言采集与宣传推广，持续推进对上林县大丰、明亮、三里等壮族聚居地的壮语山歌、民间故事等的收集与整理工作，并在隆安县、上林县、武鸣区融媒体中心开办《隆安壮语新闻》《壮语讲故事》等壮语广播电视节目，武鸣区广播电视台综合频道轮流播出壮语译制影视片《西游记》《水浒传》《射雕英雄传》和壮语动画片《百鸟衣》《大战人熊婆》等，以新媒体扩大民族语言推广宣传面。

3. 强化民族文化品牌与载体建设

着力打造民族文化品牌。积极推动非物质文化遗产产业化、品牌化，对横州茉莉花、宾阳壮锦制作技艺、壮族刺绣、壮族五色糯米饭等特色非遗项目积极开展产业标准化、品牌化运作，使其在区内外影响力不断提升。在民族文化艺术精品打造上，创作、复排一批具有民族地区特色的精品剧目，其中，话剧《妈勒访天边》荣获国家舞台艺术精品工程十佳剧目，"壮族三声部民歌"登上维也纳金色大厅，话剧《大山壮歌》、舞剧《刘三姐》、曲艺《船夫·老师》等精品剧目列入庆祝中国共产党成立 100 周年广西艺术精品创作重点扶持项目名单。

加强民族文化宣传与教育载体建设。实施"同心文化载体"建设。2021~2022 年，南宁市积极推动同心文化广场、同心文化长廊、同心文化艺术团、同心体育队建设，使各族群众交往交流交融平台得到进一步完善，文化认同得到进一步增强。

（三）经济高质量发展步履坚实，推动各民族共享发展成果

1. 全面落实"强首府"战略，推动经济高质量发展

南宁市经济总量在 2021 年迈上 5000 亿元台阶，达 5120.94 亿元，产业转型升级扎实推进，产业结构优化取得显著成效。工业振兴在传统工业和先进装备制造业方面持续发力，数字化、融合化引领服务业提质增效，现代特色农业品牌化发展成果显著。开放型经济发展水平不断提升，2021 年南宁市外贸进出口总额达 1231.9 亿元，同比增长 24.9%。完善有利于少数民族聚居区实现高质量发展的差别化区域支持政策，积极培育民族特色村寨，西乡塘区石埠街道忠良村（美丽南方）等 11 个村屯命名为"2021 年广西民族特色村寨"，命名数量位居全区第一。

2. 拓宽收入来源渠道，增进民生福祉

南宁市在着力加快产业发展的同时，通过多渠道增加居民收入。一方

面，强化创业就业平台建设，南宁市共建立 9 条少数民族流动人员创业街、10 个"跳蚤市场"、49 个创业孵化站，为少数民族流动人口提供更为多元便利的就业与创业机会。完善低收入人群的兜底保障体系，搭建南宁市脱贫攻坚数据监测系统，充分利用大数据信息化技术打通数据壁垒，提高摸排具有返贫风险的脱贫户的精准度。设立南宁市精准防贫基金，将城乡低保标准分别提高至城市 790 元/（人·月）、农村 5500 元/（人·年），截至 2021 年，南宁市共有 1556 个村集体经济收入超过 5 万元。在城乡人均收入差距不断缩小、民生福祉不断增进的背景下，南宁市持续推动城乡协调发展，进一步夯实铸牢中华民族共同体意识的经济基础。

3. 大力促进民贸民品企业发展壮大

自"十三五"以来，南宁市持续扶持壮大民贸民品企业，发展民族特色产业。持续强化资金扶持，2016～2021 年，南宁市累计安排市级扶持资金 1582 万元用于支持全市民贸民品企业发展，2020～2021 年，南宁市民贸民品企业享受财政贷款贴息共 5155.07 万元，为企业的技术改造、产品研发、产品宣传推介等方面提供了有力的资金支持。截至 2021 年底，南宁市共有 86 家企业被认定为民贸民品企业，其中民贸企业和民品企业各有 43 家，已涵盖民族药业、清真食品、民族文体用品、民族针纺织业等行业。

4. 持续优化民族地区发展环境

在基础设施上精准补短板、强弱项，在公路铁路建设上，实现县县通高速、村村通硬化路，搭建运营铁路列车 3 小时内通达区内主要城市、4 小时内直通粤港澳大湾区核心城市的高效联通网络。在农业生产机械化上，实施农业生产"三品一标"提升行动，持续加强农机装备建设，2021 年南宁市农机总动力达 557.04 万千瓦，主要农作物耕种收综合机械化率达 71.75%，助力南宁市乡村民族地区经济发展。同时，持续优化软环境建设。通过每年举办民贸民品工作培训班、搭建"两台一会"中小企业贷款平台等政企银沟通平台，切实解决融资等企业发展困难，营造企业发展的优质服务环境。

（四）各民族交往交流交融不断深化，筑牢民族团结进步基础

1. 积极开展各类交流交往活动

围绕铸牢中华民族共同体意识和各民族交往交流交融"三项计划"之一的青少年交流计划，2021~2022年，南宁市在各中小学广泛开展"壮族三月三我为家乡来打CALL"线上主题教育活动；同时启动"桂港澳青少年交流计划"，促进南宁市青少年与本市及以外青少年交流，铸牢中华民族共同体意识。注重依托各县（市、区）联谊工作站、服务站，积极开展走访慰问、谈心交流、"心连心"等主题联谊活动，南宁市各级各部门平均每年举办各类联谊交流活动超100场次，充分发挥了联谊活动的桥梁纽带作用。

2. 促进各民族群众互嵌共居

在多民族社区共居的管理中，南宁市坚持以党建引领社区建设、增进民族团结。如西乡塘区中华中路社区创立了"民族情深党旗红"党建品牌，设立了"党建港""勤廉港""生活港""关爱港"等特色服务项目，通过发放"民情联系卡"实现社区党员干部与社区居民的精准对接，增进社区干部与居民、居民与居民间的交流交往，推进社区铸牢中华民族共同体意识工作创新发展。

（五）创新服务和治理，提升民族事务治理现代化水平

1. 坚持以依法治理引领民族事务治理

构建长效民族工作机制，建立健全市、县（市、区）两级协调联席会议机制、民族关系监测评价处置机制，完善少数民族流动人口流出地与流入地政府的联动机制，先后与内蒙古、宁夏、新疆、西藏四区首府城市及新疆和田、甘肃夏河、宁夏吴忠等地建立少数民族流动人口流出地和流入地双向共管协作关系。针对城市民族事务治理中遇到的特殊问题、特别事项，及时研究制定实施《南宁市流动人口基本公共卫生计生服务均等化实施办法》《南宁市人民政府关于进一步加强进城务工人员随迁子女接受义务教育工作的通知》《全市流动人口关怀关爱服务管理实施方案》等政策性文件，为各族群众提供

劳动就业、职业培训、困难救助、政策咨询等方面的精细化服务。

2. 把民族事务纳入共建共治共享的社会治理格局

南宁市将民族工作融入社会治理的网格化管理，如西乡塘区万秀村以村网格管理站为平台，建立村队（组）网格管理分站、依托"民族之家""民情驿站""服务工作室"等服务载体，形成"村—组—格"三级服务管理平台，以每500户或1500人为网格单元进行科学合理划分，将全村划分为50个网格单元，每个网格配备1~2名网格员，使各族来邕群众"进得来、融得入、留得住、有发展"。建立"逢四说事"和"老友议事会"协商议事平台。组织社区和小区各族群众说事议事，共同协商解决基层治理重点难点问题，实现"邻里事、邻里议，邻里忧、邻里解"，推进基层治理模式创新。2021年，收集各族群众社情民意516条，解决并反馈问题135个，惠及各族群众1300多人次。

3. 打造线上线下多元化治理与服务平台

线下治理与服务方面，围绕"13456"民族事务服务体系，成立与推广包括专业律师组成的"红石榴"法律服务站、"逢四说事"、"老友议事会"等协商与服务平台；整体改造升级少数民族流动人员服务中心大厅，把服务中心打造成集宣传展示、教育、培训于一体的功能室，更好地服务来邕各族群众；构建以城区社区为载体，社会组织与专业化工作志愿者为支撑的服务治理机制，进一步夯实以1个服务中心、20个社区"民族之家"（少数民族流动人员服务站）、N个少数民族群众诉求和期盼为服务内容的"1+20+N"服务体系。线上治理与服务方面，依托南宁政法综治"云数据"应用平台，实现社区民族工作与基层服务管理系统对接，打造基层信息化服务管理平台，2022年1月在"爱南宁App"上线民族事务板块，提供包括民族政策法规、学习教育、公共服务在内的信息服务渠道。2022年3月上线的南宁市铸牢中华民族共同体意识众创云平台，是全区首个集"宣传教育、服务保障、就业创业、面向东盟"于一体的云平台，为南宁市各族群众提供高效快捷的就业、创业指导培训服务。

二 南宁市铸牢中华民族共同体意识存在的薄弱环节

（一）宣传教育常态化机制有待加强

对于铸牢中华民族共同体意识工作的宣传教育更多是通过单位组织的学习活动、依托于传统媒体的宣传报道以及大众宣讲等方式开展的，农民、企业员工、个体私营者以及自由职业者或无职业的受访者接受宣传教育的频次相对较少、体验感较弱，关于民族知识的理解认识仍有不足。在示范点建设方面，示范基地分布区域较为零散，尚未形成市、县（市、区）、乡镇（街道）、村（社区）四级联动的点、线、面相结合的示范带。调研中，关于"您如何看待中华民族共同体意识和各民族意识的关系"的问题，回答完整的受访者不足半数，反映出关于铸牢中华民族共同体意识工作的宣传教育仍有待加强。

（二）城市民族工作服务和管理有待完善

第一，工作队伍建设有待加强。南宁市各县（市、区）、乡镇及社区的各级民族工作队伍仍然相对薄弱，尤其是社区基层一线的工作人员数量不足，个别城区的社区工作人员和网格工作人员流动性大，人力不足，力量薄弱。第二，从事乡镇基层民族工作的干部往往身兼多职，不仅要负责民族政策的落实、民族工作的创建，还要负责其他基层工作，各项工作需要兼顾，时间和精力无法保障民族工作的高效落实。第三，流动人口管理工作有待加强。在流动人口服务管理上，教育、医疗、养老等基本公共服务还存在较大的需求空间。另外，城市民族服务管理工作的信息化建设仍相对滞后，数据信息收集和共享仍存在部门块状孤岛问题，影响城市民族工作的共建共治共享。

（三）推动经济高质量发展

产业发展基础有待夯实。与周边同类兄弟城市相比，南宁的经济体量和经济发展质量仍有待进一步提升，在城市发展的竞争力和影响力方面与长沙、合肥、南昌等存在较大差距。从经济总量看，2021 年南宁市地区生产总值为 5120.94 亿元，增速为 6.1%，增速低于全国（8.1%）和广西全区（7.5%）。从县（市、区）经济发展情况来看，各县（市、区）经济发展水平不够均衡，县域经济整体水平不高，兴宁区、横州市、武鸣区等经济总量均在 500 亿元以下，产业发展基础不牢固，直接影响铸牢中华民族共同体意识工作的推进。同时，城乡公共服务均等化有待加强，城乡接合部、乡村地区基础设施建设相对滞后，尤其是新型基础设施仍然较为匮乏。调研了解，以文体公共服务为例，南宁市各县（市、区）公共体育设施供给总量仍然不足、发展不均衡、布局不合理，农村人居环境整治、农村基础设施和公共服务体系建设亟须加快推进。

（四）各民族交往交流交融有待深化

南宁市促进各民族交往交流交融的方式还不够丰富，形式较为单一，大多数工作局限于简单的文化交流和展示，在促进各民族交往交流交融的工作中，存在只注重促进各族群众共同参与文化交流、文艺表演类的简单交流的情况，对于促进各族群众形成强烈身份认同和共同价值取向的交流活动创新不足。在载体建设上，大多数促进各民族交往交流交融平台建设都是由行政主管部门主导搭建的，社会团体力量参与建设的力度不足。

（五）文化认同基础有待巩固

南宁市中华民族优秀传统文化宣传活动主要集中在"三月三"等传统民族节日，且更注重形式上的展示，文化宣传深度、形式多元化、举办常态化方面有待加强。在文化开发创新上，本民族文化缺乏系统性、整体性的整合和提炼，民族文化资源较为散、乱、碎，不利于民族文化的传播和传承。部分传统民族文化，如少数民族语言、文字、节日等没有得到有效传播和继承，影响民族文化再融合与创新发展。因专业人才队伍短缺，壮汉双语教学推广难度较大，熟练掌握使用壮文人员不多。

三 南宁市铸牢中华民族共同体意识的对策建议

（一）夯实铸牢中华民族共同体意识的思想基础

1.完善铸牢中华民族共同体意识大宣教格局

一是构建社会宣教体系。充分利用各级各类铸牢中华民族共同体意识研学实践教育基地，不断加强铸牢中华民族共同体意识的宣传教育引导，因地制宜打造一批叫得响、有侧重、有教育示范作用的民族团结进步示范单位和铸牢中华民族共同体意识的宣教中心、主题公园等。二是完善实践教育与理论研究。强化创建工作进校园活动，拓展教育内容，组织力量统编教材，切实将"五个认同"的教育融入中小学校、高校思政课，构建以习近平总书记关于加强和改进民族工作的重要思想为主线，以党的民族政策和民族工作新经验、多民族国家基本国情教育、民族团结进步典型事迹等为内容框架的教育体系。整合驻邕高校、科研院所专家力量，建设铸牢中华民族共同体意识研究专家智库及理论研究中心，开展适用性研究，不断完善理论体系和政策话语体系。

2.增强中华文化认同，构筑共有精神家园

一是借助南宁市现有的宣教载体，搭建铸牢中华民族共同体意识展示平台。通过历史文化宣传、民族风俗展示、民族特色建筑、民族地标性景观展示等方式，挖掘中华优秀传统文化的思想价值，树立中华文化符号和中华民族形象，推动各民族文化创造性融通发展。二是持续全面推广和普及国家通用语言文字。在全市范围内扩大壮汉双语教育，在教育规划、教材完善、师资队伍建设等方面进一步完善相关制度体系和激励措施。以社区民族之家、社区志愿服务、社区双语课堂为依托，开展国家通用语言培训。积极开展中小学校中华经典诵读、汉字听写、童谣诵读等国家通用语言文字普及品牌活动，扩大国家通用语言文字普及面。三是借助壮族"三月三"、瑶族"盘王节"、民族团结进步宣传月、南宁国际民歌艺术节、中国—东盟（南宁）戏剧周等节日及活动平台，大力弘扬民族优秀文化、增强中华优秀文化认同。

3. 加强民族文化保护传承和发展

用现代化的产业运营模式促进民族文化的保护与传承，推动民族文化与传统文化宣传接轨，与现代产业融通。将现代生产技术和数字化的保护方式引入民族文化工艺生产，通过沉浸式体验等推广方式实现多行业、多领域、多场景的全方位民族文化覆盖。借助中国—东盟博览会、投资峰会转型升级服务 RCEP 的契机，促进优秀文化产业和优秀民族文艺作品、文化元素向国际友城输出，打造"一带一路"人文交流重要节点。

（二）丰富铸牢中华民族共同体意识的创建载体

1. 推动民族团结进步示范创建提质扩面

大力培育和创建全国、广西民族特色村寨和民族团结进步示范单位、教育基地等示范载体，鼓励并推动民族团结创建工作跨区域、跨部门、跨行业共建，形成以点串线、以线连片、以片带面的示范创建格局。鼓励引导各县（市、区）、村（社区）、单位因地制宜创新创建活动内容和载体，将民族团结进步创建与文化、旅游、生态、医养、饮食等领域深度融合，培育推出民族工作"一区一品""一乡一品""一社（区）一品"特色品牌，总结提升现有的创建品牌，拓展和强化创建品牌的文化内涵和引领作用。

2. 持续优化互嵌式社会结构和社区环境

持续完善各民族互嵌式社会结构和社区环境，在易地扶贫搬迁、旧城改造、新楼盘开发中，规划建设嵌入式共居社区，有序推进多民族共居社区建设，优化教育、医疗等基本公共服务的资源配置，形成各民族之间和睦相处、守望相助、和谐共居的局面。积极搭建各民族交流互嵌的活动平台，利用"我们的节日"广泛开展各民族共同庆祝民俗节庆活动等群众性交往交流活动，培育"共事""共乐"载体，推动各民族友好交往、共同进步。

3. 丰富各民族交往交流交融内涵与形式

深入实施各民族交往交流交融"三项计划"活动。充分发挥党建、团建、社会组织等的作用，通过夏令营、研学营、"结对帮扶"、"心连心"等文艺民俗和公益活动，加强民族工作部门、学校、企业、社区等单位主体联系，开展青少年交流、群众互嵌式交流等活动，鼓励和推动各族群众广泛交流、深度交融。与此同时，充分发挥社区的平台作用，以社区为基点，加强与社区所辖企业、学校、社会组织的合作，通过开展读书沙龙、政策解读等活动，增强社区各族居民的交往交流交融意识，加强各族居民之间的互联互通、互助互爱。

4.促进民族文化品牌培育与发展

深入挖掘、传承广西世居少数民族优秀的传统习俗与文化技艺，通过举办乡村旅游创客大赛、南宁礼物征集大赛、短视频大赛等活动，推动民族传统文化与现代创意、新兴业态相融合，提升民族文化附加值。实施少数民族特色村镇保护与发展行动计划，重点加强对少数民族特色村寨、传统村落和历史文化名村名镇的保护，促进民族特色文化、特色村寨与旅游融合发展。推进民族特色村寨建设融合文艺作品、影视产品及其他文化符号表现形式，将特色村寨建设成民族文化培育和乡村振兴发展的载体。打造民族文化数字化品牌。借助融媒体快速发展的契机，将民族节庆活动、体育赛事打造成民族文化的"视听盛宴"，采用现场云融媒体直播技术，对各民族体育赛事、民族文化节、丰收节等活动进行现场云直播，扩大民族文化宣传面。

（三）夯实铸牢中华民族共同体意识的经济基础

1.推动民族地区经济高质量发展

一方面，加快民族产业转型升级步伐。全力抓好国家民贸民品企业扶持政策在南宁市的贯彻落实，推动以壮医壮药为代表的民族医药、以壮锦为代表的民族纺织，以及民族文化体育用品、清真食品等行业健康发展。培育发展以民族文化为内核的新业态，谋划推进一批"民族特色乡镇/村+产业发展+旅游""非遗+旅游"项目。以壮锦、民族刺绣、壮族五色糯米饭等民族特色产品串联文旅场景。另一方面，围绕乡村振兴"6+6"全产业链，推进优势特色农村产业集聚发展，加快特色产业与小镇建设的深度融合，创建一批农产品精深加工、休闲农业观光、民族风情旅游等特色小镇。强化项目带动作用，重点选取适于带动就业、有市场潜力、经济效益明显的项目，打造一批特色鲜明、示范带动作用强的非遗扶贫就业工坊，通过提供原料、订单生产、以销定产等形式扩大传统工艺产品销售渠道，在传承弘扬优秀民族文化的同时，推动非物质文化遗产助力乡村振兴。

2. 提升城乡优质公共服务供给能力

持续推进少数民族公共服务供给由基础性向高质量过渡，着力加强以交通、教育、卫生为重点的县域基础设施建设，推动基本公共服务和公共资源配置由户籍人口向常住人口延伸，逐步降低城市流动人口获取教育、养老、社保等公共服务的门槛。在村（社区）民族工作服务站增加开展民族文化交流活动的场所，继续扩大"流动服务窗口""一站式公共服务"等服务站点的辐射范围，提高少数民族公共服务供给能力，提高少数民族群众获取公共服务的可及性和便利性。推动基础教育、公共卫生、疾病预防等公共服务资源配置向民族乡等少数民族聚居区倾斜。

（四）营造铸牢中华民族共同体意识的社会氛围

1. 为创建工作营造良好舆论氛围

运用多维度多模式讲好南宁民族团结故事。充分利用党报党刊、政府官方网页及"三微一端"等多媒体平台，拓展中华民族共同体意识的主流舆论空间，强化新媒体的开发运用和舆论引导功能。创作一批主题鲜明、影响力大的民族团结文学文艺作品，促进南宁民族团结好故事、好声音、好经验在群众中广泛传播。增强"石榴花开美邕城"民族团结进步成果展举办成效，在铸牢中华民族共同体意识众创云平台中丰富与民族团结成效展示相关的内容。鼓励新闻工作者深入乡村振兴一线、产业发展一线、村居民宅采访各族群众在共建共同富裕幸福家园中的典型故事。积极邀请中央、自治区媒体来南宁市采访，借助各级优秀媒体的力量将南宁市民族团结故事和工作成效宣传推广出去。

2.打造示范市创建特色品牌

巩固提升全国民族团结进步示范市的创建成果。持续创新开展民族团结进步创建"九进"活动,培育和命名一批铸牢中华民族共同体意识的市级示范点,持续创新开展"五比五争"评比命名活动。不断深化民族团结进步创建系列成果,拓展服务品牌。持续巩固全国少数民族流动人口服务管理体系建设示范市成果,不断加强"13456"民族事务服务体系平台建设,提高民族之家覆盖率,增强民族之家的社会性和功能性,积极发挥广西万益律师事务所等"两新"组织在创建工作中的推动作用。打造基层共建品牌,拓展南宁市铸牢中华民族共同体意识众创云平台的政务服务、城市生活、创新创业、产品推介、产业推广等功能,打造以众创云平台为载体的基层服务共建品牌。

(五)加强铸牢中华民族共同体意识的治理保障

1.促进民族事务治理法治化

促进民族事务治理法治化。着力搭建完备的民族政策法规体系,利用南宁作为自治区首府的优势,对民族事务治理、少数民族优秀传统传承发展等通过单行条例的形式予以确立和实施。完善民族立法的监督检查体系,健全完善工作标准和工作机制,促进立法监督的制度化、规范化和常态化。积极开展协商在基层活动,对涉及民族问题、群众切身利益问题展开广泛协商,及时回应群众呼声,形成民族事务依法治理的"南宁样板"。

2.促进民族服务工作精细化

强化少数民族流动人口服务与管理。持续深化少数民族流动人口服务管理体系试点建设,创新社区、社会组织、社会工作"三社联动"工作模式,不断提升"13456"民族事务服务体系服务质量,完善"1+20+N"服务架构,培育"爱南宁"民族事务服务品牌。

加强对少数民族群体的心理关爱与调适,有针对性地开展疏导和人文服务,及时化解其不良情绪和负能量,营造社区和谐氛围。强化人才队伍建设,着力培养少数民族干部队伍和熟悉民族工作的干部队伍,加强"两支队伍"建设，着力完善少数民族干部选拔任用的政策体系和工作机制，为铸牢中华民族共同体意识提供坚实保障。

3.防范化解民族领域风险隐患

搭建多元解纷联调联动共治平台。加快"一站式"矛盾纠纷调处中心建设，落实矛盾化解"一盘棋"思想，健全调处中心受理接待、协同指挥、分流转办、调处化解、跟踪督办、评估反馈等工作机制。在市、县（市、区）级矛盾纠纷调处中心设立专门的少数民族矛盾调处室，政法、治安、司法、民政、民宗等部门共同建立少数民族矛盾调处工作机制，实现快速反应和专业调处。加强对涉民族因素突发事件的应急管理体系建设，对民族领域风险隐患及时做好风险预估和研判，坚持预防在早、处置在小。优化网络舆情环境，进一步健全涉民族问题网络舆情监测和应急体系，优化网络舆情应对工作流程，处置好涉民族网络舆情，营造清明网络环境。

（六）完善铸牢中华民族共同体意识的工作机制

1.建立民族团结进步创建成效提升工作机制

强化目标提升，将铸牢中华民族共同体意识宣传面是否广泛，全市经济社会高质量发展、各族人民共同富裕是否取得明显进展，各民族交往交流交融广度深度是否不断拓展，民族事务治理体系和治理能力现代化水平是否显著提升，涉民族领域风险隐患是否有效防范化解，民族工作队伍建设是否切实加强等指标作为衡量南宁市民族团结进步示范效应是否有效提升的重要依据。强化载体提升，通过丰富载体形式，促进民族团结进步提质扩面。强化服务提升，建立包括"微组织""微窗口""微热线""微平台"在内的常态化民族事务"四微"基层工作体系，把少数民族群众服务管理触角延伸至村（社区）、学校等城市"毛细血管"，实现"把少数民族工作融入社区日常事务，让少数民族同胞融入城市幸福生活"的双融入目标。

2. 完善示范创建评比体系

将示范创建活动同各级各部门的中心工作相结合，持续深入开展"五比五争"民族团结争先创优活动，以此树立典型、激励先进。加大重点行业、窗口单位和新经济组织的创建力度，持续加大面向民族特需商品定点生产企业扶持政策的宣传力度，引导帮助更多民贸民品企业成为优质企业，鼓励邀请更多民贸民品企业加入示范单位创建评比队伍，营造浓厚创建评比氛围，着力推动民贸民品企业发展壮大与铸牢中华民族共同体意识交融共进。

参考文献

国家民族事务委员会：《铸牢中华民族共同体意识——全国民族团结进步表彰大会精神辅导读本》，民族出版社，2021。

徐平：《北仑经验与铸牢中华民族共同体意识的理论和实践》，中国大百科全书出版社，2021。

覃芹：《重庆地区土家族仪式变迁——以铸牢中华民族共同体意识为进路》，知识产权出版社，2021。

宋涵韬等：《广西壮族自治区特色产业助力乡村振兴路径研究——以柳州市螺蛳粉产业为例》，《乡村科技》2022年第2期。

朱尉、周文豪：《中华民族共同体意识的内涵阐释与理论拓展》，《中南民族大学学报》（人文社会科学版）2021年第3期。

王潇楠：《铸牢中华民族共同体意识的关键》，《人民论坛》2022年第C1期。

汤夺先、刘辰东：《新时代铸牢中华民族共同体意识的行动要点》，《中南民族大学学报》（人文社会科学版）2022年第6期。

杨须爱：《中华民族共同体意识的形成与铸牢》，《人民论坛》2022年第10期。

董慧、王晓珍：《增进共同性：铸牢中华民族共同体意识的重要方向》，《华中科技大学学报》（社会科学版）2022年第3期。

金亚男、张庆俐：《铸牢中华民族共同体意识视域下的民族文化保护与传承》，《民族大家庭》2022年第2期。

张善鑫：《中华民族共同体：国家与民族统一的理论——兼论铸牢中华民族共同体意识的当代路径》，《西北师大学报》（社会科学版）2021年第5期。

何星亮：《"铸牢中华民族共同体意识"理念的形成与创新》，《中央民族大学学报》（哲学社会科学版）2021年第4期。

B.20
铸牢中华民族共同体意识视域下南宁市
民族文化保护与传承研究

中共南宁市委政策研究室课题组*

摘　要： 保护与传承民族文化意义重大，有助于铸牢中华民族共同体意识的思想基础、物质基础、文化基础、社会基础。南宁市是一个以壮族为主体的多民族聚居的城市，各民族共同绘就了内涵深厚、绚丽多姿的民族文化。在民族文化保护和传承方面，南宁市做了大量卓有成效的工作，取得积极效果，但也存在资金投入单一、专业人才不足、传承与保护后继乏人、产业未形成集聚效应等突出问题。本报告建议以问题为导向，在民族文化项目谋划、拓宽资金投入渠道、加大相关人才培育力度、打造壮族文化产业集聚区等方面精准施策，推动南宁市民族文化保护与传承高质量发展。

关键词： 中华民族共同体意识　民族文化　民族文化保护　民族文化传承

各民族优秀传统文化是中华优秀传统文化重要组成部分，如何深入挖掘各民族文化的精神和价值，赋予其新的时代特质，让各民族文化成为新时代取之不尽的文化新动能，令其焕发出"各美其美，美美与共"的无限魅力，

---

* 课题组成员：梁智忠，中共南宁市委政策研究室（改革办）主任，市委副秘书长（兼）；李耿民，中共南宁市委政策研究室副主任；陆春红，中共南宁市委党校统战教研部主任，副教授；吴坚宁，中共南宁市委政策研究室社会科科长；阴乐乐，中共南宁市委政策研究室秘书科四级主任科员；余炎忻，共青团江南区委员会副书记。

使之成为铸牢中华民族共同体意识的重要载体，是我们当前亟待解决的重要课题。

一 保护与传承民族文化对新时代铸牢中华民族共同体意识的重要意义

各民族优秀传统文化都是中华文化的组成部分，两者相互依存、不可分割。从内容上看，少数民族优秀传统文化宝库中包含的爱国主义、集体主义、尊老爱幼、生态伦理等，都高度契合于作为国家统一之基、民族团结之本、精神力量之魂的中华民族共同体意识。因此，保护与传承发展各民族文化，对增强中华文化的凝聚力和引领力、构筑各民族共有精神家园具有至关重要的意义。

（一）有助于巩固铸牢中华民族共同体意识的思想基础

铸牢中华民族共同体意识的前提是各族人民对中华文化的认同，对由56个民族文化凝聚而成的多样性统一的中华文化的认同，能极大地促进各民族对中华民族的认同和对统一多民族国家的政治认同，因此，中华文化的认同是民族团结和铸牢中华民族共同体意识的思想基础。文化是一个民族的灵魂，是民族内部认同的核心，是一个民族区别于其他民族的重要标志，各民族只有在认同本民族文化的前提下才有可能认同其他文化，故而各民族对中华文化的认同是建立在各民族文化的认同和发展的基础之上。因此，增强中华文化认同必须传承发展各民族文化，只有各民族文化得到持续繁荣发展，各族人民才会对中华文化有情感上的共鸣，铸牢中华民族共同体意识的思想基础才会进一步巩固。

（二）有助于夯实铸牢中华民族共同体意识的物质基础

中国共产党庄严承诺，"脱贫、全面小康、现代化，一个民族都不能少"，在脱贫、全面小康的承诺已经兑现后，要加快实现民族地区现代化，其中，民族地区的经济高质量发展是关键。保护和传承发展民族文化对民族地区的经济发展具有推动作用，通过支持以民族文化为内容的创业活动，扶持民族文化产品市场化开发，把民族文化资源转化为经济发展优势，把民族地区的"绿水青山"转变为"金山银山"，推动民族地区经济良性发展，夯实铸牢中华民族共同体意识的物质基础。

（三）有助于夯实铸牢中华民族共同体意识的文化基础

中华民族是由 56 个民族在长期历史发展进程中形成的稳固的共同体，这个共同体中的每个民族又都有着自己特色的民族文化，各民族在发展本民族文化的同时推动中华文化向前发展。因此，在中华文化形成和发展过程中，少数民族文化也做出了巨大贡献，中华文化是各少数民族文化的依托和根基，少数民族文化是多样统一的中华文化不可或缺的要素，多样性是各少数民族文化认同的基础，同一性是中华文化认同的根基。我们既要保护少数民族文化的多样性，也要增强中华文化的同一性或共同性，只有把每个民族的文化都发展好，才能为中华文化增光添彩，中华民族的文化基础才能更加牢固。因此，必须保护传承和发展好少数民族文化，为铸牢中华民族共同体意识奠定坚实的文化基础，以文化认同增强中华民族凝聚力。

（四）有助于夯实铸牢中华民族共同体意识的社会基础

文化是一个民族的魂魄。民族文化对于一个民族的形成和发展具有非常重要的作用，它往往是一个民族中所有成员心理素质的体现。在对中华文化认同的基础上尊重、扶持、发展少数民族文化，实现文化包容，不同民族之间就会建立起和谐的民族关系，从而建设超越不同民族心理归属的中华民族层面的共有精神家园。因此，保护传承和发展好少数民族文化是民族地区社会和谐的重要基础和保障，加强中华民族大团结，构建社会主义和谐社会，必须大力推动少数民族文化繁荣发展，最广泛最充分地调动各民族的积极性和创造性，更好夯实铸牢中华民族共同体意识的社会基础。

二 南宁市民族文化保护与传承的实践调查

做好少数民族文化的保护与传承工作，是中华民族发展的需要，是延续历史文脉、坚定文化自信的必然要求。近年来，南宁市紧紧围绕铸牢中华民族共同体意识这条主线，在民族文化保护与传承中做了大量卓有成效的工作。

（一）挖掘保护一批民族文化遗产

南宁市形成了政府主导、社会参与的非遗保护合力，通过分类传承保护、合理开发利用文化遗产，取得了阶段性成果。一是注重平台建设。自2016年以来，南宁市安排超过100亿元资金用于专项支持多类型文化项目建设，市民族艺术基地、广西铜鼓博物馆、园博会主题公园等一批项目投入运营。这些项目深受广大市民欢迎，成为南宁市网红打卡地，已打造成弘扬民族文化、推动传承与保护、开发利用文化资源的重要平台。二是注重遗产挖掘。在南宁市102个乡镇和所有村屯开展非遗记录工程，全面摸清具有历史传承和少数民族特色的农村传统艺人和传统生产技艺工艺流程、传承方式、传承人及相关产品等情况。截至2022年，南宁市已拥有数百项非物质文化遗产代表性项目，其中国家级项目有9项，自治区级项目有150项，在非遗代表性传承人方面，国家级、自治区级、市级合计263人。2019年10月16日，隆安县娅怀洞遗址被公布为第八批全国重点文物保护单位。三是注重传承培养。充分发挥国家级非遗代表性传承人引领作用，引导传承人深入开展非遗项目内涵挖掘，结合南宁市文旅产业建设非遗工作室，真正做到将非遗融入现代生活。如青秀区建设古岳艺术馆、广西非遗文化符号工作站、莫江霖文学工作室、梁汉昌工作室、梁桂花工作室、"桂布坊"、谭湘光大师壮锦技艺传承基地等；又如宾阳县建设织锦技艺生产性保护示范基地、大罗毛笔制作技艺生产性保护示范基地、邹圩陶器制作技艺生产性保护示范户等民俗文化保护工程；再如隆安县建立"红良打铁技艺""隆安壮族排歌""更望湖壮族歌圩""古潭邕剧"4个区级非遗保护工作平台。

（二）打造培育一批少数民族特色村寨

围绕抓牢抓好少数民族特色村寨保护，将打造培育少数民族特色村寨作为弘扬民族文化、促进民族团结的重要举措。一是积极整合资源。加快完善村寨基础设施，集聚资源，补齐发展短板，强化少数民族特色村寨建设和民族团结进步示范村建设，村屯人居环境不断得到改善，深化民族团结进步创建活动，增进各族群众交往交流交融，使群众的获得感和幸福感不断增强，如横县校椅镇青桐村委替僧村、上林县大丰镇云里村内里庄、上林县镇圩瑶族乡排红村排岜庄等。二是深化农旅融合。进一步挖掘少数民族特色村寨文化旅游资源，推进生态农业与文化旅游深度融合，创新多种方式方法，丰富村寨生态旅游文化产品，构建集娱乐游玩、休闲餐饮、体育文化艺术等于一体的产业体系，既保留村落特色，又为乡村振兴注入活力。例如，马山县古零镇乔老村小都百屯、隆安县那桐镇定江村定典屯、西乡塘区石埠街道忠良村（美丽南方）先后列入2021年、2022年广西民族特色村寨农旅融合发展试点名单。三是注重规划建设。青秀区南阳镇施厚村古岳坡入选"第三批中国少数民族特色村寨"和农业农村部举办的中国美丽休闲乡村旅游精品经典线路。马山乔老河片区休闲体育旅游精品线路包括古岳坡、小都百屯、三甲屯、古朗屯等少数民族特色村寨，该线路上榜国家体育总局、文化和旅游部联合发布的"2020年国庆黄金周体育旅游精品线路"，是广西唯一上榜的线路。

（三）开展民族特色节庆活动

民族节庆是少数民族服饰、饮食、游娱、礼仪、信仰等生产生活文化的集中体现，也是文化旅游产品开发的宝贵素材。南宁市通过深入挖掘节庆活动中的文化体验、人文交流和传承价值，让民族节日成为各民族文化融合发展的重要载体。一是以节搭台，增进文化认同。利用"三月三"等重大节日，开展"百家宴""民族团结日"等主题活动，积极搭建各民族交流平台，深入开展民族团结进步宣传教育活动，引导南宁市各族人民进一步增进"五个认同"。二是以节促游，打造特色品牌。利用不同时间段内涵丰富、形式多样的民族节庆，采取全时段、体验式、消费式的办节模式，打造"月月旅游节"的特色旅游文化品牌。如上林县反映壮族添口添丁、祈求风调雨顺的灯酒节，请神迎神、迎春开犁的卢於春社庙会，弘扬慈孝文化的龙母节，寄托思念祖先、保佑平安、祈祷未来风调雨顺、富足安康的渡河公节、瑶年达努节等；又如宾阳县具有民族特色的"炮龙节"等民族节庆活动，让游客在节庆中体验各具特色的民俗文化。三是以节为媒，传承民族文化。把少数民族特色节庆作为媒介，传承和弘扬各民族优秀传统文化。例如，宁明骆越王节的开发利用，就是以节庆为载体，以花山文化为主题，将花山文化充分辅以"活态"呈现；东兴京族哈节则是通过保护京族文化精髓，促进其传承；隆安县"那桐壮族农具节""壮族亥日""壮族芒那节"等特色节日被列入广西壮族自治区、南宁市非物质文化遗产保护名录，其中"那桐壮族农具节"还被列入国家级非物质文化遗产名录预备名单。

（四）扶持一批特色民族产业

深挖资源禀赋，打造特色民族产业，是推动民族地区经济发展和文化传承保护的不二选择。南宁市立足实际，将现代高新技术和民族地区的特色优势资源结合起来，通过加大政策扶持、品牌扶持、创新扶持力度，形成具有一定规模、较强竞争力的特色优势产业。一是加大政策扶持力度。2016～2021年，南宁市积极争取国家民贸民品贷款贴息，累计安排用于支持全市民贸民品企业发展的市级扶持资金1582万元，着力解决民贸民品企业融资难题。2021年，市民宗委累计安排资金210万元，为12家民品企业的12个项目提供资金扶持，项目包括技术改造、产品研发、产品宣传推介等。全市民贸民品企业享受贴息3451.02万元，位列全区第一。二是加大品牌扶持力度。依托茉莉花产业基础强和文化底蕴深厚的特点，推动茉莉花与民族团结元素深度融合，建成中国茉莉花茶博物馆、中国茉莉花茶展览馆等，创新开发茉莉花系列香氛、茉莉铜鼓香包等独具壮乡特色和茉莉风情的文创产品，创作茉莉花系列原创歌曲和文艺文学作品。2019 年至今，南宁市已成功举办了两届世界茉莉花大会，并使其成为中国—东盟博览会的重要活动内容之一，持续打造独具浓郁茉莉特色的民族团结进步品牌。三是加大创新扶持力度。着力培育龙头企业，使民族工艺大放异彩，培育了广西金壮锦文化艺术有限公司等一批国家文化产品出口重点企业。比如，广西金壮锦文化艺术有限公司采取"公司+基地+农户+市场"的经营模式，在全区建立 23 个基地，拥有"金壮锦""壮一号""古麦萌""桂绣""勾叮"等多项知识产权，为 1000 多名少数民族贫困地区的织绣女提供就业机会，成为广西民族文化最具代表性的企业之一。

（五）搭建各民族群众交流交往交融平台

南宁市以铸牢中华民族共同体意识为主线，积极搭建四大平台，促进各族群众交往交流交融，为推进南宁市高质量发展营造民族团结进步、社会和谐稳定的良好氛围。一是搭建"示范带动"平台。通过"一议二推三评比"的方式，评选并命名一批民族团结进步"五比五争"活动模范集体、模范家庭和个人；命名铸牢中华民族共同体意识实践教育基地 8 个，积极争创国家级、自治区级的示范命名。截至 2022 年，南宁市共有 9 个国家级、43 个自治区级民族团结进步示范单位、2 个全国民族团结进步教育基地、1 个自治区级铸牢中华民族共同体意识研究基地。二是搭建"结对联建"平台。自 2017 年以来，南宁市已建立"1+1"结对帮扶超 6000 对，到示范点累计开展结对联建单位活动超 650 次，参与人数达 13600 人次，解决难题超 9500 件。通过"结对联建"，南宁市进一步整合相关资源，推动资源向少数民族帮扶群体倾斜，提升困难群体的内生发展能力，实现不同民族间互帮互促、共生发展。三是搭建"社会治理"平台。通过精准分析排查，及时回应少数民族利益关切，不断完善相关服务平台，提升治理综合效能，推进民族团结和社会和谐进步。深化提升"13456"民族事务服务体系，建设少数民族流动人员法律援助中心，组建"红石榴"工作室。四是搭建"信息应用"平台。依托南宁政法综治"云数据"应用平台，将社区民族工作与基层服务管理系统对接，使信息传导更高效及时，推动服务水平再提升。建设全区首个"宣传教育、服务保障、就业创业、面向东盟"的"四位一体"云平台——南宁市铸牢中华民族共同体意识众创云平台，将其打造成铸牢中华民族共同体意识宣传教育的新载体。

三 南宁市民族文化保护与传承的主要困难与问题

南宁市在推进民族文化保护与传承工作的过程中，取得了明显的成效，同时遇到了一些问题。

（一）资金来源渠道单一

当前，南宁市民族文化保护与传承的资金来源主要是政府财政支持，社会资金参与程度不够高。且南宁市的民族特色文化大都集中在马山、上林、武鸣、隆安等县区，这些县区本身的财政收入较低，可用于投入民族文化保护和传承的经费更加有限。比如，有些非物质文化遗产项目濒临消亡，但因经费不足，保护工作搁浅，有些濒危的非物质文化遗产项目即使得到了抢救，但也因经费问题后续的保护工作无法得到保障。如上林县每年安排用于非物质文化遗产传承保护工作的经费仅5万元，难以支持文物保护及非遗申报等工作的开展。

（二）专业人才短缺

在各县（区、市）从事民族工作的干部中，专业出身的很少，大多数干部都不懂地方民族语言，这不利于地方民族文化保护与传承。同时，大多数县（区、市）文化馆没有专门从事民族文化保护的工作人员，大多以兼职的形式开展工作，甚至依靠外聘人员，人员流动性大，队伍不稳定，工作延续性不强。而且工作人员大多由文艺院团转制而来，缺乏专业知识，各方面能力有待加强。一些开设"双语"课程的学校，专业师资不足，例如进行汉壮"双语"教学的武鸣区庆乐小学，该校共有学生335人，教职工25

人，其中只有 9 名教师能够进行汉壮"双语"教学，难以满足学校开设更多"双语"课程的需求。其他"双语"教育学校也不同程度存在师资不足的困境。

（三）传承与保护后继乏人

民族文化遗产需要传承。调研过程中发现，传承人老龄化严重，大部分传承人的年龄都在 60 岁以上，甚至有的老艺人年龄在 80 岁以上。由于民族文化没有形成产业化，经济效益低下甚至没有效益，加上绝大多数民族传统工艺技艺要求高、学习时间长，成为成熟的匠人需要较长时间，影响了年轻人学习传统民间工艺的耐心和热情。同时，相比于学习传统技艺，外出务工或进行其他创业活动通常能获得更高的报酬，民族文化传承对年轻人缺乏吸引力，随着现任继承人的衰老和辞世，南宁市很多非物质文化遗产濒临消亡，民族文化保护和传承的后备力量培养已刻不容缓。武鸣区纳福彩绣手工坊第五代传承人，近 80 岁的陆兰珍痛心而无奈地说道："壮族的文化传承很重要，如果我不传承下去，这门手艺就会丢失了，再也没人会懂了，但是现在愿意学这门手艺的年轻人少之又少。"

（四）产业未形成集聚效应

从调研的情况来看，南宁市各县（市、区）结合地方实际，开发推出一系列丰富的民族文化活动和产品，呈现百花齐放的局面，如壮族歌圩文化、龙母文化、骆越古都文化、顶蛳山文化、稻作文化、地方戏曲文化等。但这些文化活动和产品的文化特色提炼不够、整合和开发力度不大，从全区、全国，甚至国际的视角来看，都显得过于分散，影响力不大，没有形成规模集聚效应，未能充分展现南宁乃至广西的独特民族文化。例如，武鸣区的"五彩壮乡"五色糯米饭传承基地，基地传承人潘红华以壮族五色糯米饭作为主要民族文化特色产品，常年开展"月月节"民俗节庆活动，通过研学活动、民俗体验、服饰及美食体验等进行产业链扩展，但是由于产业规模不够大，市场化、标准化建设滞后，民族产业发展受到了制约。

四 铸牢中华民族共同体意识下加强南宁市民族文化保护与传承的对策建议

针对南宁市民族文化保护与传承工作的突出问题，借鉴外地一些经验做法，结合本地实际提出以下对策建议。

（一）进一步加强民族文化项目谋划工作

把民族文化保护传承和民族团结进步与铸牢中华民族共同体意识紧密结合起来，及时建立和完善民族文化传承保护体制机制，积极开展民族传统文化资源普查，进一步摸清家底，将民族文化保护传承纳入民族团结进步示范市建设发展规划，充实项目储备，大力抓好国家级、自治区级民族文化项目申报工作，争取更多的项目进入上级计划盘子，争取更多资金支持。

（二）拓宽民族文化保护资金来源渠道

民族文化的传承保护需要雄厚的资金支持，仅靠政府单一的投资远远不够，要千方百计拓宽资金来源渠道。一方面，可以发挥民间组织、民营企业的优势，从公众参与的角度入手，向社会筹集资金，鼓励他们投资兴办或参与民族文化保护开发项目。另一方面，政府出台新政策，建立激励机制以唤起公众对民族文化保护的支持和热情。同时，加强政策支持，重点实施一批民族文化保护建设项目，提高重要纪念设施的保护等级，加强修缮建设，提升展陈管理水平。

（三）加大民族文化相关人才培育力度

人才是民族文化保护与传承的重要支撑。要加强人才队伍培养，强化知识技能培训，提升工作专业能力及素养，大力吸引更多的专业人员加入民族文化保护队伍。注重本土文化人才的培养，及时发现、挖掘和培养乡土文化能人、民族文化传承人、非遗传承人，激发青少年对优秀传统文化的热爱，形成老中青"传帮带"的民族文化传承保护人才队伍，着力解决民族文化传承后继乏人的问题。完善与民族文化保护工作者职称评定、评选表彰等相关的政策，进一步激发他们的积极性与主动性。

（四）加强民族文化宣传

不断丰富宣传教育活动的内容和内涵，坚持不懈地将铸牢中华民族共同体意识贯穿于民族文化宣传全过程。要加强传播能力建设，创新方式方法，通过举办文艺巡演、文化展会等方式，讲好南宁民族故事，不断提高民族文化影响力。继续深入开展民族优秀传统文化进校园活动，组织开展丰富多彩的民族文化活动，将民族文化传承与学校教育紧密结合，激发学生使用民族语言的兴趣，提高他们的民族自信心和民族自豪感。

（五）突出重点打造壮族文化产业集聚区

通过调研了解到，湖北省恩施土家族苗族自治州集中打造了土家女儿城，充分展现了土家族民族文化；广西三江侗族自治县着力打造了三江程阳风雨桥等侗族文化产业集中区，无论是在保护和传承民族文化方面，还是带动当地经济发展方面，都取得了非常好的效果。南宁市是广西壮族自治区的首府，而南宁市武鸣区是壮族的重要发源地之一，被誉为"中国壮乡"，是广西壮族的文化中心。建议探索借鉴湖北恩施、广西柳州三江侗族自治县等经验做法，探索在武鸣区打造全区最大的壮族文化产业集聚区，让壮族文化产生积极的经济效益、社会效益，促进民族传统文化在经济社会发展中更好地传承保护和持续健康地开发利用。

一是结合武鸣区壮民族文化建设发展情况，科学合理选址，统筹划拨一块土地用来打造广西壮族文化产业集聚区。二是创建壮族特色文化展示区，鼓励文化产品内核输入。依托原有壮族特色建筑，建设富含壮族文化的活化展示馆，发挥本土文化的承载和宣传作用，集中展出以壮族"三月三"歌圩等为代表的一大批民族特色文化娱乐活动，打造绣球、壮族服饰等一批带有民族古老图腾和文化象征的民族文化创意产品和旅游品牌。三是科学布局民俗博物馆，展现以五色壮乡糯米等为代表的壮族特色餐饮美食。四是依托壮族文化产业集聚区，积极举办"非遗+舞蹈"等文化创意邀请赛，持续加强文化创意类产品的内核输入，赋予壮族文化新内涵新血液。五是将吃、住、行、游、购、娱融为一体，将壮族文化嵌入旅游者旅程的各方面，形成完整的旅游产业链，努力打造以壮族文化为中心的全区最大文化集散地，让旅游者全方位感受壮族文化的魅力。

参考文献

徐莉：《城镇化进程中少数民族文化可持续发展问题探究——评〈新型城镇化与文化遗产传承发展〉》，《中国教育学刊》2023 年第 1 期。

陈嘉榕、陈星：《"一带一路"背景下的广西民族文化知识产权保护》，《广西政法管理干部学院学报》2022 年第 6 期。

谢石城：《非物质文化遗产保护现状与传承创新思路》，《莆田学院学报》2022 年第 6 期。

罗骞、谭佳宇、邹婕妤：《"互联网+乡村"视角下少数民族文化的保护和传播新路径——基于"腾讯为村"项目的传播实践研究》，《西部广播电视》2022 年第 22 期。

汪泽雨、陈波：《壮锦文化的保护与传承研究》，《西部皮革》2022 年第 22 期。

胡静：《新时代非物质文化遗产活态传承与传统文化保护探析》，《文化学刊》2022 年第 10 期。

B.21
南宁市新时代文明实践中心建设路径
创新与实践探索

杨济文*

摘 要： 新时代文明实践中心是共产党密切联系群众、全心全意服务群众的新载体，是培育时代新人、弘扬时代新风的新平台。近年来，南宁市全力推进新时代文明实践中心建设，取得阶段性显著成效，但同时对照中央、自治区的要求和人民群众的期待，仍有较多需要提升改进的地方。本报告从南宁市新时代文明实践中心建设的实际情况进行研究分析，探索不断深化拓展新时代文明实践中心建设的有效路径，推进新时代文明实践活动高质量发展。

关键词： 新时代文明实践中心　文明实践工作　南宁市

以习近平同志为核心的党中央高度重视基层宣传思想工作，从战略和全局的高度做出建设新时代文明实践中心的重大决策。南宁市委、市政府认真贯彻落实习近平总书记关于新时代文明实践工作的重要指示精神，根据党中央、自治区的工作部署，以"一个目标、四个定位、五项工作、三个到位、六种能力"的总要求为遵循，全力推进新时代文明实践中心（所、站）建设，探索出一批接地气、有活力、受欢迎的工作方法，"15分钟社区文明实践服务圈""新时代文明实践大篷车""'两中心'三融合"入选广西新时代文明实践工作方法，有效推进新时代文明实践活动高质量发展。

---

* 杨济文，南宁市精神文明建设委员会办公室专职副主任。

一 南宁市新时代文明实践中心建设主要成效

（一）注重层级设计，强化制度建设

党中央明确提出，各级党委是文明实践中心建设的责任主体、一线指挥部。在推进新时代文明实践阵地建设过程中，南宁市委将文明实践工作纳入市委常委会工作要点，将新时代文明实践中心建设成效纳入意识形态工作责任制落实情况监督检查，纳入市精神文明建设绩效考核，确保文明实践工作常抓不懈、常态长效。制定出台《关于深化新时代文明实践工作的实施方案》，要求阵地建设标准化、工作项目品牌化、队伍建设再强化，明确党委主要负责同志担任中心主任和志愿服务总队长，切实履行第一责任人职责，深入研究、亲自协调，带头做志愿服务，带领乡镇村的一把手履职尽责，推动形成各县（市、区）党委书记、乡镇（街道）党（工）委书记、村（社区）党组织书记三级书记带头抓、各个部门齐落实的工作态势。市文明委印发《南宁市新时代文明实践中心建设基本标准（试行）》，明确以所在党组织为管理主体，按照"四个统一"①的要求，编制5类文明实践阵地（中心、所、社区、窗口单位、景点景区）软、硬件建设基本标准，实现分类式规范化建设。目前，已实现全市新时代文明实践中心（所、站）全覆盖，在全面建成的1980个新时代文明实践中心（所、站）的基础上，再优化建设县级实践中心12个、乡镇（街道）实践所39个、村（社区）实践站118个。同时，充分利用政务服务中心、火车站、机场等窗口单位以及景区景点、文化场馆、地标性建筑物等公共空间建设文明实践阵地，建成文化场馆文明实践阵地9个、景区文明实践阵地13个、便民驿站文明实践点22个。兴宁区"三街两巷"新时代实践站，内设智慧党建、智能健康管理、便民服务、VR互动、新时代书吧等功能区，打造24小时"不打烊"的新时代

---

① "四个统一"即统一规格、统一名称、统一标识、统一配置。

实践站，打造点多面广、功能完备的文明实践大平台。2022 年，结合文艺精品项目下基层、新时代文明实践主题月、"我们的节日"等，开展线上线下活动近 1.7 万场（次），惠及群众近 146.8 万人次。实践证明，越到基层越需要党委统筹责任落实，文明实践阵地建设要树立"一盘棋"的意识，只有把各类阵地资源用起来，把各种活动和服务整合起来，集中资源、积聚力量，才能形成服务群众、凝聚群众的强大合力。

（二）创新传播方式，扩大覆盖面影响力

把学习宣传贯彻习近平新时代中国特色社会主义思想作为首要政治任务，围绕学习宣传贯彻党的二十大精神、党的十九大及十九届历次全会精神等重要会议精神，《习近平谈治国理政》第一卷、第二卷、第三卷、第四卷等重要著作，充分利用各类阵地资源创新开展理论宣传宣讲活动，着眼于凝聚群众、引导群众，坚持"群众在哪里，宣讲到哪里"，打造传播科学理论的大讲台。发挥英雄人物、革命军人、道德模范等先进群体的作用，组建专家学者、思政教师、基层百姓、宣讲小分队 180 多支，深入开展"我的入党故事""光荣在党五十年"宣传活动，在基层社区、田间地头开展宣传宣讲 7100 多场次，形成"榕树课堂""流动夜校""乡土故事会"等新时代文明实践宣传品牌。坚持用好网络、用好新媒体，发挥各级各类新闻媒体作用，把新时代文明实践中心建设与"学习强国"平台和融媒体中心建设结合起来，聚焦党的理论、疫情防控、乡村振兴等重大主题，开展新时代文明实践网上系列直播活动 200 多场，在线观看人数达159 万人次，让理论宣传教育在文明实践中热起来、活起来。打造"新时代文明实践大篷车"，让其驶入各级文明实践阵地开展"红色移动课堂"线下移动巡展。组织"做新时代文明人"百场主题实践活动，积极融合各类资源，在图书馆、党员服务中心等设立特色基地（点），让群众在宣传宣讲、网络直播、志愿服务、文化文艺和为民服务等活动中得到实惠、增进理解、提高认同。把握互联网时代群众接收信息的新变化，在兴宁区秀和社区实践站、江南区富景社区实践站、青秀区新竹社区实践站、西乡

塘区明秀南社区实践站等先行先试设置新时代文明实践学习机，提供远程学习、互动等功能，推进线上线下学习实践有机结合，让广大群众在潜移默化中接受熏陶教育。实践证明，越到基层越需要暖人心、筑同心，总书记思想来自实践、来自人民的科学理论，最深刻也最质朴，最具有真理性，也最富有群众性。只要我们把握住这种理论品格，紧扣群众的所思所想所盼，把新时代文明实践中心建设好、运用好，就一定能够搭建起创新理论和群众连接贯通的桥梁，增进广大群众对党的路线方针政策的思想认同、情感认同。

（三）盘活基层资源，打造"菜单式"服务

文明实践阵地管理人手紧缺是一个现实问题，如何聚焦市民需求为百姓办实事，以新时代文明实践为推手画好基层治理"同心圆"，是难点和痛点。针对这种现状，南宁市推行每个实践阵地管理人员由一名负责人、一名专业社工、一名志愿者构成的组织架构，实践阵地管理人员直接参与策划活动，推动阵地、队伍、载体、项目有机整合。推行"主题月+实践日"活动模式，每月一主题开展"文明交通""百名书法家送春联""敬老孝亲"等新时代文明实践主题月活动，推行周末大扫除等新时代文明实践行动日活动，充分调动更多优质资源向文明实践阵地集聚。市（县、区）文明实践中心公布辖区内所、站的月度活动安排，公开活动具体内容，积极吸引招募活动志愿者，接受群众监督。这一机制不仅让每一名负责人成为服务老百姓的"全科医生"，并且确保各项服务对接需求更精准，为民办事更便捷，监督机制更顺畅，推动解决群众身边的难事5800多件。同时，依托融媒体的平台优势，整合辖区内单位、街道社区、商圈市场、社团组织及居民共享的公共文化资源，以需求为导向，为市民群众定制海量、免费、全天候的服务，既让群众业余时间"有去处"，也为社区志愿服务活动提供了更多的选择，提高了阵地利用率。实践证明，越到基层越关系人心稳定、社会稳定，文明实践要聚焦群众所需，把解决思想问题和解决实际问题结合起来，让群众在参与中提升获得感、幸福感。

亮点一：基层积极探索打造"菜单式"服务

江南区苏圩镇佳棉村新时代文明实践站以人居环境整治为抓手，持续开展农村环境卫生整治、美丽乡村建设等一系列村庄环境综合整治工作，使人民群众感受到村美、人美、党的恩情更美。青秀区新竹社区新时代文明实践站充分利用辖区内政务文化服务的阵地资源，融合南宁家政、家庭综合、文化服务、家庭医生项目，提供阅读、教育培训、居家养老、体育健身等数十项服务，让文明实践阵地"大门常开，群众爱来"。隆安县新时代文明实践中心通过开设"致富先锋讲堂""好日子讲堂"等，传播惠民科普知识，引导农民创业致富，让人民群众切身体会新时代文明实践带来的新变化和新生活，打造服务乡村振兴的"隆安乡村小康直通车"大型直播栏目，给人民群众带去了实惠，丰富了人民群众的精神文化生活。

（四）培育重点项目，引导社会力量参与

志愿者是新时代文明实践的主体力量。近年来，南宁市积极以志愿者为主体力量，志愿服务为主要形式，精心打造品牌项目，打造为民服务的志愿大舞台。成立南宁市新时代文明实践指导中心，计划组建新时代文明实践志愿服务联盟，建好县区级志愿服务总队及下辖"8+N"（"8"指理论政策宣讲、文化文艺、助学支教、医疗健身、科学普及、法律服务、卫生环保、扶贫帮困8类常备队伍，"N"指具有自身特色的志愿服务队伍）志愿服务队伍，推动党政机关、企事业单位、人民团体和"两新"组织成立志愿服务队伍，探索实施"群众点单—中心派单—志愿者接单—群众评单"服务模式，让市民群众在亲身参与中推动实践中心建设。市文明办联合民政部门在全市77个社区社工站设立社区志愿服务站点，开展文明实践志愿服务，由政府购买服务，解决文明实践活动"有人干事、有钱办事"，将志愿服务延伸至社会的"神经末梢"。举办新时代文明实践志愿服务项目大赛，通过项目扶持的方式

将第三方社会组织拉进文明实践需求对接、资源共享的"朋友圈",实现可持续、可复制、常态化运行,以政府力量撬动市场杠杆找到优质实践项目,《南宁晚报》的"爱帮之家"、南宁电视台的"爱的后备厢"、兴宁区的"朝阳暖夕阳"、邕宁区的"大铁锅红白理事队"、良庆区的"护鹭之家"、武鸣区的"'三个办'服务队"、隆安县的"小梁送工"等一批社会项目深入人心。实践证明,越到基层越需要齐参与共发力,以志愿服务为基本工作的文明实践运行机制,是破解群众工作没人做、不愿做、不会做等难题的有效方式,是广大群众共建共享美好生活的最有效载体、最生动实践。

亮点二:依托阵地开展为群众办实事"双微"行动

依托文明实践阵地开展"您的心愿、我的志愿"——党组织、党员为群众办实事"双微"行动,共计征集"微心愿"1万多个、"微项目"1200多个,实现群众心愿与党组织、党员资源的有效对接。全市社会组织公益创投项目开展各类服务活动超过1000场次,配餐、上门照料、心理辅导等个案服务达1.2万人次,直接受益人数近60万人次,以实际行动解民忧、纾民困。

二 南宁市新时代文明实践中心建设存在的问题与困难

新时代文明实践中心是党密切联系群众、全心全意服务群众的新载体,是培育时代新人、弘扬时代新风的新平台。对照中央、自治区的要求和人民群众的期待,南宁市新时代文明实践中心建设处于起步阶段,仍有较多不完善、不健全的地方,需要在下一步工作中予以重视、探索问题解决路径。

一是人力和经费支持力度仍需加大。推进新时代文明实践中心建设,乡镇(街道)、村(社区)是工作主体,新的任务既给基层组织提供了新的舞台和机遇，也提出了新的更高要求。比如，职能增加，任务量加大，亟待充实工作力量和提升工作人员的专业素养；特别是工作经费不足，已成为影响文明实践工作高质量开展的重要因素。

二是实践阵地建设仍存在突出短板难点。比如，实践阵地建设方面，有的重硬件、轻软件，重形式、轻实效，城区受制于老旧小区等客观条件，可改造提升空间较小，承载能力不足，需要驻地单位和社会资源参与融合共建，农村地区由于距离偏远、人才资源匮乏等，场地使用率不高，需要进一步提升群众参与的积极性和主动性。城区居民素质普遍较高，年轻人居多，对互联网依赖性较强，个性化需求强烈，要兼顾多层次的精准服务以提升群众的获得感。而在农村地区，群众对活动的通俗化和趣味性要求更高，服务面向的群体以老年人或留守儿童为主。

三是新时代文明实践基层发展不均衡。基层工作力量存在明显的差异，城区社会资源比较富集，志愿力量比较充足，但场地用房不足，空间承载能力较弱，有时开展服务只能"蜻蜓点水"，而在农村地区，距离偏远、人才资源匮乏等因素制约着文明实践活动的常态化开展。实践形式与群众需求方面，城区居民素质普遍较高，个性化需求强烈，需要以科技手段、创新方式、丰富内容来增强他们对文明实践的认同感和归属感，而面向农村地区群众，则要设计提供更精准的志愿服务、为老服务以提升他们的幸福感和获得感。

四是成熟、可供全面普及推广的工作模式还未形成。比如"上热下冷"的问题还比较突出，主要领导很重视，但具体到部门、乡镇（街道），思想认识还不统一，职责分工没有落实，主动作为、创新落实的力度还有所欠缺，宣传部门"唱独角戏"的现象急待改善；缺乏常态运行保障机制，工作力量配备不足，资源投入缺乏统筹；有的部门还把志愿服务看成仅是团委的事，文明办牵头协调作用有待强化；等等。

三　南宁市新时代文明实践中心建设的路径探索

坚持"全面建设与提质增效相结合、实践中心与党群中心相结合、线上与线下相结合"的工作目标,狠下功夫,努力探索符合南宁实际、特色鲜明、富有成效的路径模式,在积极破解新时代文明实践"在哪做""谁来做""怎么做""做长久"等关键问题上狠下功夫,打通宣传教育群众、关心服务群众"最后一公里"。

(一)做好加法,统筹协调各级资源,着力解决文明实践"在哪做"的问题

这个"加法",指的是"文明实践+",重点针对现有资源利用率不高、优质资源供给不足、区级资源分配不均、文明实践中心资源向所辖文明实践所(站)流动不充分等问题,积极探索将现有各级各类资源阵地"激活、整合、下沉、共享"。着眼新思想传播,丰富理论资源。增加理论学习刚性供给,特别是发挥"四个100"宣讲矩阵的作用,壮大基层宣讲队伍。探索实施"新时代宣讲师"计划,加强与高校马克思主义学院对口共建,遴选一批政治立场坚定、理论功底扎实、作风品行优良、表达能力较强的同志,派驻各地新时代文明实践中心服务一段时期。办好固定讲堂、流动课堂,做好红色革命遗址保护利用工作,围绕"实施乡村振兴战略"等重要理念、重大战略,推动理论宣讲与惠民服务、文化生活、情景体验、情感交流等有效结合,把沉睡资源唤醒,避免资源空置浪费。着眼健全统筹机制,整合公共服务资源。强化实践中心统筹整合、指挥调度作用,做好党群服务中心、基层综合文化服务中心、农家书屋等阵地设施和功能的统筹调度工作,实现党群服务中心与文明实践中心融合率达100%,汇集爱国主义教育基地、纪念场馆、烈士陵园等红色资源,统筹群团组织、企事业单位以及"五老"人员、公益人士等各方面力量,统筹安排各部门下基层活动,打破部门利益和条块分割,提高县、乡镇(街道)、村(社区)三级公共服务资源的综合使用效率,把分散的资源再配置、再优化。着眼制度化安排,下沉优质资源。推动自治区、市优质资源下乡,推进实施"七个一批"精品项目。坚持季节性下乡、机制化帮扶、渐进式推进,在实践中丰富完善精品项目内容,定期组织开展下基层活动,促进地区项目交流。通过公益创投、项目大赛等形式有针对性地进行孵化培育，坚持群众主体地位，重点打造群众急需、特色鲜明、高质量的文明实践服务项目库。着眼打破界限，共享资源。实现各类线上活动与街镇文明实践中心的对接，打通线上线下、互动呼应渠道。发挥全市 12 个融媒体中心作用，运用政府门户网站、电视、宣传栏等各类宣传阵地和党员远程教育、学习强国 App、"两微一端"等新媒体，打造网上新时代文明实践中心，推动融媒体中心与文明实践中心融合，最大限度发挥资源的综合使用效应。

（二）做好乘法，在统筹文明实践队伍上下功夫，着力解决文明实践"谁来做"的问题

这个乘法，指的是追求覆盖面和实施项目效果的最大化。重点是针对志愿者作用发挥不充分、缺乏持续性等问题，积极探索破解的有效方法、路径、载体，产生一人、一地引领带动一大片的"乘数效应"。推动社会参与。引入社会资源，动员企业创办文明实践站点、组建志愿服务队伍，强化从项目设立、人员招募、组织实施到评估优化的全流程管理，使之更好惠及广大群众，举办一系列公益创投活动，孵化一批符合实际、群众所需、效果明显、影响广泛的志愿服务项目。理顺工作机制。加强县（市、区）级党委对志愿服务工作的领导，党委宣传部、文明办加强直接领导、做好牵头协调，形成党委统一领导、党政各部门尽职尽责、社会各方面共同支持参与的工作格局。建立平台队伍。做实区级志愿服务总队，切实提高各区志愿服务的组织化程度，搭建有人员、有项目、有规划、便捷高效的志愿服务平台，以此为基础加强专业化培训，促进供需对接，提升服务质量。推进"社工+志愿者"联动，每个实践阵地管理人员由一名负责人、一名专业社工、一名新闻记者构成，吸纳专业志愿服务力量，持续壮大志愿服务队伍。完善激励嘉许机制。通过评优评先、积分管理、礼遇关爱等增强志愿者自豪感、荣誉感，引导志愿者在农村、社区沉下心、扎下根。对普通群众参与文明实践活动、接受先进文化熏陶进行引导激励。

（三）做好减法，在实施活动项目上下功夫，着力解决文明实践"怎么做"的问题

这个"减法"，主要指文明实践中心注重务实平实扎实，减少形式主义、官僚主义。针对文明实践活动脱离实际、吸引力不强，不注重结合群众需求等问题，缩小与农村群众的距离，减少各单位的条块分割，避免出现文明实践中心重复叠加和盲点盲区。完善阵地建设标准。坚决防止中心建设成为新的形式主义、面子工程，不搞"高大上""一刀切"，避免大拆大建、重复建设，实现物尽其用，因地制宜完善提升各类阵地设施功能，强化项目公开发布，规范开展活动，进一步扩大实践阵地影响力。强化供需对接。积极探索百姓"点单"、中心"派单"、志愿者"接单"、群众"评单"相贯通的工作模式，把目光和力量更多聚焦到空巢老人、留守儿童以及特困群体身上，通过精准化、常态化的志愿服务，帮助他们解决生活中的实际困难，让他们感受到党的温暖、社会的温情。革除陈规陋习。倡导文明健康、绿色环保的生活方式，全面开展修订完善村规民约和居民公约活动，广泛开展乡风评议活动，发挥村民议事会、道德评议会、红白理事会、禁毒禁赌协会等群众组织的作用，引导群众自觉抵制陈规陋习以及腐朽落后文化侵蚀，以文化人、成风化俗，涵育文明乡风、良好家风、淳朴民风。

（四）做好除法，压紧压实组织领导责任，破解文明实践"做长久"的问题

这个除法，主要指压实各级党委一把手的责任，破除一阵风、走过场、运动式等"官样文章"，推动文明实践中心建设持续开展。党的二十大对将新时代文明实践中心建设纳入文化建设制度做出部署。这一系列的部署安排说明，新时代文明实践中心是新时代加强思想政治工作的重要平台，推进新时代文明实践中心建设是各级党组织必须履行的法定义务、政治责任。发挥"指挥部"作用，各县（市、区）主要负责同志履行中心建设第一责任，统筹谋划、靠前指挥、主动上阵，对各方面工作统一部署、各领域资源统筹调

配，推动新时代文明实践中心建设有机融入乡村振兴、基层党建和城乡经济社会发展，防止"两张皮"、叠床架屋。宣传部部长加强具体指导、工作调度、督促落实，党政分管负责同志密切配合、共同推进。推动基层治理。在抗击新冠肺炎疫情的工作中，全市新时代文明实践中心发挥了重要作用，展现了精神文明的强大力量。要结合新时代文明实践中心建设的总体要求，把疫情防控中应急管理和基层治理课题结合起来，与群众性精神文明创建活动结合起来，使文明实践中心（所、站）成为基层治理的依托，更好地发挥强信心、暖人心、聚民心、筑同心的重要作用。加强工作保障。用好意识形态工作责任制，落实情况监督检查、自治区评估和文明创建考核测评工作。探索完善"中心吹哨、部门动员、各方参与"的工作机制，形成区、乡镇（街道）、村（社区）三级贯通，中心（所、站）密切联动的工作格局。县（市、区）财政要落实基本经费保障，探索设立文明实践志愿服务基金，为调动社会力量参与文明实践工作搭建平台、拓展渠道。

B.22
新形势下南宁构建消防安全防范体系实践与探索

黄铭珩*

摘 要： 随着经济社会快速发展，城市产业结构和发展模式发生了显著变化，随之而来的是消防安全不稳定因素与日俱增。提升城市公共消防安全管理能力和水平，既是人民群众所期所盼，也是各级党委、政府和有关部门的职责所在。本报告根据近年来南宁市消防安全管理工作的实践和经验做法，基于解决防范城市消防安全本质风险隐患存量大、对综合监管的执行认识存在误区、消防力量布局和基础设施有待完善、基层消防救援力量亟待加强等消防安全短板弱项，对探索构建精准化、全覆盖的城市消防安全防范体系提出推动消防安全责任落实、创新消防安全监管模式、完善基层消防力量建设、健全综合指挥调度机制等对策建议。

关键词： 城市消防安全 火灾防控 综合监管

党的二十大擘画了未来五年乃至更长时期党和国家事业发展的目标方向和大政方针，为推进全面建设社会主义现代化国家、实现第二个百年奋斗目标指明了前进方向、确定了行动指南。随着经济社会的高速发展和城市化进程的不断推进，现阶段消防安全不稳定因素持续增多，城市火灾总量高位运

---

* 黄铭珩，南宁市消防救援支队办公室副主任。

行，尤其是亡人火灾的压力与日俱增，使问题倒逼责任，因此，营造更加全面、更高质量、更可持续的消防安全环境是推进高质量发展、创造高品质生活、不断满足人民群众对美好生活向往的重要保障。

一 当前南宁市消防安全面临的形势和挑战

城市消防安全是维护社会安全稳定的重要组成部分，是各级政府及有关部门履行社会管理职能，提高城市安全水平的重要内容。随着城市发展不断提速，以大体量、大纵深、大跨度为特征的大型交通枢纽、物流中心、商业场所陆续落地，城市消防安全风险系数大幅升高。在此情况下，消防安全形势尤为严峻，主要体现在以下几个方面。

（一）城市消防安全风险隐患存量大

目前，全市共有高层建筑 8200 多栋，200 米以上的超高层建筑 42 栋；3 万平方米以上大型商业综合体共 48 家，建筑面积 10 万平方米以上的共 12 家，占全区三成以上；电动自行车总量已超 400 万辆，平均 2 人拥有一辆；地下综合管廊主体达 66.2 公里，入廊管线达 127.18 公里，城市发展带来的风险隐患存量大，稍有不慎极易造成群死群伤等重大事故。同时，各类沿街商铺、群租房、村（社区）自建房和"三合一"场所遍布城乡，安全基础条件差，监管防控难度大，"小火亡人"风险较大。

（二）对综合监管的认识存在误区

消防队伍改革已历时 4 年，当前，消防审核验收已移交住建部门，消防救援机构监管职能逐步定位为综合监管。但在实际工作中，仍有部分行业主管部门由于消防体制改革而等待观望，认为消防监管职责只属于消防部门，认为综合监管就是全面监管、兜底监管，对消防安全责任的认识存在一定的偏差；社会单位消防安全主体责任意识普遍不高，消防安全发展的理念尚不牢固。特别是近年来，相继出现的长租公寓、密室逃脱类场所、私人影院、"生命通道"等新业态、新场所，均不同程度暴露出部门监管责任不清的问题。

（三）消防力量布局和基础设施有待完善

随着乡村振兴战略的实施，劳动密集型企业和资源高消耗型企业将加快向郊区和农村转移，但消防救援力量、消防基础设施等消防资源目前仍集中于主城区。按照《城市消防站建设标准》，全市应设有82个消防站，消防员3500人，当前全市仅建成39个消防站，消防员1114人，远不能满足城市灭火救援现实需要；全市缺建市政消火栓1万多具，主城区市政消火栓故障率达19.94%，部分新区道路市政消防水源规划建设缺乏系统性和整体性。

（四）基层消防救援力量亟待加强

南宁市是中国—东盟博览会永久举办地，第一届全国学生（青年）运动会也将于2023年在南宁市举办，城市定位在不断提升的同时，火灾防控任务也日益繁重。从消防救援队伍看，目前全市每百万人口的监督执法干部数量仅约为12人。从公安派出所看，随着消防救援队伍改革转隶，公安派出所对住宅小区、出租房等场所监管力度有所减弱。从基层政府看，乡镇（街道）消防救援工作站挂牌后可能还存在过渡期，且人员的消防专业素质亟待提升。

（五）综合应急救援能力还需强化

面对"全灾种、大应急"职责任务，应对手段不多，在灭火救援攻坚、智能化装备配备和大规模、长时间战勤保障等方面的能力亟待加强。针对水灾、旱灾、台风等自然灾害和石油、交通、危化品事故救援，目前配备的装备专业性不足、效能不高、适用性不强。全市江河湖泊多、水域广、洪涝灾害严重，但水上消防救援力量空白，与应急管理部提出的"打造大应急、构建大安全"的目标差距较大，消防队伍转型升级任重道远。

二　完善城市消防安全防范措施的工作实践

近年来，南宁市党委和政府深入贯彻落实习近平总书记关于安全生产重要批示指示精神，把消防工作融入"两个大局"中谋划部署推进。自 2016 年以来，全市电动自行车及"偏、郊、旧、杂"地区火灾起数和死亡人数分别下降 43% 和 72%，作为首府城市连续 19 年未发生重大以上火灾事故，防控效果显著。

（一）推动党委和政府高度重视，压实各方消防安全责任

近年来，全市各级消防部门充分利用重要活动、重大任务和典型灾情等关键时期和节点，积极汇报消防安全工作成效和辖区薄弱环节，提出针对性工作建议，推动各级党政主要领导认真履行消防安全第一责任人职责，其他领导带队落实"一岗双责"，市委常委会、市政府常务会定期研究部署消防工作，连续 9 年将城市公共消防安全建设纳入为民办实事工程，将"智慧消防建设工程"纳入市"十四五"规划重大工程项目。市、县（市、区）党政领导带队督导检查消防安全成为日常工作，党政同责、齐抓共管成为常态。充分发挥各级消安委平台枢纽作用，每年印发《全市消防工作要点》，通过召开成员单位联席会议和联络员会议，定期向重点行业部门通报行业系统火灾情况和突出风险问题，组织各行业部门持续开展消防安全整治，推动教育、商务、卫健、民政等部门积极开展消防标准化创建活动。

（二）立足齐抓共管凝聚合力，深入推进消防安全治理

统筹推进"三年行动"、消防安全大检查，持续推进"高低大化"、打通"生命通道"、中小学校、仓储物流、易地搬迁安置点、居民自建房、电动车等 10 个专项整治；采取专家团队检查形式，开展全市大型商业综合体、历届东盟"两会"涉会场所专项检查；依托双随机执法组织开展宾馆酒店、消防产品等联合抽查；全市年均完成 30 家重大火灾隐患单位和区域性火灾

隐患挂牌督办整改销案。全面推行"双随机、一公开"消防监管模式,建立群众市政热线投诉和"邕城消防"线上举报查处工作流程机制,解决群众身边问题。聚焦火灾风险防控,探索创新监管模式,在全国率先建成1个市级、15个县级预警管控中心,融合消防网格管理、物联网监管、电动车火灾监控、教育行业平台和自建房系统实时监测预警,提升火灾风险管控效能。

(三)健全综合应急救援体系,牢牢守住"最后一道关口"

坚持对标应急救援"主力军、国家队"新定位,建成全区首支集救援、指挥、通信、保障于一体的应急救援快遣队,升级优化"高低大化"、地质、水域、山岳救援和应急保障等10支专业救援队,将全市12个企业专职队、40个乡镇专职队、195个社区微型消防站、蓝天救援队、中华志愿者协会、地铁消防专职队纳入支队指挥中心,以便进行统一调度。严格落实每月议战议训议安全制度,出台各类作战训练安全责任规定15份,由支队党委研究出台年度训练方案,突出基地化"六练"基本要求(练体能、练技能、练战术、练协同、练指挥、练保障),持续营造浓厚的"练兵"氛围。加强自建房、"三合一"等真火真烟实战训练,定期组织开展体能、班组、整建制实战化考核。形成智能接处警"南宁模式"经验,平均缩短接警用时35秒;推动"一短三快"改革,利用高点火源识别、三维模拟指挥、AR实景指挥等系统为初战提供信息化辅助支撑,设置车库倒计时牌、语音广播、分色警灯,平均缩短初战用时4分57秒。针对全市超高层建筑数量多、传统用水灭火效能不高的实际情况,联合国内知名高校和科研院所,成功研发超高层建筑压缩空气泡沫灭火系统,目前已在南宁市龙光世纪大厦建成投用。改制转隶以来,全市消防救援队伍共接警出动14.5万起,抢救疏散被困群众1.28万人,有效保护了人民群众生命财产安全。

(四)拓展社会消防宣传渠道,全民安全教育持续升温

优化市级消防全媒体工作中心人员配备及硬件设置,指导各县(市、

区）按"1+2+1"模式（大队、消防救援站明确1名兼职干部，大队明确2名文员，消防站明确1名通讯员负责宣传工作）建强常备宣传队伍。建成首批国家级应急消防科普教育基地，完成县（市、区）级消防科普教育馆建设。联合交警、民政部门建强用好11个电动车上牌点消防安全服务角、517个社区"消防宣传云平台"。整合行业部门、公益组织、社会单位资源力量，组建"消防机甲"、少儿消防街舞、美团骑手等10支特色宣讲团队，拉动全市开展消防宣传"五进"活动。燃气使用消防安全宣传"敲门行动"覆盖200多万户家庭。建立"权威媒体+新媒体"合作新模式，深化与央视、人民网、新华社等媒体战略协作，密切联系新浪、抖音等直播平台，常态化打造"邕城火焰蓝"直播精品项目。中央电视台一套《今日说法》栏目策划播出119特别节目，以1小时时长深度报道了南宁市火灾防控工作的先进经验。加强与宣传、网信、网安等部门的协作联动，强化舆论正面引导。

三 新形势下构建城市消防安全防范体系的工作探索

当前，城市消防安全防范能力不断加强，但要实现构建精准化、全覆盖的城市消防安全防范体系目标，仍需全社会共同努力，持续加固拧紧政府、部门、单位各环节责任链条，夯实综合应急救援能力建设和保障基础，不断提升防范的针对性和管理效果。

（一）切实推动消防安全责任落实

一是党委和政府方面。各级党委和政府要深入贯彻落实习近平总书记关于安全生产与消防安全的重要论述和重要指示精神，切实将消防安全融入党政工作大局，落实"党政同责，一岗双责"。要将消防工作考核结果作为领导班子综合考核评价、政府目标责任考评以及平安建设、综治、绩效、创城等考评的重要内容，建立实施党政主要领导"双主任"制度，健全完善与主要负责人、分管负责人和直接责任人履职评定、奖励惩处相挂钩的考评体系。二是行业部门方面。要全面落实行业监管责任，《广西壮族自治区消防安全责任制实施办法》以清单的形式明确了各行业主管部门的消防安全职责，要以落实定期走访、座谈、通报、制发火灾防控工作建议函等方式推动行业主管部门进一步落实相关规定，持续推进行业消防安全标准化建设。各行业主管部门要强化督导检查和跟踪问效，研究出台"事前事中"问责问效管理办法，全面加强跨行业部门安全监管工作联动。三是社会单位方面。要全面推行约谈提醒制度，在重大活动、重大节日消防安全保卫工作期间，依据抽查检查情况，分级分批组织开展约谈、提醒、培训等活动，督促社会单位落实消防安全主体责任。要组织开展企业主要负责人消防安全履职专项治理和隐患自查自纠，督促社会单位委托第三方对消防设施进行日常管理和维修保养，提升社会单位消防安全自主管理水平。

（二）探索创新消防安全监管模式

当前，消防救援机构要通过研究现行法规制度，挖掘内部工作潜力，抓住党委和政府重视的契机，用好相应力量开展综合监管工作。"双随机、一公开"监管方面，要制定研判标准，围绕重点单位、重点领域和易发火灾场所，按人、物、事和场所等因素分类整理权责清单，将各部门的职责作为制定权责清单的依据。建立监督人员、检查对象、火灾风险等级和单位守法情况底数台账，分级分类科学制订检查计划，推行单位自查、行业排查、监督抽查、重点检查、专家检查"五查"机制，有效破解消防监督执法力量不足与监管对象线性扩大的现实矛盾。重点监管方面，当前重点监管主要手段是专项治理。各地要持续推进自建房、电动自行车、高层建筑、仓储物流和厂房等消防安全专项治理工作。信用监管方面，探索消防信用监管措施，建立政府信用办、市场监管等部门信息共享、联合惩戒机制，形成"失信即失利"的自主监督氛围。"互联网+监管"方面，围绕"高低大化"火灾防控重点，紧盯电动自行车火灾防控难点，将紧密依靠群众、发动群众自主治理与行业部门治理相结合，依托互联网远程监控系统，探索构建城市火灾风险实时预警管控体系，利用建筑物结构特征物联感知数据、火灾隐患风险数据、消防管理水平等维度对火灾隐患进行动态分析，形成"抽查—督办—整改—核查"监管服务闭环管理，为综合监管提供科技支撑。火灾事故责任调查处理方面，对造成人员伤亡和社会影响恶劣的火灾事故，要提请党委和政府成立事故调查组，全链条查明原因、追究责任、落实整改。对履职不力、失职渎职的政府及有关部门责任人员，要根据地方党政领导干部安全生产责任制等规定严肃问责，同时，针对暴露出的问题，从政府和部门监管层面提出有针对性的防范措施和工作建议。要加大失火案、消防责任事故案侦办力度，严厉追究相关人员刑事责任，形成有力震慑。

（三）加强基层消防力量

一是要进一步明晰基层政权组织的消防安全职责。从数据来看，村镇火灾数量占火灾总数比例由 2018 年的 22% 上升至 30%。各地应结合"小火亡人"火灾多发在农村、社区的实际情况，进一步细化、明确乡镇（街道）、村（社区）综合指导、协调和监督的消防安全工作职责，健全消防安全制度，落实消防安全网格化管理措施，开展对居民小区、自建房、沿街门店、家庭式作坊等小单位、小场所的防火安全检查职责。要通过人员保障、办公场所、协调机制等重要方面，全面推进乡镇（街道）消防救援工作站挂牌运行，常态化组织防火巡查、消防宣传、教育培训、督促火灾隐患整改等工作，同时负责辖区微型消防站日常管理，组织开展初起火灾扑救和综合应急救援。二是要着力提升网格化管理效能。积极推动将消防安全工作融入市域社会治理现代化重点工作，推行"乡镇政法委员统一指挥、综治中心消防专员分片负责、消防文员协助工作"的"三员制"社会消防综合治理格局。要推进网格员开展巡查防控、宣传提醒和隐患整改。依托政法云平台，因地制宜地创新消防网格化管理模块，形成任务创建、分流交办、事件处理、督办反馈的工作机制。三是要结合乡村振兴战略加强本质安全。要将农村住宅及乡镇企业的消防安全布局、消防车通道、消防水源等基础设施建设纳入村镇总体规划。四是要推进多种形式消防力量建设。通过"乡镇队+微型站"，持续完善综合应急救援力量布局。积极推动政府将乡镇（街道）微型消防站纳入为民办实事工程，同步指导各地结合实际建设社区微型消防站，并将其全部纳入一体化指挥调度和联防联勤联训体系。消防部门应通过"建、管、训、用"工作机制，抓好日常业务培训和灭火演练，定期举办微型消防站业务技能比武竞赛，不断提升防火巡查队、灭火救援先遣队和消防宣传队"三队合一"工作效能，实现"灭早、救小、控初期"目标。五是要完善公共消防安全基础建设。要推进市政消防水源规划建设，优先解决本地"高低大化"等重要场所持续性供水问题；推动将消防车道、电动自行车规范化停放场所建设纳入老旧城区改造，各地应结合实际购置处置水灾、火灾、地质灾害等复杂灾情的专业装备。

（四）防范化解城市消防安全风险

要以"框住隐患总量、遏制隐患增量、减少隐患存量、控制隐患变量"为隐患治理目标，贯彻落实加强安全生产工作15条硬措施，综合运用政治、行政、法治、技术、市场、社会、网络7种治理手段，防范化解消防安全重大风险，精准防控、靶向治理，不断深化火灾防控理念和机制创新，防止出现"黑天鹅""灰犀牛"事件。组织技术团队开展重大项目重大活动消防安全服务保障工作，研究制定消防服务保障工作措施，全力护航城市经济社会高质量发展。坚持警情引导勤务，强化研判评估结果运用，坚持每月监督管理调度，组织开展针对性专项检查，加强重点行业、重点领域、重点时段消防安全监管。统筹"抓大防小"，紧盯高层建筑、大型商业综合体、劳动密集型企业等高风险场所和经营性自建房、群租房、"三合一"、电动自行车停放充电场所等低设防区域以及新业态新风险，分级分类实施差异化监管。组织开展亡人火灾压控集中攻坚行动，持续深化畅通消防"生命通道"工程，巩固消防安全专项整治三年行动、消防安全大检查等专项治理成果，深入推进消防安全风险专项整治，开展重大隐患、区域性隐患专家团队检查。

（五）健全完善综合指挥调度机制

要推动"一短三快"初战机制改革走深走实；推进现场联合作战关键

应急通信装备建设，提升队伍联合作战互联互通和科学指挥能力。通过调研制订城市高点火源监控补充计划，实现与智能接处警系统互联互通，不断扩大监测辐射面。联合大数据管理局，建强数据服务平台，实现内外部数据共享和大数据分析应用。建强数字化运维保障团队，建立监测预警响应机制。坚持以科学指挥为基础，全面提升"统一指挥、综合联动"的调度指挥能力，构建预警响应、灾情会商、信息共享、协调处置等联合指挥机制。将应急救援物资保障纳入政府救灾物资调配序列，完善应急资源紧急征用和跨区域调度机制，增强调度机制的针对性和时效性，借助航空、高铁、水上等"立体化"投送方式，实现"后勤保障"向"前勤保障"的转变。积极与相关联动单位签订合作协议，完善联动联勤机制，链接政府及各部门预警网络终端，实现各方数据互联互通，做到"信息互通、资源共享、协同作战、高效联动"，提升应急处置和救援能力。推进穿越无人机、多功能负载、智能无线图传等新技术装备配备应用，优化通信装备携行模式，提升应急通信装备智能化、轻型化、集成化、模块化水平。

（六）进一步加强保障能力建设

保障救援车辆和器材装备基础配备，配齐配全各基层消防站车辆装备，逐步淘汰15年以上年限、性能达不到标准的以及存在严重故障的车辆。根据全市"高低大化"和新型产业现实特点，逐步配齐配强"高精尖"救援器材装备和训练设施。加强车辆装备建设计划与需求的科学论证，持续提高防护装备规模数量和质量性能。加强常用装备统型工作，加大先进适用装备配备力度，推行高风险救援现场"以装换人"，科学合理配备森林火灾扑救等装备。坚持"大站建强、小站建密"的理念和"中心站+卫星站"的模式，因地制宜采取多种方式加强小型站建设，扩展消防站点防火巡查、消防宣传等服务覆盖范围，推动完善市域"5分钟消防救援圈"力量布局。推动培训设施装备升级改造，建立水域、山岳、地质、工程、救援技术训练体系，建立健全并实施"基地化"轮训机制，提升综合应急救援培训能力，不断充实综合应急救援和保障人才队伍。完善各类型保障预案，健全战勤保障人才培养机制,要围绕实战,开展全要素、常态化训练,实现人装的最佳结合,提高"全灾种、全地形、全气候"条件下的遂行保障能力。健全队伍、部门、社会、企业"四位一体"联储联保联供模式,增强联勤保障效能。因地制宜加快推进石埠轨道消防站、五象轨道消防站、屯里轨道消防站和水上消防站的建设,推广使用与城市发展相适应的"超现代"攻坚利器。

(七)全面提升消防宣传"五进"成效

要将消防宣传纳入党委宣传部门新闻通联、典型培树、舆情应对、志愿行动等范围,队伍形象宣传和消防知识普及要相辅相成、内部宣传和社会宣传要相互呼应,形成"大宣传"格局。要善于用群众视角去审视消防宣传教育成效,用群众熟悉的语言去开展宣传,用群众接受的方式去体验宣传。一是要发挥宣传中心作用。优化市级消防全媒体中心分组和人员配置,指导各县(市、区)消防救援大队按"1+2+1"模式建强宣传队伍,发挥宣传中心"产品主产地"的作用。二是要加强基地化宣传。发挥"国家级+县(市、区)级"消防宣传阵地的宣传作用,加强社区党群服务中心"云平台"和电动自行车上牌点宣传角建设,定期推送各地典型火灾案例和火灾隐患风险提示,打造沉浸式移动消防体验馆。加强"立体化"宣传,强化与央视、人民网、新华社等央级媒体协作,密切联系新浪、抖音等平台,做到"新老并用、固移结合"。三是要加强精准化宣传。围绕"小火亡人"事故暴露出的问题,整合行业部门、公益组织、社会单位资源力量,全面开展消防宣传"五进"活动,增强全民消防安全意识。发挥舆论监督作用,组织新闻媒体集中曝光火灾隐患和消防违法行为,以案释法、以案警示。

参考文献

刘宜辉:《新时期社会面火灾防控工作探讨》,载中国消防协会学术工作委员会、中国人民警察大学防火工程学院编《中国消防协会学术工作委员会消防科技论文集(2022)》,中国石化出版社，2022。

南宁市人民政府办公室：《南宁市人民政府办公室关于印发南宁市消防工作"十四五"规划的通知》，《南宁政报》2022年第6期。

于越姝：《吉林省突发公共事件应急管理研究》，硕士学位论文，长春工业大学，2020。

B.23
乡村振兴战略背景下南宁农村
基层干部队伍建设研究

摘　要： 新发展阶段下的"三农"工作更加复杂，乡村振兴遇到的新情况新问题逐渐增多，对农村基层干部队伍提出更高的要求。乡村振兴战略背景下，南宁市农村基层干部队伍建设成效显著，但依然存在干部队伍结构老龄化、创新活力不足、综合素质有待提升、激励机制不完善、队伍管理机制不健全、后备储备干部不足等问题。建议进一步加强政治建设、强化教育培训、优化队伍结构、完善体制机制，以此提升农村基层干部队伍政治能力、业务能力、干事创业活力，激发基层干部投身乡村振兴一线的积极性和创造力，为乡村振兴提供高质量的干部队伍和人才储备。

关键词： 乡村振兴　基层干部　队伍建设

乡村振兴战略是中国特色社会主义进入新时代破解农村发展困境的根本性举措，是新时代做好"三农"工作的总抓手，是全面建设社会主义现代化强国的重大决策部署和战略安排。农村基层干部队伍是乡村振兴伟大事业的

* 课题组组长：谢强强，南宁市社会科学院科研管理所，助理研究员。课题组成员：周博，南宁市社会科学院东盟研究所所长，高级人力资源管理师；杜富海，南宁市社会科学院经济发展研究所副所长，助理研究员；陈恺霖，南宁市社会科学院办公室，研究实习员；陈灿龙，南宁市社会科学院科研管理所，研究实习员；张珊娜，南宁市社会科学院科研管理所，研究实习员；赖东生，南宁市西乡塘区双定镇武陵村驻村选调生。

核心，是"火车头""领头雁""排头兵"。全面实施乡村振兴战略，提升农业农村现代化水平，关键在党，根本在人，要组织、推动、做好、完成乡村发展、完善治理、共同富裕等乡村振兴目标任务，必须在党对"三农"工作的全面领导下，打造一支爱农村、懂农民、知农业的专业化基层干部队伍。

一 乡村振兴战略背景下南宁市农村基层干部队伍建设现状

（一）南宁市农村基层干部队伍建设的基本概况

南宁市下辖青秀区、兴宁区、江南区、良庆区、邕宁区、西乡塘区、武鸣区7个区，隆安县、马山县、上林县、宾阳县4个县，以及横州市1个县级市，另设有南宁高新技术产业开发区、南宁经济技术开发区、南宁东盟经济开发区、南宁市仙葫经济开发区等功能区。2021年2月，全市1820个村（社区）"两委"完成换届选举。从年龄结构来看，南宁市新一届村（社区）"两委"班子村（社区）党组织书记年龄均在55岁以下；40岁以下的村（社区）党组织书记占比超过27%，比上一届提高了近15个百分点。从文化结构来看，村（社区）党组织书记大专及以上学历占比40.7%，比上一届提高15.3个百分点；有大专及以上学历干部的村超过77%，比上届提高了29个百分点，"一肩挑"占比99.95%，比上届提高53.93个百分点，实现"应挑尽挑"。从性别组成来看，村（居）民委员会成员中女性比例达41.5%，比上届提高了7.5个百分点。从成员构成来看，本村致富带头人、本土大学（大专）毕业生、退役军人、外出务工经商返乡人员、农民专业合作组织负责人等成员占村（社区）"两委"的比重有所提升，吸纳了部分乡村医生、乡村教师、扶贫信息员、建档立卡贫困户加入村（社区）"两委"。经过换届，圆满实现"两委"班子平均年龄下降、文化程度上升、女性比例上升的目标，目前，南宁市各村（社区）"两委"班子运行平稳，战斗力强于换届前。[1]

---

[1] 数据来源：南宁市民政局。

（二）南宁市农村基层干部队伍建设的做法和成效

1. 严把基层干部选人关

"为政之要，惟在得人"，在2021年村（社区）"两委"换届选举中，南宁市各县（市、区）加强村情社情调研摸底，全面推进落实"两委"候选人任职资格联审机制，对村级干部履职情况进行综合研判，拓宽选拔渠道，储备后备人才，强化农村基层组织规范建设，深入开展矛盾纠纷"清仓"、黑恶势力"清障"、反腐倡廉"清风"、财务审计"清账"、考核评议"清绩"等"五清"行动，坚决把想干事、能干事、干成事的干部用起来，为壮大基层力量提供强有力的人才保障。当前，乡村振兴进入重要时期，为确保村（社区）"两委"换届后续工作平稳有序，南宁市各市（县、区）突出问题导向，聚焦破题指向，建强新一届村（社区）"两委"班子队伍，切实做好村（社区）"两委"换届"后半篇"文章，帮助新班子、新班长、新成员融入大局，始终保持"在状态""站得稳""做得好"。

2. 提高保障待遇水平

南宁市各县（市、区）严格按照《中共南宁市委组织部 南宁市民政局 南宁市财政局 南宁市人力资源和社会保障局 关于持续提高全市村干部报酬待遇的通知》文件精神，健全村干部待遇稳步增长机制，落实村干部报酬待遇正常增长机制，全面落实村党组织书记年基本报酬按照不低于所在县（市、区）、开发区上一年度农民人均可支配收入2.5倍的标准，村定员全额补贴干部最低年基本报酬在现有标准的基础上每人每月增加200元，村定员半额补贴干部年基本报酬在现有标准的基础上每人每月增加200元。其中，上林县村党组织书记兼村委会主任的基本报酬从2600元/月提高至2800元/月，实行定工、半定工干部同工同酬制度，定工村干部及半定工村干部从2000元/月提高至2200元/月；西乡塘区村党组织书记基本报酬由3155.63元提高至3338.75元，每人每月增加183.12元；武鸣区将村（社区）书记待遇提高至3912元/月。不同县（市、区）因地制宜，建立健全激励机制，调动农村基层干部的工作积极性，形成担当作为新局面。

3. 开辟广招贤士新途径

南宁市各县（市、区）以重视基层、关心基层、支持基层为鲜明导向，进一步解放思想、拓宽选人视野渠道，突破地域、身份、专业等界限，真正立足岗位选干部，敢为事业用人才，最大限度盘活干部人才资源。通过开展乡村振兴村级领军人才培养工程，培养具有示范引领作用的领军人才及储备大量优质后备力量，逐步优化调整村（社区）"两委"班子结构；通过内选、外引、下派等方式，注重从返乡创业青年、退伍军人、致富能人、大中专毕业生中选育储备后备干部。加大从村（社区）干部中招录乡镇公务员和县乡事业单位人员力度，通过组织公开招考和遴选，定向招录一定名额的优秀村（社区）干部进入乡镇（街道）班子，拓宽村（社区）干部发展空间。

4. 关心关爱干部有措施

南宁市各县（市、区）坚持把人文关怀作为根本出发点，强化对在职村干部和离任村干部关心关爱工作，让村干部把归属感、荣誉感和获得感转化为开展工作的强大动力，引导激励离任干部继续在巩固脱贫攻坚成果、推进乡村振兴中发挥余热、建言献策，有效调动广大党员干部干事创业积极性和主动性。全面落实村干部体检制度，每年为村干部购买人身意外险，多角度全方面关注村干部身体健康状况，规范离任村级干部养老补贴办理程序，提升程序办理效率，不断提升离任村级干部的获得感和幸福感。

5. 加强村级干部教育培训

南宁市各县（市、区）坚持把村干部队伍建设作为强基层、打基础的重要环节，把扎实开展教育培训作为重要一招，按照打造高素质农村干部队伍的要求，加强村级干部教育培训，为村级干部"充电蓄能"，切实提高村级干部思想政治素质、带头致富和带领群众致富能力、履行岗位职责能力和为民服务本领，为巩固脱贫攻坚成果、推动实现乡村振兴提供坚强人才支撑。

二 南宁市农村基层干部队伍建设存在的问题

（一）干部队伍年龄结构老龄化，创新活力不足

近年来，由于南宁市城市化进程不断推进，大量农村青壮年劳动力离开

农村进入市区谋生，导致农村青壮年劳动力流失严重，不少农村地区形成了以中老年人和妇女儿童为主的人口结构，农村基层干部队伍结构也在青壮年劳动力流失的情况下日渐呈现老龄化的趋势。从2021年南宁市建制村党组织换届选举工作情况来看，南宁市建制村党组织成员共7282人，46岁至55岁的有2525人，56岁至59岁的有1119人，60岁及以上的有547人，合计占总人数的57.55%，总体年龄偏大（见图1）。农村基层干部队伍年龄结构老龄化不利于干部队伍建设。一是队伍年龄结构老龄化不利于村级事务管理；二是老龄化导致农村基层干部队伍在整体上缺乏创新活力；三是干部队伍老龄化，难以适应农村经济发展的形势，干部普遍不了解产业发展趋势，自身模范带头作用没有得到充分发挥，带领群众发展致富的作用不明显。

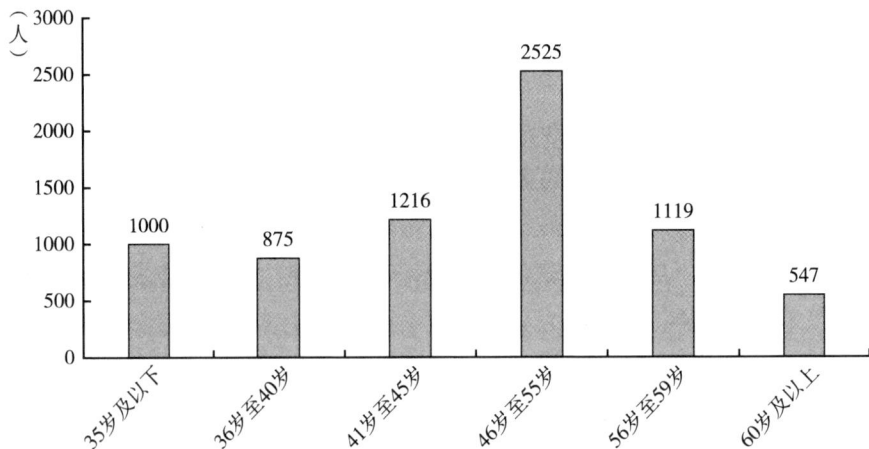

图1　2021年南宁市建制村党组织成员年龄结构

资料来源：南宁市民政局。

（二）干部文化水平较低，综合素质有待提升

从目前南宁市农村干部的整体情况来看，农村基层干部的文化水平普遍不高。以建制村党组织成员为例，在全市建制村党组织成员中，高中及中专、初中及以下学历合计占干部队伍总人数的81.98%，本科及大专、硕士

研究生学历人数仅占 18.02%（见图 2）。目前，南宁市与在乡村振兴背景下建设一支具有农村基层管理能力、了解市场经济知识、掌握现代科技知识和法律规范的高素质干部队伍的目标具有一定差距。一是部分农村干部综合素质与乡村振兴战略要求不匹配，由于受到文化水平不高因素的限制，大多数农村干部并不具备处理复杂问题的能力，尤其在开展乡村振兴工作时，缺少科学的工作方法。二是部分农村干部对政策理解不深入，执行不到位，在阅读和理解上级政策文件时，不少村干部常常出现曲解文件精神或对文件内容理解不透彻的问题。

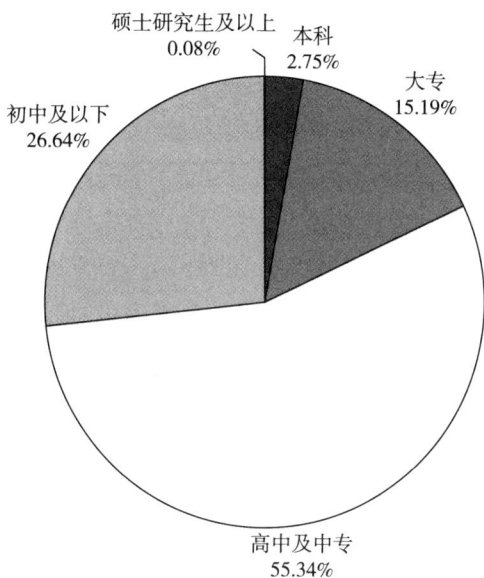

图 2　2021 年南宁市建制村党组织成员文化结构

资料来源：南宁市民政局。

（三）干部待遇水平不高，激励机制有待完善

近年来，南宁市虽然提高了农村基层干部的待遇水平（见表 1），但总体待遇水平不高，激励机制有待完善，干部干事创业的活力有待激发。特别是农村基层干部待遇差距较大，在日常工作中常常存在"工作同进退""待

遇差别大"的矛盾，导致农村基层干部队伍之间出现工作任务难分配、工作积极性不高的问题。此外，农村基层干部的社会保障不足，农村基层干部经常参与疫情防控、抢险救灾等高危工作，人身安全难以得到有效保障，缺少足够的社会保障不利于农村基层干部队伍稳定和激发干部队伍活力。

表1　2021年南宁市农村基层干部基本薪酬待遇情况

指标名称	数目	单位
村支书最高报酬待遇	3900	元
村支书最低报酬待遇	2750	元
其他定工干部基本报酬达到村支书基本报酬60%的村数	1386	个
其他定工干部报酬达到本乡镇新入职公务员收入水平的村数	0	个
其他定工干部最高报酬待遇	2450	元
其他定工干部最低报酬待遇	2250	元

资料来源：南宁市民政局。

（四）干部为民服务意识不强，队伍管理机制不健全

南宁市部分农村基层干部为民服务意识不强，队伍管理机制不健全，与打造一支能够服务好农村经济社会发展的干部队伍还有一定差距。一是部分农村干部对自己的干部身份认识不足，没有做到全心全意为村民服务，为本村的经济发展服务。二是农村基层干部队伍的管理机制不够健全，对村干部缺乏有效的约束力。

（五）农村工作对年轻人缺乏吸引力，后备力量不足

在南宁市城市化迅速发展的时代背景下，由于农村工作和生活对大多数青年人来说缺乏足够的吸引力，越来越多的青壮年劳动力离开农村进入城市寻找就业、创业机会，大量有能力、有见识、学历高的农村劳动力进入城市生活发展，农村人才流失严重。这导致以下两个问题：一是加剧农村基层干部队伍老龄化问题，削弱农村干部队伍整体活力，不利于农村基层一线干部

队伍发挥基层治理作用；二是部分返回农村创业工作的年轻人因工资待遇低，农村治理工作具有复杂性、艰巨性等原因，在缺少有效激励手段情况下，多数年轻人不愿投身农村基层治理工作，反而更愿意从事农业产业如家禽养殖、果树种植等收入较高的工作，长期来看，不利于农村基层队伍的接续发展。

三 加强南宁市农村基层干部队伍建设的对策建议

（一）加强政治建设，提升农村基层干部队伍政治能力

1.加强思想政治教育，强化干部政治定力

一是加强思想政治教育宣传。一方面，加强正面的思想政治宣传教育；另一方面，结合农村的实际情况开展文化宣讲活动，营造良好的宣传氛围。二是坚定农村基层干部的政治立场。农村基层干部在日常工作中必须坚定政治立场，自觉在思想、政治、行动上同党中央保持高度一致，坚持身体力行，用实际行动赢得广大群众的信任。三是多元化开展思想政治培训，市、县党校，干部学院等可采取多样化的方式大力加强村干部的思想政治培训，也可以探索县、镇主要领导干部"微课堂""党员固定党日"上党课等形式，使农村基层干部的思想意识和政治素质得到切实提高。

2.加强思想政治历练，强化干部政治鉴别力

一是要明确自己的角色和身份。农村基层干部是实施乡村振兴战略的骨干力量，也是身处农村工作一线，直接面对农民群众的群体，应明确自己的角色和身份，密切联系群众做好服务。二是要利用好农村基层环境。农村基层干部要深刻认识到农村基层的特殊性，利用好农村基层环境，加强政治历练，不断磨炼党性、丰富政治经验和增强政治本领，坚定正确的政治方向和政治立场，不断强化自身的政治鉴别力，进而提升政治能力。三是要做好充分的准备。农村基层条件艰苦，农村基层干部要做好接受各类考验的准备，同时要警惕错误思想，特别是对乡村振兴战略实施推进过程中容易诱发政治

问题的敏感因素和苗头性问题，要进行准确研判，并快速处置。

3. 加强政治生态净化，强化干部政治纪律

一是促进农村基层干部养成优良作风，杜绝不良风气。要坚决贯彻党的群众路线，培养干部队伍良好的工作作风，切实提高自我认知，农村基层干部在工作中要以身作则，树立良好形象。二是农村基层干部要严格遵守政治纪律。要加强学习，以多种形式组织开展学习交流会，加强对基层干部队伍的警示教育，在案例学习的过程中使基层干部对政治纪律产生敬畏感。三是积极营造基层干部队伍建设的良好舆论氛围，要加大宣传力度，广泛宣传先进事迹和典型优秀案例，使农村基层干部更具担当精神，净化基层政治生态。

（二）强化教育培训，提升农村基层干部队伍能力素质

1. 探索多元培训形式，实现农村基层干部全覆盖

一是加强常态化培训。各级政府、相关部门继续强化年度培训，制订年度培训计划，召集农村基层主要干部参加培训，完成年度培训任务。二是送教下乡。针对农村基层一线干部，由各级政府统筹，相关职能部门根据实际情况，在镇级或村级组织培训。探索"微课堂"送教下乡，利用农村党课、党员固定党日活动等机会对农村基层干部进行培训。三是加强线上培训。目前，大多数村已实现网络覆盖，有了进行线上培训的基础，各级政府、相关部门可采取线上共享的方式进行培训，覆盖村级所有干部和工作人员。

2. 丰富教育培训内容，提升干部综合能力

一是坚持理论与实践相结合。综合运用情景教学、案例分析、启发引导等方式为村级干部辅导理论、解读政策，广泛组织村级干部到先进地区进行实地观摩学习。二是注重提升农村基层干部综合能力。在注重时政方针等理论培训的同时，突出基层组织建设、村级事务管理、乡村振兴等业务知识的培训。加强办公自动化等方面的技能培训，最大限度满足农村基层干部的培训需求，以此提升其综合能力。三是对农村基层干部进行有针对性的专项培训。针对村干部政策水平低、发展集体经济办法不多、计算机操作能力差、法治观念不强等问题，组织、司法等部门应整合师资力

量，围绕农村基层干部管理突出问题，结合当地经济特色、社会管理特点、党的惠农政策、改革发展热点等，开发出一批特色教材，进行系列性的、阶段性的培训。

3. 加强教育培训管理，提升教育培训质效

一是构建农村基层干部培训全链条体系。要增强理论培训的针对性，同时加强实践交流学习的实用性。二是把村级干部参与各项培训的情况作为村级干部任期目标管理考核的重要依据，科学合理设定村级干部教育培训机制，提升村级干部培训覆盖率。三是进一步加强农村基层干部教育培训的监督管理。培训实施主体应严格按照相关要求组织开班和开展培训，加强对参训人员的管理，严格培训纪律。

（三）优化队伍结构，激发农村基层干部队伍生机活力

1. 加强本土后备干部培养，保障干部队伍有效衔接

一是注重本土后备干部的培养。充分发挥后备干部了解乡村、接近群众、熟悉乡村情况的经验优势，鼓励其继续在乡村振兴一线干事创业。将"重民意、看实绩、论本领"作为后备干部选拔的依据，同时要注意后备干部的年龄、性别以及学历层次等情况。二是加强后备干部培养。对愿意加入农村基层干部队伍的人员进行着重培养，不断提升其业务素质和工作能力。三是完善农村基层干部任用和退出机制，为村级后备干部提供上岗机会。当农村基层干部职位出现空缺时，及时按照程序进行推荐提名，鼓励后备干部作为候选人参加竞选，确保农村基层干部队伍有效衔接。

2. 加强外来驻村干部选派管理，丰富干部队伍层次

一是坚持将优秀干部资源向乡村振兴一线倾斜，选优配强基层领导班子。主要包括优化乡镇党委、政府领导班子和村"两委"班子干部队伍结构，注重一线练兵，锤炼干部基层工作本领。二是注重从回乡大中专毕业生、致富能手、返乡青年、退役军人等各类优秀农村青年中，培养选拔懂党务、知政策、有头脑、会技能的优秀人才充实乡村干部队伍，打造能力过硬的乡村振兴"带头人""领头雁"。三是重视选优派强"第一书记""驻村

工作队""到村任职选调生"等，优化常态化驻村工作机制，打造一支素质高、能力强、作风硬的农村基层乡村振兴人才队伍。

3.探索创新农村"人才飞地"，引进"飞地人才"

一是示范先行，打造学习典型，选择环境较好、条件成熟的村作为试点，在各大高校、科研院所、发展靠前地区寻找发展所需的人才，将其引入本地，构建工作生活在外地、创业贡献在本地的柔性用人模式。二是整合部门资源，构建"飞地人才信息库"，并由上级政府部门整理汇总，为将来柔性引进人才做充分准备。三是举一反三，探索跨镇跨村"人才飞地"，引进其他镇村的先进人才，特别是某个领域的专业人才，充实引入镇村的干部队伍，激发基层干部队伍活力，促进和带动各项事业发展。

（四）完善体制机制，增强农村基层干部队伍内生动力

1.强化组织领导，层层压实责任

一是深刻把握党对乡村振兴工作领导的战略要求，严格落实"中央统筹、省负总责、市县乡抓落实"的工作机制，建立"五级书记抓乡村振兴"的责任体系，坚决扛起全面推进乡村振兴的政治责任，提高各级党委、政府把方向、谋大局、定政策、促改革的能力和定力。二是制定乡村人才专项规划，明确乡村人才振兴的总体要求、重点任务、政策措施，推动"三农"工作人才队伍建设制度化、规范化、常态化。三是充分发挥农村基层党组织战斗堡垒作用，选优配强村"两委"班子特别是村党组织书记，发挥农村党支部组织群众、宣传群众、凝聚群众、服务群众的作用，激活农村党组织的"神经末梢"，不断增强农村基层党组织的组织力、凝聚力和战斗力。

2.完善农村基层干部选拔任用机制

一是优化干部选拔、任用条件。健全鼓励优秀人才向农村基层一线流动激励制度，探索完善针对农村基层干部的工资待遇倾斜政策，拓宽选用优秀年轻干部的渠道，择优选拔年轻干部。二是拓宽和畅通选人渠道，切实选好配强农村基层干部队伍。进一步拓宽干部选拔范围，探索跨镇跨村任职制度，创新推选机制，充分调动群众参与选拔的积极性。三是建立健全人才储

备机制。坚持民主、公开、竞争、择优的原则，培养和储备德才兼备的后备干部，形成富有生机和活力的农村基层干部队伍。不断完善乡土人才发现机制，努力在基层发现乡土人才，建立村干部人才库。

3. 健全完善农村基层干部激励关怀机制

一是加强政治激励保障，畅通村级干部晋升渠道。适当加大政策倾斜力度，加大从基层党组织书记中选拔乡镇领导干部和优秀村级干部定向考录公务员、事业单位编制人员的力度，拓展基层干部成长空间。二是注重经济待遇保障，改革村级干部待遇保障机制和提升待遇水平。探索打破定员全额补贴干部和定员半额补贴干部藩篱的有效机制，实现村级干部同工同酬。提升村级干部业绩考核奖励报酬标准，探索村干部"基本报酬+绩效奖励+集体经济发展创收奖励"结构性报酬制度，提升村干部职位吸引力。加大对运转经费保障的投入力度，完善村干部临时性工作补贴政策。

4. 健全农村基层干部监督考核机制

一是完善干部监督考评机制。建立健全农村基层干部综合性考核机制，注重工作过程考核与工作实效考核的结合，全面考核与专项考核的结合，干部自评、组织评定和群众打分的结合，对农村基层干部进行全方位评价。二是完善培养考核，规范村级干部队伍管理。加强对新任职村级干部特别是年轻干部的培养帮带，探索建立镇领导包联指导、镇干部结对帮联、后盾帮扶单位跟踪培养和优秀农村干部"带徒传艺"的"四位一体"帮带机制。三是建立健全奖惩机制，激发队伍活力。突出正向激励，积极营造干事创业的良好环境。强化反向鞭策，健全干部监督管理制度体系，加大对"昏庸懒散拖"干部的组织调整力度，形成能上能下的工作格局，对违反规定的干部及时给予通报批评或诫勉函询，不断增强其履职担当的责任感使命感。

参考文献

《中共中央关于加强党的政治建设的意见》，人民出版社，2019。

《乡村振兴战略规划（2018—2022年）》，人民出版社，2018。

〔美〕亚伯拉罕·哈罗德·马斯洛：《动机与人格》，马良诚译，陕西师范大学出版社，2010。

许华明：《乡村振兴背景下潼湖镇农村基层干部队伍建设研究》，硕士学位论文，西安电子科技大学，2019。

盖梦瑶：《乡村振兴战略背景下农村基层干部队伍建设研究——以J镇为例》，硕士学位论文，河北师范大学，2020。

王新心：《乡村治理理论的来源及其核心观点》，《无锡商业职业技术学院学报》2015年第2期。

王丽莉：《乡村振兴战略背景下农村基层干部队伍建设研究》，《农家参谋》2021年第5期。

李姝：《乡村振兴战略背景下农村基层干部队伍建设研究》，硕士学位论文，西华大学，2020。

刘名军、丁愿立：《乡村振兴战略背景下基层干部队伍建设的问题与进路》，《三峡大学学报》（人文社会科学版）2019年第6期。

周玉良：《关于乡村振兴战略背景下农村基层干部队伍建设问题的建议》，《辽宁经济管理干部学院学报》2018年第5期。

《大力实施乡村建设行动》，《农民日报》2021年1月13日。

皮 书

智库成果出版与传播平台

❖ 皮书定义 ❖

皮书是对中国与世界发展状况和热点问题进行年度监测，以专业的角度、专家的视野和实证研究方法，针对某一领域或区域现状与发展态势展开分析和预测，具备前沿性、原创性、实证性、连续性、时效性等特点的公开出版物，由一系列权威研究报告组成。

❖ 皮书作者 ❖

皮书系列报告作者以国内外一流研究机构、知名高校等重点智库的研究人员为主，多为相关领域一流专家学者，他们的观点代表了当下学界对中国与世界的现实和未来最高水平的解读与分析。截至 2022 年底，皮书研创机构逾千家，报告作者累计超过 10 万人。

❖ 皮书荣誉 ❖

皮书作为中国社会科学院基础理论研究与应用对策研究融合发展的代表性成果，不仅是哲学社会科学工作者服务中国特色社会主义现代化建设的重要成果，更是助力中国特色新型智库建设、构建中国特色哲学社会科学"三大体系"的重要平台。皮书系列先后被列入"十二五""十三五""十四五"时期国家重点出版物出版专项规划项目；2013~2023 年，重点皮书列入中国社会科学院国家哲学社会科学创新工程项目。

权威报告・连续出版・独家资源

皮书数据库
ANNUAL REPORT(YEARBOOK)
DATABASE

分析解读当下中国发展变迁的高端智库平台

所获荣誉

- 2020年，入选全国新闻出版深度融合发展创新案例
- 2019年，入选国家新闻出版署数字出版精品遴选推荐计划
- 2016年，入选"十三五"国家重点电子出版物出版规划骨干工程
- 2013年，荣获"中国出版政府奖・网络出版物奖"提名奖
- 连续多年荣获中国数字出版博览会"数字出版・优秀品牌"奖

皮书数据库　　"社科数托邦"
　　　　　　　　微信公众号

成为用户

登录网址www.pishu.com.cn访问皮书数据库网站或下载皮书数据库APP，通过手机号码验证或邮箱验证即可成为皮书数据库用户。

用户福利

- 已注册用户购书后可免费获赠100元皮书数据库充值卡。刮开充值卡涂层获取充值密码，登录并进入"会员中心"—"在线充值"—"充值卡充值"，充值成功即可购买和查看数据库内容。
- 用户福利最终解释权归社会科学文献出版社所有。

社会科学文献出版社 皮书系列
SOCIAL SCIENCES ACADEMIC PRESS (CHINA)
卡号：981365295277
密码：

数据库服务热线：400-008-6695
数据库服务QQ：2475522410
数据库服务邮箱：database@ssap.cn
图书销售热线：010-59367070/7028
图书服务QQ：1265056568
图书服务邮箱：duzhe@ssap.cn

法律声明

"皮书系列"（含蓝皮书、绿皮书、黄皮书）之品牌由社会科学文献出版社最早使用并持续至今，现已被中国图书行业所熟知。"皮书系列"的相关商标已在国家商标管理部门商标局注册，包括但不限于LOGO（ ▟ ）、皮书、Pishu、经济蓝皮书、社会蓝皮书等。"皮书系列"图书的注册商标专用权及封面设计、版式设计的著作权均为社会科学文献出版社所有。未经社会科学文献出版社书面授权许可，任何使用与"皮书系列"图书注册商标、封面设计、版式设计相同或者近似的文字、图形或其组合的行为均系侵权行为。

经作者授权，本书的专有出版权及信息网络传播权等为社会科学文献出版社享有。未经社会科学文献出版社书面授权许可，任何就本书内容的复制、发行或以数字形式进行网络传播的行为均系侵权行为。

社会科学文献出版社将通过法律途径追究上述侵权行为的法律责任，维护自身合法权益。

欢迎社会各界人士对侵犯社会科学文献出版社上述权利的侵权行为进行举报。电话：010-59367121，电子邮箱：fawubu@ssap.cn。

社会科学文献出版社

B

BLUE BOOK

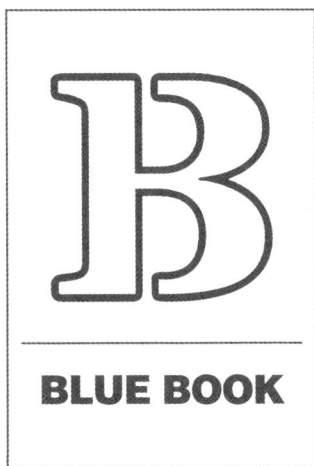

智库成果出版与传播平台

南宁蓝皮书

BLUE BOOK OF NANNING

南宁经济社会发展报告（2023）

ANNUAL REPORT ON ECONOMIC AND SOCIAL DEVELOPMENT OF
NANNING (2023)

经济卷

主　编／胡建华

副主编／覃洁贞　吴金艳

社会科学文献出版社
SOCIAL SCIENCES ACADEMIC PRESS（CHINA）

图书在版编目（CIP）数据

南宁经济社会发展报告 . 2023：全两册 / 胡建华主
编 . -- 北京：社会科学文献出版社，2023.8
　（南宁蓝皮书）
　ISBN 978-7-5228-2272-3

　Ⅰ. ①南… 　Ⅱ. ①胡… 　Ⅲ. ①区域经济发展-研究报
告-南宁-2023②社会发展-研究报告-南宁-2023
Ⅳ. ①F127. 671

　中国国家版本馆 CIP 数据核字（2023）第 144668 号

南宁蓝皮书
南宁经济社会发展报告（2023）
　经济卷

主　　编 / 胡建华
副 主 编 / 覃洁贞　吴金艳

出 版 人 / 冀祥德
组稿编辑 / 恽　薇
责任编辑 / 田　康
文稿编辑 / 王雅琪
责任印制 / 王京美

出　　版 / 社会科学文献出版社 · 经济与管理分社（010）59367226
　　　　　　地址：北京市北三环中路甲 29 号院华龙大厦　邮编：100029
　　　　　　网址：www. ssap. com. cn
发　　行 / 社会科学文献出版社（010）59367028
印　　装 / 天津千鹤文化传播有限公司

规　　格 / 开　本：787mm×1092mm　1/16
　　　　　　印　张：27　字　数：403 千字
版　　次 / 2023 年 8 月第 1 版　2023 年 8 月第 1 次印刷
书　　号 / ISBN 978-7-5228-2272-3
定　　价 / 258. 00 元（全两册）

读者服务电话：4008918866

主编简介

胡建华　男，汉族，籍贯河南汤阴，硕士研究生学历，南宁市社会科学院党组书记、院长，编审，《创新》主编。南宁市专业技术拔尖人才。

覃洁贞　女，瑶族，籍贯广西金秀，南宁市社会科学院副院长，研究员。主要研究方向为产业经济、民族文化发展。南宁市专业技术拔尖人才，南宁市新世纪学术和技术带头人。

吴金艳　女，汉族，籍贯湖北松滋，硕士研究生学历，南宁市社会科学院副院长，正高级经济师。南宁市优秀青年专业技术人才，南宁市新世纪学术和技术带头人。

摘　要

《南宁经济社会发展报告（2023）》（经济卷）由南宁市社会科学院和政府相关职能部门共同协作完成，分为总报告、产业发展篇、融合发展篇、开放发展篇、专题研究篇五部分。经济卷对2022年南宁市经济发展总体情况、取得的成效及存在的问题做了总结与分析，并对2023年进行预测或展望，力求全面客观反映南宁市经济发展的动态趋势，同时提出有针对性的对策建议，为市委、市政府及相关部门提供决策参考，为社会各界提供准确全面的市情参考。

2022年，面对复杂严峻的国际环境和艰巨繁重的国内改革发展稳定任务，南宁市全面落实稳经济一揽子政策措施及接续政策，全力推进工业振兴，推动现代农业做大做强，着力培育壮大新兴业态，扎实服务实体经济，持续深化对外开放，稳住了经济大盘，经济大势向好。2023年，在世界经济复苏面临较大压力、国内经济稳步恢复前景可期的宏观经济形势下，南宁市将积极落实国家赋予的新定位、新使命，以建设面向东盟开放合作的国际化大都市为引领，推动更高水平、更广领域开放合作，高标准推进中国—东盟跨境产业融合发展合作区建设，强化创新驱动，畅通经济循环，积极服务和融入新发展格局，持续深入推进"工业强市"战略，强化全产业链建设，推动大中小企业协同发展，大力促进先进制造业与现代服务业融合发展，着力提升产业能级，把各项历史机遇和政策红利转化为发展实效，推动经济高质量发展。

关键词： 经济发展　改革创新　开放合作　高质量发展

Abstract

Annual Report on Economic and Social Development of Nanning (2023) (Volume Economy) was jointly compiled by Nanning Academy of Social Sciences and relevant government departments. The Volume Economy consists of five parts, including general report, industrial development reports, integrated development reports, open development reports and special reports. It introduces and analyzes the overall economic development, achievements and problems of Nanning in 2022 and makes prospects or forecasts for 2023, aims to reflect the dynamic economic development of Nanning in a comprehensive and objective manner. Meanwhile, it puts forward targeted countermeasures and recommendations as reference for the CPC Nanning Municipal Committee, Nanning Municipal Government as well as relevant government departments in their decision-making and provides accurate and comprehensive market information for all sectors of society.

In 2022, faced with a complex and stern international environment and arduous tasks of domestic reform, development and stability, Nanning fully implemented a package of policies and measures as well as their subsequent policies to stabilize the economy, made every effort to promote industrial revitalization, promoted modern agriculture to become bigger and stronger, focused on fostering and expanding emerging business forms, provided solid services for the real economy, and continued to deepen opening-up. As the result, its overall economy remained stable and showed growth momentum. In 2023, under the macro-economic environment that there is great pressure for the world economic recovery and steady recovery for China's economy is expected, Nanning will act proactively to put into reality the new orientation and new missions endowed by the central government. With the aim to become an international city for opening-up and cooperation with ASEAN, Nanning will promote the opening-up and cooperation at a higher level and in wider areas. It will advance high-standard construction of China-ASEAN Integrated Development and Cooperation Zone for cross-border industries, pursue innovation-driven development and facilitate unimpeded economic circulation. The city will also actively serve and integrate into the new development pattern, continue to further implement the strategy of building itself into a strong industrial city, and strengthen the development of whole industrial chain. It will advance coordinated development of large, small and medium-sized enterprises, vigorously promote the integrated development of advanced manufacturing and modern service industries, and make efforts to enhance its industrial strength. The city will seize favorable historical opportunities, translate the policy dividends into tangible outcomes and promote high-quality economic development.

Keywords: Economic Development; Reform and Innovation; Opening up and Cooperation; High-quality Development

目 录 ⌐⌐

Ⅰ 总报告

Ⅱ 产业发展篇

Ⅲ　融合发展篇

Ⅳ 开放发展篇

Ⅴ 专题研究篇

皮书数据库阅读**使用指南**

CONTENTS ⮌

I General Report

II Industrial Development Reports

Ⅲ Integrated Development Reports

IV Open Development Reports

V Special Reports

总 报 告

General Report

B.1

2022～2023年南宁市经济发展形势
分析及展望

南宁市社会科学院、南宁市统计局联合课题组[*]

摘　要： 2022年，南宁市全面落实稳经济一揽子政策措施及接续政策，推动现代农业做大做强，全力推进工业振兴，扎实服务实体经济，着力壮大新兴业态，持续深化对外开放，稳住了经济大盘，经济大势向好，但重点产业链支撑能力不足、市场主体活力有待激发、内需亟待提振等不足与挑战犹存。2023年，在世界经济复苏面临较大压力、国内经济稳步恢复前景可期的宏观经济形势下，南宁需要进一步强化全产业链建设，推动大中小企业协同发

* 课题组组长：吴金艳，南宁市社会科学院副院长、正高级经济师。课题组成员：梁瑜静，南宁市社会科学院经济发展研究所所长、讲师；杜富海，南宁市社会科学院经济发展研究所副所长、助理研究员；庞嘉宜，南宁市社会科学院城市发展研究所助理研究员；谢强强，南宁市社会科学院科研管理所助理研究员；陈琦，南宁市社会科学院经济发展研究所科研人员、中级经济师；李娜，南宁市社会科学院经济发展研究所研究实习员；陈灿龙，南宁市社会科学院科研管理所科研人员；张珊娜，南宁市社会科学院科研管理所科研人员；云倩，广西社会科学院高级经济师；白克宁，南宁市统计局普查中心副主任。

展，畅通经济循环，强化创新驱动，建设面向东盟开放合作的国际化大都市，强化要素支撑，把各项历史机遇和政策红利转化为发展实效，推动经济高质量发展。

关键词： 经济运行 产业升级 高质量发展 南宁

一 2022年南宁市经济运行主要指标分析

（一）地区生产总值及增速

2022年，南宁市地区生产总值为5218.34亿元，位居全区第一，同比增长1.4%，增速低于全国平均水平（3.0%）与全区平均水平（2.9%）。"十三五"以来，面对日趋复杂的宏观形势，经济下行压力不断加大，南宁市地区生产总值增速在波动中下降。2022年，由于国内新冠疫情反复，经济形势受到较大冲击，南宁市地区生产总值增速降至"十三五"以来的最低点（见图1）。

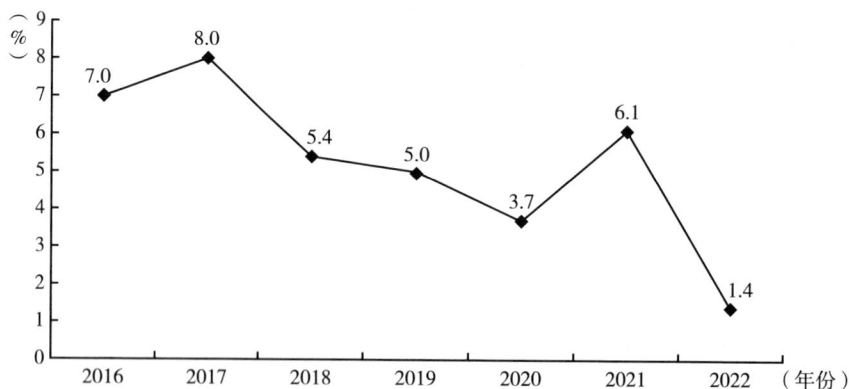

图1 2016~2022年南宁市地区生产总值增速

资料来源：南宁市统计局。

分产业看，2022 年南宁市第一产业增加值为 601.51 亿元，位居全区第二，同比增长 4.4%，增速略高于全国平均水平（4.1%），但低于全区平均水平（5.0%）；第二产业增加值为 1182.81 亿元，位居全区第二，同比增长 0.1%，增速低于全国平均水平（3.8%）与全区平均水平（3.2%）；第三产业增加值为 3434.03 亿元，位居全区第一，同比增长 1.2%，增速低于全国平均水平（2.3%）与全区平均水平（2.0%）。

2022 年，南宁市三大产业增加值占比分别为 11.5%、22.7%、65.8%（见图 2）。其中，第一产业增加值占比高于全国平均水平（7.3%），但低于全区平均水平（16.2%）；第二产业增加值占比低于全国平均水平（39.9%）与全区平均水平（34.0%），其中工业占比仅为 12.3%；第三产业增加值占比高于全国平均水平（52.8%）与全区平均水平（49.8%）。"十三五"以来，南宁市产业结构仍然保持"三二一"的发展格局，第三产业依然占南宁市国民经济发展的较高比重，第二产业尤其是工业比重较低，对全市经济发展贡献不足，对经济增长的支撑作用仍有待强化。

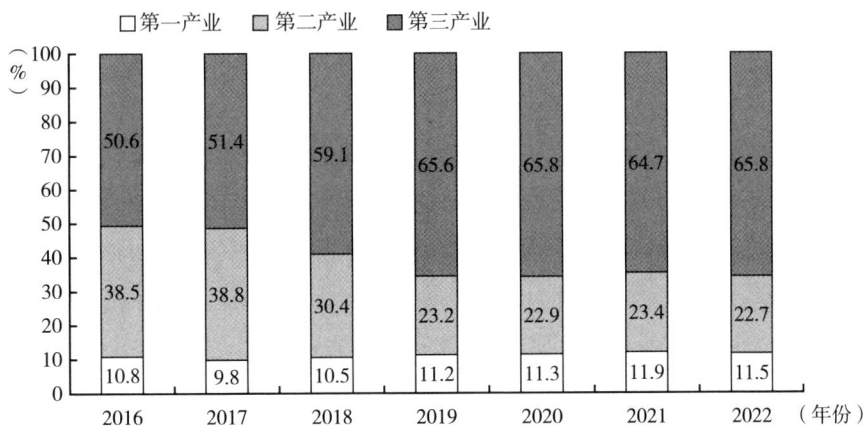

图 2　2016～2022 年南宁市三大产业增加值占比

资料来源：南宁市统计局。

（二）城乡居民收入

2022年，南宁市城镇居民人均可支配收入为42636元，排名全区第一，低于全国平均水平（49283元），高于全区平均水平（39703元），较2021年增长3.0%，增速位居全区第九。农村居民人均可支配收入为19001元，排名全区第六，低于全国平均水平（20133元），高于全区平均水平（17433元），较2021年增长6.7%，增速位居全区第七。城乡居民人均可支配收入比为2.24，小于全国城乡居民人均可支配收入比（2.45）与全区城乡居民人均可支配收入比（2.28），比值较2021年缩小0.08。"十三五"以来，南宁市城镇居民人均可支配收入不断提高，同时，随着脱贫攻坚战取得全面胜利以及乡村振兴战略的全面实施，农村发展的内生动力不断增强，南宁市农村居民人均可支配收入与城镇居民人均可支配收入的差距逐渐缩小，城乡融合发展趋势总体向好（见图3）。

图3 2016~2022年南宁市城乡居民人均可支配收入及比值

资料来源：南宁市统计局。

物价水平温和上涨。2022年，南宁市居民消费价格同比上涨1.7%，八大类商品价格呈"六升二降"态势。其中，交通和通信价格涨幅最大，达到4.5%，衣着、医疗保健价格则分别下降0.5%与0.9%（见表1）。

表1 2022年南宁市市场物价情况

指标	2022年(2021年=100)
居民消费价格总指数	101.7
食品烟酒	102.1
衣着	99.5
居住	100.6
生活用品及服务	101.6
交通和通信	104.5
教育文化和娱乐	102.6
医疗保健	99.1
其他用品和服务	103.1

资料来源：南宁市统计局。

（三）财政收支

2022年，南宁市一般公共预算收入为392.68亿元，位居全区第一，同比增长0.2%。2022年，南宁市税收收入为222.90亿元，同比下降19.8%，其中国内增值税收入为42.61亿元，同比下降41.7%；企业所得税收入为41.65亿元，同比下降13.0%；个人所得税收入为12.12亿元，同比增长2.0%。由于新冠疫情冲击以及经济持续下行，企业生产经营受到了一定影响，2022年南宁市税收收入下降。

2022年，南宁市一般公共预算支出为838.93亿元，位居全区第一，同比增长7.9%。其中，节能环保、科学技术成为关注的重点，同比增速分别达71.5%、35.5%。民生领域财政支出得到有力保障，民生领域财政支出达到606.79亿元，占一般公共预算支出的72.3%。

"十三五"以来，在大规模实施减税降费政策下，南宁市一般公共预算收入仍能保持稳定增长，经济发展稳步向前。同时，虽然受到新冠疫情等因素影响，但积极的财政政策使一般公共预算支出总体保障有力（见图4）。

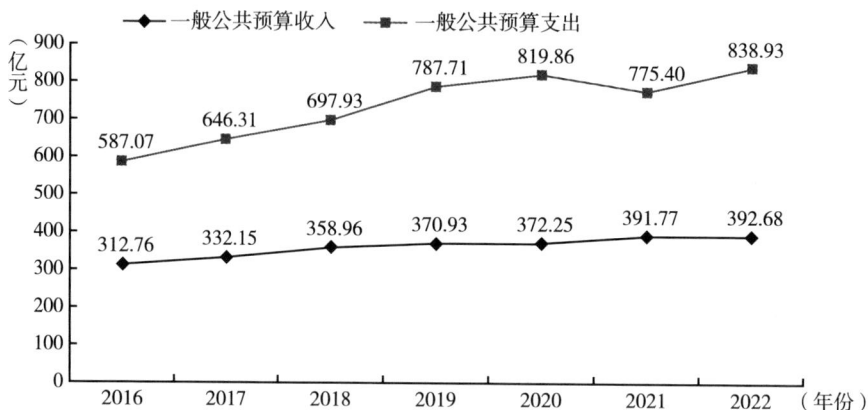

图 4　2016~2022 年南宁市财政收支情况

资料来源：南宁市统计局。

（四）固定资产投资

2022 年，南宁市固定资产投资同比下降 17.8%，增速居全区末位。分产业看，第一产业固定资产投资同比下降 8.6%，第二产业固定资产投资同比增长 50.4%，第三产业固定资产投资同比下降 29.5%。分领域看，工业投资同比增长 53.2%，项目投资同比增长 8.4%，房地产开发投资同比下降 45.3%。此外，受国内外经济环境影响，南宁市减产企业（含停产、半停产企业）比重高，民间投资持续低迷，2022 年南宁市民间投资同比下降 27.4%。"十三五"以来，南宁市深入推进供给侧结构性改革，促进全市经济结构优化升级。但由于新冠疫情影响，房地产开发投资等出现明显下降，虽然第二产业尤其是工业投资增速较快，但工业与项目等投资力度不足导致房地产开发投资收缩幅度较大，给全市投资稳增长带来较大压力。由此，全市固定资产投资增速在波动中下降，固定资产投资持续承压（见图 5）。

（五）进出口贸易

2022 年，南宁市外贸进出口总值达 1510.10 亿元，位居全区第二，同

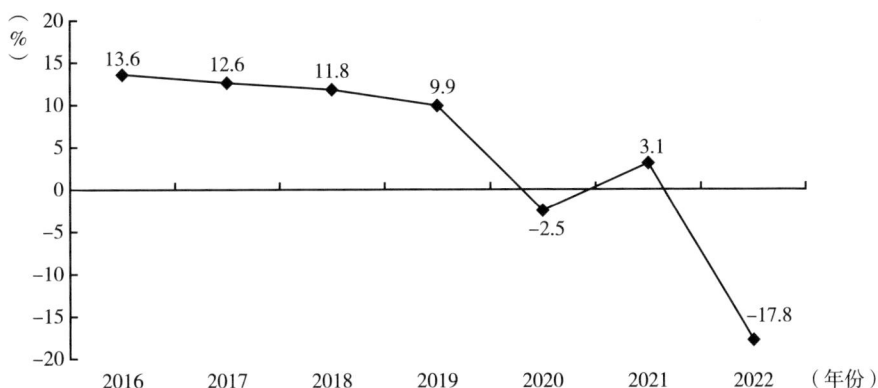

图5 2016~2022年南宁市固定资产投资增速

资料来源：南宁市统计局。

比增长22.9%，增速位居全区第四。进出口贸易规模持续扩大、增速强劲成为南宁市外贸的一大特点。其中，出口总值为742.7亿元，同比增长27.6%；进口总值为767.4亿元，同比增长18.6%。"十三五"以来，南宁市进出口总值保持平稳增长态势，但受到全球经济增长放缓、经贸摩擦、新冠疫情等因素的影响，外贸形势不确定性显著增强，外贸下行压力较大，南宁市外贸进出口总值增速波动幅度较大（见图6）。

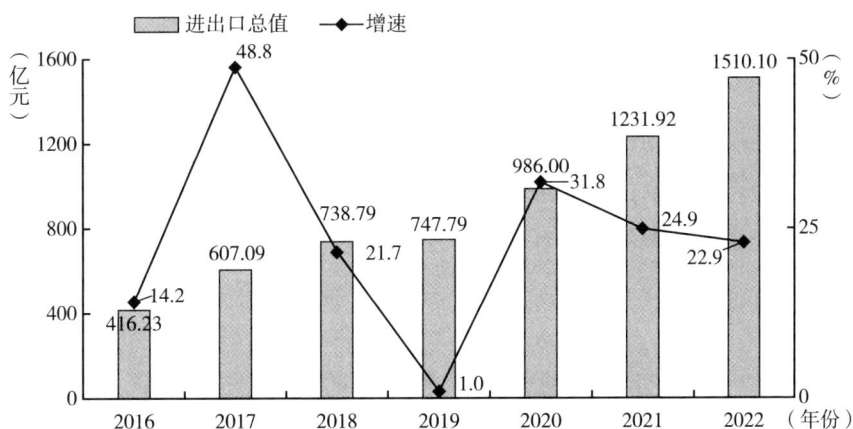

图6 2016~2022年南宁市外贸进出口总值及增速

资料来源：南宁市统计局。

二 2022年南宁市经济运行特点分析

（一）工业振兴开创新格局

1. 重点产业加快培育发展

加速构建首府现代工业产业体系，新能源汽车、电子信息、铝精深加工、林产品加工、食品加工等重点产业集中发力，比亚迪40万辆整车大部件生产基地、合众18万辆新能源汽车扩产、贝特瑞新材料、国潮铝业公司年产20万吨新能源电池铝箔坯料、太阳纸业技改等一批优质项目相继落地投产，推动南宁市产业规模化、集约化、集群化发展。

2. 工业投资增势强劲

2022年，南宁市"项目为王"产业链招商新签约投资5000万元以上工业项目201个，投资额达1458.54亿元；全市开工建设124个亿元以上工业项目，其中百亿元项目7个，超过2019~2021年的项目总和，拉动全市工业投资增长53.20%，投资增速和总量均位居全区第一，增速创2004年以来的新高（见图7），高于全区平均增速23个百分点，高于全国平均增速42.9个百分点；工业投资占全市全部投资的25.1%，较2021年提高11.7个百分点。[①]

3. 工业园区集聚效应增强

一方面，工业发展空间得到有效拓展。2022年，东部新城完成3万亩集中连片工业用地规划，初步形成以新能源汽车、先进装备制造、造纸等为主的向海经济产业体系；投资建设六景工业园区景州大道，为比亚迪等龙头企业增产扩能提供用地保障；南宁临空经济示范区起步区内产业项目用地完成申报，南宁临空经济示范区南部水厂一期工程等28个单独选址项目纳入国土

[①] 《南宁市"项目为王"产业链招商，推动产业高质量发展情况新闻发布会》，南宁市人民政府网站，2023年2月17日，https://www.nanning.gov.cn/jdhy/xwfbh/zflxxwfbh/2023zfyear/t5485347.html；《政府工作报告——2023年2月13日在南宁市第十五届人民代表大会第四次会议上》，南宁市人民政府网站，2023年2月20日，https://www.nanning.gov.cn/zwgk/fdzdgknr/ldzc/zfdzsj/zyjhhhd/t5486087.html。

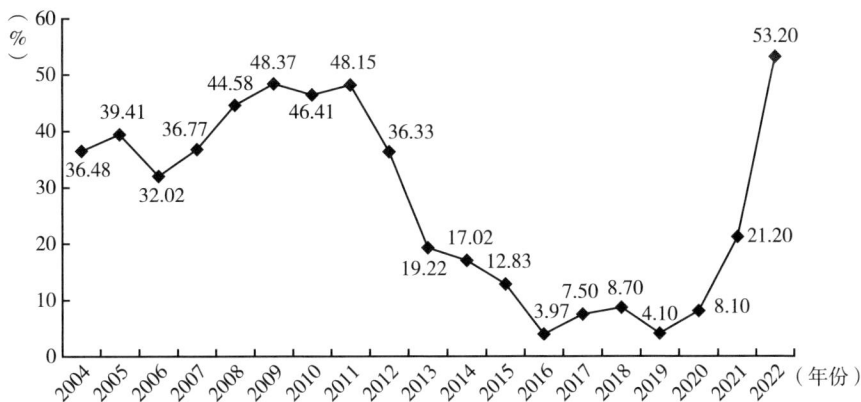

图7 2004～2022年南宁市工业投资增速

资料来源：南宁市统计局。

空间规划衔接方案，已通过审查批复，保障南宁临空经济示范区集聚发展。另一方面，现有产业园区加速集聚。2022年，高新区规上工业总产值达468.5亿元，园区产值超亿元工业企业达65家，累计完成产值427.7亿元，增长10.4%。[①] 经开区规上工业总产值达325亿元，增长8.0%；[②] 规上工业增加值达62.69亿元，增长3.5%；市级以上层面统筹推进重大项目56个、"双百双新"项目5个。[③] 广西—东盟经开区食品产业集群发展优势不断凸显，2022年规模以上工业总产值同比增长7.8%，食品制造业产值同比增长51.9%。[④]

（二）现代服务业持续提质增效

1. 规模以上服务业稳步增长

2022年，全市规模以上服务业实现营业收入1701.74亿元，同比增长

[①] 《南宁高新区2022年工业经济实现企稳回升》，南宁高新技术产业开发区管理委员会网站，2023年1月29日，http：//gxq. nanning. gov. cn/zwgk/zwdt/yqdt/t5468020. html。

[②] 《南宁经开区"妈妈式"服务护航企业落地成长》，南宁市人民政府网站，2023年2月10日，https：//www. nanning. gov. cn/ywzx/xqdt/2023xqdt/t5478827. html。

[③] 资料来源：南宁经济技术开发区管理委员会。

[④] 《广西—东盟经开区实现经济快速发展》，广西—东盟经济技术开发区管理委员会网站，2023年1月3日，http：//gxdmjkq. nanning. gov. cn/zwgk/sjtj/t5475784. html。

7.1%。① 具体来看，互联网和相关服务、软件和信息技术服务业、商务服务业等现代服务业增速均大幅高于全市平均水平（见表2）；服务业规模逐步扩大，全市规模以上服务业企业达930家，比上年增加99家，企业盈利水平显著提升，营业收入总量是2015年的2.8倍。② 另外，规模以上其他营利性服务业增长较快。2022年，南宁市规模以上其他营利性服务业营业收入达790.54亿元，增长26.3%。③

表2 2022年南宁部分规模以上现代服务业企业营业收入情况

单位：亿元，%

行业	营业收入	增长
互联网和相关服务	40.88	13.7
软件和信息技术服务业	178.96	27.9
商务服务业	254.56	32.5
研究和试验发展	1.06	3.7
专业技术服务业	219.99	31.8
科技推广和应用服务业	24.24	96.3

资料来源：2022年《南宁经济动态月报》。

2. 生产性服务业加速发展

绿色金融方面，首建"绿色金融+信易贷"综合服务平台，上线银行、担保等金融产品141款，发放贷款67.57亿元；④ 成功发行全国城商行首单"碳中和"主题绿色金融债券，落地全市首个"碳中和"网点。跨境金融方面，完成注册7只QFLP（合格境外有限合伙人）基金，规模超10亿美元；

---

① 资料来源：2021年和2022年《南宁经济动态月报》。
② 资料来源：2022年《南宁经济动态月报》和南宁市统计局数据。
③ 资料来源：根据南宁市统计局网站公开资料整理。
④ 《2022年工作盘点丨②南宁市地方金融领域信用体系建设工作取得新成效》，南宁市金融工作办公室网站，2023年1月16日，http://jrb.nanning.gov.cn/xxgk/zwdt/gzdt/t5467288.html。

全市 NRA① 离岸划转合计 4.46 亿元，占全区业务量的 100%；跨境人民币结算量同比增长 76.9%，占全区的 69%（较上年提升 38 个百分点）。② 供应链金融方面，落地首笔广西"泛糖产融服务平台"供应链金融业务。保险服务方面，成立城市风险管理研究院，落地 11 个保险创新项目（其中全国首创项目 2 个、全区首创项目 7 个、全市首创项目 2 个）。③ 金融创新方面，2022 年，南宁市获批成为数字人民币试点城市，中国（广西）自由贸易试验区南宁片区的金融改革创新指数在全国同批次 19 个片区中排名第三。物流体系建设方面，2022年，南宁"物流网"建设完成年度投资 131.16 亿元，投资完成率达 125.88%。④ 全年新增 15 家（累计 59 家）3A 级以上物流企业，总数超过全区的 50%。信息服务方面，加快"信息网"建设，投资建设自治区级"信息网"和市级"信息网"项目库，投资完成率均超过 110%。截至 2022 年 12 月底，全市累计建成 5G 基站站点超过 1.3 万个，数量占全区的 20% 以上，居全区首位。⑤

3. 文化旅游业逐步回暖

积极推进各类文旅项目建设，策划包装 46 个南宁特色文旅重大项目，全年完成投资超过 33 亿元，开工以来累计完成投资 168 亿元左右。⑥ 加大文旅企业服务力度，推广"桂惠贷""文旅贷"等新型特色信贷产品。建立大会观摩备选项目库，将百里秀美邕江商文体旅基础设施提升等 20 个项目列为市领导挂点督战项目。加大招商引资力度，积极推进民歌湖、根竹里国

---

① NRA：境外机构在境内银行金融机构开立的银行结算账户。

② 《2022 年工作盘点 | ④深化金融领域改革创新》，南宁市金融工作办公室网站，2023 年 1 月 17 日，http：//jrb. nanning. gov. cn/xxgk/zwdt/gzdt/t5467321. html。

③ 《2022 年工作盘点 | ③五大平台+五大品牌 涵养金融人才队伍"蓄水池"》，南宁市金融工作办公室网站，2023 年 1 月 17 日，http：//jrb. nanning. gov. cn/xxgk/zwdt/gzdt/t546730 4. html。

④ 《2022 南宁外贸进出口高速增长，沃柑等特色农产品首次出口马来西亚、新加坡等 RCEP 成员国》，"身边 24 小时"百家号，2023 年 2 月 18 日，https：//baijiahao. baidu. com/s？id = 1757189812604684408&wfr = spider&for = pc。

⑤ 资料来源：南宁市大数据发展局。

⑥ 《2022 年南宁市文化广电和旅游行业十大事件》，南宁市文化广电和旅游局网站，2023 年 2 月 3 日，http：//wgl. nanning. gov. cn/xxgk/gzdt/t5473909. html。

际文旅养生谷等 8 个在谈大健康和文旅招商项目，2022 年前三季度落实 15 个拟签约项目，计划总投资 120.86 亿元。①

（三）现代农业平稳发展

1. 农业品牌不断发展壮大②

深入实施农业生产"三品一标"提升行动，5 家企业被列为国家种业阵型企业，数量占全区的 55.5%；8 个产品获绿色食品认证，9 个品牌入选广西农业品牌目录，4 个产品获富硒农产品认证。南宁市"横县茉莉花茶""武鸣沃柑""横县茉莉花"3 个地理标志品牌入选 2022 中国品牌价值评价区域品牌（地理标志）百强榜单。③ 截至 2022 年，南宁市累计拥有地理标志商标 10 个、地理标志保护产品 9 个、地理标志农产品 6 个、国家地理标志产品保护示范区 1 个，④"邕系"农业品牌影响力不断提升。

2. 各类农业产业园区蓬勃发展⑤

深入推进"三园三区一体"建设，实施现代特色农业示范园区提升工程。2022 年，全市获正式认定的广西现代特色农业示范区累计达 70 个（其中五星级 20 个、四星级 36 个、三星级 14 个），累计获批创建国家农业现代化示范区 2 个、国家农村产业融合发展示范园 2 个、自治区级及以上现代农业产业园 6 个、自治区级及以上田园综合体 6 个、自治区级及以上特色农产品优势区 5 个、国家农业产业强镇 5 个，⑥ 新增 16 家自治区级农业产业化重

---

① 《南宁市文化广电和旅游局 2022 年工作总结及 2023 年工作计划》，南宁市文化广电和旅游局网站，2023 年 1 月 4 日，http：//wgl. nanning. gov. cn/xxgk/ghjh/t5447271. html。

② 如无特殊标注，本段数据均来源于南宁市农业农村局。

③ 《党旗领航兴产业　茉莉飘香海内外》，南宁日报网，2023 年 1 月 3 日，http：//www. nnrb. com. cn/tbarticle. do？epaper＝viewarticle&AutoID＝90391。

④ 《南宁地理标志工作入选全国商标品牌建设优秀案例》，人民网，2023 年 1 月 10 日，http：//gx. people. com. cn/n2/2023/0110/c390645－40260659. html。

⑤ 如无特殊标注，本段数据均来源于南宁市农业农村局。

⑥ 《南宁市现代特色农业示范区建设再创佳绩》，南宁市农业农村局网站，2022 年 12 月 30 日，http：//ny. nanning. gov. cn/xxgk/zwdt/zwxx/t5443290. html。

点龙头企业（累计90家）、17家市级农业产业化重点龙头企业（累计240家），农业产业化重点龙头企业带动市内外农户96万户。[①] 发展"生态农业+休闲旅游"，推动农旅产业深度融合。截至2022年，全市拥有1个全国休闲农业和乡村旅游示范县、7个"中国美丽休闲乡村"、1个广西休闲农业与乡村旅游重点县、35个广西休闲农业与乡村旅游示范点。[②]

3.农业全产业链建设加快推进

着力打造乡村振兴"6+6"全产业链。在产业发展模式上，积极推广"公司+基地+农户""订单农业"等多元经营模式，充分利用电商强化茉莉花等优质农产品链条延伸。[③] 打造"菜篮子"全产业链，在全国率先发布预制菜地方标准，与巴龙集团等国内先进预制菜产业链企业达成战略合作。2022年，全市共有蔬菜基地217个，面积约为10.32万亩。[④] 在农业生产主体上，强化龙头企业引进，引进牧原、新希望、农利来种禽科技有限公司等大型农业企业，推动农业规模化生产。在产业融合上，注重多业态融合，构建"茉莉花+"花茶、盆栽、康养等"1+9"产业集群，深化国际花草茶联盟合作。同时，注重农产品创新开发，创新引进品种，开发桑果酒、桑叶面、桑叶茶等系列产品，开发"桑果采摘园""蚕家乐""移动桑果屋"等特色旅游服务。

（四）创新驱动发展基础不断夯实

1.产学研交流合作不断深化

创新研究机构组建模式，围绕先进装备制造、生命健康等产业领域，陆

---

① 《联农带农强产业　融合发展促振兴》，南宁市乡村振兴局网站，2022年12月24日，http://xczxj. nanning. gov. cn/xxgk/zwdt/t5438920. html。

② 《联农带农强产业　融合发展促振兴》，南宁市乡村振兴局网站，2022年12月24日，http://xczxj. nanning. gov. cn/xxgk/zwdt/t5438920. html。

③ 《"水果经济"为乡村振兴注入"绿色动力"》，南宁市人民政府网站，2022年9月26日，https://www. nanning. gov. cn/zt/rdzt/ggtztpgjcgqmtjxczx/gzcg_45582/t5342403. html。

④ 《南宁市乡村振兴局2022年工作总结和2023年工作计划》，南宁市乡村振兴局网站，2023年2月21日，http://xczxj. nanning. gov. cn/xxgk/ghjh/t5488034. html。

续引建东北大学广西先进铝加工创新中心、武汉大学广西节能环保研究院等，打造企业化运作新型产业技术研究机构；实施产学研合作项目，2022年共组织实施28项产学研合作项目，占市本级科学研究与技术开发计划项目总数的62.22%，下达科技经费1125万元；① 深化产教融合，实施"校校企"合作试点、现代学徒制试点等重点项目，在全区率先于中职学校探索尝试与南宁市重点行业龙头企业共建共管产业学院。引导南南铝加工、博世科环保、田园生化等产业链重点龙头企业牵头组建创新联合体，2022年新增3家自治区创新联合体。② 组织粤港澳大湾区项目交流和产学研合作活动17场次，③ 安捷非急救医疗转运项目落户。

2.各类创新平台加快建设

强化重要平台带动效应，2022年，南宁·中关村引进精典创新、直通车新能源等104个创新项目，累计集聚创新主体785家、科技型中小企业122家、国家高新技术企业70家、规模以上企业30家、广西瞪羚企业（含入库）22家、广西"专精特新"企业（含入库）7家。④ 大力引培新型产业技术研究机构。2022年新增汽车芯片设计、新型电池材料等领域新型产业技术研究机构5家，累计引进新型产业技术研究机构22家，转化科技成果85项，营收超过3.7亿元。⑤ 推进区域协同创新平台建设。2022年，桂林电子科技大学南宁研究院顺利揭牌运营，吸引集聚电子信息等领域的领军

---

① 《关于下达2022年南宁市本级科学研究与技术开发计划项目（第一批）的通知》，南宁市科学技术局网站，2022年8月23日，http://kjj.nanning.gov.cn/zwgk/kjzdxx/t5347044.html；《关于下达2022年南宁市本级科学研究与技术开发计划项目（第二批）的通知》，南宁市科学技术局网站，2022年11月16日，http://kjj.nanning.gov.cn/tzgg/tz/hdtz/t5392122.html。

② 《2022年数字南宁建设大事记》，南宁市大数据发展局网站，2023年1月31日，http://dsjfzj.nanning.gov.cn/zwdt/gzdt/t5470654.html。

③ 《南宁市科技局关于市政协十二届二次会议第12.02.061号提案答复的函》，南宁市科学技术局网站，2022年7月14日，http://kjj.nanning.gov.cn/ztzl/rdjy_zxta/zxta/t5269739.html。

④ 《关于2022年工作总结和2023年工作计划的报告》，南宁市科学技术局网站，2022年11月23日，http://kjj.nanning.gov.cn/zwgk/kjghjh/t5417160.html。

⑤ 《政府工作报告——2023年2月13日在南宁市第十五届人民代表大会第四次会议上》，南宁市金融工作办公室网站，2023年2月20日，http://jrb.nanning.gov.cn/xxgk/zwdt/gzdt/t5487269.html。

人才、科研人员及在校研究生 1500 余人,该研究院科研团队与驻邕单位的在研合作项目达 89 项。① 加速农业科技创新载体建设。2022 年新增广西农业科技园区 4 家,累计达 8 家;广西南宁国家农业科技园区累计完成投资 4.1 亿元,基本完成园区"八大体系"建设目标任务。②

3. 创新主体不断壮大③

积极开展科技招商。聚焦"以增量提质量",着力强链补链延链,采取"走出去"和"请进来"相结合的方式,成功引进北京主线科技有限公司等企业落户,计划总投资 3.5 亿元。梯次培育科技型企业。按照创新主体梯级培育体系,打造科技创新主力军。2022 年,全市国家科技型中小企业入库 1328 家,占全区总数的 31.45%;高新技术企业保有量 1581 家,广西瞪羚企业(含公示企业)55 家,各类创新型企业数量居全区首位。④ 积极培育科技企业孵化器。2022 年新增国家级科技企业孵化器 1 家、自治区级科技企业孵化器 2 家、市级科技企业孵化器 4 家,全市科技企业孵化器累计达 35 家(其中国家级 8 家、自治区级 12 家);深圳、上海"飞地孵化器"累计孵化企业 52 家,吸引 22 家大湾区、长三角企业落户。

4. 创新政策体系不断完善

筑牢科技创新政策保障体系。相继出台《南宁市推进大众创业万众创新示范基地建设实施方案》《南宁市企业科技成果转化后补助管理办法》等科技创新支持政策。落实各项奖补政策,2022 年向 428 家企业发放研发费用财政奖补 5710 万元,兑现科技成果转化奖补 804.16 万元,发放重大科学

---

① 《关于 2022 年工作总结和 2023 年工作计划的报告》,南宁市科学技术局网站,2022 年 11 月 23 日,http：//kjj. nanning. gov. cn/zwgk/kjghjh/t5417160. html。

② 《关于 2022 年工作总结和 2023 年工作计划的报告》,南宁市科学技术局网站,2022 年 11 月 23 日,http：//kjj. nanning. gov. cn/zwgk/kjghjh/t5417160. html。

③ 如无特殊标注,本段数据均来源于《关于 2022 年工作总结和 2023 年工作计划的报告》,南宁市科学技术局网站,2022 年 11 月 23 日,http：//kjj. nanning. gov. cn/zwgk/kjghjh/t5417 160. html。

④ 《关于 2022 年法治政府建设工作情况的报告》,南宁市科学技术局网站,2023 年 2 月 24 日,http：//kjj. nanning. gov. cn/tzgg/tz/xmtz/t5491814. html。

技术攻关"揭榜挂帅"项目经费 834 万元。① 加大科技投融资支持力度。2022 年引导各类创新主体申领自治区级科技创新券 2264 万元，发放南宁市科技创新券 3358.3 万元，"桂惠贷"政策助力企业获得金融机构贷款 31.43 亿元，减少企业融资成本 9116.62 万元；发布首批融资担保"白名单"科技型企业 1241 家，为 52 家科技型企业提供担保资金 2.25 亿元。充分发挥政府引导基金的作用，累计注资创业投资引导基金 1.69 亿元、天使投资基金 0.2 亿元。②

5. 创新创业人才加快集聚③

推进"人才飞地"模式发展，2022 年新增南宁市"人才飞地"2 家，总数达 4 家。强化高技能人才载体建设，截至 2022 年底，南宁市技能大师工作室累计达 30 家，高技能人才培训基地累计达 8 家，高技能人才培养基地共 1 家，新增高技能人才 1.2 万人。④ 聚焦青年科技创新创业人才培育，12 个优秀青年科技创新创业人才培育项目立项。紧扣"建设中国—东盟人才城，争创国家级人才城"战略定位，持续扩大国际人才服务辐射范围。2022 年，南宁市组织审核急需紧缺外国人返桂来桂申请 17 人次，组织推荐 2022 年度广西"金绣球友谊奖"南宁市候选人 3 人。

（五）新兴业态新型消费活力凸显

1. 数字经济加速发展

2022 年，南宁数字经济企业成长较快，根据广西大数据研究院评估数

---

① 《关于 2022 年法治政府建设工作情况的报告》，南宁市科学技术局网站，2023 年 2 月 24 日，http://kjj. nanning. gov. cn/tzgg/tz/xmtz/t5491814. html。

② 《关于 2022 年工作总结和 2023 年工作计划的报告》，南宁市科学技术局网站，2022 年 11 月 23 日，http://kjj. nanning. gov. cn/zwgk/kjghjh/t5417160. html；《南宁市财政局：财政资金保障 激发科技创新活力》，南宁市财政局网站，2023 年 2 月 28 日，http://nncz. nanning. gov. cn/czdt/bmdt/t5494846. html。

③ 如无特殊标注，本段数据均来源于《关于 2022 年工作总结和 2023 年工作计划的报告》，南宁市科学技术局网站，2022 年 11 月 23 日，http://kjj. nanning. gov. cn/zwgk/kjghjh/t5417160. html。

④ 《南宁市深入推进产业工人队伍建设改革 不断提高服务产业工人队伍水平》，南宁市总工会网站，2023 年 3 月 10 日，https://nnzgh. org/ghyw/cygr/xwbd/2023-03-12/19258. html。

据，南宁数字经济企业"成长指数"在全区各地市中排名靠前（见图8）。从企业数量来看，截至2022年末，广西数字经济企业数量约为1.51万家，其中南宁占比高达48.3%，位居全区第一。从企业寿命来看，南宁数字经济企业存活年限为7.5年，高于广西平均水平及柳州（6.3年）等区内其他城市。从企业规模结构来看，南宁注册资本1000万元以上的企业占比约为7.9%，高于区内数字经济发展较好的柳州（1.4%）和桂林（1.1%）等城市。① 另外，配套信息基础设施建设加快。相继落地中国移动（广西）数据中心（一期）、浪潮集团东盟运营总部（云创谷）等一批重大项目，投入使用"南宁一号"卫星，揭牌成立西南遥感卫星地面站、中国—东盟卫星遥感应用中心（陆地遥感中心）。

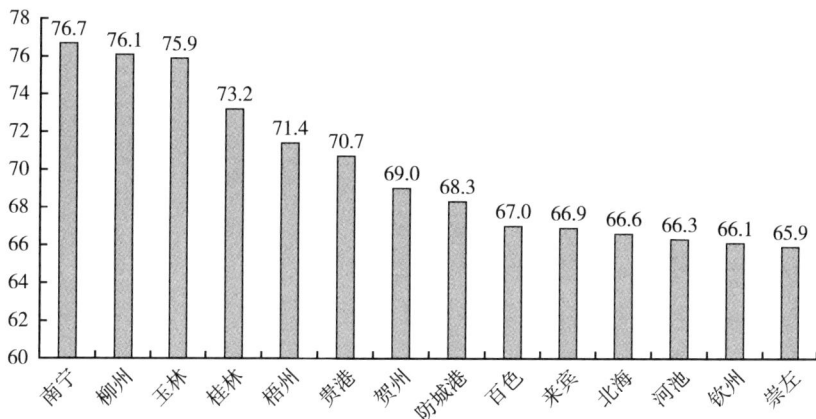

图8　2022年广西各地市数字经济企业"成长指数"

资料来源：广西大数据研究院。

2. 各类消费载体建设赋能消费复苏

强化文旅融合消费载体建设。加强青秀山、三街两巷、邕江夜游、大明山精品民宿群等文旅场景建设，发展"文旅+工业"，利用现有工业园区项

---

① 《广西数字经济企业发展稳中有进显韧性——2022年广西数字经济企业大数据分析报告》，广西大数据研究院网站，2023年1月19日，http://gxxxzx.gxzf.gov.cn/jczxfw/dsjfzyj/t15852244.shtml。

目的旅游资源和废弃工业建筑，优化升级卡拉奇遇小镇、百益·上河城项目；促进农文旅融合，截至2022年底，全市拥有广西星级乡村旅游区69家、广西星级农家乐89家、广西休闲农业与乡村旅游示范点41家、全国乡村旅游重点镇1个、全国乡村旅游重点村4个、广西乡村旅游重点村8个。① 同时，推进消费新兴业态载体建设，结合夜间经济、首店经济等消费新兴业态，相继引入杉杉奥特莱斯广场、山姆会员店等大型商业综合体，"南宁之夜"、"良野隐市"、平西夜市等夜间经济集聚区逐渐成势。

3. 线上消费持续活跃

网络零售持续活跃。2022年，南宁市开展网络零售业务的企业有7000余家，网店数量超12万家，② 限额以上商贸业单位通过公共网络实现的商品零售额达162.38亿元，比上年增长23.1%，占社会消费品零售总额的比重为6.9%，相较于2021年提高了1.3个百分点。③ 大力发展直播电商、即时零售等新兴业态，持续打造线上促消费活动品牌。直播商品实现网络零售额12.44亿元，占全区网络零售额的24.7%。

4. 新能源汽车消费快速增长

2022年，南宁市大力布局发展新能源汽车产业，不断完善相关充电基础设施建设，激活新能源汽车消费。截至2022年12月底，南宁市新能源汽车保有量达116273辆（见图9）；2022年1～12月，新能源汽车增量为60994辆，超额完成2022年任务数（13410辆）的354.8%，排名全区第一；④ 产量相较于2021年增长1297.1%，限额以上单位新能源汽车零售额

---

① 《南宁市创建国家和旅游消费示范城市新闻发布会》，南宁市人民政府网站，2023年3月10日，https：//www.nanning.gov.cn/jdhy/xwfbh/zflxxwfbh/2023zfyear/t5504621.html。

② 《攻坚克难稳大盘 全市经济平稳运行》，南宁市统计局网站，2023年2月1日，http：//tj.nanning.gov.cn/tjsj/tjxwfbg/t5471811.html。

③ 《聚力畅通双循环 奋跃而上开新局——2022年广西商务工作综述》，广西凭祥综合保税区管理委员会网站，2023年2月6日，http：//pxzhbsq.gxzf.gov.cn/xwzx/gnxw/t15722172.shtml；《消费市场恢复略有放缓 新型消费较为活跃》，南宁市统计局网站，2023年2月22日，http：//tj.nanning.gov.cn/tjsj/tjxx/t5489077.html。

④ 《南宁市超额完成2022年新能源汽车推广应用目标任务》，南宁发展和改革委员会网站，2023年3月6日，https：//fgw.nanning.gov.cn/zwxxdt/zwxx/t5499387.html。

比上年增长 1.96 倍。此外，南宁市积极推动新能源公交车消费增长。2022年，全市新增新能源公交车 100 辆、纯电动巡游出租汽车 963 辆，新能源和清洁能源公交车占全市公交车总量的 90% 以上。①

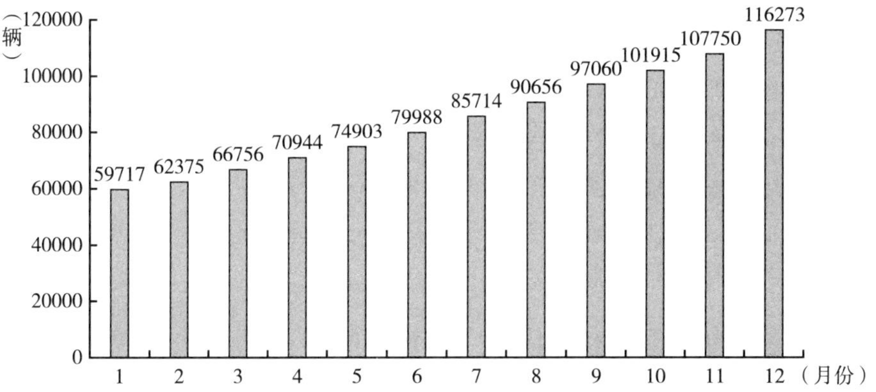

图9 2022年南宁市新能源汽车保有量

资料来源：南宁市发展和改革委员会网站。

（六）对外开放合作持续深化

1. 外贸进出口总额高速增长

2022 年，南宁外贸进出口总额突破 1500 亿元，增速达 22.9%，连续 3 年保持 20% 以上增长。② 从重点外贸区域来看，2022 年南宁与东盟进出口总额增长 64.2%，南宁与东盟的经贸往来不断升级；③ 南宁与 RCEP 其他成员国进出口总额增长 45.9%，对 RCEP 其他成员国出口 252.8 亿元，增长 60.8%，增势迅猛；民营企业进出口总额达 720.3 亿元，增长 45.2%，占全市外贸进出口

---

① 《南宁市道路运输发展中心提升为民服务本领　助力群众绿色出行》，南宁市交通运输局网站，2023 年 2 月 28 日，http://jt. nanning. gov. cn/xxgk/zwdt/zwdt1/t5494251. html。

② 《2022 年南宁外贸进出口高速增长　跨境电商发展迅猛》，中国—东盟信息港网站，2023 年 2 月 9 日，http://dmxxg. gxzf. gov. cn/xxfb/dtyw/t15780399. shtml。

③ 《政府工作报告——2023 年 2 月 13 日在南宁市第十五届人民代表大会第四次会议上》，南宁市人民政府网站，2023 年 2 月 20 日，https://www. nanning. gov. cn/zwgk/fdzdgknr/ldzc/zfdzsj/zyjhhhd/t5486087. html。

总额的47.7%，为推动外贸高速发展注入强劲内生动力；沃柑、生丝等特色农产品分别出口7527.9万元、1.5亿元，增速均超过四成。[①]

2. 高能级开放平台建设加快推进

推动中国—东盟博览会功能服务拓展，2022年中国—东盟博览会首设中央企业展区，重点展示高端装备制造、国际物流等领域成果。深耕中国（广西）自由贸易试验区南宁片区改革试验田，2022年南宁片区新设企业超1.6万家，其中新设外资企业超120家，实际使用外资金额同比增长180%，外贸进出口总额突破652亿元，在全市实际使用外资金额、外贸进出口总额的占比分别超过七成和四成。[②] 推进面向东盟的金融开放门户南宁核心区建设。2022年，中国—东盟金融城入驻金融机构（企业）126家（累计达411家），数量约为2018年末的19.5倍。完善开放平台配套服务，改革创新海关监管模式，建立"六外融合促开放"工作机制、RCEP商协会联络机制等，促进与RCEP其他成员国的贸易便利。2022年，南宁市对RCEP其他成员国进出口564.4亿元，增长48.9%，高于同期全市外贸整体增速26个百分点，占全市外贸进出口总额的37.4%。[③]

3. 重点跨境产业链加速构建

聚焦电子信息、新能源汽车及零部件等重点跨境产业，着力构建"大湾区—南宁—东盟""欧盟—川渝—南宁—东盟"等跨境产业链。深化与东盟国家的交流合作，新增越南北宁、北江两个国际友好交往城市，以此为契机加强双方电子信息等产业链协同；加快畅通中国南宁至越南北宁、北江跨境公路铁路电子信息产品快速通道，2022年基本实现中国南宁至越南北宁、北江公路运输12小时"厂对厂"通达。

---

① 《2022年南宁市外贸进出口总值突破1500亿元》，南宁市人民政府网站，2023年2月1日，https：//www.nanning.gov.cn/ywzx/nnyw/2023nzwdt/t5470954.html。

② 《广西南宁五象新区高端产业加速集聚》，中国科技网，2023年1月28日，http：//m.std aily.com/index/kejixinwen/202301/4d6283574a31433db47f8c6c0346721c.shtml。

③ 《2022年南宁外贸进出口高速增长 跨境电商发展迅猛》，中国—东盟信息港网站，2023年2月9日，http：//dmxxg.gxzf.gov.cn/xxfb/dtyw/t15780399.shtml。

4. 开放通道能级持续提升

持续推进南宁吴圩国际机场改扩建项目建设，提升机场货运能力，开辟面向东南亚主要城市的货运航线，2022 年新开通中国南宁至印度新德里、马来西亚沙巴、越南河内等 7 条国际货运航线，航线总数达 17 条，并实现与东盟十国首都直通航，全年国际货邮吞吐量达 7.31 万吨，同比增长 207%。陆港型国家物流枢纽发展实现新突破，2022 年南宁国际铁路港开行中国南宁至越南河内跨境集装箱班列 265 列，累计发送 7628 标准箱，初步实现中国南宁至越南北宁、北江铁路运输 24 小时"厂对厂"通达。口岸开放水平明显提升，对满足条件的 RCEP 缔约方原产易腐货物和快件实行无布控查验指令 6 小时内放行便利措施，机场口岸出口货物实现 1 小时内通关。跨境电商发展迅速，2022 年，全市完成跨境电商进出口业务 1.67 亿单，交易额为 137.86 亿元，同比增长 77.4%，占全区跨境电商交易额的 84.5%。①

三 2022年南宁市经济发展存在的问题

（一）重点产业链支撑能力有待加强

南宁市大工业尚在培育发展阶段，大工业发展格局尚未完全形成。2022年，南宁市规模以上工业增加值累计增长 1.9%，比 2021 年下降 5.6 个百分点；规模以上工业总产值累计增长 1.4%，比 2021 年下降 8.1 个百分点，规模以上工业增加值在 11 个西部城市中仅排名第十，整体上来看规模以上工业发展仍有较大空间。全产业链打造方面存在纵向发展不强、横向溢出不足的问题。机械装备制造、电子信息、生物医药、新能源汽车和数字经济等重点产业链仍处于打造完善阶段，创新能力不足、抗风险能力不强、创新生态

---

① 《南宁精准发力稳外贸扩开放激活发展动能》，"南宁发布"百家号，2023 年 2 月 7 日，https://baijiahao.baidu.com/s? id=1757181408486673485&wfr=spider&for=pc。

不健全，创新链与产业链之间存在衔接不通畅的情况，主要原因是部分高新技术产业缺乏本地上下游配套企业，创新链与产业链之间没有形成良好的衔接机制。本地重点产业龙头企业上下游配套企业没有在本地延伸，缺少创新溢出动力，带动本地企业发展能力不足、意愿不强，导致产业链发展横向溢出不足。

（二）市场主体活力亟待激发

受经济下行压力增大、经济发展预期转弱、整体需求疲软等多重因素影响，南宁市市场主体活力亟待激发。从产业链协同来看，南宁市部分产业链上下游企业的合作还不够紧密，缺乏整合上下游资源、引领产业链发展的行业龙头企业；虽然比亚迪等行业龙头企业已经进入南宁市并开始整合新能源汽车及零配件产业链，但新能源汽车产业链仍处于建设完善阶段，行业龙头企业调动产业链上下游企业协同合作的能力不强。

（三）内需亟待提振

从消费需求来看，受新冠疫情反复、物价上涨、收入预期不稳定等多重因素影响，出现民众消费预期下降、房地产市场消费疲软等问题，消费品市场出现小幅下降，2022年全市社会消费品零售总额为2358.75亿元，同比下降0.2%。从投资需求来看，由于消费市场整体低迷，投资需求预期转弱，固定资产投资下降幅度较大。2022年全市固定资产投资同比下降17.8%，其中第一产业和第三产业同比分别下降8.6%和29.5%，整体上拉低了全市固定资产投资增速。分领域来看，2022年南宁市基础设施建设投资同比下降17.9%，房地产开发投资同比下降45.3%；同时，受投资回报下降、房地产市场低迷等原因影响，民间投资者投资信心不足、投资意愿不强，2022年全市民间投资同比下降27.4%，削弱了南宁市场主体发展活力，南宁市稳投资压力犹存。

（四）科技创新能力亟待增强

总体来看，南宁市科技创新能力不断增强，但仍然存在一些短板，主要表现在科技创新型企业较少、创新研发投入不足、产学研结合不够紧密、企业创新能力有待提升等方面。截至2022年底，南宁市获各级认定的"专精特新"企业共217家，其中获国家级专精特新"小巨人"企业认定的仅有25家，与成都（202家）、西安（113家）、长沙（143家）、合肥（140家）等先进城市存在较大差距，也不及邻近省会城市昆明（30家）、贵阳（36家）。在创新研发投入方面，2021年南宁市全社会研究与试验发展经费投入强度仅为1.12%，仅比2020年提升0.05个百分点，且从"十三五"期间的经费投入强度来看，全市全社会研究与试验发展经费投入强度存在起伏，最低时仅为1.02%，经费投入稳定性不足。同时，产学研结合仍然不够紧密，没有形成常态化的针对南宁市产业发展趋势的技术人才培训机制。

（五）要素支撑与服务水平有待提升

资金要素方面，南宁市金融领域资源分散、规模偏小，资金投放支撑经济的作用有待强化。2022年，南宁市新增资本市场直接融资1016.4亿元，低于重庆（5288.2亿元）、合肥（4382.0亿元）、成都（3907.9亿元）。人才要素方面，南宁乃至广西对人才的吸引力不强，导致大量人才外流，广西壮族自治区教育厅发布的《广西2022届普通高校毕业生就业质量年度报告》显示，广西2022届普通高校毕业生中，留在广西就业的毕业生占比为62.84%，较2021年下降了6.34个百分点；去往珠三角就业的毕业生占比提高了5.24个百分点。2022年广西普通高校毕业生签约人数较2021年有所下降（见图10）。营商环境建设方面，政策获得感和办事效率有待提高，主动服务意识有待增强，提升空间依然很大。

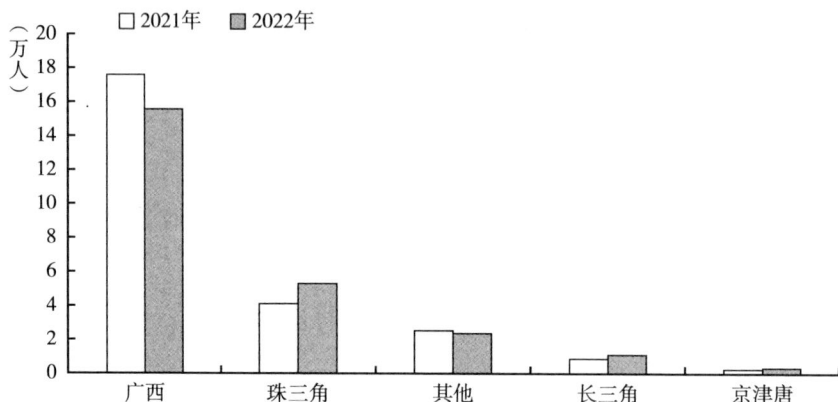

图10　2021~2022年广西普通高校毕业生就业区域分布情况

资料来源：广西壮族自治区教育厅。

（六）国际化开放合作水平有待提高

南宁市跨境开放水平有待提升。2022年，南宁市与RCEP其他成员国进出口总额达564.4亿元，低于广州（2.42万亿元）、成都（3300亿元）、合肥（1989.2亿元）、长沙（1167.8亿元）、济南（852.5亿元）等省会城市。截至2022年底，南宁市与"一带一路"沿线国家进出口总额达369亿元，与成都（2492.2亿元）、合肥（2094.7亿元）、长沙（1287.9亿元）、济南（868.8亿元）等省会城市差距较大。具体来看，在贸易结构方面，南宁市出口东盟的贸易产品仍然以机电产品、初级水果为主，服务贸易比重较低，新能源汽车及零部件、新材料、电子信息等制造业出口的市场份额较低。在开放规则运用方面，由于跨境企业自身能力有限，对经贸新规则不够熟悉，缺乏涉外法律经验和涉外商事法律服务专业人才，且对国际贸易惯例和法律文化差异不够了解，南宁市利用国际贸易开放规则不够充分。截至2022年，南宁市AEO（经认证的经营者）认证企业仅有9家。

四 2022年南宁市城市首位度及主要经济指标评价

（一）2022年南宁市城市首位度评价

1. 经济首位度

可以通过省会/首府城市地区生产总值在该省/自治区所占比重来分析城市在省/自治区的经济影响力。2022年南宁市经济首位度为19.8%，较2021年下降了0.9个百分点，虽然经济总量仍位居全区第一，但近年来南宁市的经济影响力持续受到柳州、桂林等城市的冲击，经济首位度有所下降。从西部地区来看，西部10个省会/首府城市经济首位度排序与2021年一致，各城市的经济首位度较2021年均有不同程度的下降，南宁市排在西部10个省会/首府城市中的第9位（见图11）。综上，南宁市在区内外的经济实力及影响力仍有较大提升空间。

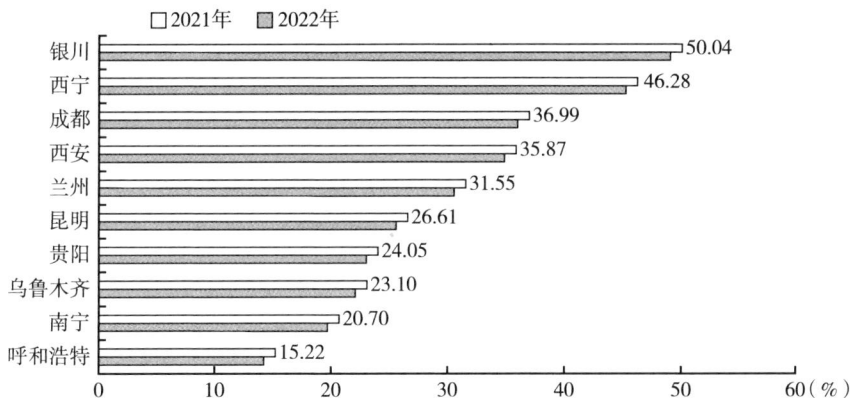

图11 2021~2022年西部10个省会/首府城市经济首位度

资料来源：课题组整理。

2. 人口首位度

可以通过人口流动情况及人口首位度来分析城市人口虹吸能力，从人口流动情况来看，"十三五"时期，广西14个地级市中，有8个地级市的人口呈现净流入态势，其中 2021 年南宁市常住人口较 2016 年增加 177.06 万人，是唯一增量超过百万人的区内城市，位列全区 14 个地级市第一，说明南宁市作为首府城市的人口聚集效应明显（见图 12）。从人口首位度来看，南宁市 2022 年的人口首位度为 1.52%，排在西部 10 个省会/首府城市中的第 5 位，城市人口虹吸能力继续保持在中上游水平。

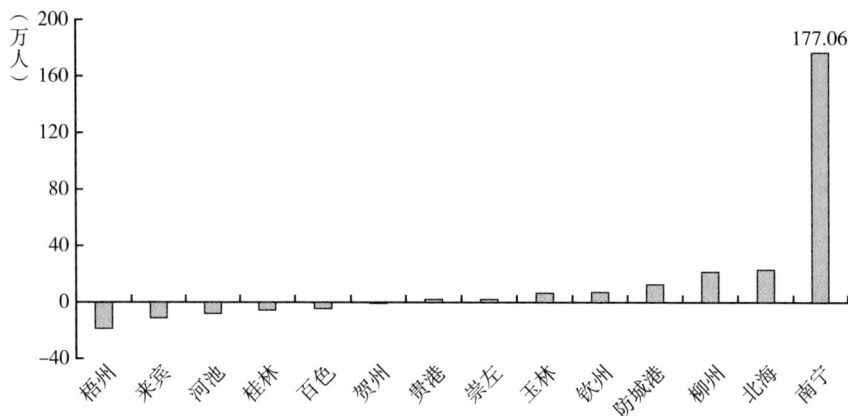

图 12　2021 年广西城市常住人口数较 2016 年变动情况

资料来源：相关年份《广西统计年鉴》，课题组整理。

人口城镇化率是衡量一个地区城市化程度和经济发展水平的重要指标。2021 年南宁市常住人口城镇化率为 69.79%，比 2020 年末提高 0.88 个百分点，高于同期自治区常住人口城镇化率（55.08%）、全国常住人口城镇化率（64.72%）。对比西部 10 个省会/首府城市，乌鲁木齐、兰州、银川等资源较为集中，城镇人口集聚；昆明、贵阳等城市的常住人口城镇化率基本已接近或超过 80%，南宁市常住人口城镇化率排西部 10 个省会/首府城市的末位（见图 13）。从城镇化率推进质量来看，南宁市户籍人口城镇化率与常住人口城镇化率相差 23.2 个百分点，差距大于呼和浩特（15.8 个百分点）、成都（12.7 个百分点）等西部城市。① 这表明农民市民化发展下，以农民工为主体的外来常住

① 户籍人口城镇化率数据为 2020 年数据。

人口在户籍上并未真正融入城市，相应的社会公共资源与服务不足。综上，南宁市的城镇化推进广度、深度仍有待提升。

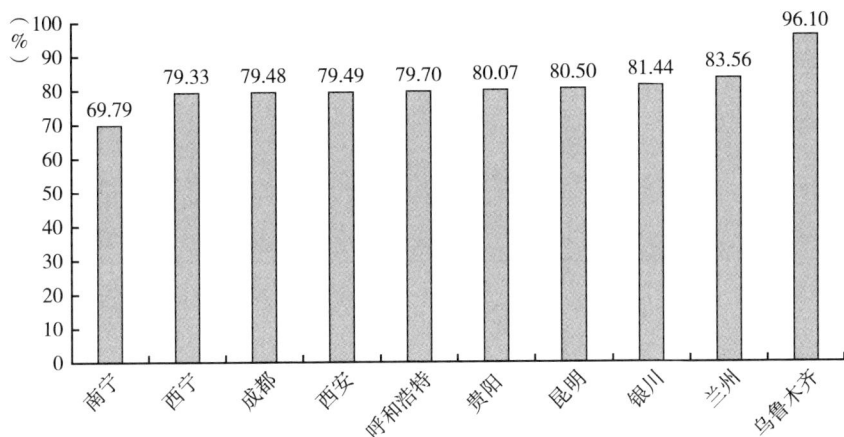

图13　2021年西部10个省会/首府城市常住人口城镇化率

资料来源：第七次全国人口普查，课题组整理。

（二）2022年南宁市主要经济指标评价

1. 地区生产总值

在地区生产总值方面，2022年南宁市地区生产总值为5218.34亿元，位居西部10个省会/首府城市第四，排名较2021年持平，南宁市的经济实力在西部地区处于中上游水平。增速方面，2021年南宁市地区生产总值增速为1.4%，较2021年下降了4.7个百分点，低于全区平均水平（2.9%）和全国平均水平（3.0%），增速排在西部10个省会/首府城市中的第8位（见图14）。受到新冠疫情及复杂的国际形势冲击，2022年各地区的发展势头均有所放缓，西部10个省会/首府城市中，仅西安的地区生产总值增速同比上升；地区生产总值增速持平或超过全国水平的仅有西安（4.4%）、银川（4.0%）、昆明（3.0%）3个城市，南宁市的地区生产总值增速在全区及全国平均水平之下，经济稳增长仍面临不小的挑战。

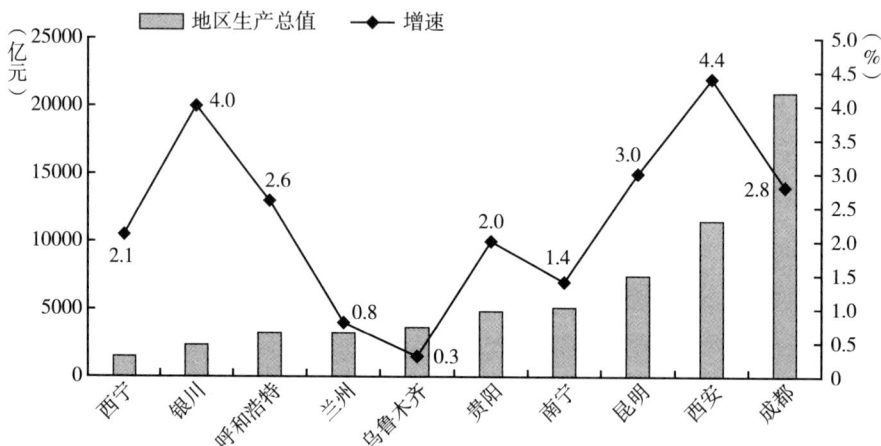

图14　2022年西部10个省会/首府城市地区生产总值及增速

资料来源：课题组整理。

2. 产业结构

近年来，全国各地在"三二一"的产业结构格局下大力发展先进制造业、信息技术等新兴产业，强化第二产业对经济的拉动作用。2022年南宁市第二产业增加值为1182.81亿元，次于柳州市，排名全区第二。从产业增速来看，2022年南宁市第二产业增加值增速低于第一、第三产业增加值增速，第二产业长期增长动力仍需要进一步集聚转化。从产业结构来看，2022年南宁市第二产业增加值占比为22.7%，排在西部10个省会/首府城市的末位（见图15）。在这其中，工业增加值增速为1.1%，高于第二产业增加值增速（0.1%），表明工业逐渐成为第二产业发展的主要推动力。"十三五"以来，南宁市大力实施工业振兴，重大工业项目相继落地，"强工业"取得了一定的成效，但包括项目对产业链延伸的效益转化、传统工业转型升级等在内的工业提升经济贡献率问题仍是新时期南宁市产业发展面临的重点任务。

3. 内需活力

投资需求活力方面，受房地产开发投资持续放缓的影响，全国各地固定资产投资均有所放缓，西部10个省会/首府城市中，2022年固定资产投

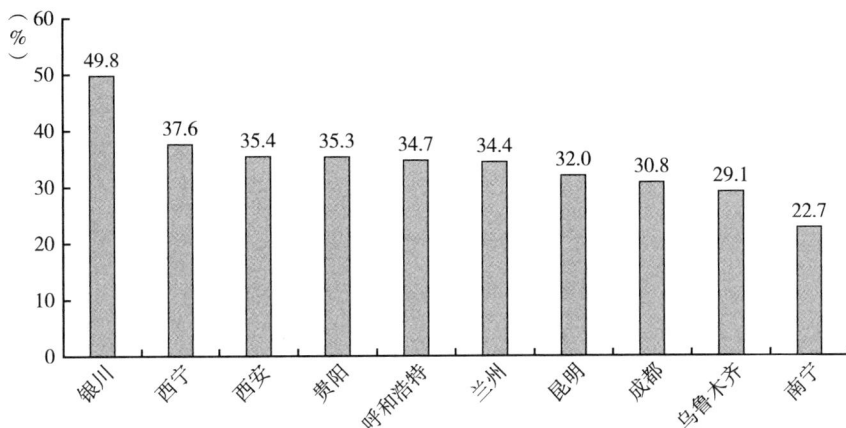

图15 2022 年西部 10 个省会/首府城市第二产业增加值占比情况

资料来源：课题组整理。

资同比增长的仅过半数。从细分指标来看，以工业项目为主的投资逐渐取代房地产开发投资，不断积蓄经济发展动力，西部 10 个省会/首府城市 2022 年的工业投资均同比增长，其中南宁市工业投资增长 53.2%，位居全区第一、西部 10 个省会/首府城市第二，工业投资推动工业经济加速发展（见图 16）。而同时，民间投资同比下降 27.4%，持续激发民间投资活力、释放各类市场主体投资潜力仍是南宁市在新时期激发投资活力的重要工作。

消费需求方面，2022 年南宁市社会消费品零售总额为 2358.75 亿元，同比下降 0.2%。西部 10 个省会/首府城市中有 8 个城市的 2022 年社会消费品零售总额较 2021 年有所下降，仅银川、昆明两个城市的 2022 年社会消费品零售总额较 2021 年持平。综上，南宁市内需恢复性增长压力犹存，民间投资和消费活力有待进一步激发。

4. 居民生活

一方面，从收入水平来看，2022 年南宁市城镇居民人均可支配收入为 42636 元，农村居民人均可支配收入为 19001 元，分列西部 10 个省会/首府城市的第 9 位、第 7 位（见图 17），对比南宁市地区生产总值在西部10个省会/首府城市中的排名，南宁市居民收入增长与经济增长同步性有待强化。

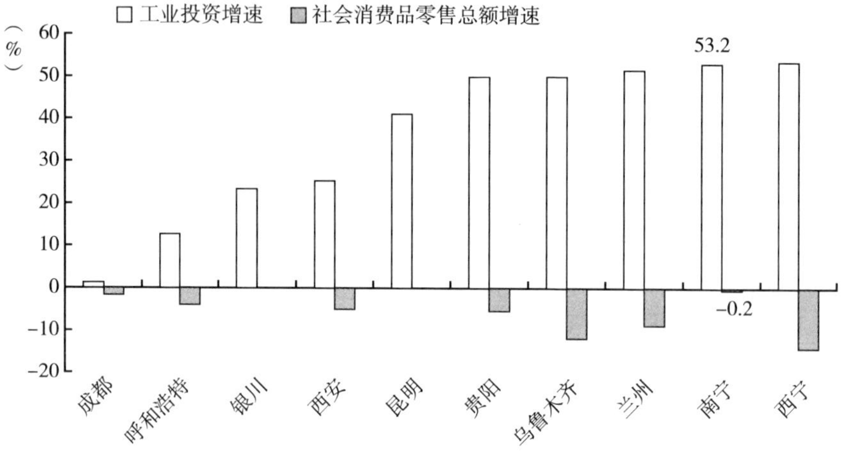

图16　2022年西部10个省会/首府投资与消费情况

资料来源：课题组整理。

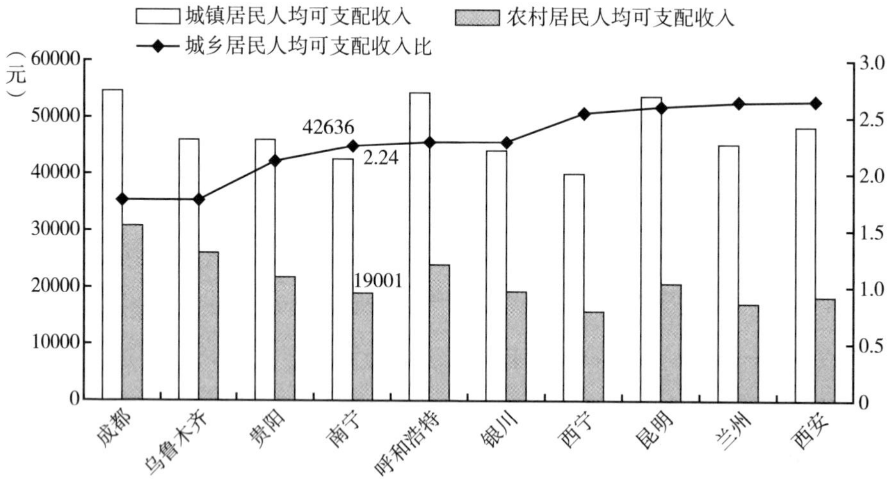

图17　2022年西部10个省会/首府城市城乡居民人均可支配收入情况

资料来源：课题组整理。

另一方面，通过城镇居民与农村居民人均可支配收入之比来分析城乡居民收入发展的差距。2022年南宁市城乡居民人均可支配收入比为2.24，近年来城乡收入的相对差距持续缩小。横向对比西部10个省会/首府城市，南宁市城乡收入差距排名靠后，小于全国平均水平。综上，城乡协调发展在城乡收入差距缩小上得以较好地体现，但南宁市仍需在拓宽居民收入渠道、促进居民收入增长上下功夫。

5. 科技创新

在研发投入方面，南宁市全社会研究与试验发展经费投入强度从2016年的1.02%提高至2021年的1.12%，6年提高了0.1个百分点，与同期全国全社会研究与试验发展经费投入强度增速（0.33%）相比增长较为缓慢。南宁市2021年全社会研究与试验发展经费投入强度为1.12%，相较于全国水平（2.44%）仍有较大差距，在全区低于防城港（2.35%）、柳州（1.85%），同时在西部10个省会/首府城市中排名靠后，较西安（5.18%）、成都（3.17%）差距较大，较银川（2.01%）、贵阳（1.85%）、昆明（1.78%）等城市也有一定差距（见图18）。2022年南宁市科学技术财政支出18.55亿元，同比增长35.5%，较同期贵阳（20.73亿元）等城市的差距不断缩小。

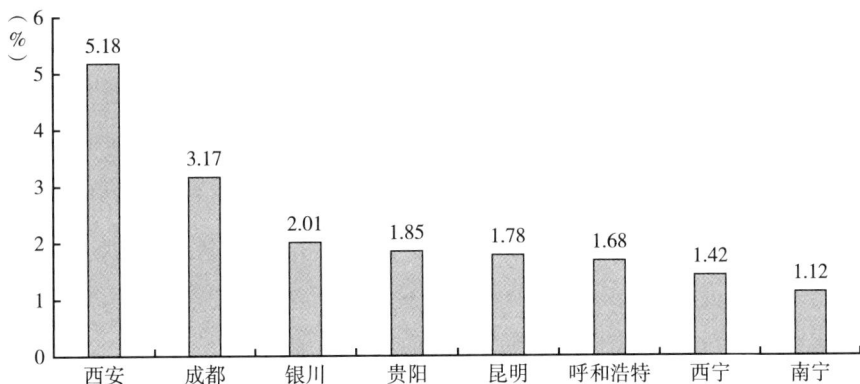

图18　2021年西部主要城市全社会研究与试验发展经费投入强度

资料来源：课题组整理。

五 2023年南宁市经济发展形势展望

（一）世界经济复苏面临较大压力

从全球经济环境来看，通货膨胀、逆全球化趋势等不利因素仍在冲击全球产业链供应链，影响全球经济复苏进程。2023年1月，世界银行发布报告《全球经济展望》，将2023年全球经济增长预期从2022年6月的增长3.0%下调至增长1.7%。中美"科技脱钩"、日韩等国回迁产业链供应链，使关键技术获取受限，全球产业链加速重构，将对产业链供应链安全水平造成较为长期的影响。部分产业结构单一、链条较短、竞争力不明显，产业链抵御风险的能力不足，产业转型升级压力加大，世界经济全面复苏面临较大的压力。

（二）国内经济运行整体好转

面对国内外复杂严峻的形势，党中央科学决策部署，推出扎实稳住经济一揽子政策措施，加大宏观调控力度，积极靠前发力，在落地重要项目、助力企业纾困、激发民间投资活力等方面不断释放积极信号，熨平经济波动，保持经济向暖向好趋势。与此同时，在国家政策的指引下，各地纷纷实施产业链升级工程，探索构建系统完备的产业链供应链体系，着力增强产业发展接续力和竞争力，助力新发展格局加速构建。2023年，中央和地方促消费政策措施频出，多领域消费强劲恢复，消费市场将逐步恢复拉动经济增长的基础性力量，助力扩大内需。总体来看，国内经济稳中向好、长期向好的基本趋势没有改变。在全球经济发展环境不确定性增强的背景下，国内稳定的经济发展环境也将进一步增强我国经济的国际竞争力。

（三）南宁市经济发展形势分析

1.新定位新使命新机遇，将助推更广领域扩大开放合作

党的二十大之后，中国—东盟命运共同体建设进入加速阶段，对优化南

宁市经济社会发展的外部环境意义重大。2023 年，南宁市围绕建设面向东盟开放合作的国际化大都市的新定位新使命，可以更好地发挥 RCEP 落地实施的红利以及区域一体化的作用，扩大面向 RCEP 其他成员国的贸易投资规模，形成外贸投资新的增长极。

2. 工业将呈现企稳回升态势，扩量提质步伐加快

2022 年南宁市工业生产稳步恢复，工业投资规模扩大、质量提升。新兴产业规模持续扩大，有力地支撑了经济大盘。工业总体呈现企稳回升态势，支撑经济健康平稳发展。2023 年，南宁市将深入实施"工业强市"战略，聚焦千亿元重点产业，继续巩固工业稳增长成效，推动工业技改投资、装备制造业投资等领域保持较好的发展态势，不断增强制造业稳链强链实效，切实推动工业扩量提质。

3. 平陆运河建设稳步推进，将助力提升城市能级

作为西部陆海新通道骨干工程，平陆运河建成后将缩短西江中上游地区入海航程约 560 公里，助力提升城市能级。南宁市正围绕衔接西部陆海新通道、构建通江达海发展格局，加快推进东部新城建设，抓好向海重点项目建设，打通南宁市向海发展的"任督二脉"，进一步激活产业发展新动能。

4. 民营经济发展迎来新春天，营商环境将持续优化

民营企业是推动经济社会高质量发展的重要力量，是推动产业链创新链深度融合的关键主体，是稳就业保民生的重要载体。在国家大力支持和利好政策的引导下，2023 年，民营经济发展将迎来新春天。南宁市将持续深化"放管服"改革，持续完善服务企业"直通车"工作机制，切实解决企业关切问题。强化配套要素保障，提升企业扶持精准度，推动政策、资金、土地等要素直达企业，帮助企业稳生产、推项目、增融资、拓市场，支持企业快速恢复发展。

5. 县域经济迎来转型关键期，乡村振兴将持续深入推进

进入新发展阶段，县域经济迎来转型关键期，在内外经济环境复杂、优势产业增长乏力的影响下，县域工业面临存量提质动力不足、增量培育支撑不够等瓶颈。2023 年，南宁市将持续推动县域经济与城市经济融合发展，做大做强县域产业，提升县域园区能级，实施"一县一策"发展措施，紧抓粤桂协作契机，锚定粤港澳大湾区广阔市场及消费能力，着力建设农产品"供深基地"和"菜篮子基地"，助力县域经济特色化、差异化布局发展。

（四）2023年南宁市主要经济指标预测

本报告在收集整理南宁市2001～2022年的宏观经济年度数据和月度数据以及2023年第一季度数据的基础上，建立非结构化宏观经济计量模型，采取动态因子分析方法，结合国际国内宏观环境以及南宁市高质量发展现实需要，对2023年南宁市宏观经济主要指标进行量化预测。

1.地区生产总值增速

2023年，南宁市将继续加强产业建设，做实做强做优实体经济，在2022年实现地区生产总值增长1.4%的基础上，根据建模预测结果，2023年南宁市地区生产总值增速区间为［3.9%，6.9%］，综合考虑各类宏观经济调控因素，基准预测增速为5.7%，与2022年相比上升4.3个百分点。

2.三次产业增加值

第一产业：2022年南宁市第一产业增加值增长4.4%，根据建模分析得出的结果，2023年南宁市第一产业增加值增速区间为［3.1%，9.6%］，基准预测增速为5.9%，与2022年相比上升1.5个百分点。

第二产业：2022年南宁市第二产业增加值增长0.1%，低于广西和全国平均水平，但2022年南宁市积极引进重大工业项目，不断夯实工业产业基础，根据建模分析及综合形势研判得出的结果，2023年南宁市第二产业增加值增速区间为［3.7%，10.6%］，基准预测增速为6.5%，与2022年相比上升6.4个百分点。

第三产业：2022年南宁市第三产业增加值增长1.2%，低于广西和全国平均水平，根据建模分析得出的结果，2023年南宁市第三产业增加值增速区间为［4.5%，9.2%］，基准预测增速为5.5%，与2022年相比上升4.3个百分点。

3. 固定资产投资

2022年南宁市固定资产投资增速为-17.8%，低于广西和全国平均水平，2023年国家将会采取多种政策举措恢复预期、提振信心。虽然经济"去地产化"是中长期趋势，但房地产仍然是关系国计民生的重点行业，积极稳健的房地产宏观调控政策将持续推进，基础设施和新基建投资将持续加大力度，同时南宁市在加强产业投资特别是工业投资方面已迈出稳健步伐，因此预测2023年南宁市固定资产投资增速区间为［3.5%，10.6%］，基准预测增速为7.5%。

4. 一般公共预算收入

2022年南宁市一般公共预算收入同比增长0.2%，2023年南宁市将持续加强产业建设，提升要素保障和服务企业的水平，大力扶持企业做大做强。同时，进一步推进减税降费，助力企业降本减负，综合分析建模结果，2023年南宁市一般公共预算收入增速区间为［3.1%，7.9%］，基准预测增速为4.5%。

5. 社会消费品零售总额

2022年南宁市社会消费品零售总额同比下降0.2%，2023年，畅通国内大循环仍然是发展的重点方向，恢复和扩大消费摆在各级政府优先位置，南宁市也将积极服务和融入新发展能级，多措并举促消费，致力于打通人民群众有钱消费、放心消费的底层逻辑。综合建模分析得出的结果，2023年南宁市社会消费品零售总额增速区间为［5.6%，11.9%］，基准预测增速为7.5%（见表3）。

表3　2023年南宁市主要经济指标增速预测

序号	指标	增速区间	基准预测增速
1	地区生产总值	［3.9%，6.9%］	5.7%
2	第一产业增加值	［3.1%，9.6%］	5.9%
3	第二产业增加值	［3.7%，10.6%］	6.5%
4	第三产业增加值	［4.5%，9.2%］	5.5%
5	固定资产投资	［3.5%，10.6%］	7.5%
6	一般公共预算收入	［3.1%，7.9%］	4.5%
7	社会消费品零售总额	［5.6%，11.9%］	7.5%

六　促进南宁市经济高质量发展的对策建议

（一）强化全产业链建设，提升产业发展能级

1. 强化工业重点产业支撑作用

一是科学布局千亿元重点产业。全盘考量各城区、开发区、县（市）产业园区和产业集聚区的产业基础、资源要素、功能规划等，充分发挥各产业园区的比较优势，以强链补链延链推进重点传统产业的全产业链建设，加快形成集聚分明、分区连片、链式结合的工业发展格局。二是加快构建枢纽经济重点产业发展格局。紧抓平陆运河建设的重大机遇，加快编制东部新城"港产城海"融合发展规划，重点培育新能源汽车及零配件制造、绿色化工等优势临港产业集群，高规格打造平陆运河经济带，推动中国—东盟跨境产业融合发展合作区建设，绘制重大重点工业项目建设"作战图"，全力支持比亚迪、太阳纸业等重大项目建设。

2. 构建优质高效的现代服务业体系

一是推进现代服务业发展集聚提效。紧紧围绕南宁市加快建设面向东盟开放合作的国际化大都市、中国—东盟跨境产业融合发展合作区的重大战略部署，加快建设中国（广西）自由贸易试验区南宁片区、面向东盟的金融开放门户南宁核心区等国家级平台，充分发挥政策作用，加大办公用房、资金奖补、人才引育等政策的创新力度，培育发展工业设计、科技服务、文化创意等新兴产业，全力打造一批产业集聚、融合开放的现代服务业集聚区和产业集群。二是积极发展服务业新兴业态和模式。以建设国际旅游消费中心城市为载体，重点扶持培育夜间经济、直播经济、"网红"经济、时尚经济、体验经济等新兴服务业。加大制造业企业在创新设计、市场营销、品牌管理、售后服务方面的改革力度，建设综合供应链管理平台、工业云平台等，促进先进制造业和服务业深度融合发展。

3. 加快现代特色农业发展

一是加强农业全产业链建设。围绕南宁市现有的粮食、林产品、糖料蔗等特优农业产业，开展强链补链延链专项行动，加强技术研发、冷链运输、城乡物流等全产业配套建设，促进冷链运输、农产品深加工等全产业链提质升级。同时，积极培育休闲农业、乡土文旅产业、乡村服务业等新兴业态，加强设施建设和主体培育，探索"农业+"融合发展模式，进一步延长农业产业链。二是持续培育壮大一批市场主体。重点培育引进农业龙头企业和精深加工企业，着重发展家庭农场、农民合作社和农业社会化服务组织等新型经营主体，培育形成龙头企业牵头、各类新型经营主体有效参与的规模化、集约化农业发展模式。打造多元农业示范品牌以及"拳头产品""明星产品""网红产品"，加强全媒体营销，提高邕系品牌的知名度和市场核心竞争力。

（二）推动大中小企业协同发展，激发市场主体活力

1. 强化优质企业引进培育

一是加强对企业的扶持。聚焦重点领域产业链供应链补齐补强的发展需求，分类分层开展"专精特新"中小企业和专精特新"小巨人"企业的梯度培育工作。鼓励大中小企业专注细分产品市场，支持企业技改升级，鼓励产学研合作研发生产技术或工艺，力争打造一批单项产品市场占有率居全球前列的冠军企业。鼓励现有国家级专精特新"小巨人"企业开展产学研协同创新，促进企业持续优化产品品质，提升竞争实力。二是强化精准招商。梳理重点产业配套的潜在用地清单和重点产业的招商优惠政策清单，严格落实"市抓百亿、县抓十亿"工业招商工作机制，编制重点产业的"意向企业清单"和"招商地图"，精准引企驻邕，重点锁定核心企业招商项目，针对千亿元重点产业开展链主企业精准招商。

2. 大力推动企业转型升级

一是加快传统企业的数字化转型升级。开展中小企业数字化转型升级试点行动，提供免费诊断、技术培训、设备补贴、税收奖补等政策及要素支持，通过先行先试找准路子，全面推动全市中小企业数字化转型升级。二是

支持企业的生产技术转型升级。搭建技术创新合作平台，推动企业组建创新联合体，联合行业龙头企业、高校、科研院所以及第三方研发机构等开展关键核心技术攻关，争创国家级、自治区级产业科创中心，促进科技创新资源共享。三是推动企业科创成果快速就地转化。出台技术成果转化补贴政策，促进企业的自主创新成果加快就地转化，支持企业吸纳行业科技成果并在邕就地转化，提高企业产品的技术升级时效。

3. 优化提升园区载体建设

一是推进园区产城融合建设优化升级。逐步完善园区高质量发展配套设施及服务，重点完善公共交通、文化娱乐等城市生活服务设施，以高质量园区建设保障产业高质量发展。二是全面推进绿色园区建设。大力推进各级各类园区的绿色低碳化改造，支持企业技改，促进节能减排，构建园区内部能源循环利用的产业链闭环。三是推进园区管理机制改革增效。建立促进各级各类园区协同发展的统筹运营机制，构建项目统筹评估落地、项目建设规划与引导、利益协调、动态管理评价等工作机制。

4. 提升常态化服务企业水平

一是突出服务企业的关键环节要素，全面推进重大项目提质增效。优化服务企业的专责专班"直通车"工作对接机制，动态更新项目进度，做到带图作战、动态管理、节点跟进。二是要快办快处企业问题，解决重点项目建设困难。健全完善重大项目现场快处、部门调度等制度，优化处置流程，快速破解项目建设的难点。三是建立企业政策服务派送落实机制。紧盯国家政策导向、战略部署和资金投向，结合南宁市千亿元重点产业的领域和方向，主动对接、超前谋划、提前储备，加强政策解读、营销策划和包装储备，全过程协助企业享受政策实惠。

（三）畅通经济循环，持续扩大内需

1. 多措并举提振消费

一是推动住行消费提质扩容。出台住房、汽车等大宗消费一揽子激励政策，重点满足刚性和改善性住房需求，为大学生购房落户、以小换大改善住房、生育多子女家庭住房消费等提供个税、公积金、价格备案等住房消费激励政策。鼓励新能源汽车消费，推动二手车有序流通，畅通汽车报废更新流程，加快提振大宗消费。二是发展特色服务型消费。持续实施消费补贴政策，重点保障服务消费的综合金融支持。开展"三月三""五一"等重要节假日促消费行动，适应不同群体消费需求，积极招引、培育、发展夜间经济、银发经济等新兴业态，多点布局、持续打造"南宁之夜"升级版，推进线上线下联动促销，打造"商文旅体"融合发展的消费场景。

2. 着力扩大有效投资

一是补短板，加快推进重点领域重点项目建设。聚焦产业发展、民生建设等领域的短板和薄弱环节，有序实施粮食保障、民生保障、能源供给、新基建、产业链供应链构建等"十四五"规划中重点领域的重大基础设施建设。二是加强有效项目储备，加快推动项目实施。策划储备一批延展性好、带动力强的产业项目及特色集聚、特质彰显的服务消费项目，建立动态更新的储备项目库，为扩大有效投资提供更多备选方案。创新项目建设审批程序简易化办理模式，推动项目建设顺利实施。三是创新投融资机制，推进绿色低碳发展优质项目建设。规范推广政府和社会资本合作（PPP）模式，聚焦战略性新兴产业，引导专项债券资金投向，撬动社会资本投入，优先保障新能源汽车等重点新兴产业的项目融资。充分发挥新经济动能培育引导基金的杠杆作用，创新推动央企、国企、南宁平台公司以及各类头部创投机构的投融资合作。

3. 优化提高供给质量

一是优化调整产业产能结构布局。全面实施产业链强链补链延链、千亿元产业培育集聚、绿色低碳示范等工程，在综合考量资源环境承载能力的基础上承接国内产业梯度转移，严格控制高耗能、高排放项目建设，不断提升供给水平。二是重点培育发展新产业新产品。重点培育新材料、节能环保、新能源、数字经济等战略性新兴产业，积极抢占人工智能、集成电路、生命健康、生物育种等高科技前沿领域的技术高地。三是提高产品和服务供给质量。持续推进消费品国内外标准接轨工程建设，建立健全区域性绿色食品、有机农产品和地理标志农产品的标准体系，实施行业产品、消费服务质量提升行动，健全主要消费品质量安全追溯体系和优质服务标识管理制度，促进企业加强全过程质量管理。

4. 健全现代市场和流通体系

一是加快推进市场要素流通改革创新，推动人力资源要素有序流动。建立与国家、自治区及其他省市之间协调衔接的人才流动政策体系，促进社保、医保改革配套服务优化。推动土地要素市场化配置改革，建立健全集体经营性建设用地入市制度，推进土地流转模式创新，探索增加混合产业用地供给。二是健全技术、数据、知识要素的配置机制。深入推进科研项目管理制度的改革进程，制定出台科研人员职务科技成果转化激励的相关政策，充分激发科研人员创新创造的积极性。支持企业、第三方机构开展知识产权转让、许可等市场化运营服务，推动银行等金融机构开展知识产权质押融资模式创新。探索建立中国—东盟数据资源产权、跨境传输、交易流通、安全防护等基础制度和标准规范。三是建设城乡一体化的现代流通体系。加快构建连通内外的城乡一体化现代物流网络，搭建区域仓储、分拨、配送服务网络，加快补齐农村物流设施和交通条件短板，优化城乡即时配送体系。优化公铁水联运、江海联运的转运设施、场站布局，构建高效、畅通的跨境联运物流体系。

（四）强化创新驱动，增强经济发展动能

1. 加快高标准创新平台建设

一是优化政策体系。支持桂林电子科技大学南宁研究院打造服务 RCEP 的高水平产学研用中心，推进厦门大学在南宁市设立东盟研究院，发挥新型电池产业技术研究院等产业研究平台的作用，深化南宁·中关村创新示范基地建设，支持龙头企业与高校、科研院所共建创新平台。二是推进科研管理、评价、利益分配制度改革。重点推进科研院所改革，完善以科研成果的创新价值和应用价值为标准的科技评价机制，建立健全更为科学合理、灵活多样的创新要素价值和成果转化收益分配机制。三是完善科技创

新开放合作机制。加强与东盟各国的科技创新国际合作交流，积极构建政府机构、民间机构等多层次、宽领域的多边科技合作机制，营造高标准创新平台建设环境。

2. 推动政产学研用深度融合创新

一是构建产学研用深度融合发展新格局。研究出台《南宁市加强产学研用深度融合发展的指导意见》，着力推动产学研用深度融合体制机制创新，强化政策、资金等保障，支持高校、科研机构等与企业展开深入研究并实现成果转化。二是加强政产学研用深度融合。以南宁市经济社会发展需求为牵引，充分发挥政府引导作用，在政府、企业、高校、科研院所、使用者组织的边界更加模糊的情境下，解决条块分割、协调困难、权益纠纷等产学研用合作中的诸多常见问题，实现科技知识相关合作方的高效分工协作，促进资源整合和配置优化，为南宁市高质量发展提供源源不断的创新驱动力。

3. 积极培育发展新经济业态

一是加快发展数字经济。抓住产业数字化、数字产业化赋予的机遇，打造数字化交易平台，积极探索平台企业与产业园区联合运营模式，丰富技术、数据、平台、供应链等服务供给，提升线上线下相结合的资源共享水平。二是培育发展电商经济形态。充分发挥南宁跨境电商综合试验区的支点作用，加快中国—东盟（南宁）跨境电子商务产业园建设，培育和引进一批有影响力的跨境电商企业，鼓励传统外贸企业转型，推动南宁乃至全区的产品及服务"走出去"。三是加快发展区域性特色经济。利用好南宁面向东盟的区位优势，瞄准"90后""00后"等年轻群体特别是东盟青年群体，大力发展时尚经济、首店经济等新经济。进一步优化南宁重点商圈和特色街区布局，提升南宁夜间经济发展质量，打造更多消费新场景、新地标。

4. 增强企业创新活力

一是健全企业创新招引体系。聚焦产业链和创新链的关键核心技术和供应链缺位环节，以项目为抓手实施招引攻坚，并为其提供精准的政策支持和配套服务。二是推进企业梯度培育。从为新经济企业提供全生命周期的精准服务入手，举办企业创新加速营、投融资对接会等活动，搭建企业资源链接平台和能力共享平台，引导和支持企业快速拓展市场。梳理全市具有一定规模和发展潜力的重点企业，为企业项目申报、融资、开拓市场、品牌创意、法律事务等提供精准服务。支持企业自主或联合建立多形式的产学研创新联合体和共性技术平台。

（五）加速高水平对外开放，建设面向东盟开放合作的国际化大都市

1. 完善互联互通基础设施建设

一是推进"硬联通"建设。大力发展跨境运输和多式联运，加快打造中越跨境物流快速通道，支持本土企业到越南投资建设场站、园区等物流基础设施，推动国际铁路港常态化开行中国南宁至越南快速通关班列。此外，不断拓展国际货运航线，完善面向东盟的航空物流网络。二是推进"软联通"建设。加强与越南友好城市的交往，建立中国南宁与越南北宁、北江、海防等城市的常态化会商机制，深化经贸合作，促进人员互访、信息互通和文化互鉴。持续强化数字基础设施建设，全力推进中国—东盟信息港南宁核心基地等在建重点项目建设。

2. 提升各类开放平台带动力

一是推动平台服务升级。做好中国—东盟博览会、中国—东盟商务与投资峰会，从服务"10+1"向服务RCEP及"一带一路"沿线国家拓展，提升经贸合作、项目引进实效。二是高标准建设中国（广西）自由贸易试验区南宁片区。在贸易投资、金融开放等方面开展系统集成制度创新，推动"区港联动"跨境电商商品集货多式联运试点等改革事项取得成果。三是健全外商投资服务体系。加快设立自贸试验区协同发展区，最大限度地发挥自贸试验区制度创新优势。建设面向东盟的海关AEO互认观摩实训基地，引导进出口企业享受更多AEO互认国的通关便利。四是高质量推进中国—东盟信息港南宁核心基地建设。运营中国—东盟人工智能计算中心，建设中

国—东盟卫星数据服务中心、中国—东盟地理信息系统技术区域协同发展创新中心，聚焦千亿元重点产业，开展工业"沃土计划"，以智用、智算、智联推动"新基建"数字底座建设。

3.加快推进跨境物流快速通道建设

一是完善跨境物流体系建设。推动南宁加快融入国家"通道+枢纽+网络"现代物流运行体系，使南宁面向东盟的航空、铁路货物运输做到"五定"，即定点、定线路、定班次、定时间、定价格。二是推动建设南宁高铁物流基地。加快南宁国际铁路港综合交通枢纽建设，提升农产品交易中心、南宁吴圩国际机场等物流枢纽的服务水平。按照平陆运河内河I级可通航5000吨级船舶标准，提升平塘江口至六景水路配套通航能力。三是降低物流综合成本，大力发展跨境运输和多式联运，扩大中越班列、中欧班列、南钦班列等班列的开行规模，重点打通粤港澳大湾区经南宁至东南亚的运输通道，努力打造面向东盟的公铁海空多式联运货物集散中心，将南宁建设成中国面向东盟的跨境物流枢纽。

4.推动与东盟跨境产业融合发展

一是加速编制中国—东盟跨境产业融合发展合作区建设方案，争取国家支持，按照"一体两翼"空间布局，加速推进合作区建设。二是以五象新区为主体，推动生产性服务业高端化融合化发展，加快发展面向东盟的金融结算、工业设计等专业服务业，积极创新知识产权、节能环保服务模式，着力打造生产性服务业高地和面向东盟的科技创新中心。三是以东部新城和"两港一区"为两翼，东部新城围绕"临港产业新城"发展方向，加快培育新能源汽车、金属及化工新材料、林浆纸等"大进大出"临港产业，加快建设面向东盟和共建"一带一路"国家的新能源汽车产业集聚区重要基地，着力打造向海经济先行示范区。四是发挥"两港一区"的联动开发优势，加快综合保税区整体迁建，重点布局电子信息、先进装备制造等跨境产业，支持更多企业通过"一企两国两厂"的模式推进产业链供应链分工互补，打造中国—东盟跨境产业融合发展合作区重要承载地。

（六）强化要素支撑，持续优化经济发展环境

1. 强化人才引培

一是加快建设中国—东盟人才城。宣传并落实好南宁人才"双23条"新政策，与粤港澳大湾区等地区开展"人才飞地"建设，加强新型智库建设，打造区域性人才集聚区和面向东盟的国际人才高地。二是优化本土人才引培体系。完善由高校、企业、科研机构和社会服务机构等共同组成的培养体系。建立健全城乡产业工人信息库，加强企业高技能人才和产业紧缺人才培训，推动终身职业技能培训。三是完善人才服务保障措施。优化南宁市现有人才政策及"智慧人才"一体化服务平台。进一步发挥公共实训基地、技能大师工作室等平台基地的作用。做好青年人才生活补助、住房补助的审发工作，加大力度引进一批青年人才来邕留邕干事创业。完善职称评审制度，加大评审权限下放力度，支持人才智力密集的企事业单位单独开展评审，畅通自由职业者申报渠道和高技能人才与专业技术人才职业发展通道。

2. 提升金融服务实体经济质效

一是加强统筹融资策划和服务。搭建多元化统筹融资机制，引导金融机构向重点及新兴产业项目、企业倾斜，鼓励金融机构提供多样化的金融产品和服务。二是推动企业直接融资。开展企业上市攻坚行动，建立健全适合创新型、成长型企业发展的精准上市服务机制，优化企业直接融资创新服务体系。提升国有企业主体信用评级，拓宽信用债券入邕渠道，扩大"绿色债""科技创新债"等创新债券的发行规模。鼓励和扶持更多优质企业上市融资和再融资。三是推动"基金+产业""产业+科技+金融"融合发展。加快设立各类子基金并招引各类优质企业落地，积极开展本外币合一银行结算账户体系、数字人民币、供应链金融示范区等试点与创建工作，支持龙头企业设立跨境资金结算中心，引进一批金融配套服务机构。

3. 持续优化营商环境

一是营造多元共治共赢的市场环境。深化政务服务便民利企"微改革"、"全链通办"改革，畅通"办不成事"反映渠道，建立快速响应机

制，发挥市领导联系服务企业等机制作用，常态化走访服务市场主体，主动帮助市场主体解决实际困难。二是营造务实清廉高效的政务环境。着力打通审批服务、投资贸易、创新创业等重点领域的"堵点"，拓展"跨省通办""跨城通办"事项，积极融入全国统一大市场。三是营造平等公正透明的法治环境。强化司法保障，建立健全公平竞争审查制度，加快推进公共法律服务体系建设，完善多元化纠纷解决机制，推进社会信用体系和企业信用平台建设。四是营造开放包容共享的创新环境。以南宁本地重点创新中心为抓手，加强与全国乃至国际创新城市和地区的合作交流，打造市场化法治化国际化营商环境。

4.优化城乡发展要素配置

一是强化产权对城乡要素配置的激励作用。稳步推进农村集体产权制度改革，进一步深化"三农"领域产权制度改革，充分发挥产权的内在激励作用。二是发挥新一代信息技术对城乡要素配置的赋能作用。通过云计算、大数据、区块链等技术的广泛使用，进一步实现乡村各种资源要素与城市优质要素的有效匹配，实现优质要素高效下沉，发挥基本公共服务和基础设施对城乡要素配置的基础性作用。将县城城镇化作为推动城乡融合发展、乡村振兴的重要突破口，促进农村基本公共服务及基础设施升级，进一步发挥它们在促进城乡要素自由流动中的基础性作用。

产业发展篇

Industrial Development Reports

B.2

2022~2023年南宁市工业发展情况
分析及展望

吴保民 文剑昭 黄 帆[*]

摘 要： 2022年，南宁市深入实施"工业强市"战略，推动资源要素向
工业集聚，突出招大引强，狠抓工业投资，抢占产业发展新赛
道，加快打造新动能，全市形成了"大抓产业大抓工业"的浓
厚氛围，在逆境中实现了突破式发展，开创了工业振兴新格局。
但是，南宁市工业发展面临中小企业生产经营困难较大、部分重
点行业生产下滑等问题。2023年，南宁市将树牢"大抓产业大
抓工业"的理念，坚持"工业强市"战略不动摇，推动工业补
短板、锻长板，围绕传统产业升级、新兴产业壮大"两个方
向"，走好内部培育、外部招引"两条路子"，进一步推动工业
高质量发展。

* 吴保民，南宁市工业和信息化局副局长、党组成员；文剑昭，南宁市工业和信息化局总工程
师、党组成员；黄帆，南宁市工业和信息化局综合科一级科员。

关键词： 工业强市　工业发展　南宁

一　2022年南宁市工业发展情况

2022年，在市委、市政府的坚强领导下，南宁市紧紧围绕落实"疫情要防住、经济要稳住、发展要安全"的重要要求，坚持稳字当头、稳中求进，深入实施"工业强市"战略，扎实推进工业振兴三年行动，全力打好稳工业保运行攻坚战，着力稳存量、扩增量、提质量，多措并举，积极应对工业下行压力，工业生产稳定向好，工业投资高速增长，产业结构不断优化，开创了工业振兴的新格局。

（一）结构调整取得新成效

工业投资和用地结构发生积极变化，2022年南宁市工业投资增长53.2%，增速创近年来新高，增速和总量位居全区第一，工业投资占全市固定资产投资的比重由2021年的13.4%提高至25.1%，大幅提升11.7个百分点；市本级工业用地成交面积占全部"招拍挂"出让土地的71.6%，比2017~2021年平均占比提高36.6个百分点，更多土地用于工业发展。工业千亿元重点产业加速培育，重点产业产值占规上工业总产值的65.5%，较2021年提高2.5个百分点，工业实力和竞争力显著提升。[①]

（二）产业发展抢占新赛道

2022年，南宁市新签约投资5000万元以上工业项目201个，投资额达1458.54亿元。成功引进了比亚迪电池、太阳纸业等一批百亿元项目，吸引了宸宇富基等产业链上下游企业相继落地。全年引进项目产值或投资超百亿元工业项目总额超800亿元，预计项目达产后产值在2000亿元以上，工业

[①]　文中数据除特殊说明外，均由南宁市工业和信息化局提供。

招商实现从"招企业"向"引产业"的转变,新能源电池产业不断壮大,延长了造纸、铝精深加工、金属及化工新材料等产业的链条,在产业发展新赛道上抢占了一席之地。

(三)项目建设实现新突破

2022年,南宁市开工亿元以上工业项目124个,其中百亿元项目7个,百亿元项目开工数量超过2019~2021年总和;投产竣工亿元以上工业项目32个。列入自治区"双百双新"项目库项目71个,其中新增入库项目31个,数量位居全区第一。已投产比亚迪东盟区15GWh、邕宁区10GWh电池等项目,南宁比亚迪成为比亚迪全球最大、国内建设速度最快的电池生产基地。

(四)工业生产实现稳增长

2022年,南宁市规上工业增加值累计增速在8月实现扭负为正,全年同比增长1.9%,成功跑赢了GDP增速。增长质量提升,2022年规上高技术制造业增加值增长6.9%,高于全市规上工业增加值平均增速5.0个百分点;规上高技术制造业增加值占全市规上工业增加值的15.7%,比2021年提升1.7个百分点;新增长动能开始显现,新能源电池产业产值增长205%。

(五)工业发展形成新格局

2022年,南宁市拓展工业发展空间,向东加快规划建设东部新城,六景化工园区获自治区批准设立;向南推进临空经济示范区与国际铁路港协调联动,"一体两翼"产业格局加快形成。推进特色园区建设,邕宁区铝精深加工产业集群入选工信部2022年首批中小企业特色产业集群。深入实施产业园区配套基础设施大会战,全年建设标准厂房形成实物面积超130万平方米,申报获得园区基础设施专项债50.05亿元,发债金额位居全区第一。

(六)企业实力再上新台阶

2022年,南宁市新入规工业企业达158家,其中新建投产入规73家,全市规上工业企业达到 1406 家。全市共有产值超亿元工业企业 426 家，亿元企业产值同比增长 8.2%，高于全市工业企业产值平均增速 6.8 个百分点。全年新增国家级专精特新"小巨人"企业 4 家，新增自治区级"专精特新"中小企业 57 家，数量居全区前列。

（七）创新驱动激发新动能

南宁市与中南大学共建新能源电池研究院，推进比亚迪智能新能源汽车综合测试场项目开工，吸引新能源汽车产业在南宁集聚发展。广西先进铝加工创新中心成功研发我国高端高精铝材首台套气垫炉，填补了该领域具有国内自主知识产权的工业化装备的空白。推进技术创新体系建设，新增自治区级企业技术中心 16 家、自治区级技术创新示范企业 5 家、市级企业技术中心 20 家，数量居全区前列。

（八）绿色发展取得新进步

2022 年，南宁市规模以上万元工业增加值能耗同比下降 4%，超额完成自治区工信厅下达的能耗下降 3.5% 的年度工业节能目标。全年共有 6 家企业进入自治区绿色工厂示范推荐名单，6 种产品进入自治区绿色设计产品示范推荐名单；南宁高新技术产业开发区进入自治区绿色园区示范推荐名单，广西太古可口可乐饮料有限公司进入自治区绿色供应链管理示范推荐名单，上榜数量居全区前列。

二　2022年南宁市工业发展主要措施

（一）加大援企纾困力度，全力稳定工业发展

一是强化政策措施落实。全面落实国家稳经济 33 项政策、19 项接续政策及自治区和南宁市一揽子具体举措，出台第一季度工业稳增长政策措施，推动政策红利尽快释放到企业。加大援企纾困力度，安排 7000 万元

工业援企纾困专项资金，支持一批重点企业稳生产、降成本、拓市场，全力稳定工业发展。二是强化工业运行调度。落实《"稳中求进攻坚年"工作提醒和约谈办法》，对指标落后的县（市、区）及开发区进行提醒约谈，全力压实工作责任。建立重点企业、增加值高的企业、新建入规企业和减停产企业"4张清单"，强化企业生产运营监测、分析和预警。三是实施常态化服务企业机制。实施市县两级领导挂钩联系服务企业制度，重点帮助企业解决用电、用气、用能、物流等问题，分类推动企业增产增效，做到全部规上工业企业服务全覆盖。强化工业振兴特派员服务，工业振兴特派员全年累计解决问题792项。四是助力企业开拓市场。开展"南宁制造·邕有佳品"活动，以地铁主题列车、高铁广告宣传、新媒体推广、送服务入企等形式，加大南宁制造名品推广力度，拓展企业销售渠道。召开南宁市重点工业企业产销对接会，为西牛皮、纵览线缆、南亚电器、华数南机、金泰克等企业搭建供需对接渠道，推进企业协作配套，提高本地市场占有率。

（二）锚定方向招大引强，提高精准招商成效

一是理清发展思路。聚焦做优传统产业、做强主导产业、做大新兴产业，逐项梳理产业链条，明确新能源汽车及零部件、电子信息、金属及化工新材料、铝精深加工、林产品加工、食品加工等重点产业发展时间表、路线图，加快打造千亿元重点产业。二是加大项目谋划力度。结合跨境产业链和平陆运河经济带的构建，围绕新能源汽车及零部件、电子信息、金属及化工新材料等重点产业，加大项目谋划力度。特别是把新能源汽车及零部件产业作为核心产业、牵引性产业来抓，开展新能源汽车产业垂直整合发展战略研究，谋划一批电池产业链补链强链项目。三是狠抓精准招商。坚持产业链发展思维，围绕产业链关键环节，深入开展"链主"企业招商。通过做深做细项目分析、夜以继日对接谈判、凝心聚力攻坚克难，成功引进比亚迪电池、太阳纸业等一批"链主"企业，吸引一批产业链上下游项目相继落地，在产业发展新赛道上抢占了一席之地。

（三）推进项目提速建设，积蓄工业发展动能

一是抓工作机制完善。实行"项目为王"工作机制和"库长制"，建立工业项目策划工作机制，扎实开展项目策划、储备、招商工作。建立百亿元工业项目服务专员驻点服务制度，选派一批优秀年轻干部专职驻点服务比亚迪等百亿元工业项目，发挥窗口作用，当好企业"店小二"和项目"服务员"，全力服务项目建设。二是抓百亿元项目建设。优化项目进展跟踪服务，紧盯关键环节，强化跟踪落实，倒排工期、挂图作战，重点帮助项目协调解决用地、用林、能评、环评、标厂建设、生活配套等问题，确保生产要素配置及时到位，全力推进项目加快开工、加快投产。三是抓"双百双新"项目谋划。紧盯自治区产业政策，深入做好"双百双新"项目策划包装和组织申报工作，积极在自治区层面争取土地、林地、能耗等资源要素，为重大项目建设提供有力保障。2022年策划包装了比亚迪试车场及零部件等一批项目，31个项目列入自治区"双百双新"项目计划，数量位居全区第一。四是抓"千企技改"工程。支持工业企业采用新技术、新产品、新工艺、新材料、新模式，实施全方位技术改造，南宁市"千企技改"工程在库项目达253项，数量位居全区第一。

（四）推动工业园区建设，提升产业承载能力

一是大力推动东部新城建设。积极推动东部新城产业发展，太阳纸业、比亚迪、潮力铝业等一批重大项目入驻东部新城，项目总投资超500亿元。扎实推进六景化工园区的规划与设立，六景化工园区获自治区批准设立。二是加快调整工业园区产业定位。编制南宁市工业园区高质量发展规划，找准各工业园区主导产业定位，绘制主导产业建链补链图，优化工业园区产业布局，引导工业园区专业化集群化发展，形成各具特色、优势互补的发展格局。三是深入实施产业园区配套基础设施大会战。以东部新城、临空经济示范区、高新区、广西—东盟经开区为重点开展基础设施项目建设，全年建设标准厂房形成实物面积超130万平方米，推进一批道路、管网等配套设施建

设，完善园区投资环境。四是积极争取资金支持。围绕东部新城、临空经济示范区等重点区域策划、申报园区基础设施专项债，推动东部新城新能源汽车产业园及配套基础设施等项目获得资金支持。通过政府和社会资本合作（PPP）、政策性金融工具（基金）等拓展融资渠道，支持临空经济示范区吴圩东片区路网等一批园区基础设施项目建设。

（五）强化生产要素供给，全力保障工业发展

一是加大财政投入力度。通过一般公共预算安排、争取上级资金和政府专项债券等方式，筹措100亿元以上资金支持工业发展。二是保障工业用地。及时将产业发展最新情况落实到国土空间规划中，确保新一轮国土空间规划实现20%的工业用地总量，特别是将布局在东部新城的重大工业项目的需求落实到东部新城概规及六景、伶俐分区控规中，保障重大项目用地。三是抓好电力、燃气保障。加强电煤储备监测，充分调动煤电企业的积极性，保障电煤储备。加快六景220kV工业变电站、110kV空港变电站等变电站建设，为比亚迪、太阳纸业等重点企业提供电力保障。积极争取上游气源，为重点项目提供用气保障。四是做好用工保障。落实企业用工保障任务，积极帮助比亚迪等重点企业解决用工问题，全年共帮助比亚迪（南宁）项目完成招工超1.2万人，帮助富士康南宁公司完成招工超6400人，帮助瑞声公司完成招工超5000人。

（六）推进企业技术创新，增强产业核心竞争力

一是推进新型产业技术研究机构建设。引进中南大学技术团队，组建南宁市新型电池产业技术研究院。继续推进广西先进铝加工创新中心、华数轻量化电动汽车设计院等新型产业技术研究机构建设，广西先进铝加工创新中心于2022年第一季度成功入统规上企业，成为南宁市首家列入规上工业企业的新型产业技术研究机构。二是推进新产品、新技术研发项目实施，广西先进铝加工创新中心成功研发我国高端高精铝材首台套气垫炉，填补了该领域具有国内自主知识产权的工业化装备的空白。三是推进

质量管理和品牌建设，18 项经验列入广西工业企业质量管理标杆，占全区的 35.3%，数量位居全区第一。

（七）扎实开展节能降耗，推动工业绿色发展

一是严格执行《固定资产投资项目节能审查办法》，大力协调指导比亚迪、潮力铝业、潮力精密等一批万元工业增加值能耗低于控制目标的重点产业项目以及太阳纸业、南南铝箔、德源冶金等一批传统优势产业升级改造项目取得自治区节能审查批复。二是分行业推进工业节能降碳技术改造，制定实施南宁市节能降碳技术改造实施方案，在建材、煤电、化工、造纸等重点行业实施节能降碳技术改造，推动 49 家重点用能企业编制和实施节能降碳技术改造计划，5 个项目列入自治区统筹支持的工业绿色发展示范，预计节约 2.04 万吨标准煤。三是加快构建绿色制造体系，鼓励园区和企业对标绿色评价体系，积极开展示范创建，南宁市共有 6 家企业进入自治区绿色工厂示范推荐名单，6 种产品进入自治区绿色设计产品示范推荐名单，1 个园区进入自治区绿色园区示范推荐名单，1 家企业进入自治区绿色供应链管理示范推荐名单，入榜数量居全区前列。

（八）推进工业互联网建设，促进软件信息服务业快速发展

一是夯实软件信息服务业发展基础。2022 年全市规模以上互联网和相关服务、软件和信息技术服务业营业收入同比增长 44.2%，比全市规模以上其他营利性服务业营收增速高 8.7 个百分点，比全区规模以上其他营利性服务业营收增速高 16.9 个百分点。二是建设工业互联网数字化生态。支持全市重点产业、传统优势产业和新兴产业的工业企业开展工业互联网项目建设，建机公司、徐沃工程机械、双健科技、宁泰服装等企业的工业互联网数字化项目投入使用，加快企业数字化转型发展。三是推进智能工厂和数字化车间建设。2022 年，诚瑞光学（南宁）有限公司等 18 家企业被认定为广西智能工厂示范企业，广西数广宝德信息科技有限公司等 14 家企业被认定为广西数字化车间示范企业。

三 2022年南宁市工业发展存在的主要问题

2022年，南宁市通过一系列重要举措，全力推动全市工业生产实现稳中有进，但是受国际国内形势等不确定因素的影响，南宁市工业发展仍存在基础不牢、速度不快等问题。

一是中小企业生产经营困难较大。受企业生产成本上升等因素影响，中小企业普遍面临订单减少、生产经营压力增大的困难，2022年全市规上工业企业利润总额下降26.8%。二是部分重点行业生产下滑。受房地产开发投资下降影响，木材、建材等行业订单减少、经营压力增大，2022年木材加工行业产值同比下降0.9%，建材行业产值同比下降19.3%；受市场需求不足、上游原材料价格上涨等因素影响，2022年机械行业产值同比下降5.2%；受中美贸易摩擦持续、电子消费品市场需求下滑等因素影响，富士康全年减产22.6亿元，创盈联科、齿贝美2家加工贸易企业停产退库，电子信息行业增速明显放缓。

四 2023年南宁市工业发展思路和主要工作

2023年是全面贯彻党的二十大精神的开局之年，是落实国家重大政策文件的起步之年，是推进工业振兴三年行动的收官之年，也是工业乘势而上的关键之年。南宁市将全面贯彻党的二十大精神，落实国家重大战略部署，紧抓当前中央赋予南宁新定位新使命带来的重大历史机遇，围绕"建设面向东盟开放合作的国际化大都市"定位，坚持"工业强市"战略不动摇，推动工业补短板、锻长板，全力以赴推进项目建设，持续优化产业结构，推动园区扩量提质，力争规上工业增加值增长6%，工业投资增长40%。

（一）形势判断

2023年，国家重大战略部署为南宁市带来新发展机遇，上年引进的一批重大项目相继投产并形成支撑，预计全市工业发展将会进一步提速，但仍面临国际国内多重不确定因素影响。

有利因素：国家自治区、南宁市稳经济大盘一揽子政策红利持续释放，市场需求逐步回暖；国家支持壮美广西建设政策实施、平陆运河建设、中国—东盟跨境产业融合发展合作区建设等带来重大利好，工业发展迎来新机遇；南宁市引进的太阳纸业、比亚迪等一批百亿元项目陆续投产，新签约的宸宇富基等一批重大项目加快开工，为全市工业快速发展提供了有力支撑。

不利因素：国际局势动荡、原材料价格波动、房地产开发投资恢复缓慢等因素影响南宁市加工贸易、电子信息、机械、建材等行业增长；企业利润水平下滑、亏损面扩大，将对企业生产经营和扩大再生产造成影响。

（二）2023年南宁市工业发展重点工作

1. 加快发展千亿元重点产业

一是大力引进新能源整车项目及关键零部件项目，加快建设比亚迪45GWh电池、汽车综合测试场等项目，加快建设面向东盟和共建"一带一路"国家的新能源汽车产业集聚区重要基地。二是加快推进瑞声科技南宁系列项目、世纪创新智慧显示二期等重大项目建设，推动光学、声学、半导体、新型显示等产业与东部地区和东盟国家融合发展，把握电子信息产业在新能源、新基建领域的增长点，加快培育壮大汽车电子、光伏、信创产业。三是加快建设六景电池新材料产业园、六景化工园区，围绕新能源电池产业引进和建设碳酸锂、正负极材料、电解液、隔膜等上下游项目，加快打造国内重要的电池新材料制造基地。四是加快建设铝精深加工、铝铸造、再生铝三大专业产业园，积极引进国内再生铝和铝精深加工企业，实施南南铝加工价值链提升工程，打造铝精深加工部件研发制造产业基地。五是打造轨道高端装备产业链，推动轨道及车辆配套大部件、牵引信号控制系统及零部件等延链补链项目落地。六是规划跨境物料处理装备产业园，推动美斯达重工灯塔工厂及配套项目加快建设。七是发展水污染处理、固废处理等环保环卫装备产业，支持博世科等企业开拓市场。八是以太阳纸业为龙头，引进附加值高的高端纸制品加工企业及配套企业，构建"原材料及造纸助剂——木浆、竹浆、蔗渣浆——纸制品——包装印刷"全产业链造纸产业集群，打造横州高端纸制品产业园；推进爱阁工房绿色家居智造园等项目开工建设，引进家具家居头部企业，构建"原材料——人造板——高端绿色家居"木材加工全产业链。九是发展食品加工产业，推进红牛饮料、海天调味品生产基地及农夫山泉天然水生产线等项目建设，壮大调味品、肉制品、预制菜等行业，打造特色鲜明的食品产业基地。

2. 狠抓重大项目引进建设

一是开展好"制造业项目建设年"活动，推动一批项目列入自治区增产增效、补链强基、高端化智能化绿色化改造"3个500"项目清单中。二是加强重点项目策划，加大对新能源汽车及零部件、电子信息、金属及化工新材料等产业的项目策划力度，围绕产业链关键环节，扎实开展项目策划和储备，推动一批项目列入2023年广西"双百双新"项目计划。三是推进项目加快建设，强化项目开竣工节点管理，争取开工建设项目300个，竣工投产项目180个，实施技术改造项目300个以上。四是强化项目招引。树立全市招商"一盘棋"思想，建立和完善重点工业产业链推进工作机制，制定制造业重大项目招商引资评估办法，发挥工业园区主导产业的引导作用，围绕全市重点产业链和重点方向，发挥"链主"企业的作用以开展精准招商，带动一批产业链上下游项目相继落地。力争2023年引进投资5000万元以上制造业项目160个。

3. 强化企业培育服务，加强企业培育

一是建立市级龙头企业培育库，新增1家产值超百亿元的工业企业。实施中小企业培育"三个一"工程，创建自治区级以上中小企业特色产业集群，培育市级以上"专精特新"企业100家，新增上规入统工业企业150家。二是加强企业服务。落实市领导、正副秘书长联系服务重大项目重点企业工作机制，强化工业振兴特派员服务，及时帮助企业协调解决技改、融资、用工等困难问题，推动企业做优做强。强化要素保障，着力做好煤电油运等保障工作，重点推进解决"用气贵、用气难"等问题。三是助企开拓市场。开展"我为企业找市场""南宁制造·邕有佳品"系列展销推广活动，加强"邕字号"工业品和工业文化主题宣传，助力南宁市工业产品进商超、入社区、上工地，支持龙头企业采购本地中小微工业企业产品，建立本地产业链供应链购销体系，推动南宁市产业链供应链上下游协同发展。

4. 提升园区发展能级，加速东部新城建设

一是围绕"临港产业新城"等发展方向，进一步细化完善规划战略研究和产业发展研究，加快培育新能源汽车、金属及化工新材料、林浆纸等"大进大出"临港产业，加快建设面向东盟和共建"一带一路"国家的新能源汽车产业集聚区重要基地，着力打造向海经济先行示范区。二是打造"两港一区"跨境产业集聚区。充分发挥铁路港与空港联动开发优势，推进南宁综合保税区二期迁建工作，吸引产业要素集聚，加快培育电子信息、高端装备制造等跨境产业集群，服务好已在南宁与越南设厂的企业，支持更多企业通过"一企两国两厂"的模式推进产业链供应链分工互补，打造中国—东盟跨境产业融合发展合作区重要承载地。三是深入实施产业园区配套基础设施大会战。重点推进东部新城、临空经济示范区、现代工业产业园、"两港一区"跨境产业集聚区等项目建设，支持解决道路、供排水、污水处理、电力燃气设施等方面的难题，推进标厂、社会生活配套设施建设，打造园区发展新形象。

5. 推动产业高端化智能化绿色化发展

一是推动工业互联网赋能制造业数字化升级。鼓励龙头企业推进行业工业互联网平台建设，引领中小企业数字化转型。积极推动工业互联网标识解析二级节点建设，夯实工业互联网数字底座。依托比亚迪、华为广西区域总部、中国—东盟数字经济产业园等项目建设，着力引进一批人工智能、大数据、区块链、元宇宙等新兴数字产业企业，加快制造业数字化转型升级。二是推进企业技术创新和品牌建设。在新材料、装备制造等领域引进建设新型产业技术研发机构，支持现有产业协同创新平台建设，支持企业实施"五基"攻关，提升产业基础能力。力争2023年新增自治区级企业

技术中心 5 家以上、市级企业技术中心 10 家以上，新增广西工业企业质量管理标杆 5 项以上。三是推进工业绿色低碳发展。着力推进电力、水泥、陶瓷、制糖、造纸、化工等行业的节能降碳技术改造，推动行业节能减排增效。严格执行固定资产投资项目节能审查制度，坚决遏制"两高"项目盲目发展。继续推进绿色制造体系建设，力争 2023 年创建自治区级以上绿色工厂 3 家以上。

B.3

2022~2023年南宁市农业发展情况分析及展望

林良文　孙　权　彭铄钧*

摘　要： 2022年，南宁市深入贯彻落实习近平总书记关于"三农"工作的重要论述和视察广西重要讲话精神，坚持农业农村优先发展总方针，以实施乡村振兴战略为总抓手，全面落实强首府战略，扎实推进现代特色农业建设，加快推动产业融合发展，持续深化农村改革，不断推进农业农村各项事业稳健发展。但是，南宁市农业发展依然面临受耕地制约日趋严重、优质农产品供给不足、农业质量效益有待提高、农村基础设施和体制机制有待健全等问题。南宁市将聚焦稳产保供、产业兴旺、激发活力、农民增收、巩固成果、乡村振兴，狠抓粮食生产和重要农产品生产，做优现代特色农业，深化农村重点领域改革，完善农民增收工作机制，推进脱贫地区产业发展，稳妥有序推进乡村建设。

关键词： 农业发展　乡村振兴　南宁

一　2022年南宁市农业发展情况

2022年以来，在市委、市政府的正确领导下，南宁市农业农村系统深

---

* 林良文，南宁市农业农村局发展规划科科长；孙权，南宁市农业农村局发展规划科四级主任科员；彭铄钧，南宁市农业农村局发展规划科科员。

入贯彻落实习近平总书记关于"三农"工作的重要论述和视察广西重要讲话精神，坚持农业农村优先发展总方针，紧紧围绕市委十三届五次全会确定的目标任务，以实施乡村振兴战略为总抓手，全面落实强首府战略，扎实推进现代特色农业建设，加快推动产业融合发展，持续深化农村改革，不断推进农业农村各项事业稳健发展，切实发挥了"压舱石"作用。

（一）守住"一条底线"

"一条底线"即全市粮食安全底线。南宁市主动扛稳粮食安全政治责任，切实落实粮食安全党政同责要求，狠抓粮食生产毫不放松，2022年全市粮食种植面积为639.24万亩，同比增长0.15%；粮食产量为212.54万吨，同比增长0.47%；粮食平均单产为332.49公斤/亩，同比增加1.07公斤/亩，连续3年保持粮食种植面积、单产、总产"三增长"，粮食综合生产能力稳步提升。切实加快高标准农田建设，2022年全市新建成高标准农田31.88万亩、新开工建设高标准农田26.1万亩，截至2022年底，全市累计建成高标准农田271.33万亩，粮食安全根基进一步夯实。①

（二）实现"两个新提升"

一是农业农村经济实力实现新提升。2022年南宁市第一产业增加值达601.51亿元，在全国27个省会（首府）城市中排第3位，稳居11个西部省会城市和5个自治区首府城市之首；增速为4.4%，高于全国平均水平0.3个百分点，高于全市GDP增速3.0个百分点。2022年南宁市农村居民人均可支配收入为19001元，同比增长6.7%，高于全国平均水平0.4个百分点，高于全区平均水平0.2个百分点。另外，多项特色农业产业发展在全国、全区领先，南宁沃柑、茉莉花、火龙果产业规模居全国之首，香蕉产业规模居全国前列，粮食、蔬菜、淡水产品产量位居全区第一，水果、猪肉、禽肉、蚕茧产量位居全区第二。

---

① 文中数据除特殊说明外，均由南宁市农业农村局提供。

二是产业强镇兴村水平实现新提升。2022年，南宁市马山县获评广西休闲农业与乡村旅游重点县，邕宁区蒲庙镇入选自治区级农业产业强镇创建名单，新增1个中国美丽休闲乡村，1个村入选全国乡村旅游重点村名单，2个村获评广西乡村旅游重点村，新增4个广西休闲农业与乡村旅游示范点。组织古辣镇等4个乡镇、那桐镇定江村等33个村争创广西乡村振兴示范乡镇、示范村，持续推进市级乡村振兴（生态综合）示范村建设，全市已建成市级乡村振兴（生态综合）示范村45个，在建5个。

（三）取得"三个新进展"

一是"邕"系品牌打造取得新进展。2022年，南宁市9个品牌入选广西农业品牌目录，4个产品获富硒农产品认证。截至2022年底，南宁市拥有国家地理标志农产品6个、地理标志保护产品9个，累计有3个品牌入选中国农业品牌目录、76个品牌入选广西农业品牌目录。"横县茉莉花茶""武鸣沃柑""横县茉莉花"3个地理标志品牌入围2022中国品牌价值评价区域品牌（地理标志）百强榜单，上榜数量位居广西第一。其中，"横县茉莉花茶"综合品牌价值达164.46亿元，力压"柳州螺蛳粉"，连续7年蝉联广西最具价值农业品牌；"武鸣沃柑"首次参评即上榜，排第40位，是唯一荣登百强榜单的沃柑品牌。

二是农村产业融合取得新进展。2022年，南宁市横州市获批创建第二批国家农业现代化示范区，上林县通过国家级水产健康养殖和生态养殖示范区复核，青秀区、马山县获批创建第一批自治区级农村产业融合发展示范园。制定印发《南宁市乡村振兴"6+6"全产业链建设行动方案》《南宁市乡村振兴产业示范区创建实施方案》，在全区率先开展乡村振兴产业示范区创建工作。大力发展农产品加工业，南宁市的广西农产品加工百强企业数量位列全区第一，全市规模以上农产品加工企业有556家，其中年营业收入达20亿元以上的企业有6家、年营业收入达100亿元以上的企业有1家。

三是农村改革取得新进展。南宁市农村承包地确权登记颁证率达到98.13%，所有村级集体经济组织已完成挂牌、刻章、开户等改革后续工作。大力推进乡镇农村产权流转交易服务站、村级服务点建设，四级联动的农村产权流转交易市场体系不断健全。积极推动土地承包经营权等流转项目进场交易，有效盘活农村资产资源。上林县大丰镇拥军村被列为自治区 2022 年试点村，第二轮土地承包到期后再延包 30 年试点工作取得良好开局。

二 2022年南宁市农业发展主要举措

（一）统筹抓好农业生产，特色农业持续发展

2022 年，南宁市完成粮食种植面积639.24 万亩，粮食产量达 212.54 万吨，超额完成自治区下达的任务，粮食面积和产量稳居全区第一；积极落实生猪产能调控政策，全市创建国家级生猪产能调控基地 93 个，占全区的22.9%，武鸣牧原、宾阳牧原 2 家养殖场通过国家级非洲猪瘟无疫小区评估并获得生猪供粤资质，3 家畜禽养殖场入选 2022 年农业农村部畜禽养殖标准化示范场，上林县通过国家级水产健康养殖和生态养殖示范区复核，2022年南宁市肉类产量、水产品产量分别达到 66.08 万吨、24.16 万吨，分别同比增长 2.08%、3.14%；水果、蔬菜产量保持平稳增长，"米袋子""菜篮子""果盘子""肉案子"稳稳当当。

（二）推进一产"接二连三"，产业融合再创佳绩

一是大力推进农业示范园区等各类农业高质量发展平台建设，2022 年，南宁市有 2 个现代农业产业园获批创建自治区级现代农业产业园，新获认定21 个自治区级现代特色农业示范区，继 2021 年宾阳县成功争创首批国家级农业现代化示范区之后，2022 年横州市成功争创第二批国家级农业现代化示范区。截至 2022 年底，南宁市已累计获批创建国家级农业现代化示范区2 个、自治区级及以上现代农业产业园 6 个，已建成自治区级现代特色农业示范区 78 个，数量均位居全区第一。

二是积极推动新型经营主体快速发展，2022 年，南宁市新增市级及以上农业产业化重点龙头企业 33 家、农业产业化联合体 4 家。截至 2022 年

底，全市拥有市级以上农业产业化重点龙头企业240家（其中国家级17家、自治区级73家，数量位居全区第一）、农业产业化联合体37家，在市场监管部门注册登记的农民合作社有5759家、家庭农场有1758家，新型农业经营主体日益成为推动现代农业发展的主力军。

三是大力发展冷链流通业，2022年，南宁市共获得中央农产品产地冷藏保鲜设施建设资金2380万元，支持196个农产品产地冷藏保鲜设施建设，截至2022年底，全市冷库总容量达240万立方米，涉农企业、合作社、家庭农场共建成并投用地头冷库近300座，库容近60万立方米，现有冷链车9500辆。

四是加快推进农业与旅游等产业深度融合。2022年，南宁市马山县水锦顺庄休闲农业园、兴宁区高峰林场休闲林业园、青秀区古岳文化艺术村、武鸣区岜旺·楠木水乡休闲农庄等4个休闲农业与乡村旅游观光园区获得广西休闲农业与乡村旅游示范点称号；上林县大丰镇东春村成功入选全国乡村旅游重点村，宾阳县古辣镇蔡村和武陵镇绿留村成功入选广西乡村旅游重点村。截至2022年底，全市拥有7个中国美丽休闲乡村、1个广西休闲农业与乡村旅游重点县、35个广西休闲农业与乡村旅游示范点。

（三）强化科技支撑赋能，农业生产现代化水平显著提高

一是全力做好种质资源保护利用，开展全市农业种质资源普查工作，完成全市所有行政村的普查任务，在上林县发现1处大面积连片野生稻资源，2022年全市有2家企业获评自治区级农业种质资源保护单位。二是实施种业提升工程，2022年全市有5家企业被列为国家种业阵型企业、194个主要农作物品种通过自治区审定，分别占全区的42%、60%。三是加快推进农业机械化和农机装备产业转型升级，2022年全市主要农作物耕种收综合机械化率达到72.49%。四是推动数字农业发展，横县、宾阳县、西乡塘区等县区在茉莉花、优质稻等方面开展本区域重点农业产业大数据整合和平台建设，广西鸣鸣果业有限公司率先完成全国首幅果树编码数字地图。

（四）推行绿色生产方式，农业质量效益不断提高

一是深入实施农业生产"三品一标"（品种培优、品质提升、品牌打造和标准生产）提升行动，2022年全市新增绿色食品8个，截至2022年底，全市有效期内绿色食品、有机农产品、地理标志产品达106个。二是大力推进秸秆综合利用工作，2022年全市完成推广秸秆还田693.1万亩；稳步推进畜禽粪污资源化利用和农用地安全利用工作，2022年度全国、全区畜禽粪污资源化利用现场会先后在南宁市顺利召开，南宁市农用地安全利用工作连续两年得到农业农村部农业生态与资源保护总站通报表扬。三是持续推进农业绿色发展，2022年主要粮食作物实施统防统治面积273万亩，主要农作物实施绿色防控面积711.2万亩，全市共实施测土配方施肥面积916.0万亩、各项节水技术应用面积548.9万亩。四是强化农产品安全质量监管和动物疫病防控，全市蔬菜水果、水产品、畜禽产品抽检合格率达到99.77%，2022年全市有3家企业入选第二批国家级动物疫病净化场（占全区的1/3），畜牧业生产平稳有序。

（五）强化农产品产销对接，重要农产品产销两旺

一是强化产销对接，举办沃柑开园仪式，在主流媒体中央电视台上开展"武鸣沃柑"品牌宣传，有效提高"武鸣沃柑"的知名度和市场核心竞争力；在淘宝、腾讯等视频直播平台进行"武鸣沃柑直播带货"活动，充分发挥粤桂协作优势，积极探索"武鸣沃柑"营销新渠道，大力推动"武鸣沃柑"与采购商的精准对接，助力"武鸣沃柑"顺利完成销售。在大宗农产品集中上市期间，通过广西农产品贸易网、南宁市农业农村局网站、南宁农业微信公众号及今日头条等平台举行"2022年南宁柑橘网上展销节""2022年南宁市夏季农产品网上展销节"等活动。利用"云上好嘢"平台开展"南宁火龙果""上林大米"等区域公共品牌的宣传活动，举办第四届世界茉莉花大会暨2022年中国（横州）茉莉花文化节，开展南宁火龙果走进粤港澳大湾区系列品牌推介活动，启动南宁火龙果冠名高铁专列工

作，"横州茉莉花：品牌营销塑形象，造就世界茉莉花都"获得农业农村部2022年农业品牌创新发展典型案例推介，"横州茉莉花""南宁火龙果"等农业品牌的影响力不断提升。二是强化消费帮扶，推进公职人员参与帮扶消费，2022年马山、上林、隆安入驻"832平台"的企业实现销售额超1.5亿元。

（六）整治农村人居环境，美丽乡村建设提档升级

一是加快推进"厕所革命"、农村生活污水和垃圾治理，推动村容村貌整体提升，2022年全市完成22个农村"厕所革命"整村推进示范村项目建设，实现厕所粪污无害化处理和资源化利用；完成农村户厕改造2231座，截至2022年底，全市卫生厕所累计达125.88万座，农村卫生厕所普及率保持在97%以上。南宁市入选全国首批农村黑臭水体治理试点城市名单，宾阳县农村环境治理与产业融合发展项目入选第二批EOD（生态环境导向的开发）模式试点项目名单。在全区率先建立全市统一的设施监管系统——农村污染治理综合管理平台，形成市县乡分级建设和管理模式。二是推进农村生活垃圾分类试点工作，基本实现试点乡镇行政村级以上收运队伍全覆盖，利用高分辨率卫星遥感监测与无人机航拍巡查，实现对非正规垃圾堆放点的快速发现、准确定位，做到早发现和动态跟踪，农村生态环境监测装上了"千里眼"。三是持续推进农房建设，严格实施"带图报建、按图验收"工作，加强传统村落保护利用，4个村落列入第四批广西传统村落名单，将212名规划师、建筑师、工程师派驻到全市106个乡镇（街道），实现镇镇有"三师"，优化"三师"服务模式，乡村建设"三师"考评推优机制入选住建部《设计下乡可复制经验清单（第一批）》并获全国推广，乡村空间布局得到极大优化，实现了农村既有新房，又有新貌。

（七）持续深化农村改革，农村发展动能有力激发

一是做好农村承包地确权登记颁证收尾工作，截至2022年底，全市累计完成农村承包地确权面积655.33万亩，颁证率达到98.13%。二是继续深

化农村集体产权制度改革，截至 2022 年底，全市累计核实农村集体资产 232.67 亿元，其中经营性资产 83.35 亿元，非经营性资产 149.32 亿元。推进 1509 个村级、28245 个组级集体经济组织挂牌、刻章、开户等改革后续工作，妥善开展村级集体经济组织成员"清重"工作，共确认农村集体经济组织成员 525.64 万人。2022 年累计建成乡镇农村产权流转交易服务站 41 个、村级服务点 258 个，积极推动土地承包经营权等流转项目进场交易，2022 年新增农村土地承包经营权、农村集体经营性资产、农村集体资源性资产、农村集体经营性建设用地等各类农村产权挂牌项目 365 宗，涉及金额约 6.8 亿元，累计成交 183 宗，成交金额达 4.31 亿元。

三 南宁市农业发展存在的主要问题和困难

2022 年，南宁市通过一系列重要举措，全力稳产保供，推动南宁市农业发展迈上一个新台阶，但是受国际国内形势等不确定因素影响，南宁市农业发展过程中仍存在一些需要进一步克服和解决的困难和问题，主要表现在以下几个方面。

一是现代农业受耕地制约日趋严重。国土"三调"显示，南宁市耕地面积较国土"二调"时减少了近 300 万亩，耕地"非粮化""非农化"比较严重。现代农业发展"用地难"问题比较突出，受耕地制约越来越严重。二是优质农产品供给不足。南宁市部分县（市、区）农业生产外部环境和内在条件具有一定相似性，在发展定位、产业布局等方面存在一定的趋同性，农产品生产同质化、产能结构性过剩问题比较普遍，农产品供给仍以中低端产品为主，导致农产品投向市场时容易受到同类产品的挤压。三是农业质量效益有待提高。南宁市已建成的高标准农田面积仅约 271.33 万亩，以中低产田为主、以千家万户生产为主的格局仍未根本改变，农业产业化、规模化、集约化经营程度有待提高。三产融合程度不够深，农产品加工短板比较突出，农业产业链短、产品附加值低、冷链物流水平不高等问题还没有得到根本解决。农业大而不强、大而不优、效益不高，对全区的辐射带动能力不足。四是农村基础设施和体制机制有待健全。农业农村长期积压的历史欠账与新时期面临的新矛盾新问题交织叠加,农村基础设施和公共服务能力较为薄弱,农业农村仍然是南宁市经济社会发展短板的基本现实没有根本改变。农村改革有待进一步深化,城乡二元体制障碍仍然存在,人才下乡返乡创业的体制机制尚未健全,农村投融资机制需进一步完善。

四　2023年南宁市农业发展思路和重点工作

（一）2023年南宁市农业发展总体工作思路

2023 年是全面贯彻党的二十大精神的开局之年,是落实国家重大政策文件精神的起步之年。农业是国民经济的基础,做好农业农村各项工作,推动南宁市由农业大市向现代特色农业强市迈进,全面推进乡村振兴,向实现共同富裕奋进,具有特别重要的意义。南宁市将全面贯彻落实习近平总书记关于"三农"工作的重要论述和视察广西重要讲话精神,深入贯彻落实党的二十大对"三农"工作的战略部署,按照中央农村工作会议、全区农村工作会议、全市农村工作会议精神和部署安排,坚持以乡村振兴统揽新时期"三农"工作,统筹抓好粮食和重要农产品生产等农业农村各项事业发展,加快建设现代特色农业强市,为首府高质量发展牢牢守住农业基本盘。

（二）2023年南宁市农业经济发展形势研判及目标

初步研判,2023 年农业经济发展有利和不利因素并存,但好的方面仍占主流。不利因素方面,一是农业经济经过近几年的中高速增长,基数已较大,加上受需求收缩、供给冲击、预期转弱三重压力的影响,2023 年农业经济要保持高速增长困难较大。二是受耕地种植用途管控约束,水果、蔬菜等主要支撑产业预计难以继续保持前几年的高速增长,逐步进入平稳增长阶段。三是随着生猪产能调控政策的实施,生猪生产步入下行周期,对农业经济增长的拉力减弱。有利因素方面，一是中央已出台的 20 个指导"三农"工作的一号文件持续发出重农强农的强烈信号，坚持农业农村优先发展，发展政策向农业农村倾斜，为农业经济发展提供了强大的支撑和保障。二是随着粮食安全党政同责的深入实施，各级党委、政府更加重视粮食生产，加大政策支撑力度，有利于提高农民种粮积极性，有望继续实现稳粮增产。三是"桉退蔗进"行动的实施，有利于扭转近几年糖料蔗生产负增长的局面。四是 2023 年 2 月《农业农村部关于落实党中央国务院 2023 年全面推进乡村振兴重点工作部署的实施意见》提出大力发展现代设施农业，现代设施农业将进一步发展，有利于提升产能，也有利于提高农产品的竞争力和农业质量效益。五是随着以粮食、林木、水果、蔬菜、生猪、糖料蔗为主，以茉莉花（茶）、家禽、桑蚕、牛羊、水产、中药材为辅的乡村振兴"6+6"全产业链加快打造，农业产业链条将进一步延长，有利于刺激经营主体适度扩大生产。综合有利因素和不利因素，预估 2023 年全年第一产业增加值的增长目标为 5%。

（三）2023年南宁市农业发展重点工作

1. 聚焦稳产保供，毫不放松狠抓粮食生产

坚决扛稳粮食安全政治责任，切实落实粮食安全党政同责要求，落实最严格的耕地保护制度，坚决遏制耕地"非农化"，防止耕地"非粮化"，积极治理撂荒地，加快高标准农田建设，确保 2023 年新建成高标准农田面积不低于 26.1 万亩，新开工建设高标准农田面积不低于 11.7 万亩，改造提升高标准农田面积不低于 6.8 万亩。突出抓好早稻、晚稻、玉米、大豆种植等重点工作，强化田间管理和防灾减灾，确保全年粮食产量不低于 212.54 万吨。

2. 聚焦稳产保供，统筹抓好重要农产品生产

加强蔬菜基地建设，确保蔬菜种植面积稳定在 400 万亩以上，强化沃柑、火龙果、香蕉等大宗水果生产。落实生猪产能调控政策和牛羊产业发展政策，着力稳猪禽、增牛羊、兴蛋奶，力争 2023 年肉类总产量达到 66 万吨；深入实施渔业设施化改造提升工程，大力发展稻渔综合种养，力争2023年水产品产量达到24.85万吨；确保重要农产品稳产保供。

3. 聚焦产业兴旺，持续做优现代特色农业

加快建链、补链、强链、延链，着力打造以粮食、林木、水果、蔬菜、生猪、糖料蔗为主，以茉莉花（茶）、家禽、桑蚕、牛羊、水产、中药材为辅的乡村振兴"6+6"全产业链。强化现代农业产业招商，持续培育壮大新型农业经营主体，深入实施农业生产"三品一标"提升行动，不断提升农业生产规模化、专业化和农产品绿色化、优质化水平。加快现代农业产业园、优势特色产业集群、田园综合体、现代特色农业示范区、农业产业强镇建设，加快推进农业现代化步伐。

4. 聚焦激发活力，深化农村重点领域改革

做好农村承包地确权登记颁证收尾工作，稳妥推进第二轮土地承包到期后再延长30年试点工作，完善农村承包地"三权分置"制度，规范承包地经营权流转管理，推动农业适度规模经营。深化农村集体产权制度改革，完善农村产权权能，不断壮大村级集体经济。加强农村产权流转交易市场体系规范化建设，加强农村集体"三资"管理，利用好全市农村集体"三资"管理服务平台，推动集体资产财务管理制度化、规范化、信息化。

5. 聚焦农民增收，完善农民增收工作机制

进一步健全促进农民增收的工作机制，密切小农户与大市场之间的利益关系。统筹做好产业发展、产销对接、农民培训、村级集体经济发展、土地流转和惠农补贴兑付等事关农民增收的中心工作，切实提高农民经营性、工资性、财产性和转移性收入。

6. 聚焦巩固成果，推进脱贫地区产业发展

推进"十四五"脱贫地区特色产业发展规划的实施，重点发展一批能进一步带动脱贫群众就业的特色优势富民产业，深化粤桂协作，抓好"圳品"认证、"供深基地"建设，促进产业提档升级和脱贫人口持续增收。

7. 聚焦乡村振兴，稳妥有序推进乡村建设

继续推进农村人居环境整治各项任务，实施村庄清洁行动和绿化美化行动，坚持把"厕所革命"，生活污水、垃圾治理及村容村貌提升作为一个整体，开展一体化、系统性整治。深入推进清廉乡村建设，大力推行"积分制""清单制"，推动移风易俗。

B.4
2022～2023年南宁市商贸流通业发展情况分析及展望

黄锡健　梁洁*

摘　要： 2022年，南宁市商贸流通业平稳健康发展，消费品市场基本保持稳定，电子商务、物流业发展较快，会展业逐步复苏。2023年，随着发展环境明显改善，南宁市商贸流通业将实现更快增长。为推动南宁市商贸流通业高质量发展，需实施六大行动，推动消费实现规模质量双提升；引导电商赋能实体经济，推动传统商贸企业转型升级；实施"强基提质畅通"工程，推动商贸物流高质量发展；大力实施"会展+"战略，增强会展业溢出带动效应。

关键词： 商贸流通业　消费品市场　电子商务　南宁

2022年，南宁市坚持新发展理念，主动服务和融入以国内大循环为主体、国内国际双循环相互促进的新发展格局，统筹新冠疫情防控和经济社会发展，推动商贸流通业平稳健康发展，保障了全市经济平稳增长。

---

* 黄锡健，南宁市商务局综合业务科（政策法规科）科长；梁洁，南宁市商务局综合业务科（政策法规科）副科长。

一 2022年南宁市商贸流通业发展情况

（一）消费品市场基本稳定

2022年新冠疫情反复，受需求收缩、供给冲击和预期转弱三重压力的不利影响，消费品市场运行各项指标有升有降，消费市场总体保持稳定发展。2022年，全市社会消费品零售总额同比下降0.2%，批发业销售额同比下降1.9%，零售业销售额同比增长5.1%，住宿业营业额同比下降7.5%，餐饮业营业额同比增长2.4%。新增入库批零住餐企业358家。批发业、零售业、住宿业、餐饮业增加值占全市GDP的比重分别为3.5%、4.7%、0.4%、2.2%。[①]

（二）电商促进新型消费增长

南宁市是国家首批电子商务示范城市和全区首个获批设立跨境电子商务综合试验区的城市。截至2022年底，全市有国家级电子商务示范企业3家、自治区级13家，国家级电子商务示范基地1个、自治区级2个，可以有效促进新型消费增长。南宁市与京东、阿里巴巴、苏宁易购建立了战略合作关系，网络零售快速发展，全市开展网络零售业务的企业超7000家，网店数量超12万家，2022年全市限上实物商品网络零售额达162.38亿元，同比增长23.1%，快递业务（4.88亿件）占全区的比重达46.26%。横州市、马山县农村电商发展经验获全区推广，沃柑、百香果、茉莉花茶等农特产品线上热销全国，农村电商有效促进"工业品下行、农产品上行"双向流通。

（三）现代物流发展基础坚实

南宁市物流主体不断发展壮大，全市3A级以上物流企业59家（2022

---

① 本报告中数据除特殊说明外，均由南宁市商务局提供。

年新增 15 家），占广西物流企业总数的一半以上。全市"物流网"在库项目 127 个，2022 年累计完成投资 131.16 亿元，完成自治区下达年度任务的 125.88%，南宁"物流网"基础设施建设三年大会战圆满收官。重大项目建设有序推进，南宁农产品交易中心（二期）、京东南宁电子商务产业园及运营结算中心（二期）等一批项目开工建设。中新南宁国际物流园、南宁国际铁路港、南宁零公里空港产业园等重点项目有序推进。中国—东盟生鲜交易中心、南宁吴圩国际机场国内公共货站二期、广西九州通大健康产业总部基地等项目竣工并投入运营。

（四）跨境物流通道稳定畅通

以面向东盟为主，南宁市加快推进中国南宁—越南河内跨境物流快速通道建设；将部分重点产业企业列入广西重点产业链供应链企业"白名单"，保障企业在边境口岸顺畅通关。2022 年，南宁国际铁路港累计开行中越跨境班列 265 列，试运行中越跨境快速通关班列，运输时长缩短到 30 小时。南宁吴圩国际机场在飞国际货运航线 11 条，全年国际（含地区）货邮吞吐量达 7.31 万吨，同比增长 207%，连续 3 年实现 100% 以上增长。

（五）现代会展整体缓慢复苏

2022 年，南宁国际会展中心举办规模以上展览活动 45 场、会议活动 584 场，展会规模达 62.43 万平方米，其中规模超过 1 万平方米的展会有 21 场；观展 74 万人次，直接收入 16.65 亿元，拉动地方综合经济效益 180 亿元，会展期间成交额（含合同签约）1618 亿元。受新冠疫情影响，会展主要指标较往年有所下降，但呈现恢复趋势。成功引入"2022 中国—东盟建筑业暨高品质人居环境博览会"（8 万平方米），将"中国—东盟会展业合作发展论坛"纳入中国—东盟博览会系列展会活动，已连续两年在南宁成功举办。

二　2023年南宁市商贸流通业发展形势

总体来看，南宁市商贸流通业保持平稳较快发展，对增强经济活力、促进城市就业、保障二产增长起到积极作用，但也存在以下困难和问题：一是消费增长动能不足，市场信心和预期减弱，新型消费处于培育阶段，商贸流通业项目投资乏力；二是消费市场体量偏小，社会消费市场规模有待扩大。同时应该看到，中央经济工作会议做出扩大内需重大部署，中共中央、国务院出台《扩大内需战略规划纲要（2022—2035年）》，把扩大内需摆在促进经济高质量发展的优先位置，2023年将打出促消费、稳增长政策"组合拳"，商贸流通业发展环境将得到明显改善。

（一）消费市场持续加速回暖

随着市场信心提振、居民消费需求释放和商贸流通体系正常运转，南宁市消费市场呈加快增长态势。从市场结构来看，2022年，零售额占比较高的商品依次为汽车（42.6%）、成品油（13.3%）、粮油食品（8.5%）、家电（7.8%）、中西药品（7.1%），在市场平稳复苏、生产经营恢复和居民出行需求释放的推动下，预计成品油、粮油食品消费平稳增长。汽车是消费品市场稳定增长的关键支撑，目前汽车市场处于油转电阶段，预计油车消费将延续下滑态势，新能源汽车消费有望持续快速增长；总体来看，汽车消费水平将与上年持平。因房地产市场恢复缓慢、家电需求释放潜力小，预计家电消费将小幅下滑。从行业企业来看，着力稳存量，批发业龙头企业和零售业重点企业将实现稳定增长；全力挖增量，2022年入库企业和京东五星电器、宜家家居、山姆会员店、杉杉奥特莱斯等新商业将提供增量支撑。

（二）电子商务活力持续迸发

持续发挥电子商务在助推产业拓市场、优结构、降成本、增效益等方面的重要作用，增加网络商品供给，培育网络畅销品牌，拓宽线上销售渠道，促进电子商务与产业融合发展，增强电子商务对促消费、扩内需的支撑力。据不完全统计，全市7000余家电子商务网店和线上零售企业中，年零售额超2000万元的约有20家，随着线上零售企业加快入统，线上零售额预计增长20%以上，将形成一批有影响力的特色网销产品。截至2022年底，全国已批复设立跨境电商综试区165个（覆盖31个省份），各地相继出台优惠扶持政策，南宁市相关政策没有明显比较优势，跨境电商项目招商难度加大，综合考虑2022年高基数和跨境电商物流通道流量限制，预计2023年南宁市电子商务呈平稳增长态势，力争全市限上实物商品网络零售额增长20%以上，实现跨境电商进出口额超150亿元。

（三）现代会展溢出效应增强

南宁市存量会展项目较为成熟，随着会展业结构持续优化，展会规模将不断扩大，预计会展业将快速回暖。应支持以下几种存量展会做大做强：消费展会（直接收入占70%），如汽车展、动漫展、茶博会、家博会、婚博会等；境外展会（直接收入占20%），如中国—东盟博览会东盟巡展等；专业展会（直接收入占10%），如人才活动周、科技活动周、中国—东盟博览会农业展、中国—东盟建筑业暨高品质人居环境博览会等。积极培育新能源、新材料、先进装备制造、生物医药、数字经济、人工智能等战略性新兴产业的会展项目，促进相关领域新产品、新模式落地，吸引国际品牌来邕举办展会。利用筹办中国—东盟博览会的契机，争取展品通关便利及展期内税收优惠政策落地实施，扩大国际展会规模。

（四）商贸项目投资平稳增长

2022年，南宁市商贸与其他服务业投资同比增长9.1%，全市商贸与其他服务业固定资产投资在库项目达229个。随着产业链供应链及电子商务、数据平台不断发展，商贸与其他服务业正在快速向轻资产投资转型。南宁红星美凯龙世博家居展览中心、广西海吉星农产品国际物流中心、南宁农产品交易中心（二期）、广西（中国—东盟）粮食物流产业园区一期等商贸重大项目有序推进。2023 年，应以服务南宁国际铁路港、广西（东盟）义乌小商品城数字新商业产业园、南宁零公里空港产业园等一批重大商贸流通业项目为重点，抓好中国—东盟黄金珠宝交易市场、中国—东盟农产品市场、中国—东盟艺术品交易市场、中国—东盟林产品交易市场等项目的策划、招商、落地及建设工作，保持商贸与其他服务业固定资产投资的稳定增长。

三　2023年南宁市商贸流通业发展对策建议

2023 年，南宁市要以习近平新时代中国特色社会主义思想为指导，学习、贯彻、落实党的二十大精神，全面贯彻落实习近平总书记"五个更大"重要要求和对广西工作系列重要指示精神，落实中央、自治区和南宁市经济工作会议决策部署，坚持稳中求进工作总基调，立足新发展阶段，贯彻新发展理念，构建新发展格局，大力实施扩大内需战略，以推动商务高质量发展为主线，完善现代流通体系，促进消费提质升级，打造国内国际双循环重要节点，加快建设国际旅游消费中心城市。

（一）实施六大行动，推动消费实现规模质量双提升

贯彻落实中共中央、国务院《扩大内需战略规划纲要（2022—2035年）》，提振消费信心、扩大消费需求、激发消费潜力，持续强化消费基础性作用，大力实施六大行动，促进消费品市场平稳健康发展，实现消费"质"的有效提升和"量"的合理增长。

1.实施市场活力提升行动

加大财政资金支持力度，围绕对消费拉动作用最大的汽车、成品油、家电、百货等重点领域，深入开展促消费活动。一是开展"食在南宁"餐饮促销活动，发挥餐饮业繁荣城市生活、拉动城市就业的积极作用。二是开展"惠民购车"汽车促销活动，深挖"汽车+石油制品"的消费贡献潜力。三是开展"绿色低碳"家电促销活动，加大升级类、节能型家电的宣传让利

力度。四是开展展会协会年会促销活动，吸引各大企业、机构、行业协会来邕举办年会、专业会议，推动住宿业、餐饮业回暖。五是开展"邕有佳品"促销活动，支持南宁工业消费品、特色农产品促销。

2. 实施市场主体培育行动

税务、市场监管、统计部门联动，深入开展企业摸排，加大上限入统工作力度，挖掘成长性强、潜力较大的企业入库。一是推动批发零售企业入统。摸排推动二手车经销企业、商业综合体、大型专业市场经营户、文旅商业经营户、电商平台"网红"主播、社区团购商品供应链卖家入统。二是推动餐饮住宿企业入统。引导餐饮后勤服务公司、加盟性餐饮连锁门店、旅游酒店等入统。三是推动平台企业入统。支持县区平台公司、农村集体经济组织成立商贸公司，做好特色农产品产业线上线下业务入统。促进全国性、全区性的医药连锁企业在南宁设立区域性总部，推动中西药品产业供应链企业入统。同时，投入使用成品油数据采集系统，推动成品油零售企业入统。

3. 实施贸易平台建设行动

建设大宗贸易平台，推动批发业规范平稳增长。出台政策支持打造全国性金属和农产品交易平台。重点围绕广西有色金属、农产品等优势资源，打造一批在全国有影响力的交易平台，为批发业增长提供重要支撑。支持大宗贸易企业在南宁设立独立法人企业，按"免申即享"方式享受优惠政策。落实稳外贸支持政策，推动内外贸一体化发展，鼓励大宗贸易企业稳定货物进出口存量、扩大货物进出口增量。按照国有企业合规性要求，支持国有大型批发企业规范交易业务、平稳发展，支持异地业务回流南宁。

4. 实施品牌消费打造行动

建立"新品首发地示范区+首发首店地标性载体+网络新品首发平台"的首发经济载体建设体系，支持传统百货企业引进国际一线消费品牌首店、旗舰店。引进落地消费新业态项目，打造消费新场景、形成消费新风尚，提升消费品供给水平。按照"做大做强一批、保护传承一批、创新发展一批"

的目标推进老字号提质扩容，推动成立老字号行业协会，举办"老字号嘉年华"活动，提升老字号的社会影响力和竞争力。认定网络新消费品牌，逐步建立电商品牌矩阵，以农产品加工、服装等行业为试点打造"网红爆品"和"销售单品冠军"。

5.实施消费供给优化行动

引进优质商贸项目和国际知名消费品牌，提升中高品质消费的供给能力，建设东盟商品集散中心。建设南宁吴圩国际机场免税店，形成国际旅客消费、跨境消费集聚区，促进境外消费回流。大力发展夜间经济，激发夜游、夜食、夜娱、夜健、夜宿的消费活力。在夜间举办时尚走秀、时尚展览、新品首发等活动，提升夜间购物的时尚度和活跃度。打造精品节点，擦亮"夜游"名片；凸显地方特色，繁荣"夜食"文化；提高城市品位，丰富"夜娱"业态；顺应消费需求，打造"夜健"场景；提升酒店品质，培育"夜宿"经济。

6.实施商贸流通强基行动

大力推进商圈消费集聚区建设，不断健全商贸流通网络，引导"三街两巷"、盛天地、百益·上河城等步行街区向数字化商圈发展，促进街区线上线下融合。开展"一刻钟"便民生活圈试点，提高市民消费便利度。推进中国—东盟农产品市场、南宁红星美凯龙世博家居展览中心、广西（中国—东盟）粮食物流产业园区、龙光东盟生鲜食品智慧港等项目建设。完善县域商业体系，建设以县城为中心、以乡镇为重点、以村为基础的农村商业体系，提升县域商业承载力和发展活力，满足农村群众多层次多样化的消费需求，促进农村消费持续增长。招引国内跨区域农产品流通头部企业和平台运营商，推动城乡冷链补短板、强弱项。

（二）引导电商赋能实体经济，推动传统商贸企业转型升级

电子商务是新兴产业，可以有效降低企业成本、提高商贸流通效率。应充分发挥电子商务对经济增长的"助推器"作用，引导电商赋能实体经济，加快推动传统商贸企业转型升级。

1. 开展电商活动，活跃全市消费市场

在开展全市促消费系列活动的大背景下，激发线上消费活力。引导企业与淘宝、京东、拼多多、美团、酒小二等电商平台合作，举办 2023 南宁网上年货节、南宁"三月三"电商节、南宁电商直播节等线上促消费活动，依托电商节扩大线上消费规模。

2. 促进电商融合，助力邕系名品出乡

引导实体企业电商化平台化发展，开展电商惠企培训，推动企业与头部电商平台对接，加快电商与产业链供应链深度融合。开展"南宁制造上京东"行动，推动南宁名特优产品入驻主要电商平台，加入美团、拼多多供应链，扩大蛋黄酥、沃柑、茉莉花茶等南宁名品的影响力，打造本土网销品牌，为拉动内需提供持久动力。

3. 鼓励电商直播，加快新型消费发展

发挥电商直播全天候带货优势，引导传统企业与直播机构合作，开拓"线下打烊、线上开播"新运营模式，打造一批特色突出的电商直播基地、直播机构。支持电商直播与夜间经济深度融合，探索云逛街、主播探店、短视频营销等多元电商直播应用场景，挖掘餐饮、旅游等行业的消费潜力。

4. 强化电商创新，推动跨境电商提质

创新跨境电商监管模式，完善跨境电商线上平台和线下园区，保障南宁综保区跨境电商监管中心、南宁空港国际跨境电商中心稳定运营，提高跨境电商通关效率。发展跨境电商 B2B 新模式，提高跨境电商进出口额。依托小语种人才优势发展跨境电商直播，建设面向东盟的跨境电商服务中心。

5. 指导电商入统，提升电商经济贡献

主动服务京东达资、苏宁易购、酒小二等电商龙头企业，推动企业线上零售业务持续快速增长。深度挖掘泛糖科技、优尔敏等大宗商品电商交易平台的潜力，提升对批发业的指标贡献。与美团、拼多多等平台合作，推动团购平台上的供应链企业入统。动员零售电商大卖家、农产品供应链企业入统，提升网络零售交易额。

（三）实施"强基提质畅通"工程，推动商贸物流高质量发展

贯彻落实国家、自治区关于畅通国民经济循环和建设现代流通体系的决策部署，积极培育商贸物流骨干企业，加强行业发展趋势分析，推动商贸物流提质降本增效，培育引进龙头物流企业，建设物流园区，畅通跨境物流通道，实现商贸物流高质量发展。

1. 实施物流产业强基工程

大力推进物流项目建设，夯实商贸物流发展基础。加强项目策划，围绕平陆运河等重大项目建设，谋划南宁国际公路港、平陆运河物流园等配套物流项目。开展物流产业链招商，依托南宁临空经济示范区、东部新城、中新南宁国际物流园等引进具有国际竞争力的大型物流企业。继续推动中新南宁国际物流园、南宁零公里空港产业园等重点项目建设，推动京东南宁电子商务产业园及运营结算中心（二期）等重点项目竣工投产。

2. 实施物流主体提质工程

推进智慧物流建设，支持引导物流企业增投资、扩规模、提效益，广泛应用新技术、新装备，扶持物流企业做大做强，不断提升物流业现代化、信息化水平。大力培育物流龙头企业，力争 2023 年全市 A 级物流企业数量达 65 家。鼓励企业参与国家 A 级物流企业评估、开展升级评定，壮大全市物流龙头企业队伍，提升 A 级物流企业整体实力。

3. 实施跨境物流畅通工程

加快成立中国南宁—越南河内跨境物流快速通道建设工作专班，建立自治区与南宁市市厅市联动协调机制。公路方面，配合交通部门推动恢复中越跨境公路直通车，加快开行南宁—爱店—越南跨境公路运输班列，实现 12 小时"厂对厂"通达。铁路方面，推动南宁国际铁路港常态化开行中越跨境快速通关班列，压缩班列运行时间，实现中国南宁—越南北宁、北江铁路运输 30 小时"厂对厂"通达。航空方面，做好国际货运航线培育工作，强化货源组织能力，稳定南宁市国际航空货运通道。

（四）大力实施"会展+"战略，增强会展业溢出带动效应

贯彻落实习近平总书记关于"办好一个会，搞活一座城"重要指示批示精神，大力实施"会展+"战略，提高会展业溢出带动效应，利用南宁"中国—东盟博览会永久举办地"的优势布局重大会议、论坛和展览，引进培育一批具有国际影响力的会展项目，提升"南宁会展"的品牌知名度，建设面向东盟的国际会展之都和"一带一路"国际会展中心城市，打造中南、西南地区重要会议目的地，使会展经济成为服务"南宁渠道"和推动现代服务业经济增长的新引擎。

1. 优化会展营商环境

推动南宁市会展项目高效运转，统筹推进全市会展业高质量发展。深化会展业市场化改革，引导会展业智慧化、绿色化发展，提升会展服务水平，建设完善会展场馆等设施，构建会展公共服务体系，力争使南宁的城市展览业发展综合指数排名进入全国前列。

2. 强化会展招商推介

支持企业参加中国进出口商品交易会、中国国际进口博览会、中国国际服务贸易交易会和中国国际消费品博览会等重大经贸展会，组织企业参加中国—亚欧博览会、中国—南亚博览会、中国—东北亚博览会、中国—非洲经贸博览会等区域性博览会，通过品牌宣传、城市推广、招商推介、经贸交流等方式推介宣传南宁城市形象，巩固重点产业招商成果。

3. 引进会展重大项目

借助会展经济高质量发展专项扶持资金，引进具有国际影响力的会展头部企业和行业展会。对接国家部委、国家级行业协会和知名组展机构，推动带动作用强、示范效果好的重点展会、行业展会和品牌展会在邕举办，重点引入中国国际检验医学暨输血仪器试剂博览会、中国工艺美术大师作品暨手工艺术精品博览会和国际物流博览会等会展项目。

4. 延伸会展价值链条

推动全球知名展览公司和主场服务商在南宁设立面向东盟的区域性总部

和会展产业园区，推动中国—东盟博览会从服务"10+1"向服务 RCEP 和"一带一路"倡议拓展，高质量办好东盟和 RCEP 精品展区，提升中国—东盟博览会线上线下的数字化服务能力，实现"云上东博会"常态化运营，打造开放型会展经济生态圈。建设 RCEP 国际博览中心，拓展中国—东盟经贸中心的服务功能，推动中国—东盟经贸合作向宽领域、深层次、高水平、全方位升级发展。

B.5
2022~2023年南宁市文化旅游业
发展情况分析及展望

赵　颖　黄小芸*

摘　要： 2022年，受新冠疫情影响，南宁市文化旅游业发展缓慢。国内旅游方面，一日游占比较高，周边游、短途游等"微旅游"业态仍是主流；入境旅游方面，游客数量与旅游收入大幅下降。为促进文化旅游业发展，南宁市积极规划首府文化旅游业高质量发展布局，筹备2023年广西文化旅游发展大会，围绕党的二十大开展各类文化活动。面对疫情对文旅企业的冲击仍然存在、企业市场信心不足等问题，2023年，南宁市将全力推进文化旅游提升年行动，推动文化旅游业发展再上新台阶。具体对策包括深化文化旅游融合发展、加快项目建设、坚持品牌培育打造等。

关键词： 文化旅游　文旅消费　国际旅游消费中心城市　南宁

一　2022年文化旅游经济运行情况分析

2022年，南宁市接待旅游总人数和旅游总收入均在广西排名第一，分别占全区的19.74%和19.92%。2022年，南宁市接待旅游总人数达11626.90万人次，同比下降15.38%；实现旅游总收入1278.63亿元，同比下降16.39%。

---

* 赵颖，南宁市文化广电和旅游局产业发展科科长；黄小芸，南宁市文化广电和旅游局产业发展科工作人员。

其中，接待国内游客 11626.75 万人次，同比下降 15.38%；实现国内旅游收入 1278.59 亿元，同比下降 16.39%；接待入境游游客 0.15 万人次，同比下降 82.72%；实现国际旅游收入 54.15 万美元，同比下降 65.25%。[①]

2022 年，由于疫情反复，人们出行受限，旅游市场的正常经营与恢复受到影响。南宁市 33 家规模以上广播、电视、电影和录音制作业（不含电影放映）、文化艺术业、娱乐业以及服务业企业总营收 14.28 亿元，同比增长 21%；24 家规模以上旅行社及相关服务企业总营收 1.51 亿元，同比下降 65.2%。新增入统 7 家文化旅游业企业。

"老南宁·三街两巷"获评国家级旅游休闲街区，东盟文化和旅游片区入选第二批国家级夜间文化和旅游消费集聚区，上林县大丰镇东春村入选第四批全国乡村旅游重点村，青秀区入选自治区 2022 年国家全域旅游示范区初审验收达标名单，环大明山研学路线等 3 条路线入选 2022 年度广西研学旅行精品路线，内街文化创意园获评广西旅游休闲街区。全市新增 2 家自治区文化产业示范基地（园区）、5 家自治区级文化"双创"示范企业、1 个国家级夜间文化和旅游消费集聚区、5 家国家 A 级及以上旅游景区、1 家星级旅游饭店。

截至 2022 年底，南宁市共有文化产业示范基地（园区）138 家、全国红色旅游经典景区 1 个、三星级汽车旅游营地 8 家、二星级汽车旅游营地 6 家、二级广西城市旅游集散中心 1 家、广西全域旅游示范区（特色旅游名县）10 个、国家 3A 级及以上旅游景区 96 家、全国乡村旅游重点镇 1 个、全国乡村旅游重点村 4 个、广西乡村旅游重点村 8 个、星级乡村旅游区 69 家、星级农家乐 89 个、星级旅游酒店 33 家、旅行社 175 家。

（一）国内旅游市场情况

1. 一日游占比较高

2022 年全市接待国内游客 11626.75 万人次，同比下降 15.38%，其中过夜游游客 2278.10 万人次，同比下降 40.40%；一日游（不过夜）游客 9348.65

---

① 本报告中数据均由南宁市文化广电和旅游局提供。

万人次，同比下降5.73%。国内游客中一日游游客所占比重为80.41%，相比2021年提高了8.23个百分点。其中，外地一日游游客占15.50%，本地一日游游客占64.91%。实现国内旅游收入1278.59亿元，同比下降16.39%，其中过夜游游客收入355.15亿元，同比下降39.58%；一日游游客收入923.44亿元，同比下降1.90%。游客人均消费1099.70元，同比下降1.19%。

2022年全市旅游总人数前5位分别为：青秀区（3478.79万人次）、兴宁区（1604.30万人次）、西乡塘区（1232.92万人次）、江南区（1089.56万人次）、良庆区（1003.11万人次）（见图1）。全市旅游总收入前5位分别为：青秀区（365.83亿元）、兴宁区（194.62亿元）、西乡塘区（140.94亿元）、江南区（116.06亿元）、良庆区（109.07亿元）（见图2）。

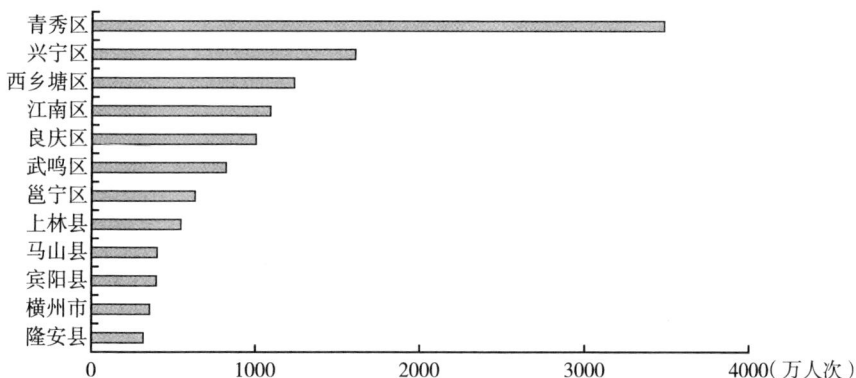

图1　2022年南宁市各县（市、区）接待游客情况

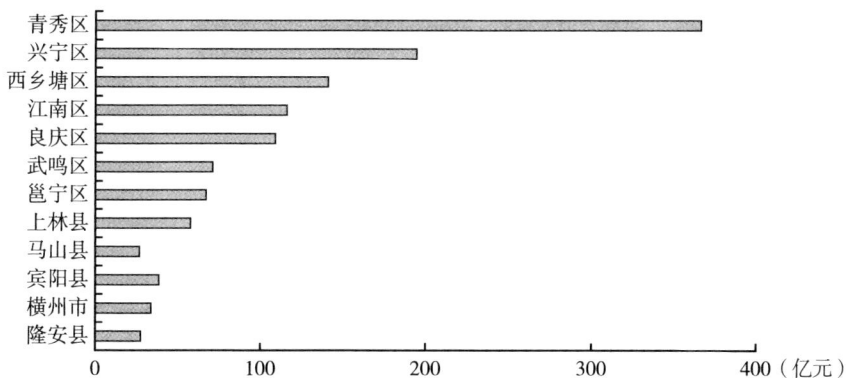

图2　2022年南宁市各县（市、区）旅游收入情况

2. 周边游、短途游等"微旅游"业态仍是主流

根据2022年南宁市旅游市场客源结构分析（见图3），近郊游、本地游持续活跃，区内游客超七成，以"本地人游本地"为主。区外游客不到三成，入邕游潜力较大。周边城市、沿海省份仍是南宁市最大的国内客源市场。

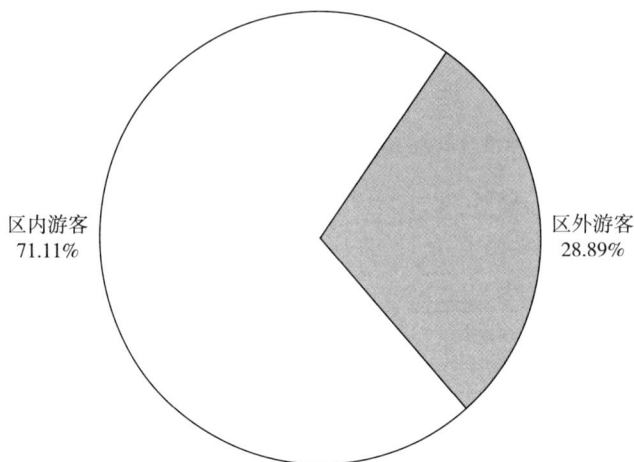

图 3　2022 年南宁市旅游市场客源结构分析

根据2022年南宁市区内游客客源地结构分析（见图4），除本市之外，崇左市、河池市是南宁市区内主要游客客源地，分别占全市区内游客总量的6.95%、5.79%；根据2022年南宁市区外游客Top10客源地结构分析

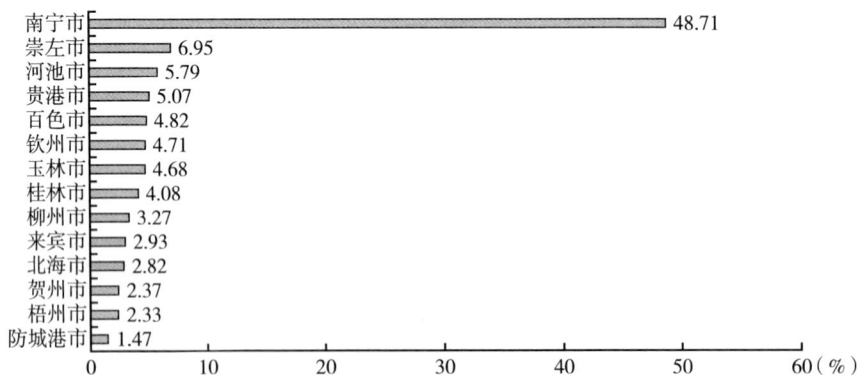

图 4　2022 年南宁市区内游客客源地结构分析

（见图5），广东省、湖南省、贵州省为南宁市区外主要游客客源地，分别占全市区外游客总量的 23.84%、9.69%、8.01%。

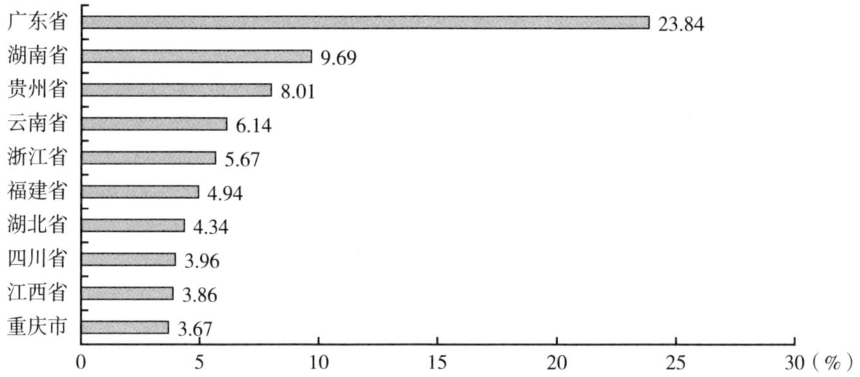

图5 2022年南宁市区外游客 Top10 客源地结构分析

3. 休闲自驾游仍是游客旅游度假的首选

根据 2022 年南宁市国内游客旅游目的分析（见图6），游客主要以旅游度假为目的，占 79.45%；其次是以工作学习为目的，占 15.31%；部分游客以医疗保健及其他为目的，占 5.24%。

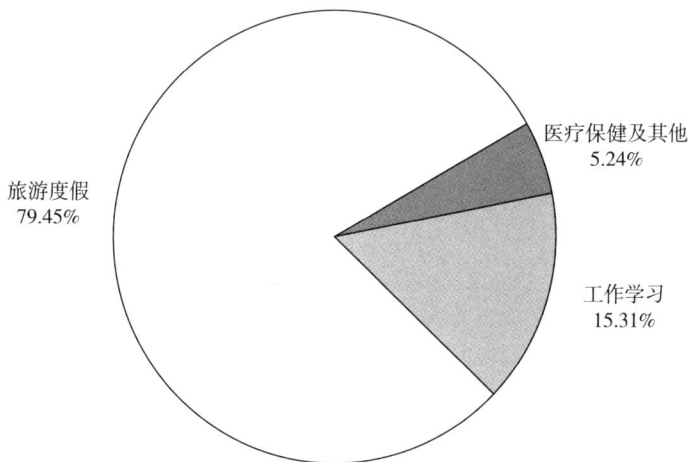

图6 2022年南宁市国内游客旅游目的分析

根据 2022 年南宁市国内游客游览旅游吸引物类型分析（见图7），游客对传统观光休闲度假类最感兴趣，占 70.91%；其次为乡村旅游生态类，占 18.10%；文博历史科教类，游乐园、绿道、城市综合体等娱乐类以及纪念馆等红色旅游类分别占 4.73%、3.49%、2.77%。

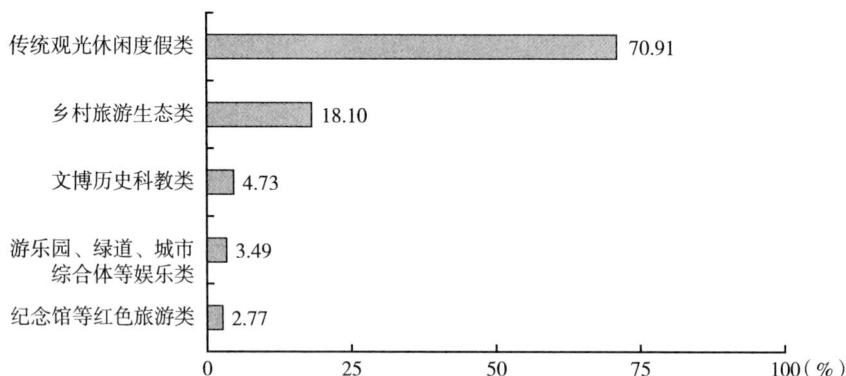

图 7　2022 年南宁市国内游客游览旅游吸引物类型分析

根据 2022 年南宁市国内游客旅游交通分析（见图 8），选择自驾车出行的最多，占 63.23%；其次是乘坐公共交通工具出行，占 30.99%；租车自驾出行

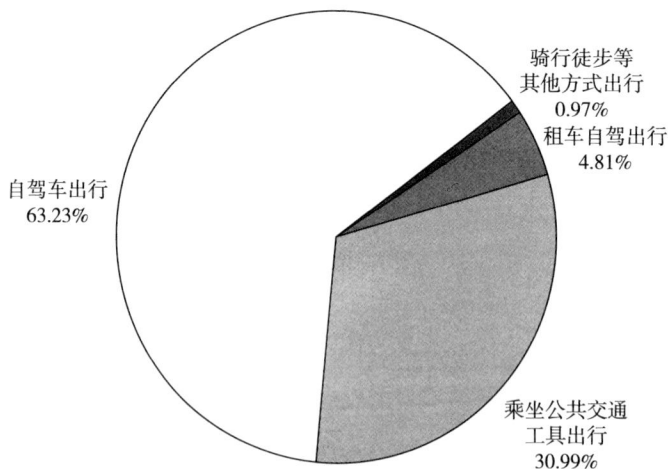

图 8　2022 年南宁市国内游客旅游交通分析

和骑行徒步等其他方式出行的游客占比相对较低，分别为4.81%和0.97%。

4.乡村游仍受大众青睐，家庭游、结伴游是特色

露营、泡温泉、徒步等日益多元的乡村旅游新玩法正吸引越来越多的游客，乡村旅游展现了强劲的发展动力。2022年南宁市部分乡村景区接待游客情况见表1。

表1　2022年南宁市部分乡村景区接待游客情况

单位：万人次，%

名称	游客人数	同比增长
南宁乡村大世界	8.00	700.00
邕博山康养旅游景区	6.71	13.59
美丽南方景区	88.20	29.10
老木棉匠园	4.89	43.40
青瓦房古村落	19.61	16.73
凤凰湖农庄	7.96	56.08
大明山景区	4.21	325.25
宝隆山庄	4.90	27.27
龙头大峡谷景区（下水源）	89.53	12.57
天禾生态园	33.25	46.49
龙劲休闲农庄	12.59	21.42
西津国家湿地公园沙埠景区	79.12	104.44

根据2022年南宁市国内游客出行组织方式分析（见图9），选择个人、家庭或亲朋结伴自由行的游客最多，占比为86.60%；其次是单位（安排）组织出行，占比为8.05%；通过旅行社组团出行的游客占比为5.35%。

5.游客停留时间小幅上升

2022年，南宁市国内过夜游游客平均停留天数为1.48天，同比增长0.37%。在抽样调查的国内过夜游游客中，停留1天的游客占比为62.36%；停留2天的游客占比为29.22%；停留3天的游客占比为6.64%；停留4天

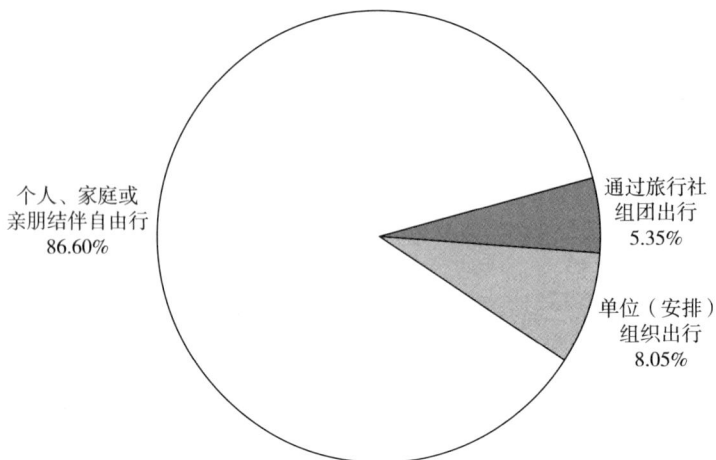

图9　2022年南宁市国内游客出行组织方式分析

的游客占比为1.57%；停留5天的游客占比为0.19%；停留6天的游客占比
为0.02%（见图10）。全市接待的国内游客以短期旅游为主，九成以上的过
夜游客停留天数为1~2天。

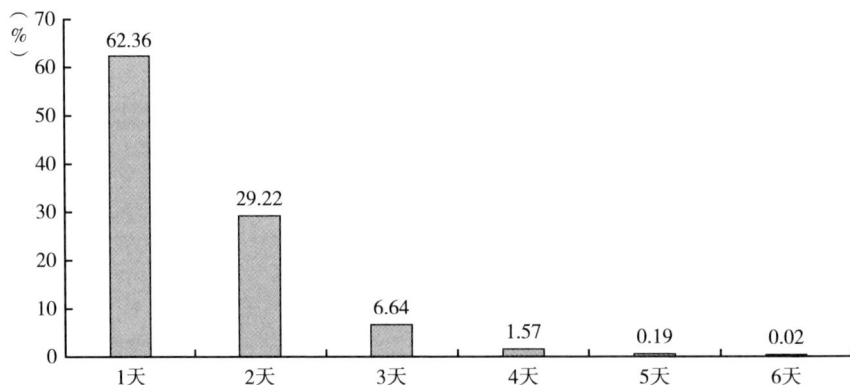

图10　2022年南宁市国内过夜游游客停留时长分布

（二）节假日旅游市场情况

2022年节假日期间，全市共接待国内游客1609.58万人次，实现国内旅

游收入 134.79 亿元。在各大节假日期间，南宁市开展了一系列丰富多彩的文化旅游活动，文旅市场呈现复苏态势。元旦期间，旅游市场整体呈现平稳态势，"非必要不出行"带动"本地人游本地"，旅游市场近程化特征明显，全市共接待国内游客 119.83 万人次，同比增长 1.37%；实现旅游收入 12.24 亿元，同比增长 0.21%。春节期间，探亲访友、都市休闲、乡村度假是主流，全市共接待国内游客 267.73 万人次，同比增长 2.80%；实现旅游收入 13.78 亿元，同比增长 6.99%。清明节期间，城市"微旅游"热度不减，周边乡村游持续升温，户外露营成为新风潮，全市共接待国内游客 178.51 万人次，同比下降 29.83%；实现旅游收入 15.64 亿元，同比下降 33.69%。劳动节期间，"微旅游""微度假"成为主流，全市共接待国内游客 213.96 万人次，同比下降 16.40%；实现旅游收入 19.39 亿元，同比下降 22.69%。端午节期间，以短时间、近距离为特点的"微旅游"受到游客青睐，全市共接待国内游客 132.12 万人次，同比下降 47.97%；实现旅游收入 10.99 亿元，同比下降 42.52%。中秋节期间，夜游、露营成旅游焦点，全市共接待国内游客 198.00 万人次，同比增长 7.26%；实现旅游收入 23.54 亿元，同比增长 4.53%。国庆节期间，市场主要指标进一步回落，全市共接待国内游客 499.43 万人次，同比下降 9.67%；实现旅游收入 39.21 亿元，同比下降 9.93%（见表 2）。

表 2　2022 年南宁市节假日旅游接待游客及收入情况

假日类型	接待游客		旅游收入	
	人数（万人次）	同比（%）	金额（亿元）	同比（%）
元旦	119.83	1.37	12.24	0.21
春节	267.73	2.80	13.78	6.99
清明节	178.51	−29.83	15.64	−33.69
劳动节	213.96	−16.40	19.39	−22.69
端午节	132.12	−47.97	10.99	−42.52
中秋节	198.00	7.26	23.54	4.53
国庆节	499.43	−9.67	39.21	−9.93
总计	1609.58	—	134.79	—

（三）入境旅游市场情况

2022年，国外疫情形势依旧严峻，受各国出入境政策限制，入境旅游市场恢复缓慢。2022年，全市接待入境游游客0.15万人次，同比下降82.72%；实现国际旅游收入54.15万美元（折合人民币约0.04亿元），同比下降65.25%。

从四大客源市场来看，2022年全市接待入境游游客中，外国游客比重最高，占比为48.95%；其次是中国香港游客，占比为26.47%；再次是中国台湾游客，占比为14.90%；最后是中国澳门游客，占比为9.67%（见图11）。此外，接待东盟国家游客0.03万人次，占全市入境游游客的20.00%。

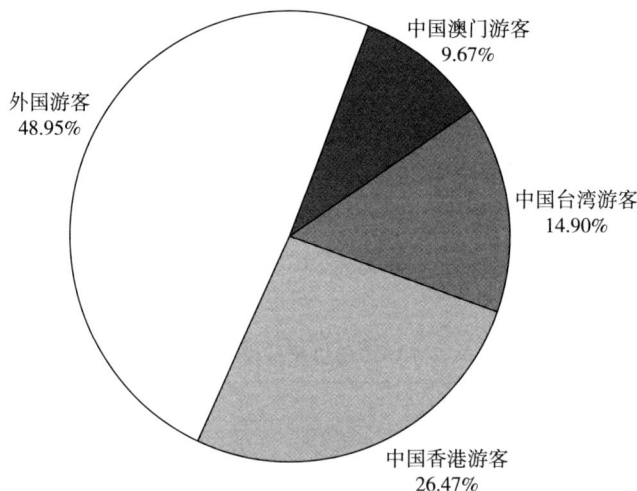

图11　2022年南宁市入境游游客客源构成

从国际旅游收入结构来看，长途交通、其他、购物、住宿、餐饮、景区游览、娱乐、市内交通、邮电通信9项收入指标的占比分别为27.11%、23.93%、17.71%、8.40%、6.91%、5.39%、5.12%、3.31%、2.12%（见图12）。

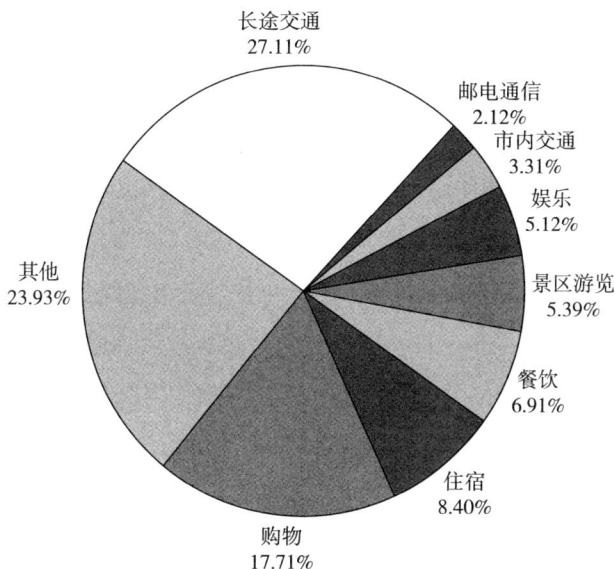

图12　2022年南宁市入境游游客收入结构

二　2022年南宁市推进文化旅游业发展的主要举措

（一）不断强化战略思维，首府文化旅游业高质量发展规划布局更加科学

以建设国际旅游消费中心城市为目标，印发实施《南宁市文化广电和旅游业发展"十四五"规划》，研究制定《南宁市建设国际旅游消费中心城市实施方案》，起草《关于支持南宁市建设国际旅游消费中心城市的若干措施（代拟稿）》。印发《南宁市全域旅游促进条例》，配合开展《南宁市旅游民宿促进条例》《南宁市宾阳炮龙文化保护规定》等前期立法调研。组织编制《首府文化品质提升工程总体策划》，重点围绕公共文化服务供给、文化旅游业经济发展策划相关项目，丰富文化旅游业业态，文化旅游业发展整体布局持续优化。

（二）牢牢把握"项目为王"，2023年广西文化旅游发展大会筹备工作顺利开展

认真贯彻落实"项目为王"要求，坚持大抓项目、抓大项目。截至2022年底，全市共储备文旅项目165个，总投资2540亿元，涵盖区市层面统筹推进文旅重大项目、社会民生文旅项目以及2023年广西文化旅游发展大会重点推进项目、招商项目、融资项目等。密切跟踪服务重大文旅项目。2022年密切跟踪服务区市层面统筹推进文旅重大项目40个，总投资1567.88亿元，完成年度投资33.35亿元。推进南宁牛湾文化旅游岛项目开工建设，总投资320亿元，全面建成投入运营后，预计年均营收不低于100亿元，预计每年税收不低于10亿元，项目建设初期可拉动就业超4300人，成熟期可拉动就业超2万人。加大文旅企业和文旅项目服务力度。建立常态化走访服务企业工作机制，制定季度项目工作计划和工作重点，统筹引导县区和企业集中发力，推进项目建设。全力以赴做好2023年广西文化旅游发展大会项目及文旅业态升级工作。强化组织机制保障，召开动员大会，成立工作领导小组，印发工作方案，加强与上级部门的沟通，邀请自治区领导调研指导；建立大会观摩备选项目库，结合当前项目分布和资源禀赋，有针对性地组织开展线路调研活动，谋划形成2~3条富有邕城亮点的观摩线路。深挖全市文旅资源，梳理一批条件较成熟、投资规模较大、业态可升级的文旅项目，列入大会重点推进项目和大会观摩备选项目，并将其中的南宁牛湾文化旅游岛项目，百里秀美邕江商文体旅基础设施提升项目，"老南宁·三街两巷"、中山路、水街一体化建设项目以及民歌湖商文旅集聚区提升项目等20个项目列为市领导挂点督战项目重点推进。加大招商引资力度。开展南宁市文化旅游业招商策划，对全市文旅资源进行全面梳理，2022年共推动、服务19个拟签约项目，牵头引进邕州古院文创园等7个文旅项目并成功签约落地，为项目策划打造"聚能环"。

（三）紧紧围绕党的二十大组织开展各类文化活动，群众精神文化生活更加丰富

一是做好为民办实事项目。南宁市14家图书馆、7家博物馆、13家文化

馆和102家乡镇文化站全部免费开放；扶持乡村社区业余文艺队，"送戏下基层"等活动持续开展；全市应急广播体系建设有序推进，预计于2023年底完成1个市级平台、6个县级平台新建任务，实现应急广播市、县、乡、村四级全覆盖，全市广播、电视人口综合覆盖率分别达到99.73%、99.93%，均超全国平均水平，位居全区第一。二是打响群众文化活动品牌。举办"奋进新征程"广西全民艺术普及月暨南宁市公共文化服务月主会场活动、"文化志愿春风行"培训服务活动等一系列全民艺术普及活动；开展民歌湖大舞台周周演群众文化活动，全年累计举行南宁市少儿艺术节、夕阳秀文化艺术展演等"强国复兴有我"群众性主题宣传教育文化活动40场；成功举办"喜迎二十大 奋进新征程"2022年南宁市基层群众文艺会演。三是精心组织开展文艺创作。将精品舞剧《山水之约》作为2023年广西文化旅游发展大会开幕式晚会重点剧目，创作排演邕剧《茉莉花开》、轻喜剧《遇见邕城》，积极筹备邕剧《天香》，指导旅游演艺项目《大成礼乐》、粤剧《江姐》提质升级。全年举办各类群众文化活动4300多场，惠及群众200多万人次，网络曝光量达6800万次，各级文化场馆接待220多万人次；舞剧《山水之约》等5件文艺作品入选"广西有戏"品牌三年行动计划；声乐作品《童心桥》《打转来》《春雨尼的呀》获广西新民歌大会铜奖、优秀作品奖；"云上"丝路国际传播项目、《父亲的答卷》等40项广播电视项目和作品获国家级和省部级奖项。四是加强对外文化交流合作。积极参加由自治区文化和旅游厅、自治区统战部、香港广西社团总会共同举办的2022"壮族三月三"走进港澳系列活动，让香港和澳门市民更好地了解"壮族三月三"民俗文化，促进南宁市特色民族文化、壮家人文风情、丰富旅游资源在港澳的宣传推广。参加由自治区文化和旅游厅举办的"守望精神家园——第八届两岸非物质文化遗产月暨广西非遗台湾行"活动。利用当地旅博会等平台宣传推广"老友南宁"文旅品牌，选送参展的马山壮族会鼓受到了台湾民众的喜爱及青睐，反响热烈。

（四）加大文物和文化遗产保护力度，文化安全基底更加牢固

坚持保护为先，加强文物和文化遗产资源系统性保护，增强文物和文化

遗产保护动力、传承活力和利用能力。一是保证经费落实。落实文保单位和文物点的文物修缮工程和文化内涵挖掘经费 900 多万元，用于周家坡古民居建筑群修缮工程，扬美黄氏庄园、黄氏炮楼抢救性修缮二期工程和"老南宁·三街两巷"二期文化内涵挖掘工作等。二是提升文物活化利用水平。依托丰富馆藏文物，策划"丝路·家园——馆藏当代书画精品展""中华昆仑关·海峡两岸情——血色雄关民族魂""烽火邕城——抗战时期的南宁"等一系列高质量、本土化、特色化的精品展览；加强馆际合作，打造"王的地下宫殿——河北汉代王室文物展"；以"螺蛳堆里读历史"为主题，打造地铁历史文化专列；与中小学进行合作，开展博物馆研学活动。三是注重非遗项目申报和传承。遴选了 36 个项目和梁素梅等 6 人推荐申报第九批自治区级非遗代表性项目名录和第六批国家级非遗代表性传承人，利用传统节庆日、民俗活动日等举办专项培训活动，推动非遗文化传承发展。四是推动非遗平台建设。完善《壮族歌圩文化（南宁）生态保护区总体规划》，推进南宁市非物质文化遗产展示中心建设，扶持南宁民谣、南宁酸嘢制作技艺等 13 个非物质文化遗产传承基地。

（五）顺应融合发展趋势，文化和旅游相得益彰

坚持以文塑旅、以旅彰文，不断推进文化和旅游深度融合。一是打造南宁月月文化旅游节等文旅品牌活动。推出首届广西文化旅游消费大夜市（南宁主场）活动等旅游消费主题活动 42 场、旅游惠民活动 140 余场；举办 2022 年壮族歌圩传承活动现场交流会等非遗展示系列传承推广活动；开展文化旅游进商圈活动，在"老南宁·三街两巷"、东盟盛天地等商圈、特色街区举办大型推广促销活动 10 余场、精品剧目演出近 150 场。二是积极开展品牌创建工作。推出夜间旅游精品线路 15 条，"老南宁·三街两巷"获评国家级旅游休闲街区，东盟文化和旅游片区入选第二批国家级夜间文化和旅游消费集聚区，上林县大丰镇东春村入选第四批全国乡村旅游重点村，青秀区入选自治区 2022 年国家全域旅游示范区初审验收达标名单，环大明山研学路线等 3 条路线入选 2022 年度广西研学旅行精品路线，内街文化创意园获评广西旅游休闲街区，武鸣区南国乡村、宾阳县名山生态旅游区、宾阳县马岭农业文化生

态园等景区被评为国家 3A 级及以上旅游景区，南宁荔园维景国际大酒店成功创建五星级旅游饭店。三是加大文旅品牌推广力度。构建全媒体精准营销体系，在中央电视台 CCTV1 等频道播出"中国绿城　老友南宁"旅游整体形象广告，南宁旅游政务新媒体综合影响力每月位列广西文化和旅游市级政务新媒体传播力指数 Top10 榜单之首。通过线上线下相结合的方式参加 2022 年柏林中国旅游文化周、2022"壮族三月三"走进港澳系列活动、"守望精神家园——第八届两岸非物质文化遗产月暨广西非遗台湾行"活动、2022 中国—东盟博览会旅游展。四是持续提升旅游智能化、便利化水平。乐游南宁 App、乐游南宁微信小程序累计用户量超 100 万人次，订单量超 110 万单，比上年同期增长 180%；开通、运营 4 条南宁全域旅游直通车线路，累计运行 7000 多班次。

（六）贯彻"三要"要求，文化旅游领域安全稳定有序

一是落实各项惠企促消费政策。2022 年，共推送 5 批次 46 家文旅企业申请"文旅贷"和"重大产业项目贷"，总投资额达 378 亿元，涉及融资金额 62.1 亿元；持续刺激消费需求，组织开展 2022 年"老友相约　乐游南宁"文旅促消费活动，发放 2000 万元文旅消费券；为 124 家旅行社（分社）办理暂退保证金超 1087 万元。二是统筹疫情防控和经济发展，抓好行业监管。开展文化旅游业疫情防控工作；制定领域创城标准，全年共督办 755 个属地责任问题；组织开展旅游市场养老诈骗整治、"清朗视听"内容安全专项治理等多个专项行动，以"零事故、零事件"的优异成绩圆满完成党的二十大期间全市广播电视宣传报道和安全播出任务。文化市场综合行政执法机构共出动检查人员超 2.6 万人次，检查各类经营单位超 1.2 万家次，拆除违法安装使用的卫星接收设施 155 套。

三　2022年南宁市文化旅游业发展存在的主要困难和问题

一是疫情对文旅企业的冲击仍然存在。2022 年，疫情在我国局部地区

多点间断性发生，旅游市场受到较大的打击，依赖游客的文化旅游企业经营较为困难。二是企业市场信心不足，纾困需更加有力。需出台更多更有针对性、实效性的政策措施，帮助文化旅游企业快速恢复。

四 2023年南宁市文化旅游业发展对策

2023年，南宁市将以习近平新时代中国特色社会主义思想为指导，深入贯彻党的二十大精神，围绕建设面向东盟开放合作的国际化大都市中心任务，以建设区域性国际旅游消费中心城市为总目标，全力推进文化旅游提升年行动，推动文化旅游业发展再上新台阶。

（一）深化文化旅游融合发展，持续提升产品服务品质和水平

加快构建服务水平高、创新能力强、紧密协作的现代文化旅游业体系，不断优化产业结构，延伸拓展产业链，做大做强南宁市文化旅游业。一是推动产业提档升级。加快布局数字创意、网络视听、数字艺术展示、元宇宙沉浸式体验等线上线下新业态，大力发展康养旅游、低空旅游、户外运动等高品质高附加值旅游产品；推动创建国家5A级旅游景区和国家级旅游度假区，打造环大明山精品民宿群；不断推出夜游南宁、"南宁礼物"购物、"南宁有戏"演艺等系列特色旅游精品。二是激发"文旅+"乘数效应。大力发展文化遗产旅游、红色旅游、博物馆旅游，使有条件的公共文化场所成为旅游目的地；活化、美化一批历史文化街区、老旧街区，积极创建国家级旅游休闲城市；推进文化旅游与工业融合发展，大力发展游艇游船、房车旅居车等装备制造业；促进农文旅融合，打造全国乡村旅游重点村、生态旅游示范区、旅游度假区、星级乡村旅游区。三是培育壮大市场主体。加大对企业的支持力度，落实各项纾困惠企政策，加快恢复文化旅游业；坚持全产业链招商，积极引进国际和国内头部企业，吸引世界500强和中国500强企业入邕投资文旅项目；引导推动文旅企业做专做精，着力扶持一批扎根农村、心系农民的乡村旅游企业；实施创客行动计划，搭建文旅创业孵化器等平

台；加快旅行社改革创新步伐，培育全国百强旅行社，发展一批特色中小旅行社。四是提高公共服务质量。推进各级公共文化旅游设施智能升级，加快智慧旅游建设，持续推进智慧广电乡村工程，开展"厕所革命"，完善旅游交通标识牌系统、旅游驿站等的建设，形成覆盖城乡、便捷高效的现代公共文化旅游服务设施体系。五是优化文旅市场和广电监管保障体系。优化营商环境，强化文旅市场监管和广电网络视听设施机构管理，推动行业服务指导和信用体系建设，加强安全生产管理。

（二）加快项目建设，不断提升项目储备策划和建设水平

一是坚持抓项目落地。重点推进南宁牛湾文化旅游岛项目等区市层面统筹推进文旅重大项目续建，确保项目按照计划顺利建设，加快推动昆仑关战役旧址保护利用设施等新开工项目落地实施，按照"月月有开工"的思路加大项目推进力度。二是加强新项目策划包装。密切跟进南宁市少儿图书馆新馆等策划项目，力争早日完善各项前期工作，积极策划元宇宙沉浸式体验项目等更多元的文旅项目，积极推动在谈文旅项目尽快签约落地，力争实现多线突破，推动招商引资"全面开花"。

（三）坚持品牌培育打造，擦亮"中国绿城 老友南宁"金字招牌

强化资源挖掘和改造提升，全力打造首府文旅特色品牌。一是以建设国家中医药健康旅游示范区为抓手，打造一批集生态观光、民俗体验、康养度假等于一体的自然风光旅游景区，塑造一批康养旅游品牌。二是实施首府文化品质提升工程。突出文化引领作用，打好"东盟牌""民族牌""国际牌"，策划储备30个以上重点项目，塑造一批首府文化特色品牌。三是深化开放合作，加强与东盟国家的交流互动。提升中国—东盟（南宁）戏剧周、南宁国际民歌艺术节的影响力，举办东南亚民歌大赛、国际留学生青年歌手比赛等，组织各类具有东南亚风情的特色演出和活动，搭建国际文化会展节庆平台，营造首府东盟特色旅游氛围。

（四）抓好重大节庆会展活动，做大做强文旅经济

结合首届全国学生（青年）运动会、第20届中国—东盟博览会、2023年广西文化旅游发展大会的举办，实施文化旅游提升年行动、提振消费活力行动，营造有利于文化旅游发展的浓厚氛围。持续组织实施南宁月月文化旅游节活动，持续开展文化旅游进商圈活动，助推文旅复苏；办好"壮族三月三·八桂嘉年华"等节庆活动，开展丰富多样的民俗文化展示展演；创新开展"绿城歌台"等群众文化活动，提升非遗展示、博物馆展览活动的参与度和曝光量；积极开展户外运动、露营、研学等旅游新业态推广活动；大力推广"冬游广西""广西人游南宁"活动，整合推出红色旅游、乡村旅游、夜间旅游精品线路。

（五）高标准办好2023年广西文化旅游发展大会

按照"举办一届文旅大会，提升一个承办城市"的办会初衷，高标准、大力度推进大会各项筹备工作。一是加快推动配套政策出台。进一步推动出台《关于支持南宁市建设国际旅游消费中心城市的若干措施》。二是高规格加快推进项目建设。强化项目建设统筹协调、指导服务，加强动态管理、实时跟进。三是强化招商工作。聚焦重点、精准发力，千方百计引进一批特色化、高端化、国际化、智慧化的文旅项目。四是高水准谋划观摩线路。紧扣南宁的文化历史和城市特质，谋划推出2~3条观摩线路，在邕江沿线水面、岸上构建更多文旅"打卡地"。五是高水平策划舞台精品和大会配套活动。组织邕剧《茉莉花开》在各县（市、区）及高校巡演，加快推进轻喜剧《遇见邕城》、精品舞剧《山水之约》、邕剧《天香》的筹备工作，抓紧做好文化旅游商品博览会、2023年广西汽车旅游大会的相关工作。六是高标准优化现代公共文化旅游服务设施。对标国际水准，完善现代公共文化旅游服务设施体系，丰富现代公共文化旅游服务供给，持续提升游客的体验感和满意度。

B.6

2022~2023年南宁市金融业发展
情况分析及展望

南宁市金融工作办公室调研组*

摘　要： 2022年，面对疫情反复和经济下行压力加大的双重挑战，南宁市金融业取得了逆势上扬的突出成绩，同时须客观认识到，对标高质量发展的要求，南宁市金融业仍有较大提质升级空间。应牢牢抓住国家赋予南宁新定位新使命这一前所未有的重大历史机遇，在推动金融持续稳增长、全力提升金融服务质效、持续深化金融改革创新、推动资本市场高质量发展、提升地方金融治理水平、持之以恒防范化解金融风险等方面持续发力，推动南宁市金融业实现高质量发展。

关键词： 金融业　高质量发展　南宁

2022年，面对疫情反复和经济下行压力加大的双重挑战，在自治区党委、政府的坚强领导下，在自治区地方金融监管局和中国人民银行南宁中心支行、广西银保监局、广西证监局的业务指导下，南宁市坚持以习近平新时代中国特色社会主义思想为指导，深入贯彻落实党的二十大精神和党中央

---

* 调研组成员：侯敬万，南宁市金融工作办公室副主任、三级调研员、党组成员；韦莉娜，南宁市金融工作办公室副主任、党组成员；黄永哲，南宁市金融工作办公室机关总支部委员会委员、专职副书记；吕端周，南宁市金融工作办公室改革发展科副科长；黄浚锋，南宁市金融工作办公室银行保险科四级主任科员；张秋婷，南宁市金融工作办公室改革发展科科员；莫小琳，南宁市金融工作办公室改革发展科科员。

"疫情要防住、经济要稳住、发展要安全"重要要求，坚决扛起稳经济、稳增长的政治责任，把建设面向东盟的金融开放门户南宁核心区作为推动首府金融高质量发展的重要抓手，攻坚克难、砥砺奋进，发挥好金融服务实体经济的作用，为全区金融改革创新贡献首府力量。南宁市连续4年获自治区"金融服务实体经济、防范化解金融风险、维护良好金融秩序成效较好的地方"督查激励。

一 2022年南宁市金融业发展基本情况

（一）切实抓好金融规模总量增长，主要指标增速领跑全国

金融业对GDP的贡献率超过五成。2022年南宁市金融业增加值同比增长6.5%，增速分别高于全国、上年同期0.9个、3.2个百分点，与自治区持平；占GDP的比重为12.5%，较上年同期提高0.6个百分点；拉动GDP增长0.8个百分点，对GDP的贡献率达56.1%。

存贷款规模占全区的近四成。2022年末，全市本外币存贷款余额为3.3万亿元，同比增长9.51%，占全区的39%。

保费收入领跑全国省会（首府、直辖）城市。2022年南宁市实现保费收入299亿元，同比增长11.25%；提供风险保障59.54万亿元，同比增长49.93%。保费收入增速分别高于全区、全国7.54个、6.69个百分点，连续4个月领跑全国31个省会（首府、直辖）城市。保险创新综合示范区工作成效考核获评全区第一。

金融业税收贡献明显。2022年南宁市金融业税收收入达99.8亿元，同比增长8.6%，占全市税收收入的16.9%，比上年提高4.8个百分点。

资本市场领跑全区。2022年全市新增资本市场直接融资1016.4亿元，占全区的65.4%，同比增速高于全区8.5个百分点。

跨境金融快速发展。2022年南宁市跨境人民币结算量是2021年的1.8倍，占全区的69%，占比较上年提高22个百分点。中国（广西）自贸试验

区南宁片区金融改革创新指数在同批次 19 个片区中排名第三；"外商投资股权投资企业试点"等两个案例获第三届广西建设面向东盟的金融开放门户改革创新十大案例。

（二）切实抓好稳经济一揽子政策措施，金融造血输血作用明显

重新修订南宁市金融业发展联席会议制度，高位推动、持续深化与金融监管部门、金融机构的沟通合作；出台措施保障疫情防控金融支持，对照国家、自治区稳经济一揽子措施，提出 19 条金融落实举措，第一时间制定工作细案，参与制定接续政策落实措施，明确政策适用对象和兑现方式，确保政策落实落细；印发"打好稳财金惠实体攻坚战"工作方案，切实打好稳财金惠实体攻坚战。

获得国家货币政策的更多支持。实施再贷款再贴现支持民营小微企业，引导金融机构采取无还本续贷、延期还本付息等方式助企纾困解难、保市场主体。2022 年，各项货币政策工具向全市实体经济提供资金 606 亿元。

获得政策性开发性金融工具更多支持。建立政策性开发性金融工具、设备更新改造贷款、中长期贷款联动机制，全面摸排梳理报送项目，指导金融机构全覆盖对接服务。全市第一、第二批获得政策性开发性金融工具支持的项目共 19 个，总投资 341.7 亿元，基金支持金额达 33.6 亿元。

获得政府性融资担保政策更多支持。市小微担保公司已获国家融资担保基金和市本级财政增资 0.7 亿元，市南方担保公司已获市属国有企业等各方增资 1.8 亿元；2022 年，南宁市辖区内政府性融资担保机构在全市的融资担保发生额达 89.95 亿元，惠及市场主体 5459 户，平均年化担保费率不高于 1%，节约企业融资担保成本约 2.2 亿元，超额完成自治区下达的任务并获超额加分满分。

政金企对接有效加强。实施融资服务专员制度，2022 年已为 55 家重点企业配备融资服务专员，提供全方位、定制化的综合金融服务，走访服务企业 562 次，开展金融政策宣讲 33 次。开展政金企对接活动 323 场，

服务企业 1870 家次，向金融机构推送重大项目、重点企业 733 个；编制金融助企纾困政策和金融产品指引，建立企业名单需求库，引导金融机构主动对接。

房地产行业金融服务有效优化。多次组织召开房地产政金企对接会，与金融监管部门和行业协会形成合力，除个别还款能力较差的客户外，个人按揭贷款利率已至政策底线，即首套商业性个人住房贷款利率为 4.1%，二套房房贷利率为 4.9%。同时，简化贷款手续，缩短办理时间，满足居民住房刚性和合理需求，引导银行机构运用多种方式化解房地产风险。

财政金融有效联动。2022 年"桂惠贷"投放 737 亿元，惠及 1.98 万户市场主体，投放金额及笔数均位居全区第一，降低企业融资成本 14.48 亿元。修订应急转贷资金实施细则，扩大业务规模，取消转贷资金使用费用，全市应急转贷累计完成 32 笔资金业务，合计发放 3.53 亿元，为企业节约融资成本 1044 万元。

（三）切实抓好投融资体制改革，国有资产使用效率有效提高

三大基金落地领投重点产业。产业高质量发展母基金全面落地，累计设立 8 只母基金，规模合计达 285 亿元，是 2021 年末的 16.8 倍。与国家制造业转型基金、多氟多股份、汉江控股和梧桐树资本共同设立的规模达 20 亿元的氟基新材料转型升级基金完成登记注册，设立千亿元级产业发展基金领投新能源、新材料等重点产业。设立 5 亿元城市更新母基金，拓宽城市更新项目资金筹措渠道，共享城市更新项目收益成果。设立 30 亿元房地产平稳基金，积极对接蓝光系、恒大系、大唐系项目，落实"保交楼、稳民生"，全面提振房地产市场信心。

金融要素保障提能增效。从银行、保险、证券、基金等行业遴选融资专家组成 50 人的项目融资策划团，通过有效的现金流设计和融资产品组合，前置重大项目策划包装并提供持续、稳定的金融资源保障，"一对一"指导包装融资项目 261 个、融资对接 2073.63 亿元。

盘活资产扩大有效投资。累计盘活停车泊位（桥底空间）、公共停车

场、产权移交住房、国有标准厂房等资产1453.63亿元，已完成2022年盘活1000亿元的目标，完成盘活总目标2000亿元的72.7%。

（四）切实抓好"金融+产业"一体化投资招商，聚商引商效应初步形成

"金融+产业"一体化投资招商实现闭环。邕城基金业强首府联盟累计引荐54个资本招商产业项目，会同县（市、区）服务落地15个、在谈32个，项目涉及电子信息、新能源、生物医药等产业。

现代金融产业链招商注入新动能。2022年新增签约金融项目8个，新设立交银人寿保险广西分公司、东莞证券广西分公司、国融证券广西分公司、广西北投融资租赁有限公司、广西交投商业保理有限公司等5家持牌金融机构，跨境供应链金融产业园加快建设，南宁中银金融中心、南宁农信大厦、富德金融广场等3个金融库在建项目稳步推进。2022年中国—东盟金融城累计入驻金融机构（企业）411家，是2018年末的19.5倍，年内新增126家，连续3年新增数量超百家。

（五）切实抓好金融改革创新，发展动力活力显著增强

跨境金融创新深入推进。围绕打造中国—东盟跨境产业融合发展合作区等工作，深入开展金融政策研究，积极做好政策争取和储备工作。大力开展金融创新试点业务，2022年，南宁片区NRA（境外机构在境内银行金融机构开立的银行结算账户）离岸划转合计4.46亿元，占全区业务量的100%；信贷资产转让17.71亿元。2022年9月，中国（广西）自贸试验区南宁片区第二批跨境人民币双向流动便利化业务白名单企业发布，纳入白名单的企业累计达34家。推动QFLP（合格境外有限合伙人）基金发展，已完成注册7只QFLP基金，规模超10亿美元。推动中国银行广西区分行加大向上争取力度，中银香港已明确同意将部分CIBM（银行间债券市场）业务迁移广西，中银香港跨境人民币结算清算业务落地取得重大突破。东盟保险服务中心在东盟国家出具行业首张人民币保单。

绿色金融加快发展。首建"绿色金融+信易贷"综合服务平台，平台已接入20个单位87项公共数据及各类信用信息，上线银行、担保等金融产品141款。平台发生908笔融资需求，总融资需求达231.49亿元，总放款额达67.57亿元。制定金融支持碳达峰碳中和实施方案，在全区率先开展碳账户、碳交易、碳金融等政策研究和项目谋划。推动北部湾银行在银行间债券市场成功发行全国城商行首单"碳中和"主题绿色金融债券，专项支持具有碳减排显著效益的绿色项目建设。推动桂林银行南宁分行营业部落地全市首个"碳中和"网点。

推进保险创新惠民惠企。系统推进34项保险创新任务，在全区首推"惠邕保"普惠型商业补充医疗保险，参保人数达到107.6万人，为2.85万名脱贫监测户统一投保，在全区引起强烈反响，为普惠医疗保险提供南宁样本；推动成立城市风险研究院，自筹建以来，落地全国首单政策性糖料蔗完全成本保险等11个保险创新项目，包括全国首创项目2个、全区首创项目7个、全市首创项目2个，进一步提升保险服务经济社会稳健发展的能力。

供应链金融增强供应链韧性。率先在全区发布市本级首批67家核心企业和205家上下游供应链企业"白名单"并纳入自治区奖补范围，截至2022年末，南宁市在中征应收账款融资服务平台成功注册机构1129家，促成融资交易2159笔，金额达424亿元。推动落地首笔广西"泛糖产融服务平台"供应链金融业务，从点式金融向链式产业金融转变。印发铝产业第三方监管仓工作方案，建立第三方监管仓，持续推动南宁铝精深加工产业链再造和价值链提升。

农村金融改革创新助力乡村振兴。推动农村金融改革"田东模式"六大体系升级建设，截至2022年末，信用户、信用村、信用乡（镇）创建面（按可采集统计口径）分别达到66.23%、63.82%、65.69%。会同西乡塘区、桂林银行创新推出"党建+金融"服务乡村振兴普惠金融新模式，引导桂林银行为西乡塘区15个行政村授信共计7.5亿元，合计投放贷款4280万元。

（六）切实抓好直接融资，资本市场领跑全区

上市企业数量居全区首位。2022年南宁市新增上市（挂牌）企业1家、

上市在审企业 3 家、广西证监局辅导备案企业 3 家、广西重点拟上市企业 5 家，数量居全区首位。全市共有境内外上市企业 17 家、新三板挂牌企业 24 家、自治区上市后备企业 30 家、广西证监局辅导备案企业 4 家，分别占全区的 33%、50%、30%、50%。

债券融资稳步扩容。全市新增资本市场直接融资 1016.4 亿元，占全区的 65.4%，占比较 2021 年提升 8.5 个百分点。其中，绿色债券、乡村振兴、"三农"专项债等创新债券累计发行 22 只，金额达 139.19 亿元，占全区的 13.7%。南宁产投集团首发企业债 14.7 亿元，五象投资公司首发公司债 5 亿元，全市新增 2 家资本市场公开亮相企业；南宁轨道交通集团成功获批 19.8 亿元并首发 4.2 亿元保险债权计划，成功引入长期限、大金额、低成本的保险资金。信用评级全面提升，南宁轨道交通集团首次获评全牌照评级公司出具的 AAA 级主体信用评级，跻身中国企业信用第一梯队；全市共新增 4 家 AA 级以上主体信用评级企业。

私募基金行业稳健发展。驻邕基金管理人共有 63 家，占全区的 71.5%；管理基金 257 只，占全区的 80.8%；管理基金净值达 997.52 亿元，占全区的 96.88%。

（七）切实抓好地方金融监管与服务，地方金融组织稳健发展

地方金融组织监管不断加强。对小额贷款、融资担保、典当行、融资租赁、商业保理、交易场所等地方金融组织依法依规履行监管职责，共开展现场检查超 270 次，约谈问题企业 59 次，下发监管函 58 份，责令相关地方金融组织切实履行主体责任，整改落实违规经营情况。

金融服务不断完善。规范政务服务事项标准，简化办理流程，持续提升行政审批效能。截至 2022 年末，市民中心政务窗口共受理并审批（审核）小额贷款公司、典当行各类事项 153 项，其中网上办结 52 项，占总数的 34%，承诺办结时限提速率达到 93%；进驻市民中心办理率、可网办率、全程网办率均达到 100%，即办率达 82%，所有指标均高于全市平均水平，实现各项审批（审核）工作再提速、程序再优化、服务质量再提升。

地方金融组织实力不断增强。截至 2022 年末，2 家驻邕地方资产管理公司获评自治区 A 类机构，收购不良资产账面值 109.81 亿元，同比增长 80.84%；处置不良资产账面值 98.25 亿元，同比增长 62.82%。其他监管和服务地方金融组织共 261 家（其中小贷公司 109 家、担保公司 28 家、典当公司 100 家、融资租赁公司 7 家、商业保理公司 6 家、交易场所 11 家），占全区的 56%；注册资本达 382.89 亿元，占全区的 66%；撬动服务实体经济资金额约 1419.6 亿元，占全区的 72%。

（八）切实抓好金融风险防范化解，牢牢守住不发生系统性金融风险的底线

监管信息化水平持续提高。依托南宁市地方金融监管风险监测预警平台建立市、县两级风险协同处置工作机制，预警平台纳入监测的类金融企业超 13 万家，归集网络舆情等数据 1600 多万条，累计提示企业风险预警信息 5900 余条。

资本市场风险平稳处置。平稳化解高风险债券发行人兑付风险，达成场外谅解，未发生公司债券违约风险外溢影响全市整体信用环境的状况。完成南宁市私募基金风险排查，稳步推进分类整治，辖内未出现资本市场领域恶性风险事件。

非法集资涉案金额不断下降。从风险监测预警、网格化管理、可疑资金监测等方面健全完善处非工作机制，压实属地和行业主管部门责任，开展常态化宣传教育，形成"人防+技防"的防范非法集资工作格局。非法集资高发态势得到有效遏制。

网贷机构风险逐步化解。处置化解钱盆公司等网贷机构风险，明确小额标的、大额项目催收等工作责任部门，通过刑事打击、民事调解、市场化催收等途径多措并举开展追赃挽损，最大限度地维护出借人的合法权益。

其他重点领域风险有效化解。支持农信社改革改制和高风险机构风险化解，持续开展"伪金交所"和产权交易场所违规金融活动整治、小额贷款公司逾期贷款风险化解、民间融资登记机构风险排查和业务压降工作，开展

"稳大局保平安"攻坚战、"扫黑除恶"斗争金融放贷领域整治、打击养老领域非法集资等专项行动,探索开展助贷机构风险防范化解,持续做好信访积案化解和信访接待工作,信访事项及时受理率、按期答复率和满意率均达到100%,牢牢守住了不发生系统性金融风险的底线。

二 2023年南宁市金融业发展面临的机遇与挑战

2023年是全面贯彻落实党的二十大精神的开局之年,是南宁市加快建设面向东盟开放合作的国际化大都市、中国—东盟跨境产业融合发展合作区的起步之年,南宁市金融业面临前所未有的机遇与挑战。一是国家赋予新定位新使命,这是南宁市发挥比较优势、实现跨越式发展的重大历史机遇,也是南宁市金融业实现快速发展的重大历史机遇;二是聚焦"规划建设面向东盟开放合作的国际化大都市""启动建设中国—东盟跨境产业融合发展合作区",南宁市将加快打造面向东盟的金融中心,加快发展面向东盟的金融结算等专业服务业,这些都将为南宁市金融高质量发展提供更多新机遇;三是南宁市位于西部陆海新通道核心覆盖区,平陆运河项目开工建设,未来将推动南宁市持续深化与东盟及RCEP其他成员国在经济、贸易、金融领域的合作,加快融入中国—东盟命运共同体建设;四是拥有建设面向东盟的金融开放门户南宁核心区、中国(广西)自贸试验区南宁片区、数字人民币试点等多重国家政策支持,RCEP的签署以及国家稳慎推进人民币国际化、全面实行股票发行注册制等,将为南宁市金融业发展提供强大支撑;五是新冠疫情防控政策调整,社会生产生活秩序加快恢复,经济活力加速释放,为南宁市金融业发展注入强大动力。

同时,必须客观认识到,南宁市金融业对标全国先进地区和高质量发展的要求仍有较大提升空间。一是有影响力的金融总部和区域性业务总部较少;二是外资金融机构特别是东盟金融机构较少,"东盟元素"有待进一步丰富;三是金融服务民营和小微企业的能力有待提升。

三 2023年南宁市金融业发展思路

2023年，南宁市坚持以党的二十大精神为指引，学习贯彻落实全国两会精神特别是习近平总书记重要讲话精神，深入贯彻落实习近平总书记对广西"五个更大"重要要求、视察广西"4·27"重要讲话和对广西工作系列重要指示精神，认真贯彻落实自治区党委、政府决策部署，坚持稳中求进工作总基调，完整、准确、全面贯彻新发展理念，积极服务和融入新发展格局，围绕建设面向东盟开放合作的国际化大都市、打造中国—东盟跨境产业融合发展合作区的目标，重实效、强实干、抓落实，着力推动金融业高质量发展，为推动新时代南宁现代化建设和奋力谱写中国式现代化广西篇章做出更大的金融贡献。

（一）推动金融持续稳增长

力争本外币存贷款突破3.5万亿元，增速达到9.5%；保费收入突破300亿元，增速达到5%。一是落实好"三有"运行监测制度，制定"3+3"6张清单，加强金融运行分析和重点指标监测。二是充分发挥金融服务实体经济联席会议制度的作用，持续深化政银合作，落实好南宁市与各金融机构签订的战略合作协议，常态化服务金融机构，推动驻邕金融机构加大存贷款组织力度、扩大保费规模。三是加大县域金融服务力度，进一步优化融资服务专员制度，组织开展金融服务进县（市、区）活动，提升各县（市、区）及开发区运用金融工具的能力。

（二）全力提升金融服务质效

一是精准有力落实落细货币政策。利用好"项目为王"金融要素保障专家团队，加强项目筹融资策划和服务，用好政策性开发性金融工具、设备更新改造贷款等政策，积极拓宽项目筹融资渠道，引导金融机构用好"保交楼"专项借款、"保交楼"贷款支持计划等政策工具，力争促成有效融资

2000 亿元以上。二是实施好财金联动。用好"桂惠贷"、政府性融资担保、应急转贷资金、中小企业贷款风险补偿、创业担保贷款、专利权质押贷款等政策措施，引导地方金融组织持续创新金融产品，力争普惠型小微企业贷款、涉农贷款增速高于各项贷款增速，持续降低企业融资成本。三是构建金融扩内需新模式。谋划开展金融支持消费专项行动，引导金融机构创新消费金融产品和服务，加强数字人民币在消费场景的运用。四是用好金融科技手段。进一步推广南宁市绿色金融综合服务平台，强化涉企政务数据运用，提升企业获贷率。五是加强政金企对接。通过"首贷续贷中心+市县两级政金企"对接机制，常态化开展政金企对接活动，力争全年举办政金企对接会 100 场次以上。六是加大金融支持乡村振兴的力度。运用好乡村金融改革实验成果，进一步优化升级"党建+金融"乡村振兴"西乡塘模式"，打造"党政银"三方联动新样板。

（三）持续深化金融改革创新

一是进一步深化"智库+地方+上级部门+产业界"的"四位一体"工作机制。加强与中国人民银行金融研究所的合作，精准出台一揽子金融支持政策；与中银香港建立常态化合作机制，探索发挥其网络布局优势，助力合作区精准招商和跨境人民币结算清算；与厦门大学对接，加快设立厦门大学（南宁）中国东盟研究院，做深做实面向东盟的跨境金融人才培训基地；在现有的 5 个金融创新实验室的基础上进一步拓展，引导金融机构推出更多满足企业融资需求、促进人民币跨境便利化和强化风险管控的金融产品。二是深入开展跨境金融创新。积极争取合格境内有限合伙人（QDLP）等一系列试点政策，支持龙头企业设立一批跨境资金结算中心，发展面向东盟的跨境资金结算清算、货币交易、跨境投融资服务、跨境保险等业务，扩大人民币在东盟国家的使用面。三是积极开展各类金融改革试点。加快发展"五个金融"（绿色金融、普惠金融、科技金融、数字金融、跨境金融），深入推进绿色金融和保险创新示范区建设，加快创建供应链金融示范区，开展数字人民币试点，探索科技金融创新。由市金融办会同市中级人民法院推动设立

"金融法庭"，持续发挥好金融仲裁的作用。四是加大对金融中后台机构及配套服务的招引力度，推进农发行、毕马威、德勤等设立分支机构，加大对货币兑换、征信服务、信用评级、资产评估、法律服务、会计审计等经济金融机构的招商力度，力争中国—东盟金融城2023年新增金融机构（企业）80家以上。五是全力支持金融监管体制改革。紧紧围绕改革目标任务，依法依规、高效有序地推进机构改革各项工作，确保机构改革工作圆满完成。

（四）推动资本市场高质量发展

一是抓企业培育上市。持续加强上市后备梯队建设，发挥市级统筹作用，强化部门协作和板块协调，推动梯度科技完成新三板挂牌，对森合高科、东呈集团、迈越科技等上市冲刺期企业给予问题协调、开具证明绿色通道等支持，推动中国东信、田园生化、西江股份、桂润科技等尽快完成辅导报审，力争全年新增上市（挂牌）企业1家、上市在审企业3家、上市辅导备案企业4家、自治区上市后备企业35家以上。二是抓上市公司发展。关注上市公司后续成长，探索打造支持上市公司做优做强的全链条、全周期服务体系，引导上市公司依法合规开展市值管理，鼓励实施再融资，通过产业并购做强产业链、做深价值链。三是抓基金投资。大力推动"基金+基地+产业""产业+科技+金融"融合发展，加快推动已经设立的8只285亿元产业母基金以及20亿元转型升级基金的各类子基金落地，推动金融机构为母基金出资提供融资方案，加快对杰思伟业、龙电华鑫等重点项目的投资。四是抓债券发行。推进威宁集团、城投集团、产投集团、乡村振兴集团主体信用评级提升工作，推进"绿色债""资本创新债""基金债"的发行，力争新增直接融资1000亿元以上。

（五）提升地方金融治理水平

一是加强地方金融监管，对纳入市一级属地监管的小额贷款公司、融资担保公司、典当行、融资租赁公司、商业保理公司、交易场所等地方金融组织严格履行监管职责，依托自治区行业监管系统平台和南宁市地方金融风险监测预警平台提高监管效能。对地方金融企业进行现场检查 200 家次以上，年审 50 家次以上，引导地方金融企业合法规范经营、健康发展。二是整改盘活交易场所，按照"一所一策"原则督促各交易场所平稳有序完成整改工作，争取全市交易场所年交易额达到 550 亿元。三是优化地方金融营商环境。持续推动各项审批（审核）工作再提速、程序再优化、服务质量再提升，确保所有指标均高于全市平均水平。

（六）持之以恒防范化解金融风险

一是建立健全党政主要领导双负责的金融风险处置机制、防范化解金融风险问责机制，加大统筹指挥全市金融风险防范化解工作的力度。二是按照"稳定大局、统筹协调、分类施策、精准拆弹"的基本原则，持续做好农村中小银行高风险机构、互联网金融、民间融资登记机构、非法集资、涉房地产金融、资本市场等风险的防范化解工作，坚决守住不发生系统性金融风险的底线。三是狠抓地方金融监管。严格履行地方金融监管职责，加强金融与公检法司的协调联动，推进地方金融行业健康发展。四是开展投资者保护和居民金融素养提升专项行动，做好投资者教育和权益保护。

B.7

2022~2023年南宁市对外贸易发展情况分析及展望

孙敬华　刘莹　张哲宁*

摘　要： 2022年，南宁市外贸规模再创历史新高，外贸结构不断优化，民营企业活力增强，东盟成为南宁市最大贸易伙伴，外贸主体不断扩大，进出口商品结构进一步优化，跨境通道进一步升级。但南宁市外贸发展也存在外贸稳增长基础有待夯实、加工贸易产业结构有待进一步优化等问题。2023年，南宁市将持续推动大宗商品进口，加快推动面向东盟的新能源汽车出口；持续推动加工贸易转型升级，继续优化外贸产业结构；加快推动外贸新业态新模式创新发展；畅通"南宁渠道"，提高通关便利化水平；培育壮大外贸主体，多元化开拓国际市场。

关键词： 对外贸易　对外开放　服务贸易　南宁

2022年以来，南宁市坚持以习近平新时代中国特色社会主义思想为指导，全面贯彻落实党的二十大精神，认真学习贯彻习近平总书记对广西"五个更大"重要要求，深入贯彻落实习近平总书记视察广西"4·27"重要讲话和对广西工作系列重要指示精神，按照中央、自治区决策部署，采取各项措施推动全市外贸进出口稳步增长，全面完成全年各项外贸工作目标。

---

* 孙敬华，南宁市商务局外贸科科长、四级调研员；刘莹，南宁市商务局外贸科副科长、三级主任科员；张哲宁，南宁市商务局外贸科四级主任科员。

一　2022年南宁市外贸主要指标情况

据海关统计[①]，2022年南宁市外贸进出口总额达1510.1亿元，同比增长22.9%，较上年净增278.2亿元，外贸总量排名全区第二。全市外贸进出口总额继2021年首次突破千亿元后顺利突破1500亿元大关，再创历史新高。外贸进出口增速顺利实现"两个高于"——高于全国（7.7%）15.2个百分点，高于全区（11.3%）11.6个百分点，超额完成年初自治区商务厅及市委、市政府下达的全年外贸进出口增速11%（1367亿元）的目标，任务完成率高达110.5%。已完成南宁市"十四五"规划外贸进出口年均增长10%目标（据测算，2025年南宁市外贸进出口总额目标约为1588亿元）的95.1%。其中，出口742.7亿元，同比增长27.6%；进口767.4亿元，同比增长18.6%。2022年全市外贸进出口总额占全区的比重达22.9%，较2021年提高2.1个百分点，拉动全区外贸增长4.7个百分点；加工贸易进出口832.6亿元；一般贸易进出口629.1亿元；跨境电商产业迅速发展，全年跨境电商进出口交易额达137.9亿元。2022年全国、自治区、南宁市进出口情况见表1。

横向对比来看，2022年南宁市外贸总量仅次于崇左（2219.7亿元），排名全区第二；外贸增速高于全区平均水平，排名全区第四。外贸总量在西部地区主要省会（首府）城市中排名第四，位于成都（8336.3亿元）、西安（4379.5亿元）、昆明（1997.3亿元）之后，高于海口（605.6亿元）、乌鲁木齐（513.5亿元）、贵阳（490.9亿元）等城市；外贸增速高于西部地区平均增速（9.0%）13.9个百分点。

[①] 本报告所列数据仅供内部参考。根据《中华人民共和国海关统计条例》《海关统计数据使用管理办法》等有关规定，各单位在制定政策、研究问题、指导工作时，涉及南宁市进出口数据的，请联系海关统计部门查询，以海关提供的统计数据为准。

表1 2022年全国、自治区、南宁市进出口情况

单位：亿元，%

地区	进出口总值	同比	出口总值	同比	进口总值	同比
全国	420678.2	7.7	239654.0	10.5	181024.2	4.3
广西	6603.5	11.3	3705.4	26.1	2898.2	−3.2
南宁市	1510.1	22.9	742.7	27.6	767.4	18.6

资料来源：南宁海关、海关总署网站。

二 2022年南宁市外贸发展主要特点

（一）外贸规模再创历史新高，外贸增长稳中提质

受2021年第一季度高基数（增速高达63.7%）、疫情冲击和全球经济放缓等多重因素影响，特别是疫情导致的边境口岸物流不畅、海运成本上升，南宁市外贸进出口增速曾下降至低点，仅为0.6%。市"稳外贸扩开放攻坚战"指挥部积极统筹协调，持续攻坚克难，抓关键、抢进度，在各部门和各县（市、区）及开发区的通力合作下，克服疫情冲击、订单减少等不利因素影响，扎实做好稳外贸各项工作，实施多项政策措施全力助企纾困，持续推动全市外贸企稳回升。2022年第二季度以来，全市外贸进出口总体呈现回升走势，单月进出口额连续9个月突破百亿元，屡创单月历史新高。其中12月外贸进出口额达186.4亿元，创南宁市单月外贸进出口额历史新高（见图1）。2022年，全市外贸进出口在2021年外贸进出口增长高基数（24.9%）的基础上实现11个月同比增长为正，外贸增速大幅高于全区、全国，顺利实现全年外贸进出口同比增长22.9%，外贸进出口年均增速连续3年保持在20%以上，外贸进出口总额首次突破1500亿元大关。在当前全球经济仍充满不确定性、国际形势仍十分复杂的情况下，南宁市外贸韧性强劲、稳中提质。

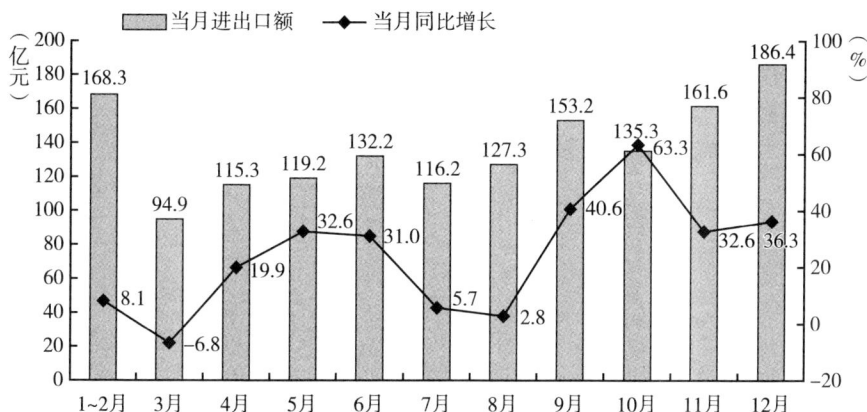

图1　2022年南宁市外贸进出口月度情况

资料来源：南宁海关网站。

（二）外贸结构不断优化，一般贸易再上新台阶

2022年，南宁市一般贸易进出口629.1亿元，同比增长61.6%，占全市进出口的41.7%，拉动全市外贸增长19.2个百分点。全市一般贸易实现飞速发展，成为拉动外贸增长的新引擎。一般贸易高速增长主要得益于南宁市积极推进大宗商品供应链服务，聚焦原油、金属矿砂、煤炭、粮食、纸浆等大宗商品进口。2022年，全市金属矿砂、煤炭、大豆、原油、纸浆、玉米等大宗商品进口超200亿元。加工贸易进出口成功保持正增长。2022年，南宁市持续推动建设国家加工贸易产业园，承接粤港澳大湾区先进制造业转移，加工贸易进一步实现转型升级。但2022年，南宁市加工贸易企业受疫情影响较为严重，国际市场普遍低迷、跨境物流不畅导致加工贸易企业接单生产及货物进出进度严重滞后，加工贸易持续增长动力不足。同时，加工贸易产品增值率偏低，自主创新能力、品牌效应尚未形成，加之各地加工贸易招商竞争较大，南宁市加工贸易产业项目储备不足。多重因素进一步阻碍了南宁市加工贸易的发展。2022年全市加工贸易实现进出口832.6亿元，同比增长1.0%，占全市进出口的55.1%，增长未及预

期。另外,保税物流进出口 33.5 亿元,同比增长 61.6%。贸易方式占比更加均衡,外贸结构进一步优化。

(三)民营企业活力增强,国有企业稳定增长

2022 年,全市民营企业进出口实现高速增长,成为推动全市外贸稳增长的主要力量,全年进出口 720.2 亿元,同比增长 45.2%,较上年净增 224.5 亿元,占全市进出口的 47.7%,拉动全市外贸增长 18.2 个百分点。外商投资企业进出口 599.6 亿元,同比增长 4.6%,占全市进出口的 39.7%;国有企业进出口实现平稳增长,全年进出口 189.9 亿元,同比增长 19.1%。2022 年南宁市不同类型企业主体进出口情况见图 2。

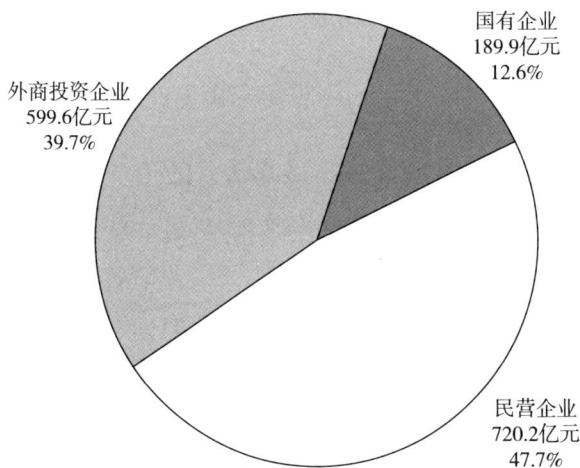

国有企业
189.9亿元
12.6%

外商投资企业
599.6亿元
39.7%

民营企业
720.2亿元
47.7%

图 2 2022 年南宁市不同类型企业主体进出口情况

资料来源:南宁海关网站。

(四)东盟成为南宁市最大贸易伙伴,南宁市与 RCEP 其他成员国的贸易实现新突破

2022 年,南宁市与全球 190 多个国家和地区开展了贸易往来,其中东盟、中国香港、中国台湾、韩国、美国为前五大贸易市场,全市对前五大

贸易市场合计进出口 1112.7 亿元，占全市进出口的 73.7%（见图 3）。2022 年，南宁市充分发挥地理优势和产品竞争优势，积极扩大对东盟的进出口贸易，东盟已超越中国香港成为南宁市第一大贸易伙伴，全市对东盟进出口 377.4 亿元，同比增长 64.3%，比上年净增 147.7 亿元，拉动全市外贸增长 12 个百分点，增速比上年提升 37.5 个百分点。其中对越南进出口增长明显，全年实现对越南进出口 121.0 亿元，同比增长 41.6%，占全市对东盟进出口的 32.1%。香港为南宁市第二大贸易伙伴，南宁市全年实现对香港进出口 356.4 亿元，同比增长 5.5%，占全市进出口的 23.6%。南宁市对韩国进出口涨幅显著，全年对韩国进出口 99.6 亿元，同比增长 102.4%，实现翻倍增长。2022 年，南宁市积极抢抓 RCEP 生效的机遇，进一步优化贸易环境，扩大贸易规模，促进双向投资合作，加快建设高质量实施 RCEP 示范区，全市与 RCEP 其他成员国的贸易实现新突破。全年对 RCEP 其他成员国进出口 564.4 亿元，同比增长 48.9%，比上年净增 183 亿元，拉动全市外贸增长 14.8 个百分点，占全市进出口的 37.4%，比上年提升 6.4 个百分点。

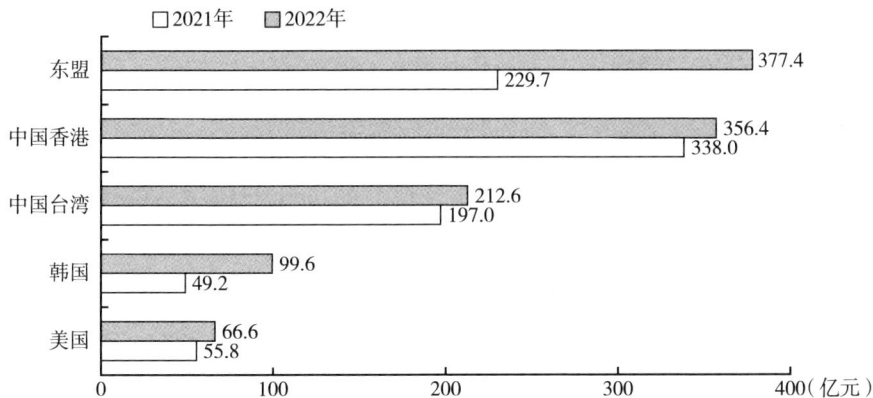

图 3　2021~2022 年南宁市对主要贸易市场进出口情况

资料来源：南宁海关网站。

（五）外贸主体不断扩大

2022 年，南宁市积极培育发展外贸新业态，壮大外贸新增长点，积极落实政策支持，持续实施"千企开拓"外贸强基础工程和中小企业海外信用风险政府保障支持计划等措施，全市外贸企业队伍不断壮大。截至 2022 年 12 月，全市进出口实绩企业达到 1109 家，比 2021 年新增 177 家，市场主体活力进一步提升。进出口额超亿元以上的企业达 97 家，累计进出口 1432.8 亿元，占全市进出口总额的 94.9%。跨境电商等新业态已经成为外贸创新发展的新动能。2022 年，南宁空港跨境电商监管中心、南宁国际铁路港海关监管作业场、Shopee（虾皮）东盟跨境电商物流中心等投入运营，引进来赞宝、跨境购、百宝汇、嗨购、百世供应链、飞越供应链等一批跨境电商平台和企业，引导和支持启迪、嗨购等跨境电商企业在越南、泰国、日本等 RCEP 其他成员国租赁、新建跨境电商海外仓。中国（南宁）跨境电子商务综合试验区全年完成跨境电商进出口业务约 1.7 亿单，跨境电商进出口额达 137.9 亿元，首次突破百亿元，同比增长 77.4%，占南宁市外贸进出口总额的 9.1%。

（六）进出口商品结构进一步优化

2022 年，南宁市进出口商品结构进一步优化，全市机电产品和高新技术产品出口、进口均实现增长，其中机电产品出口 491.2 亿元，同比增长 6.9%，进口 472.3 亿元，同比增长 6.4%；高新技术产品[①]出口 355.7 亿元，同比增长 6.5%，进口 406.4 亿元，同比增长 9.8%。铝及铝材出口 8.6 亿元，同比增长 20.9%；农产品出口 9.6 亿元，同比增长 34.7%。铜矿砂、煤炭进口额分别增长 565.0%、337.3%；农产品、水海产品、中药材进口额分别增长 55.2%、198.6%、33.2%。

---

① 与机电产品有交叉。

（七）跨境通道进一步升级

加快构建以南宁为核心的出省出边出海的综合交通体系，组织开行"中老班列""两广班列"，打通衔接粤港澳大湾区经南宁至东南亚的铁路运输通道，常态化运营"南宁—钦州—唐山"公铁海多式联运班列、"南宁港—粤港澳大湾区"集装箱班轮航线。2022年新开通4条国际货运航线，南宁吴圩国际机场国际货运航线覆盖东盟及南亚8个国家13个城市，在飞国际货运航线11条，全年累计完成国际（含地区）货邮吞吐量7.3万吨，同比增长207%，连续3年实现100%以上增长，进一步拓宽了中国与国际的"空中丝绸之路"。中越跨境物流实现大幅提速，南宁国际铁路港海关监管场所实现封关运行，推广铁路快速通关模式，2022年南宁国际铁路港的中越班列共开行265列，发送7628标准箱。中越跨境快速通关班列已提前试运行，部分班列"站对站"运行时长缩短至30小时，压缩约15小时。

三 2022年南宁市外贸发展存在的问题

（一）高基数影响增加稳增长难度

2022年南宁市外贸进出口在2021年高速增长的背景下（同比增长24.9%）继续保持高位增长，全年外贸增速高达22.9%。自2020年以来，南宁市外贸进出口增速长期保持高位运行。自2020年4月起，南宁市外贸增速几乎都保持正增长且其中32个月的增速保持在20%以上，最高时月增速达63.7%。2020年以来，南宁市外贸平均增速均高于全区、全国，全年增速均在20%以上。高基数增加了2023年外贸稳增长的难度，要在2022年增速22.9%的基础上再实现稳定高速增长存在较大难度。

（二）外贸稳增长基础有待夯实

国际供应链体系仍未恢复到疫情发生前的水平，国际市场普遍低迷，欧美零售业面临库存增加、高通胀压力，导致出口企业来自欧美等国家的订单减少。南宁市电子信息、家居用品等产品出口承受较大压力。同时，汇率上涨、人民币贬值，导致企业进口材料汇兑损失增加。南宁市物流通道建设仍存在短板，运输枢纽尚不完善，缺乏高效的综合运输体系，集疏运方式单一，多式联运缺乏统筹协同；对外货运通道不完善，中越陆路通道容易拥堵，运输成本大幅上升；南宁国际铁路港尚无法开展混装业务。

（三）加工贸易产业结构有待进一步优化

国际形势复杂多变，欧美需求下降，加工贸易企业受疫情影响较为明显，原材料价格上涨、供应紧张严重影响其接单生产及货物进出进度。富桂精密等存量加工贸易企业保持平稳增长存在较多不确定性。部分加工贸易企业产品增值率偏低、出口商品质量不稳定，也受到海关部门重点关注。另外，加工贸易新项目储备不足，加工贸易项目引进进度不及预期。根据2022年初的工作目标，南宁市力争新引进加工贸易项目17个，但2022年全年仅高新区引进新项目6个（全部在综保区），经开区、江南区未签约新项目。

（四）大宗商品进口规模不及预期

大宗商品交易的资金成本高、风险因素多，加上本来就存在的价格风险、结算风险、汇率风险、贸易摩擦风险，部分企业扩大大宗商品进口规模的积极性不高，甚至不愿继续开展此类工作。广西金融机构对大宗商品贸易风险的控制较为严格，部分银行的开证保证金比例、押汇开证手续费、押汇费率等综合成本均高于区外，且银行授信审批办理时间较长。

四　2023年南宁市外贸发展形势分析

从全球来看，随着全球金融环境的改善，国内高效统筹疫情防控和经济社会发展，释放积极政策效应，疫情对供应链的影响将逐步褪去，新的经济周期即将开始。RCEP深入实施、中国—东盟自贸区3.0版谈判启动以及东盟等国经济动能快速释放，为南宁市拓展与东盟的合作创造了更大的空间。党的二十大报告强调，要推进高水平对外开放，推动货物贸易优化升级，创新服务贸易发展机制，发展数字贸易，加快建设贸易强国。习近平总书记对广西高度重视和关心关怀，提出了"五个更大"重要要求。国家支持南宁市建设面向东盟开放合作的国际化大都市，给南宁市开放带来重大机遇。接下来，南宁市外贸产业链供应链将进一步畅通运转，企业赴境外开拓市场"抢订单"步伐加速，国际市场参与度逐步提升，有利于推动南宁市外贸发展迈上新台阶。然而，很多不确定因素同样存在。加工贸易方面，南宁市持续推动存量企业提高工业增加值，加工贸易转型升级将进一步加速。产业转型升级势必将经历阵痛期，利润低的订单将进一步减少，影响加工贸易进出口规模。新项目引进更加注重固定资产投资、利润和税收等指标，加工贸易招商引资难度加大。一般贸易方面，国际环境复杂多变，境外客户正在推进产业链供应链多样化布局以减少对中国供应商的依赖，同时出口产品成本不断上涨、竞争力减弱，传统一般贸易企业出口订单有逐步减少的趋势。

总体来看，2023年南宁市对外开放和外贸高质量发展形势向好，机遇大于挑战。国家出台一系列稳增长政策，进一步畅通国内国际双循环，有利于提振市场信心、稳定市场预期，2023年南宁市对外贸易将迎来更积极、更宽松的大环境。

五 2023年南宁市外贸发展方向及思路

（一）持续推动大宗商品进口，加快推动面向东盟的新能源汽车出口

聚焦供应链平台支撑作用，服务大宗商品进口，推动广西供应链集团、

北港资源等供应链企业拓展进口渠道。组织企业赴 RCEP 其他成员国开展大宗商品货源对接活动，拓宽进口货源渠道。继续研究政策支持大宗商品进出口企业扩大进口，推动大宗商品进口数据回流和进口规模持续扩大。深入推进药食同源商品通关便利化改革，扩大药食同源商品进口规模。鼓励企业扩大先进技术、关键设备及零部件进口，稳定资源性大宗商品和一般消费品进口。深入挖掘外贸发展新动能，聚焦区域贸易总部建设，积极跟进合众汽车、比亚迪新能源、精灵汽车等外贸新项目，推动相关企业在南宁市设立区域贸易总部，大力推动面向东盟的新能源汽车出口。

（二）持续推动加工贸易转型升级，继续优化外贸产业结构

持续推动存量企业提高工业增加值，加速加工贸易转型升级。积极兑现重点加工贸易项目"一企一策"扶持资金，促进企业稳产放量。支持加工贸易龙头企业延长生产链，引导各工业园区引进国内料件采购比例较高的加工贸易新项目，促进加工贸易与国内产业良性互动。加快建设加工贸易梯度转移重点承接地，承接粤港澳大湾区以电子信息为主的高附加值加工贸易产业转移，推动加工贸易创新转型，培育外贸增长新动能。共建深圳—南宁东西部结对协作产业园，以中国（广西）自贸试验区南宁片区、临空经济示范区、国家级经济开发区为载体，积极实施加工贸易新项目"百场招商"行动和"快进优选"计划。

（三）加快推动外贸新业态新模式创新发展

积极聚焦外贸新业态，推动中国（南宁）跨境电子商务综合试验区建设提档升级，加快配套支撑体系建设，支持专业化主体布局建设海外仓，优化海外仓网络布局，支持企业布局面向 RCEP 其他成员国市场的海外仓，拓展 B2B 业务。指导企业用好跨境电商出口退运商品税收政策，降低跨境电商企业出口退运成本。加快广西绿港跨境电商监管中心建设，推动综保区跨境电商双监管中心运行，进一步提升综保区跨境电商综合服务水平。

（四）畅通"南宁渠道"，提高通关便利化水平

高水平共建西部陆海新通道，推动南宁综保区整体搬迁。聚焦产业链安全稳定，全力建设中国—东盟跨境产业融合发展合作区。建设多式联运体系。推动南宁吴圩国际机场、南宁国际铁路港与南宁港无缝中转，提升空铁、公铁、水铁联运能力。畅通中越物流快速通道，推动南宁国际铁路港常态化开行中国南宁—越南快速通关班列。进一步稳定和加密东盟国际货运航线。推动国际贸易"单一窗口"升级建设与国际合作，推广"提前申报""两步申报"等通关改革措施，完善南宁智慧航空物流综合服务平台，不断提高口岸服务能力。协调跨境电商铁路货物混装运输问题，推动综保区实现"一次查验，一次放行"目标。

（五）培育壮大外贸主体，多元化开拓国际市场

深入实施"千企开拓"外贸强基础工程，强化商务和工信双向联动，持续培育新增外贸实绩企业。组织企业参加广交会和国际进口博览会，帮助企业拓市场、抢订单。发挥东博会平台作用，加大"一带一路"沿线国家市场开拓力度。推动东博会更好地服务 RCEP 合作，推动建立东博会全球采购中心、"网上东博会"交易平台。持续优化对企业的跟踪服务，在市场拓展、通关便利、政策需求等方面精准服务。

（六）提升外资招商水平，深化对外投资合作

认真研究 RCEP 投资自由化条款，用好"六外融合促开放"工作机制，推动外资招商资源、渠道、信息共享。优化外商投资环境，依托全市外商投资企业"一站式"服务平台做好重点外资企业全生命周期服务，把好合同关、资金关，落实以分配利润直接投资暂不征收预提所得税等政策。重点开展新能源汽车、电子信息、跨境物流、电池、光伏等产业的招商活动。支持和服务企业"走出去"，加快数字经济对外投资合作步伐，开展健康、绿

色、数字等新领域合作。配合自治区建设海外风险保障平台，提高企业抵抗风险和应对危机的能力。

（七）优化营商环境，全力建设 RCEP 制度型开放高地

认真落实《南宁市高质量实施区域全面经济伙伴关系协定工作方案（2022—2025 年）》，以中国（广西）自贸试验区南宁片区为核心高质量实施 RCEP，推动投资贸易便利化制度创新，营造国际化、法治化的一流营商环境。按照"面向市场、联动内外、循环畅通、改革提高、开放发展"的思路，积极推动南宁片区实现"五个大提升"（总体建设水平、制度创新水平、产业发展水平、协调发展区建设水平、重大平台项目建设水平大提升）。推动开放产业集聚。积极利用原产地累积规则、关税减让优惠政策，扩大面向 RCEP 其他成员国的进出口规模。积极推动 AEO（经认证的经营者）高级认证实训基地建设，引导外贸企业申请 AEO 高级认证，充分享受 AEO 互认便利。利用南宁片区 RCEP 制度型开放高地拓展面向东盟和 RCEP 其他成员国的产业、研发、金融等多领域合作，吸引更多 RCEP 其他成员国的跨国公司、行业龙头企业、国际商事机构、国际知名咨询机构以及优质配套项目落地南宁，鼓励企业将价值链结算环节留在南宁，促使更多优秀人才选择南宁，加快形成发展和竞争新优势。

融合发展篇

Integrated Development Reports

B.8
平陆运河开工背景下推动南宁
"港产城海"融合发展的对策

中共南宁市委政策研究室（改革办）课题组*

摘　要： 平陆运河开工建设，为南宁城市空间布局、产业发展、城镇建设
等提供了重大机遇，对重塑城市形态和重构产业生态具有重大意
义。本报告全面调研了南宁港口、临港产业布局和发展以及东部
新城规划和建设等基本现状，深度剖析港口布局不够理想、航道
等级不高、临港产业规模较小、临港园区和东部新城空间不足以
及"港产城海"联动不足等问题，有针对性地提出加快提升港
口能级、打造面向东盟的区域性国际航运中心、大力发展临港产
业、加快东部新城建设、加强"港产城海"有机联动等对策建
议，为全面推进南宁"港产城海"融合发展提供决策参考。

* 课题组成员：梁智忠，中共南宁市委政策研究室（改革办）主任、市委副秘书长（兼）；韦
忠，中共南宁市委政策研究室（改革办）副主任；郑得胜，中共南宁市委政策研究室（改革
办）城乡科科长；伍实学，中共南宁市委办公室（改革办）第二秘书科四级主任科员；闭玉
媚，中共南宁市委政策研究室（改革办）一级科员；曾宇琳，南宁市商务局一级科员。

关键词： 平陆运河　港产城海　南宁

平陆运河是西部陆海新通道骨干工程，是继京杭大运河之后特别是新中国成立以来的一条重要运河，将给南宁"送来一片海"，对重塑城市形态和重构产业生态具有重大意义。如何贯彻落实党中央和自治区党委的重大决策部署，抢抓平陆运河开工建设重大机遇，加快平陆运河经济带建设，推动"港产城海"融合发展，实现向海而兴、向海图强，是亟须深入研究的一个重大课题。

一　背景意义

以习近平同志为核心的党中央高度重视平陆运河建设，将其列入"十四五"规划。在平陆运河开工建设之际，习近平总书记做出重要批示、提出重要要求，为平陆运河开工建设指明了前进方向、提供了根本遵循。自治区党委高位推进平陆运河开工建设，自治区党委书记刘宁多次开展调研、召开会议、做出批示，指出平陆运河把大海"送给"南宁，将使南宁成为滨海城市，为南宁描绘了宏伟蓝图、做出了精准指导。平陆运河开工建设，给南宁城市空间布局、产业发展、城镇建设等带来巨大影响，必将进一步拓宽城市空间、推动"港产城海"融合发展、促进经济高质量发展，推动南宁在服务构建新发展格局和建设中国—东盟命运共同体中发挥更加重要的作用。

（一）平陆运河给南宁"送来一片海"，有利于更好地服务国家重大战略

党的十八大以来，以习近平同志为核心的党中央高度重视发挥广西在国家外交和对外开放中的重要作用，注重发挥南宁面向东盟开放合作的桥头堡作用，把一系列重大开放平台布局在南宁，要求南宁在服务和融入新

发展格局上取得更大突破。随着平陆运河开工建设，运河起点城市南宁在拥有铁路港、空港的基础上新增了出海口，这有利于南宁完善海陆空交通物流枢纽，加快建设成面向东盟的区域性国际航运中心，不断发展壮大向海经济，进一步扩大面向东盟的开放合作，在服务国家重大发展战略中发挥更大作用。

（二）平陆运河将提升航运通道能级，进一步扩大港口容量

平陆运河按照内河 I 级标准建设，可使 5000 吨级船舶直达平塘江口，直接开辟广西内陆及我国西南、西北地区运距最短、最经济、最便捷的出海通道，大量货物将通过运河运输，促进港口容量扩大和城市繁荣。根据交通运输部科学研究院的预测，2035 年、2050 年平陆运河货运量将分别达到 9500 万吨、1.2 亿吨，南宁港货物吞吐量将分别达到 7700 万吨、10000 万吨（见表1），这将给南宁港口和航运发展带来重大机遇，对南宁港及周边地区发展产生重大影响。

表 1　2035 年和 2050 年南宁港货物吞吐量预测

单位：万吨，万标准箱

货种	2035 年	2050 年
1. 煤炭	900	770
2. 金属矿石	530	500
3. 非金属矿石	1150	1300
4. 水泥	580	600
5. 粮食	490	630
6. 矿建材料	1430	1400
7. 集装箱	1900	3900
箱量	130	285
8. 其他	720	900
合计	7700	10000

资料来源：交通运输部科学研究院发布的《西部陆海新通道（平陆）运河建设背景下南宁市水运发展规划研究》。

（三）平陆运河将重构产业生态，给临港经济发展带来"大进大出"颠覆性变革

物流成本是企业到地方投资建设的重要考量。平陆运河建成通航后，从西江经运河直航北部湾港的物流成本比通过铁路、公路或铁海联运至北部湾的物流成本更低。比如，云南文山的货物由铁路、公路运输至钦州港的成本分别为122元/吨、355元/吨，而由水路运输经右江、西江航运干线及平陆运河至钦州港的成本仅为109元/吨，运输成本大幅下降。同时，相较于经珠江口出海，经平陆运河出海将缩短西江中上游地区入海航程560公里以上，这也使得南宁成为距离南半球航运里程最短的城市之一，南半球货物通过海运运输到南宁港的成本基本上比到国内其他省（区、市）更低。比如，我国蓬勃发展的新能源汽车锂电池产业所需的矿产资源锂、钴、镍、磷等主要分布在南美洲、澳大利亚、非洲等地，平陆运河开通后，有利于吸引这些地方的企业来邕投资兴业，大力发展锂电池及新能源汽车等"大进大出"临港产业，推动产业升级，重构产业生态，发展壮大平陆运河经济带。

（四）平陆运河将重塑城市形态，进一步拓宽向海发展新空间

平陆运河开工建设，将"引海入城"，打通江海联运通道，有利于加快水运及"水铁公"联运发展，吸引更多优质项目落户南宁，推动临港产业向海延伸拓展；有利于优化城市发展的生产、生活、生态空间，完善基础设施，推动港口、产业、城镇深度融合，加快东部新城等临港片区建设，集聚更多的人才、技术、资本等资源要素，使东部新城成为南宁新的增长极，助力南宁加快建成"港产城海"融合发展的滨海城市。

二 发展现状

2022年以来，南宁市委认真贯彻落实习近平总书记关于平陆运河建设的重要指示批示精神，按照党中央、自治区党委的决策部署，全力推动平陆

运河开工建设，高起点、高标准谋划平陆运河经济带建设，重点抓好东部新城建设，积极布局发展新能源汽车及零配件、精细化工、金属新材料等"大进大出"临港产业，大力发展向海经济，加快规划建设"港产城海"融合发展的滨海城市。

（一）南宁港口布局和容量现状

南宁港是西江航运干线的龙头港、西南水运出海通道和西江黄金水道的重要枢纽，现划分为六景港区、牛湾港区、中心城港区、横县港区、隆安港区，沿西江航运干线而下直达粤港澳地区，沿右江可通百色港、云南的富宁港，沿左江、平而河、水口河可达越南。截至 2021 年底，南宁港共有生产性货运泊位 53 个，其中 2000 吨级泊位 26 个、1000 吨级泊位 27 个，港口年货物通过能力达 1895 万吨（含散货、件杂货 1450 万吨，27 万标准箱）。近年来，南宁港港口吞吐量保持较快增长，从 2008 年的 233.28 万吨增长到 2021 年的 979.51 万吨，年均增长 11.7%。

（二）临港产业布局和发展现状

一直以来，南宁临港产业以传统产业为主，产业布局零散、规模较小。为改变产业发展落后局面，2022 年以来，南宁积极培育临港优势产业集群，重点谋划布局新能源汽车及零配件、造纸、精细化工等"大进大出"临港产业，向海经济招商签约项目 40 个，总投资额约为 827.06 亿元，引进比亚迪锂电池、太阳纸业、潮力铝基新材料、南国铜业有色金属新材料等一批投资或产值超百亿元的工业项目，为向海经济高质量发展打下坚实基础。2022 年，全市工业投资增速达 53.2%，在全国重点城市中排名前列。截至 2023 年 5 月，合众新能源汽车整车项目已建成；多氟多锂电池项目已投产 5GWh；比亚迪锂电池项目已投产 70GWh，可装备超过 100 万辆新能源汽车。南宁对锂电池和新能源汽车上下游产业链的吸引力和集聚力不断增强，已经形成资本投入、技术创新、产业项目快速落地的产业生态，有望成为全国最大的新能源汽车动力电池生产基地之一。

（三）东部新城规划和建设情况

南宁东部新城规划范围包括青秀区伶俐镇和横州市六景镇、峦城镇，三镇均紧邻郁江，是平陆运河经济带的重要组成部分，也是南宁向东发展的重要区域。根据《南宁市国土空间总体规划（2021—2035年）》，南宁东部新城产业园区开发范围约为75平方公里（远期规划120平方公里），规划仓储工业用地约38平方公里，地势较宽，可布局重大临港产业项目，是南宁市难得的待开发工业用地集中连片区域。东部新城现有工业企业185家，其中规模以上工业企业62家。目前，南宁正在开展产业园区配套基础设施大会战，全力推进东部新城道路等基础设施建设，加快推动产业项目落地建设，伶俐片区初步形成新能源汽车整车和锂电池生产集群，六景片区初步形成造纸、精细化工、锂电池、电子信息等产业集群，峦城片区因受基本农田和生态红线影响，目前开发建设进度较慢。

三　存在的问题

（一）港口布局不够理想，吞吐量不高

南宁港货源以散货为主，散货约占港口吞吐量的70%，且散货装卸市场需求较大。南宁港中心城港区原有的可以承接散货装卸的陈东、良庆、三津、西江、青龙港和上尧等6个老旧码头由于城市建设原因，在2014年底已全部关闭，但目前获准新建的作业区港口货源以件杂货和集装箱为主，未能有效承接关闭码头的散货运输转移，大量适港散货无法装卸。同时，受到长洲船闸通行能力及西江枯水期影响，长洲船闸常年堵船，根据自治区制定的长洲船闸过闸规则，遇到大规模堵船时，处于西江航运干线起点的南宁港每日可出港至长洲船闸的过闸船舶指标数量较少，导致货源流失严重。

（二）平塘江口至六景港航道等级不高，航运效应发挥不够明显

目前，平陆运河起点平塘江口至六景港航道为内河Ⅱ级航道，仅可通过

2000 吨级的内河船，与平陆运河 I 级航道、可通航 5000 吨级海船的标准相差较大。同时，平塘江口至六景港有 1 座铁路桥、1 座公路桥，高度均较低，限制了 5000 吨级海船通航。若不进行改造，从北部湾经平陆运河往南宁以及上游百色、崇左、云南的货物需进行"水水转运"，这将大大提高物流成本，降低水运竞争力，影响平陆运河经济带发展。

（三）临港产业规模较小，支撑发展不足

当前，南宁港周边地区临港产业分布较散、种类单一、规模较小，从南宁港出港货类来看，货源以煤炭、水泥、矿建材料、粮食、非金属矿石等散货、件杂货为主，2020 年五大货种完成的吞吐量占比达到 95%。比如，六景港主要客户为六景工业园区饲料加工厂、南宁电厂等，"大进大出"临港产业相对较少。

（四）临港园区和东部新城空间不足，发展受到制约

受国土空间规划从严要求影响，南宁新一轮国土空间规划给东部新城的开发边界仅为 75 平方公里，规划仓储工业用地约 38 平方公里，扣除现有企业已用的仓储工业用地，仅剩下 27 平方公里，发展空间不足。特别是随着东部新城的比亚迪、合众、太阳纸业等一批龙头项目陆续建成投产，一大批上下游企业纷纷来邕洽谈合作，目前东部新城空间不能支撑全产业链发展，未来项目落地建设受限，直接影响产业长远发展。

（五）"港产城海"联动不足，融合发展不够充分

当前，南宁港港口总体规模相对较小，水运对临港产业发展的带动作用不足。产业与港口布局不合理，如西乡塘区、武鸣区辖区内无建成投入使用的码头，辖区内的水泥厂、矿建材料企业的产品需运输到最近的牛湾作业区上船，公路运输距离过长，导致水运优势不明显。港口离工业园区、城镇较远，周边生产、生活配套设施不够完善，产业集聚力和人口吸引力不足，尚未形成乘数效应。

四 国内外经验启示

（一）注重整合港航资源，打造内河航运中心

加强港口整合，优化资源配置，发挥整体优势，是促进港口提质增效的重要举措。例如，山东济宁成立了济宁港航发展集团，以资产并购、吸收整合、股权合作、升级改造等方式整合了3个港口，谋划打造亿吨级港口群并进行智慧港航建设，推动济宁内河港口成为山东吞吐量最大的内河航运中心。这对南宁整合内河港口资源、推动港口群一体化发展具有重要借鉴意义。

（二）注重发展"水铁公"多式联运，提升运输效能

坚持陆海内外联动，突出水路、公路、铁路等各类运输方式的有效衔接，打通对外运输通道。例如，重庆果园港发挥内河优势，完善对国内、国外的航道交通布局，向东向南借助"沪渝直达快线"，通过长江黄金水道连接太平洋；向西向北建立"中欧班列""渝满俄班列"，实现"水铁公"多式联运，畅通欧亚大陆运输网络。同时，高标准建设内陆开放口岸，建立高效便捷的服务体系，打造全国最大的内河"水铁公"多式联运枢纽港。这对南宁港发展"水铁公"多式联运、建设面向东盟的区域性国际航运中心具有重要借鉴意义。

（三）注重布局临港产业，促进向海经济发展

根据世界级海港的开发经验，港口适宜布局临港产业，形成"大进大出"的生产方式，培育壮大新的经济增长点。例如，法国勒阿弗尔港在运河东侧开辟了80平方公里的临港产业区，吸引了石油化工、修造船业、冶金、海洋平台等一大批临港项目入驻。比利时安特卫普港人工开挖水道与斯海尔德河相连，在港口周围大力发展石油化工、造船、机械、食品等临港产

业，成为比利时重要的产业集聚地。这对南宁发展临港产业具有重要的借鉴意义。

（四）注重"港产城海"融合发展，形成"前港—中区—后城"发展模式

"前港—中区—后城"发展模式是将港口、园区、城市视为一个整体的生态圈，"三位一体"开发建设。例如，深圳蛇口港探索形成"前港—中区—后城"发展模式，坚持"港口先行、产业园区跟进、配套城市新区开发"，推动港口、园区、城市"三位一体"综合开发，实现"港产城海"高度融合发展。这对南宁一体化开发建设南宁港、产业园区、东部新城，推动"港产城海"融合发展具有重要的借鉴意义。

五　对策建议

（一）加快推动航道升级，进一步提升港口能级

只有上游航道、港口等级与平陆运河相匹配，才能最大限度地发挥平陆运河的经济效益，必须加快推动航道、港口提质升级。一是加快航道升级建设。建议充分利用平陆运河建设的契机，积极开展"东融、西通、南向、北联"航道建设，打造"通江达海、坐中四联"的内河高等级航道体系。"东融"，即向上级争取将平塘江口至六景港航道按平陆运河航道标准提升改造，纳入贵港至南宁Ⅰ级航道提升工程同步实施，加快启动平塘江口至六景港5000吨级航道及碍航（桥梁、跨江管道）设施改造工作，确保5000吨级海船直达六景港；"西通"，即建设老口枢纽至邕宁枢纽2000吨级航道，打通碍航堵点，形成左右江地区经南宁港中转前往北部湾港的水路货运新通道；"南向"，即进一步完善通航基础设施建设，有效衔接平陆运河，实现南宁港货源直达北部湾；"北联"，即推动红水河南宁辖区段1000吨级航道建设，实现西南水运出海中线通道畅通。二是加快推进关键船闸扩能工程。

持续提升西津水利枢纽二线船闸通航能力，加快建设金鸡滩水利枢纽二线船闸工程、百龙滩枢纽船闸扩能工程，进一步打通"中梗阻"，畅通出海大通道。三是加强港口一体联动发展。实施码头能力提升工程，重点建设六景港区杨村作业区、鹤笋作业区、牛湾作业区（二期）以及南宁伶俐货港等工程，在平塘江口规划建设"水水中转"港区，布局建设3000~5000吨级散杂货和集装箱"水水中转"泊位，打造优势互补、一体联动的港口布局体系。加强港口资源整合，科学规划各港口功能，加强南宁港与各港口的联动，加强西江水系沿线港口发展，深化南宁港与北部湾港的江海联动，建立以南宁港为核心的"西江水系—平陆运河"内河水运大通道。

（二）加快构建便捷高效的多式联运体系，打造面向东盟的区域性国际航运中心

结合平陆运河开工建设，发展壮大水运，提前谋划"水铁公"多式联运，强化航运服务体系建设，推动物流业降本提质增效，加快把南宁港打造成面向东盟的区域性国际航运中心。一是加快推动"水铁公"融合发展。促进"水铁公"紧密衔接，规划建设六景港、牛湾港铁路专用线，构建畅通、便捷、高效、经济的"水铁公"多式联运体系。抓好江海联运，加强"南宁港—北部湾港"班轮航线规划建设，同步推进"南宁港—西江内河港口"航线建设，打造"西江内河港口—南宁港—北部湾港"内河水运大通道。开展江海直达船型进江和江海直达航线开通专题研究，科学筛选适用船型，开通江海直达航线，真正实现"通江达海"。二是建立高效便捷的现代航运物流服务体系。加强港口多式联运物流基地建设，提升装卸存储、中转换装、现代物流、商贸服务等港口物流功能。鼓励港口、航运、铁路、物流企业以资本为纽带培育壮大多式联运经营体。打造南宁港公共物流信息平台，促进港口、铁路、物流企业信息系统无缝衔接，实现线上线下、"人船货仓"一体化信息互动，有效提升物流服务效率。三是优化港口口岸服务环境。加快推动南宁港升级为国家一类口岸，在重点港区设立综合保税区，与"一关三检"等部门协作落实好大通关工作，提升通关效率。争取平陆

运河航道养护、安全管理等机构落户南宁，引进航运服务功能性机构，提升港口航运服务功能。

（三）大力发展临港产业，打造平陆运河经济带

充分发挥平陆运河航运里程优势，大力发展"大进大出"临港产业，推动重点产业沿平陆运河集聚发展，培育壮大向海经济。一是大力发展新能源汽车产业。充分用好海外和国内周边矿产资源，大力发展锂、钴、镍、锰、磷等锂电池原料深加工产业，加快培育壮大正极材料、负极材料、隔膜、电解液等锂电池上游产业链；充分发挥周边铝资源丰富的优势，规划建设铝精深加工产业园、铝铸造产业园和再生铝产业园，大力发展锂电池铝箔、汽车轻量化铝结构件等铝精深加工产业，切实把铝资源优势转化为发展优势；支持比亚迪、多氟多扩大锂电池产能，积极引进电池管理系统、电机等项目，壮大新能源汽车核心部件产业链；引进电池回收重点企业，加快构建"电池生产—销售—废电池回收—再生资源—电池生产"循环产业链；发挥整车项目的龙头带动作用，积极引进新能源轿车、客车、货车、特种车等整车项目，支持合众、比亚迪新能源整车项目通过"区内统筹"等方式获得整车生产资质，加快引进培育汽车上游零配件产业链，打造面向东盟和西南市场的新能源汽车及零配件生产和出口基地。二是大力发展精细化工产业。加强与钦州、北海石化产业协同发展，紧扣锂电池、生物医药、半导体、食品等产业对精细化工的需求，大力发展石化下游产业，布局高性能树脂纤维及合成纤维、聚双环戊二烯、水性涂料等高端精细化工项目，培育电解液上游溶剂、溶质、添加剂等电池材料产业，大力发展高附加值医药中间体产业，形成错位发展。三是大力发展造纸及林木深加工产业。充分发挥区内和东南亚林业资源丰富的优势，加快引进完善造纸及林木深加工产业链。以太阳纸业为龙头，加快建设横州高端纸制品产业园，培育壮大从制浆、助剂、造纸到纸制品制造的产业集群，打造产量200万吨以上的国内重要生活用纸加工基地。积极引进家具家居龙头企业，壮大"原材料—人造板—绿色家居"林木加工全产业链，推动从"卖木头、卖板材"向"卖家具、卖

家居"转变。四是大力发展海工装备制造及航运服务业。培育发展海洋防务、绿色节能船舶、游艇、港作机械、集装箱等专业海工装备制造产业，发展船舶交易、航运金融、航运保险等现代高端航运服务业，有力延长产业链、提升价值链。

（四）加快东部新城建设，打造城市新增长极

按照南宁市副中心要求，加快规划建设以青秀区伶俐镇及横州市六景镇、峦城镇为核心的东部新城，打造南宁新的增长极，加快形成平陆运河临港开发建设的典范。一是加快完善各项规划。统筹好空间、交通、产业、生态、土地等要素，进一步完善发展目标、战略定位、空间格局，加快编制完善东部新城概规、启动区控规等专项规划，科学合理地确定各组团生产、生活空间。二是预留充足发展空间。积极盘活存量用地，加强存量闲置用地整治，提高土地集约利用效率，避免低效浪费。积极扩大增量用地，全力向上级争取城镇开发边界规模向南宁市倾斜，为东部新城预留更大空间；加强市域统筹，科学合理地确定各县（市、区）及开发区城镇开发边界，大力保障东部新城用地需求；对于城镇开发边界无法覆盖的适宜建设区，争取调出永久基本农田，为产业发展预留空间；加强平塘江口约50平方公里区域开发建设的可行性、综合效益研究，积极争取将该区域永久基本农田调出，为产业发展留出可能性。三是加快基础设施建设。深入实施产业园区配套基础设施大会战，加快张村至六景二级公路等路网建设，强化东部新城与主城区的联系，特别是围绕比亚迪及配套项目进一步完善道路、供排水、供电、供气等基础设施，为项目建设投产提供高效便捷的环境。四是抢抓政策窗口期强化筹融资。用好用活国家出台的33项稳经济一揽子政策和19项接续政策，加强东部新城基础设施、产业项目的包装策划，统一打包申请政策性开发性金融工具、地方专项债券，为东部新城发展提供有力的金融支持。

（五）加强"港产城海"有机联动，加快形成乘数效应

坚持"以港促产、以产兴港、港产城海联动"，推动港口、产业和东部

新城之间的布局进一步优化、发展更加紧密，实现一体化融合发展。一方面，要推动港口、产业和东部新城融合发展。要紧扣通航标准合理确定临港产业和东部新城发展方向，对未来可通航 5000 吨级海船的六景片区，要重点谋划对水运依赖较高的"大进大出"临港产业，加快规划建设精细化工产业园区、高端造纸园区，布局精细化工、锂电池上游新材料和造纸等产业；对伶俐片区，要发挥比亚迪、合众等项目的带动作用，大力发展锂电池、新能源汽车及零配件制造等产业，规划建设配套研发中心；对峦城片区，要充分发挥高铁客运站优势，大力发展生产性服务业，加强小城镇建设，提高产城融合发展水平。另一方面，要推动生产、生活有机融合。精准把握"90 后""00 后"等新生代对美好生活的向往，把生活配套作为园区和东部新城建设的重要内容，切实提高城市吸引力。要按照南宁市副中心要求高标准规划建设东部新城，加快推进主城区与东部新城的交通枢纽建设，加快东部新城商场、小区、公园等设施建设，落户一批优质教育和医疗机构，完善和提升公共服务功能，不断提高城市承载力和集聚力。

B.9
南宁市加快推进产业链创新链
融合发展的对策

南宁市社会科学院课题组*

摘　要：　当前，产业链创新链融合发展已成为破除产业链供应链安全风
　　　　　险、推动城市产业转型升级和经济高质量发展的路径之一。在
　　　　　"工业强市"战略引领下，南宁市产业链创新链融合发展取得较
　　　　　大成效，人流、资金流、信息流等要素持续向南宁市集聚，特别
　　　　　是企业创新主体和重大支撑性创新平台的地位持续凸显。但也存
　　　　　在对接机制不健全、整体创新能力不强、高水平创新平台不足、
　　　　　科技成果转化体系未全面建立等问题，亟待进一步健全体制机
　　　　　制、优化融合发展生态环境、打造一批重大产业创新研发平台、
　　　　　强化企业创新激励、健全科技成果转化体系，推动产业链创新链
　　　　　融合发展取得更大成效。

关键词：　产业链　创新链　南宁

* 课题组组长：周博，南宁市社会科学院东盟研究所所长、高级人力资源管理师。课题组成
员：王许兵，南宁市社会科学院东盟研究所助理研究员；冯勤哲，南宁市社会科学院东盟
研究所研究实习员；王一平，南宁市社会科学院社会发展研究所研究实习员；申鹏辉，南
宁市社会科学院办公室科研人员；刘梅，南宁市科技局高新科科长；张苇锟，岭南师范学
院讲师；黄旭文，广西社会科学院新型智库建设处副处长、副研究员；吴寿平，南宁市社
会科学院城市发展研究所副所长、副研究员；龚维玲，南宁市社会科学院城市发展研究所
所长、正高级经济师；蒋秋谨，南宁市社会科学院农村发展研究所所长、副研究员；农国
聪，广西壮族自治区工业和信息化厅电子信息处三级主任科员。

习近平总书记提出"要围绕产业链部署创新链、围绕创新链布局产业链，推动经济高质量发展迈出更大步伐"①，并多次强调产业链创新链融合发展的重要性。产业链创新链融合发展体现了科技创新与产业发展的融合，实质是创新链向产业链的延伸和演化，也是创新成果实现产业化的方式。当前，产业发展面临新的形势和特点。一方面，新一轮信息技术革命带来的产业发展红利仍呈扩散之势，产业升级和技术迭代创新的条件更加充分；另一方面，全球范围内，特别是部分欧美发达国家高新技术产业政策的保护主义性质愈加凸显，技术"脱钩"风险成倍放大，产业链供应链面临的安全风险增大，需要未雨绸缪、审时度势，做出新的产业政策调整。

一 南宁市产业链创新链融合发展现状

（一）科技创新投入不断加大

科技创新投入是科技创新活动的基础，也是产业链创新链融合发展的根本保障。"十四五"时期是南宁市迈入高质量发展的重要阶段，南宁市始终坚持创新理念，致力于完善科技创新支持政策，科技创新投入不断加大。2021年，南宁市建立大众创业万众创新联席会议制度，主动研究解决南宁市在"双创"中存在的问题，并出台《南宁市落实广西大众创业万众创新三年行动计划（2021—2023年）工作任务分解表》，对照"要素投入水平明显提升、'双创'平台载体显著增加、成果产出数量效益双提升、创新创业生态更加优化"4个目标，提出科技创新能力提升、创新创业主体培育、创新创业型产业集聚融合发展等八大"硬核"举措；出台《南宁市推进大众创业万众创新示范基地建设实施方案》等政策文件，进一步完善科技创

---

① 《推动产业链创新链深度融合》，"经济日报"百家号，2022年4月27日，https：//baijiahao.baidu.com/s？id=1731210842970505660&wfr=spider&for=pc。

新体系建设；出台《南宁市促进全社会加大研发投入实施方案》，提出健全完善以政府财政投入为引导、以企业投入为主体的多元化、多渠道、多层次的研发投入体系，强化科技金融服务支撑，拓宽社会资本投资渠道。据统计，2021年南宁市全社会研究与试验发展（R&D）经费投入57.3亿元，同比增长14.35%，经费总额、增长量均排全区各市首位；R&D经费投入强度约为1.12%，较上年增长0.05个百分点，高于全区平均水平（0.81%）。①2021年，《南宁市本级科研项目经费包干制试点管理办法》出台，提出赋予科研人员更大的人、财、物支配权，并强化法律、知识产权等专业服务支撑；《关于进一步深化科技体制改革全面落实强首府战略的若干措施》出台，提出以科技创新、人才创新助推产业高质量发展，加快建设创新型城市和区域性科技创新中心。2022年，《南宁市产业链、创新链、人才链融合发展工作方案》出台，提出通过攻克关键技术、建设创新平台、培育创新企业、引育创新人才，推动形成产业链、创新链、人才链融合发展新格局。

（二）企业创新主体地位持续凸显

企业是科技创新的主体，也是产业链创新链融合发展的主体。南宁市支持以企业为核心打造科技创新联合体，创新型企业不断壮大。一方面，科创企业不断提质增量。截至2022年7月，南宁市共有国家科技型中小企业1011家，同比增长18.5%；高新技术企业1378家，同比增长19.62%，37家企业进入广西高新技术企业百强榜单；拥有广西瞪羚企业45家，占全区总数的34.09%；拥有4家国家技术创新示范企业、23家广西技术创新示范企业，各类科技型企业的数量在全区均居首位。②2021年，1149家企业获得市级研发投入奖补资金8980万元，869家企业获得自治区级研发投入奖补资金2.28亿元。华蓝集团于2021年在深交所创业板成功上市，田园生

---

① 相关资料来源于南宁市科技局网站，http://kjj.nanning.gov.cn/zwgk/kjghjh/t5417160.html。
② 相关资料来源于南宁市科技局网站，http://kjj.nanning.gov.cn/ztzl/rdjy_zxta/zxta/t5283195.html。

化、华纳新材料进入 2022 年广西重点拟上市企业名单。另一方面，不断强化关键核心技术攻关。2021 年，南宁市围绕企业发展需求部署重大科技项目，包括电子信息制造、新能源汽车关键技术及零部件研发、高端铝精深加工技术研究、创新药研发等，组织实施一批重大科技专项和重点研发项目，供相关单位申报。2021 年，南宁市共下达研发经费 3735 万元，用以支持 24 项重大科技专项；组织实施科技计划项目 46 项，安排科技经费 2600 万元，其中，28 项产业链、创新链、人才链融合发展项目获科技经费 1785 万元。[①]

（三）重大支撑性创新平台建设取得进展

创新平台是产业链创新链融合发展的重要依托，为提高科研成果转化效率、提高创新驱动力，南宁市聚焦重点产业发展，大力推动创新平台建设。一是加强企业创新平台建设。围绕产业链需求，支持引导有条件的企业联合高校、科研院所建设重点实验室、研发机构等各类创新平台。截至 2022 年 7 月，南宁市已建成博世科环保公司等国家级创新平台 35 家、自治区重点实验室 62 家、广西工程技术研究中心 108 家、广西新型研发机构 28 家。[②] 二是创新研究机构组建模式。围绕重点产业链需求，支持园区、高校、科研院所和龙头企业通过合作、共享等方式组建研发平台。截至 2022 年 3 月，南宁市共有广西绿色道路建养材料科技成果转化中试研究基地、广西高端铝合金新材料科技成果转化中试研究基地等 7 家自治区级科技成果转化中试研究基地，数量位居全区第一。引进高校、科研院所、龙头企业等到南宁组建新型产业技术研究机构，破解重大技术难题，促进科技成果转化和产业化。截至 2022 年 7 月，累计引进广西智能驾驶研究院、广西精准医学产业技术研究院等新型产业技术研究机构 17 家，带动 24 项前瞻性技术成果在南宁转化，5 家企业被自治区认定为区级新型研发机构；

[①] 相关资料来源于南宁市科技局网站，http：//kjj. nanning. gov. cn/zwgk/kjghjh/t5417160. html。

[②] 相关资料来源于南宁市科技局网站，http：//kjj. nanning. gov. cn/ztzl/rdjy_zxta/zxta/t5283195. html。

与深圳清华大学研究院合作建设的南宁力合科技创新中心累计引进创新项目31项，启动2亿元力合产业基金募集工作。① 三是大力培育科技创新企业队伍。南宁市建立了"科技型中小企业—高新技术企业—瞪羚企业—独角兽企业"梯级培育体系，引导支持企业不断提升科技创新实力。建设创新型孵化载体，孵化培育中小型企业。截至2021年，全市已拥有科技企业孵化器31家（其中国家级7家、自治区级11家）。主动融入粤港澳大湾区、长三角地区，在深圳、上海建设"飞地孵化器"。强化高校产学研协同创新，桂林电子科技大学、桂林理工大学南宁产教融合基地落地运营，共引进科研团队13个，培养研究生203名，引进和孵化企业21家。②

（四）重大科技项目取得重要进展

重大科技项目是科技发展的重点，也是产业链创新链融合发展的重要载体。近年来，南宁市实行重大科技项目"揭榜挂帅"工作制，助力重大科技项目加速落地，成功解决了一批制约产业发展的关键技术难题。例如，首套国产自主高端高精铝合金中厚板辊底炉项目实现了航空航天用铝合金板材生产装备关键技术的突破，填补了国内空白，达到国内领先、国际先进水平；博世科环保公司的"大型二氧化氯制备系统及纸浆无元素氯漂白关键技术及应用"项目获国家技术发明奖二等奖，田园生化公司的"防治农作物主要病虫害绿色新农药新制剂的研制及应用"项目获国家科学技术进步奖二等奖；重大技术项目"香蕉枯萎病综合防控技术研究与应用"相关成果转化为具有广西自主知识产权的首个抗枯萎病品种"桂蕉9号"，实现了广西抗枯萎病香蕉品种选育的重大突破。

---

① 相关资料来源于南宁市科技局网站，http：//kjj. nanning. gov. cn/ztzl/rdjy_zxta/zxta/t5281 696. html。

② 相关资料来源于南宁市科技局网站，http：//kjj. nanning. gov. cn/ztzl/rdjy_zxta/zxta/t52831 95. html。

二 南宁市产业链创新链融合发展存在的问题

（一）融合发展的体制机制有待进一步健全

一是部门合力不足。虽然南宁市已经成立产业链、创新链和人才链融合发展工作领导小组，但是各部门在工作谋划过程中推动产业链创新链融合发展的意识不强，部门间协作机制不够健全，缺乏常态化会商机制，部门间对接力度不足，同步布局创新平台的产业项目较少。二是工作力量有待加强。南宁市部分县（市、区）及开发区在机构改革后将科技管理部门并入发展改革等部门，现有科技管理人员多为兼职，人员力量相对薄弱。三是政府与高校、科研院所等主体的创新协作机制还未有效建立，技术转化、人才扶持、创新创业等发展基金运作不够成熟，市场主体的作用未得到充分发挥，社会资本投入积极性不足。四是政府政策配套机制有待进一步健全，科技体制改革有待持续深化，科研人员的激励政策落实不到位，产业链创新链融合发展综合服务平台欠缺，财政政策、税收政策等政策手段的发挥空间还有待挖掘。

（二）产业链创新链之间的供需体系存在错配和结构性失衡

一是产业发展要素不足，产业链闭环尚未形成。南宁市产业融合度不高、支撑体系不够完善、自主创新能力不强、抗风险能力较低等问题比较突出。现有产业"自我造血"功能不足，大部分落地产业项目以简单加工装配为主，同质化严重，产品附加值较低，技术含量和附加值高的部分仍在深圳、浙江等发达地区，大部分产业龙头企业无法有效地整合行业资源，难以形成产业链闭环。二是产业链创新链对接不畅。现有创新资源与本地产业不完全适配，导致供需结构性失衡。

（三）重点产业链整体创新能力有待增强

一是重点产业链创新主体少。南宁市的产业结构中，新能源汽车、先进装备制造、生物医药、新材料等新兴产业占比仍然偏低，不利于高科技企业培育和集聚。中小微企业虽然数量较多，但是国家级"专精特新"中小企业数量依旧较少，相较于昆明、柳州等城市还有一定差距（见图1）。二是创新投入不足。一方面，驻邕高校、科研院所作为南宁市的创新源头，研发投入占比较高，但受限于财政科技投入，近年来驻邕高校、科研院所研发投入呈现下降态势，对南宁市总体 R&D 经费投入造成较大影响，促进全社会加大研发经费投入力度的机制亟须进一步优化；另一方面，经济下行压力加大，市场需求持续下滑，导致企业生产运营成本激增，企业盈利困难，进而影响企业进行创新研发的主观能动性。

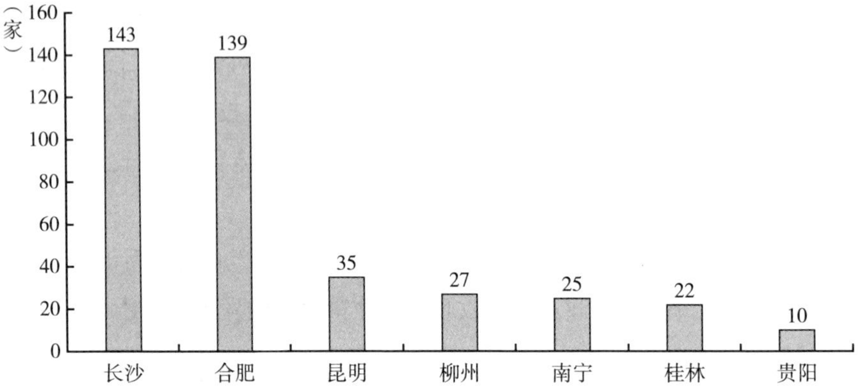

图1　2022 年中国部分城市国家级"专精特新"中小企业数量

资料来源：各地科技局网站，课题组整理。

（四）优质教育资源及创新人才供给不足

一是优质教育资源稀缺，本土人才培育能力不足。驻邕高校、科研院所数量虽多，但重点本科院校占比较低，博士后科研工作站、流动站不多，难以培育本土高端科研人才。二是产业基础薄弱，人才承载能力不足。南宁市新能源汽车等新兴产业发展相对发达地区而言起步较晚，产业化程度不够高，能够提供给高层次人才的就业岗位不多，部分本土人才难以扎根，人才外流现象较为突出。三是高层次人才招引存在困难。尽管南宁市近年来为吸引人才出台了若干人才政策，但与深圳、广州等先进发达地区相比，在城市吸引力、创新创业生态、人才政策力度上还存在一定差距，区域人才竞争比较优势以及人才集聚效应还不够明显。

（五）引领性高水平创新平台匮乏

一是创新平台的数量和质量还有待提升。南宁市现有创新平台的体量及规模相对较小，大项目储备不足，国家级重点实验室数量较少，相较于长沙、合肥、海口、昆明等中西部城市还有一定差距（见图2），尤其是像桂林电子科技大学南宁研究院这样集产学研于一体的大型创新平台比较少，推动新兴产业发展的创新平台数量不多。二是产业化发展进度较慢。创新平台的核心团队大多为技术性团队，市场化运营思维薄弱，市场推广能力有待提升；部分创新平台产品创新性强，但是获取客户信任和产品验证周期长，且收益较慢，产业化进程滞后。三是市县联动有待加强。在创新平台引进组建过程中，县（市、区）及开发区联动不够，创新类项目投入大、周期长、见效慢，短期内难以满足产业发展预期，从而导致部分县（市、区）及开发区组建创新平台的积极性不高，推动创新平台建设工作进展相对缓慢。

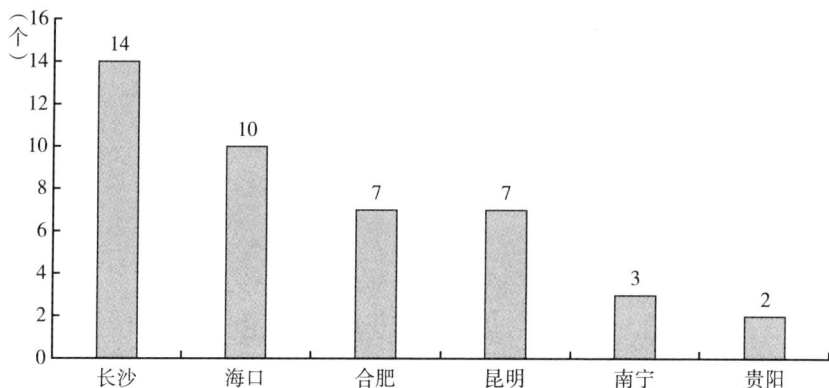

图2　2022年中国部分城市国家级重点实验室数量

资料来源：各地科技局网站，课题组整理。

（六）科技成果转化体系还未全面建立

一是科技成果转化技术占比、转化动能不高。尽管南宁2021年的技术合同成交额高于贵阳、昆明，但相较于长沙、合肥、深圳、成都、西安等其他发达地区还有差距（见图3）。同时，技术交易额占技术合同成交额的比重从2019的54.33%下降至2021年的33.12%，近几年南宁市的技术合同成交额虽然逐年增长，但技术交易额的占比一直未能提高。① 二是科技成果与市场需求衔接不紧密。科技成果质量较低，无法满足科技成果的商品化需求。部分科技成果产出只为满足项目验收、知识产权保护等要求，本身并无太大的产业化价值，经不起市场考验；部分科技成果虽具有市场化潜质，但无法提供"交钥匙"产品，还需经过较长时间的二次开发。

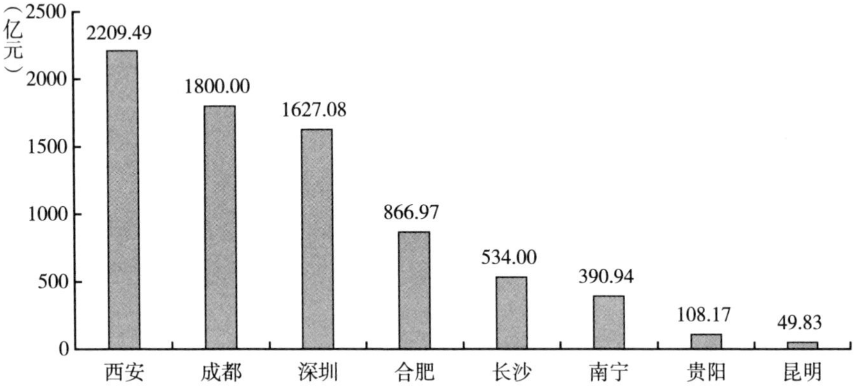

图3 2021年中国部分城市技术合同成交额

资料来源：各地市政府网站，课题组整理。

三 南宁市加快推进产业链创新链
融合发展的对策建议

（一）建立健全与产业链创新链融合发展相适应的体制机制

一是建立健全产业链创新链融合发展协作机制。以产业链创新链融合发

---

① 相关资料来源于全国技术合同登记系统。

展为目标完善部门间协作机制，打通相关部门的联动通道，推动发改委、科技局、工信局等核心职能部门建立定期的信息交互制度，聚焦问题导向，消除部门数据壁垒。同时，围绕工作专班配齐工作人员队伍，避免出现"有活没人干，工作没人推进"的情况。建立政府与学术机构等科研主体的创新协作机制，围绕产业链创新链融合发展，成立多主体参与的相关科研项目攻关小组，加强与市场主体的协作，积极发挥社会资本的作用，打造产业链创新链融合发展综合服务平台、区域合作联盟等。

二是建立健全产业链创新链融合发展市场化、法治化机制。发挥市场在资源配置中的决定性作用，推动创新类要素和产业类要素自由流通，消除阻碍要素流动的制度壁垒，明晰政府与市场的边界，充分发挥企业在融合发展进程中的主体地位，激发市场主体的创新积极性，防止过度干预产业链创新链融合发展的市场行为。优化产业链创新链融合发展的市场化、法治化环境，发挥政府引导作用，做好优质服务的提供者，坚决打击窃取、侵权等行为，以更有力的措施保护知识产权。

三是建立健全产业链创新链融合发展政策配套机制。全面深化科技体制改革，在《关于进一步深化科技体制改革全面落实强首府战略的若干措施》等现有政策的基础上谋划出台《推进中国—东盟科技城建设实施方案》《推进南宁市产业链、创新链、人才链、资金链融合发展的实施细则》等政策文件，重在完善相关政策配套体系，最大限度地发挥政策"组合拳"的多重激励作用，为不同社会主体在推动产业链创新链融合发展方面保驾护航。大力推动与在邕高校、科研院所在产业链创新链融合发展方面的合作，为高校、科研院所与企业合作搭建对接平台，打造"政府+高校+科研院所+企业"的创新创业生态。

四是健全产业链创新链融合发展精准帮扶机制，实施重点产业创新企业清单制。以新能源汽车、机械装备制造、电子信息、高端金属新材料、高端绿色家居、生物医药六大产业链为重点，完善重点企业及上下游核心关联企业清单、问题清单、任务清单"三张清单"，加强运行调度，建立问题快速解决机制，帮助重点产业创新主体解决关键环节的堵点和断点。在产业链创新链融合发展领域加大调查研究力度，以问题反馈为锚点，精准分析和对接，实现帮扶效果最大化。

（二）打造高效、优质的产业链创新链融合发展生态环境

一是打造产业链创新链融合发展的科技服务生态。依托中国—东盟科技城和南宁·中关村创新示范基地等载体，积极推进科技服务行业发展，加快打造服务优质、运转高效的科技服务体系，形成面向产业链创新链融合发展的全链条服务架构。加快建设融共性技术服务、投融资服务、信息共享服务、科创中介服务等为一体的开放式产业链创新链融合发展服务平台，降低产业链创新链融合发展服务成本，进而助力提升全要素生产效率。发挥不同创新载体之间的协同作用，依托技术服务能力较强的科研机构和科技研发设施，面向重点产业链发展主战场，推动原始创新、链上创新、应用创新联动发力，提升电子信息、新能源、生物医药、先进装备制造等重点产业链整体创新能力。围绕重点产业园区加强公共服务等基础设施建设，以研发、技术、人才为核心，推动园区工作、生活和学习环境的便捷化、适宜化、舒适化，全面提升园区产业能级和服务功能，强化南宁市在全区优质科创资源中的核心地位。

二是完善产业链创新链融合发展的人才生态。依托南宁市已出台的《南宁市加强和改进新时代人才工作的若干措施》等人才政策，面向东盟引才聚才，谋划出台《建设中国—东盟人才城（南宁）实施方案》，在激发科研人员活力和为科研人员减负上提供更多制度性激励，充分运用财政政策、税收政策等政策手段为"专精特新"等重点企业和"高精尖缺特"等关键人才开展研发创新、购买重要研发设备、出国（境）学术交流等提供补贴，在人才住房补贴货币化、老人养老便利化和子女教育贴心化等方面做实做细，进一步提升产业规划和人才引进的匹配度，建设立足南宁市的高水平人才队伍，形成人才集聚效应。支持大学生在邕进行创新创业，并给予一定数额的创业扶持资金、场地租赁补贴，支持在邕建立面向全国优秀毕业生的创业孵化园区，搭建服务人才和产业的公共交流平台。加强科研院所、高校以

及企业的互动,进一步深化产学研教融合。持续加大对市内高校和科研院所的研发投入力度,鼓励科研院所及高校进行创新研发和成果转化。同时,以广西大学、广西民族大学、广西医科大学、广西农业职业技术大学、桂林理工大学南宁分校等驻邕高校为平台,积极构建立足南宁市的产业链创新链融合发展人才培养体系。

(三)加快打造一批重大产业创新研发平台

一是围绕高校联盟打造重大产业创新研发平台。引入国内重点院校打造科技产业重点实验室,强化创新资源优势整合,打造东盟跨境产业链创新研发平台。围绕电子信息、化工新材料、中药材加工、新能源汽车等产业链,加强高校间的创新协作,联合攻关核心关键技术和产业共性技术,打造"重点实验室、技术创新中心、中试基地、企业技术中心、科技产业园区"等重大产业创新研发平台,强化基础研究力量。以行业组织为桥梁,支持组建多元化的科技创新平台。

二是聚焦重点产业链发展的系统性技术需求,支持博世科环保、南南铝加工、润建股份、田园生化等产业链重点龙头企业牵头,联合行业上下游中小微企业、产学研力量组建科技创新平台。加快推动广西大学、广西科学院、广西中医药大学、广西农业科学院和广西产业技术研究院等驻邕高校及科研院所联合企业建设协同科技创新平台,整合比亚迪、瑞声科技等龙头企业,开展科技创新平台建设。加快推动已落地科技创新平台的产业化发展,引导推动科技创新平台融入本地产业,强化与上下游企业的技术合作。

三是强化"硬科技"创新布局力度和发展深度。针对"硬科技"创新布局,加快补齐南宁市在电子信息、新能源汽车、通信设备、生物医药、高端环保装备等产业领域的短板,联合组建的科技创新联盟布局企业创新链,强化面向东盟、迎合粤港澳大湾区及北部湾经济区建设的应用基础研究。每年度滚动式实施一批协同创新项目,以"赛马"及"揭榜挂帅"等方式,突破科技制造的技术瓶颈,激发科技企业的创新动能。

四是以产业创新研发平台为载体,推动特色产业链融入新发展格局。重点推动南宁市打造器件及零部件生产基地、精深加工基地、出口制造基地,重点关注新能源汽车、电子信息、金属新材料、绿色化工新材料四大产业链以及机械装备制造、特色食品、生物医药与大健康制造、纺织服装、智能家电等若干特色产业链,通过高峰会议和交流论坛,整合跨境商务产业链,推动与东盟的交流对接及互访合作。

(四)完善强化科技型企业创新能力的多重激励体系

一是加强新型主体培育,大力扶持龙头企业,推动战略性新兴产业发展。在新能源汽车产业上,依托比亚迪、合众等重点企业,打造品牌突出、零部件配套率较高的产业链;在电子信息产业上,打造电子信息产业基地,围绕瑞声科技、浪潮集团等龙头企业,形成具有较强创新能力的电子信息产业链;在生物医药产业上,依托百会药业等龙头企业的科研力量,开展生物化学制剂实验,聚焦抗癌类重大疾病新药开发,打造具有创新特色的生物医药产业链。

二是针对高端装备、电子信息、生物医药、新能源汽车等领域,强化财政支持。重点支持新兴产业园区建设,尤其是新型医疗器械研发产业园、"定制药园"等片区的项目建设。就科技企业而言,重点支持进入"独角兽企业"名单、"瞪羚企业"名单、"专精特新"企业名单的优质企业的发展。围绕中小科技创新企业设立创新专项扶持基金,联同桂林和北海设立产业协同创新专项扶持基金,支持科技企业与区内外科研院所形成产学研共建体系,支持电子信息、高端装备、终端医疗等领域的科技企业的项目研发。

三是强化项目建设,实施强链补链延链工程。坚持增量加大投入和存量调整优化并举,围绕研发外包、新药仿药等集生产与销售于一体的化学产业链以及医疗器械设计、生产制造、产品检测等医疗装备产业链,强化招商引资、技术改造和项目要素保障,培育建设一批强链补链延链项目,推动产业向价值链中高端攀升,促进产业链上下游协同发展,提升科技企业创新能力。

（五）加快构建畅通、高效的全链条科技成果转化体系

一是以"钱变纸"布局科技创新，围绕特色产业链及重点产业链的关键环节进行科学技术攻关；以"纸变钱"促进产业链发展，以市场为导向、以需求为牵引布局产业链，提升一体化科技成果转化利用率。根据重点产业链的薄弱环节，结合东盟各国的资源禀赋、产业关联，打造连接多国、整合资源、优势互补、互利共赢的产业链，引进柬埔寨铝土矿、泰国橡胶、缅甸铜矿等生产原料，打通科技创新的薄弱环节，加快形成高效畅通的创新链。通过南宁—东盟产业园区建设，紧扣企业、行业和区域市场需求，推动"纸变钱"，以创新链布局产业链发展，让产业链创新链转化为财富链。

二是加强科学创新和技术创新的有效衔接。加大高科技人才团体项目、院士工作站的备案力度，深入落实"揭榜挂帅""定向委托"制度，激发科研机构的创新活力，解决好产业环节从科学到技术的转化问题。与北京大学、复旦大学等高校打造联合培养机构，联合推进工科建设，不断做大做强南宁市高校工科，培养与工业产业发展相匹配的工科人才，同时在联合培养机构中打造能孵化新技术的平台。

三是加快完善畅通、高效的全链条科技成果转化体系，推动科技成果加速转化。完善以市场为导向、以企业为主体、产学研资充分参与的全链条科技成果转化体系，聚焦产业链创新链融合发展的需求，建立科技创新成果与产业项目对接机制，在加快科技创新的同时明确产业发展导向，精准把握以创新链布局产业链的尺度。支持园区、高校、科研院所和龙头企业建设一批开放共享的中试基地，推动广西无机与合金材料科技成果转化中试研究基地、广西环保技术装备科技成果转化中试研究基地等向市内企业和科研院所提供中试研究服务，助推科技成果转化。加快建立国家科技成果转化（南宁）服务示范基地综合信息服务平台，开展线上线下相结合的技术交易活动。以科技成果转化挖掘产业潜力，以科技创新提升产业链现代化水平，增强创新链布局产业链的能力。

参考文献

张典：《推动产业链、创新链、价值链深度融合加速培育我国外贸企业品牌化发展》，《国际商务财会》2022 年第 21 期。

郑琼洁、付启元、何娟：《推动人工智能创新链与产业链深度融合》，《唯实》2022年第 11 期。

张杰：《强化国有企业对中国国家自主创新能力体系支撑力的途径与对策》，《河北学刊》2022 年第 6 期。

褚思真、万劲波：《创新链产业链的融合机制与路径研究》，《创新科技》2022 年第10 期。

孙琴、刘戒骄、胡贝贝：《中国集成电路产业链与创新链融合发展研究》，《科学学研究》2022 年 10 月。

马丽、龚忠杰、许堞：《粤港澳大湾区产业创新与产业优势融合的时空演化格局》，《地理科学进展》2022 年第 9 期。

刘婧玥、吴维旭：《产业政策视角下创新链产业链融合发展路径和机制研究：以深圳市为例》，《科技管理研究》2022 年第 15 期。

陈琦：《广西深化产业链与创新链融合发展的实践与路径思考》，《市场论坛》2022年第 7 期。

林淑君、倪红福：《中国式产业链链长制：理论内涵与实践意义》，《云南社会科学》2022 年第 4 期。

B . 10
南宁市生产性服务业与制造业
融合发展的对策

南宁市社会科学院课题组[*]

摘　要： 生产性服务业与制造业融合发展已成为推动产业结构转型升级和
经济高质量发展的有力抓手。南宁市生产性服务业和制造业之间
存在依存关系，但两者融合发展仍面临一些困难和挑战，需要从
加快推进制造业数字化转型、促进制造业服务化转变、推进重点
行业融合发展、积极培育两业融合新模式新业态等方面推进南宁
市生产性服务业与制造业融合发展。

关键词： 生产性服务业　制造业　高质量发展　南宁

近年来，推进生产性服务业与制造业融合发展，使二者互促共赢成为我
国经济发展的重要议题之一。2017 年，国家发展和改革委员会印发《服务
业创新发展大纲（2017—2025 年）》，指出要"充分发挥制造业对服务业
发展的基础作用，有序推动双向融合，促进有条件的制造企业由生产型向生

* 课题组组长：李君安，南宁市社会科学院《创新》编辑部主任、编审。课题组成员：杨彧，
广西社会科学院院刊编辑部副编审；李妍，南宁市社会科学院《创新》编辑部编辑、助理研
究员；郝晓雨，南宁市社会科学院《创新》编辑部编辑、实习研究员；龙敏，南宁市社会科
学院科研管理所所长、副研究员；宁春园，南宁市社会科学院办公室副主任、中学一级教
师；丁浩芮，南宁市社会科学院社会发展研究所所长、助理研究员；申鹏辉，南宁市社会
科学院办公室科研人员；邓学龙，南宁师范大学教研室主任、副研究员；廖雅欣，南宁市统
计局办公室一级科员；皇甫舒婷，南宁市统计局数据管理中心副主任；陈正煜，南宁市社会
科学院《创新》编辑部编辑；冯畅，广西国际商务职业技术学院高级经济师。

产服务型转变、服务企业向制造环节延伸"。推动南宁市生产性服务业与制造业融合发展，对推动南宁市经济高质量发展、提升经济首位度具有重要意义。

一 南宁市生产性服务业与制造业融合发展现状

（一）生产性服务业与制造业融合水平测度方法与数据来源

1. 测度方法

目前，测度生产性服务业与制造业融合水平的方法主要有投入产出法、耦合协调度法、赫芬达尔指数法和专利系数法等。鉴于地级市制造业和生产性服务业各行业增加值数据和专利数据的可获得性较差，本报告利用南宁市2007年、2012年和2017年的投入产出表，运用直接消耗系数、中间投入率、感应度系数、影响力系数等指标进行测度。其中，直接消耗系数与中间投入率为衡量直接融合度和整体融合度的指标，其值越大，说明部门之间的联系越紧密。感应度系数和影响力系数能够反映生产性服务业对制造业的拉动作用的大小，是测度产业融合水平的重要指标。

2. 数据来源

2007年的投入产出数据源自南宁市统计局编制的2007年南宁市国民经济投入产出表，2012年和2017年的投入产出数据源自中国碳核算数据库（CEADs）发布的全国309个地级市的多区域投入产出表（MRIO），在对多区域投入产出表进行空间加总后，得到南宁市2012年和2017年的竞争性投入产出表。值得注意的是，第四次全国经济普查后，南宁市对地区生产总值数据进行了调整。因此，运用上述以第四次全国经济普查之前数据为基础构建的投入产出表测度产业融合水平仍然存在一定误差。

（二）生产性服务业与制造业的直接消耗系数

直接消耗系数即中间产品的投入系数，反映了任何两个产业部门之间的直接经济联系，其值越大，说明部门之间的联系越紧密，产业融合度越高。

以 2012 年和 2017 年制造业各部门对生产性服务业各部门的直接消耗系数为
例，总体而言，交通运输、仓储和邮政业，租赁和商务服务业，科学研究和
技术服务业以及信息传输、软件和信息技术服务业等产业对制造业的直接投
入占比相对较高，产业融合度较高。批发和零售业、金融业对制造业的直接
投入占比相对较低，产业融合度较低。从具体产业而言，交通运输、仓储和
邮政业与制造业中的石油、煤炭及其他燃料加工业，化学原料和化学制品制
造业，电气机械和器材制造业等产业的融合度比较高。同样地，信息传输、
软件和信息技术服务业等产业与制造业中的计算机通信和其他电子设备制造
业及电气机械和器材制造业等产业的融合度也比较高。租赁和商务服务业、
造纸和纸制品业、纺织业、食品制造业、烟草制品业等产业之间的融合度也
相对较高。科学研究和技术服务业与制造业中的化学原料和化学制品制造
业，计算机通信和其他电子设备制造业，石油、煤炭及其他燃料加工业等产
业的融合度也比较高。金融业与造纸和纸制品业，印刷和记录媒介复制业，
文教、工美、体育和娱乐用品制造业的产业融合度较高，与其他制造业的产
业融合度较低。批发和零售业与制造业的产业融合度较低。

（三）生产性服务业对制造业的中间投入率

生产性服务业的中间投入率测度了其被投入制造业生产的程度，反映了
生产性服务业对制造业的贡献程度。2007~2017 年，南宁市生产性服务业对
制造业的中间投入率稳步上升，10 年平均提高了 2.47 个百分点。数据表
明，总体而言，制造业对生产性服务业的依赖性有一定程度的增强，两类产
业部门之间的联系也越来越紧密。其中，生产性服务业对纺织业，纺织服
装、服饰业，石油、煤炭及其他燃料加工业，非金属矿物制品业，专用设备
制造业，电气机械和器材制造业以及其他制造业的中间投入率上升较快，说
明上述制造业与生产性服务业的关系较为紧密、融合度较高，其发展能有力
带动生产性服务业的发展。而生产性服务业对有色金属冶炼和压延加工业、
仪器仪表制造业的中间投入率则大幅下降，说明这两个行业与生产性服务业
的紧密度下降，对生产性服务业的拉动能力减弱。

（四）生产性服务业对制造业的感应度系数

感应度系数为生产性服务业部门（共 6 个）对制造业（将 17 个制造业部门作为一个整体）变动后的感应能力，反映了生产性服务业部门对制造业发展的推动程度。如果感应度系数大于 1，说明生产性服务业部门对制造业的推动作用超过平均水平。由表 1 可知，总体而言，批发和零售业，交通运输、仓储和邮政业以及金融业对制造业的感应度系数在 2007 年、2012 年和 2017 年 3 个年份中至少有两年大于 1，说明批发和零售业，交通运输、仓储和邮政业以及金融业对制造业的推动作用超过平均水平；而其他生产性服务业部门对制造业的感应度系数在 2007 年、2012 年和 2017 年均小于 1，说明它们对制造业的推动作用相对较小，有待进一步提升。

表 1　2007 年、2012 年和 2017 年南宁市生产性服务业对制造业的感应度系数

产业部门	2007 年	2012 年	2017 年
批发和零售业	2.13	1.76	1.63
交通运输、仓储和邮政业	1.50	1.81	1.78
信息传输、软件和信息技术服务业	0.18	0.24	0.48
金融业	0.97	1.51	1.07
租赁和商务服务业	0.82	0.62	0.76
科学研究和技术服务业	0.40	0.07	0.28

注：2007 年交通运输、仓储和邮政业由交通运输业、仓储业合并而得；科学研究和技术服务业由科学研究和技术服务业、综合技术服务业合并而得。

（五）生产性服务业对制造业的影响力系数

影响力系数为生产性服务业部门（共 6 个）对制造业（将 19 个制造业部门视为一个整体）的影响，反映了生产性服务业部门对制造业的带动程度。如果影响力系数大于 1，说明生产性服务业部门对制造业的带动程度超

过平均水平。由表2可知，在2007年、2012年和2017年，交通运输、仓储和邮政业，科学研究和技术服务业，租赁和商务服务业对制造业的影响力系数均大于1，说明这3个产业对制造业发展的带动作用比较大；信息传输、软件和信息技术服务业对制造业的带动作用逐渐增强，其对制造业的影响力系数在2017年大于1；与此同时，3个年份中，批发和零售业、金融业对制造业的影响力系数均小于1，表明上述两个产业对制造业的带动作用相对较小。

表2　2007年、2012年和2017年南宁市生产性服务业对制造业的影响力系数

产业部门	2007年	2012年	2017年
批发和零售业	0.53	0.40	0.40
交通运输、仓储和邮政业	1.45	1.45	1.10
信息传输、软件和信息技术服务业	0.95	0.92	1.16
金融业	0.48	0.78	0.87
租赁和商务服务业	1.26	1.35	1.33
科学研究和技术服务业	1.34	1.11	1.15

注：2007年交通运输、仓储和邮政业由交通运输业、仓储业合并而得；科学研究和技术服务业由科学研究和技术服务业、综合技术服务业合并而得。

二　南宁市生产性服务业与制造业融合发展中存在的问题

（一）制造业基础薄弱

工业一直是南宁市经济发展的短板，存在规模小、增速低等问题。2021年，南宁市工业增加值占地区生产总值的比重仅为12.24%，远低于全国33.90%的平均水平。[①] 2015年以来，南宁市工业增加值一直在600亿元左

---

① 根据2022年南宁市情统计手册和中国统计年鉴相应数据计算得出。

右徘徊，增长缓慢，与西南省会城市昆明和贵阳相比，差距在不断扩大。2015~2021 年，昆明和贵阳的工业增加值分别由 1039.76 亿元和 714.15 亿元增长到 1571.95 亿元和 1006.81 亿元，分别增长 532.19 亿元和 292.66 亿元，实际年均增速分别为 6.62% 和 6.97%。而同期南宁的工业增加值仅增加 64 亿元，实际年均增速仅为 1.38%。①

制造业是工业的主要组成部分，在面临规模小、增速慢的同时，面临产业门类不齐全、高技术制造业增加值偏低等问题。除了资源约束导致的石油和天然气开采缺失外，金属制品、机械和设备修理服务也缺失。制造业特别是高技术制造业比重较低，而其他中低技术制造业比重较高。以 2017 年为例，前者增加值占全部制造业增加值的比重仅为 13.66%，后者比重达到 86.34%。②

（二）生产性服务业结构有待优化

以 2017 年为例，以当年价格计算的南宁市生产性服务业增加值为 1081.30 亿元，其中批发和零售业，交通运输、仓储和邮政业等传统服务业增加值占比为 46.58%，金融业增加值占比为 32.64%，信息传输、软件和信息技术服务业等现代服务业增加值占比仅为 20.78%，明显偏低。③ 总体而言，传统服务业对制造业的影响力较小，其总体占比的提高并不会带来制造业的高质量增长。而金融业对制造业的影响力系数低于平均水平，且其增加值占比自 2017 年以来一直接近 12.00%，甚至高于成都（11.40%）、苏州（8.68%）等经济较发达城市。④ 因此，大力发展信息传输、软件和信息技术服务业等对制造业影响力较大的生产性服务业，促进生产性服务业向专业化和价值链高端延伸是生产性服务业发展的方向。

---

① 根据 2022 年南宁市情统计手册和昆明、贵阳统计年鉴计算得出。
② 根据中国碳核算数据库 2017 年中国多区域投入产出表计算得出。
③ 根据中国碳核算数据库 2017 年中国多区域投入产出表计算得出。
④ 根据 2022 年南宁市情统计手册和成都、苏州统计年鉴计算得出。

（三）两业融合程度偏低

总体而言，南宁市生产性服务业对制造业的中间投入率较低，制造业对生产性服务业的直接消耗系数较小，2017年南宁市生产性服务业对制造业的中间投入率虽然总体攀升到11.37%，但仍然低于同期全国11.45%的平均水平。[①] 经验表明，经济越发达，制造业服务化程度越高，也意味着生产性服务业尤其是研发设计、数字技术、信息传输技术等对制造业的中间投入率越高，这是全球制造业发展的主要特征。就南宁市生产性服务业与制造业融合发展而言，其融合程度偏低的最直接表现就是数字技术与服务业融合发展程度低，数字经济、共享经济、体验经济等新兴服务经济缺乏亮点，与经济发达地区存在较大差距。智能装备制造、工业自动化、工业软件、工业互联网等领域也缺乏龙头和规模以上企业。

（四）制造业对高端生产性服务业的中间需求率较低

中间需求率是指某一产业的中间需求与总需求的比例，反映了某一产业产品作为生产资料和消费资料的比例。表3展示了2007年、2012年和2017年南宁市制造业对生产性服务业的中间需求率。由表3可知，制造业对批发和零售业，交通运输、仓储和邮政业等传统服务业的中间需求率高于它对信息传输、软件和信息技术服务业等高端产业部门的中间需求率。尤其是信息传输、软件和信息技术服务业，虽然制造业对其的中间需求率增长较快，但仍处于较低水平，表明信息技术和智能化服务在制造业发展中尚未得到充分应用。此外，制造业对金融业的中间需求率呈现下降趋势，这也是制造业金融投资吸引力下降的现实反映。制造业对高端生产性服务业偏低的中间需求率将影响制造业的转型发展和生产性服务业的结构升级。

---

① 根据中国碳核算数据库2017年中国多区域投入产出表计算得出。

表3 2007年、2012年和2017年南宁市制造业对生产性服务业的中间需求率

单位：%

产业部门	2007年	2012年	2017年
批发和零售业	21.91	22.10	24.95
交通运输、仓储和邮政业	14.58	25.15	25.57
信息传输、软件和信息技术服务业	1.76	4.45	8.83
金融业	15.32	10.21	4.48
租赁和商务服务业	11.31	8.63	16.96
科学研究和技术服务业	9.45	1.76	16.55

注：2007年交通运输、仓储和邮政业由交通运输业、仓储业合并而得；科学研究和技术服务业由科学研究和技术服务业、综合技术服务业合并而得。

三　强首府战略背景下推进南宁市生产性服务业与制造业融合发展的建议

（一）加快推进制造业数字化转型

深化新一代信息技术与制造业的融合发展，以探索数据价值化为核心，以未来工厂引领企业组织形态变革为方向，为制造业注入新动能，实现制造业发展质量、发展效率和发展动力的提升，促进制造业向高质量发展的方向迈进。

1.推动制造企业数字化智能化转型

大力实施智能制造工程，重点扶持运用智能化装备和数字技术的数字化转型和智能化改造项目。以数据为主线，支持有条件的制造企业探索业务全流程数字化转型和产品全生命周期数字化管理，构建产品、业务闭环，发展数据驱动制造。大力推进数字化智能化示范车间和示范工厂建设，在数字化管理、智能化制造、网络化协同、个性化定制等智能制造领域树立南宁标杆。积极推进制糖、化工、建材、木材加工、造纸等传统优势制造业与信息技术制造业和服务业深度融合，推进传统产业朝高端化、智能化、数字化方

向发展，加快传统产业转型升级。深度融合新一代信息技术，加快推进装备制造产业核心部件及关键系统技术研发和产业化，推动铝加工、工程机械、轨道交通装备等产业智能化升级。

2. 推进产业园区、产业集群数字化转型

加快推进产业园区、产业集群数字化转型升级，利用云计算、大数据、工业互联网、区块链、物联网、智能终端等新一代信息技术对传统基础设施进行数字化升级，完善产业园区数字基础设施建设，提高数字服务水平和服务能力。优化数字园区管理平台，打造设备智能化、服务精准化、管理数据化、决策高效化的新型智慧园区，全面提升园区数字化管理水平。构建以数字化智能化技术为支撑的园区员工生产生活服务体系，营造高效、低碳、便捷、舒适的工作和生活环境。以产业数字化转型为导向，在转型需求迫切的制造业产业集群进行数字化转型试点，打造协同高效和智能柔性的新型制造体系。探索建立"虚拟"产业园区和产业集群，构建跨区域、跨平台的产业集群协同机制，打造生产要素整合共享、产业有机联动的"工业共生"新系统。进一步实现平台、企业、政府之间的数据共享，打破信息壁垒，对产业园区、产业集群进行科学分析、研判及预警，打造辅助决策的"工业大脑"。

3. 加快工业互联网平台体系建设

大力引进工业和信息化部发布的跨行业跨领域的工业互联网平台，鼓励进入中国软件业务收入榜、中国互联网企业百强榜的企业在南宁打造工业互联网平台，积极争取中国工业互联网研究院、国家工业互联网大数据中心在南宁设立广西分院和西南（广西）分中心，大力推动富士康、南南铝等有条件的企业加快工业互联网平台建设和应用推广，培育在国内具有较强影响力的行业型、专业型、区域型工业互联网平台，构建全要素、全产业链和全价值链高度协同的新型制造业服务体系。鼓励工业互联网平台与制造业重点行业企业通过多种形式展开合作，共建数字化智能化工厂，提高平台数字化智能化服务水平。加快推进和完善以南宁市信息化工业化融合公共服务平台为基础的工业互联网云服务平台建设和业务推广，实施规模以上工业企业

"上云"行动计划，为南宁市"上云"工业企业提供金融、人才、政策等多领域、全方位的服务，助推制造业高质量发展。

4.培育数字化转型服务生态

构建市场化服务与公共服务协同，政府、企业、行业协会、高校、中介服务机构等多元主体参与，技术、资本、人才、数据等多要素支撑的数字化转型服务生态，加强顶层设计，提升保障能力，解决制造企业数字化转型难题。面向重点行业和企业数字化转型需求，大力培育第三方专业化服务机构，围绕转型咨询、标准制定、测试评估等方向，设计、实施并推广数字化转型方案，提升数字化转型服务市场的规模和活力，助推本地企业数字化转型。支持龙头企业、行业协会与高校加强协同，构建数字化转型技术支持平台，助力产业开展共性技术攻关。整合制造业数字化转型服务资源，打造制造业数字化转型协作中心，提供优质解决方案展示推广、转型培训等公共服务，满足中小微企业数字化转型共性需求，降低企业数字化转型成本，提升企业数字化转型效率。

（二）促进制造业服务化转变

大力推动制造业从单纯的制造端向产业链前端如研发、设计延伸，并向产业链中后端如提供物流、配送及消费者服务方面发展，促进制造业由生产型制造向服务型制造转变。

1.加速推动工业设计创新发展

大力支持工业设计载体建设，鼓励有条件的制造企业设立工业设计部门，积极申报自治区级、国家级工业设计中心，推动创建市级工业设计中心。鼓励和支持瑞声科技、世纪创新等制造企业提升产品设计能力，支持区内外设计机构与全市工业企业开展合作，参与行业标准、国家标准的制定，加强工业设计基础研究和关键共性技术研发，强化工业设计综合服务，打造工业设计生态，增强工业设计能力。推动工业设计由产品设计向产业链设计和服务设计转变，形成新的设计范式，提升工业设计发展质量。加快工业设计产业化发展，培育壮大本土工业设计企业，推动建设工业设计产业集聚区。强化工业设计公共服务能力，搭建共创共享的工业设计协同平台，推广众创、众包、众设等生产性服务新模式。优化工业设计发展环境，营造工业设计发展氛围，支持举办工业设计大赛，推动区内外工业设计人才交流、研发合作和项目对接。

2. 大力推广定制服务

推动制造企业转变生产方式，加速从传统标准化生产模式向大规模个性化定制模式转型。鼓励制造企业加强与消费市场的对接，在能够识别群体客户共性需求的领域，为客户提供定制服务。鼓励有条件的制造企业推出数字化定制服务，打造数字化个性化定制平台，注重用户体验设计和交互设计，关注用户的个性需求，将用户个性化设计理念与定制需求引入产品生产过程。鼓励制造企业建立可定制、订单快速响应、柔性智能的产品制造生产系统，推动产品个性化、部件模块化、配件精细化和零件标准化重组，增强大批量个性化定制服务能力。建立多主体参与的产业链协作平台，推进定制服务多元化发展。

3. 全面加强全生命周期管理

大力支持制造企业围绕产品研发设计、生产制造、安装调试、交付使用、维护检修、回收利用等贯穿产品全生命周期的生产过程开展全链条服务，提高产品附加值。健全以客户为导向的专业化服务体系，支持制造企业提升售前服务能力，完善设备运输、安装演示、设备调试、客户培训等售中服务，拓展监测及诊断、预测性维护、智能检修和设备升级等售后支持服务，提高客户满意度，提升客户黏性。鼓励有条件的企业建设贯穿产品全生命周期的数字化平台和数字孪生体，以及不间断应答中心、追溯服务体系等服务平台，提高生产数据分析处理能力和管理应用能力，全面提升制造企业全生命周期服务水平。

4. 加快构建总集成总承包新模式

支持制造企业加强集成创新，向产品上下游延伸产业链、价值链，实现由生产单一产品和设备向提供整体系统总集成总承包服务方案转变。支持有条件的大中型专用设备制造企业依托核心装备，突破行业界限，提升资源协同能力，为客户提供全过程、一体化、成套性服务业务，以及问题解决集成方案。积极扩大总集成总承包的服务领域，鼓励富士康、南南铝等大型制造企业集中力量进行重点技术开发与攻关，构建从研发到生产、从零件到集成、从设计到综合方案的全产业服务链条。鼓励大型装备制造企业扩大服务规模，由工程承包向"交钥匙"工程、设备成套性解决方案等全领域拓展，延伸制造企业价值链。

（三）推进重点行业融合发展

持续深化生产性服务业与制造业的融合发展，加强优质项目培育，特别是在两业融合发展的重点领域和关键环节进一步延伸产业价值链，加速产业链上下游集聚。

1. 完善汽车制造和服务全链条体系

实施智能汽车创新发展战略，促进人工智能、互联网企业与汽车制造企业融合发展，加快构建汽车产业生态体系。强化融合创新，增强供应链韧性，为汽车制造高质量发展提供有力支撑。推动合众、天际、申龙、玉柴等汽车制造企业大力发展研发设计、检验检测、汽车金融等专业化服务，提升汽车产业的服务质量。加快推进充换电基础设施建设，打通线上线下支付渠道，形成布局合理、智能高效的充换电基础设施体系。探索发展换电和电池租赁服务，推动旧动力电池回收利用，打造新能源汽车新业态。有序发展汽车租赁市场，规范二手车交易、改装、维修保养等售后市场，完善产业生态体系。加强交通大数据挖掘应用，积极发展共享汽车、车联网等专业化服务，延伸汽车服务产业链。

2. 加强电子信息制造业和软件信息服务业融合

以电子信息制造业升级为导向，加快推进以大数据、云计算、物联网、区块链等为代表的新一代信息技术在电子信息制造业领域的创新应用，增强电子信息制造业全链条发展能力，推动电子信息制造业在重要技术领域实现突破。大力发展集成电路产业，加快集成电路产业关键技术研究与要素集聚。积极引入芯片设计企业，推进集成电路芯片生产，建设高水平先进封装测试生产线，推进工艺技术升级和产能提升。推动智能终端制造企业集聚，打造智能终端制造业园区。重点围绕智能车载终端、智能家用视听设备、可穿戴设备等领域，推动智能终端制造企业提升研发设计能力，优化产品线和产业链，提高产品竞争力。积极推进新一代数字技术研发，建设数字技术成果转化基地。

3. 促进现代物流和制造业高效融合

依托南宁建设国家物流枢纽、西部陆海新通道的契机，大力发展电子信息、生物医药、新能源汽车、先进装备制造等重点产业，前瞻性做好物流园区、铁路专用线等基础设施规划布局和用地安排。鼓励制造业龙头企业释放物流需求，实施供应链业务流程外包，发展零库存管理、生产线物流等新型业务。鼓励物流企业与制造企业在采购、仓储、生产、分销、配送等多个环节开展深度合作，形成制造企业专注核心业务、物流企业提供专业化服务的格局。鼓励制造企业在物流领域朝数字化、智能化、自动化方向发展，提高现代物流服务效率和服务水平。鼓励在生产物流中推广标准化装载单元，发展单元化物流。培育一批第三方和第四方物流企业，全面提供信息咨询、订单管理、物料配送、仓储库存等综合服务。

4. 推动金融服务制造业转型升级

加大金融支持实体经济的力度。一方面，完善现代产业金融综合支撑体系，以满足高技术制造业和战略性新兴产业的金融需求。完善相关金融政策，精准投放技改贷款和专项技术研发贷款，并进一步扩大中长期贷款和信用贷款规模。实施制造业专项贷款，以满足电子信息、先进装备制造、生物医药等重点产业的发展需求，以及新能源汽车、集成电路封装测试和智能终端核心零部件等产业集群的发展需求。另一方面，支持制造企业合理运用债券、股权、资产证券化等多种金融形式开展直接融资。鼓励符合条件的企业设立股权投资机构，推动资本与产业融合发展。支持金融机构加大面向民营和小微企业的融资服务力度。利用大数据、云计算等技术积极拓展金融科技的服务范围，进一步推动南宁市金融线上服务平台的建设。支持有条件的企业建立融资服务平台，支持企业与金融机构在供应链金融业务领域展开合作，促进产业链与信息链深度融合，提高金融风险防范能力，提升融资能力。

5.加强节能环保服务和绿色制造业融合

以实现碳达峰碳中和目标为引领，积极发展绿色生产服务业，构建节能环保服务产业体系。引导重点耗能制造企业成立专业化节能服务公司或与专业环境治理公司合作，实行合同能源管理，开展节能审核、清洁生产审核、污染防治等节能环保工作，推进耗能企业提升能源利用水平和清洁生产能力。培育绿色工厂、绿色产品、绿色供应链，构建高效、清洁、低碳的绿色制造体系，全面推进制造业绿色低碳转型。推广智能发电、智慧用能设备系统，推进新能源生产服务与设备制造协同发展，构建制造业发展新格局。完善碳交易市场，助推绿色制造业发展。加强工业产品的用电大数据分析，优化设计，降低能耗。鼓励电网企业依法拓展用电数据应用场景，强化经济运行检测分析、优化设计等服务。完善废旧物质循环利用体系，发展逆向物流，加强对废旧家电、医疗废品、建筑垃圾的回收处置能力，提高处理产物附加值。

（四）积极培育两业融合新模式新业态

充分利用"制造+服务"叠加优势，放大"融合+创新"组合效应，不断形成不同产业之间相互渗透、相互包含、融合发展的产业新形态。

1.构建供应链管理新模式

创新供应链管理应用，支持制造企业加强供应链管理，构建全链条供应链体系。鼓励制造企业在生产环节使用物流机器人等新兴装备作业，以实现自动搬运和输送、自动分拣等，提高生产环节的物流自动化、数字化、智能化水平。支持制造企业探索虚拟生产、云制造等现代供应链模式，以柔性化、敏捷化、可定制化为特征，实现制造资源、物流资源全链条联动，提升全链条价值创造水平。开展工业供应链多元化、数字化改造，推动工业供应链转型和重塑，提升供应链效率。积极推广工业供应链典型模式，培育一批具有产业和市场竞争力的制造业供应链平台。引导传统流通企业和制造企业转型升级，培育新型供应链服务企业。打通供应链信息流、商流、物流、资金流、产品流，构建智慧供应链网络和产业生态。推动中国（南宁）跨境电子商务综合试验区建设，培育跨境电商供应链。

2. 发展信息增值服务新业态

大力支持信息增值服务领域创新。鼓励有条件的制造企业运用云计算、区块链、大数据等新一代信息技术促进服务延伸，通过泛在的数据互动感知客户需求，在做好内容安全治理的基础上，为客户提供实时、专业和个性化的数字内容增值服务。积极拓展生产领域信息增值服务。支持比亚迪等新能源汽车制造厂商统筹推进汽车生产与车联网和智能网联汽车平台研发，便利车辆监管和城市交通治理。支持装备制造企业开发智能制造装备，为下游垂直应用领域提供智能检测检修和预测性维护服务。发展消费领域信息增值服务。鼓励装备制造、医疗医药、家居建材等制造企业研发制造智能穿戴设备、智能机器人、VR/AR/MR 等智能终端，结合互联网平台，为用户提供生活服务、健康管理等相关信息增值服务。

3. 培育共享制造新模式

依托工业互联网平台，搭建共享制造平台，有效汇聚分散的制造资源，打造网络化协同制造新模式。以制造企业为核心，积极构建企业共享制造体系，推动制造企业资源接入工业互联网平台，实现企业与企业之间、企业与社会之间的资源共享与协同。充分利用新一代信息技术，大力推进设计协同、供应链协同、生产协同和服务协同，不断提升共享制造全流程网络化、智能化水平。探索建设共享工厂，满足产业集群的共性制造需求，促进产业链协作，重构产业价值链布局。创新资源共享、激励机制和知识产权保护机制，构建平台供需双方分级分类信用评价体系、产品质量管理认证体系，推动共享制造发展生态不断完善。

4. 大力发展共享平台新模式

推进科创资源共享。构建科学仪器设备、科技信息情报共享服务平台及运营机制，促进科创资源开放共享，提升科创资源利用效率。支持对口企业、科研单位和高等院校深化交流与合作，打造科研人才共享平台，实现知识技能共享。建设聚焦南宁传统产业赋能转型、战略性新兴产业发展壮大、未来产业培育探索需求的关键共性技术服务平台，引导工程、设计、金融、法律等各领域技术技能人才参与线上线下服务，促进知识与社会需求高效衔接。推进教育培训共享。支持高等院校、研究机构、龙头企业等机构发展线上线下技术教育、技术培训、技术指导等共享服务，打造开放的教育培训共享生态圈。搭建智慧物流公共信息平台，推动物流信息资源开放共享与综合应用。大力推行先进的物流模式，包括仓储配送一体化服务和多式联运、甩挂运输、驼背运输、无车承运等，以提升物流效率。推进办公空间共享。支持众创空间共享，实现传统办公空间向数字化、智能化、共享化、平台化的转变。

5. 探索服务衍生制造新模式

推动研发设计、物流、电商等服务企业充分发挥其在技术、创意、渠道、大数据等方面的比较优势，把握数字经济蓬勃发展机遇，重构经营和商业模式，通过委托制造、品牌授权等方式向制造环节拓展。推动电商服务衍生制造，鼓励平台利用消费大数据精准感知市场需求，与制造企业强强联合，通过品牌授权制造和委托加工等形式，形成原始设计制造商（ODM）模式。同时，构建以平台型企业为中心、众多企业参与的供应链生态圈。探索工业设计服务衍生制造。鼓励制造设计平台通过市场感知与制造企业协同打造集时尚产品设计研发、加工制造、展示发布于一体的时尚制造平台，实现工业设计、传统制造业、商务服务的深度融合。

B.11
高质量推动东部新城港产城
融合发展的对策

南宁市政协专题调研组*

摘　要： 近年来，南宁市委、市政府高度重视东部新城港产城融合发展，依托平陆运河开工建设的战略机遇，在城市规划、项目引进、产业融合、配套服务等方面持续发力，东部新城筹建工作取得明显成效。但是，当前东部新城存在建设用地保障困难、城市基础和公共服务设施尚未完善、产业基础比较薄弱、开发建设资金缺口较大、体制机制亟待理顺等问题，应从强化融合发展理念、优化空间功能布局、构建现代综合交通体系、加快形成产业集群、注重产城服务设施配套、加强开发运营管理、理顺管理体制机制等方面不断推进东部新城建设，促进东部新城港产城高质量融合发展。

关键词： 产业新城　港产城融合　城市建设　南宁

开发建设东部新城，是南宁市委、市政府践行新发展理念、落实国家战

* 调研组组长：魏凤君，南宁市政协党组成员、副主席。调研组成员：李海光，南宁市政协人口资源环境与城乡建设委员会主任；周旭红，南宁市政协人口资源环境与城乡建设委员会副主任；何广华（执笔人），南宁市政协人口资源环境与城乡建设委员会副主任；赖承略，南宁市发展和改革委员会副主任；李耿民，中共南宁市委政策研究室副主任；蒋宁华，南宁东部新城筹建办公室主任，南宁昆仑关旅游风景区管委会党组书记、主任；徐洪涛，华蓝设计（集团）有限公司总建筑师；黄海燕，南宁交通投资集团副总经理、民进南宁市委副主委；周银河，南宁市交通局水运管理科二级主任科员；马艳芳，南宁市政协人口资源环境与城乡建设委员会办公室主任、四级调研员。

略、着眼于首府长远发展做出的一项重大战略决策，有利于南宁加快建设面向东盟开放合作的国际化大都市、西部陆海新通道的重要节点城市、中国—东盟跨境产业融合发展合作区的重要载体，是南宁抢抓平陆运河开工建设带来的"通江达海"机遇，顺势而为拓展发展空间、补齐工业短板、优化产业布局、增强发展后劲的必要条件。

一　东部新城筹建工作现状

东部新城距离南宁市中心约50公里，区位优越、交通便利、发展空间广阔。① 东部新城背倚南宁主城，坐拥南宁最大、最主要的内河港六景港，具有南宁东门户和平陆运河起点的双重区位优势。西江流域作为珠江流域的上游，上连滇黔，下通粤港澳区域，六景港是上游城市连通粤港澳区域和出海的必经之地，形成了以集装箱、粮食、煤炭、矿建、石油及其制品、水泥、钢材为主要货类的物流中心基础。平陆运河的开通及其运力的提升，将进一步加密上游与珠江经济带的产业互动与经贸往来，扩大六景港的辐射和服务范围，东部新城也将成为其中最重要的中转枢纽港和产业集聚地，成为南宁都市圈的引领型新城，并进一步推动南宁高质量发展。

鉴于此，南宁市委、市政府高度重视、强力推进东部新城规划建设，主要领导多次深入实地调研，召开东部新城规划建设工作专题会议，研究解决相关问题，对东部新城规划建设提出明确要求，并成立了由市政府主要领导任组长的南宁东部新城开发建设工作领导小组，下设筹建办和指挥部，实行"一套人马、两块牌子"，按照"小机构、大服务"的管理模式，协调东部新城开发建设各项工作。

东部新城以横州市六景镇、峦城镇和青秀区伶俐镇为核心，分别距离主城区60公里和30公里，规划人口50万~60万人的独立性副中心新城，规划城镇开发边界约81.6平方公里，规划仓储工业用地约44平方公里，并预留远

---

① 本报告数据均来源于南宁市东部新城筹建工作办公室。

期拓展空间 110 平方公里，是南宁市难得的待开发工业用地集中连片区域。目前，东部新城正开展概念性规划、启动区控制性规划、化工园区控制性规划、综合交通专项规划等 6 个规划的编制工作及相关审批事项的区域评估工作。

东部新城正在积极推进征地拆迁安置、建设用地报批、土地"三通一平"等工作，持续推进 12 条在建道路的建设，提出了 50 个基础设施建设三年计划项目，总投资约 165 亿元。目前，东部新城已集聚一批带动力较强的工业项目，如合众新能源汽车、太阳纸业、比亚迪电池、多氟多电池、瑞声精密制造、潮力再生铝等，为增强东部新城工业发展后劲开了个好头。

二　东部新城开发建设面临的主要问题

（一）建设用地保障困难

东部新城现有项目用地大多涉及基本农田和林地，难以连片集中开发，年度新增建设用地指标不足，土地收储、报批、供地等程序用时较长，影响招商项目的整体推进。留置产业用地落实难，征地拆迁安置工作严重滞后。

（二）城市基础和公共服务设施尚未完善

产城分离现象比较突出，东部新城与南宁主城区只靠一条柳南高速公路连接，没有其他的客运快速通道，产业发展和城市建设缺乏有效的规划衔接。伶俐与平陆运河起点平塘江口之间现有的 4 座跨江桥梁净高有限，5000吨级江海直达船型无法通过。生产生活必需的配套服务设施尚未健全，对高端人才吸引力不足，企业用工招聘比较困难。

（三）产业基础比较薄弱

东部新城尤其是六景、峦城片区现有产业多是传统产业，结构有待调整优化，产业规模不大、产业链不完善、工业用地产出效率低下现象较为普遍。六景片区与伶俐片区之间缺乏有效协调、沟通和联系，闲置低效工业用地较多。

（四）开发建设资金缺口较大

东部新城基础设施投资需要巨量的财政性资金，由于片区控规尚未确定，直接影响了通过 PPP（政府和资本合作）项目或政府专项债申报。一些在建工业项目的征地资金亟须落实，六景片区化工产业园征拆所需资金、电池正极材料产业园征拆所需资金等尚不能落实到位。

（五）体制机制亟待理顺

东部新城规划范围涉及青秀区、横州市，在生态保护、基础设施建设、产业发展、乡村振兴、招商引资等方面存在协调配合难度，统筹东部新城规划建设的管理机构和协调机制仍然欠缺。

三 推动东部新城港产城融合发展的对策建议

（一）强化融合发展理念

强化区域融合。以服务国家战略、服务构建新发展格局、参与国际合作与竞争为己任，突出建设面向东盟开放合作的国际化大都市，全力融入西部陆海新通道国家战略格局。东部新城应充分利用平陆运河开工建设为南宁带来的"通江达海"机遇，借助中国（广西）自贸试验区南宁片区，着力实施"东融""南向"战略，积极融入粤港澳大湾区的产业功能体系，加速促进北部湾经济区与粤港澳大湾区融合发展，做强中国与东盟的产业链、供应链、价值链，深化跨境产业链合作，拓展南宁都市圈和北部湾经济区的腹地，将东部新城打造成南宁东门户与平陆运河起点的叠加区位、平陆运河经济带与珠江经济带的链接区位深度融合的核心城市。

强化城乡融合。东部新城建设是更好地发挥南宁都市圈辐射带动作用的重大举措，与乡村振兴战略相辅相成。统筹推进东部新城建设与乡村振兴，应依托优良的区位条件、港口交通条件、用地空间条件和产业城镇基础，高标准建设东部新城。通过拓空间、兴产业、优生态、聚要素、稳增收、促就业，实施东部新城人口集聚行动，高标准统筹公共服务、市政设施等规划与配置，塑造城乡融合发展新形态，促进六景镇、峦城镇、伶俐镇一体化融合发展，把东部新城建成城乡融合发展的典范。

强化产城人融合。注重"以产带城，以城促产"，从单一的生产型园区经济向多功能的生产、服务、消费等多点支撑的城市型经济转型。坚持以人为核心、以产业发展为基石，从战略部署、产业布局、生态格局、交通组织、配套设施等多方面明确发展路径，以优质的生态、生活环境吸引高素质人才、企业与生产要素集聚，成为配套好、产业旺、人气高的宜居宜业新城。

强化"港产城海"有机融合。发挥六景港区位优势，完善集疏运体系，强化与北部湾航运中心的"水转水"服务，探索六景港与钦州港一体化通关模式，将六景港建设成平陆运河重要起运港和西南地区重要物流枢纽。积极承接粤港澳大湾区高新技术产业转移，将东部新城打造成面向粤港澳大湾区和北部湾经济区的公铁水联运枢纽、先进制造业主阵地、"港产城海"融合发展示范区。围绕伶俐、六景、峦城三个板块优化功能布局，重点发展临港工业和向海经济，打造引领平陆运河经济带的高质量产业发展核心引擎。借鉴滨海型新城的开发建设经验，坚持国际化、现代化、融合化，加快形成"国际、开放、绿色、繁荣"的生产生活方式，满足国际产业与国际人才需求，高水准打造充满东南亚风情和文化认同的国际化新城，开创形成"以港促产、以产兴城、以城引人、以城育港"新局面，为港口能级提升和"港产城海"融合发展提供南宁示范。

（二）优化空间功能布局

统筹土地资源利用。统筹伶俐、六景、栾城三镇空间整合和土地集约高效利用，统筹东部新城建设、产业发展和乡村振兴，强化功能融合，保障要素流动，下好东部新城规划区域"一盘棋"。合理规划邕江两岸的岸线资源，建立港口岸线、游憩景观性生活岸线和自然生态岸线的有机协同体系，实施差异化国土空间管制。严格控制破坏邕江两岸生态的开发活动，划定两岸1公里为河流和岸线保护区，制定准入负面清单，严禁污染性工业在滨水区布局。加强岸线自然生态保护与修复，形成重要水资源涵养、生物多样性维护和水系生态稳定的生态屏障功能，确保自然生态岸线达到一定比例。

提高土地利用绩效。更加重视节约集约高效利用土地，树立"以亩均论英雄、以质效配资源"的鲜明导向，切实从投资强度、用地效益、亩均税收、能耗排放、从业人员数量等方面合理确定企业项目用地面积。保障优质工业物流业用地空间，加强分类指导，促进产业加快向重点特色园区集聚，工业物流业用地应达到一定比例。推进土地节约集约高效利用，按照国家级开发区的标准设定企业准入门槛，控制工业企业土地亩均产值、亩均投资强度、亩均税收的合理下限。

强化动态弹性规划。统筹开发与保护，强化自然与城市的有机融合，强化港产城各类生产生活要素空间融合，打造宜居宜业宜商的便捷生活服务圈。注重将产业功能、城市功能、生态功能融为一体，使生产区、生活区、公共游憩区、配套服务区高度融合。实现"职住平衡"，合理布局生产、生活、生态空间，使其分布具有科学性、合理性。合理规划"留白"空间，尽可能地调出东部新城规划区域永久基本农田，统筹考虑港口长远发展和新增功能需求，兼顾土地储备和增值，做好码头、作业区、临港产业区的空间预留。预留战略储备空间，明确准入或限制用途及强度管控指引。

（三）构建现代综合交通体系

推进港口扩容升级。按照5000吨级航道标准，实施六景至平塘江口航道提升及碍航设施改造工程，并将江海直达船型作为平陆运河优先推荐船型，减少中转换装。加快推进六景港区扩建，提升六景港港口服务能力。开辟六景港直达东盟的近海港口航线，形成以六景港为起运港的中近洋直接出海通道，降低国际贸易和国际物流成本。建立平陆运河及北部湾港口群分工协作体系。完善港口多式联运管理机制，在东部新城设立统一的港航服务平台，统筹平陆运河运营及江海联运服务，实现平陆运河沿线港口与北部湾港口的口岸运输、通关一体化，提升港口群综合服务水平。

打造多式联运枢纽。强化"水铁公空"多式联运枢纽的综合交通区位优势，统筹推进各运输方式协调发展，推动运输方式结构转型，完善综合交通体制机制，构建多元高效的一体化交通系统，形成面向东盟、粤港澳、西南、华中、华东的综合交通通道。升级疏港铁路体系，提高六景港的服务能级，扩大辐射范围。新增六景站、横州站分别至六景港区的铁路支线，预留串联六景片区各板块的铁路货运支线通道，促进沿江企业码头和后方工业腹地的转型升级。依托南凭铁路和南玉深铁路提前谋划东西向的货运铁路干线通道，形成直通粤港澳大湾区和东盟的物流与产业发展新通道，服务产业转移与承接。畅通高速公路集疏运通道，密切东部新城与中心城区、空港和周边城市之间的快速交通联系，规划新增若干个高速出入口，完善东部新城集疏运体系。

打造智能联运中心。确定"建设亿吨级大港，服务万亿元产业"的目标，构建平陆运河、西江流域内河航运物流组织中心，统筹构建与钦州港的江海联运体系，打造内河航运和江海联运同步发展的国家航运物流枢纽和生产服务型平台，形成南宁—钦州组合港。整合岸线港口资源，高标准规划、建设物流园区，进一步拓展临港产业的发展空间。充分发挥南宁国家物流枢纽在跨区域协同联动与共建共享通道运营组织平台中的积极作用，积极参与构建中国—东盟多式联运联盟，推进多式联运中转设施和信息系统建设，推广应用快速转运装备技术，助力西部陆海新通道建设。整合平陆运河沿线航运信息数据资源，运用数字技术建立智慧航运管理平台。促进管理平台与海关等政府监管部门对接，提供融合报关等流程的一体化服务。加强与铁路运输、公路运输等信息平台的对接，逐步形成智慧多式联运平台。

加快轨道交通和公共客运体系建设。加快推进高快速铁路建设，全面融入国家交通运输大通道和北部湾高速铁路网。加强东部新城与主城区的交通联系，抓紧策划、尽早推进轨道交通市郊线向东部新城延伸的前期工作。推进市域铁路、低运量轨道建设，统筹高快速铁路、市域铁路、低运量轨道系统，加强空间整合、换乘衔接，推动多轨融合和多尺度交通服务一体化，提升轨道系统的整体网络效益。构建高快速路和干线公路网，升级对外快速客运通道，加强与空港枢纽的便捷联系。规划推动柳南高速改快速路，形成面向中心城区的客运通勤主通道。完善城乡公交、常规公交线网，优化城市公交枢纽和场站布局，整合提升常规公交线网服务水平。完善水上巴士、国际客轮、低空飞机等多种特色交通，打造多元化城乡公共客运网络。

（四）加快形成产业集群

明确产业定位。从发挥东部新城产业基础优势、区位优势、政策优势出发，以产业东融承载区、先进制造主阵地、向海经济发展示范园区为发展定位，打造导向明确、竞争力强、充满活力的产业增长新空间。分功能片区（组团）制定具体的区域规划，分重点产业制定具体的专项规划，形成定位准确、边界清晰、功能互补、统一衔接的产业发展规划体系。积极引进和培育大项目、大企业，构筑以新能源产业、新材料产业、新电子产业、新传统优势产业、高端装备制造产业、高端生产性服务业、高品质生活性服务业等为重点的现代产业体系，带动现代产业集群发展。

夯实配套产业链条。按照"建链、补链、强链、延链"的全产业链思路，加快对南宁跨境产业链进行系统梳理，千方百计地把跨境产业链关键环节留在南宁。重点布局新能源汽车动力电池及零配件，大力支持发展整车制造，推动新能源汽车产业在南宁垂直整合。承接北部湾石化产业基地原料资源，充分利用平陆运河"大进大出"的能力，深挖高附加值的精细化工产品。大力发展高端铝材，积极创建国家级铝及铝合金加工高新技术产业化基地。支持林产品加工产业，重点发展高端纸制品，延伸发展高端家居用品，形成以高端纸制品为引领的完整浆纸产业链和具有区域影响力的绿色家居制造业基地。把握新基建需求，加快布局发展节能环保装备、风电水电能源装备、船舶装备、智能装备等高端装备产业。全面推进与东盟电子信息产业的配套合作，积极承接粤港澳大湾区等东部区域电子信息等产业的梯度转移，大力发展跨境电子信息产业。发挥自贸政策优势，培育发展现代物流、研发设计、检测认证、会展、金融等临港高端生产性服务业，以生产性和生活性的现代服务业为主导，坚持战略性新兴产业的发展思路，加快推进现代物流与制造业融合发展。

强化产业精准招引。出台产业指导目录和支持政策，推动产业科学有序发展。聚焦先进制造、港航服务等重点领域，探索与广州、深圳等一线城市建立新的"飞地"合作机制。聚焦新材料、临港制造、新一代信息技术等领域，加强与长三角、京津冀重点城市的"飞地"合作，引入、培育一系列强链补链型企业。探索推广"链长制"招商，围绕产业链发展需要，以招引龙头企业为突破口，针对产业链核心环节和薄弱环节梳理目标企业名录，坚持市场化委托招商，落实好以商招商、以企招商政策措施，有针对性地开展全产业链招商，精准引进一批带动性强、成长性强的好项目。

（五）注重产城服务设施配套

优化生活服务配套。布局高质量的基础教育，实现学前教育、义务教育、高中教育全覆盖。积极对接市内外重点高校资源，围绕新能源、新材料、精细化工等主导产业设立专业的职业技术院校，建立中国—东盟先进制造业产教实训基地。加快推进东部新城建立"综合医院+社区医疗+互联网医疗"的分级医疗卫生资源配置体系。加快建立多主体供给、多渠道保障、租购并举的住房制度，促进东部新城"职住平衡"。规划布局规模适中的购物中心、百货店、大型综合超市、餐饮网点、商务酒店和文化娱乐网点等，丰富东部新城居民生活。

厚植绿色生态优势。依托南北两大山体和邕江—郁江生态水脉，推动生态保护与修复，强化滨水空间塑造，彰显"沿江滨海"水韵之灵，构建优美的东部新城生态格局。落实公园城市理念，推进公园绿地系统的优化完善，构建"郊野公园、滨江公园、滨河沿路带状公园、地区公园、社区公园和口袋公园"六级公园体系。打造滨水景观系统，通过城市设计加强对天际线的引导和对城市界面的控制，严格控制滨水视线通廊范围内的建筑高度，营造山青、水绿、林郁、田沃、城荣的滨水自然人文景观。加强滨水岸线利用，营造更加丰富多彩的城市滨水区，努力打造"国际化滨海型空间"，形成开放型经济优势和国际性窗口功能。优化街道设计，打造滨水景观步道，构建安全、舒适的慢行网络，高标准建设城市慢行交通网络，提升慢行品质。

完善智能交通设施。支持新能源汽车发展，推动新增公交车辆全部清洁能源化、新建停车场全部配备充电设施，适时布局燃料电池汽车终端设施。打造综合交通智慧平台和道路场景应用平台，实现各系统交通信息共享和新增公交站点智能化全覆盖，精准实施交通管理和组织优化。实施分区差异化停车供给策略，依托"以配建停车为主、以公共停车为辅、以路内停车为补充"的停车供给策略，建立停车分区。推进停车资源共享和智能管理，建设东部新城智慧停车信息平台，辅助停车资源共享和智能管理，引导个体合理使用交通工具，鼓励节约集约高效利用土地的公共停车场建设方式。

优化市政基础设施。完善共建共享、区域统筹的市政基础设施体系，超前布局、统筹规划建设水、电、气、通信等市政基础设施，推进地下综合管廊建设和架空线入地。落实区域燃气、环卫等工程设施配建要求。优化给水工程，满足生产生活需求。优化排水工程，促进分散与集中相结合。优化防洪排涝工程，强化上下游联动。优化电力设施及廊道，强化区域统筹与协调。

（六）加强开发运营管理

创新开发建设模式。以公共基础设施和环境品质建设为先导，合理谋划建设时序，制定滚动开发、集中成片开发计划，统筹好征地拆迁、回建安置以及土地利用计划和资金平衡方案。重视产业导入，带动高端要素流入，厘清政府与市场分工，积极引入社会资本进行一体化开发建设，推动政府由大包大揽的主导型开发方式逐步向政企分工合作的开发方式转变。

创新项目投融资机制。全力争取中央预算内投资并靠前拨付，争取中央专项资金补助，争取金融、用地、开放等方面的优惠试点政策。充分发挥市属国有企业参与东部新城建设的推动作用。提高港口与沿线地区的联动开发水平和收益能力，大力引进沿线地区优秀社会资本与优势央企，激发社会参与项目投资建设的热情，推进 PPP 模式应用。结合项目投融资模式，积极吸引国际或区域性金融机构资金、境外企业资金进入。

提升运营管理水平。做强做优项目公司，将其打造为项目建设组织平台、资产管理平台、投融资平台，避免规划、建设、运营"多张皮"，保持较强的自我发展能力。成立东部新城功能性平台公司，遴选国内外有实力、高水平的设计、开发、运营团队，建立东部新城整体开发设计总控机制，编制高标准设计方案，推进高品质建设，确保高水平运营管理。

（七）理顺管理体制机制

优化城市管理模式。探索"小管委+大平台"管理模式，理顺东部新城筹建办和当地政府的关系，明确分工协作，保障园区集中精力招商引资、推进项目和服务企业。加强对东部新城开发建设的监测和评估，按照确立的指标体系，及时调整开发建设计划和实施策略。聘请国内外知名专家、学者、企业家成立东部新城开发建设专家顾问组，对政策制定、规划实施、项目推介等方面进行指导，为相关重大议题提供咨询服务。

健全协调发展机制。加强组织领导，按照全市统一部署，健全东部新城建设指挥部，创新完善东部新城、平陆运河议事规则。加强与北部湾的衔接，依托北钦防一体化等既有机制，发挥南宁作为北部湾核心城市的引领和辐射作用，完善多层次、多形式的沟通机制，共建配套设施、共抓服务配套，增强东部新城、平陆运河开发建设的整体性。强化东部新城与平陆运河、西江黄金水道沿线地区在管理、政策、信息等方面的联动。

强化要素资源保障。加大重大项目支撑力度，组织实施一批关系东部新城全局和长远发展的重大项目，争取纳入自治区统筹推进重点项目范围。深化投融资机制改革，发挥好政府专项债券作用，开展基础设施 REITs（不动产投资信托基金）试点，积极扩大有效投资。强化项目用地保障，做好重点产业园区和东部新城产城融合专项规划编制，合理规划岸线、港口和产业用地的需求，优先保障各类项目用地指标，支持先期建设项目用地，支持林地、水田等指标调整，保障港口和工业用地指标。支持盘活闲置和低效用地、用活增量土地，鼓励企业通过新增工业用地弹性出让或以租赁方式供地，通过多种方式满足建设和发展用地需要。建立跨区域的耕地占补平衡机制、耕地占补动态管理机制。争取国家、自治区给予国土空间规划指标单列，并预留较大弹性发展空间。强化人才支撑，持续营造更加宽松的人才政策环境，吸引各类专业人才来东部新城发展。持续优化营商环境，对接自治区、南宁市一体化政务服务平台建设，加快推进审批服务便民化和"数字政府"改革，出台行政审批制度改革实施方案，加快形成企业认可、群众满意、稳定公平透明、可预期的营商环境。

参考文献

《〈南宁市国土空间总体规划（2021—2035 年）〉草案公示》，南宁市人民政府网站，2021 年 11 月 28 日，https：//www.nanning.gov.cn/ywzx/bmdt/2021bmdt/t4966400.html。

《中国产业新城建设规模预测与投资建设规划报告（2022—2027 年）》，产业经济研究网，2021 年 12 月，http：//www.cyjjyjy.com/report/469459.html。

《黄石出台支持港口建设发展的意见》，中国海事服务网，2017 年 6 月 21 日，https：//www.cnss.com.cn/html/gkdt/20170621/275897.html。

《四川省人民政府关于同意设立成都东部新区的批复》，四川省人民政府网，2020 年 4 月 28 日，https：//www.sc.gov.cn/10462/c103045/2020/4/28/8a8d48119e4840d2a4f3350eeae6611b.shtml。

《重磅！成都东部新区总体方案出炉，涵盖这些区域》，光明网，2020 年 5 月 16 日，https：//m.gmw.cn/baijia/2020-05/06/1301203725.html。

《南汇新城"十四五"规划建设行动方案》，上海市人民政府网，2021 年 4 月 14 日，https：//www.shanghai.gov.cn/nw12344/20210414/35194ede4f5f4972a20ef515d884a8ca.html。

B.12
南宁市平台经济与实体经济
融合发展的对策

南宁市发展和改革委员会、南宁项目策划咨询集团有限责任公司联合课题组 *

摘　要： 近年来，南宁市平台经济发展迅猛，但总体上仍处于发展初期，仍存在本土企业数量较少、宏观发展环境有待优化、平台推广应用基础薄弱、资源要素保障不足等问题。结合南宁市发展实际，本报告重点针对生产服务平台、生活服务平台、科技创新平台和公共服务平台四大类平台，研究提出构建市级政策支持体系、打造本土产业服务平台、提升科创服务平台支撑能力、加强资源要素保障等对策建议，加速南宁市实体产业的数字化、平台化进程，为经济发展提供新动能。

关键词： 平台经济　实体经济　南宁

推动平台经济与实体经济融合发展，既是发挥平台经济稳就业、促就业作用的重要手段，也是推动实体经济转型升级的战略选择。当前，我国平台

---

* 课题组成员：兰捷，南宁市发展和改革委员会党组书记、主任；贺大州，南宁市发展和改革委员会党组成员、副主任、总经济师、二级调研员；周明兴，南宁市发展和改革委员会创新和高技术发展科科长；曾笑雨，南宁市发展和改革委员会创新和高技术发展科四级主任科员；邓璐，南宁市发展和改革委员会创新和高技术发展科工作人员；卢凤艳，南宁市发展和改革委员会创新和高技术发展科工作人员；韦宇，南宁项目策划咨询集团有限责任公司董事长、总经理；刘柏秀，南宁项目策划咨询集团有限责任公司副总经理、高级工程师；周泽钰，南宁项目策划咨询集团有限责任公司政策和发展研究中心研究人员；李晚心，南宁项目策划咨询集团有限责任公司政策和发展研究中心副经理、中级经济师。

经济发展正处于关键时期。本报告重点围绕生产服务平台、生活服务平台、科技创新平台和公共服务平台四大类平台，① 研究提出培育壮大本土平台经济的对策建议，推动南宁市进一步优化产业结构、培育经济发展新动能。

一 平台经济基本含义和分类

根据《国家发展改革委等部门关于推动平台经济规范健康持续发展的若干意见》（发改高技〔2021〕1872号），平台经济是以互联网平台为主要载体，以数据为关键生产要素，以新一代信息技术为核心驱动力，以网络信息基础设施为重要支撑的新型经济形态。基于国家发展改革委对平台经济的定义和国家统计局对互联网平台的分类，本报告将平台经济划分为生产服务平台经济、生活服务平台经济、科技创新平台经济和公共服务平台经济四大类。

二 南宁市平台经济发展现状

当前，南宁市平台经济处于高速发展阶段，在电子商务、产业互联网等领域涌现了一批代表性企业。据不完全统计，截至2022年6月，全市共有各类平台企业110家，其中生产服务平台37家、生活服务平台9家、科技创新平台63家、公共服务平台1家。

生产服务平台赋能重点产业发展。农业方面，成功打造建融横县"数字茉莉"平台等代表性农业平台，横县茉莉花（茶）2021年综合品牌价值达到215.3亿元。工业方面，全市已建成工业互联网标识解析节点2个，数丝科技有限责任公司携手华为技术有限公司成功打造中国—东盟人工智能计

① 本报告根据《国民经济行业分类》（GB/T 4754-2017），将互联网平台划分为生产服务平台、生活服务平台、科技创新平台、公共服务平台四大类。其中，生产服务平台指专门为生产服务提供第三方服务平台的互联网活动，生活服务平台指专门为居民生活服务提供第三方服务平台的互联网活动，科技创新平台指专门为科技创新服务提供第三方服务平台的互联网活动，公共服务平台指专门为公共服务提供第三方服务平台的互联网活动。

算中心，市级工业互联网公共服务平台正在开展前期工作；糖业、建材等重点产业已建成领域内工业互联网平台。服务业方面，以大宗商品电子商务交易平台为主，目前已形成交易额超亿元平台 10 家，超十亿元平台 7 家，超百亿元平台 3 家（南宁市生产服务平台分布情况见附表 1）。

科技创新平台助力创业创新。截至 2022 年底，全市拥有国家级创新创业平台 40 家，数量居全区首位；拥有自治区工程研究中心 51 家、自治区新型研发机构 29 家、自治区重点实验室 71 家。积极扶持科技企业孵化平台发展，全市共有科技企业孵化器 35 家、众创空间 40 家。其中，广西泛糖科技有限公司入选第二批国家数字商务企业，泛糖科技创新项目入选商务部全国商业科技创新应用优秀案例；南宁市—中关村深圳协同创新中心、南宁—宝地（上海）创新中心"飞地孵化器"累计孵化企业 52 家，引进落地南宁企业 22 家。

生活服务平台提升群众生活品质。电商消费平台方面，与东南亚知名电商平台 Lazada、虾皮网合作设立面向东盟的跨境电商枢纽，陆续建成跨境电商保税仓超 16 万平方米；培育叫酒网、酒小二商城等本土消费平台，其中，叫酒网运营地区超过 180 个县（市、区），酒小二商城成为广西首个纳入国家统计联网直报平台的网上零售交易平台。医疗健康服务平台方面，"南宁云医院"平台入驻 13 家委属公立医院和南宁市疾病预防控制中心，提供在线咨询、图文问诊、药品配送等一体化服务和 60 多项上门护理服务项目；截至 2023 年 1 月，共完成健康咨询 35260 例、互联网护理 687 例。旅游服务平台方面，打造"乐游南宁"平台并提供景点智慧导览、旅游直通车线上预订、预约入园等旅游全过程智慧化服务。截至 2022 年底，"乐游南宁"App、"乐游南宁"微信小程序累计用户量超 100 万人次，订单量超 110 万单，比上年同期增长 180%；开通、运营 4 条南宁全域旅游直通车线路，累计运行 7000 多班次。

公共服务平台提高利企便民服务能力。金融平台提升中小微企业服务质效。建设绿色金融综合服务平台、"丝路互联"金融创新中心等金融创新平台，以及跨境保险创新联合实验室、食责险推广运营中心等一批保险创新平台，其中绿色金融综合服务平台成功推动全国城商行首单"碳中和"主题绿色金融债券发行，落地全市首个"碳中和"网点。灵活用工平台助推平台经济稳就业、促就业。在全区先行先试，在中国（广西）自贸试验区南宁片区开展新就业形态下劳动者权益保障监管，持续推进"南宁市灵活用工运营监管平台"等平台应用，为平台企业发展提供人力资源支持。综合服务平台助力新型智慧城市建设。"爱南宁"App 全国首创"一码通城"，实现智慧人社、不动产、惠企政策等 100 多项服务"一号认证、一事通办"，为南宁居民提供涵盖交通出行、医疗、政务等方面的信息及服务累计超过 4.5 亿次，是日均活跃度最高的城市公共服务平台之一。

三 南宁市平台经济与实体经济融合发展存在的问题

总体来看，南宁市平台经济与实体经济融合发展主要存在以下几个问题。

（一）本土企业数量少、竞争力不强

一是生活服务平台资源整合能力较弱。以本土旅游平台为例，"乐游南宁"平台目前仅有查询信息的功能，且平台上"网红"酒店、知名民宿、名特优产品等信息缺失或数量较少。与同期入选文化和旅游部智慧旅游典型案例的"烟台文旅云"平台相比，"乐游南宁"平台的用户量、累计浏览量分别仅为"烟台文旅云"平台的 20%、30%。二是缺乏服务全市重点产业的生产服务平台。六大千亿元产业及中国—东盟跨境产业链缺乏领域内产业互联网平台；现有的产业平台仍局限于单品类产品，跨行业、跨领域的市级工业互联网公共服务平台仍未开展实质性建设。三是科技创新平台数量少，对产业的推动作用不足。截至 2022 年，南宁市拥有自治区级以上新型研发机构 29 家，而合肥仅 2021 年就新增了 21 家省级新型研发机构；对现有孵化器毕业企业缺少后续跟进和服务指导，科创孵化及科技成果转化链条有待完善。

（二）宏观发展环境仍需优化

一是平台企业界定范围及统计指标体系尚未明确。当前，国家、自治区对平台企业的界定尚不明晰，未制定统计标准，导致市级层面缺乏参考。二是政府对各类行业垂直平台的统筹不足。当前，南宁市已建成或在建的产业互联网平台均为企业主导的行业领域平台，缺乏整合现有子平台的跨行业、跨领域的市级产业公共服务平台；现有孵化器等公共服务平台仍停留在"房东""物业"角色，能提供给企业生产经营的专业性支持不足，且较为分散、各自为政。三是本土平台企业发展支持政策较少。目前，南宁市专门针对平台企业出台的政策文件仅有《中国（广西）自由贸易试验区南宁片区关于做好维护新就业形态劳动者劳动保障权益工作促进灵活用工平台经济健康发展的若干措施》。

（三）平台推广应用基础薄弱

一是产业数字化程度较低。南宁市自身产业数字化、网络化、智能化水平不高，应用场景分布不均衡，导致以产业互联网为代表的生产服务平台发展比较滞后。二是科技创新及成果转化数量较少，科技成果交易需求较低。在邕高校、科研院所和企业的科技成果创新度不高、缺乏转化场景。高新技术企业保有量、增长率呈下滑趋势，科技成果交易量较低。三是中小企业使用平台的主观能动性不足。由于缺乏政策支持、推广使用平台及产业数字化改造费用过高、回报周期长、存在隐私安全顾虑，当前南宁市中小企业数字化平台利用率不高。中国信通院2022年发布的《中国工业互联网发展成效评估报告》显示，74.4%的企业表示由于资金投入过大，"不敢使用"工业互联网平台。

（四）资源要素保障不足

一是数字化人才不足。南宁市高校、科研院所及信息技术领域研发单位较少，数字化人才聚集水平较低，传统产业转型升级较慢，导致以数字化、信息化为发展基础的平台经济发展受限。二是数据要素资源市场仍需加快探索。数据的资产地位在我国法律层面尚未确立，数据要素产权、流通、交易、收益分配及治理等重要制度仍在探索中；标准化数据采集难度大、成本高、存在技术壁垒，导致数据市场出现垄断现象，数据质量参差不齐。三是缺乏良好的金融服务环境。中小平台企业群体自身规模偏小、抗风险能力较弱，往往缺乏信用担保，在现行以服务大中型企业为主的金融体系下面临融资渠道狭窄、融资成本偏高等问题。

四 关于南宁市平台经济与实体经济融合发展的对策建议

推动平台经济与实体经济融合，一方面要重点培育发展生产服务平台和科技创新平台，加速实体产业的数字化、平台化进程；另一方面要发挥生活服务平台对就业的"蓄水池"作用，支持本土生活服务平台发展壮大。

（一）加强顶层设计，优化平台经济发展宏观环境

一是尽快出台市级平台企业认定办法和统筹机制。明确平台经济及平台企业的申报条件与流程、评审认定等规范细则。建立市级平台企业管理库，指导在库企业做好各项政策支持、资金补贴和标杆示范项目的申报工作。依托市数字经济发展领导小组建立全市平台经济发展统筹推进机制，协调解决平台经济发展重大问题，研究制定南宁市平台经济统计指标体系。

二是支持本土平台企业做大做强。支持本土平台企业参与国家、自治区及南宁市重大战略及重要工作。支持广西泛糖科技有限公司、数丝科技有限责任公司等本土平台企业结合自身重点发展领域，积极参与大宗商品期现交易联动、传统产业数字化转型等重点任务。优先支持本土平台企业申报数字化转型示范项目及其他优惠支持政策。支持本土平台企业整合产业链资源并开展供需对接。优先考虑将本土平台企业作为市级行业公共服务平台和垂直行业公共服务平台建设运营主体；由行业主管部门牵头，指导本土重点生产

服务平台和生活服务平台建立核心配套企业和主要客户名录，鼓励产业上下游企业入驻平台；建立企业"白名单"制度，给予"一对一"的服务保障，积极组织"白名单"企业与平台企业开展对接合作。发挥政府资源整合能力，为本土平台企业引流导流。定期组织本土平台企业与产业链上下游企业的交流会，提升本土平台企业对平台经济和传统产业数字化转型的认知水平；邀请本土生产服务平台企业参加市级各类招商引资及企业交流活动，在平台上常态化发布产业链协作需求清单、政府采购等相关信息；优先在本土生活服务平台上开展直播推广、优惠券秒杀等活动。健全本土平台企业发展全生命周期梯队培育体系。围绕人才、资金等本土平台企业共性问题，给予有针对性的支持，如通过地方政府与外地高校签订合作协议的方式，引入高层次数字化人才，为本土平台企业提供技术支持。

三是推动平台经济集聚发展。打造若干平台经济集聚区。以五象新区、青秀区、高新区等现有产业基础较好的城区（开发区）为试点，支持集聚区内工业企业进行数字化改造。探索在集聚区开展数据要素市场化改革，完善与平台经济规范健康持续发展相适应的集群注册、分类管理、税务征收、规范监管等服务管理机制，推动"全程网办""集群办税"等创新模式应用。加大典型应用场景建设力度。科学布局一批线上线下相结合的新型场景应用体验中心，围绕重点产业定期遴选并扶持一批应用场景项目建设。探索在"两港一区"、东部新城、五象新区及国家级开发区打造灵活用工、数字金融结算、智慧园区、智慧工厂等应用场景。

（二）以产业服务平台为重点，推动实体经济数字化转型

一是系统推进"1+N+N"工业互联网平台建设。当前，我国已建成工业互联网平台的城市大多采用"1+N+N"模式，如合肥、杭州、成都等。南宁市可借鉴此种模式，由政府负责建设运营1个工业互联网跨行业、跨领域平台和N个公共服务平台，由企业负责建设运营N个垂直行业平台。通过联合开发运营模式建设南宁市工业互联网跨行业、跨领域平台。积极引进外部知名工业互联网第三方服务平台，与数丝科技有限责任公司等本土平台

企业共同建设运营工业互联网跨行业、跨领域平台。依托该平台整合政务服务平台、垂直行业平台、示范园区平台、公共服务平台等各类子平台，同时与自治区及区内其他城市工业互联网平台对接。阶段性推进六大千亿元产业垂直行业平台建设。以新能源汽车及零配件和铝精深加工产业为突破口，支持比亚迪、南南铝等龙头企业联合其战略合作伙伴打造垂直行业平台，并逐步推广到其他千亿元产业。引导和推动行业上中下游中小微企业将研发设计、生产制造、运营管理等向垂直行业平台接入。打造一批南宁市工业互联网公共服务平台。依托南宁市工业互联网跨行业、跨领域平台打造产业链供需对接平台、工业互联网平台创新应用体验中心、工业互联网大数据中心等公共服务平台，推动中小企业数字化转型。

二是大力推进农业全产业链综合服务平台建设。建立南宁农产品"集采"平台。联合南宁乡村振兴集团有限责任公司、南宁农产品交易中心有限责任公司等涉农国有平台，引导农产品流通企业向产业链上下游延伸，集中提供采购、加工、配送、销售、信息、融资、数据分析等服务，由贸易商向供应链服务商转型。与在邕主流农贸市场建立信息沟通机制，鼓励传统商品交易市场利用互联网升级商品集散、价格发现等传统功能，强化对南宁市农产品生产销售大数据的挖掘、分析，并将相应产品信息、产销建议分别推送给消费者和生产者。借助抖音、淘宝、天猫、京东等互联网电商平台和"爱南宁""智桂通"等App的公域流量，提高平台使用率，推动邕系农业品牌知名度的提升。打造一批特色农产品平台，充分吸取蔗糖工业互联网和建融横县"数字茉莉"平台的成功经验，针对沃柑、火龙果等特色农产品打造一批产业互联网平台，促进种植、加工、仓储、流通、销售、溯源等多个系统衔接产业上下游。

三是打造面向东盟的跨境产业服务平台和承接产业转移合作平台。打造中国—东盟跨境物流信息服务平台。整合物流、贸易、金融、信用、政务等各类信息资源，推进中越跨境枢纽场站运营管理信息系统接入平台，提升中越货运双向匹配效率。打造中国—东盟大宗商品交易平台。针对电子信息、纺织、机械装备等中越贸易主要商品及中越跨境重点产业链，衔接南宁市工业互联网综合服务平台，形成覆盖广西、辐射粤港澳的区域性国际贸易平台。打造承接粤港澳产业转移合作平台。探索建设双向"飞地"，提升产业平台能级，探索共建产业合作园区。紧抓"两湾"融合试验区的建设机遇，打造南宁承接粤港澳地区产业有序转移的主平台。

（三）以科技创新平台为抓手，全力打造面向东盟的科技创新中心

一是发挥平台支撑作用。搭建市级科技创新平台。整合市级科技创新资源，打造集科技创新资源数据共享平台、研发公共服务平台、科技成果转化平台和外籍人才公共服务平台等多个子平台于一体的公共服务平台，推动科技成果上平台、专家智库聚平台、中小企业用平台。支持市级科技创新平台拓展功能。推动平台与广西大型科研仪器共享网络管理及服务平台等自治区科技创新平台以及市级工业互联网等产业互联网衔接，鼓励支持在邕高校师生、科研团队依托科技创新平台发布科技成果，对接技术需求，并将转化对接实效纳入单位职称评定和绩效考核。

二是健全本土科技成果转化体系。依托市属国资企业组建科技成果转化市场化主体。重点服务广西大学等在邕高校及广西先进铝加工创新中心等新兴产业技术研究机构的科技成果转化，通过科技成果转化，进一步完善现有以产学研基地、产业孵化器等为主的科技成果转化体系。健全技术经理人培养体系。鼓励在邕高校开设技术转移相关专业研究生教育和相关选修课，研究出台南宁市工程技术系列（技术经纪）专业技术资格评价办法。推动技术经理人参与科研项目全程管理。从市财政资金设立的应用研究和技术创新类科技项目中选取试点，设立与科技成果转化直接相关的考核指标，并采取"一对一"或"一对多"的方式配备技术经理人，技术经理人应参与科技项目可行性研究、应用转化、实施管理等关键环节。

三是建设面向东盟的科技创新中心。推动集聚区内企业形成科技创新联合体。鼓励龙头平台企业牵头搭建行业性科技创新平台，探索组建科技创新联盟，协同开展技术攻关，形成智力共享系统，吸引优质生产要素集聚。建设中国—东盟职业教育培训平台。推动中国—东盟职业教育先行先试示范区

协议落实，推动形成以南宁为中心的中国—东盟职业教育交流中心，提供职教合作、人才培养、校企交流等服务。对老挝、缅甸等教育相对落后的东盟国家，依托南宁职业教育资源开展人才培养合作；对新加坡、印度尼西亚、泰国等教育基础良好的东盟国家，依托南宁在东盟小语种教育和人才方面的优势，通过签署教育合作协议、建立姊妹学校、互派学生等方式加强校际交流，培养面向东盟的市场交易领域复合型职业教育人才。

（四）加强资源要素保障，优化平台生态环境

一是加强数字化转型所需人才队伍的建设。鼓励企业与科研机构、高校深度合作，加强对数字技术高端人才的培育。适当降低互联网行业人才申报门槛，通过校企合作引导平台企业加快引进实战型人才。支持重点平台经济集聚区、产业园区引进国内外优秀产业人才，研究制定高端互联网平台人才引进专项办法，建设南宁平台经济人才与专家库。

二是多措并举促进数据流通。加快推动公共数据开发利用。在盘活现有政务数据资源的基础上，推动数据跨业务、跨部门、跨层级、跨区域、跨系统流通共享，同时加快政府数据开放平台的建设，进一步优化公共数据共享利用体系。加快完善数据流通共享机制。统一制定相应的数据标准，加强数据安全管理。细化完善数据治理规则，推动建立有序开放的平台生态。

三是加强平台经济风险防范。制定完善平台经济领域的监管制度。针对平台经济面临的垄断与不正当竞争、网络安全风险、数据风险和金融风险，加快制定分领域分行业的平台监管相关指南和实施细则，完善市场准入管理和事中事后监管规则，及时分类推进平台监管法律体系建设。建立跨部门、跨层级的协同治理机制。防止产生"治理真空"和"治理失灵"等现象，形成多部门协同合作的平台监管框架，充分提高平台监管效能。高度重视数据垄断问题。落实好《中华人民共和国电子商务法》《中华人民共和国反不正当竞争法》《网络交易监督管理办法》等法律法规，促进平台经济合规经营。科学合理界定平台责任，加强平台经济领域的信息安全保护。加快构建

数据驱动型、以信用为基础的新型平台监管模式。充分调动行业组织、社会团体、权威媒体和公众的积极性，推动形成多方参与、协同共治的互联网平台监管体系，形成监管合力，推动平台协同监管。

四是搭建中小平台企业融资服务平台。整合银行的信贷政策和信贷产品信息并及时更新。建立金融产品和金融机构信息数据库、中小平台企业基本信息数据库、项目信息数据库、担保机构担保信息数据库、企业信用信息数据库、咨询服务机构信息数据库、拟上市企业基本信息数据库、产权转让信息数据库等8类数据库。收集中小平台企业的融资信息并设计符合中小平台企业实际的融资方案。为中小平台企业提供专业的融资担保服务，建设政银企互动子平台、融资担保子平台、信用信息子平台、融资咨询服务子平台、资本市场融资促进子平台、融资监管服务子平台、产权股份转让服务子平台、创业投资基金子平台等8类金融服务信息应用子平台。

附表1　南宁市生产服务平台分布情况

行业类别	所属领域	代表平台	代表企业	产生的效益	业务覆盖范围
第一产业	蔗糖	泛糖现货交易平台	广西泛糖科技有限公司	2021年为制糖企业降低采购成本近2000万元，提升经济效益超5000万元	27个省份
	茉莉花	建融横县"数字茉莉"平台	横州市茉莉花产业服务中心	2020年横州市茉莉花（茶）产业综合年产值突破125亿元，2021年综合品牌价值达到215.3亿元	广西
	水稻	宾阳优质稻产业链智能管理平台	广西网信信息技术有限公司	2022年初投入使用，已布下200多个监测站点	宾阳
	农业综合	南宁农业大数据平台	国信优易数据股份有限公司	—	南宁

续表

行业类别	所属领域	代表平台	代表企业	产生的效益	业务覆盖范围
第二产业	铝精深加工	广西南南铝加工智慧制造平台	广西南南铝加工有限公司	有效集合188万条研发数据,线上串联156台套高精智能设备,生产效率平均提升50%,运营成本平均降低15%	广西
	电子信息	南宁市工业大数据云平台	润建股份有限公司广西分公司、数字广西集团有限公司	全市规模以上工业企业全部实现"上云"	南宁
	食品生产加工	轩妈商城	广西轩妈食品有限公司	2021年"618"线上购物节期间,销售额达2500万元,位居品类第一,糕点单品售出3亿枚	全国
第三产业	消费类电商	酒小二商城	广西叫酒网络科技有限公司	2021年国庆节期间,单日销量近万单,其中啤酒占60%左右,南宁市场日均销售额在90万元左右,全国市场日均营业额近千万元	长江以南省份
	跨境电商	Lazada跨境生态创新服务中心	广西启迪创新跨境电子商务有限公司	截至2021年底,孵化200多名跨境主播,单场直播订单量提升80%,交易总额同比增长50%,流量较平日上涨约300%	东南亚国家

续表

行业类别	所属领域	代表平台	代表企业	产生的效益	业务覆盖范围
第三产业	物流	万邦物流平台	南宁万邦物流有限公司	—	—
	金融	南宁绿色金融综合服务平台	南宁金融投资集团有限责任公司	截至 2020 年底,累计协助 2.33 万家中小微企业获得融资 473.08 亿元	南宁
	人力资源	南宁市灵活用工运营监管平台	广西云宝良才产业园运营管理服务有限责任公司、广西嘉路人力资源顾问有限责任公司	截至 2022 年 6 月底,共为约 60.52 万名灵活就业人员提供服务	南宁

B.13

南宁市推进商文旅融合发展
加快国际消费中心城市建设的对策

九三学社南宁市委员会调研组*

摘　要： 商业、文化、旅游是现代服务业的支柱性产业，三者有机融合将增强城市的创新能力和竞争力，助力南宁市建设国际消费中心城市。围绕商文旅融合发展，南宁市在组织谋划、集聚区打造、场景项目融合、特色场景打造等方面取得了一定的发展成效，但产业基础薄弱、配套设施建设不足等问题与挑战犹存。本报告结合南宁市商文旅融合发展的实际及前景，从加强统筹规划、促进业态创新、打造特色 IP 等方面提出南宁市推进商文旅融合发展、加快国际消费中心城市建设的对策建议。

关键词： 商文旅融合　国际消费中心城市　南宁

商文旅融合发展有利于整合文化、旅游、商贸等多方面资源要素，促进资源共享、市场共享、产业链共荣，增强"1+1+1>3"的融合效应，实现经济效益与社会效益"双提高"。南宁市贯彻落实自治区党委、政府关于打

---

* 调研组组长：梁鸿，南宁市政协副主席、九三学社南宁市委员会主委。调研组副组长：廖建山，九三学社南宁市委员会副主委；苏春蓉，九三学社南宁市委员会副主委（兼）、高新区社会事业局常务副局长。调研组成员：吴金艳，南宁市社会科学院副院长、正高级经济师；梁瑜静，南宁市社会科学院经济发展研究所所长、讲师；卢睿，南宁职业技术学院旅游学院副院长；蒙平生，南宁轨道城市发展有限责任公司副总经理；徐向群，南宁市作家协会副主席；黄清梅，广西贝叶文化传播有限责任公司总经理；刘潇潇，九三学社南宁市委员会科技社会服务科科长。

造国内国际双循环重要节点枢纽的决策部署，加快育品牌、扩消费、强产业，推动商文旅融合发展，为推动现代服务业高质量发展和国际消费中心城市建设提供了有力支撑。

一 南宁市商文旅融合发展及消费现状

（一）加强组织谋划，商文旅实现恢复性增长

2022 年，商文旅是受新冠疫情影响较大的行业。南宁市科学统筹疫情防控与经济社会发展，通过出台政策、开发项目拉动市场复苏，实现了商文旅恢复性增长。一方面，南宁市召开商文旅融合高质量发展会议，完善政策保障。相继出台《南宁市加快文化旅游产业高质量发展实施方案》《关于支持文化产业高质量发展的若干措施》《南宁市支持重大文化旅游项目办法》《南宁市全域旅游促进条例》等政策文件，实施《南宁市文化和旅游消费试点示范市建设实施方案》，落实惠企政策，对符合条件的文旅项目落实各类奖补资金。科学编制南宁市文化和旅游业发展"十四五"系列规划，商文旅高质量发展支撑体系不断健全。另一方面，南宁市持续以融合发展理念推进商文旅整体规划、联动开发，合力培育市场。着力整合各类商文旅资源，发挥生态优势、区位优势，建设一批重大商文旅项目，打造一批精品商文旅集聚区，创建一批商文旅示范区。通过抓基建、抓营销、抓市场、抓队伍，着力打造以民族文化、东盟文化、生态文化等为特色的文旅新业态，配套形式多样的商业业态，推动南宁市商文旅实现高质量发展。南宁市社会消费品零售总额、接待游客总人数、旅游总消费多年位居全区前列，文化产业增加值约占全区总量的1/3，商文旅的区域性辐射带动作用日益增强。

（二）打造重点商文旅融合发展集聚区，形成消费带动效应

南宁市充分发挥全市商文旅资源优势，重点打造东盟商务集聚区、"三街两巷"商业集聚区，以万象城、航洋国际城、会展中心、民歌湖景区为核心的金湖商文旅集聚区，五象新区商贸旅游集聚区，地铁沿线商文旅集聚

区以及首创奥特莱斯、百益·上河城、华南城、万达茂等 12 个商文旅标杆项目。因地制宜，盘活现有资源，重点突出各区块文化、历史、地域、商业特色。例如，东盟商务集聚区依托高端酒店、精品度假酒店，打造"旅游+会展+住宿"商圈；"三街两巷"商业集聚区借力"三街两巷"历史文化街区、中山路等特色商业街区，打造多元化商文旅产品体验综合街区；百益·上河城商文旅项目则以原南宁绢纺厂建筑为载体，打造集文化创意园区、工业文化长廊、音乐酒吧、创意零售区等于一体的"潮玩、潮拍、潮食、潮购"胜地。这一批商文旅融合发展集聚区和标杆项目成为南宁市居民消费和游客消费的重要目的地，带动吃住行游购娱"一条龙"消费，为国际消费中心城市建设奠定了良好基础。

（三）推动文化项目进景区进商圈，提升消费文化内涵

南宁市历史文化资源、民族文化资源、艺术文化资源、地域文化资源等较为丰富。近年来，南宁市充分发挥文艺资源和文化人才优势，大力推动文艺演出、文艺项目进景区、进商圈，营造吃住行游购娱全方位沉浸式商业氛围，切实推动商文旅融合高质量发展。组建"邕城有戏"文艺先锋队，每年遴选优秀文艺作品，在南宁市盛天地商业街、航洋国际城、万象城、绿地中央广场等商文旅街区演出，以"表演+旅游+商业"的形式为商文旅街区赋能。在"三街两巷"历史文化街区开展歌舞表演秀、历史情景再现演出等沉浸式演艺活动，依托人民剧院打造轻喜剧《遇见邕城》，依托广西文化艺术中心引进国内优秀剧目，在五象湖公园、青秀山、园博园、昆仑关等重点景区打造旅游演艺项目。打造南宁孔庙研学演艺项目《大成礼乐》以及邕州剧场地方戏曲月月演、"邕州神韵"新会书院地方戏曲周周演、南宁民歌湖大舞台周周演等一批公益演出品牌，培育和繁荣了首府文艺演出市场。

南宁市非物质文化遗产在商文旅融合发展方面也发挥了积极的作用。不定期的非遗项目展示活动在"三街两巷"历史文化街区、百益·上河城等商文旅集聚区举办，部分打金、打银等非遗项目或非遗传承人工作室也落地"三街两巷"历史文化街区及百益·上河城。"十三五"期间，以国家级非

遗"壮族歌圩"为基础打造的南宁国际民歌艺术节，以国家级非遗壮族"三月三"为基础打造的"壮族三月三·八桂嘉年华"、"春天的旋律"跨国春晚、南宁民歌湖大舞台周周演等各类文化活动举办 3 万余场，惠及观众 3000 多万人次，促进了南宁城市文化艺术氛围持续提升。武鸣"三月三"歌圩、宾阳炮龙节、横县茉莉花节等地方节庆"多点开花"，对当地商文旅和现代服务业的拉动作用较为显著，逐步形成了非遗文化与节庆经济、商文旅共赢的良好态势。

（四）打造商文旅融合精品项目，优化城市消费体验

南宁市在前期已有商文旅项目的基础上，聚焦资源整合和功能优化，打造两大商文旅融合精品项目。一是在"三街两巷"历史文化街区获评第一批国家级夜间文化和旅游消费集聚区、自治区文化产业示范园区等荣誉称号的基础上，持续打造东至兴宁路、南至民生路、西至解放路、北至西关路的"三街两巷"历史文化街区二期，同时推动"三街两巷"、水街、中山路一体化建设，不断发挥"三街两巷"商文旅品牌效应，融入多元产业板块，以"三位一体"、全业态、全时段的大型沉浸式商文旅为主题，打造"文化+旅游+演艺+商业+体育+教育"的商文旅融合发展格局，其中"三街两巷"定位为沉浸式历史文化街区，水街定位为沉浸式民国小镇，中山路定位为沉浸式美食聚集地。二是在邕江综合整治一期成果的基础上，以商文旅一体化为思路，通过基础设施提升、配套服务优化，丰富邕江及两岸的文化、体育、旅游及特色产品的供给。谋划推进邕江铁路桥文旅项目、孔庙休闲旅游区、柳沙体育公园、青山水上运动基地、万达茂水上欢乐港、邕江沿途驿站、欢乐马拉松智慧健身赛道等一批商文旅融合项目，促进商文旅深度融合发展，实现"百里秀美邕江"经济效益和社会效益"双提高"。

（五）突出区域特色，合力提升国际消费中心城市影响力

商文旅项目是促进消费、助力打造国际消费中心城市的重要因素，也是城市品牌和城市影响力的重要体现。南宁市坚持商文旅融合发展，突出地方

特色，强化以文塑旅、以商兴旅、城景一体，构建各具特色的区域商文旅融合发展格局。南宁市于2021年12月31日被评为"广西全域旅游示范市"，9个县区被评为广西特色旅游名县、广西全域旅游示范区，其中上林县、马山县和邕宁区为广西特色旅游名县，青秀区、兴宁区、江南区、武鸣区、良庆区和西乡塘区为广西全域旅游示范区。南宁市围绕生态文化、民俗文化、东盟文化元素，打造了环青秀山观光游、武鸣壮乡风情游、横州茉莉风情游、环大明山生态游等文化旅游精品线路，推进建设太和自在城、广投健康·定标未来城等康养文旅产业综合体，形成覆盖全生命周期的产业体系。美丽南方田园综合体深化农文体旅融合，成为全国休闲农业与乡村旅游示范点。马山乔老河片区打造乡村振兴样板，攀岩特色体育小镇的"休闲运动+旅游+扶贫"发展模式获评文化和旅游部推广示范案例。百益·上河城、万象城等商文旅融合体集吃住行游购娱于一体，全面激发文化和旅游消费新动能。青秀山、"三街两巷"历史文化街区、邕江夜游、方特东盟神画等一批南宁夜间"网红旅游地标"赋能夜间经济发展。与此同时，一批康养休闲度假游、自驾游、研学旅游等新产品、新业态、新模式涌现，香格里拉、万豪、洲际等品牌酒店纷纷落户南宁，乡村旅游区、民宿、农家乐等"遍地开花"，大中小项目覆盖商文旅全行业链条，有力地推动了南宁市商文旅和现代服务业提质升级，对南宁打造国际消费中心城市品牌具有重要支撑作用。

二 南宁市商文旅融合发展及国际消费中心城市建设存在的主要问题

（一）缺乏顶层规划设计，融合协同机制亟待完善

一方面，缺乏顶层规划设计。对商文旅融合发展和国际消费中心城市建设缺乏统一的调查研究和规划设计论证，缺少全市层面的统筹谋划，缺少近期和中远期的行动方案，对商文旅资源的整合、开发、利用不够，联动发展

谋划不足，项目较为分散，商文旅资源优势尚未充分转变为经济优势和发展优势。

另一方面，商文旅管理职能融合协同不到位。由于商文旅涉及的资源种类繁多、业务形式广泛，部分商文旅项目甚至涉及发改、住建、自然资源、农业农村等多部门以及国有开发公司、民营企业等多主体，部门间各司其职、各自为政的现象仍然存在，管理职能的融合与协同还需进一步加强。同时，现行商文旅领域的政策法规制定、项目管理、产业统计等工作还是分散开展，没有从融合的角度系统考虑，也没有实现管理职能的真正融合与协同。

（二）产业基础薄弱，优质消费产品供应不足

为满足人民群众对美好生活的需求，商文旅已进入融合发展阶段，但南宁市商文旅相关产品多处于初级融合发展阶段，商文旅产品的增加更多集中在数量上，优质项目和优质产品供给不足。商文旅单项产业基础较为薄弱，产业链条不完整，产业创新能力较弱，导致产业发展后劲不足。受文化的地域性、广泛性以及资源的同构性、相似性影响，再加上区域合作与"抱团"发展的意识不强，各县区在推进商文旅融合发展的过程中存在一定程度的低水平、重复建设现象，造成特色文化挖掘不够，商文旅项目同质化较为明显，旅游演艺产品、体验项目不足，与商文旅融合发展要求相比存在较大差距。图书馆、文化馆、博物馆、剧院等大型公共文化设施大多以文化保护、宣传、展示为主，缺少对人工智能、VR 等新技术的利用，体验性、互动性项目开发不足，文化设施的商业化市场化利用率不高。

（三）品牌培育合力不够，国际消费中心城市缺乏影响力

国际消费中心城市是品牌化消费资源集聚地，需要通过特色文化、知名商圈、著名景点、驰名品牌等一系列消费支撑元素来提升影响力、扩大消费市场。但南宁市商文旅资源空间分布零散、区域跨度较大、产业联动不强，如从青秀山到园博园需 20 公里，从市中心到大明山需 100 公里左右，游客

往返各景点的交通成本较高,导致品牌化基础薄弱、知名度低,尚未形成知名度高和有影响力的品牌。同时,资源整合不系统,景区之间各自为政,没有形成紧密的产业联动,如邕江沿线("三街两巷"历史文化街区、广西文化艺术中心、青秀山等)仅依靠"邕江夜游"项目进行"点到点"输客,没有做好邕江水面大型文旅场景及配套商业策划,景点之间缺乏具有代表性的 IP 概念或文化故事线,造成游客体验感碎片化、记忆度不高。"三街两巷"历史文化街区、百益·上河城等项目普遍存在商文旅要素融合度不够高的问题,尚未形成文化创意产品带动商品和服务销售的格局。缺乏如"故宫文创""不夜城不倒翁"等辨识度及传播度高的文化符号,新业态基础薄弱,且缺乏商文旅大型龙头企业,全市范围内的商文旅联动集群效应不强。

(四)配套设施建设不足,城市消费服务功能尚待完善

南宁市近年来不断加强商文旅综合体、集聚区配套设施建设以及公共文化服务设施和旅游基础设施建设,不断提升综合服务水平,但与游客以及本地居民的现实需求相比还存在一定的差距。一方面,促进商文旅融合发展的实体配套设施建设不足。景点之间以及景点与城区之间交通工具的无缝衔接尚未完全实现。景区旅游住宿、餐饮、购物、娱乐等服务设施与游客需求存在结构性失衡,缺乏高品质、有特色、创意性的星级饭店、精品民宿、旅游商品等配套服务设施,尚不能满足多元化的文旅需求和商业服务需求。商文旅项目内部存在 Wi-Fi 覆盖不全、标识标牌不明显、智慧旅游建设不到位等问题。此外,客源疏导体系和游客咨询服务体系的设施建设与服务功能也有待进一步完善。另一方面,数字化消费服务发展动力不足。南宁市相关职能部门推出了一批类别不同、功能多元的数字化商文旅服务平台,包括各类官方网站、微博、微信公众号、今日头条号、数字景区、数字博物馆、数字图书馆等,虽在一定程度上便捷了本地居民和外地游客的商文旅消费,但商文旅信息资源整合仍不足,综合服务效能还有待进一步提升。"爱南宁"作为南宁智慧城市数字化平台总入口,虽然对公共服务、景区场馆、产业投资

等各类资源进行了整合，但尚未实现对全市商文旅信息资源的全覆盖，且"爱南宁"更侧重于公共服务，产业服务和商务服务尚待优化，在一定程度上影响着游客和本地居民对商文旅项目的认知和消费需求。

（五）要素支撑和政策环境保障有待进一步加强

一是营商环境亟待优化。商文旅项目推进过程中存在项目所在片区控规编制、水库范围线调整、过渡期城镇开发边界调整等一系列复杂问题，虽经市政府层面多次协调，但部分事项推进速度仍然较慢。此外，各部门围绕重点项目纷纷成立项目专班，但项目专班对各责任单位的督办问责机制还需要进一步完善和优化。

二是土地资源要素缺乏保障。商文旅项目相比一般房地产开发项目而言规模体量更大，更依赖土地资源。目前，南宁市区范围内符合商文旅融合发展要求的土地资源较为稀缺，而具备商文旅融合发展潜力的较偏远区域又因未能纳入城镇开发区边界难以开发，项目超前谋划力度亟待加大。

三是商文旅项目资金投入尚未形成"融资—投资—再融资—再投资"的良性循环体系，融资资金大多投入重资产及公益性项目，资金仅经过"融资—投资"的一次单向流动，没有再通过资产证券化、再融资等资本运作方式形成"资产—资金—资本"的二次、三次流动，资金也随着重资产的形成而沉淀，导致资产缺乏流动性。

（六）商文旅融合发展的社会效益与经济效益难以兼顾

南宁市商文旅融合发展难以实现社会效益与经济效益的统一，项目赢得了良好的公众口碑和社会效益，但在经济效益上难以实现基本的盈亏平衡。一方面，商文旅项目前期投入大、投资回收周期长、资金沉淀多，适逢国内经济增长放缓、预期转弱，部分正在推进的项目预期收益率下调，投资主体的积极性降低，影响项目的进度，甚至导致部分项目难以实施。另一方面，大多数商文旅项目均属于重资产投资及公益性项目，投资大、回收难，营利模式较为单一，收入与投资不成正比。例如，"三街两巷"历史文化街区充分发挥了其作为国家级夜间文化和旅游消费集聚区和新"人文会客厅"的社会功能，每年接待游客超百万人次，但因项目业态创新点不多、商业配套不足、变现机制不健全，大多数游客往往只是"过街游"，游客停留时间较短导致消费潜能没有被充分挖掘，客流规模优势没有有效转化为现金流量优势。

三 南宁市推进商文旅融合发展
加快国际消费中心城市建设的对策建议

推进商文旅融合发展，加快国际消费中心城市建设，重点要以商文旅资源为基础、以市场为纽带、以产业链为抓手，促进三者之间和产业链上下游各个环节全面融合，不断推进产品和服务创新，完善城市消费服务功能，健全消费供给体系，优化消费服务环境，挖掘释放消费潜力，全面提升国际消费中心城市的核心竞争力和品牌吸引力。

（一）统筹推进国际消费中心城市建设，构建商文旅融合发展协同机制

商文旅融合发展是建设国际消费中心城市的重要支撑，需要从组织领导、专项规划、发展布局等层面统筹推进。

一是加快完善组织领导机制。建立国际消费中心城市建设领导协调机制，具体负责研究、统筹、部署、协调推进国际消费中心城市建设和商文旅融合发展的规划设计、项目布局、业务指导、督导检查等重要事项。设立专项资金，专项扶持国际消费中心城市相关项目建设和全市商文旅融合发展项目的软硬件设施建设等。建立联席会议工作制度，由领导机构办公室统筹安排各个责任部门定期或不定期召开联席会议，完善各个职能部门之间的信息共享、政策制定、协调沟通、项目推进、督导检查等工作机制。

二是加快制定专项规划或行动方案等。借鉴其他城市做法，如广州市商务局牵头制定了《广州市建设国际消费中心城市发展规划（2022—2025

年）》，厦门市发布了《厦门市培育创建国际消费中心城市行动方案》等，加快出台南宁市建设国际消费中心城市的专项规划或行动方案。同时，全面摸排南宁市商文旅融合发展的基本情况，了解掌握商文旅重点企业、重点项目、重点景区、重点商圈、重点文化场馆等的建设、运营和储备情况，为制定商文旅融合发展专项规划奠定基础。认真对照国家、自治区、南宁市国民经济和社会发展第十四个五年规划和2035年远景目标纲要，准确把握商文旅融合发展、新型城镇化、乡村振兴等重点领域的中长期发展目标和要求，将推动国际消费中心城市建设和商文旅融合发展的项目、设施、环境等软硬件基础设施建设统筹融入全市经济社会发展大局。借鉴外地先进经验，挖掘运用南宁市民族文化资源、东盟开放优势以及绿色生态优势，以建设国际消费中心城市为载体，拓展商文旅一体化功能空间，打造全国民族团结文化品牌高地、东盟文化交流品牌高地、中国绿城文化品牌高地，力争到2025年，商文旅实现更广范围、更深层次、更高水平的融合发展。

三是加快优化南宁市国际消费中心城市和商文旅融合发展布局。根据南宁市构建"一区、三城、多节点"的市域城镇空间规划格局，全面推进南宁"主城区+新城+县域节点"的商圈共享、文化共建、景点共通的一体化建设。差异化布局区域性多组团的商文旅融合发展圈，按照中心城区组团，环南宁近郊县区组团，横州城区、宾阳县城、黎塘镇新城组团以及隆安、马山、上林县域组团分区域进行差异化的发展布局，有针对性地开展商文旅融合发展项目的选点选址布局。加强项目谋划，试点打造全国民族团结文化品牌示范县区（项目）、东盟文化交流品牌示范县区（项目）、中国绿城文化品牌示范县区（项目）等。依托市域平台公司，借助项目建设运营机构外力，选择具备一定产业基础的县区或项目进行试点建设，积累可复制、可推广、可提升的建设经验。

（二）促进商文旅业态创新，持续增加国际消费中心城市的品质消费供给

加快南宁国际消费中心城市建设，必须立足消费内需潜能释放，以加快项目建设、推进商文旅业态创新为抓手，持续增加高品质的特色新型消费供给。

一是加强重大项目建设，打造一批地标型消费载体。规划建设高端型商文旅项目。按照高起点规划、高标准建设和高效率运营的要求，规划建设一批如牛湾文化旅游岛等主题特色凸显、服务功能健全、国际化运营水平较高的商文旅融合型高端项目，以项目带动流量，以流量促进消费聚集，加速带动国际消费中心城市建设。加快推进示范型项目建设。持续推进"三街两巷"历史文化街区、万象城、航洋国际城、首创奥特莱斯、百益·上河城、华南城、民歌湖景区、万达茂等12个商文旅标杆项目的提质扩容，培育商文旅融合消费新增长点，推动各城区重点消费商圈板块扩容。加快推进功能型项目建设。结合旅游服务、文化教育体育服务、健康服务、养老服务、信息消费、绿色消费、时尚消费等重点领域，按照国际一流标准，适度超前推进会展中心、体育中心、剧场书院、专业市场、康养地产、公园广场、田园综合体等项目，切实提升服务消费品质，增强重大功能型项目对建设国际消费中心城市的支撑作用。

二是加强业态创新型项目建设，推动多元化消费空间拓展。加强夜间经济消费项目建设。基于现有的商文旅集聚区，持续引进吃住行游购娱方面的重点项目，根据夜间经济主要消费群体的消费需求差异化打造特色餐饮消费圈、民俗文化体验消费圈、时尚休闲文化娱乐消费圈、东盟文化体验消费圈、公园露营夜游科普体验消费圈等。加强打造"网红打卡"项目。从现有的朝阳商圈（包括中山路、步行街、"三街两巷"历史文化街区等），金湖商圈，东盟商务商圈，百里秀美邕江，轨道交通沿线以及五象新区等较为成熟的集聚区中选点选址，聘请专业策划运营团队对"网红地"进行包装设计，开发运营独具南宁特色的文化艺术欣赏、文博体验、体育健身、读书品茗等消费提质项目。

三是加强商文旅体验型项目开发，协同扩大绿色消费品供给。打造环南宁1小时近郊生态文旅经济圈。结合区内游、周边游等文旅消费新趋势，同步开展旅游景区（景点）建设和交通线路开发，打造1小时近郊生态文旅经济圈快速通道。依托近郊的森林公园、民族乡村、特色镇村、田园综合体等生态文化资源，重点引进开发观光、游览、登高、拓展等森林游憩项目和农耕、劳作、亲子采摘、特色美食制作以及少数民族体育运动体验等乡村生活体验项目，满足市民城市近郊休闲度假需求。打造一批环南宁生态文旅康养小镇。立足"银发一族"的康养消费需求，选取生态环境较好、交通便利、连通文旅休闲目的地的近郊区域布局引进康养地产项目，形成多县区布局、康养消费场景多元的产品供给体系。加快推进环大明山生态旅游建设，支持企业参与康养地产项目建设，实现养老、休闲、度假、商务等多功能融合发展，打造一批具有商文旅综合服务功能的区域知名特色康养小镇。

（三）打造城市特色商文旅 IP，增强国际消费中心城市的消费品牌吸引力

城市特色 IP 是商文旅融合发展的重要支撑，也是建设国际消费中心城市的竞争力和吸引力所在，立足南宁的文化资源优势、区位优势以及城市功能定位，重点打造以下城市特色商文旅 IP。

一是深挖文化内涵，打造南宁本地商文旅 IP。支持商文旅企业开展文化创意研发。聚焦南宁市地域文化、民族文化以及生态文化的产品与消费场景转化，重点研究南宁市的壮族文化、绿城文化、东盟文化，武鸣区的骆越文化，邕宁区的壮族歌圩和八音文化，横州市的茉莉花文化，宾阳县的壮锦文化，隆安县的那文化以及上林县的壮族老家文化等具有地方特色的文化，并将文化产品和服务创意嵌入式运用到商文旅项目的设施设计、品牌策划、活动设计以及相关衍生产品和场景之中，打造具有南宁地域文化特色的文化消费品牌。

二是加强新技术应用，打造沉浸式、体验型商文旅 IP。沉浸式、体验型商文旅项目是近年来颇受青睐的消费热点，可利用重点商圈、重点景区、重点场馆开发打造主题式、沉浸式互动体验场景，重点结合历史文化、红色文化、民族文化、科普文化、家风文化，创新以"历史故事""革命英雄""民族团结""民族传说""科学人物""民间故事"等为主题的实景沉浸式体验消费形态，如可利用数字化技术实景，以独具南宁特色的壮族民间故事"百鸟衣""南宁五象传说"等为主题，打造沉浸式、体验型商文旅活动，

打造南宁特有的商文旅消费 IP。

三是加强东盟文化推介，打造东南亚风情商文旅 IP。积极打造"南宁遇见东盟"文化交流品牌，拓展建设五象新区周边的东盟商贸特色街区，把东盟各国的标志性文化符号融入特色街区设计，吸引东盟品牌商在南宁市开设首店，利用自带流量的首店经济带动形成"东盟产品随心买"的特色商贸街区；以方特东盟神画为中心，依托剧场剧院、文化交流场馆等，引进东盟国家精品演艺项目，促进民间文化交流，形成"南宁方特＋东盟商务区＋东盟商贸特色街区"的东盟风情商文旅集聚区；强化品牌宣传，定期开展东盟民俗风情专车专线主题宣传，打造"行走的东盟文化"商文旅 IP。

（四）完善城市综合服务功能体系，提升国际消费中心城市的消费服务水平

城市综合服务功能和综合服务水平是建设国际消费中心城市的基础和保障，加快推进城市综合服务设施建设，进一步健全完善城市综合服务功能体系，将有助于全面提升南宁城市消费品质，为建设国际消费中心城市奠定坚实基础。

一是完善公共服务功能，提升城市生活消费服务水平。建议以创建文明城市、卫生城市、公园城市、智慧城市等为抓手，全面统筹推进城市公共服务功能提质增效，重点建设完善城市的交通服务、环境卫生服务、治安管理服务、停车管理服务、消防管理服务、水电气暖服务、通信服务、物流服务等基础公共服务设施。加快推进 5G 基站、城际高速铁路和城市轨道交通、新能源汽车充电桩、大数据中心等新型基础设施建设。加强城市管理综合执法机制建设，落实发改、住建、交通、公安、交警、城管等部门的城市管理职责，提升城市治理综合效率。加快打造"15 分钟生活圈"，有序规划建设以社区为中心、约 15 分钟可达的生态、教育、商业、交通、文体等基本公共服务设施。

二是完善旅游服务功能，提升城市旅游消费服务水平。以推进全域旅游示范城市建设为抓手，制定旅游发展配套服务设施建设方案，重点提升城市

景区及县区的旅游配套服务功能，加快城市新区周边的住宿、餐饮、零售等商业配套设施的规划建设，改造提升老城区周边的旅游配套设施；持续提升城市景区、县区景点以及各大商圈之间的交通、通信、物流等配套服务水平；建设完善城市公共卫生设施、电子导游讲解、旅游景点和线路标识等必备设施，提升城市旅游服务的便利性；加强智慧南宁建设，整合梳理全市商文旅信息资源，接入"爱南宁"服务端，建设商文旅企业综合管理服务平台，为企业提供创意对接、项目合作、信息交流等载体，优化商文旅产业服务。

三是完善商业服务功能，提升城市商务消费服务水平。立足商文旅融合发展的消费需求，加快规划建设一批集商务办公、酒店住宿、商贸交流、展览展会、文体娱乐等功能于一体的城市商业综合体，实现商文旅消费"一站式"供给。依托中国—东盟博览会、中国—东盟商务与投资峰会的平台优势，发展多门类、多层次、强辐射的会展业，打造服务中国—东盟商务、文化交流的国际性会议中心，加快拓展商务旅游市场，全面提升南宁市的商务消费服务水平。

（五）完善要素环境保障，形成国际消费中心城市建设合力

政策、金融、土地、人才是推进商文旅融合发展、加快建设国际消费中心城市的重要保障要素，加快制定落实要素供给保障措施，将为促进商文旅融合发展和加快国际消费中心城市建设提供基础动能。

一是创新出台产业发展扶持政策。建议加大政策奖励力度，针对商文旅项目投资大、回本慢、受益周期长等特点，研究出台产业发展奖励办法，明确文化新业态优质项目（企业）、商文旅融合发展优质项目（企业）、商务会展优质项目（企业）、旅游品牌优质项目（企业）等的配套资金奖励。加大用地保障政策力度。将重点商文旅项目（含储备项目）纳入全市国土空间规划，充分预留产业发展用地。创新实施"点状供地"模式，灵活配套商文旅项目用地，在符合相关规划的前提下，优先安排商文旅重大项目建设用地。推动符合条件的集体经营性建设用地入市，支持农村集体经营性建设

用地用于发展乡村商文旅项目。加大专业人才"培引育"力度。将本地商文旅企业全面纳入产业发展急需紧缺企业名录，持续引进和培育文旅企业、导游队伍和翻译人才，提升旅游行业的软性服务水平。

二是持续优化全市营商环境。提升精准招商和全周期服务水平，以"一企一策"精准引进一批国内外商文旅行业知名企业落户南宁，以行业龙头带动本地商文旅企业的经营理念创新、业态模式创新、行业经营创新。建立健全商文旅重大项目"一站式"服务和全周期跟踪服务机制，为重点项目建设提供专人负责、专班跟踪服务，及时解决企业在项目申报许可、建设运营过程中的问题。提升政务服务数字化水平，精准推送企业及项目的适用优惠政策，提高政策的普惠性和精准度。

三是加强投融资模式创新支持。建立由政府主导的商文旅产业投融资对接工作机制，加强政府部门与银行金融机构在商文旅企业培育、项目互荐、业态创新、消费升级、保障服务等领域的联动创新，探索试行产业专项金融产品，合力推进商文旅重大项目建设落地，尽早开展中小微商文旅企业授信业务，助力企业发展。

（六）完善消费促进机制，持续激发国际消费中心城市的消费活力

国际消费中心城市是现代国际化大都市的核心定位之一，加快南宁市国际消费中心城市建设，在突出抓好商文旅融合发展的基础上，还应重视加强商文旅消费品牌的宣传营销，聚集优质消费资源，完善消费促进机制。

一是创新推出南宁地方特色文化形象宣传片。借鉴河南卫视"中国节日"系列节目中的《元宵奇妙夜》《清明时节奇妙游》《端午奇妙游》等的制作手法，挖掘南宁民族故事、地域传统、民风民俗、生态资源等文化内涵，通过科技赋能、文艺创作、实景融合等手段制作南宁商文旅消费宣传片并广泛传播，引发民众对南宁的向往，以"云旅游"促进实体消费。

二是加强市场化营销宣传。可以联合携程等头部平台企业，加强南宁市消费品牌合作，借助头部平台企业的资源优势、人才优势、技术优势、数据优势、供应链优势，合作打造南宁市消费品牌。

三是创新出台促进消费的相关政策措施。持续加大援企稳岗力度。在旅游、休闲娱乐、餐饮住宿、商贸零售等行业继续实施稳就业补贴政策。创新商文旅促销政策。抓住各类节假日的消费节点，持续发放"商文旅消费券"，并针对不同消费群体推出相应的消费支持政策。在加强对汽车、家电等产品的促销的基础上，可以将露营、团建、研学等特色商文旅项目纳入促销政策制定范畴，激发商文旅融合消费潜力。

（七）积极融入新发展格局，高质量推进国际消费中心城市建设

贯彻新发展理念，积极融入并构建新发展格局，是高质量推进国际消费中心城市建设的根本遵循。

一是贯彻新发展理念，高质量建设国际消费中心城市。完整、准确、全面贯彻创新、协调、绿色、开放、共享的发展理念，切实解决好国际消费中心城市建设发展中不平衡、不充分的问题。立足南宁市产业发展基础，坚持创新驱动发展，提升自主创新能力，加快发展新能源汽车、智能制造、新材料等绿色产业体系，在消费各领域全周期全链条全体系深度融入绿色理念，扩大绿色低碳产品的供给和消费，创新出台促进绿色消费的政策措施，培育形成绿色消费方式。依托城市更新和乡村振兴战略的实施，进一步加强城乡基础设施和基本公共服务的协调，加快推进城乡消费供给、消费配套和消费环境的协调发展，推动实现优质消费供给的城乡协调共享，全面提升城乡消费水平。

二是聚焦国内市场和国内消费，提升生产消费和生活消费水平。紧盯国内统一大市场建设，立足高质量发展的产业需求，加快推进新能源汽车、新一代电子信息、智能制造、新材料、节能环保、文化旅游、大健康等重点产业延链、补链、强链，以产业链、创新链、供应链深度融合为抓手，提升研发、生产、流通、销售一体化的产业投资与消费水平。立足人民群众的美好生活需要，加快构建多领域、多层次、多样化的消费供给布局，推动构建以新兴消费集聚示范区为龙头，以特色文化街区为骨干，以专业市场为支撑，以特色村镇、景区为基础的消费布局。立足国内消费需求，创新拓展更多商

文旅消费新业态和新场景，充分激发国内市场的消费活力。

三是聚焦国际市场，提升面向东盟的消费开放水平。立足面向东盟的开放优势，树立"产会融合"发展理念，推动构建高质量"会展+"消费圈。推动构建以中国—东盟博览会为核心，以"会展+"农业、食品加工业、旅游业、汽车产业、新一代电子信息产业、智能制造产业、新材料产业、新能源产业等重点产业为基础，促进研发、展品、生产以及消费深度融合的"产会一体化"消费圈构建。树立数字化消费理念，推动构建线上线下融合的国际化消费体系。紧紧抓住 RCEP 生效的重大机遇，扩大开放优势，培育消费热点。充分挖掘 RCEP 政策红利，在加快对外开放、实现产业链联动、发展跨境电子商务等方面持续发力，构建新能源汽车等跨境产业链。支持引导传统商贸企业全面实施数字化转型，推动消费、制造产业链联动发展，提升南宁的国际化消费供给能力和消费开放水平。

开放发展篇

Open Development Reports

B.14
南宁东部新城打造向海经济发展
示范园区的路径

南宁市北部湾办、南宁项目策划咨询集团有限责任公司联合课题组 *

摘　要： 目前，南宁东部新城已具备打造向海经济发展示范园区的一定基础，但同时存在向海产业规模偏小、产业空间布局亟待优化、运营管理能力不足等问题。为加快打造向海经济发展示范园区，本报告在深入分析东部新城适宜发展的向海产业和发展总体思路的基础上，提出打造海陆双向联动产业集群、构建港园联动开放格局、优化产业布局、强化基础设施建设、提升运营管理能力的实施路径以及健全工作机制、强化招商引资、强化金融体系支撑等

---

* 本课题于2022年11月结题。课题组组长：黄汉锋，南宁市北部湾办原常务副主任。课题组副组长：刘文炜，南宁市北部湾办副主任；韦宇，南宁项目策划咨询集团有限责任公司董事长。课题组成员：蒋龙周，南宁市北部湾办规划和体制改革科科长；黄子钊，南宁市北部湾办规划和体制改革科科员；刘柏秀，南宁项目策划咨询集团有限责任公司副总经理、高级工程师；李晚心，南宁项目策划咨询集团有限责任公司政策和发展研究中心副经理、中级经济师；朱晓丹，南宁项目策划咨询集团有限责任公司政策和发展研究中心研究人员；方理，南宁项目策划咨询集团有限责任公司政策和发展研究中心经理、高级工程师。

一系列保障措施。

关键词： 东部新城 向海经济 示范园区 南宁

将东部新城打造为南宁市向海经济发展示范园区，是贯彻落实习近平总书记视察广西"4·27"重要讲话精神和对广西工作系列重要指示精神的具体实践，是落实自治区加快发展向海经济推动海洋强区建设工作部署的重要抓手，是南宁市委、市政府抢抓平陆运河建设的重大历史机遇，布局发展向海经济的重要举措。

一 东部新城向海经济发展现状分析

（一）向海发展制度环境持续优化

2020年，为落实自治区加快发展向海经济推动海洋强区建设工作部署，南宁市出台了《南宁市贯彻落实广西加快发展向海经济推动海洋强区建设三年行动计划（2020—2022年）》等政策文件。2022年5月11日，南宁市又印发实施了《南宁市向海经济工作领导小组机构组建方案》，围绕向海产业壮大、向海通道建设、向海科技创新、向海开放合作和海企入桂招商五大重点方面分别成立专项工作组，为抓好向海经济工作提供了组织保障。

（二）向海产业初具雏形

海洋产业稳步发展。南宁市主要布局了船舶修造、海洋装备制造、海洋药物和生物制品、海洋技术服务、海洋信息服务、船舶租赁等业态。截至2022年11月，南宁市共有船舶修造厂10家，[①] 并拥有邕江造船、神驰船舶

---

① 本报告数据如无特殊标注，均来源于课题组调研。

玻璃钢、大海阳光药业、广西中船北部湾船舶、广西北斗天宇航天科技等一批代表性企业。

形成以物流、造纸、林木产品加工为代表的临海（临港）产业。2021年，全市水路货物运输量达 4607.30 万吨，较上年增长 12.94%。2021年，南宁港货物吞吐量达 979.5 万吨。引入、培育了北港新材料、太阳纸业、雄塑科技、丰林木业等知名企业。

形成电子信息、先进装备制造、生物医药等特色产业集群。南宁市电子信息、先进装备制造、生物医药、化工新材料等产业集群加速形成，新能源汽车、高端铝、石油化工等产业链逐步延伸，初步具备与北部湾经济区其他城市产业链上下游协同错位发展的产业基础。

（三）向海科创资源持续集聚

推动海洋领域研发平台建设，助力广西民族大学、广西精工海洋科技有限公司成功搭建广西海洋微生物资源产业化工程技术研究中心。鼓励涉海企业开展技术攻关，近年来共支持"海洋工程用高性能耐蚀铝合金材料关键共性技术研究及产业化"等 6 个向海经济领域项目，支持金额共计 190 万元。加快向海科创资源和人才集聚，成功引进清华大学深圳国际研究生院海洋工程研究院常务副院长王晓浩研究员团队，推动桂润环境科技股份有限公司与国家海洋腐蚀防护工程技术研究中心签订合作备忘录，与中国科学院海洋研究所、广西科学院联合申报 2021 年广西"科技搭桥行动"工作计划项目。

（四）向海交通基础设施持续完善

陆海联动通道方面，"十三五"以来，南宁市完成南钦防高速改扩建、大塘至浦北高速等重大项目，开工建设南湛高速、南玉高速、横县至钦州港高速、贵南高铁、南深高铁等重大项目。2021 年，南宁市铁路货物发送量达 210.46 万吨；公路总里程达 17463 千米，高速公路总里程达 1084 千米，公路货物运量达 38098.38 万吨。

江海联动通道方面，"十三五"以来，推动老口水利枢纽、邕宁水利枢纽等一批水利枢纽建成通航，建成二级航道，2000 吨级船舶可从南宁经贵港直通粤港澳。2021 年，南宁港共有生产性泊位 104 个，年货运通过能力达 1895.03 万吨（见图 1）。

图 1　2017~2021 年南宁港各港区年货运通过能力及其增长情况

资料来源：南宁市港航发展中心。

空港出海通道方面，2020 年，南宁市成功获批国家级临空经济示范区。2021 年，南宁吴圩国际机场完成货邮吞吐量 12.41 万吨，以国内航线货邮吞吐量为主，占比为 80.82%，东盟国家航线货邮吞吐量占比为 18.94%（见图 2）。

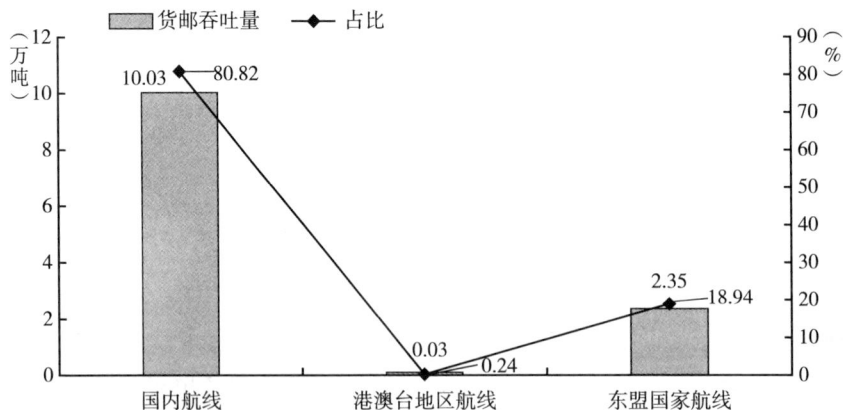

图 2　2021 年南宁吴圩国际机场货邮吞吐量及其占比情况

资料来源：南宁吴圩国际机场。

（五）主导产业初步集聚

东部新城成功引进了合众、比亚迪、多氟多、瑞声科技、太阳纸业等龙头企业，培育了南宁双胞胎饲料、广西春江食品等一批传统优势企业。截至 2022 年 11 月，东部新城园区共有工业企业 185 家，其中规模以上工业企业 56 家。2021 年东部新城规模以上工业产值达 128.3 亿元，工业投资额完成 30.9 亿元。

二　东部新城向海经济发展存在的问题

（一）东部新城向海产业规模偏小

东部新城向海产业占比偏低，现有产业以新能源汽车、先进装备制造、新型建材、造纸等为主，船舶修造、临港化工等产业规模较小。

东部新城"港产城"尚未形成联动。东部新城虽设有港区，但与后方产业腹地联动不强，优势产业与港区物流尚未形成联动效应。据统计，2020 年南宁港共完成港口吞吐量 845 万吨，仅分别为梧州港、贵港港的 19.1%、8.0%。

（二）东部新城空间开发规模及土地产出效率有待提升

东部新城的空间开发需求与城镇开发边界刚性限制存在矛盾。在自然资源部批复的"三线"划定规模中，东部新城开发边界约为 76 平方公里，而东部新城远期展望建设空间为 120 平方公里。

用地效益有待提升。根据产业园用地情况总调查暨 2021 年度开发区土地集约利用全面评价成果，六景工业园亩均固投约为 156 万元，亩均税收约为 1.7 万元，与 2020 年开发区监测统计的全区参评开发区综合亩均税收 16.05 万元的差距较大，仅为平均水平的 1/10。①

---

① 资料来源：产业园用地情况总调查暨 2021 年度开发区土地集约利用全面评价成果对六景工业园和伶俐工业园（其中伶俐工业园合并入仙葫经济技术开发区）的研究。

闲置土地面积较大。六景工业园、伶俐工业园已使用的工业用地面积分别仅占规划工业用地面积的46.23%、19.44%。其中六景工业园认定闲置工业用地6宗，面积达729亩；闲置低效工业用地11宗，面积达1808.79亩，六景工业园在全市工业园中属于闲置低效工业用地面积较大的园区。

（三）东部新城产业空间布局亟待优化

空间布局亟须优化。伶俐和六景两地的园区与镇区融合程度较弱，基本呈现"小镇区、大园区"的格局，交通系统对产城发展的支撑力度有限。

东部新城现有工业园区布局混杂，存在相互干扰问题。以六景工业园为例，造纸、食品、建材企业的布局较为杂乱，特别是造纸、食品等防护标准不一的企业布局集中，甚至在同一厂区内通过租赁厂房进行生产，相互干扰较大。

（四）东部新城基础设施及公共服务尚未完善

一是市政基础设施较落后。伶俐至平陆运河起点平塘江口之间现有的4座跨江桥梁净高不能满足5000吨级江海直达船型通过要求；主要园区内道路及配套设施的建设相对滞后。二是园区内只有办公用房，教育、医疗、娱乐休闲等公共服务配套明显不足。

（五）东部新城运营管理能力不足

一是管理体制不够科学，专项配套措施不够完善。行政审批、服务效率相对较低，地方性的信用体系及管理制度尚未成熟，仍然存在以"以地引资、以地养园区"为主的粗放型发展模式。

二是融资渠道较窄，招商引资机制落后。目前，园区发展主要依靠财政拨款，加之园区自身的造血功能尚未健全，建设资金不足导致园区的总体开发、配套建设速度缓慢。另外，园区未充分利用市场化招商渠道，招商引资机制相对落后。

三是专业化、职业化的园区服务队伍尚未建立。目前，各园区市场化运营的知识和能力不足，现有的运营团队远远不能满足园区发展要求，亟须进行人事制度改革。

三　东部新城适宜发展的向海产业分析

结合东部新城的区位优势、交通设施基础、现有产业基础、发展定位，提出未来可重点发展的向海产业。

（一）航运物流及配套产业

一是打造六景港区多式联运物流基地。重点拓展六景港区集铁路、公路于一体的多式联运服务功能，探索建立矿石、粮油、石油化工原料及产品等大宗物资中转交易中心。二是布局船舶修造及海洋装备制造产业基地。延伸发展船舶配套及港作机械、集装箱制造等专业海工装备制造产业，打造船舶修造产业集聚区。三是建设航运配套服务区。大力发展过境服务、产业服务、商务服务、高端服务，重点发展航运融资、货运期货、船舶保险、航运咨询等现代航运服务业。

（二）精细化工及再生资源产业

一是打造绿色精细化工产业园。布局电池材料、电子化工材料及应用于新型纤维、电子液晶、医疗、航空等重点领域的新型涂料等精细化工下游产品。二是打造再生铝产业园。引入废铝回收加工企业，重点生产 ADC12 铝锭、铝铸棒、铝板坯等再生铝材。

（三）先进制造业

一是延伸新能源汽车全产业链。积极发展动力电池电解液、锂电池隔膜、硅碳负极材料等动力电池产业链核心环节，加快推进汽车智能网联技术研发、测试和示范应用。二是打造电子信息产业。针对集成电路封装和印制电路板（PCB）两大细分领域，重点发展应用于智能终端、汽车电子、计算机和网络通信设备等领域的电子信息产业上下游项目。

四　东部新城向海经济发展的总体思路

（一）发展思路

围绕将东部新城打造为南宁市向海经济发展示范园区的总体目标，将东部新城打造为：新时代向海产业发展示范区，重点向南发展，大力发展涉海设备与材料、海洋药物和生物制品、精细化工、造纸和林产品等涉海制造业，推动电子信息、铝精深加工、新能源汽车等优势产业与沿海城市开展产业合作；江海联动"港产城"融合发展示范区，大力发展临港制造和临港物流，积极发展生产性服务业，优化提升生活性服务业；西部陆海新通道区域协同发展示范区，积极承接粤港澳大湾区、长三角等地区的产业转移和成果转化，主动对接海南自贸港，深度融入中国—东盟跨境产业链、供应链、价值链，推动南宁市与平陆运河沿线城市、西部陆海新通道区域的合作水平和层次实现新跨越；北部湾向海科技创新引领区，争取国家、自治区涉海重点创新平台落户东部新城，推进建立专业化的涉海科技成果转化机构和技术孵化平台；北部湾向海绿色发展先行区，实施陆海污染一体化治理，推动化工、造纸和林产品加工等传统优势产业向绿色化、精细化、高端化发展。

（二）空间布局

依托平陆运河建设带来的"通江达海"优势，打造"一带四组团、两心多片区"的空间格局，聚力实现以"六景—伶俐—峦城"为核心的"港产城海"深度融合发展新目标。

一带，即海陆双向联动发展带。依托南宁港和郁江的基础资源，积极融入西部陆海新通道和平陆运河经济带，打造东部新城的核心发展轴带。

四组团，即伶俐产城融合组团、六景北部产城融合组团、六景南部产城融合组团、峦城高铁融合组团。打造生产、生活、生态"三生"有机融合的宜居宜业产城融合示范区。

两心，即集生活居住、商务办公、现代商贸、休闲娱乐于一体的伶俐、六景两大东部新城综合服务中心，同时依托南玉高铁六景站（峦城）打造副中心。

多片区，即分布在四组团中的居住片区、工业片区、服务业片区等。

五　东部新城向海经济发展的实施路径

（一）提升产业向海度，打造海陆双向联动产业集群

1. 培育航运物流及配套产业

培育船舶修造及海洋装备制造产业。积极与中船广西船舶及海洋工程有限公司等造船企业合作，延伸发展船舶配套及港作机械、海洋防务、游艇制造等专业海工装备制造产业，谋划建设游艇制造基地，开发救生艇、工作船等中高档船舶产品。

壮大航运物流业。充分发挥"西江—平陆运河—北部湾"水运优势，拓展航运物流路线及品种，打造现代内河航运物流信息服务平台。

布局航运配套服务产业。积极争取平陆运河航道管理、航道养护、安全管理等机构落户东部新城。吸引船舶交易、航运金融、航运保险等现代航运服务业落户东部新城内园区。积极引入自治区高等、中等职业院校以及职业教育培训机构，设立与新能源汽车、电子信息等东部新城主导产业密切相关的专业。

2. 壮大精细化工、循环经济等适港产业集群

积极发展精细化工产业。依托六景工业园，对接比亚迪、多氟多等新能源汽车电池项目需求，培育以"磷酸—碳酸锂—磷酸铁锂—储能或动力电池梯次综合利用"为代表的磷酸铁锂系电池正极材料全产业链条。积极对接钦州石化产业链，发展配套电子信息产业链、新能源汽车产业链、装备制造产业链、高端绿色家居产业链的高端新材料产业。

发展壮大循环经济产业。以六景片区、那阳片区为核心，打造集利用、

研发及交易于一体的国家级跨境再生资源产业园。其中，六景片区重点布局铝、钢铁、汽车电动车零部件等再生资源产业，那阳片区优先布局废旧轮胎（废橡胶）回收利用和替代等资源循环利用产业。培育跨境再生有色金属精深加工产业。推动潮力集团与南南铝业、瑞声科技、比亚迪、合众等下游用铝企业开展供需合作，完善轧制材、挤压材、铸锻件等铝加工产业链条。培育跨境新能源汽车电池拆解再制造产业。构建"电池生产—销售—废电池回收—再生资源—电池生产"资源再生产业链。培育跨境高端再生纸产业。鼓励和支持太阳纸业利用与老挝合营林地和设厂制浆的优势，以及东盟国家未全面禁止进口垃圾的有利条件，在老挝就地建设废纸集散基地和制浆基地。

培育壮大电子信息产业。利用现有电镀产业基础，重点发展集成电路封装和PCB两大细分领域。集成电路封装方面，重点发展抛光片、抛光液、封装基板等封测材料和成品测试等测试服务领域。PCB方面，积极面向东盟（尤其是越南）整机制造需求，招引兴森科技、生益科技等覆铜板和PCB行业龙头企业。

3. 打造以新能源汽车为代表的先进制造业集群

将东部新城打造为南宁新能源汽车城的核心区。依托现有新能源整车项目，加快形成零部件产业集聚效应，聚焦比亚迪、多氟多等新能源汽车产业链头部企业，重点发展磷酸铁锂电池、固态锂电池等新型动力电池；发挥南宁在铝材料轻量化方面的技术优势，重点发展铝合金制车身、铝合金制车厢等新能源汽车领域产品。推动新能源汽车产业研发创新，积极在东部新城布局新能源汽车试验跑道、工程技术中心等科研创新平台，支持比亚迪、合众、吉利、南南铝业、华中数控等企业组建新能源汽车创新联盟，联合攻关整车轻量化、整车性能控制、高性能电芯、电池PACK等关键环节技术。着力拓展新能源汽车后市场。积极在东部新城布局生产性物流、汽车回收、汽车测试等相关产业，加快提升新能源汽车服务业的发展水平。

着力提升新能源汽车等制造业与海洋的关联度。完善六景港区多式联运体系，重点拓展六景港区多式联运服务功能，推进建设具备集散、储存、分拨、转运等功能的物流设施，探索建立大宗物资中转交易中心。建立健全支持政策体系，探索通过物流补贴等方式，引导新能源汽车、电子信息、再生铝、精细化工等内陆制造业尽可能地通过公铁水多式联运等便利条件进行运输。

4. 协调推进园区与市区产城融合发展

着力推动东部新城与主城区、副城区、临空经济示范区的整体联动发展。加强现有产业园区和城镇功能改造，促进企业集聚发展，吸引产业人口流入，推动产业、营商环境、生态环境、基本公共服务等重点领域实现一体化。科学布局东部新城交通网络，规划建设园区公共交通系统，打造功能完善、环境优美、治安良好的商住环境。

（二）加强开放协作，构建港园联动开放格局

1. 提高多式联运效率，提升园区与核心物流节点及北部湾国际门户港的物流联动能力

加强港口及口岸区域联动，探索引进一批航运、物流企业区域总部或运营中心。支持东部新城成为平陆运河经济带首端城镇，加强东部新城与南宁国际铁路港、中新南宁国际物流园、牛湾物流园区等重点物流枢纽节点的衔接，突破六景港区"最后1公里"公铁水多式联运服务瓶颈。优化港口功能，吸引沿海临港产业向内河延伸拓展。

建立多式联运公共信息服务平台，促进多式联运运单电子化，推进铁路、公路、水路、航空等运输方式间以及它们与海关、市场监管等部门间的信息资源互联，实现信息共享。支持东部新城建设多式联运场站和快速换装转运设施，提高多式联运效率。

2. 将东部新城纳入中国（广西）自贸试验区南宁片区拓展区范围，提升东部新城与钦州港片区的联动能力

探索将东部新城纳入中国（广西）自贸区南宁片区拓展区范围，依托平陆运河打通南宁与北部湾港江海联运物流通道，大力发展临港工业，使南宁成为"准沿海城市"。同时，力争使东部新城在招商引资、税收、人才引

进等方面享受南宁片区同等优惠政策，提升东部新城的吸引力。

探索联动接卸海关监管模式，参考上海海关监管模式①，实现进出口货物"一次申报、一次查验、一次放行"。同时，探索在中国（广西）自贸试验区南宁片区与钦州港片区之间试点公铁水多式联运"一单制"，推动南宁片区与钦州港片区实现数据互通、单证互认。

（三）优化产业布局，助力园区高效发展

1. 统筹优化组团功能分区，促进"港产城海"深度融合发展

以"港产城海"融合发展理念指导园区产业空间布局。全面落实"以港连海、以港促产、以产兴城、以城育港"的"港产城海"融合发展理念，打造六景产城融合组团、伶俐产城融合组团、峦城高铁融合组团三大产城融合组团，改变东部新城功能板块单一或相互割裂的现状。

六景产城融合组团主要包括北部组团和南部组团。北部组团主要包括六景临港片区、六景工业片区、六景镇区及东部新城综合服务中心。其中六景临港片区依托南宁港布局仓储物流、航运服务等功能；六景工业片区大力发展船舶修造及海洋装备制造产业、以再生铝为核心的金属加工产业、高端造纸产业及装配式建筑产业；六景镇区以传统居住及生活服务为主；东部新城综合服务中心主要发展高端生产和生活性服务业，同时为东部新城提供高等级服务，如布局广西轻工技师学院六景校区等。南部组团包括以高新工业园为主体的工业片区及以良圻社区为主体的居住片区，工业片区重点布局新能源电池高端新材料产业、医药中间体产业、生物化工产业等；居住片区则依托源清水库改善城市环境品质。

伶俐产城融合组团包括综合服务中心、工业片区及东部服务片区。综合服务中心以多样性、高品质的住宅服务，为园区职工提供居住空间，同时配套商贸服务、科技创新、仓储物流等生产性服务业。工业片区以伶俐工业片

---

① 上海海关监管模式：将上海以外的港口作为上海洋山港货物的接卸地和延伸地，进出口货物通过驳船在两港之间运输，手续办结后可在洋山口岸直接提离或出境，实现进出口货物"一次申报、一次查验、一次放行"。

区为核心，布局新能源汽车、智能制造及装配式建筑职能，以及沿河新增港口物流等功能。东部服务片区布局面向工业片区的研发孵化、科技创新、职教培训、现代商务等职能，依托骨干企业和高校院所，建设面向东盟的产学研中心。

峦城高铁融合组团主要包括高铁片区及峦城镇区，高铁片区以高铁为核心，积极向东连接粤港澳大湾区，布局高铁商务、站前商业、产业服务等功能，远期布局商贸会展、产城融合的复合型高铁片区。峦城镇区以传统居住及配套生活服务设施为主。

2. 坚持以人为本，满足东部新城未来发展的多样化需求

布局保障多种劳动人群的居住和公共服务空间。有序推进国际人才公寓、国际化社区等项目建设，满足各类人群多样化的需求（见图3）。提供高等级、可辐射带动南宁东部区域的城市功能。

图3 东部新城各类人群空间需求

打造面向东盟的职业教育合作示范区核心板块。在东部新城规划建设广西轻工技师学院六景校区、广西南宁技师学院伶俐校区以及广西机电职业技术学院伶俐校区，设置新能源汽车、船舶制造、精细化工等方向的职教专业与培训课程；联动桂电南宁研究院等产学研中心，注重向全市产业体系需求人才拓展职教培训。

3.集约高效利用国土空间，充分发挥用地效能

补齐制度短板，实现东部新城土地动态、全程精细化管理。印发针对供地前、供地中、供地后不同阶段的规范化制度文件。积极开展东部新城用地普查，建立完善的产业准入审核机制、工业用地动态监测机制、工业用地退出再利用机制等。

全方位强化集约思维，提高土地使用投入产出强度及亩均用地效能。以《南宁市产业园区工业项目建设用地投资和产出强度控制指标（2019年修订）》为参考，至"十四五"期末，东部新城工业总产值目标为500亿元，预计建成工业仓储用地约12平方公里，推算亩均产值约277万元，东部新城亩均产出强度仍有较大提升空间。

坚持"一地一策"，分类处置批而未供土地、闲置低效用地（见表1）。因地制宜、分类施策，实现东部新城土地集约高效利用，力争使批而未供土地和闲置低效用地的年处置率在南宁乃至广西处于前列。

表1　东部新城"一地一策"分类治理指导原则

大类	存在问题	解决策略
批而未供土地	工作流程原因造成批而未供	加快土地供应,完善供地手续,据实核销批文
	建设项目未落实造成批而未供	加大招商引资力度,对接建设项目,加快供地进度
	已征收但不具备供地条件	加快土地征迁、基础设施建设等前期工作,限期满足供地条件,为企业入驻提供前期基础
	因规划、政策调整等不再实施具体征收行为	经政府组织核实现场地类与批准前一致的,在处理好有关征地补偿事宜后,逐级报原审批机关申请撤回用地批准文件
闲置用地	企业原因造成闲置	及时采取帮扶、约谈、收取闲置费、无偿收回、协商有偿收回、签订补充协议延长动工开发期限、调整土地用途和规划条件等措施,督促企业限期开发
	司法查封造成无法开工建设	积极主动与司法机关协商,达成处置意见,待查封解除后落实相关处置措施

续表

大类	原因	解决策略
低效用地	无法按照土地供应合同和投资约定开发,或虽然已经投产但产出水平偏低	采用协商方式有偿收回土地使用权,收回的土地可优先用于东部新城内工业项目招商引资;积极引导企业向储备机构申请收储
	规划和产业布局等原因造成低效用地	通过协议出让方式办理土地置换手续,涉及搬迁费用依法依规给予补偿,以优化同类产业集群布局
	低效用地再开发不涉及改变土地用地等使用条件	鼓励企业进行增资技改,建设多层高标准厂房
	其他原因造成低效用地	鼓励有实力的企业对东部新城产品附加值不高且缺乏改造提升能力的企业或经营不善的企业实施兼并重组;对短期内难以继续开发的企业,鼓励将全部土地和部分土地使用权投入二级市场转让

全面推进工业用地供地新模式,提升园区土地"含金量"。积极借鉴东莞等地集约高效利用土地的先进经验,全面推进工业用地供地新模式,形成符合向海经济发展方式的"标准地"出让制度,制定覆盖东部新城和各类产业用地的集约高效用地模式和可行性实施路径。

4. 设置园区能耗门槛,促进园区绿色高质量发展

研究制定东部新城能耗"双控"准入门槛。根据国家、自治区及南宁市委、市政府对能耗"双控"工作的部署和要求,研究制定能源消费总量、单位工业增加值二氧化硫排放量、单位工业增加值废水排放量、单位 GDP碳排放强度等能耗"双控"指标。将是否符合能耗"双控"指标纳入分类标准,调整东部新城内的产业结构。

积极搭建东部新城能源和碳排放管控平台。筹备建设一个具备能耗在线监测、碳排放监测报告核查、节能减排指标预警预测、节能减排问题诊断、污染源监控管理和节能减排技术交流服务的能源和碳排放管控平台,建立企业能耗排放基础数据库。

促进造纸、建材、化工等传统"双高"行业绿色升级改造。参照《广

西工业产业结构调整指导目录（2021年本）》，依法依规关停淘汰低端造纸等落后产能，严格落实能耗"双控"要求，推进造纸、建材、化工等传统产业的绿色化改造。

（四）强化基础设施建设，提升对外交通便利度

紧抓六景国家一类口岸建设契机，依托公路、铁路、水路等多种交通方式，建设融合开放的公铁水多式联运物流枢纽，助力向海经济发展示范园区建设。

1. 提升东部新城江海联通能力

提升重点航道的通航能力。依托西部陆海新通道平陆运河开工建设，加强六景港区与牛湾港区、中心城港区、横县港区、隆安港区和马山港点的联动，助力南宁港联动铁路线接入北部湾港的江铁海联运示范路线。

开展码头能力提升工程。增加一批3000吨级以上的码头泊位，重点建设牛湾港区伶俐货港工程，提高伶俐工业园公铁水多式联运能力。重点建设六景港区杨村作业区工程（一期）、六景港区鹤笋作业区工程（一期）及六景港区高山作业区工程（一期），加快推进六景港区鹤笋作业区码头（二期）前期工作。

2. 提升东部新城陆海联通能力

升级港口陆路集疏运体系。实施铁路专用线进港工程，加快建设六景港铁路专用线及张村至六景一级公路项目，形成"1+1"（即1条铁路专用线、1条集疏运公路）港口陆路集疏运体系，突破六景港区"最后1公里"公铁水多式联运服务瓶颈。

畅通公铁运输通道。加快推进东部新城内部"五横六纵"① 路网规划建设。加快构建"三横三纵"② 对外交通体系。推进G80南宁至六景段改线工

---

① 五横：云景路东延线、江南1号路、张村—六景工业大道纬九路、伶景大道、G324；六纵：江南6号路、G242—江南16号路、江南25号路及南延线、六景站西大道、六景站东大道、景州大道。

② 三横：广昆高速新线路、民族大道东沿线、G324；三纵：柳南高速（及锦州大道）、六钦高速、G242。

程前期工作。规划建设六景、伶俐公路货运站以及六景公路（工业大道）至黎塘工业园区一级公路。研究建设轨道交通六景线，规划"大塘—六景—上林—武鸣—南宁西站—南宁吴圩国际机场"市郊铁路环线。加快南玉高铁建设。

提高桥梁及引道通行能力。加快对六律邕江特大桥（新桥及旧桥）、六景郁江特大桥（新桥及旧桥）、栾城大桥、黎钦铁路桥等桥梁进行改造，满足平陆运河建成后的通行需求。

（五）提升运营管理能力，提高园区发展竞争力

1. 提升东部新城创新发展能力

扩大重点产业创新供给。新能源汽车及零部件方面，以新能源整车制造和储能电池为重点，研究智能网联汽车技术、汽车轻量化技术、新能源汽车试验检测技术、高能量密度动力锂电池技术等。电子信息方面，重点研究液晶显示器驱动板、高压板、电源、背光源等部件关键技术及堆叠封装、3D封装等半导体封装及测试技术、集成电路相关配套材料开发技术。先进制造业方面，重点开展工程机械、轨道交通装备、环卫用车等产业链关键环节技术研究，加快培育发展水污染治理装备、大气污染治理装备、资源综合利用装备等技术研究和集成应用。开展轨道车辆及零部件技术研究和开发，围绕产品需求，开展铝精深加工技术研究。

构建科技成果梯度承接转移模式。利用南宁在粤港澳大湾区的离岸孵化中心等平台，打造"粤港澳大湾区—离岸孵化中心—东部新城"科技成果梯度承接转移模式。积极设立东部新城高新技术服务点，将高新技术嵌入园区产业链。依托园区创新服务点对接市级平台和高新区公共技术研究平台、中试基地等科技资源，采购创新服务，开展科技成果转化活动。围绕新能源汽车、涉海装备制造、精细化工等东部新城重点产业发展方向，将符合东部新城产业发展方向的科技成果引进园区。

完善孵化育成体系。引导培育一批科技企业孵化器、众创空间和创业创新服务平台，完善以"众创空间+孵化器+加速器+产业园区"为主线的

"双创"孵化体系。打造专业资本集聚型、大中小企业融通型、科技资源支撑型、高端人才引领型等不同类型的创新创业特色载体，推动各类孵化载体市场化、特色化、精准化发展。

建设产业协同发展促进中心。为瞪羚、独角兽等高成长企业提供产业发展战略研究服务。支持龙头企业联合在邕科研院所在东部新城建设一批自治区级和市级制造业创新中心、工程技术研究中心和企业技术中心。推动制造业龙头企业利用园区或闲置厂房、楼宇等建设集研发设计、检验检测、技能培训等多功能于一体的"双创"平台。

2.深化园区建设运营管理改革

探索"管委会+平台公司"的建设运营模式。支持独立的开发运营市场主体承担开发建设、产业培育、投资运营等专业化服务职能，突出园区管委会在经济管理、投资服务和营商环境优化方面的职能，逐步剥离社会事务管理职能。

推进"亩均效益"改革。建立园区"亩均效益"综合评价大数据平台。培育一批"生产、生活、生态"融合发展的新型产业，探索在东部新城率先开展新兴产业用地试点工作。新兴产业用地适用于以科技创新产业为主导的新一代信息技术和数字经济等新兴产业。

3.推动东部新城数字化智慧化改造

加快园区数字化基础设施建设。建设千兆光网、5G、IPv6、卫星互联网等新一代信息基础设施，合理布局大数据中心、云计算中心、人工智能算力中心等资源。建设数据共享交换平台和数据资源开放平台。

推动园区向数字化运营转型。推进数字孪生指挥中心、"互联网+政务服务"、网格化监管、数字经济创新创业等工程建设，实现"互联网+政务服务"园区全覆盖。建设园区电力服务、展示与分析平台，以及园区、产业和企业电力用能画像。

打造数字经济创新高地。鼓励园区打造"工业互联网平台+园区试点示范"模式，培育规范的数据要素交易市场主体，探索园区大数据交易流通机制，构建具有活力的数据运营服务生态，引导企业建设数字化车间和智能化工厂。

六 东部新城向海经济发展的保障措施

（一）健全工作机制

建立"港产城"联动发展工作机制。依托南宁市向海经济工作领导小组，进一步加强对东部新城建设向海经济发展示范园区的组织领导，构建政府领导、主管部门各负其责、有关部门积极配合的工作机制。

建立"南北钦防"区域合作协调机制。在南北钦防一体化大背景下，建议由南宁市牵头，主动与北钦防建立包括高层决策互通、专项合作推进、合作工作落实在内的多层次市际合作机制。推动南宁港与北部湾国际门户港共同组建区域性行业组织，形成定期沟通机制，推动基于分工协作的港口资源整合。

（二）强化招商引资

打造智慧投资促进平台。倡导实施面向企业的全生命周期数字化管理，鼓励园区建立企业库，利用大数据实施智慧精准招商。基于访客、能耗等数据支持，科学实行重点帮扶、政策制定、产业变更等园区决策。

建立签约落地企业（项目）弹性机制。强化招商引资企业全生命周期跟踪服务，构建"亩均效益"综合评价机制，设立不达标企业清退制度，不定期检查整改落实情况。

（三）强化要素保障

积极衔接国土空间规划，做好土地盘活利用方案。在通过国土空间规划"三线"严格控制占用边界外围土地的外延性扩张方式的同时，将园区经济发展转移到提高现有存量土地配置效率的轨道上来，盘活土地资产，发掘土地存量的优势。

积极开展城市土地治理，向低效土地要生机。通过调整用地结构，消除土地利用中对社会经济可持续发展起制约和限制作用的因素。挖掘园区低效土地使用潜力，将土地出让给配套的金融、商贸、服务和高新技术行业，充分发挥产业集聚的规模效应。

强化能源安全保障，全方位增强向海产业发展的支撑力。东部新城发展必须以"双碳"目标为引领，以能耗"双控"为抓手，以保障电力、水力等安全为前提构建现代能源体系，大力支持可持续发展的生态低碳型、环境友好型向海产业集群发展。

（四）加强人才队伍建设

完善人才培养机制。统筹推进园区干部队伍、职工队伍和人才队伍建设，建立健全园区人才培养、使用、引进、激励、评价、服务相关实施细则，培养一批物流、航运、商贸、金融、信息化等方面的高级管理人才、高层次专业技术人才和高技能人才。

优化引才留才环境。建立园区用工需求信息平台，将相关人才纳入平台储备库。通过在职硕士、博士培训等途径，壮大高层次专业技术人才和高技能人才队伍，精准引进创新创业团队和领军拔尖人才。

（五）强化金融体系支撑

形成多元化的投资机制。积极探索搭建多元化的投融资平台。积极争取自治区、南宁市产业发展基金对园区主导产业的支持，鼓励商业银行向符合规划发展目标和功能定位的建设项目提供贷款。支持园区引进社会资本参与开发建设、与社会资本合作办园，为园区发展注入更多活力。

创新投融资方式。探索推进园区与金融机构、社会资本合作以及成立企业投资联合体等多种投融资模式。用好南宁市产业发展基金等3只基金，吸引社区资本投入园区建设。加快建立重大平台、重大项目、重大专项"三重"投融资机制，采用股权投资等方式兴建基础设施、发展产业。以地方政府担保、贴息方式引导更多社会资本参与项目建设，降低建设企业的融资成本。

B.15
南宁市建设国际旅游消费
中心城市的对策

白秀峰[*]

摘　要： 南宁社会消费领域的供给侧较为丰富，需求侧长期活跃，具有培育打造国际旅游消费中心城市的现实基础和深厚潜力。建议从打造五大国际旅游消费品牌、丰富六大城市旅游消费功能、建设三大国际一流文旅商圈、提高国际化旅游消费服务品质、推进旅游消费对外开放合作等方面加快建设国际旅游消费中心城市。

关键词： 旅游消费　东盟　国际旅游消费中心城市　南宁

"国际旅游消费中心城市"是一个全新的概念，指拥有丰富的旅游消费内容、高端的旅游消费品牌、多样化的旅游消费方式、优越的旅游消费环境，在国际范围内具有较强吸引力、辐射力和影响力的城市。其内涵就是在旅游中消费、在消费中旅游，并且能吸引更多国内外游客旅游消费。

在2021年广西文化旅游发展大会上，自治区党委书记刘宁指出"南宁市要完善面向东盟的立体化旅游交通网，形成具有更大辐射力的旅游集散中心，加快建设国际旅游消费中心城市"，为南宁市赋予了新使命、新定位。建设国际旅游消费中心城市，是自治区党委交给南宁的任务，也是全市人民的期盼。

---

* 白秀峰，南宁市旅游发展服务中心副主任、高级经济师。

一 重要意义

建设国际旅游消费中心城市是南宁市融入和服务新发展格局的主动选择，是满足居民消费升级需求以及构建新型消费格局的战略举措，是发挥南宁市文化和旅游优势的内在要求，也是促进产业转型升级、提升综合竞争力、提高城市国际影响力、实现高质量发展的必经之路。

（一）南宁市建设国际旅游消费中心城市是构建以国内大循环为主体、国内国际双循环相互促进的新发展格局的需要

建设国际旅游消费中心城市，一方面能够提升南宁旅游消费能级，强化旅游消费、贸易功能，形成吸引全球游客的新型国际旅游消费场所，吸引更多优质旅游产品与服务进入国内市场，推动国内大循环；另一方面能够将南宁品牌与文化推向全球消费市场，更好地实现国内和国外要素、商品和服务的双向流通，促进国内外消费市场联动，加快促进国内国际双循环，为密切中国与东盟国家友好交流与合作、更好地融入全球消费市场、构建更高水平开放型经济、构建区域命运共同体提供支撑。

（二）南宁市建设国际旅游消费中心城市是顺应居民消费升级趋势、满足人民对美好生活新期待的需要

随着消费持续升级，居民对质量型消费、享受型消费、服务型消费的体验有更高要求。南宁市建设国际旅游消费中心城市，能持续增加旅游的有效供给和高质量供给，强化国际旅游消费中心城市的引领消费功能和辐射带动功能，打造以国际旅游消费中心城市为中心、联动城镇的新型消费格局，有利于更好地顺应居民消费升级的内在趋势，从而满足新时代人民对美好生活的期待。

（三）南宁市建设国际旅游消费中心城市是广西建设文化旅游强区和世界旅游目的地的需要

南宁市是广西"三地两带一中心"文化旅游发展格局的重要组成部分，

建设国际旅游消费中心城市有利于增强文化和旅游发展动能，激发旅游消费市场活力，加快产业转型升级和新旧动能转换，不断扩大文化和旅游业规模，提升南宁文化和旅游业整体实力；同时有利于发挥南宁在广西的辐射和引领示范作用，助推全区文化和旅游业协调发展，对广西建设文化旅游强区和世界旅游目的地有重要意义。

（四）南宁市建设国际旅游消费中心城市是推动南宁市文化和旅游高质量发展、增强首府高质量发展新动能的需要

南宁市建设国际旅游消费中心城市，有利于提高自身对国际旅游消费资源的配置能力，推动消费升级，培育高质量发展的市场基础、产业基础和发展新动能，实现文化和旅游业、旅游消费"双升级"，增强整体实力和国际竞争力，持续增强消费对经济增长的贡献与支撑，为经济发展注入持续的新动能；同时将推动南宁产业发展、城市更新、基础设施、营商环境以及相关制度等方面的进一步完善，助推强首府战略落实和经济社会高质量发展。

二　发展现状

（一）初步建立面向东盟、连通世界的便捷交通体系

一是国际客运通道不断畅通。南宁吴圩国际机场为4E级国际机场，是中国千万级机场之一、面向东盟的国际门户枢纽机场和对外开放的一类航空口岸。截至2022年，南宁吴圩国际机场已开通航线195条，航班覆盖国内主要城市以及东盟十国、日本、韩国、俄罗斯、尼泊尔等地，其中与东盟国家的通航点数量居全国第4位。中国南宁至越南河内的国际列车已运行10余年，累计运送国际旅客超40万人次，成为中国与东盟各国人员往来的"绿色通道"。①

二是国内交通网络日趋完善。南宁市已形成南通北联、西进东融的高速

---

① 本报告中数据均由南宁市文化广电和旅游局提供。

铁路客运十字骨架，开通了直达香港特别行政区、3个直辖市、15个省会城市以及中转抵达全部省会城市和各设区市的高铁或动车线路；"一环六射三横一纵"高速公路网络体系基本形成，2小时可通达北部湾经济区城市与港口、4小时可通达全区14个设区市、1日可通达邻近省会城市。

（二）经济发展稳定向好

南宁市经济发展和商业贸易稳定向好，已形成三大核心商圈和16个区域级商圈，2022年全市实现社会消费品零售总额2358.75亿元。对外贸易持续快速增长，与全球205个国家和地区开展贸易往来，2022年外贸进出口总值突破1500亿元。文化产业不断提质，截至2022年，南宁市拥有各级文化产业示范基地（园区）123家，其中国家级文化产业示范基地（园区）2家、自治区级文化产业示范基地（园区）46家，文化与相关产业增加值约占全区的1/3。

（三）旅游业不断提质升级

一是旅游业规模不断扩大。南宁是广西全域旅游示范市，截至2022年底，拥有广西全域旅游示范区、广西特色旅游名县10个，国家3A级及以上旅游景区96家、国家级旅游休闲街区1个、广西旅游休闲街区3个、广西星级乡村旅游区69个、星级旅游饭店33家。会展业蓬勃发展，全市展馆可供展览面积超过10万平方米，年均办展数量超过100场，每年会展直接收益数十亿元，带动相关产业消费近千亿元。

二是旅游消费持续增长。2016~2019年，南宁市接待国内外游客人数年均增长17%，旅游总消费年均增长23%。2020年，受新冠疫情影响，南宁市接待国内外游客人数和旅游总消费明显下降；2021年，南宁市旅游经济主要指标迅速回升，接待国内外游客人数和旅游总消费分别比2020年增长18.6%和25.7%，充分彰显了南宁市旅游业发展的韧性（见图1）。除此之外，南宁市旅游总消费已连续多年排名全区榜首，旅游业已经成为南宁市重要的经济增长点，为南宁市建设国际旅游消费中心城市打下了坚实基础。

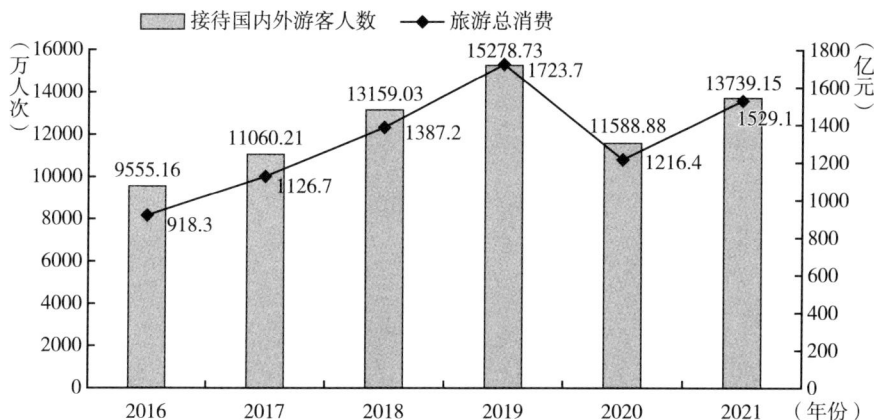

图 1　2016~2021 年南宁市旅游经济主要指标变化情况

三　发展瓶颈

（一）国际旅游消费能级不高

南宁市旅游消费规模特别是入境旅游消费规模有待进一步扩大。2021年，南宁市旅游总消费刚过 1500 亿元，与北京、上海、广州、天津、重庆等国际旅游消费中心培育城市和长沙、昆明、西安、贵阳等省会城市相比存在较大差距。疫情发生之前，南宁市年接待入境过夜游客达 60 多万人次，占当年接待游客总数的比例不到 5‰；入境过夜游客人均消费 550美元，占当年旅游总消费的比例仅为 1.5%，入境旅游消费对南宁市经济社会发展的带动作用不明显。

（二）旅游产业支撑力不强

南宁市的 A 级旅游景区、乡村旅游区数量较多，但高品质旅游项目较少，缺乏国际知名的旅游景区景点、休闲街区、高端酒店、餐饮品牌和旅游演艺品牌，旅游消费品牌化、品质化、特色化、精细化特征还不明显。文化和旅游市场主体分散、规模小、内生动力不足。文化和旅游业与工业、农

237

业、商业、体育等产业、行业的融合度不足，产业间关联性较弱，新业态培育力度不足，旅游消费场景国际化水平有待提高。

（三）国际旅游服务水平不高

南宁市旅游消费服务方面的国际化水平不够高，尤其是在国际化标识体系、涉外旅游咨询服务、多语种导游服务、外文资讯服务、国际教育服务、国际医疗服务等方面还不够完善。缺乏国际旅游专线、涉外公众号、涉外手机 App、涉外网站、涉外广播等信息服务平台，城市商圈和特色街区的旅游配套设施不够完备，设施标准化水平不高。集散中心、旅游厕所、自驾车营地等公共服务设施建设存在用地困难、财政资金投入不足、后期监管困难等问题。

（四）城市品牌国际影响力不高

南宁市的国际旅游知名度较低，城市品牌影响力不足，缺乏具有消费拉动作用的城市品牌形象，国内外知名品牌不多。截至 2022 年，南宁市有中华老字号 2 个、广西老字号 12 个，在总量上供给不足。本土知名品牌以农副产品为主，自主开发设计较少，缺乏本土文化内涵，对消费市场的吸引力不大，发展后劲不足。

四　国内外经验启示

（一）打造国际旅游消费载体

通过优化巩固现有品牌存量，引进国际顶级品牌及旗舰店，集聚优质旅游消费品牌，提升产业要素供给质量，培育国际品牌矩阵，提升国际旅游消费的集聚力、引领力。升级改造现有的中高端消费商圈，探索发展"社区经济""文旅经济""首店经济"等新消费形式，打造具有国际影响力和美誉度的地标性商圈，创新开发文化、古迹、研学、会展及创意旅游业态，促进旅游消费提质增效。

（二）增强国际旅游服务效能

对标国际标准，创新服务模式，增加优质服务、特色服务、文化服务和独创服务的供给。坚持"无处不在"和"人无我有"的周到服务理念，将品质化服务理念融入基础设施建设、优惠政策配套、政府高效管理，不断集聚打造国际旅游消费中心城市所需的"企业流""信息流""人才流"，提升国际旅游服务水平，营造具有全球吸引力的旅游消费环境。

（三）持续激发旅游消费潜力

大力发展夜间旅游和假日旅游，进一步引导和激发旅游消费需求，增强旅游消费对经济发展的牵引作用。建设展示有"夜南宁"特色的"夜地标"，打造标志性夜游商圈、步行街区等多层次载体，集聚餐饮、文化、娱乐、旅游等多元化业态，丰富夜游邕江、夜享南宁等品牌活动。促进商文旅融合发展，构建全球多元融合的旅游消费资源集聚地，建设具有全球影响力的标志性商圈，推动文化和旅游消费向高品质和多样化升级。

（四）加大国际宣传和推广力度

立足南宁市特色文化元素，加大对城市形象的国际宣传和推广力度。精心谋划丰富的节庆会展活动、民族民俗活动，组织可观赏、可参与的体验活动。塑造"中国绿城　老友南宁"城市品牌，打造城市名片，用活用好传统媒体与新媒体宣传渠道，创建国际传播平台，提升南宁市的国际传播力，发出中国声音，讲好南宁故事。

五　对策建议

（一）打造五大国际旅游消费品牌，提升南宁旅游消费吸引力

一是打造面向东盟的国际展会品牌。争取创新举办全国首个以旅游消费

为主题的国家级消费展会——"中国国际旅游消费博览会"。打造中国—东盟博览会升级版,加快推动中国—东盟博览会升级为中国—东盟博览会暨RCEP博览会。培育一系列专业展会品牌,培育一批具有比较优势、代表行业发展方向的新型展会。打造国际会展旅游综合体,培育发展信息咨询、营销策划、设计布展等会展服务业态,完善展会产业链。

二是培育"东盟美食荟聚之城"品牌。推动东盟商务区等建设具有东盟特色的美食文化地标,推进中山路、水街等美食街提质升级。传承发展桂菜、邕菜、邕州小吃等南宁美食文化和"老字号"餐饮品牌,开发多种系列产品,打造"桂菜邕味"美食品牌。举办"一带一路"国际美食博览会等美食特色展会,做大做强中国—东盟美食文化节。

三是打造"中国不夜城"品牌。打造夜间消费集群,以"城市+夜间商业街"发展模式推动埌东—凤岭商圈、五象商圈等商业旅游街区和大型商业综合体升级夜间经济业态,推动青秀山、南宁园博园、百益·上河城等景区打造为标志性夜游景区。开发高品位的夜购、夜游、夜食、夜娱、夜宿等"24小时"不打烊业态,提升夜间经济时尚度和活跃度。

四是打造"国际旅游演艺之都"品牌。建设邕江文化演艺带,加快推进园博园等重点景区打造大型精品文化旅游演艺项目。创作具有国际水准的文化艺术精品,推动舞剧《山水之约》等精品剧目创排。创新开发实景演出、驻场演出、巡回演出、沉浸式演出等旅游演艺精品。

五是打造"国际医疗康养名城"品牌。加快建设南宁国家中医药健康旅游示范区和广西药用植物园国家中医药健康旅游示范基地,打造兴宁国际医疗旅游先行区,创建一批国家级和自治区级康养旅游示范基地,拓展健康旅游产业链,开发生态养生、医疗养生、休闲度假、康复疗养等"壮式养生"健康旅游产品。

(二)丰富六大城市旅游消费功能,打造多层次旅游消费热点

一是建设具有国际水准、南宁特色的世界级旅游景区、度假区。实施"南宁名片"旅游景区培育计划,提升旅游设施和产品品质,挖掘景区文化

内涵，丰富业态体验，提高景区服务的国际化智慧化水平，推动南宁百里秀美邕江·国际园博园景区创建国家 5A 级旅游景区。实施世界级休闲度假集群打造计划，推动上林大龙湖旅游度假区创建国家级旅游度假区，围绕青秀山、大明山、大龙湖构建以"带—单元—点"为布局的世界级旅游度假集群。

二是创新国际旅游消费业态场景。打造文化艺术消费集聚地，发展数字化陈列、艺术创作体验、沉浸式观展、直播逛展等新业态，开展面向东盟的多元文化艺术活动。扩大体育旅游消费，建设一批世界一流的体育训练和比赛基地、体育休闲度假小镇，培育更多高水平的全国性、国际性的体育旅游赛会盛典和体育旅游嘉年华。促进乡村旅游消费升级，建设一批美丽休闲乡村、特色旅游村镇，构建乡村休闲旅游集聚区（带），打造农文旅消费集群。发展高科技旅游消费，以及沉浸式旅游景区、ARG（平行实境游戏）、RPG（角色扮演游戏）、"元宇宙"文化艺术空间等新型消费。促进跨境电商发展，推动陆海联运进口跨境电商货物在南宁综保区通关，引导跨境电商直播产业集聚。

三是打造国际旅游时尚消费中心。构筑东盟时尚消费设计和交易中心，吸引东盟国家的独立设计师品牌、大师工作室、品牌设计创意中心在南宁集聚。扩大中高端时尚消费供给，开设更多高端旗舰店、体验店，建设国际知名品牌直销购物中心，招引全球时尚高端消费品牌入驻，建立黄金珠宝、高级定制时装等时尚高端消费品发布、定制和展示交易中心。

四是创新开展首店首发经济示范区建设。推动青秀区打造首店首发经济示范区，推动南宁国际会展中心和埌东—凤岭商圈打造首店首发经济地标，完善首店首发经济配套服务，常态化举办国际知名品牌发布会、高端品牌限量款及定制款发布会、国际时尚论坛等活动。

五是实行"一县（市、区）一特"旅游消费提升计划。结合南宁创建国家全域旅游示范区和国家旅游休闲城市，推动各县（市、区）挖掘自身文化特色，培育特色产业，优化产业布局，促进文化和旅游与相关产业深度融合发展，打造一批国家全域旅游示范区、国际化特色小镇和国际乡村旅游目的地，形成"全域统筹，一县（市、区）一特"的发展格局。

六是建设平陆运河文化旅游经济带。拓展滨水休闲游憩空间，通过水陆空多重游览方式，打造突出平陆运河主题的观光产品。打造南宁都市休闲文旅集聚区和横州生态文旅集聚区。推动平陆运河沿线海陆联动发展，拓展珠江水系西江干流的内河游与北部湾跨海游。

（三）推进消费商圈提档升级，建设三大国际一流文旅商圈

一是推进埌东—凤岭商圈打造面向东盟的国际时尚商业中心。丰富零售业态品类，加强会展业态创新升级，引进世界500强、中国500强、中国连锁经营100强商贸企业总部基地，加大对国际国内知名品牌、高端品牌、优质初创品牌、设计师品牌的引入力度。

二是推进朝阳商圈打造展现南宁文化底蕴的城市商文旅融合发展核心区。挖掘"老南宁"文化内涵，加快推进"三街两巷"、中山路、水街一体化建设项目，引导商圈功能迭代更新，丰富品质购物、休闲娱乐、文化交流等功能。

三是推进五象商圈打造面向东盟的智慧商圈和金融服务中心。加速扩大五象商圈消费规模，重点发展现代金融、数字经济、文体医疗、智慧物流等现代服务业，推动智慧商圈试点建设具有复合功能的商业街区和国际化商业中心，加快建设中国—东盟特色商品汇聚中心。

（四）提高国际化旅游消费服务品质，提升游客体验度和便利度

一是加快推进综合交通网络国际化和一体化。加密南宁至东盟及"一带一路"沿线国家、RCEP其他成员国等地的航线，增强国际游客的可进入性。加快规划和建设南宁至全省各地级市、粤港澳大湾区、全国大城市及东盟重要城市的高铁网络和公路交通网络，构建国际化旅游立体交通网络。强化城市旅游集散和便捷换乘功能，打通旅游交通堵点。

二是完善国际旅游消费服务设施。推进"类海外"环境建设，加快建设国际标志标识、国际语言无障碍服务终端系统、国际化结算和货币兑换平

台、涉外医疗机构等国际旅游消费服务设施，提高人性化服务水平。引进国际国内知名酒店品牌，建设具有南宁特色、东盟特色的山水主题酒店、商务酒店、度假酒店、旅游民宿等。

三是营造开放、包容的国际旅游消费环境。探索更加便利的外籍人员出入境、停居留政策措施，积极争取在南宁机场口岸实施53国外国人144小时过境免签与东盟十国旅游团144小时入境免签政策，争取在中国—东盟博览会期间将入境人员落地签证时间延长，探索商务会议旅游通关卡政策。争取实施更为完善的免税购物和离境退税政策，探索"电子退税""即买即退"等政策试点。推进免退税购物场所建设，在中国（广西）自由贸易试验区南宁片区的综合保税区内设立跨境电商进口零售店，建立平陆运河经济带内河型保税区，规划建设免税购物商店、街区；申请扩大南宁吴圩国际机场口岸进境免税店面积。

四是推动旅游消费服务与国际接轨。强化对旅游消费领域管理和服务人员的国际语言、国际习惯、国际标准、国际礼仪和服务技能培训，加强涉外旅游企业经营管理、国际旅游市场营销以及对英、越、泰、老、柬、日、韩等多语种高等级导游人才的培养与储备。

五是建设城景交融的城市空间。结合城市建设和更新打造城市亮点片区，推进自然风貌、人文历史与城市建设多空间有机融合，提升片区商贸、服务、文化、旅游等功能。建设吸引海内外游客的舒适宜居环境，改善市容市貌，构建"300米见绿、500米见园"的城市绿地综合体系，打造一体化绿城特色园林生态景观。打造邕江沿江文化休闲旅游带，建设一批沿江生态景观示范段、生态文化地标和生态旅游区，推动沿江景观提档升级，完善邕江两岸商文体旅基础设施。

（五）推进旅游消费对外开放合作，扩大国际旅游消费中心城市影响力

一是打造"中国绿城 老友南宁"城市IP。整合全媒体资源，聚合线上线下资源优势，助力"中国绿城 老友南宁"城市IP"出圈"。创建南

宁市政府英文网、"Hi Nanning""Friendly Nanning"双语微信公众号和爱南宁App外文版块等国际传播平台，扩大南宁国际交友圈。策划开展"寻找邕城文旅风物""花点时间游南宁"等主题活动，展现南宁城市形象。

二是开展"南宁文旅消费"全球营销推广活动。在美国纽约时代广场等地投放城市形象宣传广告，开展国际友好城市交往工作。积极开拓入境客源市场，赴东南亚、日韩、欧美等重点客源市场推广文旅产品和线路，主动参加国际性、全国性文旅推广活动。

三是实施深化国际交流合作行动。加强与东盟的合作交流，加快推进跨境贸易、跨境电商、免税经济等跨境经济的交流与合作，培育东盟进口消费品直销市场，打造东盟产品集散地，打响"东盟超市"品牌，打造东盟消费者旅游购物首选目的地。打造中国—东盟文化交流合作中心，加强与东盟文化产业的合作，共建东盟国际文化产业园区、孵化器、创新中心，拓展人文教育、知识产权保护、跨境电商等行业合作。深度参与共建"一带一路"国家交流合作，深化与共建"一带一路"国家在主题艺术精品创作、文旅科技成果推广、文物考古等领域的交流合作，谋划跨境旅游、滨海旅游、生态旅游等主题旅游线路。

B.16
东西部协作架构下南宁市与深圳市
深化产业合作的对策

南宁市社会科学院课题组*

摘　要： 在东西部协作架构下，南宁市与深圳市在农业、工业和商贸服务业等领域的产业合作取得初步成效，产业合作不断深化，但仍然存在产业基础与产业发展需求不匹配、营商环境和要素保障有待优化、产业合作机制有待完善、协作开拓市场力度有待加大等问题，需要在完善对接协调机制、夯实产业合作基础、强化企业引培、搭建合作平台、优化营商环境等方面持续发力，进一步深化南宁市与深圳市的产业合作。

关键词： 东西部协作　产业合作　深圳　南宁

　　开展东西部协作，是党中央着眼全局做出的重大战略部署，是推动区域协调发展、协同发展，缩小地区之间发展差距，最终实现共同富裕的重大举措，也是拓展东西部地区产业资本投资空间、调整优化产业布局、推动产业迭代升级、实现产业资源配置优化的内在要求。在东西部协作架构下，南宁市与深圳市以实现互利共赢为目标，不断深化产业合

＊ 课题组组长：覃洁贞，南宁市社会科学院副院长、研究员。课题组成员：吴金艳，南宁市社会科学院副院长、正高级经济师；杜富海，南宁市社会科学院经济发展研究所副所长、助理研究员；庞嘉宜，南宁市社会科学院城市发展研究所助理研究员；陈琦，南宁市社会科学院经济发展研究所中级经济师；李娜，南宁市社会科学院经济发展研究所研究实习员；陈浩，南宁市粤桂协作办公室副主任；王政壹，南宁市乡村振兴办和防返贫指挥部办公室副主任；钟昌霞，南宁市粤桂协作办公室四级主任科员；周可达，广西社会科学院研究员。

作、优化合作机制、创新合作模式、助推产业现代化发展，取得了一定成效。

一　南宁市与深圳市产业合作基础与成效

（一）产业合作机制初步建立

1. 组织成立粤桂协作机构

南宁市在市级层面设立"南宁市粤桂协作办公室"，在上林、马山和隆安 3 个协作县抽调业务能力强的工作人员集中办公，主要职责包括落实南宁市粤桂协作具体事务。同时，在上林、马山、隆安 3 个协作县对照市级协作机构建立粤桂协作机构，负责上林、马山、隆安 3 个协作县具体协作工作的开展和落实。

2. 产业合作政策不断完善

在自治区《粤桂协作优惠政策》的基础上，结合南宁市实际，南宁市人民政府于 2022 年 7 月正式出台了《南宁市粤桂协作优惠政策》（以下简称《协作政策》）。《协作政策》共 16 条，以加强南宁市粤桂协作工作为中心，在农业产业奖励、企业用地保障、制造业企业项目补助、设立金融机构补助、电商企业投资奖励等方面给出了具体的优惠条件，为广东企业进入南宁市发展提供了更多政策支持。

3. 产业合作机制不断优化

南宁市依据《"十四五"时期粤桂协作框架协议》，坚持完善省（区）、市、县三级粤桂协作联席会议制度，逐步建立完善市、县两级协同工作机制，在马山、上林、隆安 3 个协作县落实"双常委制"，调动全市力量统筹推进粤桂协作工作。

（二）农业合作成效明显

1. 农业合作的政策契合度高

南宁市出台了《南宁市推进农业农村现代化"十四五"规划》，明确提出建设现代特色农业强市，扎实推进重要农产品供优基地建设，推动特色农业规模化、优质化、品牌化发展，与深圳市在农业高质量发展、提供优质特色农产品、建立食品加工产业链、推广特色农产品品牌等方面具有较高的政策契合度。

2. 共建粤桂协作现代农业产业园

在《粤桂协作共建乡村振兴现代农业产业园合作框架协议》的指导下，南宁市坚持"市场机制有效、微观主体有活力、宏观调控有度"的实施要求，加强与深圳市在市场、资金、技术、人才、信息等方面的合作，在马山、上林、隆安3个协作县初步建成以水产养殖、食品加工、特色农业加工为主的粤桂协作现代农业产业园。

3. "圳品"认证工作成果丰富

南宁市成立"圳品"认证工作专班，制定印发《南宁市农业农村局关于开展优质农产品"圳品"认证工作的通知》，起草《南宁市农业品牌"圳品"培育提升行动工作方案》，明确全市推进"圳品"认证工作的目标任务和重点任务，同时将任务分解至各县（市、区），拟对获得和参与"圳品"认证及销售的企业给予奖励，初步形成上下协调合作、多部门共同参与的"圳品"认证工作机制。

4. 供深基地创建与认定持续推进

2021年，南宁市广西一遍天原种猪有限责任公司被自治区认定为广西首批供深基地，广西力拓米业集团有限公司、上林县鸿栖高森农业开发有限公司、上林珠玥农业有限责任公司、广西隆香火龙果专业合作社、广西金茶王油脂有限公司被自治区认定为广西第二批供深基地。[①]

（三）工业合作不断深化

1. 工业合作前景广阔

南宁市重点发展以新能源汽车、电子信息、先进装备制造、生物医药、

---

① 资料来源：南宁市农业农村局。

铝加工、食品加工、家居建材为主的重要产业体系，科学布局东部新城、高新区、广西—东盟经开区、五象新区等地区，相继出台了《南宁市推进工业振兴若干政策》《南宁市人民政府关于加快工业转型升级的若干政策意见》等政策文件，在新能源汽车、电子信息、生物医药等重点产业领域与深圳市发展战略性新兴产业的目标和方向具有较高的耦合度，具备较为广阔的合作前景。

2. 粤桂协作工业产业园不断发展

南宁市共建有 3 个粤桂协作工业产业园，分别是以电子信息、新型建材、高端碳酸钙、智能厨房设备、服饰生产等产业为重点发展方向的马山县苏博工业园区，以绿色食品加工、农副产品加工、绿色建材和新型材料为主导产业的上林县象山工业园区和以农民工就业创业为主的隆安县农民工创业园。3 个粤桂协作工业产业园已初具规模。

3. 大力引进龙头企业

引进新能源汽车制造龙头企业比亚迪，开展年产 45Wh 动力电池及储能系统项目，总投资 140 亿元，占地 2500 亩，[①] 用于动力电池电芯、模组以及相关配套，电池梯次利用及储能项目等核心产品的研发、生产和制造，打造比亚迪在全球最大的电池工厂。引入深圳龙光集团，投资 22 亿元建设"龙光—东盟生鲜食品智慧港"，构建生鲜食品流通体系，带动农产品生产、物流运输、市场销售等上下游企业联动发展，实现生鲜食品全链条安全追溯、产业集聚的融合发展新业态，提升食品加工智能化、工业化、市场化水平，助推南宁市农业规模化、标准化和品牌化发展。

（四）商贸服务业合作扎实推进

1. 商贸服务业合作优势明显

南宁市作为服务中国—东盟命运共同体建设的重要门户，提出"十四五"期间商贸服务业要以打造区域性国际消费中心城市为目标，培植新业

---

① 资料来源：南宁市东部新城筹建工作办公室。

态，大力发展跨境商贸，培育东盟进口产品直销市场，打造东盟产品集散地，在跨境电商产业链方面与深圳市深化产业合作具有得天独厚的区位优势、经济优势和政策优势。

2.商贸服务业合作成果显著

在马山、上林和隆安3个协作县分别打造实体消费扶贫馆和线上消费扶贫馆，通过梳理特色农产品，形成可以持续供货产品品类清单。积极鼓励本土企业（合作社）参加线上展销活动，推荐南宁市农产品生产加工企业入驻"832"扶贫平台及圳帮扶、拼多多、淘宝、抖音等各大网销平台。围绕面向东盟的跨境电商产业链高端化，南宁市与广东省跨境电子商务协会、深圳市跨境电子商务协会签订战略合作协议，借助广东省和深圳市的技术、管理和服务，推动南宁市面向东盟打造高端跨境电商产业链。

（五）积极承接深圳市的产业转移

突出重点，开展精准招商。南宁市围绕重点产业链发展，针对现代农业、林产品及家具家居等重点产业头部企业，采取主动对接的方式开展招商引资。通过参加农投企业考察团、预制菜产业主题招商活动，拜访广东企业，提升产业招商引资的对接精准度。截至2022年9月，马山、上林、隆安3个协作县共签约广东企业项目5项，引进项目投资超10亿元。[①]

搭建平台，组织经贸活动。借助中国—东盟博览会平台，邀请深圳和广东企业来邕开展一系列经贸活动，为来邕企业介绍南宁市产业发展基础和"项目为王"招商政策，吸引深圳和广东企业来邕发展。

部门协同，推进招商引强。南宁市招商局联合农业农村局、乡村振兴局、工信局、林业局等部门协同开展精准招商活动，以市领导带队的形式赴深圳等地开展招商活动。2022年8月，多部门围绕新能源汽车制造开展联合行动，对接新能源汽车制造龙头企业，组织招商推介和服务对接活动，包

---

① 资料来源：南宁市乡村振兴局。

括比亚迪在内的 78 家重点供应商的 125 名企业家参与活动，有效促成新能源汽车电池产业链项目落地。①

二 南宁市与深圳市产业合作存在的问题与原因

（一）南宁市产业基础与深圳市产业发展需求不匹配

1. 产业基础较为薄弱

一是南宁市的产业结构与深圳市发展战略性新兴产业的目标不匹配。南宁市高新技术产业在规模以上工业产值中的占比有限，仍处于起步发展阶段，高新技术产业的人才集聚、技术积累、产业配套基础较为薄弱，与深圳市在深化高新技术产业合作上存在结构不匹配的问题。二是南宁市产业配套仍不够健全。在交通物流领域，南宁市冷链物流运输体系存在明显短板，突出表现在县乡地区冷链设施不完备、冷链运输车辆不足、冷链运输成本较高等方面。在资金支持方面，部分中小企业在开展生产、设备更新的过程中仍然存在贷款难、融资难等问题，普惠式金融服务能力有待提升。在产业技术研发领域，2020 年南宁市全社会研究与试验发展（R&D）经费支出仅为50.1 亿元，占 GDP 的比重为 1.06%，不及全国平均水平（2.4%）的一半，也低于柳州（1.79%）；规上工业研发费用仅为 11.3 亿元，仅为贵阳的 1/3，也远低于国内其他重要工业城市。② 三是产业链供应链不够完整。南宁市工业经济规模相对较小，2020 年的工业增加值仅占全市 GDP 的 12.4%，低于全区 11.2 个百分点，低于全国 18.4 个百分点，也低于昆明（19.7%）、长沙（16.1%）等城市，③ 整体产业链存在配套缺失的问题，主要体现在承接深圳市产业所需的上游产品需要在外地采购后运输到南宁进行加工，无形中增加了企业的时间成本和运输成本。

---

① 资料来源：南宁市投资促进局。
② 资料来源：相关年份《南宁统计年鉴》。
③ 资料来源：相关年份《南宁统计年鉴》。

2. 产业园区建设相对滞后

一是生产配套基础设施建设有待完善。南宁市与深圳市对口协作的工业园区存在园区周边基础道路不完善、园区物流体系不完备、科技研发服务缺失等情况。例如，在东部新城，由于规划建设进度跟不上企业进驻速度，电网长期处于超负荷运行状态，不仅难以满足园区企业生产经营需求，而且存在一定安全隐患，容易造成生产安全事故。二是产业园区集聚效应不够明显。2020 年，南宁市规上工业总产值占全市的比重仅为 77%，低于北海（89.7%）、钦州（87%）、贵阳（78.9%）、遵义（90%）等城市，① 没能有效发挥产业集聚效应带动南宁市与深圳市深化产业合作。

3. 缺少产业技术人才和产业技术工人

一是南宁市的整体发展环境对产业技术人才和产业技术工人缺乏足够的吸引力。南宁市在医疗条件、教育环境、住房保障、工作收入、养老服务、人才支持等方面与东部沿海发达城市相比仍然存在短板，在产业技术研发、校企融合上缺乏足够的基础，难以为产业技术人才提供更好的研发条件。二是南宁市的产业发展现状难以为产业技术人才和产业技术工人提供长远发展的舞台。与粤港澳大湾区城市相比，南宁市高端制造业的产业基础较弱、产业链延伸不足，产业发展整体较为滞后，不少产业技术人才和产业技术工人为了获得更好的职业发展，离开南宁市向珠江三角洲城市转移。三是南宁市的产业技术人才培养体系有待优化。在邕高职高专院校没有和南宁市当地的生产企业形成系统的校企合作培养模式，在校学生缺少系统的实践经验，绝大多数刚走出校门的毕业生难以适应和满足南宁市产业发展需求，无法承担南宁市与深圳市深化产业合作的任务。

（二）部分落地产业项目的带动效应不明显

1. 入驻龙头企业较少

一方面，部分重点产业行业缺少龙头企业带动。南宁市已经引进比亚

---

① 资料来源：南宁市工业和信息化局网站。

迪、深圳龙光集团、瑞声科技等龙头企业，在新能源汽车电池制造、农产品深加工、电子制造等产业上与深圳市开展了深入合作，但是在文旅康养、生物医药、高端金属材料、精细化工等产业上与深圳市的合作还有待进一步深化。另一方面，缺少配套龙头企业。南宁市缺少针对深圳市高新信息技术、物流、电商、临空产业等的配套龙头企业，难以为部分深圳市先进制造、人工智能、高端装备等重点企业落户南宁提供优质的供应链配套。

2.产业规模化和专业化程度较低

一是产业规模整体偏小。从整体来看，目前南宁市与深圳市已经在新能源汽车电池制造、电子元件等领域开展产业合作，但在家居用品、橡胶塑料制品、农产品加工、五金加工和纸箱包装等具体行业引进企业的资金、产能和市场有限，企业规模不大。二是产业合作项目的专业化程度不高。南宁市与深圳市产业合作项目的专业化程度不高，产业技术水平有待进一步提升，主要表现为农业产品附加值不高、加工工艺和技术老旧，制造业以原材料粗加工为主，工业制成品科技含量较低。

（三）营商环境和要素保障有待优化

1.发展要素成本过高阻碍企业进驻投资

一是用工成本较高。由于南宁市当地缺少产业技术工人，不少铝加工、电子信息产品制造企业必须在浙江、广东等地招揽产业技术工人。为吸引东部沿海地区的产业技术工人到南宁工作，需要支付与东部沿海地区同样甚至更高的薪酬，这提高了企业的用工成本。二是物流成本较高。和粤港澳大湾区相比，南宁市物流基础设施建设相对落后，物流成本相对较高，大宗货物大多数由西江顺流而下经广州出海，运输成本比在深圳及东部沿海其他地区直接生产再外销更高。

2.产业项目发展用地供给不足

一是土地资源有限。由于耕地保护政策和土地资源稀缺等因素共同作用，南宁市在一定程度上存在产业项目发展用地有限的问题，尤其是小项目、非重点项目用地供给不足的情况较为突出。二是征地拆迁存在困难。南宁市部分地区存在征地拆迁周期较长、拆迁补偿矛盾、拆迁安置迟滞等问题，使得征地拆迁资金成本、时间成本较高，增加企业来邕投资成本，影响产业项目按时落地和企业投资信心。

（四）产业合作机制有待完善

1. 尚未形成详细的产业合作工作清单

一是两市在产业合作上尚未就工作清单形成常态化的沟通机制。当前，南宁市与深圳市缺乏有效的沟通机制，使产业合作难以实现有效沟通协调，尚未形成正式的产业合作工作清单。二是产业合作工作清单的科学性难以把握。由于具体合作事项涉及项目过多，使南宁市产业基础与深圳市产业发展方向精准对接并具有可操作性仍有一定的难度。

2. 民营企业与社会资本交流不足

一是民营企业之间互动交流较少。由于南宁市与深圳市的产业合作主要由政府主导，通过协作资金投入、共建产业园、人才交流等方式开展，两市民营企业之间信息不对称，缺少有效的沟通交流渠道，即使有主动沟通交流的意愿，也难以真正开展沟通交流。二是社会资本未有效参与南宁市与深圳市的产业合作。由于大多数产业合作项目都由政府主导，产业合作带有一定的支援、帮扶性质，项目发展带来的利润和产出被淡化，不符合社会资本追求利润的目标，不利于南宁市与深圳市在深化产业合作过程中整合、利用社会资本。

（五）协作开拓市场力度有待加大

1. "圳品"认证工作有待完善

一是部分企业认为"圳品"认证时间和费用成本偏高。"圳品"认证时间至少要 8 个月，如果在认证过程中出现材料不齐全、需要补充材料等情况，则需要 1 年以上甚至更长的时间完成整个认证过程，企业申报"圳品"认证首先要缴纳 2000 元入会费，在入会后才能进行"圳品"认证申报。完成"圳品"认证后，企业每年必须花费 2 万元左右用于延续会员、检测产品、支付检测专家的交通食宿费用等事项。二是"圳品"认证产品产销对接渠道有待拓展。由于缺少固定的深圳市场销售对接渠道，在产品获得"圳品"认证后，企业需要自己寻找对接渠道将产品打入深圳市场，成本较高，没有充分发挥"圳品"认证产品的价值。

2. 市场开拓与衔接不足

一是未能形成开拓合力，市场开拓力度有限。现阶段，南宁市企业向深圳市场推广产品主要依靠自身力量，缺少行政职能部门和行业协会的有效支持，受限于企业自身能力不足、资源有限等因素，难以进一步开拓市场。二是未形成有效的衔接机制。虽然南宁市与深圳市在开展产业合作的过程中注重企业与企业之间在产业链、创新链等方面的深度协同，但对企业生产出来的产品应该如何推广销售未能形成稳定的衔接机制，产品的销售渠道依然不够畅通。

三 南宁市与深圳市深化产业合作的对策建议

（一）完善对接协调机制，明确产业合作的发力点

1. 强化规划引领

一是加强两市合作前景规划。围绕《"十四五时期"粤桂协作框架协议》《深圳市人民政府关于发展壮大战略性新兴产业集群和培育发展未来产业的意见》等政策文件，梳理南宁市产业、土地、原材料等要素资源，明确现有产业合作及未来产业合作的重点方向，确定承接产业转移、产业合作的重点区域，在此基础上形成"十四五"及中长期深邕两地重点产业合作工作清单。

二是完善合作配套政策。结合南宁市落实推进情况，及时完善、更新两市产业合作相关政策措施，明确各阶段产业空间布局、企业引培、招商引资等重点任务，完善配套的财税、金融等优惠奖补政策，为南宁市提升产业承接能力提供持续的政策与资金支持，形成两市产业联系更紧密、合作更深入的政策环境。

2.完善常态化合作对接服务机制

一是健全常态化服务工作机制。健全服务联席会议机制，建立乡村振兴局统筹协调，市级、各区县分工协作，涉企职能部门共同参与的工作专班，明确成员单位职责，分解阶段性任务，逐步优化规划编制、共同会商、定期互访、联席会议等工作制度，动态调整南宁与深圳的产业合作内容，构建精准对接、主动服务的长效合作机制。

二是加快建立落地联动机制。针对已签约的重点合作项目，健全包括常态化调研督导、定期会商对接、台账建立、年度考核评价在内的工作机制，及时通报项目进展，形成项目情况表、问题和措施清单，着力消除合作项目落地的阻碍，共同推进签约项目加速落地投产。

三是建立对深产业合作服务专员机制。围绕深圳市重点深化合作产业，建立各区县重点合作产业与项目服务专员机制，并建立配套的月报、回访、督导与奖惩机制，提供直达、上门、点对点的服务，主动倾听企业需求、宣传政策红利。

3.健全利益联结机制

一是建立健全产业、园区项目利益划分机制。通过"飞地园区"、共建园区等合作方式，南宁市可探索建立阶梯式利益划分机制，以更为弹性、灵活的利益划分机制来增强对深圳企业与项目的吸引力。

二是建立健全深圳来邕企业与南宁企业的利益联结机制。支持和引导南宁企业通过订单协作、股份合作、链式延伸等多种利益联结机制，深度参与与深圳产业合作的原材料供应、深加工、流通等产业链环节。根据产业合作情况，构建与来邕发展深企的保底收购、利润返还、股份分红、就业提供等多元利益联结机制。

（二）夯实产业合作基础，推动产业供需高效对接

1.提升供应链现代化水平

一是强化供应链韧性。一方面，结合深圳"20+8"产业布局，推动新能源汽车、铝精深加工、电子信息、新材料等新兴产业项目在东部新城、高

新区等产业集聚区落地投产；另一方面，加快南宁市茧丝绸、纺织服装等产业改造升级，在技术、工艺上对接国内国际标准，加大改造力度，强化广西—东盟经开区等产业集聚区与深圳的联动建设。

二是加速高效畅通流通体系建设。一方面，加强南宁国际铁路港、平陆运河、南宁—湛江等高速公路、香港深圳南宁至越南（中南半岛）货运铁路、南宁吴圩国际机场改扩建等交通项目建设；另一方面，加快推进中新南宁国际物流园、南宁农产品物流中心、南宁综合保税区、牛湾物流园区等物流枢纽建设，进一步优化冷链仓、前置仓等仓储设施在各乡镇、开发区、高速公路出入口周边的布局，提升货物流转效率。

2. 强化创新链赋能产业合作

一是强化创新政策支持。明确与深圳重点合作产业链的基础和特色优势，梳理产业链关键环节、核心产品等的短板，形成产业创新发展重点发力清单与任务表。强化研发投入的财政资金引导，在现有《南宁市促进全社会加大研发经费投入实施方案》的奖补基础上完善对联合共建实验室、企业异地研发机构等科研合作与共建项目的奖补激励政策。

二是推动创新载体建设。一方面，深入实施创新型企业梯队培育计划，结合重点合作产业链，培育壮大一批创新能力强、市场占有率高、掌握关键技术的科技创新企业，健全企业研发投入效益加回机制，进一步激发企业创新动能。另一方面，完善现有工业园、科技园的创新硬件设施，注重强化园区创新创业辅导、成果转化与技术转移服务的创新软环境建设，营造更好的产业园区企业创新氛围。

三是完善创新服务。借助深圳对口产业合作契机，探索建立创新券深圳通用通兑机制，进一步鼓励南宁本土科技企业跨区域购买科技服务，提升运用深圳科技创新资源的紧密度。健全成果转化与技术转移机制，完善南宁市科技成果转化服务中心等平台的服务功能，加快科技转化服务中介机构的建设，推动企业技术转化和成果产业化。

3. 加速消费链扩容提质

一是加大品牌建设力度。在农业领域，对标对表"圳品"等产品认证标准，开展"菜篮子"生产基地认定工作，实行蔬菜包装和冷链运输操作规程标准。统一采用地域品牌标签，实行标识化流通、品牌化经营，延伸特色产业价值链。在工业领域，强化产品标准质量建设，围绕增品种、提品质、创品牌的"三品"行动，广泛在各行业开展产品、工艺标准化建设，培育一批满足深圳需求、有影响力的"南宁制造"品牌。

二是强化产销高效对接。建立与深圳大宗贸易市场、深圳海吉星批发市场的产销对接长效机制，搭建获得"圳品"等标准认证的南宁本土产品在深圳大型商超、企事业单位采购方面的稳定销售渠道。定期组织南宁本土优质品牌产品赴深圳开展巡展推介活动，借助深圳美食节、体育消费节、汽车消费节等活动平台宣传推介南宁本土产品。

（三）强化企业引培，激发产业合作主体活力

1. 支持存量企业做大做强

一是推动已引入企业发展壮大。鼓励已落户南宁的深圳企业就地增资扩产扩能，对有实力、有意愿的深圳企业实施"二次招商"，鼓励深圳企业参与平陆运河、面向东盟开放合作的国际化大都市及中国—东盟跨境产业融合发展合作区等南宁市重大项目的配套产业链建设，有效推动在邕发展深圳企业实现扩面、提质、增效。

二是强化本土企业转型升级。针对与深圳深化合作的传统与新兴产业，鼓励相关本土企业更新经营管理理念，瞄准与深圳合作产业链的短板弱项，强化技术创新、资金投入，加速现有生产线的升级改造，以实现与"深圳所需"产品的精准供应对接，进一步发挥在邕深圳企业深度参与产业合作的市场主体作用。

2. 提高企业项目招商引资的精准度

一是做好项目前期资源政策梳理与策划准备工作。一方面，理清现有产业链资源，全面梳理南宁市各区县土地、厂房、园区等承接东西部产业转移与协作的相关资源，进一步量化与深圳开展产业合作的优劣势；另一方面，加大对招商引资人员的培训力度，将相关优惠支持政策学懂弄通，并将之与

梳理评估的产业链发展情况相结合，运用到对深圳企业的项目招商洽谈服务中，提升招商引资的针对性、精准度和成功率。

二是建立以"链长制"为主体的重点企业招商机制。以产业链与供应链"补链、延链、强链"为重点，聚焦国内外500强企业、上市公司、头部企业、"专精特新"及高新技术企业、产业链关键及配套项目等，明确农产品精深加工、中草药大健康、电子信息等大类招商目录，形成与深圳市深化产业合作的重点招商企业名单，建立招商引资重点企业目标信息库。

三是拓展多元招引模式。强化资本招商模式，参考合肥市"创投城市计划"等资本招商方式，以广西金融投资集团等国资投资平台作为资本招商的牵引器，与头部投资机构设立产业投资基金池，搭建信息共享平台，带动社会资本服务南宁与深圳的产业合作、招商引资，吸引优质资本参与邕深两地企业项目的引进与落地。

四是建立健全招商引资成果统筹、流转与共享机制。适时出台相关政策措施，各区县在获得超过一定投资额的项目后，向工信局等有关部门报备成为该项目的"首谈地"，享有优先承接的权利，若承接能力等客观因素导致项目无法在"首谈地"落地，可由其他有能力承接的"承接地"区县负责，从而进一步盘活全市的招商资源。

（四）搭建合作平台，构建产业合作新格局

1. 创新产业合作模式

一是丰富产业合作模式。针对食品加工、现代农业、商贸服务等基础较好、产业链较完善的产业，采用"组团式"承接的方式，打响南宁预制菜、"圳品"等品牌。针对电子信息、大健康、新能源等战略性新兴产业，采用"科创飞地""人才飞地""双向飞地"等飞地经济模式，通过"研发孵化在外地、产业化在本地"模式，借势、借力、借智实现"借梯登高"。

二是强化合作管理协同。针对跨区域产业合作中存在的要素流动壁垒及标准不一等问题，及时跟进并制定相关政策与配套标准，在载体共建、成果转化、标准互通、人才认定、成果互认、产权保护等方面完善顶层设计，打

通跨区域产业合作要素流通"堵点",实现两市产业合作政策、管理的协同。

三是搭建全方位的产业合作发展平台。梳理合作产业在技术、资金、人才、设备等方面的需求,拓展南宁市—中关村深圳协同创新中心、深圳清华力学研究院(力合)南宁创新中心、南宁·中关村创新示范基地等现有"孵化器"在产业合作上的功能,搭建连接南宁、深圳两地的跨区域产学研创新平台。

2. 提升合作园区发展能级

一是加快推动园区载体扩能增效。注重园区企业"一站式"服务中心等软服务环境建设,优化冷链物流等流通载体在县区的布局,进一步完善传统优势产业的全链条发展布局,提升产业承接能力。利用国家级、自治区级开发区的品牌与承载优势及东部新城战略性新兴产业的配套集聚,在开发区内建设一批国家级、省级产业转移示范区和共建园区,培育一批特色优势产业转移与合作集聚区。

二是大力推进合作园区建设。围绕"飞地经济""深圳总部+南宁基地""深圳研发+南宁制造"等合作园区发展新模式,依托东部新城、高新区等现有园区产业基础,以合作产业"园中园"方式大力推进粤桂协作园区在南宁市的布局,实现深圳产业的高效梯度转移。

三是注重产业集聚区差异化定位与布局。一方面,对口协作园区可重点在农产品加工、装备制造、文旅休闲、纺织服装等传统优势产业加强与深圳的合作,在已有一定规模和基础的高新区、经开区等产业园区开展新兴产业合作;另一方面,按照"技术+产品+服务""硬件+软件"的合作思路,推动深圳与南宁在合作产业上的资源互补,推进产业链内各环节联动,促使深邕两地产业合理分工、协同发展。

(五)优化产业合作发展环境,推进合作扩能提效

1. 强化要素保障

一是做好产业合作发展用地保障。持续推进农村散乱、闲置、低效用地综合整治，积极采用反租倒包、整合、互换等土地流转方式，促进乡村土地资源的配置优化和高效利用，提升农村地区承接产业转移的用地保障能力。加强产业合作发展配套建设、产业上下游协同发展用地前期规划，构建建设用地利用状况定期评价机制，夯实产业集聚发展的用地基础。

二是完善配套金融产品服务。参考浙江的做法，鼓励更多金融机构围绕南宁与深圳产业合作的重点项目、重点企业、重点产业等方面推出"东西部协作贷"等专属金融创新服务产品，加大对企业信贷融资、债务处置的支持力度，满足深邕两地产业合作的资金需求。

三是强化配套公共服务。构建涵盖知识产权、科技研发、创业指导、成果转化、人才招引、成果认定、劳务协作、市场推广等的深邕产业合作服务平台，形成平台连接企业、高校科研院所、政府部门、产业园区、科技中介机构、金融机构等全产业链节点的服务模式，吸引更多的深圳企业项目落户南宁。

2. 加强人才队伍建设

一是强化产业技术人才的引育。依托"外专聚桂""创新创业领军人才'邕江计划'"等人才引进培育计划、工程，构建与深圳等珠江三角洲城市高层次人才共享联合机制，完善南宁市科技创新人才、产业拔尖人才、企业管理人才引培体系。强化本土高层次人才培育，完善区内高等院校、职业学校的专业开设与人才培养计划。

二是深入推进产业工人队伍建设。围绕市区重大项目紧缺产业工种，联合深圳职业院校，通过定向培养、共享用工等方式，进一步壮大产业工人队伍。积极开展劳动和技能竞赛，鼓励优秀产业工人代表参加区内外技能比赛，建立健全产业工人终身学习与职业技能等级晋升机制，提升产业工人队伍的职业获得感、认同感。

三是加强人才留用环境建设。根据行业特点，建立稳定的收入增长与考核机制，完善园区周边的居住、通勤、娱乐等生活基础设施配套，优化本地居民就近就业环境。定期开展行业优秀技能人才评选、技能人才比拼等活动，展现人才风采，进一步提升本地劳动力群体对职业的归属感、认同感、自豪感。

3. 优化营商环境

加快"容缺审批""即报即审""一事通办"等精简便利化审批服务机制的落实铺开，构建项目审批建设告知承诺与事中、事后监管相结合的投资审批体系，提升项目审批效率，以标准化服务助力两地产业深度合作。进一步在各区县产业园区增加营商环境观测点和营商环境观察员，完善营商环境意见建议的收集、交办和反馈制度，定期召开营商环境观察员交流会，实现各区县营商环境工作经验与信息的高效对接与共享。

参考文献

张舰：《跨域协同治理视角下深化东西部协作的产业合作研究——以广东—广西结对为例》，《中国物价》2022 年第 10 期。

张舰：《东西部协作下产业合作的演进：阶段特征及深化路径》，《中国经贸导刊》2022 年第 8 期。

王小林、谢妮芸：《东西部协作和对口支援：从贫困治理走向共同富裕》，《探索与争鸣》2022 年第 3 期。

王焕刚、张程、聂常虹：《我国扶贫政策演进历程与农村社会的多维度变迁：分析与启示》，《中国科学院院刊》2021 年第 7 期。

林俐：《东西部协作：扶贫到乡村振兴有效衔接的路径》，《四川行政学院学报》2022 年第 5 期。

丁伟伟：《飞地经济发展研究：一个文献综述》，《经济师》2019 年第 4 期。

杨亚琴、张鹏飞：《双向飞地模式：科技创新和产业联动跨区域合作的探索》，《发展研究》2022 年第 5 期。

范会婷、刘勇、丁咚：《京津冀区域协同下人才一体化发展思考》，《合作经济与科技》2022 年第 24 期。

周清玉：《以开发性金融支持东西部扶贫协作》，《中国金融》2020 年第 16 期。

刘焕鑫：《深化东西部协作促进乡村振兴》，《中国果业信息》2022 年第 8 期。

B.17

RCEP 背景下南宁市做大做强面向东盟的跨境电子信息产业链的对策

南宁市社会科学院课题组*

摘　要： 自2018年开始，电子信息产业成为南宁市总量最大的工业产业，其中50%的电子信息产品以加工贸易出口的方式销往海外。目前，南宁市面向东盟的跨境电子信息产业链逐步完善，上中下游配套的产业链布局正在形成，投资和产业项目加快推进，基础配套设施建设加速，科技创新能力正在增强。但南宁市面临跨境产业链合作与对接机制尚未建立、产业链延伸能力不足、缺乏能够辐射东盟的"链主"企业和强势品牌、产业链结构以中低端为主、技术创新和产业领军人才较为缺乏等问题。为此，本报告结合南宁市跨境电子信息产业发展情况，提出了对策建议。

关键词： RCEP　东盟　跨境电子信息产业链　南宁

　　从目前的产业发展格局来看，电子信息产业已成为引领我国经济发展的

* 课题组成员：周博，南宁市社会科学院东盟研究所所长、高级人力资源管理师；王许兵，南宁市社会科学院东盟研究所助理研究员；冯勤哲，南宁市社会科学院东盟研究所研究实习员；郝晓雨，南宁市社会科学院《创新》编辑部研究实习员；王一平，南宁市社会科学院社会发展研究所研究实习员；农国聪，广西壮族自治区工业和信息化厅电子信息处三级主任科员；黄旭文，广西社会科学院新型智库建设处副处长、副研究员；蒋秋谨，南宁市社会科学院农村发展研究所所长、副研究员；龚维玲，南宁市社会科学院城市发展研究所所长、正高级经济师；吴寿平，南宁市社会科学院城市发展研究所副所长、副研究员。

重要产业之一。2013 年，南宁市把电子信息产业作为重点发展的工业产业之一。2018~2021 年，电子信息产业连续 4 年成为南宁市产值最高的工业产业。随着 RCEP 的签署及落地，为使电子信息产业更好更快地发展，自治区和南宁市相继出台了《关于以中国（广西）自由贸易试验区为引领加快构建面向东盟的跨境产业链供应链价值链的实施意见》《广西工业和信息化高质量发展"十四五"规划》《南宁市工业和信息化发展第十四个五年规划》等一系列政策文件，计划将南宁市打造成以"粤港澳大湾区—南宁—东盟"和"欧盟—成渝—南宁—东盟"为主的跨境产业链供应链示范城市，构建若干条面向东盟的标志性跨境产业链，将其打造成引领全区工业高质量发展的核心增长极，为建设新时代中国特色社会主义壮美广西首善之地提供强大产业动力。在此背景下，研究南宁市发展面向东盟的跨境电子信息产业链意义重大。

一　南宁市跨境电子信息产业链发展现状

（一）工作措施持续优化

近年来，南宁市根据自治区"强龙头、补链条、聚集群"的发展要求，着重发展电子信息产业。自 2018 年开始，电子信息产业成为南宁市总量最大的工业产业，规模以上电子信息制造业产值占全市工业总产值的比重从 2016 年的 13.54% 提升到 2020 年的 26.72%，2020 年产值占全区的比重达到 50% 以上。南宁市 50% 的电子信息产品以加工贸易出口的方式销往海外。①

南宁市立足自身电子信息产业出口东盟的优势，引导电子信息产业进行外向型发展，扩大来自 RCEP 其他成员国的电子电器进口，扩大与 RCEP 其他成员国的贸易规模，推动加工贸易全产业链发展，建设以电子信息为主导

---

①　资料来源于南宁市工业和信息化局。

产业的南宁市国家加工贸易产业园。南宁市明确提出实施中越跨境产业链"建链"行动，加快形成"日韩/长三角/粤港澳大湾区/成渝地区—南宁—越南/全球"跨境电子信息产业链。另外，南宁市开展跨境电子信息产业链精准招商，发挥已落户南宁的外向型龙头企业的引领带动作用，围绕被美国列入"实体清单"的中国企业和面向东盟发展的电子信息企业，建立重点企业招商目标库，重点对接京东方、蓝思科技、立讯精密、仁宝等头部企业。同时，构建"南宁产业全景地图"，以高新技术产业开发区、南宁经济技术开发区、广西—东盟经济技术开发区、南宁市国家加工贸易产业园为主平台，细分由南宁市各重点开放园区主导的电子信息产业，确保园区间实现产业集成化发展。

（二）上中下游配套的跨境电子信息产业链布局加快形成

南宁市围绕重点发展的电子信息技术服务、智能终端、新型显示 3 条产业链开展电子信息产业链布局建设，着力引进一批世界和中国 500 强企业、行业细分领域龙头企业，南宁市电子信息产业链初步形成（见表1）。从细分的产业链来看，在网络通信方面，富士康、浪潮等电子信息领军企业已落户南宁多年，富士康南宁科技园已成为全球最大的机顶盒制造基地，2020年日均产值超过 1 亿元。此外，东洋塑胶制品等在邕产业上游配套企业超过100 家。在智能终端方面，南宁市不断完善产业链各个生产环节，目前已有瑞声、歌尔、国人等50家手机产业链上下游龙头企业入驻南宁。在终端产品链方面，南宁市积极引进主要从事代工和自主品牌生产的蓝水星、星源光电等终端产品企业入邕。为了加强产业链中间产品的生产实力，南宁市引进桂芯、亿安捷、益顺盈等专业从事芯片封装测试、SMT 贴片、显示模组生产的企业。南宁市既引育了一批传感器生产链企业，增强关键电子元器件、零部件的制造、创新能力，又引育了一批集成电路生产各环节配套企业。同时，依托柳州、桂林等汽车生产商的电子需求，支持电子信息企业开发车载电子产品，助推区内产业协调发展。

表1 南宁市电子信息产业链重点企业名单

产业链位置	品牌	专注方向
上游	南南铝业、南南铝加工	铝合金材料
中游	桂芯、科林	芯片封装测试
	诚瑞	光学模组
	瑞声、歌尔	微型声学
	世纪创新、益顺盈、赢衍、品田	显示屏及模组
	博禄德	连接器
	瑞泰	精密结构件、电磁传动
	国人	通信射频
	燚能	锂电池
	岑科、胜美达	电子元器件
下游	富士康、欧韦电子、蓝水星、格思克、维易通、诺仕达、佳微、和声电子	网通设备、手机、可穿戴设备、微型投影

资料来源：南宁市工业和信息化局。

（三）电子信息产业投资和产业项目加快推进

在发挥区位优势的基础上，南宁市充分利用中国（广西）自贸试验区南宁片区、南宁临空经济示范区、南宁市国家加工贸易产业园等国家级对外开放平台以及多个工业园区的政策叠加优势，利用"三企入桂""行企助力转型升级"等重大主题招商活动，吸引了瑞声、歌尔、丰达、浪潮、宝德、国人、传音、龙旗、世纪创新等一批行业内知名企业在南宁集聚发展。按照"建链、延链、补链、强链"的产业发展思路，主要领导上门招商，电子信息产业链集群发展规模不断扩大，电子信息产业招商引资走出了新路子。

2019~2021 年，南宁市电子信息产业签约项目 75 个，总投资额 533.012 亿元。在电子信息产业实际利用外资方面，南宁市稳步增长。电子信息产业实际利用外资占比由 2019 年的 13.44% 增长到 2021 年的 14.41%。2021 年实际利用外资 8328 万美元，与 2020 年相比增加了 4006 万美元（见图1）。

在产业项目建设方面，南宁市规划协调了一批电子信息产业项目稳步落地。2019 年以来，已有 17 个电子信息产业项目登记备案，有序开展建设和生产。① 瑞声科技南宁产业园已经开工建设，赢拓 AI 智能创新终端生产、利远无线电器材 SMT 表面贴装及组装等项目已竣工投产。

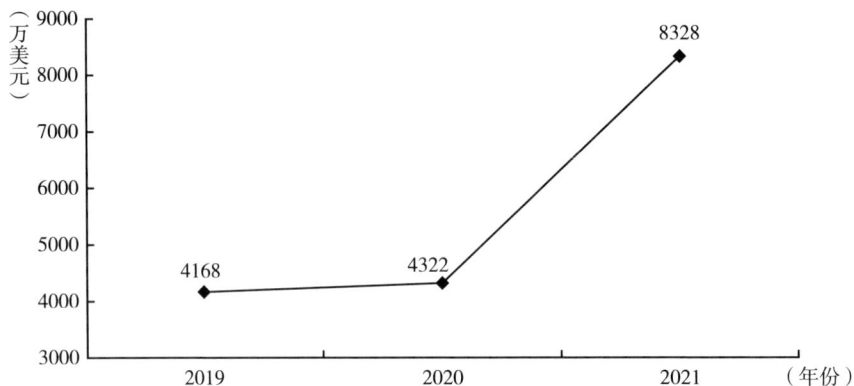

图 1　2019~2021 年南宁市电子信息产业实际利用外资情况

资料来源：南宁市投资促进局。

（四）跨境物流等基础配套设施建设取得较大进展

当前，中通、圆通、京东等全国知名快递物流企业区域总部以及德国邮政敦豪集团落户南宁，"中国—东盟多式联运联盟"也在邕成立。中新南宁国际物流园（一期）、南宁国际铁路港（一期）开始投入运营。南宁市正在完善跨境电子信息产品流通的软硬件环境。一是依托已开通的两条中越直通货运路线，南宁与东盟国家的陆运货量逐步提升。二是加快南宁国际铁路港建设，提升南宁铁路枢纽的中转能力。提高铁路运输频率，逐步在北部湾城市群、粤港澳大湾区等地区及东盟国家间开行多条铁路班列。自南宁国际铁路港海关监管作业场所运行以来，南宁国际铁路港全年

---

① 资料来源于南宁市发展和改革委员会。

货运量大幅增长,① 中越班列（南宁—河内）整体运行时间缩短将近60%。三是完善南宁国际空港综合交通枢纽建设。南宁吴圩国际机场改扩建工程加快推进，南宁临空经济示范区临空物流园项目建设有序进行，已经引进顺丰、中国邮政、南宁零公里空港产业园等10个重点物流项目。② 2022年第一季度，南宁吴圩国际机场一方面新开通南宁—加尔各答—新德里、沙巴、河内等国际货运航线，另一方面加密南宁—达卡、南宁—新德里等国际货运航线。截至2022年6月，南宁吴圩国际机场在飞国际货运航线达15条，航线覆盖泰国、越南、新加坡、菲律宾、马来西亚等5个东盟国家和印度、尼泊尔、孟加拉国等3个南亚国家。2022年6月，南宁吴圩国际机场国际货邮吞吐量突破3万吨，增速首次超过昆明机场。③ 四是水运能力不断提升，公铁水多式联运模式即将形成，南宁市利用已建成的南环货线牛湾站以及牛湾港西江航道干线龙头港，探索"以水运为主导的多式联运"发展路径。平陆运河正式立项，即将进入动工建设阶段。平陆运河建成后，在南宁的货物可以直接由平陆运河直通钦州的北部湾出海，南宁将成为平陆运河始发点城市和广西水路交通的"十字路口"。

（五）产业技术创新动能明显增强

产业技术创新与电子信息技术产业发展息息相关，南宁市十分重视产业技术创新的影响力。一是出台专项政策。2022年3月，南宁市印发《南宁市重大科技项目揭榜挂帅工作实施方案（试行）》，充分调动区内外科技创新资源，集中力量解决包括电子信息产业在内的重点领域关键环节的技术难

---

① 《南宁国际铁路港货运量井喷式增长　跨境物流提速》，中国新闻网，2022年6月8日，http://www.scio.gov.cn/31773/35507/35513/35521/Document/1725203/1725203.htm。

② 《南宁临空经济示范区临空物流产业发展取得明显成效　成功吸引10个重点物流项目入驻》，南宁市发展和改革委员会网站，2022年5月26日，http://fgw.nanning.gov.cn/zwxxdt/zwxx/t5190544.html。

③ 《南宁机场国际货邮吞吐量突破3万吨　货邮增速位居全国千万级机场第二》，广西壮族自治区人民政府国有资产监督管理委员会网站，2022年6月14日，http://gzw.gxzf.gov.cn/xwzx/gzdt/t12022104.shtml。

题。二是加快打造产业技术创新平台。南宁市发挥南宁·中关村创新示范基地的引领示范作用，提升其支撑地区电子信息产业链做大做强的能力。当前，南宁·中关村电子信息产业园一期项目建设完成，歌尔、瑞声—龙旗AI可穿戴设备项目、浪潮东盟运营总部顺利入驻产业园。2020年4月，广西首台服务器暨浪潮南宁生产基地首台服务器和计算机产品正式在南宁·中关村科技园下线。同年6月，瑞声科技南宁产业园光学模组项目建成，完善了南宁市智能终端产业链的光学镜头环节。此外，以新型产业技术研发机构为主体的南宁·中关村和德科创中心一期已投入使用，北斗智能导航装备产业研究院等一批研究机构已经入驻。三是广泛借助力量开展科创合作。2021年，南宁市科学技术局、南宁高新区、南宁经开区与南宁·中关村合作建设的南宁市—中关村深圳协同创新中心已经在深圳正式启用，成功引进14家企业落地南宁，引导粤港澳大湾区科技创新资源进入南宁。多个部门协力推动力合科创集团落地南宁，与深圳清华大学研究院合作建设南宁力合科技创新中心，累计引进创新项目40个。联合南宁市科学技术局、南宁产投集团等多个单位打造桂林电子科技大学南宁产教融合基地、桂林理工大学南宁产教融合基地，借助高校渠道引进科研团队，培养本土科技创新人才。

二 南宁市面向东盟的跨境电子信息产业链存在的问题

（一）比较成熟的产业链合作与对接机制尚未建立

目前，南宁市电子信息产业与东盟之间的合作主要为点对点的合作，合作局限在单个企业之间的产品供需合作，没有形成规模化的产业链合作。南宁市没有确定电子信息产业链重点合作目标地区以及细分的重点合作产业链。行业协会、企业联盟尚未发挥组团到东盟国家寻求产业合作的功能。简而言之，南宁市既没有形成面上的电子信息产业合作关系，也没有建立明确的产业链合作与对接机制，这使得企业对接沟通、获得供需信息的成本较高，建立进一步的跨境深度合作关系相对困难。

（二）面向东盟的电子信息产业链延伸能力不足

广西电子信息制造业销售额的四成来自出口销售收入，相关的外向型企业多是"两头在外"，即原料进口、产品出口都在境外。受境外新冠疫情影响，这类企业的原材料供应不上，加之海外市场不景气，其受市场需求的影响也较为严重。同时，港口塞港、海运费用大幅上涨等加大了外向型企业的经营难度。产业链本地化配套不完备，据多家企业反映，部分物料在广西区内没有生产，需要从珠三角地区采购，运输时间、经济等成本影响了企业经营效率。

（三）缺乏能够辐射东盟的"链主"企业和强势品牌

南宁市电子信息产业总体规模较小，年产值约为全国总产值的 0.5%，与深圳、苏州等城市相差甚远，与合肥、成都等市也有很大差距，而且产值的大部分来自代工企业、加工贸易企业，没有建立本土强势品牌。南宁市拥有自主品牌的电子信息产业企业总体上规模较小，在产业链中的带动作用较弱，不能充分掌握与东盟开展产业合作的话语权。当前，南宁乃至广西皆没有能够辐射东盟的"链主"企业和强势品牌。同时，南宁市电子信息产业企业自身规模较小、对外投资实力有限，仅个别企业有面向东盟的跨境投资和项目，主要为南宁零部件制造企业与东盟整机制造企业的供需合作项目，没有重大的产业合作项目，还没有形成"遍地开花"的产业合作氛围。

（四）电子信息产业链结构以中低端为主

当前，南宁市电子信息产业链结构仍以中低端为主，大部分产值都来自代工企业，附加值较低。例如，龙头企业南宁富桂精密工业有限公司的产值占据了南宁市电子信息产业总产值的较大份额，但其产品的研发、设计、销售工作都由国内发达地区的大企业（如华为等）承担，富桂精密仅为其代工生产，附加值较低。南宁市综合保税区的电子信息企业每年贡献 100 多亿元的产值，但这些企业均为加工贸易企业，附加值远低于行业平均水平。南宁市电子信息产业中的技术含量和附加值较高的电子零部件制造企业如瑞声、国人等总体规模仍偏小，有待进一步发展。

（五）引领型的技术创新和产业领军人才较为缺乏

电子信息产业链人才的匮乏主要表现在高级技术工人和高层次管理人员方面。与国内发达地区相比，南宁市电子信息产业的发展基础比较薄弱，本地企业没有培养出在数量上、质量上均能满足需求的高级技术工人、高层次管理人员。广西的重点高校偏少，本地高校培养的电子信息产业方向的人才大量流失到国内发达地区。部分国内发达地区总部企业在南宁分公司无法招聘到足量的高层次管理人员及高级技术工人，现有高层次管理人员及高级技术工人只能以出差方式从总公司短期派遣到南宁分公司。引领型的技术创新和产业领军人才较为缺乏已成为制约南宁电子信息产业进一步发展壮大的重要因素。

三 南宁市做大做强面向东盟的跨境电子信息产业链的对策建议

（一）强化制度设计，完善支持做大做强面向东盟的跨境电子信息产业链的机制体系

科学、合理、有效的产业政策是支撑产业链发展的前提，做大做强面向东盟的跨境电子信息产业链，需要围绕机制建设做文章，强化顶层设计，构建能支撑发展的机制体系。一是完善组织保障机制，建立联席会议制度。建议成立以市主要领导为组长，主管产业、商贸的领导为副组长的临时议事协调小组，就发展中需要协调解决的困难和重大问题定期召开联席会议，办公室可设在南宁市工业和信息化局。此举重在统筹谋划，整合各部门资源与力量，破除部门间利益梗阻，通过明确责任分工和资源信息共享，形成推动面

向东盟的跨境电子信息产业链发展的合力。二是建立健全"八个一"工作推进机制，即围绕跨境电子信息产业链确定一位产业链首席专家、明确一个产业链专业化智库单位、成立一个产业链协会、打造一个产业链供需对接平台、梳理一批产业链龙头骨干企业和重点项目、形成一个产业链专属政策组合包、建立一个产业链风险防控机制、绘制一张产业链关键核心技术短板长板动态表，确保整个跨境电子信息产业链的建设工作有序推进。三是充分利用现有机制和平台，加大与东盟重点国家电子信息产业的对接合作力度。以越南、马来西亚、泰国、新加坡等电子信息产业较为发达的国家为重点，加大调研力度，全方位把握研判上述国家电子信息产业发展的现状、特点、趋势，精准发掘可以合作的交汇点，结合南宁市比较优势，制定电子信息产业对接合作清单。同时，以中国—东盟博览会为重要平台，打造跨境电子信息产业对接合作论坛，吸引跨境项目落户南宁，推动南宁电子信息产业链嵌入东盟国家整个产业链体系。四是加快中越（中国—东盟）跨境电子信息产业链关键环节生产总部基地建设，探索建立跨境跨区域协同发展区，推动更多跨国企业在南宁布局，让更多跨境电子信息产业链关键环节在南宁留得住。

（二）推动产业链"强基"和"建链"，增强产业链向东盟辐射和延伸的能力

尽管电子信息产业已成为南宁市产值超千亿元的工业产业，但其产业链向东盟辐射和延伸的能力相对偏弱。做大做强面向东盟的跨境电子信息产业链，必须增强南宁市对东盟电子信息产业链的影响力，特别是增强南宁市在构建南宁—东盟电子信息产业链合作体系中的强势地位。显然，推动南宁市电子信息产业链"强基"和"建链"很有必要。一是以本土培育和大招大引为载体，加快集聚一批跨境布局协调完善、国际市场主导能力突出的电子信息龙头企业。一方面，以在南宁投资运营的富士康、瑞声、歌尔、国人、浪潮、宝德、世纪创新等龙头企业为核心，继续开展延链、补链、强链行动；另一方面，紧盯当今电子信息产业发展的新趋势，加快在 AR/VR、元

宇宙、智能驾驶等领域谋划产业布局，以"政策+项目"的形式吸引相关龙头企业在南宁布局，进而丰富和完善南宁市电子信息产业体系。二是加快打造一批具有产业链控链能力的战略性产品品牌。建议研究开展"电子信息产业链+品牌提升"行动计划，制定出台相关实施方案，以产业链"链主"企业为依托，推动工业设计、品牌塑造等生产性服务业发展，打造电子信息产业链大中小企业协同配合的品牌发展环境。三是做大做强关键产业链节点。集中主要资源，以培育发展"专精特新"企业为突破口，重点打造南宁—东盟电子信息产业链关键节点，从而使东盟对南宁电子信息产业链的某个节点形成依赖，促使南宁市电子信息产业成为中国—东盟电子信息产业双向循环的枢纽。四是加快推动产业链结构向中高端转化。当前，南宁市电子信息产业链结构还是以中低端为主，处于以加工组装、部分电子零部件生产等为主体的产业链条上，附加值较低。南宁市要做大做强面向东盟的跨境电子信息产业链，必须要走结构升级的道路，从产业链中低端向中高端迈进。为此，需要围绕产业链打造创新链，推动构建创新共同体，以更有力的优惠政策吸引更多龙头企业将研发基地设在南宁。

（三）推动跨境电子信息产业链配套能力建设，增强产业链发展的稳定性和安全性

在当前国外形势较为紧张、国内供应链不确定性增强的背景下，有必要未雨绸缪，从多层面强化跨境电子信息产业配套能力建设，提升产业链发展的稳定性和安全性。一是促进产业链上下游联动发展。依托龙头企业，分类组建产业链上下游企业共同体。优化产业配套布局，鼓励中小微企业围绕大企业生产需求提升协作配套水平，促进大中小企业协作发展。促进机构、行业协会、产业联盟等第三方社会组织发展。加快引入和建设一批产品研发设计、检测检验、认证鉴定、标准制定等领域的专业机构。加强知识产权保护和运营。二是充分利用西部陆海新通道核心枢纽功能，加快推动南宁市对外物流体系建设，拓展物流枢纽节点功能。加快完善中新南宁国际物流园、南宁临空经济示范区、南宁国际铁路港等关键枢纽节点功能。提升南宁—凭祥

口岸通关效率，推动南宁国际铁路港与钦州港多式联运合作，提升南宁市向海通关效率。加快推动平陆运河南宁段建设。加快建设南宁空港空运磁性货物检测设施。进一步推动中越班列"一站式"通关，研究设立南宁铁路口岸。三是加快建设中国—东盟经贸中心等产业配套平台。完善从国家到地方的市场化法治化国际化服务，为做大做强面向东盟的跨境电子信息产业链供应链价值链提供商务、法务、金融、物流、信息、资产、人才等全方位服务支撑。四是大力发展面向东盟的跨境电子信息产业服务贸易，做大做强生产性服务业。引进和壮大供应链服务企业，为电子信息企业提供采购、物流、分销等专业化一体化生产性服务。五是积极争取国家和自治区政策支持，大力发展与跨境产业链相契合的跨境金融服务。加速完善面向东盟的跨境金融基础设施，建设中国—东盟跨境金融服务中心、中国—东盟征信服务平台与征信联盟等。大力发展供应链金融，鼓励供应链金融与重点产业链在风险可控的前提下深度融合。拓展重点产业直接融资渠道，鼓励支持本地电子信息企业在国内外资本市场上市，并为此提供更直接有效的政策服务。完善企业风险分担机制，加快保险创新示范区建设，推动相关金融衍生品创新。大力推动跨境金融产品创新，构建跨境投融资产业生态。

（四）强化重大开放平台的资源集聚能力，放大重大开放平台在产业链中的引领作用

推动"南宁渠道"全面提质升级，做大做强一批代表性开放平台，强化重大开放平台在跨境电子信息产业链中的聚资源、强产业功能，以及在增强经济发展新动能方面的引领作用。一是加快打造中国—东盟博览会和中国—东盟商务与投资峰会升级版。促进中国—东盟博览会从服务"10＋1"向服务 RCEP 和"一带一路"拓展。依托中国—东盟博览会平台，大力推动面向东盟的跨境电子信息产业链合作，实施"会展＋产业＋产品"战略，推动建立中国—东盟博览会全球电子信息产品采购中心，培育一批高质量龙头展会和专业品牌展会，打造电子信息名城，建设国际会展城市。二是加快打造中国（广西）自贸试验区南宁片区升级版，推进制度创新，形成一批

制度创新成果。推动片区内综合保税区、跨境电商综合试验区、加工贸易产业园等国家级开放平台融合发展，强化自贸试验区协同发展区建设，最大限度地发挥政策叠加和溢出效应，增强跨境电子信息产业的投资吸引力。三是加快建设中国—东盟信息港南宁核心基地。培育壮大一批本土跨境数字企业，加快打造人工智能、空间信息、信息技术应用创新等数字经济产业链，以中国—东盟信息港南宁核心基地为平台，加快构建跨境电子信息产业链上中下游联动发展和协同创新的全新格局。四是加快打造中国—东盟金融城，建设金融开放门户南宁核心区，特别是强化供应链金融创新，为打造面向东盟的跨境电子信息产业链提供更多金融支撑。支持驻邕金融机构与更多RCEP其他成员国商业银行建立人民币结算关系，推动非银行支付机构开设跨境人民币备付金账户。引入更多东盟国家商业银行参与广西银行间市场区域交易，促进与东盟国家开展双边本币结算。

（五）加大全产业链精准招商力度，加快形成更具创新性和差异性的政策指引

坚持"项目为王"，按照"建链、延链、补链、强链"的产业发展思路，瞄准打造面向东盟的电子信息产业集群，做大做强电子信息产业，不断在延伸加工链、贯通供应链、提升价值链上下功夫。一是以龙头企业带动招商引资。完善电子信息产业基础设施建设，打造一批现代化高标准厂房，重点瞄准电子信息龙头企业精准施策。以瑞声科技为龙头，大力推进光学、声学模组项目建设，培育壮大优势产业，依托其龙头优势吸引配套企业入驻，进一步完善产业链各个环节，建立区域内的利益共同体。高质量建设南宁·中关村电子信息产业园和南宁市国家加工贸易产业园等，打造电子信息、网络通信等产业集群，吸引产业链上下游关联企业，进一步扩大产业规模。发展壮大新能源汽车产业，不断延伸新能源汽车上中下游产业链，提升产业附加值。重点发展新一代智能手机、车载智能终端、智能耳机、智能眼镜、智能便携式音箱、智能电视机顶盒、智能投影仪等产品的装配业务，形成电子信息产业发展的比较优势，推动区域内产业链深度融合。二是利用好南宁的区

位优势，抓住 RCEP 落地重大机遇，加快对接珠三角地区的电子信息产业资源，进一步扩大电子信息产品向东盟国家出口的规模，举办专门面向 RCEP 其他成员国的招商引资活动，打造中国—东盟跨境电子信息产业链、供应链。通过税收补贴等政策鼓励现有分散的中小企业集中到统一的产业园区，加强产业链各环节协作，充分发挥产业集聚效应，形成产业规模。三是完善全产业链招商政策，根据产业链上中下游特点个性化制定优惠政策，在土地、资金以及税费方面给予一定的政策倾斜，在货物进出口、跨境物流、厂房租金、对外投资等方面给予企业资金支持，打好政策"组合拳"。完善市级领导带队招商办法，沿电子信息上中下游产业链主动进行招商引资。完善产业链招商引资机制，探索完善招商引资企业"一站式"落地模式，进一步优化项目审批流程，确保产业链精准招商项目快速落地。同时，做好招商对接，确保在企业入驻后有专员"一对一"服务，及时解答问题，为企业做好政策服务保障。创新招商方式，利用官媒、官网和新媒体等平台进行招商宣传和电子信息产业推介，打造产业品牌、城市品牌，扩大影响力。

（六）借助 RCEP 加快拓展东盟电子信息产品市场，做大做强面向东盟的跨境电子信息产品贸易网络

依托中国（广西）自贸试验区南宁片区，助力打造中越（中国—东盟）跨境电子信息产业链南宁生产总部基地，想方设法将东盟跨境电子信息产业链关键环节留在南宁。依托《广西高质量实施 RCEP 行动方案（2022—2025 年）》，进一步探索促进面向东盟的跨境电子信息产品市场高质量发展的针对性举措，进一步明确发展方向、发展计划。一是建立中越（中国—东盟）跨境电子信息产业链南宁生产总部基地白名单制度，主动对接企业，帮助企业熟悉 RCEP 新规则，引导企业充分挖掘 RCEP 政策红利，支持我国电子信息龙头企业区域总部或功能总部落地南宁。充分利用 RCEP 关税优惠、通关便利化以及南宁面向东盟的跨境区位优势，依托中国—东盟博览会、中国—东盟商务与投资峰会等平台，对接 RCEP 其他成员国的电子信息头部企业，推动企业将关键环节、高端环节、核心环节

布局在南宁，全力建设中越（中国—东盟）跨境电子信息产业链南宁生产总部基地。二是畅通跨境电子信息产品贸易网络。围绕"一带一路"倡议和高水平共建西部陆海新通道，充分利用广西沿边重点开发开放试验区相关政策、区位、交通优势，提高凭祥和东兴口岸的通关能力，拓展爱店和龙邦口岸的功能，依托中新南宁国际物流园、南宁国际铁路港和南宁临空经济示范区等，全面培育中国—东盟跨境陆运、空运、铁路班列和多式联运，加快构建"通道＋枢纽＋网络"物流大格局，利用好 RCEP 的通关便利，打造东盟跨境电子信息产业链"快速通关"绿色通道，尤其是推动中国南宁—越南北宁、北江公路实现 12 小时"厂对厂"通达，铁路实现 24 小时"厂对厂"通达。进一步畅通南宁至钦州至西贡的陆海联运通道，保障与东盟跨境产业链供应链联系最为密切的电子信息产品、货物及时通关。三是依托中国（广西）自贸试验区南宁片区、南宁跨境电商综试区和南宁综合保税区"三区叠加"的优势，建设连通中国、东盟双向市场的区域性物流集散中心，建立跨境电子信息产品线上线下互动交易中心，同时依托中国—东盟信息港南宁核心基地，加快构建面向东盟的国际信息技术服务网络，大力发展数字贸易，为做大做强面向东盟的跨境电子信息产品贸易网络提供更多支持。

（七）推动重点领域技术创新和人才高地建设，增强跨境电子信息产业链的内生发展动能

高层次人才缺乏和创新动能不足，是南宁市做大做强面向东盟的跨境电子信息产业链的两块短板，必须以更大力度精准施策，尽快扭转这一不利局面，补齐短板。一是依托南宁市已出台的人才政策，围绕薪酬、住房补贴和产业园区等方面制定和实施对跨境电子信息产业更具吸引力的奖励办法，进一步加强产业规划和人才引进，面向全国吸引一批处于电子信息产业发展最前沿、经验丰富的跨境电子信息产业人才和团队，建设立足南宁的高水平人才队伍，形成人才集聚效应。支持青年在邕进行跨境电子信息产业创新创业，并给予一定数额的创新创业扶持资金和税收优惠，支持在邕建立面向全

国优秀毕业生的创新创业孵化园区，搭建服务人才和产业的公共交流平台。二是推动产教深度融合。一方面，加大对区内高校和科研院所的研发投入力度，鼓励科研院所及高校进行创新研发和成果转化。以广西大学、广西民族大学等南宁本地高校为平台，积极构建立足南宁的本地人才培养体系，以就业为导向，向企业定向输送一批掌握跨境贸易、电子信息等知识的人才以及东南亚小语种人才。另一方面，探索构建跨境电子信息企业和高校联合培养机制，开设针对电子信息、跨境贸易的校企合作专业，以瑞声、富士康、浪潮等在邕优质企业为引领，以在邕重点产业园区为平台，打造人才培育和成果转化基地，让技术找到应用场景，让人才流向电子信息产业一线。三是重点引进电子信息产业海外高层次人才，加快制定针对海外高层次人才的引进政策。鼓励南宁高校的东盟国家优秀留学生留邕发展，通过定期举办校企交流论坛等方式加强对留学生的就业引导。

参考文献

李雪：《双循环新发展格局下西部陆海新通道跨境产业链构建的实践路径——广西社会科学院数量经济研究所所长曹玉娟访谈录》，《经济师》2022 年第 7 期。

周红梅：《力争到 2025 年建成 4 条以上跨境产业链》，《广西日报》2022 年 5 月 21 日。

王彩娜：《RCEP 生效实施　广西跨境物流迎来发展新机遇》，《中国经济时报》2022 年 5 月 20 日。

农锦华、赵子龙：《西部陆海新通道背景下提升广西跨境电子商务试验区功能及发展路径研究》，《中国产经》2022 年第 9 期。

唐红祥、谢廷宇：《RCEP 框架下中国—东盟跨境产业合作的路径》，《人民论坛》2022 年第 6 期。

朱培金：《国际产业跨境转移实证研究——来自产业竞争力和外汇管理的视角》，《金融发展评论》2022 年第 1 期。

专题研究篇

Special Reports

B.18

南宁市培育发展专精特新企业的对策

南宁市社会科学院课题组*

摘 要： 专精特新企业是长期专注细分市场、创新实力强劲、配套能力突出、补链强链功能强大的市场主体，是中小企业这一庞大市场群体之中的优秀代表，以专注铸专长，以配套强产业，以创新赢市场。党的二十大报告明确提出"实施产业基础再造工程和重大技术装备攻关工程，支持专精特新企业发展，推动制造业高端化、智能化、绿色化发展"。本报告在全面分析南宁市专精特新企业培育发展现状与存在问题的基础上，提出完善梯度培育体系、加强企业联动、坚持创新驱动和品牌引领等一系列培育发展

---

* 课题组组长：吴金艳，南宁市社会科学院副院长、正高级经济师。课题组成员：梁瑜静，南宁市社会科学院经济发展研究所所长、讲师；杜富海，南宁市社会科学院经济发展研究所副所长、助理研究员；庞嘉宜，南宁市社会科学院城市发展研究所科研人员、助理研究员；谢强强，南宁市社会科学院科研管理所科研人员、助理研究员；陈琦，南宁市社会科学院经济发展研究所科研人员、中级经济师；李娜，南宁市社会科学院经济发展研究所研究实习员；陈灿龙，南宁市社会科学院科研管理所科研人员；张珊娜，南宁市社会科学院科研管理所科研人员；李东升，南宁职业技术学院研究员；云倩，广西社会科学院高级经济师。

南宁市专精特新企业的对策建议，以期为南宁市补齐工业发展短板，从产业链低端环节向高端环节跃升，增强产业链供应链价值链韧性，进而更好地融入以国内大循环为主体、国内国际双循环相互促进的新发展格局，推动经济高质量发展提供重要支撑。

关键词： 专精特新　中小企业　南宁

一　南宁市专精特新企业培育发展现状

（一）专精特新企业概况

1. 企业数量及分布情况

截至 2022 年 9 月，南宁市累计有国家级专精特新"小巨人"企业 25 家（见表 1），总数居全区第 2 位；自治区级专精特新中小企业 94 家，企业总数居全区第 1 位；市级专精特新中小企业 140 家。[①]

表 1　全国、广西及南宁市国家级专精特新"小巨人"企业数量

单位：家

批次（有效期）	全国总数	广西国家级专精特新"小巨人"企业数量	南宁市国家级专精特新"小巨人"企业数量
第 1 批 （2019 年 7 月 1 日~2022 年 6 月 30 日）	248	0	0
第 2 批 （2021 年 1 月 1 日~2023 年 12 月 31 日）	1584	27	6
第 3 批 （2021 年 7 月 1 日~2024 年 6 月 30 日）	2930	54	15
第 4 批 （2022 年 7 月 1 日~2025 年 6 月 30 日）	4357	22	4
合计	9119	103	25

资料来源：课题组整理。

---

① 如无特殊标注，本报告数据均由课题组整理自南宁市工业和信息化局提供的调研资料。

南宁市各级专精特新企业大部分属于民营企业，多分布于传统行业领域，分布区域较为分散，并未形成相应规模，但总体来看，部分专精特新企业集中落户于高新区和经开区（见表2）。

表2 南宁市各级专精特新企业分布行业和分布区域

企业类型	分布行业	分布区域
国家级专精特新"小巨人"企业(25家)	零星分布于食品制造、金属制品、医药制造、橡胶和塑料制品、汽车制造、石油煤炭及其他燃料加工等行业	零星落户于全市10个县（市、区）及开发区内，高新区（7家）、经开区（5家）、邕宁区（4家）数量较多
自治区级专精特新中小企业(94家)	53%分布于电气机械和器材制造业（12家）、农副食品加工业（10家）、化学原料和化学制品制造业（10家）、专用设备制造业（10家）、非金属矿物制品业（8家）	相对分散，高新区（24家）、经开区（16家）、良庆区（10家）数量位居前三
市级专精特新中小企业(140家)	一半分布于化学原料和化学制品制造业（17家）、非金属矿物制品业（16家）、专用设备制造业（13家）、电气机械和器材制造业（14家）、农副食品加工业（10家）	相对分散，高新区（28家）、经开区（20家）、东盟经开区（10家）数量较多

资料来源：课题组调研整理，数据截至2022年9月底。

2. 企业所在领域及研发投入情况

2020年，全市专精特新中小企业总产值达267.94亿元，同比增长10.58%；研发总投入达10.53亿元（占产值的3.9%），同比增长19.50%；有效发明专利共717个，实用新型专利共1318个，外观设计专利共141个。2021年，南宁市落实15项重大科技项目、战略性新兴产业重大科技项目经费1580万元，显著提升了专精特新企业细分领域关键核心技术的研发创新实力。[①] 目前，南宁市聚焦发展新能源汽车及零配件、电子信息、金属及化工新材料、铝精深加工、林产品加工、食品加工等六大千亿元产业。截至2022年9月，上述六大千亿元产业领域内适合引进的专精特新"小巨人"初筛企业数量依次为51家、144家、85家、6家、13家和6家，其他重点企业累计有186家。

---

① 《南宁市工业和信息化局关于市政协十二届一次会议第12.01.075号提案答复的函》，南宁市工业和信息化局网站，2022年4月8日，http：//gxj.nanning.gov.cn/tzgg/t5142795.html。

3.企业上市情况

2021 年，南宁市累计有专精特新新三板挂牌中小企业 5 家；上市（挂牌）后备企业 27 家，纳入自治区上市（挂牌）后备企业资源库的企业有 9 家；拟申报北交所企业 3 家，分别为南宁汉和生物科技股份有限公司、广西森合高新科技股份有限公司和桂润环境科技股份有限公司，3 家企业已完成证监局备案工作，是自治区重点拟上市企业。另外，截至 2022 年 11 月底，南宁股权交易中心挂牌企业户数已超千户，区域性股权交易市场格局初步形成。

（二）助推中小企业发展的政策机制不断完善

一是不同层级出台一系列扶持政策。目前，国家层面已形成"1+1+1+1+N"[①] 法律政策体系，自治区层面加大对瞪羚企业、高新技术企业、科技型中小企业的培育力度，市级层面从金融、财税、人才、信息等方面给予中小企业全方位的政策扶持引导。二是南宁市建立市本级联席会议制度并成立工作专班。2019 年建立促进中小企业发展联席会议制度，推动市级服务中小企业联动和信息共享。2022 年成立"南宁市专精特新中小企业培育和引进工作专班"，从科技创新、融资服务、市场开拓等方面大力引进培育专精特新中小企业。[②] 三是加大财税金融支持力度。创建"政金企"合作机制，推行重点企业融资服务专员制度，截至 2022 年 7 月，该机制已服务 9 家专精特新企业。推动专精特新中小企业专属融资，支持广西融资担保集团、光大银行、兴业银行等金融机构开发"专精特新板"等金融产品。引导担保机构降低担保费率，2018～2021 年，累计获得国家中小企业发展专项资金（小微企业融资担保业务降费奖补）2702.35 万元。[③] 推动基金产业协同，

---

① "1+1+1+1+N"："一法"，即《中华人民共和国中小企业促进法》；"一条例"，即《保障中小企业款项支付条例》；"一标准"，即《中小企业划型标准规定》；"一规划"，即《"十四五"促进中小企业发展规划》；"N"指近年来出台的若干综合性政策文件。

② 《我市再添四家专精特新"小巨人"企业》，南宁市工业和信息化网站，2022 年 10 月 14 日，http：//gxj. nanning. gov. cn/gxdt/t5357255. html。

③ 《南宁市工业和信息化局关于市政协十一届六次会议第 11.06.002 号提案答复的函》，南宁市工业和信息化局网站，2021 年 8 月 30 日，http：//gxj. nanning. gov. cn/gxdt/t4857102. html。

截至 2022 年上半年，南宁市创业投资引导基金以 1∶2.7 的杠杆倍数撬动 2.58 亿元社会资金，投向广西森合高新科技股份有限公司等 25 个优质创新科技企业；天使基金向 3 家初期创新创业企业直接融资 0.15 亿元。[①] 构建银政企风险分担机制，搭建政府性融资担保体系。2017～2020 年，小微担保公司累计为 991 家小微企业提供融资担保。[②]

（三）专精特新企业梯度培育格局初步形成

一是实施专精特新中小企业梯度培育计划。制定年度培育目标任务，按照"储备一批、培育一批、提升一批"的原则，以 2021～2023 年每年培育入库 100 家以上市级专精特新中小企业为目标，推动各县（市、区）及开发区深挖专精特新企业发展潜力。[③] 做好储备库项目筛选培育，主要从规模以上工业企业、工业龙头企业、高新技术企业、瞪羚企业和拥有较多专利的企业中筛选一批重点企业培育入库，将其纳入自治区级和国家级专精特新企业认定储备名单。目前，南宁市已初步构建国家级、自治区级、市级专精特新企业梯度培育格局。二是推动高精尖企业上市。启动国家级、自治区级专精特新重点名单企业金融帮扶专项行动，组建资本市场专家服务团，推动达标企业入库、提升梯次、备案、申报等。建立分库管理制度，持续开展专精特新企业上市挂牌专项行动。2022 年 5 月，促成 46 家专精特新企业集中挂牌展示。[④] 三是大力引进培育专精特新龙头企业，发展总部经济。签约引进了拥有专精特新潜质的浪潮集团、赢拓 AI 等一批行业领军企业。推动电子信息、新能源汽车、高端铝等 10 条重点产业链的相关企业走上专精特新道路。截至 2022 年 4 月，已成功签约欣

---

① 《南宁市财政局深化财政金融联动　助力科技创新提质增效》，广西壮族自治区财政厅网站，2022 年 7 月 21 日，http：//czt.gxzf.gov.cn/xwdt/sxczdt/t12833512.shtml。
② 《南宁市工业和信息化局关于市政协十一届六次会议第 11.06.002 号提案答复的函》，南宁市工业和信息化局网站，2021 年 8 月 30 日，http：//gxjx.nanning.gov.cn/gxdt/t4857102.html。
③ 《南宁市工业和信息化局关于市政协十二届二次会议第 12.02.126 号提案答复的函》，南宁市工业和信息化局网站，2022 年 7 月 27 日，http：//gxjx.nanning.gov.cn/tzgg/t5280931.html。
④ 《南宁市工业和信息化局关于市政协十二届二次会议第 12.02.178 号提案答复的函》，南宁市工业和信息化局网站，2022 年 7 月 14 日，http：//gxjx.nanning.gov.cn/tzgg/t5282890.html。

巴科技东盟总部基地、桂民投总部基地等一批总部经济项目。四是聚力培育各类后备中小企业。聚焦科技类高成长性专精特新企业，构建"科技型中小企业—高新技术企业—瞪羚企业—独角兽企业"梯次培育体系，2019~2021 年南宁市各类科技型企业数量及其全区占比如表 3 所示。五是推动企业数字化转型升级。截至 2022 年 7 月，南宁市累计培育广西智能工厂示范企业 45 家、广西数字化车间企业 24 家，企业数字化转型升级不仅涉及电子信息、生物医药等新兴领域，还涵盖建材、食品、纺织等传统行业。

表 3　2019~2021 年南宁市各类科技型企业数量及其全区占比

单位：家，%

年份	国家科技型中小企业		高新技术企业		广西瞪羚企业	
	数量	占比	数量	占比	数量	占比
2019 年	552	—	990	—	28	30.1
2020 年	853	32.5	1151	41.4	37	34.6
2021 年	1011	31.5	1378	41.9	45	34.1

注：高新技术企业数量为保有量。

资料来源：根据 2020~2022 年南宁市《政府工作报告》，以及南宁市政府、南宁市工业和信息化局、南宁市科学技术局的公开数据整理。

（四）多渠道拓展中小企业创新创业空间平台

一是打造一系列中小企业服务平台。建设中小企业公共服务平台（见图 1），形成"1+6+N"的中小企业公共服务体系，常年服务全市中小企业 2000 余家，辐射企业超过 2 万家。[①] 二是着重加快创新创业平台建设。鼓励有条件的企业和科研院所建设技术研发创新平台。截至 2021 年底，南宁市各类创新平台数量稳居全区第一，有国家级创新平台 35 个，该年度新增 3 个；新增自治区级创新平台 68 个；自治区重点实验室 62 家，该年度新增 9 家；广西工程技术研究中心 108 家，该年度新增 14 家；广西新型研发机构

---

① 《南宁市工业和信息化局关于市政协十一届六次会议第 11.06.002 号提案答复的函》，南宁市工业和信息化局网站，2021 年 8 月 30 日，http://gxj.nanning.gov.cn/gxdt/t4857102.html。

28 家，该年度新增 11 家。① 打造中小企业创新创业平台。2019～2020 年，南宁市共有 11 家园区荣获广西特色小微企业示范园称号；2021 年，南宁市共有 5 家园区荣获广西特色小微企业示范园称号，南宁市成为全区入选数量最多的城市。积极建设科技企业孵化器、众创空间、小微企业创业创新示范基地、创业孵化示范基地等，逐步规范载体平台管理，完善后补助奖励激励机制和后备案制度。

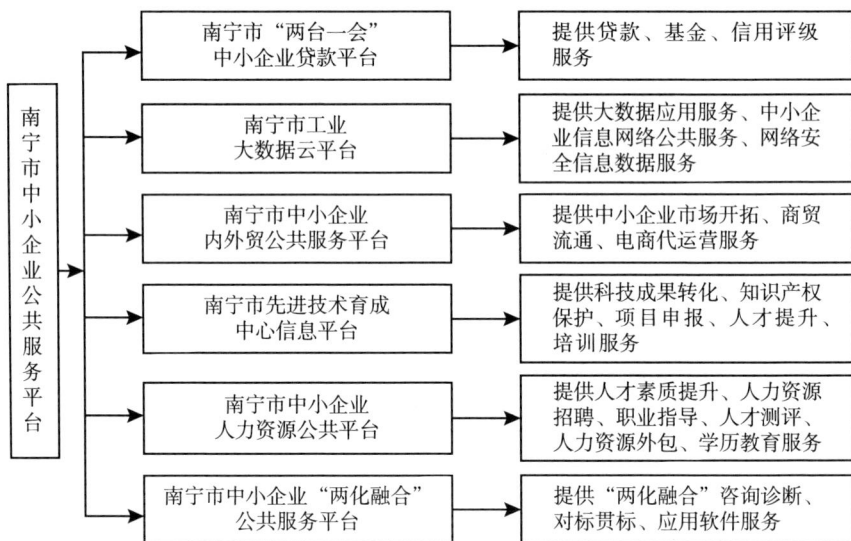

图 1　南宁市中小企业公共服务平台

资料来源：根据南宁市各大公共服务平台公开资料整理。

（五）着力推动大中小企业协同发展

一是推动产业链上下游企业协同发展。2021 年以来，南宁市围绕"强龙头、补链条、聚集群"，着力培植"工业树"、打造"产业林"的整体思路，主要筛选具有高成长性和核心竞争力的"特、新、高、快"中小企业作为

---

① 《南宁市工业和信息化局关于市政协十二届二次会议第 12.02.178 号提案答复的函》，南宁市工业和信息化局网站，2022 年 7 月 14 日，http：//gxj. nanning. gov. cn/tzgg/t5282890. html。

"传帮带"培育对象，组织其到市内重点龙头和行业标杆企业进行实地交流学习。截至2022年9月底，已持续开展6期"企业传帮带，共育产业林"入企交流学习活动，累计吸引300多家企业参加，带动了产业链上下游专精特新中小企业强化协作配套。二是推进实质性产学研合作。一方面，针对市场需求，推动校企展开深入合作。引导市中小企业服务中心与南宁学院、广西机电工程学院等院校加强合作，创新培训课程，开展在岗和脱产培训、技能大赛等；举办科技创新与半导体技术发展论坛等活动，邀请高校师生参加，密切生产、学习和研究之间的联系。① 另一方面，围绕重点产业和新型领域，推动产学研深度融合。2021年，围绕三大重点产业及新一代信息技术、人工智能等战略性新兴产业，重点支持专精特新企业与华南农业大学、中国科学院生态环境研究中心等高校院所的合作研究；在"南宁科技计划项目申报指南"中设立重点研发计划"产学研合作研究开发与关键技术攻关"专项，累计组织实施产学研有关项目39项，占项目总量的58.21%，下达科研经费1.22亿元。

二 南宁市专精特新企业培育发展存在的问题

（一）专精特新中小企业数量少

一是获认定企业数量较少。截至2022年9月，南宁市有自治区级专精特新中小企业94家，占全区认定总数的20.25%，但数量低于成都（1644家）、合肥（571家）、绵阳（270家）等城市。从专精特新"小巨人"企业数量来看，获得国家级专精特新"小巨人"认定的有25家，占全区认定总数的24.3%，与广西区内柳州和广西区外部分中西部省会城市相比，在数量上不占优势（见图2）。二是行业领域分布不平衡。各级认定的专精特新企业主要集中在制造业和服务业两大行业。其中，制造业企业占比达93.5%，且制造业中有45.2%的企业分布于化学原料和化学制品制造业、农

---

① 《南宁市工业和信息化局关于市政协十二届二次会议第12.02.017号提案答复的函》，南宁市工业和信息化局网站，2022年8月2日，http://gxj.nanning.gov.cn/tzgg/t5295658.html。

副食品加工业、非金属矿物制品业、电气机械和器材制造业、金属制品业五大类传统制造业（见图3），战略性新兴产业专精特新企业数量不多。

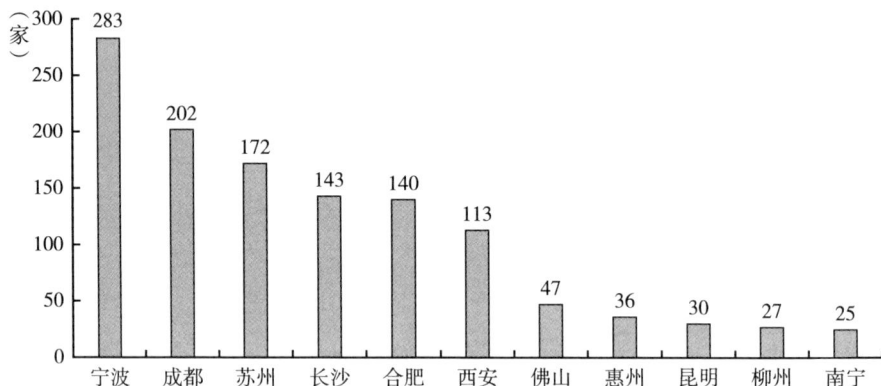

图2　部分城市国家级专精特新"小巨人"企业数量

资料来源：课题组整理。

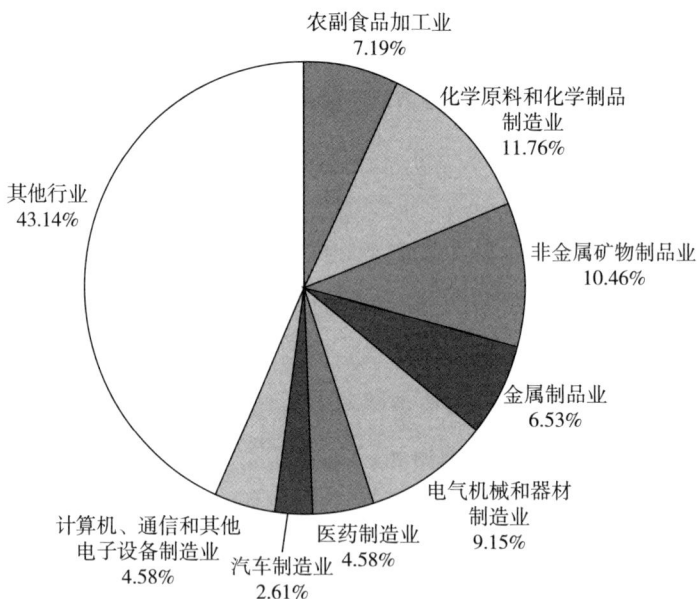

图3　南宁市专精特新企业所属行业分布情况

资料来源：课题组整理。

（二）专精特新企业综合竞争力不强

一是企业成长偏慢。从南宁市第 1~4 批国家级专精特新"小巨人"企业的成立时间来看，成立时间最长的企业为 29 年，最短的为 7 年，专精特新"小巨人"企业从成立到获得国家级认定的平均时间为 15 年，时间长于"专精特新十强城市"①的国家级专精特新"小巨人"企业平均成立时间（10 年）。二是企业差异化品牌运营水平有待提升。在细分市场中，部分企业品牌个性定位缺失、品牌传播渠道不精准。在品牌推广传播上，线上、线下缺乏与消费者的互动—反馈机制。同时，企业的品牌战略意识有待增强。通用专用设备制造、化学制品制造等行业的专精特新企业多面向产业链中端较为固定的客户提供产品与服务，而非直接面对多元化消费市场，因此在品牌建设上创新不足，存在品牌意识不强的现象。三是企业数字化转型亟待加速。截至 2022 年 11 月，南宁市获得广西智能工厂示范企业认定的专精特新企业有 16 家，获得广西数字化车间企业认定的专精特新企业有 10 家，均不到南宁市各级专精特新企业总数的 20%。工业互联网平台发展对专精特新中小企业的赋能、赋智作用有待增强，部分企业数字化转型仍存在"不会转""不敢转""不能转"等问题。

（三）专精特新企业培育发展后劲不足

一是企业培育后备力量较弱。从中小微企业的数量来看，2020 年南宁市规模以上工业中小微企业有 1140 家，与合肥（2081 家）、长沙（2627 家）等省会城市相比仍有较大差距。从中小微企业经营状况来看，2020 年南宁市规模以上工业中小微企业中，亏损的有 264 家，数量较 2016 年增长 2.3 倍，占全部中小微企业的比重由 2016 年的 9.02% 上升至 2020 年的 23.15%，亏损的中小微企业占比高于同期大型企业占比。二是企业自身融资能力有限。目前，

---

① "专精特新十强城市"出自天眼查研究院 2022 年发布的《专精特新企业十强城市洞察报告》，选取拥有第 1~3 批国家级专精特新"小巨人"企业数量位居全国前十的城市，分别是北京、上海、宁波、深圳、天津、重庆、成都、青岛、东莞、厦门。

专精特新企业的资金支持主要依靠各级认定奖补政策、"桂惠贷"财政贴息及银行贷款等间接融资方式，通过挂牌上市、股权融资等直接融资方式来吸引社会资金的能力和水平较低。在专精特新"小巨人"企业中，仅有八菱科技1家为上市企业，专精特新"小巨人"上市企业数量与厦门（10家）、宁波（11家）、郑州（12家）、合肥（16家）等城市的差距较大。三是产业基础支撑力度不足。工业是专精特新企业培育发展的关键基础，但南宁市工业基础对专精特新企业引培的支撑力和吸引力有限。从工业规模化发展情况来看，2021年，南宁市规模以上工业增速为7.5%，低于全区1.1个百分点。在工业细分领域，2021年南宁市增加值增速排在前列的行业为木材加工产业（33.7%）、造纸产业（27.9%）、食品产业（14.4%）等传统工业；先进装备制造（-6.0%）、生物医药（-0.5%）等战略性新兴产业增长放缓，对工业增长的贡献率较低。从产业结构来看，"十三五"期间，南宁市第二产业占GDP的比重逐年下降，2018年后比重基本维持在23%左右，2021年比重较贵阳（35.7%）、昆明（31.7%）有一定差距。

（四）专精特新企业创新支撑能力亟待提高

一是创新投入水平有待提升。2021年，南宁市151家各级专精特新企业中，专利数量[①]少于10件的企业有70家，占46%；在专利数量排前30位的企业中，医药制造、汽车制造等战略性新兴产业上榜企业分别仅有3家、2家；前3批21家专精特新"小巨人"企业的平均研发强度为4.1%（全国平均水平为10.3%[②]），平均有效发明专利量为11.6件（全国平均水平为13件[③]），21家企业中有4家企业的有效发明专利量为0件。二是创新协同效应有待增强。在企业研发平台建设上，截至2022年9月，南宁市各级专精

[①] 专利数量为有效发明专利、实用新型专利、外观设计专利3项专利数量之和。

[②] 《我国专精特新"小巨人"企业平均研发强度超10%》，中国政府网，2022年7月26日，http://www.gov.cn/xinwen/2022-07/26/content_5702887.htm。

[③] 《2021"专精特新"小巨人企业专利能力和科创能力报告发布》，中证网，2021年9月23日，https://www.cs.com.cn/xwzx/hg/202109/t20210923_6206049.html。

特新企业中，仅南宁汉和生物科技股份有限公司、广西柳钢东信科技有限公司获得广西新型研发机构认定，八菱科技、南南铝等49家公司内设的技术中心获得自治区级企业技术中心认定，没有获得国家级企业技术中心认定的企业。南宁市工业互联网等协同平台的建设仍处于起步阶段，专业的工业互联网公司较少、企业"上云"意识不强。三是创新人才缺乏。创新人才存量少，2020年南宁市有研究和试验发展（R&D）活动的规模以上工业企业中，从事基础研究、应用研究和试验发展工作的人员有5336人，其中研究人员1493人，同比下降10.9%。与此同时，2020年，在规模以上工业企业科技机构数同比增长50%的情况下，机构内博士、硕士毕业人数却分别同比下降了1.2%、5.7%。人才招引政策在专精特新企业中的覆盖面较小，在2022年度南宁市248家产业发展急需紧缺人才企业名录中，仅有54家专精特新企业，占各级专精特新企业总数的35%。

（五）专精特新企业产业链带动作用有待加强

一是缺乏带动作用强的龙头企业。产业领军企业少，在2022年公布的第1批105家广西工业龙头企业中，仅有9家南宁市专精特新中小企业，且9家企业分布在汽车制造、农副食品加工、专用设备制造、化学原料和化学制品制造、电气机械和器材制造、纺织等6个行业。南宁市专精特新企业在新材料、电子信息、铝精深加工等产业链发展上的市场主体作用仍需进一步凸显。企业专业化、协作化生产能力不强，部分专精特新企业在关键环节与零部件设备上尚未与广西区内的上下游企业形成协作配套。二是企业对推动产业链"补短板、锻长板"的作用有限。南宁市专精特新企业在新兴产业的分布数量不多、产值较低，对国民经济、国防建设影响较大的高端产业和关键零部件、材料制造业的"自主补链"水平较低。南宁市目前没有单项冠军企业及单项冠军产品，第4批国家级专精特新"小巨人"企业中，南宁仅有4家企业上榜，数量低于柳州（7家）、桂林（10家）。主持或深度参与制定国际、国家或行业标准的企业数量较少，利用RCEP、"一带一路"倡议等促进海外投资、产业链延伸的能力不足。三是企业高效集聚发展有待加强。当前，南宁市专精特新企业分布较为零散（见图4），专精特新企业在全市 12 个县（市、区）与 3 个开发区均有分布，较为集中在高新区、经开区、良庆区 3 个区域，但这 3 个区域的专精特新企业集中程度（数量占比）仍未超过 50%。

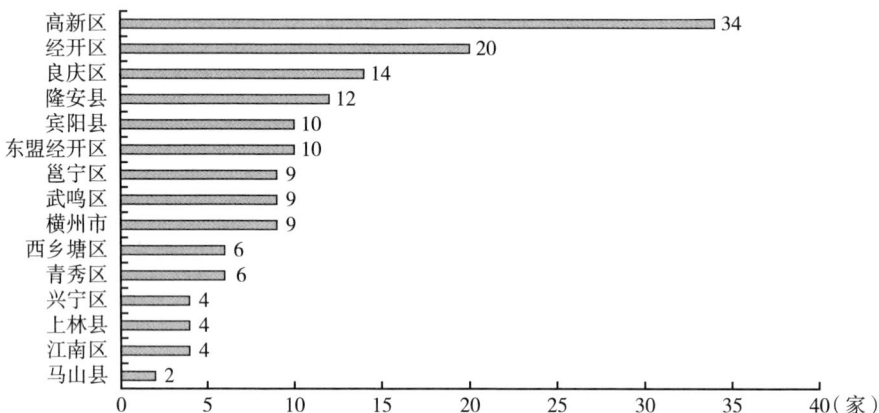

图 4 南宁市各县（市、区）及开发区获认定的专精特新中小企业分布情况

资料来源：课题组整理。

（六）精准施策服务企业力度亟待加大

一是政策针对性和支持力度较弱。《广西壮族自治区金融支持"专精特新"中小企业若干措施》等上级政策文件印发后，南宁市的细化落实办法尚未形成。针对获得专精特新认定的企业，依照《南宁市推进工业振兴若干政策》给予 10 万~100 万元的奖补，奖补力度小于南京（50 万~300 万元）、杭州（20 万~100 万元）等城市。与此同时，认定资质更为严格，南宁市专精特新企业申报标准仍沿用 2021 年标准，即上年度营收 2000 万元以上，[①] 高于国家最新标准（上年度营收 1000 万元以上）。二是发展支持与规

---

① 《南宁市工业和信息化局关于做好创新型中小企业培育和 2022 年度南宁市专精特新中小企业申报的通知》，南宁市工业和信息化局网站，2022 年 6 月 24 日，http：//gxj. nanning. gov. cn/tzgg/t5250845. html。

范制度政策体系不完善。一方面，缺乏长效连续的政策支持，如财政和金融方面，多是在经济下行或金融危机发生时，根据当下的经济形势出台临时性、阶段性政策文件或规定；另一方面，专精特新中小企业的规范管理缺乏统一的政策规定。在统计监测、追踪考核等方面，政府各部门尚未形成合力。三是多元培育发展与公共服务体系有待完善。南宁市目前虽然建立了"1+6+N"的中小企业公共服务体系，但是体系内各平台针对专精特新企业的服务功能有待完善，服务内容有待更新。相较于重庆、贵阳等城市，南宁市在集教育培训、产供销联动、技术交流等方面于一体的中小企业孵化器等载体的建设上有待加强，与高校、科研院所、其他创新型企业等的定期交流学习、常态化产学研合作机制有待进一步完善，天使基金、产业基金、创投引导基金等社会资本介入的企业成长培育方式较少。

三 南宁市专精特新企业培育发展的对策建议

（一）加强统筹谋划，完善专精特新企业培育发展顶层设计

一是加强专精特新企业培育发展规划指引。出台《南宁市专精特新中小企业高质量发展行动方案》等政策，做好专精特新企业培育发展总体规划。成立专精特新企业培育专项工作领导小组，建立常态化协调工作机制，协调解决南宁市在培育发展专精特新企业工作中出现的问题。建立动态协调的培养发展工作机制，构建市本级，县（市、区），开发区及产业园区等跨层级、跨部门联动的动态协调工作机制。二是强化细分领域的政策精准支持。健全高成长性科技型中小企业的挖掘、培养、扶持机制，重点支持新能源汽车及零配件、电子信息、金属及化工新材料、铝精深加工、林产品加工、食品加工等六大千亿元产业，制定"孵化陪跑"计划。为已有一定规模的专精特新企业提供专项支持，制定"一对一""点对点"的精准扶持政策。组建由在邕高校及科研院所，市直有关职能部门，各县（市、区），开发区及产业园区联合组成的专精特新企业调查队，运用数据分析等方式为企

业"精准画像"，把在优质赛道上的专精特新"小巨人"企业、潜力企业精准"画"出来。探索围绕专精特新企业建设企业库、资源库、专家库和项目库，打造专精特新企业赋能服务包。实施专精特新"一检一案"，通过数据库和专业信息化检测工具及实地调研等方式寻找问题并制定对应解决方案。三是做好专精特新企业培育发展的长远谋划。一方面，围绕南宁市产业链、供应链结构优化发展目标，以产业链为基础打造专精特新企业，建立重点产业链产业基础再造项目清单及专精特新重点扶持细分行业目录，争取在制造业基础领域开发一批科技含量高、行业水平领先的应用技术；另一方面，以产业创新发展为目标，制定专精特新企业动态发展支持政策体系，加强动态监测分析指导，实施企业全周期动态管理，不断调整对专精特新企业的金融服务、人才服务、信息服务等的内容、方式，帮助南宁市专精特新企业克服发展过程中面临的困难。

（二）完善梯度培育体系，分层分类提质培优中小企业

一是构建专精特新市场主体梯度发展链条。进一步完善专精特新企业梯度培育体系，构建以专精特新企业为市场主体的"创新型中小企业—专精特新企业—专精特新'小巨人'企业—单项冠军企业"梯度发展链条。建立分层次、有高低的专精特新企业培育库，加大对在库企业的调研服务力度。细化梯度发展链条企业的申报培育条件，如进一步细化专业化指标、精细化指标、特色化指标、创新化指标等。二是加强对后备企业的培育与挖掘。围绕南宁市六大千亿元产业链，精选一批专精特新"种子选手"进入企业培育目标库。鼓励传统型中小企业加快向科技型中小企业转变，遴选一批综合实力强的中小企业服务机构，为中小企业提供量身定制的服务，利用差异化的平台服务，将普惠服务和精准服务相结合。三是按产业分类开展专精特新企业培育工作。建立南宁市专精特新产业分类目录。明确专精特新企业产业分类标准，围绕南宁市产业发展的总体目标，对进入产业分类目录的企业按照六大千亿元产业类别实施专精特新企业强链、补链计划；建立动态培育库，推动更多为重点产业链提供关键配套的专精特新中小企业在充分的

要素保障下持续升级。推动传统产业企业向专精特新企业发展。大力推动纺织、家居建材等传统产业进行技术改造和产品升级；引导传统产业企业建立精细化的管理制度和流程，开展精细化管理；充分推动传统产业企业利用特色资源，采用独特的工艺、技术和原材料，突出企业特色；支持传统产业企业开展技术创新和商业模式创新，在传统制造行业形成新的竞争优势。扶持新兴产业专精特新企业健康发展。针对数字信息、智能制造等战略性新兴制造产业企业，实施创新能力提升工程，加快研发机构建设，支持企业独立或联合设立研发机构，加快新兴产业产品研发；推动创新资源共享共用，通过加强工业和信息化、科技、教育等部门的协调联动，推动新兴产业专精特新企业和高校、科研院所共享研发资源、技术设备。

（三）加强企业联动，构建专精特新产业链协同发展生态

一是推动上下游企业协同合作。密切产业链上下游企业的联系，打造功能互补、协作紧密、关键环节自主可控的产业链和稳定高效的供应链。定期面向专精特新企业发布重点合作项目、关键技术攻关、大宗物资采购等供需目录，推动专精特新企业的创新技术及产品加快融入产业链、供应链和市场循环。二是发挥"链主"企业的带动作用。坚持"内培外引"相结合，加快对"链主"企业和配套企业的引进培育。加强"链主"企业招引，编制"链主"企业招引清单，针对企业关键要素需求完善招引政策，实施"链主"企业供应商招商计划和短板技术产品临时储备计划；推动"链主"企业树立与产业链、供应链上下游企业共享利益、共担风险的责任意识，组织"链主"企业开展常态化对接，带动中小企业发展，鼓励中小企业主动对标"链主"企业，加快技术产品研发生产；在重大项目实施中，探索完善"悬赏制""赛马制"等任务管理方式，为专精特新企业参与重大项目提供良好的竞争环境。促进产业链大中小企业融合创新，推进产业链、创新链融合发展。瞄准南宁市新能源制造、新金属材料加工、电子信息、生物医药等新兴产业，引导和支持行业龙头企业跨产业组建研用协同的创新联合体，提高跨产业企业之间的技术协同度；推动建立南宁市跨产业融合协作联盟，形成跨

产业融合协作平台，推动产业技术、人才、项目、市场经营管理等方面的资源流动。三是促进专精特新企业集聚发展。根据集群发展的条件和基础，精准定位集群发展的主导产业，重点针对六大千亿元产业固链强链补链延链，发挥集群龙头企业带头作用，在专精特新企业的培育上进一步形成集聚态势。通过构建集创新基础设施和服务资源于一体的多层次集群创新平台，推动中小企业集群与在邕高校、科研院所建立稳定的合作创新机制，实现高校、科研院所创新链与中小企业集群融合发展。

（四）坚持创新驱动，增强专精特新企业的可持续发展能力

一是引导企业加大创新资源投入力度。深入实施"千企科技创新"工程，设立企业研发经费投入奖补资金专项，尤其是在六大千亿元产业等重点领域试点施行"揭榜挂帅""军令状""里程碑式"考核等重大项目研发管理模式。深入开展数字化转型行动，加大力度推动主要行业进行数字化转型，帮助中小企业加快制造装备联网、平台化设计、网络化协同、关键工序数控化等数字化改造，支持建设智能生产线、智能车间和智能工厂。加快推动专精特新中小企业"上云用数"，推进建设自治区级研发互联网基础平台，推动模块化、低成本的工业互联网系统、设备在中小企业中的普及应用。二是优化科教产城融合创新生态。促进产业链协同创新，支持产业链龙头企业创新裂变、分拆孵化成科技含量高的中小企业，探索推动大型国有企业与有业务关联的专精特新企业形成结对帮扶机制。强化科研基础设施和平台建设，健全科技资源开放共享机制，推动科研大型仪器向中小企业开放使用，支持专精特新中小企业搭建企业技术中心、创业创新示范中心等创新平台。推动企业运营组织架构与管理理念升级，指导建立现代企业制度，开展专精特新企业精益管理培训，大力弘扬企业家精神。加快建设科教产城深度融合的新型功能区，探索科研院所、高端人才智库、公共实训基地等协同联动新路径。三是大力实施紧缺人才引育工程。实行重点产业重点领域精准引才政策。持续落实"1+6"人才引进政策，实施顶尖人才"突破计划"、创新创业领军人才"邕江计划"；聚焦六大千亿元产业人才需求，设置专精特

新中小企业领军人才、高层次人才认定"绿色通道",将重点产业链尖端技术人才纳入高层次人才目录;针对企业重大技术攻关需求,实施"揭榜挂帅",推动企业与高校、科研院所签订校企联合培养博士、博士后协议。健全创新人才培育和共享机制。开展科技成果权属改革试点,探索赋予科创人员科技成果所有权或长期使用权;探索建立符合专精特新企业发展要求的多要素人才综合评价体系,实施青年科创人才"举荐制";依托紧邻粤港澳大湾区的优势,加强本地专精特新企业人才与粤港澳大湾区企业人才之间的交流。实施中小企业家培训计划。鼓励专精特新企业经营管理者参加各类人才培训活动,支持专精特新中小企业组建创新联盟,深入实施职业技能提升行动。

（五）坚持品牌引领,强化专精特新企业的示范引领效应

一是推动企业个性化、特色化发展。依托大数据、人工智能等新一代信息技术,推广个性化设计、柔性化生产、智能化服务,创新产品品类,提升产品专业服务、精细生产能力。加强对市场发展趋势、用户需求的研判,进行细分领域攻关,确定目标定位,及时更新与调整产品技术攻关战略,创新企业产品与服务。二是加强企业产品质量管理与标准化建设。深入开展质量提升行动,全面推广精益生产、质量诊断等先进质量管理技术和方法。推进南宁市特色质量服务"一站式"平台体系建设,逐步实现企业质量服务"线上即办"。组织实施质量管理提升服务工程,有效协同认证认可、检验检测、质量管理等技术资源。鼓励有条件的企业加大自主知识产权标准研发力度,重点支持专精特新企业针对细分领域基础共性和关键技术标准开展研究,支持企业与行业协会等组织参与国家标准、行业标准的制定和修订工作。三是引导企业创建与打响自主品牌。加大品牌培育力度。做好重点领域、重点品牌成长规划,强化品牌梯队建设。支持一批优势企业和自有品牌"走出去"。鼓励支持专精特新企业争创全国工业品牌培育示范企业,加强驰名商标保护;引导企业开展国际商标注册、国际通行质量体系认证;通过收购国外品牌和将自主品牌进行国际商标注册,促进自主品牌国际化发展;

探索设立扶持优质品牌发展专项资金，用于扶持专精特新企业优质品牌发展。帮助企业开拓产品市场。组织线上线下产品展销推介活动，开展出口产品转内销活动；组织企业进行供需对接，推动企业协作配套、互采互购，建立供需双方长期采购关系；定期组织开展南宁市的中国驰名品牌、广西著名商标、广西名牌等的集中展示；组织专精特新企业参加中国—东盟博览会、中国进出口商品交易会、中国国际中小企业博览会、APEC 中小企业技术交流暨展览会等，提高企业外向度。

（六）强化配套要素保障，加大企业扶持力度

一是完善知识产权保护体系。持续优化"严保护"政策制度，健全多层次的知识产权维权服务体系，建设线上线下知识产权维权援助一体化服务平台，组建专家队伍，有针对性地为企业提供知识产权维权服务。定期针对重点领域组织开展执法活动，严厉打击侵犯中小企业专利、商标、地理标志等权益的违法行为，建立健全知识产权保护跨区域协作机制，全方位构建和完善多元化涉外商事争议解决机制，完善科创技术保护制度。二是强化金融财税支持。加大金融支持力度，引导银行机构探索设立科创金融专营机构，鼓励保险机构提供专精特新企业信用保险服务。探索产业链金融服务，推动在产业链中占核心主导地位的专精特新企业与金融机构打造特色融资模式，建立"链主"企业和上下游中小企业"白名单"，提供"一链一策"金融服务方案。加大融资支持力度，加快构建由种子基金、产业资金、创业投资等构成的投资基金体系，进一步提升市属国有投融资平台的融资能力，加大对后备企业的支持力度，精细化完善新三板挂牌和北交所拟上市企业后备资源库。发挥财政资金的支持作用，统筹各级专项资金，积极争取国家中小企业发展专项资金，加大对专精特新企业的奖励、技改支持及服务补助等资金支持力度，鼓励有条件的县（市、区）及开发区在财政预算中安排中小企业发展专项资金。三是持续优化营商环境。持续深化"放管服"改革。健全营商环境评价制度，建立企业全生命周期、全生产流程服务体系，构建以信用为基础的新型监管机制。发挥企业公共服务平台的积极作用。指导平台

在组织带动社会服务资源、解决中小企业共性问题、畅通信息交流渠道等方面发挥更为显著的支撑和示范带动作用。加大土地资源供应力度。利用新一轮国土空间规划编制契机，适度增加专精特新重点行业、重点领域用地总量；优化产业用地供应机制，针对专精特新企业较为集中的产业，推广"先租后让、租让结合"的产业用地供应方式；加大创新型产业用房供给力度，允许符合条件的存量普通工业用地按程序申请建设创新型产业用房，实行创新型产业用房租金优惠政策。

参考文献

董志勇、李成明：《"专精特新"中小企业高质量发展态势与路径选择》，《改革》2021 年第 10 期。

陆岷峰、高绪阳：《关于新时期进一步推动中小企业群体高质量发展的路径研究——基于培育"专精特新"中小企业视角》，《新疆社会科学》2022 年第 5 期。

陈簪：《我国"专精特新"政策实施情况分析》，《科学发展》2022 年第 6 期。

王洪章、周天勇主编《中国专精特新企业发展报告（2022）》，经济管理出版社，2022。

张睿、石晓鹏、陈英武：《"专精特"小巨人企业培育路径研究——以苏南地区为例》，《中国工程科学》2017 年第 5 期。

刘志彪、徐天舒：《培育"专精特新"中小企业：补链强链的专项行动》，《福建论坛》（人文社会科学版）2022 年第 1 期。

姜玉梅、孟庆春、李新运：《区域科技创新驱动经济高质量发展的绩效评价》，《统计与决策》2021 年第 16 期。

李金华：《我国"小巨人"企业发展的境况与出路》，《改革》2021 年第 10 期。

B.19
南宁市发展农产品加工业的对策

南宁市社会科学院课题组*

摘　要： 加快推进农产品加工业高质量发展，对于促进农业提质增效、农民增收和农村三产融合发展，以及全面推进乡村振兴战略的实施有着重要作用。近年来，南宁市农产品加工业在取得长足发展的同时，仍然存在发展规划不足、农产品加工用地紧缺、精深加工能力不足、企业规模小、集聚区要素集聚能力不足等问题。在充分借鉴其他城市先进经验的基础上，根据南宁市具体情况，本报告提出了进一步加大政策支持力度、高质量建设农产品加工集聚区、加快发展和培育龙头企业、强化农产品营销推广、加强农产品加工业人才队伍建设等一系列对策建议。

关键词： 农产品　农产品加工业　南宁

在国家全面调整、优化经济结构的背景下，大力发展农产品加工业是推动农业产业结构调整与优化的有效途径。农产品加工业的行业覆盖面广、产业关联度强、辐射带动作用大，是连接工业与农业、城市与农村且拉动农村经济发展和农民增收的重要支撑产业。总体来看，目前南宁市农产品加工业大而不强、增长方式仍为粗放型、现代化水平不高等问题较为

---

* 课题组成员：蒋秋蓬，南宁市社会科学院农村发展研究所所长、副研究员；谢振华，南宁市社会科学院农村发展研究所副所长、助理研究员；周娟，南宁市社会科学院农村发展研究所助理研究员；许颖，南宁市社会科学院办公室工作人员、助理研究员；龚维玲，南宁市社会科学院城市发展研究所所长、正高级经济师；吴寿平，南宁市社会科学院城市发展研究所副所长、副研究员；陈代弟，南宁市社会科学院办公室工作人员、助理研究员。

突出。尤其是在农产品的产地储藏、保鲜、烘干等初加工方面，仍然存在环境设施简陋、加工方法原始、工艺水平落后、农产品加工损失较为严重等问题。加快推进农产品加工业高质量发展，对于促进农业提质增效、农民增收和农村三产融合发展，以及全面推进乡村振兴战略的实施起到重要作用。

一　南宁市农产品加工业的发展现状

（一）基本情况

1. 农产品加工业稳步发展

一是整体产值较高。南宁市现已逐步形成以制糖、烟草、乳制品、啤酒、饮料、茉莉花茶、肉类加工、木材加工、纺织等为主体的农产品加工业格局。2021 年，南宁市农产品加工业各行业规上工业产值占全市工业总产值的 1/3 以上（见图 1）。其中，食品产业①产值居全市 9 个主要产业②第 2位、全区前列。

二是保持较快增长。2021 年南宁市规上工业中，烟草制品业增加值比上年增长 10.2%；农副食品加工业增加值比上年增长 16.4%；木材加工和木、竹、藤、棕、草制品业增加值比上年增长 31.1%。③农副食品加工业，木材加工和木、竹、藤、棕、草制品业增长较快，营业收入同比增长超过30.0%。造纸和纸制品业、家具制造业、烟草制品业发展较为稳定，营业收入分别同比增长 23.0%、15.4%、8.3%。营业收入增长较慢的是纺织业，同比增长 2.0%。酒、饮料和精制茶制造业营业收入降幅较为明显，同比下降了 8.3%（见表 1）。

---

① 食品产业：包括农副食品加工业，食品制造业，酒、饮料和精制茶制造业以及烟草制品业。
② 9 个主要产业：食品产业、电子信息产业、建材产业、先进机械装备产业、木材加工产业、化工产业、铝加工产业、造纸产业、生物医药产业。
③ 《2021 年南宁市国民经济和社会发展统计公报》，《南宁日报》2022 年 5 月 7 日，第 3 版。

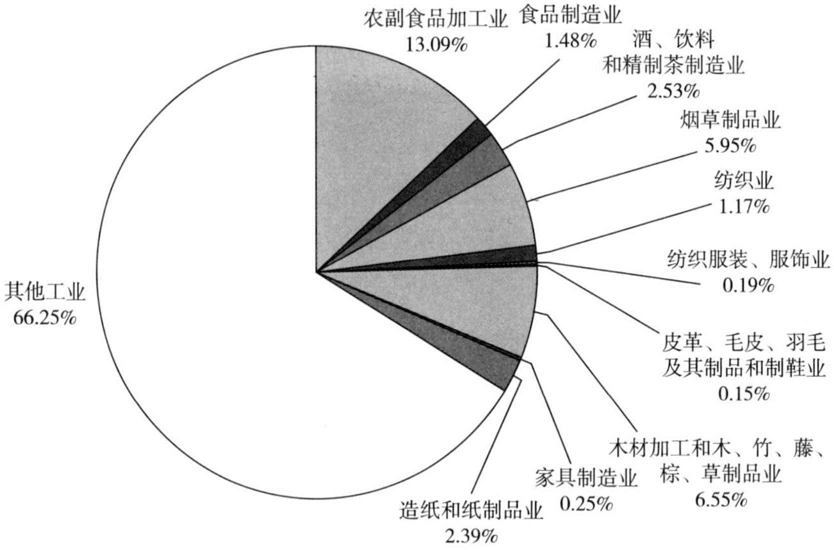

图1　2021年南宁市农产品加工业各行业规上工业产值比重

资料来源：南宁市工信和信息化局。

表1　2020~2021年南宁市农产品加工业各行业规上工业营业收入

单位：万元，%

类别	营业收入		
	2021年	2020年	同比增长
农副食品加工业	4011386	3029838	32.4
酒、饮料和精制茶制造业	740689	807891	-8.3
烟草制品业	1366278	1261129	8.3
纺织业	307245	301327	2.0
木材加工和木、竹、藤、棕、草制品业	1679397	1201076	39.8
家具制造业	64832	56178	15.4
造纸和纸制品业	599793	487503	23.0

资料来源：南宁市统计局。

三是对经济增长做出积极贡献。2021年，食品产业规上工业产值、增加值在全市9个主要产业中排名第一，对全市工业产值、增加值增长的拉动贡献最大。木材加工产业产值和增加值增速均超过 30%，是增速最快的产业，拉动贡献排名全市第三，仅次于食品产业和电子信息产业。

2. 农产品加工业规上工业企业规模进一步扩大

2021 年，南宁市农产品加工业规上工业企业有 508 家（2021 年为 487 家），农产品加工业规上工业企业数量占全市的 39.9%，工业产值占全市工业总产值的比重约为 37.9%。表 2 显示，南宁市农产品加工业规上工业企业中，木材加工和木、竹、藤、棕、草制品业及农副食品加工业企业较多，均超过 100 家。截至 2021 年底，南宁市有 23 家农产品加工企业入选广西农产品加工百强企业名单，入选数量位列全区第一。年营业收入 100 亿元以上的企业有 1 家（广西洋浦南华糖业集团），20 亿~100 亿元的企业有 5 家（百洋集团、金陵农牧集团、广西糖业集团、广西农垦永新畜牧集团、南宁糖业公司）。

表 2　2021 年南宁市农产品加工业规上工业企业数量

单位：家

类别	数量
南宁市	1274
农副食品加工业	140
食品制造业	45
酒、饮料和精制茶制造业	50
烟草制品业	2
纺织业	31
纺织服装、服饰业	8
皮革、毛皮、羽毛及其制品和制鞋业	3
木材加工和木、竹、藤、棕、草制品业	169
家具制造业	12
造纸和纸制品业	48

资料来源：南宁市工业和信息化局。

（二）主要做法及成效

1. 强化政策引导，激发农产品加工业发展活力

近年来，国家、自治区及南宁市均印发了促进农产品加工业发展的政策文件（见表3），如2016年印发的《国务院办公厅关于进一步促进农产品加工业发展的意见》，2018年印发的《农业部关于实施农产品加工业提升行动的通知》，都在国家层面提出加大农产品加工业的政策倾斜力度，提倡各地建设农产品加工集聚区，引导农产品加工业的发展，做好保障工作。广西也发布了多项政策文件，要求进一步促进农产品加工业发展，提出具体的建设农产品加工集聚区的方案，就如何建设农产品加工集聚区给出明确的指导办法。2021年8月31日，南宁市农业农村局印发了《2021年南宁市农产品加工集聚区提升行动实施方案》，就提升原料生产基地建设能力、科技创新水平、产品品牌影响力制定了具体措施。2022年3月11日，《南宁市人民政府办公室关于印发南宁市乡村振兴"6+6"全产业链①建设行动方案的通知》出台，提出进一步加大力度，激发农产品加工业发展活力。

表3 国家、自治区及南宁市历年出台的促进农产品加工业发展的相关政策文件

类别	文件名称	发文号
国家级	《国务院办公厅关于进一步促进农产品加工业发展的意见》	国办发〔2016〕93号
国家级	《农业部关于实施农产品加工业提升行动的通知》	农加发〔2018〕2号
国家级	《农业农村部关于促进农产品加工环节减损增效的指导意见》	农产发〔2020〕9号
自治区级	《广西壮族自治区人民政府办公厅关于进一步促进农产品加工业发展的实施意见》	桂政办发〔2017〕148号
自治区级	《自治区农业农村厅关于印发〈广西农产品加工集聚区建设三年（2018—2020年）行动方案〉的通知》	桂农业发〔2018〕281号

---

① 乡村振兴"6+6"全产业链：以粮食、林木、水果、蔬菜、生猪、糖料蔗为主，以茉莉花（茶）、家禽、桑蚕、牛羊、水产、中药材为辅的产业链。

类别	文件名称	发文号
自治区级	《自治区农业农村厅办公室关于印发 2021 年广西农产品加工集聚区提升行动方案的通知》	桂农厅办发〔2021〕41 号
南宁市级	《2021 年南宁市农产品加工集聚区提升行动实施方案》	南农局办发〔2021〕59 号
南宁市级	《南宁市发展和改革委员会等 3 部门关于印发〈南宁市特色农产品优势区建设规划（2020－2022年）〉的通知》	南发改农经〔2020〕5 号
南宁市级	《南宁市人民政府办公室关于印发南宁市推进农业农村现代化"十四五"规划的通知》	南府办〔2022〕19 号
南宁市级	《南宁市人民政府办公室关于印发南宁市乡村振兴"6+6"全产业链建设行动方案的通知》	南府办〔2022〕8 号

资料来源：根据相关政府网站公开资料整理。

2. 建设农产品加工集聚区，加快农产品加工业向集群发展

根据《广西农产品加工集聚区建设三年（2018—2020 年）行动方案》的任务要求，实施农产品加工集聚区建设三年行动，全市共建成县级及以上农产品加工集聚区 15 个（见表 4），其中自治区级 2 个、市级 8 个、县级 5个，各县（市、区）及开发区均创建了至少 1 个农产品加工集聚区。全市农产品加工集聚区主要以现有的工业园区和现代农业核心示范区为基础整合创建，每个农产品加工集聚区内以 1～2 个农产品加工业行业为主导行业，加工原料以当地及周边地区的优势特色农产品为主要来源。

表 4　南宁市农产品加工集聚区分布情况

地区	名称
横州市	横州茉莉花农产品加工集聚区（茉莉极萃园）
宾阳县	宾阳县自治区级农产品加工集聚区
武鸣区、广西—东盟经开区	武鸣区农产品加工集聚区、广西—东盟经开区农产品加工集聚区
马山县	马山县华锐生态农业开发有限公司苏博农产品加工集聚区
隆安县	隆安县浪湾农产品加工集聚区

续表

地区	名称
上林县	上林县农产品加工集聚区
青秀县	青秀区农产品加工集聚区
江南区、经开区	江南区农产品加工集聚区、南宁经开区农产品加工集聚区
良庆区	良庆区玉洞农产品加工集聚区
西乡塘区、高新区	西乡塘区金陵河西农产品加工集聚区、高新区农产品加工集聚区
邕宁区	邕宁区蒲庙镇农产品加工集聚区
兴宁区	兴宁区五塘县级农产品加工集聚区

资料来源：《南宁市推进农业农村现代化"十四五"规划》。

3. 整合各级财政资金，加大农产品加工业扶持力度

近年来，南宁市落实中央、自治区安排的农产品加工及全产业链发展项目贷款贴息资金共7086.7万元。持续加大各农业主产区产后商品化处理设施设备投入力度，先后完善了南宁肉禽中心、武鸣嘉沃农业专业合作社、横县凤凰花绿色农业有限公司等一批冷链物流配套，县域农业主产区冷链补短板步伐进一步加快。据不完全统计，截至2021年，全市涉农企业共建成投入使用的地头冷库有近300座，各现代特色农业示范区基本实现冷链覆盖。2021年，市本级财政安排11795万元支持全市乡村振兴农业全产业链发展。2022年3月，南宁市农业农村局组织开展了乡村振兴"6+6"全产业链项目储备申报工作。经审核，全市符合入库储备条件的项目共132个，其中农产品加工项目44个，计划总投资约53439万元。

4. 聚焦产业强镇，延长农产品加工业产业链

截至2021年底，南宁市共申报创建国家级农业产业强镇5个（宾阳县古辣镇、上林县白圩镇、隆安县那桐镇、西乡塘区坛洛镇、良庆区大塘镇）；获得认定的国家"一村一品"示范村镇5个（宾阳县古辣镇、武鸣区双桥镇、横州市校椅镇石井村、隆安县那桐镇定江村、良庆区南晓镇那敏村）。其中，武鸣区双桥镇入选2021年全国乡村特色产业十亿元镇，横州市校椅镇石井村入选2021年全国乡村特色产业亿元村。"一村一品"已初显规模。例如，上林县白圩镇以升级大米全产业链为重点，努力打造在区内外具有一定影响力的"鱼米之乡"，上林县村里娃农产品有限公司经营的"上林大米"和各类优质农产品产值已经达到 6000 多万元，共销售大米约 3000 吨，在 2020 年全区贫困地区农副产品网络销售平台中排名前三；上林县陈萍莲农业发展有限公司的农作物种植面积达 500 多亩，涵盖火龙果、沃柑、三季稻、高值鱼、生态鸡等产业，农副产品加工业年产值预计达到 200 万元以上，企业自主完成从种养生产到加工的全过程。农业产业强镇和"一村一品"示范村镇的建设，有效促进了当地农产品加工业的发展，农产品加工业产业链得到有效延长，让更多农户分享产业增值收益。

二 南宁市农产品加工业发展存在的主要问题

（一）农产品加工业发展规划不足

南宁市在统筹工业发展方面，对电子信息、新能源、生物医药、先进装备制造等高附加值产业有所倾斜，对农产品加工业的规划引领仍略显不足。南宁市虽然已经出台了《2021 年南宁市农产品加工集聚区提升行动实施方案》等政策文件，但是尚未制定出台农产品加工业方面的发展规划。

（二）农产品加工用地紧缺

南宁市农产品加工用地紧缺的问题没有得到有效解决。农产品加工业需要仓储、加工车间等设施，但用地紧缺是困扰政府和企业已久的"老大难"问题。乡村发展用地分割零散，流转存在一定难度，在规范农用地管理、预留用地规模、整治盘活存量用地等方面，地方政府主管部门的引导不足。一是农产品加工园区建设用地需求难以满足。从相关部门 2021 年开展的农产品加工园区规划选址和用地需求情况调查来看，虽然全市农产品加工园区建设规划被纳入了"十四五"国土空间总体规划，但用地指标落实困难。二是农产品加工项目用地指标不足。例如，西乡塘区、邕宁区肉鸡屠宰加工项目用地问题没有解决，项目进展缓慢，无法按计划建成投产。

（三）农产品精深加工能力不足

目前，南宁市农产品初加工占比较高，产业链短，精深加工类型比较少，农产品附加值较低，尚未形成完善的农产品加工体系。一是加工企业深加工技术及设备水平较落后，加工标准体系和质量控制体系尚未完善，在一定程度上制约着农产品精深加工业的发展。南宁市农产品加工业的生产装备水平较低，导致农产品加工生产效率低、耗能高等问题。同时，部分农产品加工厂的污染处理能力和整治水平不够，容易对当地造成生态污染。二是南宁市农产品加工机械装备的研发力度不足。无论是在机械装备研发方面，还是在高新技术应用方面，南宁市农产品加工业和发达地区相比还有较大的差距。总体来看，与南宁市农产品加工业需求相匹配的机械装备种类少，大多数加工机械装备必须从外地购入，其中一些科技水平高的机械装备还要依靠进口，技术依赖比较严重。由于科技研发的投入不足，农机科技发展缓慢，科技应用推广跟不上发达地区的步伐，导致农产品加工业更新换代速度慢、农产品加工转化率偏低、农副产品资源不足。

（四）农产品加工企业规模小、总体水平低

一是从企业种类来看，大部分农产品加工业以生产初级加工、低附加值的产品为主。生产调味品、精制茶、休闲食品、预制菜、肉制品、水牛乳等高附加值产品的企业较少；以林产品加工产业为主且重点发展定制家具、智能家居的企业数量明显偏少。二是从规模来看，在农产品加工业规上工业企业中仅有 4 家大型企业，其他均为中小企业。中小企业在较好的市场环境下，可凭借灵活的经营策略实现盈利，但其在物流、原料、资金等方面都缺乏竞争优势，一旦市场波动较大，则容易亏损，

抗风险能力较差，且往往缺乏持续运营发展的规划管理能力，生产经营不稳定的问题突出。

（五）农产品加工集聚区要素集聚能力不强

截至2020年，南宁市已经建成十多个自治区级、市级、县级农产品加工集聚区，每个县（市、区）都至少有1个农产品加工集聚区。但是部分农产品加工集聚区还存在规模较小、发育程度较低、核心产业不够完整、经济效益不够明显、上下游互联不足、专业化分工不够明晰、产加销及服务性企业不够集中等问题。农产品加工产业集群发展仍不够成熟。农产品加工集聚区主要发展粮食、糖料蔗、水果、蔬菜、林业、畜禽、桑蚕、食用菌、中药材、水产品、茶叶等重点产业，目前比较大的产业有糖业、家禽、肉猪经营等，其余产业尚处于前期规划的起步阶段或规模扩张的发展阶段，资源、要素较为分散，无法形成"拳头产业"去参与市场竞争，农产品加工集聚区多而杂、小而散的现状难以得到根本改变。

三 推进南宁市农产品加工业发展的对策建议

（一）进一步加大政策支持力度

第一，加快制定南宁市农产品加工业发展规划，明确南宁市农产品加工业的发展目标、空间布局和具体措施等内容，安排扶持农产品加工业的专项资金，重点发展农产品精深加工。进一步完善相关政策，从资金投入、信贷服务、税收优惠、用地管理、电价优惠、改善农产品流通环境等多个方面加大对农产品加工业的扶持力度。有针对性地扶持原有农产品加工业龙头企业扩大规模、改造技术、更新工艺和设施装备、创建品牌、延长产业链等。大力促进粮食、蔬菜、水果、糖料蔗、肉类、奶产品、水产品等重要农产品精深加工。加强农产品加工副产物综合利用试点，重点推进循环利用和梯次利用。

第二，加大财政扶持力度，建立可持续发展的投入机制。整合资金，加强统筹和协调，划拨专项资金支持农产品加工集聚区的建设，并联合财政金融、信贷保险和社会资本等建立多元化投入机制，吸纳更多的社会资金投入农产品加工集聚区建设，形成共同合作、多方共赢的局面；加大对创建农产品加工集聚区以及参与农产品加工集聚区建设和发展的经营主体的政策支持力度，如种养大户、家庭农场、各类农民经济合作组织、龙头企业等，加大政策倾斜力度，给予补贴和奖励。

（二）高质量建设农产品加工集聚区

第一，整合资源，合理布局。在坚持"农企结合"的基础上，科学规划，鼓励集中连片开发，提升南宁市农产品加工集聚区的运营组织化、装备设施化、生产标准化、要素集成化、产业特色化水平。加快培育农业优势特色新产品，积极引进适销对路的新品种，重点抓好对现代农产品加工新技术、新工艺、新品种的研发和引进，培植特色农业新优势。推进农产品生产标准化，全面推行特色农产品基地准出和追溯制度。结合本地特色，推行"品牌+集聚区"发展模式，加强农产品精深加工，加快推进重点项目建设，提升农产品加工技术、加工工艺和设施装备水平。探索农产品加工副产物综合利用。培育和引进大型龙头企业，着力打造农产品精深加工基地，努力延长产业链，发展绿色生态循环农业，注重农产品的产后加工、保鲜、储存、包装和冷链运输、销售，开发农业新产品，培育南宁市农产品加工集聚区特色农产品品牌，把名优小产品做成大产业、大品牌，推动农业特色产业可持续发展。

第二，进一步完善基础设施与公共服务设施建设。一是进一步完善农产品加工集聚区内供水排水、用电、道路、通信、供气等公共基础设施建设，推进农产品加工集聚区灌溉排涝系统、治污排污设施等基础设施建设。二是加强生产设施装备建设。结合南宁市各个农产品加工集聚区的产业特点和技术工艺要求，大力推广应用先进适用的设施装备，提高农产品加工装备水平及机械化率。三是着力加强农产品加工集聚区的生产性配套服务设施建设。

重点加强农产品加工集聚区的农产品产地分拣、包装、清洗、初加工、储存、保鲜、质量检测和运输等环节的基础设施建设，加快解决当地农产品冷链物流不足的问题，实现农产品质量安全可保障、产品销售可追溯，为农产品保值增值奠定良好的基础。

第三，进一步推进农产品加工专用原料基地建设。重点发展水稻、糖料蔗、水果、桑蚕、商品林、茉莉花等产业，围绕生猪、家禽、奶牛、罗非鱼等特色品种，重点培育农产品加工专用品种，加快建设一批专业化生产、规模化种养、标准化管理的农产品加工专用原料基地。重点加强农产品产后预处理、分类、净化、包装、保鲜储存等产地初加工，通过推广适用技术和工艺，支持农民专业合作社、家庭农场等农业经营主体逐步完善包装、储存、烘干等加工技术和设施设备条件，提升农产品初加工水平。鼓励企业直接参与农产品加工专用原料生产。

第四，完善物流配送体系。加快发展农产品加工集聚区的物流、商贸、电商等配套衔接产业，重点推进农产品加工集聚区冷链物流系统建设。大力推广农超对接和农企对接等农产品产销对接模式，继续推动农产品电子商务发展，加大推广力度，拓宽市场营销渠道，推进产品的商标注册和品质品牌认证，打响农产品加工集聚区品牌。

（三）加快发展和培育龙头企业

以培育龙头企业为重点，大力发展农产品加工业。围绕粮食、糖料蔗、水果、蔬菜、桑蚕、食用菌、中药材、香料、花卉苗木、畜牧、罗非鱼等产业，打造一批产业主导性明显、自主创新潜力大、市场竞争力强、示范带动作用大的龙头企业。进一步做强做优农业龙头企业，在项目建设、融资担保、加工技术创新、加工工艺和设施设备更新、技术研发、科技创新等方面给予支持，进一步强化产学研协同，引导和支持龙头企业与高校、科研院所合作，加快技术研发、设施设备更新和产品创新，进一步发展壮大龙头企业，发挥其主导作用。通过土地流转、土地托管等模式，带动其他经营主体适度扩大规模，推动产业融合发展。加强各经营主体之间的利益联结，完善土地流转机制，鼓励龙头企业以投资、参股等方式与农民专业合作社、家庭农场、农业大户以及广大小农户有效对接，发挥其联农带农的作用，如以"企业+农民专业合作社+家庭农场+农户""企业+基地+家庭农场+农户""企业+基地+农户""企业+农户"等合作模式创建或组建农业产业化联合体，实现产加销一体化经营。

（四）强化农产品营销推广

第一，加强农产品产地市场建设。构建集信息发布平台、价格形成中心、产品物流配送中心等核心功能于一体的特色优势农产品集散地。建立南宁市—县（市、区）—乡镇三级农产品产销协会，加强对农产品营销人员的培育，加快建立一支高素质的农产品营销队伍，为生产经营活动提供有效服务。大力开展特色文化节庆营销。通过举办各种节庆和展会、积极参加区内外各种展会等形式，借鉴其他地区的有益经验，打造特色优势农产品，组建一支与时俱进的优秀农产品营销团队，努力开拓国内外市场。

第二，完善产加销对接机制，采取多种适宜的对接模式。一是推进"互联网+特色农产品加工"营销模式发展，积极开展"互联网+"现代农业行动，加强农业物联网示范应用，全面推进电子商务进村工程，完善网点和配送中心的服务功能，大力支持农产品经营企业、农民专业合作社、家庭农场、农业大户等积极开展特色产品网上销售业务。二是进一步推进农批对接、农企对接、农社对接、农餐对接、农校对接、农超对接等直供直销模式，积极探索多种有效的农产品对接模式。鼓励、支持有实力的农民专业合作社自办农产品加工企业、连锁经营店或以资金、土地、劳动力等入股龙头企业；龙头企业也可以吸收家庭农场、农民专业合作社等入股，以反租倒包、托管等形式建设农产品原料生产基地，以自建、联盟等方式建设农产品的下游销售终端；农产品物流园区、连锁超市以股权、联盟、契约等方式与农民专业合作社、家庭农场、生产基地等直接对接；加大对农产品加工企业的招商引资力度，继续推进农产品产加销联盟建设，积极探索优势农产品竞价交易模式等。

（五）加强农产品加工业人才队伍建设

第一，进一步加大教育培训力度。充分发挥农产品加工集聚区在生产、经营、管理、社会服务等方面的优势，使企业、农民专业合作社、家庭农场和农业大户等各类生产经营主体积极参与进来，进一步加强示范、辐射和带动作用。建立专项培训基金，对从业人员进行农产品加工实用技术及相关知识的教育培训，提高从业人员的生产技能与文化素养。引导和支持农产品加工企业与高校、科研院所合作，构建农业信息平台，采取网络媒体教学、基地示范教学、实地考察、现场指导、远程培训、电话咨询、技术支持等灵活有效的教育和培训方式，有的放矢地对农产品加工集聚区内的企业、农民专业合作社、家庭农场以及各类中介组织进行培训和教育。

第二，加强人才引进。加强农产品加工集聚区与高校、科研院所、企业等的合作，针对农产品加工集聚区的不同需求，积极研究出台人才引进制度，通过给予项目引导、资金扶持等相关政策支持，提升引进人才的福利待遇，拓展其发展空间。引入专业人才、专家学者和各界精英等社会力量，积极引导有志于从事农业发展的高校毕业生、返乡务工人员、退伍军人、农业技术人员等从事农产品生产和经营，鼓励并支持中等、高等院校特别是农业职业院校毕业生、新型职业农民、农村实用人才、返乡务工人员以及其他个体工商户、农村经纪人投资创办农产品加工企业，重点培养一批业务精湛、经营管理能力强的复合型人才。

参考文献

王之超：《山东省 YS 县农产品加工产业发展思路》，《广东蚕业》2022 年第 1 期。

庞华：《沂水县农产品加工产业发展现状与对策》，《基层农技推广》2020 年第 9 期。

杜霖春：《完善农产品加工企业产业链加快农村一二三产业发展》，《农业经济》2021 年第 7 期。

黄芳、吴群仙：《浙西南农产品加工探究——以丽水市为例》，《山西农经》2021 年第 15 期。

李传武、卞修梅：《江苏沿海农产品加工集中区提档升级研究——以盐城市射阳县为例》，《盐城师范学院学报》（人文社会科学版）2021 年第 5 期。

郑浩：《产业链视角下河南省农产品加工业发展问题研究》，硕士学位论文，河南师范大学，2018。

李伯兴：《南宁市农产品加工业发展存在的问题与对策》，《广西经济管理干部学院学报》2010 年第 4 期。

周笑梅、胡嘉慧、侯智瑀：《乡村振兴背景下辽宁省农产品加工业发展研究》，《辽宁经济管理干部学院学报》2022 年第 1 期。

达州市决策咨询委员会：《达州市农产品加工业高质量发展研究》，《决策咨询》2020 年第 6 期。

平瑛、施文杰：《农产品加工业集聚、空间溢出与农业高质量发展》，《中国农业资源与区划》2023 年第 3 期。

彭文学、黎文忠、陈茜：《重庆市九龙坡区农产品加工业发展对策建议》，《南方农业》2022 年第 7 期。

B.20
南宁市推进农业全产业链高质量
发展的对策

南宁市社会科学院课题组*

摘 要： 推进农业全产业链的建设和发展，不仅是深入推进农业供给侧结构性改革、加快实现农业农村现代化的必然要求，而且是构建现代乡村产业体系，建设互促互补、协调发展的新型工农城乡关系，促进农业、农村、农民增收的主要方向。近年来，南宁市在发展农业全产业链方面取得了很大的成效，但同时面临一些问题，如增产难度大、产业链较短、亟须提档升级和人才短缺。"十四五"期间，南宁市应坚持农业全产业链发展方向，围绕南宁市优势特色农业产业，构建链条完备、结构优化、效益显著的农业全产业链，推动农村三产融合发展。

关键词： 农业全产业链 高质量发展 南宁

习近平总书记在党的二十大报告中指出，要全面推进乡村振兴，应当坚持农业农村优先发展，坚持城乡融合发展，畅通城乡要素流动；加快建设农业强

---

* 课题组成员：蒋秋谨，南宁市社会科学院农村发展研究所所长、副研究员；谢振华，南宁市社会科学院农村发展研究所副所长、助理研究员；周娟，南宁市社会科学院农村发展研究所助理研究员；邓学龙，南宁师范大学副研究员；苏静，广西民族大学教师、副研究员；鄂尔江，广西民族大学讲师；龚维玲，南宁市社会科学院城市发展研究所所长、正高级经济师；周博，南宁市社会科学院东盟研究所所长、高级人力资源管理师；吴寿平，南宁市社会科学院城市发展研究所副所长、副研究员；许颖，南宁市社会科学院办公室工作人员、助理研究员。

国，扎实推动乡村产业、人才、文化、生态、组织振兴。① 在新发展阶段，我国全面实施乡村振兴战略，坚持农业农村优先发展，这为做好当前的农业农村工作指明了方向。其中，推进农业全产业链的建设和发展，不仅是深入推进农业供给侧结构性改革、加快实现农业农村现代化的必然要求，而且是构建现代乡村产业体系，建设互促互补、协调发展的新型工农城乡关系，促进农业、农村、农民增收的主要方向。近年来，南宁市在发展粮食、水果、蔬菜、林产品、糖料蔗、畜禽等特色优势产业，以及加快产业园区建设和构建现代农业品牌体系等方面均取得了很大的进展。与此同时，农业特色优势产业集群亟待建立、优质农产品供给有待提高、农业质量效益亟须增强、农村三产融合发展程度不高等问题，又在一定程度上制约了南宁市农业全产业链高质量发展，根本原因在于农业全产业链建设相对滞后，农业综合竞争力不强。因此，"十四五"期间，南宁市应坚持农业全产业链发展方向，围绕南宁市优势特色农业产业，构建链条完备、结构优化、效益显著的农业全产业链，推动农村三产融合发展。

一 南宁市推进农业全产业链高质量发展的现状

（一）总体情况

近年来，南宁市不断壮大农业经济，确定了促进农业特色优势产业建链补链强链延链的建设目标，着力打造以粮食、蔬菜、水果、生猪、林木、糖料蔗为主，以家禽、牛羊、水产、桑蚕、茉莉花（茶）、中药材为辅的乡村振兴"6+6"全产业链，产业链向前延伸建设规模化的原料基地，向后延伸完善物流配送和品牌营销体系。2021年，12个主要农业产业整体保持稳定增长，产量以及总产值在全区都处于领先地位。② 其中，粮食产业、林木产

---

① 《习近平：高举中国特色社会主义伟大旗帜 为全面建设社会主义现代化国家而团结奋斗——在中国共产党第二十次全国代表大会上的报告》，新华网，2022年10月25日，http://www.news.cn/politics/cpc20/2022-10/25/c_1129079429.htm。

② 若无特殊标注，本报告资料均来源于南宁市农业农村局。

业、蔬菜产业、茉莉花（茶）产业、水产产业的产量均位居全区第一；水
果产业、生猪产业、家禽产业、桑蚕产业的产量均位居全区第二，分别仅次
于桂林市、玉林市、河池市；糖料蔗产业的产量位居全区第三，仅次于崇左
市和来宾市。武鸣沃柑、横州茉莉花、隆安火龙果以及上林大米、古辣香
米、马山黑山羊、上林小龙虾等一批特色农产品持续发展，全市蔬菜、水
果、畜牧业产值均已超过百亿元。据统计，2021 年南宁市第一产业增加值
同比增长 7.9%，达 606.76 亿元，在 11 个西部省会城市中名列前茅。2021
年南宁市 12 个主要农业产业总体情况见表 1。

表 1　2021 年南宁市 12 个主要农业产业总体情况

产业类别	产量（或种养数量）	产值（亿元）	产值全区排名	主要产区	备注
粮食	211.50 万吨	75.95	第一	宾阳县、横州市、武鸣区、上林县、邕宁区、马山县、武鸣区、隆安县、横州市等	主要种植种类：水稻、玉米、薯类、豆类
林木	620.00 万立方米	930.00	第一	武鸣区、兴宁区、隆安华侨管理区等	—
蔬菜	697.44 万吨	—	第一	横州市、宾阳县、隆安县、西乡塘区、兴宁区、江南区、良庆区、邕宁区、武鸣区等	主要种植种类：油菜、甜玉米、大白菜、南瓜、芥菜、辣椒、冬瓜、黄瓜、茄子、蕹菜、豇豆
水果	453.91 万吨	182.78	第二	武鸣区、西乡塘区、隆安县等	产量仅次于桂林市
生猪	432.41 万头	93.00	第二	横州市、武鸣区、西乡塘区、宾阳县等	产量仅次于玉林市
糖料蔗	1049.62 万吨	55.00	第三	武鸣区、横州市、宾阳县等	产量仅次于崇左市、来宾市
家禽	1.72 亿羽	55.70	第二	西乡塘区、邕宁区、武鸣区、宾阳县、隆安县等	产量仅次于玉林市

续表

产业类别	产量(或种养数量)	产值(亿元)	产值全区排名	主要产区	备注
牛羊	31.80万头	13.00	—	武鸣区、马山县、宾阳县、上林县、横州市等	乳制品规上工业产值达12.99亿元,主要发展种牛扩繁基地、生态观光牧场和牛奶加工业,奶源来自区内周边地市
茉莉花(茶)	茉莉鲜花10.20万吨、茉莉花茶8.00万吨	143.80	第一	横州市	约占全国茉莉花种植面积的80%
桑蚕	6.94万吨	35.88	第二	横州市、宾阳县、武鸣区等	产量仅次于河池市
水产	23.42万吨	35.97	第一	横州市、宾阳县、武鸣区、西乡塘区等	—
中药材	17.60万亩	3.40	—	隆安县、青秀区、邕宁区等	

(二)发展农业全产业链的现实基础

1.农业特色优势产业发展成效显著

南宁市多项农业特色优势产业发展在全国、全区领先,沃柑(全市92万亩,约占全国的1/4,其中武鸣区46万亩)、茉莉花(主要集中在横州市,约占全国的80%,约12万亩)、火龙果(全市17.54万亩,约占全国的1/5)、香蕉(全市44.19万亩,约占全国的1/10)的产业规模均位居全国之首。

2.农产品品牌影响力有效提升

从全区来看,南宁市入选中国农业品牌目录和广西农业品牌目录的品牌最多,横州茉莉花和茉莉花茶综合品牌价值已连续多年蝉联广西最具价值农业品牌。与西部11个省会城市和5个自治区首府城市相比,南宁市入选中国农业品牌目录的品牌数量(3个)仅次于兰州市,"南宁香蕉""南宁火龙果"武鸣沃柑"等邕系农业品牌的影响力不断提升，沃柑、火龙果等远销加拿大、荷兰、文莱等国家，永新猪肉产品长期供应港澳地区。南宁市各地开展供粤港澳大湾区和出口农产品示范基地创建及认定工作。主动融入粤港澳大湾区，积极培育特色鲜明、具有发展潜力、市场认可度高的供深、供港和出口农产品示范基地，2021 年共创建了 1 个出口示范基地、1 个供港基地和 2 个供深基地。南宁市已有 4 批 6 个优质产品通过"圳品"认证，被允许使用"圳品"标志，直供深圳市，创新产销机制。

3. 新型农业经营主体逐渐发展壮大

2021 年，南宁市新增农民专业合作社 327 家，累计达 5785 家；新增家庭农场 263 家，累计达 1591 家；新增农业产业化联合体 15 个，累计达 32 个；全市农业产业化重点龙头企业共 224 家（其中国家级 17 家、自治区级 57 家、市级 150 家）。南宁市共有自治区级及以上农业产业化重点龙头企业 74 家，数量位居全区第一，比排名第二的桂林市多 29 家；共有国家级农业产业化重点龙头企业 17 家，数量在西部 11 个省会城市和 5 个自治区首府城市中仅次于成都市。新型农业经营主体已成为推动现代农业建设的主力军。

4. 农业产业园区建设步伐加快

一是"三园三区一体"建设深入推进，全市拥有国家级现代农业产业园 1 个、国家级农业科技园 1 个、国家级田园综合体 1 个、国家农村产业融合发展示范园 2 个、国家级农业现代化示范区 1 个；自治区级现代农业产业园 3 个、自治区级农业科技园 4 个，获认定的自治区级现代特色农业示范区累计达 56 个（2021 年新获认定 17 个）。获认定的自治区特色农产品优势区有 5 个、自治区田园综合体有 4 个。二是农产品加工集聚区建设取得初步成效。加快建设 3 个大型农产品加工集聚区，持续升级 15 个农产品加工集聚区。据不完全统计，2021 年农产品加工集聚区主营业务收入约为 206.07 亿元，入驻企业 260 家，其中县级及以上农业产业化重点龙头企业 66 家、主导产业企业 116 家，涵盖粮食加工业、饲料加工业、精制茶加工业等 12 个行业门类；农产品加工集聚区建立研发平台 64 个，转化科技成果 139 个，开发新产品 248 个，培育新品牌 59 个，辐射带动农户 57931 户。

5. 农业科技支撑不断加强

加快推进高标准农田建设，截至 2021 年 12 月底，累计建成高标准农田 401.38 万亩。强化科技支撑，推动农业技术成果转化，2018 年以来已实施农业科技项目 171 项，开展新品种的选育、引进、开发及推广新技术、新产品、新品种达 226 项（次）。开展现代种业提升工程项目建设，建成国家级育繁推一体化企业 3 家、国家级农业繁育核心基地 5 个，年产值亿元以上企业达 16 家；广西金陵农牧集团有限公司在南宁建立西南地方鸡活体基因库，地方鸡品种存栏量位居全国第二，黄羽鸡育种水平领先国内。推广节水灌溉、水肥一体化、测土配方施肥、绿色防控、专业化统防统治等农业实用技术，全市主要农作物测土配方施肥技术覆盖率、专业化统防统治技术覆盖率、绿色防控技术覆盖率分别保持在 90%、35%、40% 以上。加快推进农业机械化和农机装备产业转型升级，2021 年全市主要农作物耕种收综合机械化率为 71.75%。

二 南宁市推进农业全产业链发展面临的主要问题

（一）土地供需矛盾突出，农业增产难度大

近年来，随着南宁市工业化、城镇化的快速推进，以及农民对更高土地收益的追求，南宁市建设用地、林地、园地需求十分强劲，农地"非农化""非粮化"现象比较突出。以耕地为例，第三次全国国土调查资料显示，南宁市 2019 年实有耕地 719.96 万亩，较 2009 年第二次全国国土调查（1016 万亩）减少近 300 万亩，其中 10% 左右建设用地化、40% 以上林地化、将近 40% 园地化。耕地的减少导致粮食种植面积增长乏力，粮食产量在 2015 年增长至历史最高位 225.45 万吨后，开始呈现下降趋势，2020~2021 年虽略微回升，但增长缓慢（见图 1）。另外，南宁盆地耕地等级为 4~6 级，基础地力中等，灌溉条件一般，基本为中低产田，持续增产难度较高。[①] 2021

---

① 资料来源：《2019 年全国耕地质量等级情况公报》。

年，南宁市人均粮食产量为 240 公斤，低于全国平均水平（483.5 公斤），也低于国际上公认的"400 公斤"粮食安全线。此外，2009～2021 年，南宁市非粮农作物中，木材、蔬菜和水果的产量虽整体保持增长态势，但增速减缓；甘蔗和肉类的产量总体保持稳定，呈现小幅波动态势（见图 2）。

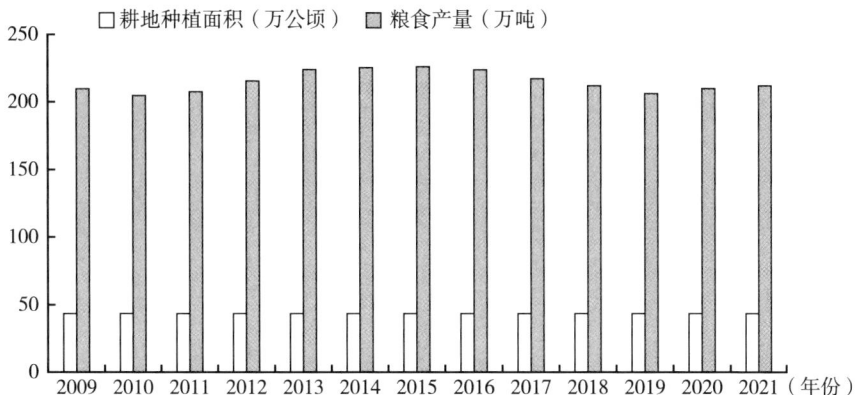

图 1　2009～2021 年南宁市耕地种植面积和粮食产量

资料来源：《南宁统计年鉴（2021）》《2021 年南宁市国民经济和社会发展统计公报》。

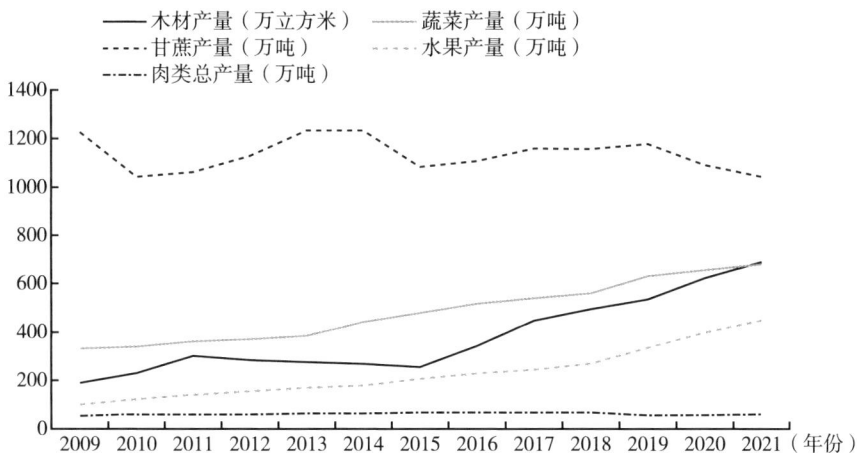

图 2　2009～2021 年南宁市非粮农作物产量

资料来源：《南宁统计年鉴（2021）》《2021 年南宁市国民经济和社会发展统计公报》。

（二）产业融合程度不高，产业链较短

中国碳核算数据库（CEADs）的数据显示，从产业前端来看，南宁市41个行业部门中，农业对来自农林牧渔（即自身），食品和烟草，化学产品，批发和零售以及交通运输、仓储和邮政等5个行业的中间投入需求较大，对其余36个行业部门的中间投入需求较小，产业前向联系较弱。从产业后端来看，南宁市农业对食品和烟草、农林牧渔（即自身）、木材加工品和家具、化学产品、住宿和餐饮、建筑、纺织品以及造纸印刷和文教体育用品等行业的分配率累计超过70%，产业后向联系较强。总体来看，南宁市农业与传统工业产业的联系仍然比较密切，融合度较高，但与文化、体育和娱乐等现代服务业，以及信息传输、软件和信息技术服务业等新兴服务业的联系还不够紧密，融合度较低，农业产业链多业态蓬勃发展的格局尚未形成。此外，根据第四次经济普查数据计算，南宁市农产品加工转化率为45.66%，低于全国当年65%的平均水平，意味着南宁市农产品精深加工不足、产品附加值较低，农业与传统工业产业之间的融合有待进一步深入，产业链也有待进一步延伸。

本报告通过构建农业全产业链发展水平评价指标体系，采用熵值法确定指标权重，将南宁市和柳州市、桂林市、贵阳市、昆明市的农业全产业链发展水平进行对比分析，计算出各个城市的得分（见表2）。从表2中可以看出，南宁市的得分为61.25分，略低于昆明市，高于贵阳市、桂林市和柳州市。

表2 南宁市及周边主要城市农业全产业链发展水平测度结果

地区	得分	排名
昆明市	61.48	1
南宁市	61.25	2
贵阳市	47.09	3
桂林市	30.96	4
柳州市	16.04	5

（三）基础设施较为薄弱，亟须提档升级

当前，农业基础设施相对薄弱仍然是制约南宁市农业全产业链高质量发展的短板。主要表现在以下几方面。一是高标准农田保有量和质量有待进一步提高。截至 2020 年末，广西共建成高标准农田 2182 万亩，其中南宁市保有 239.45 万亩，仅占南宁市全部耕地的 33.26%，其余近 500 万亩农田均为中低产田。南宁市高标准农田占比远低于广西全区 44% 的平均水平，与南宁市 2025 年高标准农田的建设目标 367.3 万亩尚有较大差距。并且，现有高标准农田均是按照 2011 年前的标准建设，建设标准偏低，耕地质量和土壤肥力越来越不能满足南宁市农业全产业链高质量发展要求。二是农产品冷链储藏和物流水平仍然较低，产后损耗大，成为农业增产不增收、难增收的重要因素。三是农业生产信息化水平较低，虽然农村网络基础设施明显改善，但智慧农业、数字乡村建设仍然滞后。四是城乡一体化进程仍然较慢，农村基础设施和公共服务建设仍然滞后，还不能充分满足农民的美好生活需要，亟须提档升级、优化完善。

（四）农村劳动力缺乏，人才短缺问题亟待破解

人力资源和技能人才的缺失，是当下阻碍南宁市农业发展和乡村振兴的关键因素。根据第七次全国人口普查数据，2010~2020 年，南宁市总人口增加 2079974 人，但乡村人口减少了 438290 人，乡村人口净流失问题严重。并且，乡村劳动力年龄普遍偏大，人口老龄化严重，壮年劳动力不足。以第三次全国农业普查数据为例，2016 年南宁市农业生产经营人员有 164.32 万人，年龄 35 岁及以下的有 35.64 万人，仅占 21.69%；而年龄 55 岁及以上的却有 47.52 万人，占比达到 28.92%。此外，为了与农业全产业链高质量发展相适应，现代农业经营主体如家庭农场、农民合作社和农业企业，特别是从事高效农业生产的新型农业经营主体需要新知识、新技术、新理念、新装备，但南宁市高素质农民、农业高技能人才缺乏，专业知识技术欠缺和人才储备不足与现代农业发展之间的矛盾日益凸显。

三 南宁市推进农业全产业链高质量发展的对策建议

（一）加强组织领导，完善工作机制

1.优化农业全产业链"链长制"

加强组织领导，完善农业全产业链"链长制"，明确各主体的分工和责任，解决工作中的难点，加快推进农业特色优势产业链发展。加快推进农业全产业链规划的研究和完善、"链长制"的工作方案设计，同时制定配套的支持政策和措施、建立项目储备机制，促进产业精准招商，为企业提供支持和服务。围绕粮食、林木、水果、蔬菜、生猪、糖料蔗、茉莉花（茶）、家禽、桑蚕、牛羊、水产、中药材等农业特色优势产业，科学合理地建设农业特色优势产业全产业链项目库，加快推进农业特色优势产业全产业链项目库储备机制建设，并积极谋划配套支撑项目，如数字化信息平台、冷链物流、农产品精深加工等项目。

2.提升服务农业产业的功能

第一，强化现代农业科技支撑，不断夯实农业产业发展根基。深入了解农业全产业链高质量发展的现实需求，充分调动各级科技、科协、农技等资源，积极对接区内外科研院所，加快完善技术协调与配合、科技创新、科技平台建设、科技人才引育、科技推广和应用等工作推进机制，加快推进科技创新创业人才集聚，加强科技创新。同时，广泛听取各方意见，优化服务各类经营主体的方式和渠道，如完善农业全产业链特派员工作机制等。

第二，持续加大对非洲猪瘟、禽流感、柑橘黄龙病等重大疫病的防控力度，加强极端天气研判预警，以强有力的措施保障农业产业健康发展。大力推广政策性农业保险、价格指数保险等惠农政策，兜好农业生产底线，给农民吃上"定心丸"，给农业产业用上"稳定剂"。通过稳定的产业，给农民带来稳定的收入，为农村营造稳定的务工就业、土地流转环境，坚决守住不发生规模性返贫的底线，维护好农村社会的和谐稳定。

（二）充分发挥各类农业产业园区的载体作用

1. 整合资源，合理布局

第一，按照广西壮族自治区党委、政府"前端抓好技术支撑、中间抓好生产组织、后端抓好市场营销"的现代农业发展思路，以"强龙头、补链条、聚集群、提品质、创品牌、拓市场"为主线，坚持质量兴农、品牌强农和绿色发展理念，进一步做大示范区总量、做优农产品品质、做强园区综合效益、做响特色优势农产品品牌，推动南宁市各类农业产业示范区高质量发展。

第二，因地制宜，根据南宁市各地农业特色资源，采取"政府+企业+合作社+农户"等高效运营模式，由政府引导和支持，龙头企业和农民专业合作社辐射带动，家庭农场和种养大户等积极参与，大力提升南宁市现代特色农业产业园区的发展水平。各地要培育和发展农业特色优势产业，引导农户适度规模化生产经营，整合资源，合理布局，培育和打造主导产业和优势产业，将本地自然资源优势和农业资源优势转化为产业优势。

2. 加大投入，强化基础设施建设

第一，加大财政扶持力度。整合资金，加强统筹和协调，划拨专项资金支持现代特色农业产业园区建设，并联合财政金融、信贷保险和社会资本等建立多元化投入机制；加大对创建现代特色农业产业园区以及参与现代特色农业产业园区建设和发展的经营主体的政策支持力度，如对种养大户、家庭农场、各类农民经济合作组织、龙头企业等加大政策倾斜力度，给予补贴和奖励，将更多的社会资金集聚到现代特色农业产业园区，构建共同合作、多方共赢的局面。

第二，针对现代特色农业产业园区的特点和需求，进一步完善各项基础设施建设。一是进一步完善现代特色农业产业园区内供水排水、用电、道路、通信、供气等公共基础设施建设，推进现代特色农业产业园区灌溉排涝系统、治污排污设施等基础设施建设。二是加强生产设施装备建设。结合南宁市现代特色农业产业园区的产业特点和技术要求，大力推广应用先进技术、设施装备等，提高农业装备水平及其机械化率。

（三）加快推进产业融合发展

1. 探索采取适宜的产业融合发展模式

一是农业内部有机融合模式。调整优化农业结构，采取农牧结合、农林结合、循环发展等模式，发展高效、绿色、生态农业。

二是全产业链发展融合模式。拓展农业功能，从农产品生产到农产品加工，到仓储智能管理、冷链物流运输、市场营销体系打造，再到生态休闲、旅游观光、文化传承、教育体验等，形成"一条龙"全产业链发展融合模式，进一步延长产业链。

2. 培育多元化产业融合主体

进一步拓展农业特色优势产业全产业链发展空间，推动特色优势农产品产前、产中、产后等环节的深度融合，同时打造特色优势农产品产销供应链，升级农产品价值链，实现各类经营主体利益最大化。支持各类新型农业经营主体重点发展农产品精深加工、农产品冷链物流、农产品直供直销、休闲农业等，推动农村三产融合发展，提升农业特色优势产业全产业链的发展水平。

3. 加快发展农产品加工业

一是重点加强当地特色优势农产品产后预处理、分类、净化、包装、保鲜储存等产地初加工，通过实施推广适用技术等相关项目，支持企业、农民专业合作社、家庭农场等农业经营主体逐步完善清选分级、包装、储存、冷鲜保藏、烘干等加工技术和设备条件等，提升农产品初加工水平。

二是加强农产品精深加工，探索农产品加工副产物综合利用。培育和引进龙头企业，鼓励和支持企业、农民专业合作社等农业经营主体打造农产品精深加工基地，延长产业链，开发农业新产品，发展绿色生态循环农业，推动农业特色优势产业全产业链可持续发展。

（四）建立健全特色优势农产品营销推广体系

1. 完善市场体系，引导农业特色优势产业商品化生产

建立南宁市—县（市、区）—乡（镇）三级特色优势农产品产销协会，加强对特色优势农产品营销人员的培育，加快建立一支高素质的营销队伍，为农业特色优势产业全产业链的生产经营活动提供有效服务。同时，探索期货市场和现货市场建设。逐步建立门类齐全，大中小市场、期货市场与现货市场相结合，产地与销地、城市与农村合理布局，小生产与大流通相互促进的农产品市场体系。

2. 积极开展文化节庆营销

通过举办各种节庆和展会、积极参加区内外各种展会等形式，借鉴其他地区的有益经验，打造特色优势农产品，组建一支与时俱进的优秀营销团队，努力开拓国内外市场。节庆活动配合特色优势农产品品牌推广能为特色优势农产品品牌注入历史文化气息，有利于特色优势农产品品牌个性特色的塑造，有利于民族文化内涵的挖掘和传承。充分利用农产品交易博览会、展销会、传统民俗文化节庆活动等形式，大力开展各种品牌宣传活动，将富有民族特色的乡村旅游和品牌营销结合起来，将当地特色民俗文化与品牌推广结合起来，通过富有民俗风情的乡村旅游活动促进特色优势农产品消费。

（五）加快推进农业全产业链的标准化和品牌化建设

1. 建立健全农业全产业链标准化体系

完善南宁市农业特色优势产业全产业链的制度建设。围绕粮食、林木、水果、蔬菜、生猪、糖料蔗、茉莉花（茶）、家禽、桑蚕、牛羊、水产、中药材等南宁市农业特色优势产业，制定并完善配套的规章制度，通过不同的合作方式，加强农业特色优势产业全产业链体系内经营主体之间的利益联结，建立紧密、稳定的合作关系，合理地规避各种风险，如资金风险、信用风险、市场风险等。

2. 加快培育特色优势农产品品牌

加大对特色优势农产品品牌的扶持力度。加强政策保障，引领特色优势农产品生产企业和农民合作社进行标准化、规模化和品牌化生产经营；完善特色优势农产品品牌项目的招商引资政策，吸引更多社会资本参与开发；完善土地利用政策，满足南宁市农业特色优势产业全产业链发展的用地需求，每年安排发展用地指标，专门用于特色优势农产品基地建设，推动农业特色优势产业的合理开发、科学发展，为特色优势农产品品牌建设创造良好的环境；改革特色优势农产品企业的税收制度，对重点发展的特色优势农产品品牌，按企业规模大小分类给予税费补贴和税收优惠；出台针对特色优势农产品品牌的培育和激励政策，在有条件的地方优先试点，获取先进的典型经验后再推广到全市。

参考文献

唐星汉、谢炆炆：《区域农业公用品牌引领农业全产业链、全服务链标准化研究》，《山西农经》2022 年第 16 期。

赵艳丽等：《全产业链数字农业推动产业数字化转型升级》，《云南农业》2022 年第 3 期。

李圣军：《"互联网+现代农业"全产业链融合架构与模式》，《湖北经济学院学报》2016 年第 3 期。

李国英：《农业全产业链数字化转型的底层逻辑及推进策略》，《区域经济评论》2022 年第 5 期。

农业农村部信息中心课题组、王小兵、钟永玲：《农业全产业链大数据的作用机理和建设路径研究》，《农业经济问题》2021 年第 9 期。

杜宇、唐庆春：《全产业链视角下农业大数据建设与应用展望》，《农业展望》2020 年第 8 期。

王钧、任万明：《大数据服务农业全产业链：山东的实践与探索》，《信息技术与信息化》2018 年第 9 期。

杨晓丽：《从"第六产业"视角推动丽水中药材全产业链发展》，《浙江经济》2022 年第 6 期。

李梁等：《云南省与河南省蔬菜产业的比较分析研究》，《浙江农业科学》2022 年第

9 期。

吴绮纹：《龙井市肉牛全产业链发展水平评价》，硕士学位论文，吉林大学，2022。

周一虹、元庆洁、芦海燕：《甘肃"杨秸秆"全产业链生态农产品价值实现研究》，《会计之友》2022 年第 5 期。

郭旭等：《贵州省蓝莓全产业链发展现状及对策建议》，《中国果树》2022 年第 9 期。

邓伟华、傅成斌、侯晓洋：《共生视域下奶产业全产业链发展路径研究——以宁夏地区奶产业为例》，《黑龙江畜牧兽医》2022 年第 10 期。

杜霖春：《完善农产品加工企业产业链加快农村一二三产业发展》，《农业经济》2021 年第 7 期。

王薇：《从田园到餐桌　打造 8 大重点农业产业链》，《昌吉日报（汉）》2022 年 4 月 18 日。

B.21
南宁市实现"双碳"目标的对策

南宁市社会科学院课题组*

摘　要： 实现"双碳"目标将为南宁市推进现代化建设带来前所未有的机遇和挑战。南宁市在控制能源消费及碳排放、工业耗能行业能源排放，以及实施交通运输绿色改造、巩固提升生态系统碳汇能力、践行绿色低碳生活方式等方面取得了阶段性成效，但同时存在经济发展用能与降碳矛盾突出、用能企业绿色低碳转型亟待加速、绿色新能源开发和利用水平不高、科技支撑和服务体系有待完善等问题。在研判经济社会发展及能源需求增长趋势的基础上，本报告紧扣国家战略要求，提出符合南宁市产业发展趋势、能源系统特点的"双碳"目标实现对策。

关键词： "双碳"目标　绿色低碳　南宁

2020年9月，习近平主席在第七十五届联合国大会一般性辩论上提出："中国将提高国家自主贡献力度，采取更加有力的政策和措施，二

---

* 课题组组长：覃洁贞，南宁市社会科学院副院长、研究员。课题组成员：吴金艳，南宁市社会科学院副院长、正高级经济师；梁瑜静，南宁市社会科学院经济发展研究所所长、讲师；杜富海，南宁市社会科学院经济发展研究所副所长、助理研究员；庞嘉宜，南宁市社会科学院城市发展研究所科研人员、助理研究员；陈琦，南宁市社会科学院经济发展研究所科研人员、中级经济师；李娜，南宁市社会科学院经济发展研究所研究实习员。

氧化碳排放力争于 2030 年前达到峰值,努力争取 2060 年前实现碳中和。"① 2021 年 3 月,习近平总书记在主持召开中央财经委员会第九次会议时强调:"实现碳达峰、碳中和是一场广泛而深刻的经济社会系统性变革。"② 实现"双碳"目标将为南宁市推进现代化建设带来前所未有的历史机遇和挑战,标志着在"十四五"时期乃至更长远的发展中,南宁市需要科学合理地统筹"双碳"目标与经济社会高质量发展两个维度,紧抓历史机遇,妥善应对挑战,以科学高效的战略导向指导实践,努力为广西实现"双碳"目标贡献首府经验和首府力量。

一 南宁市能源消费及碳排放现状

(一)南宁市能源消费及碳排放情况

1. 能源消费现状

随着南宁市经济社会快速发展,经济体量不断增长,能源消费量也相应增长。"十三五"时期,全市能源消费总量整体上呈增长趋势,至"十三五"时期末(2020 年),增幅降至 1.03%。由于能源结构逐步改善,能源利用效率逐步提升,全市能耗强度整体上呈下降趋势,单位 GDP 能耗由 2016 年的 0.350 吨标准煤/万元下降至 2020 年的 0.310 吨标准煤/万元(见图 1)。

2. 碳排放现状

碳排放总量③变化趋势与全市能源消费总量变化趋势有一定相似性,但由于能源结构的变化,碳排放总量的波动幅度比能源消费总量略大(见图 2)。

---

① 《让"双碳"目标成为经济转型助推器》,"经济日报"百家号,2021 年 10 月 7 日,https://baijiahao.baidu.com/s?id=1712913405509055114&wfr=spider&for=pc。

② 《从碳达峰到碳中和,准确理解双碳目标的深刻影响和内涵》,"光明日报"百家号,2023 年 1 月 29 日,https://baijiahao.baidu.com/s?id=1756286123703778669&wfr=spider&for=pc。

③ 碳排放总量为燃料燃烧二氧化碳排放量,不含工业过程二氧化碳排放量。碳排放总量计算采用国家控制温室气体排放目标考核办法中的二氧化碳排放核算方法,即以煤炭、油品和天然气三类化石能源消费标准量乘以相应的排放因子,并加上电力调入调出产生的二氧化碳排放量。

"十三五"时期，南宁市单位 GDP 二氧化碳排放量总体呈现下降趋势。然而，2020 年，受高温干旱天气影响，水电发电量减少，火电发电量攀升，单位 GDP 二氧化碳排放量小幅回升，致使南宁市未能完成 2020 年降碳考核指标。

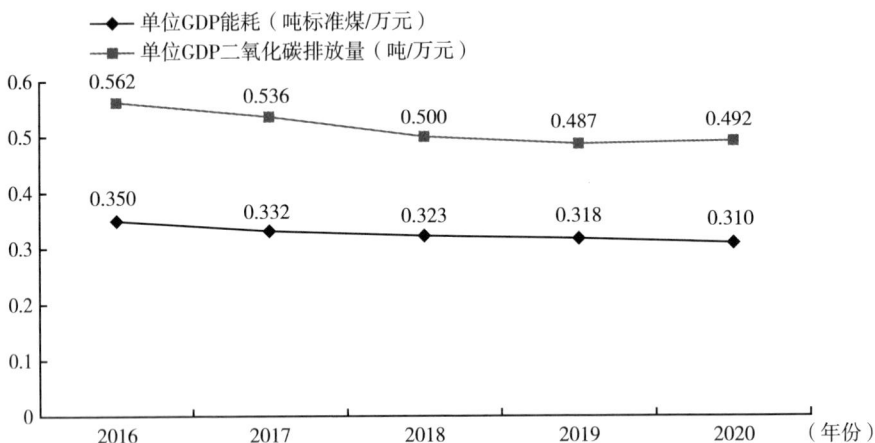

图 1 "十三五"时期南宁市单位 GDP 能耗和单位 GDP 二氧化碳排放量

资料来源：南宁市生态环境局。

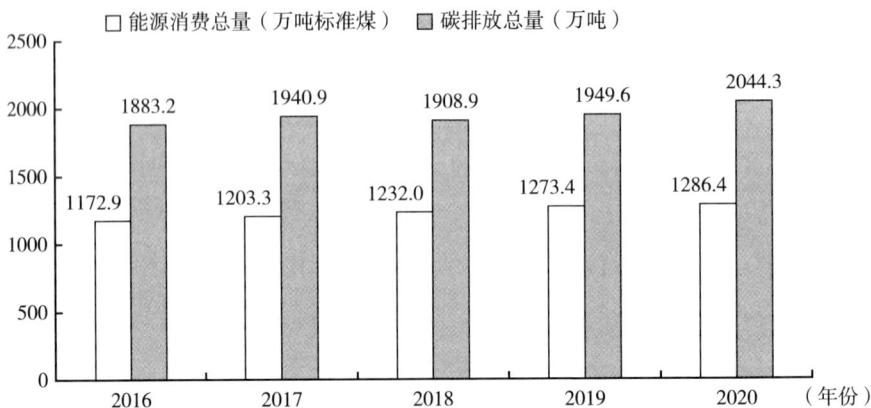

图 2 "十三五"时期南宁市能源消费总量和碳排放总量

资料来源：南宁市生态环境局。

（二）南宁市工业耗能行业能源排放情况

1. 规上工业能耗情况①

近年来，南宁市工业多措并举开展节能工作，规上工业能源消费量由 2016 年的 470.61 万吨标准煤波动下降至 2020 年的 451.14 万吨标准煤。2020 年，万元工业增加值能耗为 0.784 吨标准煤，远低于国内平均水平（1.03 吨标准煤）、广西平均水平（1.41 吨标准煤）（见表 1）。

表 1　2016~2021 年南宁市规上工业能源消费量及其占全市、全区比重情况

年份	规上工业能源消费量（万吨标准煤）	万元工业增加值能耗（吨标准煤）	全区工业能源消费量（万吨标准煤）	规上工业能源消费量占全区比重（%）	全市工业能源消费量（万吨标准煤）	规上工业能源消费量占全市比重（%）
2016	470.61	0.467	5929.64	7.94	1172.91	40.12
2017	469.23	0.416	6148.87	7.63	1203.27	39.00
2018	438.96	0.619	6543.56	6.71	1232.00	35.63
2019	456.83	0.824	6343.48	6.38	1273.37	35.88
2020	451.14	0.784	7399.74	6.10	1286.35	34.90
2021	482.99	0.817	8453.30	5.73	—	—

资料来源：南宁市工业和信息化局。

2. 规上工业节能取得积极进展

"十三五"时期，南宁市加快推动产业结构转型升级，推动重点行业节能降碳技术改造，规上工业能源消费量占全区的比重逐年降低，排在百色、防城港、柳州、贵港、钦州、来宾等城市之后，居第 7 位。与全市工业能源消费量整体增长不同，全市规上工业能源消费量波动下降，规上工业能源消费量占全市的比重由 2016 年的 40.12% 降至 2020 年的 34.90%，反映了南宁市工业结构调整取得一定成效，如三大重点产业产值占全市规上工业产值的比重由 2015 年的 33.2% 提高到 2020 年的 38.8%。

---

① 目前碳排放未能按行业和社会领域进行区分，因此本报告仅对规上工业能耗情况进行梳理分析。

2021 年，全区存在水电偏枯、风电少发等情况，电力供应缺口较大，为满足供电需求，火电机组发电量较上年同期有较大增幅，国能南宁电厂、三峰能源等电力、热力生产和供应业企业较上年同期新增 38.87 万吨标准煤能耗，能源消费增长 31.3%，使全市规上工业能源消费量上升 8.57 个百分点。但 2021 年全市规上工业能源消费量增速和万元工业增加值能耗增速仍分别比自治区低 2.85 个、1.68 个百分点。

3. 绿色制造体系初具规模

"十三五"时期，南宁市深入实施绿色制造工程，推动重点工业行业开展节能技术改造，鼓励工业企业使用清洁能源，绿色制造体系初具规模。南宁市累计建成 6 家国家级绿色工厂、13 家自治区级绿色工厂、2 家国家级及自治区级绿色园区；1 个机构获评国家级工业节能与绿色发展评价中心，7 个机构获评自治区级工业节能与绿色发展评价中心。加快推进园区循环化改造，广西—东盟经开区和南宁经开区获批国家循环化改造示范试点园区并通过国家中期验收和方案调整。

（三）实施交通运输绿色改造

近年来，南宁市出台了若干规划政策，从政策依据和规划指引方面促进城市交通绿色转型和可持续发展（见表 2）。为营造舒适、绿色、文明的出行环境，"十三五"时期，南宁市运营 3 条邕江水上旅游线路，围绕南宁港建设多式联运示范线路。截至 2020 年底，开通了 4 条轨道交通运营线路；新能源汽车保有量达 26817 辆，建成充电桩 7302 个；市区拥有新能源和清洁能源公交车 3347 辆，占市区在营公交车的 91.3%；累计淘汰 10 万余辆黄标车和老旧车，市区内公交站点 500 米覆盖率达到 100%。根据高德地图数据，2020 年南宁市拥堵指数为 1.48，同比降低 3.6%，平均车速为 33.1 千米/时，同比提升 6.73%。《2020 年度中国主要城市交通分析报告》显示，南宁市的交通健康指数为 67.59，交通健康程度在 50 个主要城市中排名第十，市民出行畅通便利度较高。截至 2021 年 7 月，南宁市拥有 198 条公交干线、6 条公交快线、15 条微循环公交线路，以及

200 余条定制公交线路，公共交通日均客运量较创建初期（2016 年）增长 21.52%。另外，随着互联网租赁自行车、水上旅游巴士等新业态绿色交通方式兴起，市民绿色出行选择增多，绿色公共汽电车比例已达 96% 以上。2021 年 12 月，南宁国家公交都市建设示范工程创建工作获得交通运输部公交都市建设示范工程验收专家组肯定，以"绿色出行、综合衔接"为主题的南宁公共交通系统逐步形成。

表 2　2018~2021 年南宁市构建低碳交通运输体系部分规划政策

时间	政策名称	主要内容
2018 年 10 月 31 日	《南宁市电动汽车充电基础设施专项规划（2017~2020 年）》	全面推进充电基础设施网络布局和建设，提高设施利用率，培育电动汽车完整产业链
2019 年 1 月 22 日	《南宁市人民政府关于鼓励和规范互联网租赁自行车发展的意见(试行)》	确定各方责任，切实推进共享单车规范管理，解决群众出行"最后一公里"问题
2020 年 4 月 7 日	《南宁市新能源汽车推广应用攻坚行动方案》	实施专用停车位、充电设施、绿色小区、绿色出行等建设行动
2021 年 3 月 15 日	《南宁市互联网租赁自行车管理暂行办法》	明确各部门责任，提升城市互联网租赁自行车服务水平，为市民提供绿色、健康、便利的交通换乘工具

资料来源：课题组整理。

（四）巩固提升生态系统碳汇能力

"十三五"时期，南宁市加快国土绿化改造进程，植树造林 136.9 万亩，超额完成自治区下达的 109.04 万亩任务目标；森林抚育 371.1 万亩，占自治区任务目标 300 万亩的 123.7%。截至 2021 年，全市森林覆盖率已达 48.78%，"十三五"时期累计上升 1.09 个百分点。完善湿地保护制度，出台《南宁市湿地保护规划》（2013 年至 2020 年）、《南宁市大王滩国家湿地公园保护条例》、《南宁市湿地保护修复制度实施方案》等政策文件。2020 年，邕江综合整治和开发利用工程累计建成邕江绿道 148 千米、主题公园

15 个。积极推进左右江流域山水林田湖草生态保护修复工程，2021 年全市 23 个左右江流域山水林田湖草生态保护修复工程已全部完工。截至 2020 年底，全市建成区（含武鸣区）绿地率达 35.74%、绿化覆盖率达 41.42%、人均公园绿地面积达 12.23 平方米，符合国家生态园林城市要求。2021 年，南宁市区 PM$_{2.5}$平均浓度达 28 微克/立方米，空气质量指数（AQI）优良率高达 97%，比 2015 年提高了 6 个百分点，超额完成自治区下达的年度考核目标任务；环境空气质量在全国 168 个重点城市中排第 22 位，在全国省会（首府）城市及直辖市中排第 6 位。

（五）践行绿色低碳生活方式

1. 推动绿色出行方式

近年来，南宁市加大对电子市民卡、出行南宁 App、掌上公交 App 等信息服务新媒体的推广力度，优化公交线路、车次站点等信息实时报送查询服务，通过推出公交、地铁乘车优惠及试行网约定制公交线路等，不断提高公共交通服务品质。南宁市通过制定社区巴士微循环公交线路、定制护学公交和落实换乘优惠政策等多项举措，激发市民绿色低碳出行热情，公众绿色出行分担率达到 80% 以上。

2. 增强低碳环保意识

近年来，南宁市通过光盘行动、环保袋发放、垃圾分类宣传、节能环保知识"云"竞答、新能源汽车补贴推广、低碳日主题骑行活动，倡导"低碳着装""低碳饮食""低碳装修""低碳出行"，积极推动绿色节能宣传主题活动进学校、进社区，引导鼓励教职工开展相关活动，推动全体市民践行简约适度、绿色低碳的生活方式。2020 年，"南宁生态环境"微信公众号、"南宁环保宣传"微博账号年度排名双双位列全国第七、全区第一。2021 年，南宁市全力打造"党建红"引领"生态绿"宣传品牌，在全区率先打造全景线上"红绿馆"，环保方面的公众开放水平领先全区。截至 2021 年底，南宁市共建成生态环境教育基地 4 个（含国家级 1 个），获评国家级生态环境教育基地数量在全国排名靠前；以环保吉祥物"小山"和"小水"

为原型、旨在引导公众践行绿色低碳生活方式的原创海报"跟'小山''小水'一起做环保行动派"被生态环境部评为优秀生态环境宣传产品,是广西唯一获奖作品。

二　南宁市实现"双碳"目标存在的主要问题

(一)经济发展用能与降碳矛盾突出

一是工业发展用能需求较大,重大工业项目落地受能耗指标影响较大。广西对固定资产项目的节能审查标准为:能耗强度大于0.46吨标准煤/万元、小于0.98吨标准煤/万元的新建工业项目或能耗强度大于0.98吨标准煤/万元的工业技改项目,需提供节能挖潜方案。在这一审批标准下,新增工业项目的引进与落地进度将会受到不同程度的制约。

二是工业经济发展预计所需能耗与降耗目标不匹配。2020年南宁市规上工业产值近2400亿元,《关于全面落实强首府战略的实施意见》中提出了至2025年规上工业产值达6000亿元的目标。参考其他城市规上工业产值增长伴随的能耗增长情况,如南昌市、长春市、昆明市规上工业产值从2400亿元增至6000亿元,工业能耗分别增长了182万、855万、1092万吨标准煤,南宁市需要新增能耗总量约210万~280万吨标准煤,能耗强度需下降约18.46%,达到0.63吨标准煤/万元。"十四五"时期,南宁市工业能耗指标预计仅为97.8万吨标准煤,不足以支撑实现强首府战略工业经济发展目标。

三是传统高耗能产业转型升级较慢。从行业能耗来看,2021年非金属矿物制品业,电力、热力生产和供应业,农副食品加工业等南宁市六大规上综合耗能行业的能耗占南宁市规上工业能耗总量的90.30%,其中农副食品加工业、造纸和纸制品业等4个行业2021年单位增加值能耗高于南宁市规上工业能耗平均水平(见表3)。从上述高耗能行业的产出效益来看,2021年上述六大行业增加值仅占全市规上工业增加值的40.36%。农副食品加工业、造纸和纸制品业等南宁市传统工业行业面临的技术创新与转型压力仍较大，设备技术与行业经营理念亟待更新，导致行业投入产出比较低，产值与能耗倒挂现象明显，高耗能行业经济效益低、能耗强度高的现状亟待改善。

表3 2021年南宁市六大重点耗能行业能耗情况

行业名称	能耗占比（%）	增加值(可比价)(万元)	增加值比重（%）	单位增加值能耗（吨标准煤/万元）
非金属矿物制品业	35.42	713202	12.07	2.40
电力、热力生产和供应业	33.74	465224	7.87	3.50
农副食品加工业	8.47	478630	8.10	0.85
木材加工和木、竹、藤、棕、草制品业	4.17	382607	6.48	0.53
造纸和纸制品业	5.10	141452	2.39	1.74
化学原料和化学制品制造业	3.40	204126	3.45	0.80
上述六个行业合计	90.30	2385241	40.36	9.82
南宁市规上工业	—	5908827	—	0.82

资料来源：南宁市工业和信息化局。

四是居民生活刚性用能需求较大。2021年南宁市城乡居民人均收入低于国家平均水平，居民生活水平仍有较大提升空间。随着新型城镇化等城市现代化建设不断推进，居民生活刚性用能仍有较大增长空间，同时住房需求增长给建筑业实现"双碳"目标带来不小的挑战，预计对应的碳排放量将进一步增长，这将给南宁市控制全社会碳排放、实现"双碳"目标带来不小的挑战。

（二）用能企业绿色低碳转型亟待加速

企业绿色研发投入是促进企业绿色技术革新、推动工业乃至城市产业绿色低碳转型的关键因素。通过规上工业研究与试验发展（R&D）经费投入指标可以大致研判一座城市整体的工业研发投入水平。2020年南宁市规上工业企业R&D经费支出约为11.4亿元，与贵阳市（约为35.6亿元）、长沙市（约为210.8亿元）、重庆市（约为335.9亿元）差距较大；

南宁市规上工业企业平均研发投入与研发投入占主营业务收入比重两项指标也均与上述 3 个城市有较大差距（见表4），南宁市工业产业创新研发投入水平亟待提高。

表4　2020 年我国部分城市规上工业企业研发投入情况

城市	企业数（个）	R&D 经费支出（万元）	企业营业收入（万元）	企业平均研发投入（万元）	研发投入占主营业务收入比重（%）
南宁市	1155	114499	24150226	99.1	0.47
贵阳市	766	356152	22378692	465.0	1.59
长沙市	2902	2107737	92164212	726.3	2.29
重庆市	6938	3358918	230521396	484.1	1.46

注：重庆市规上工业企业 R&D 经费支出为 2019 年数据。

资料来源：各市相关年份统计年鉴。

（三）绿色新能源开发和利用水平不高

风能、光能等绿色新能源具有污染少、对环境影响小、储量大的优点，对改变南宁市依赖以碳为主的传统能源结构、推动低碳经济发展、实现"双碳"目标具有重要意义。但现阶段南宁市绿色新能源开发和利用水平不高，绿色新能源在实际使用过程中还未能起到有效推动南宁市经济社会发展的作用。根据课题组从南宁市工业和信息化部门获取的数据，"十四五"时期，南宁市计划建设风能、光能等可再生能源项目 20 个，预计年产能 66.35 千瓦时，约为 170.07 万吨标准煤。然而，经测算，南宁市要实现"十四五"时期末工业产值达 6000 亿元和能耗"双控"目标需要新增能耗总量 210 万~280 万吨标准煤，全市工业总能耗将有可能达到 731.2 万吨标准煤。"十四五"时期，可再生新能源建设项目产出的 170.07 万吨标准煤仅为全市预计工业总能耗的 23.26%，仅为"十三五"时期全市实际能源消费量的 13.22%。

从风能、光能利用的角度看，南宁市风能、光能资源相对有限，建设设备成本高、投资回报周期长、运行资金压力大等导致风能、光能等绿色新能源的开发利用成本较高。此外，绿色新能源发电接入与现有电网容量不匹配等技术问题进一步限制了南宁市开发利用风能、光能，提升了风能、光能等绿色新能源项目的建设难度。

（四）科技支撑和服务体系有待完善

先进适用的节能技术研究开发和绿色低碳装备推广应用力度不够，节能新技术、新产品、新设备、新工艺支撑不足，传统产业如造纸、建材、制糖等产品深加工能力不足、生产工艺落后，能源利用方式较为粗放，效率普遍不高，科技支撑节能降碳的作用没有充分发挥。针对各排碳企业的节能降碳政策咨询、人才培育和市场保障等服务体系还有待完善。截至2021年，全市仅有4家发电企业进入全国碳排放权交易市场开展碳排放权交易，与北京、上海、深圳、天津等市根据产业结构和发展特点将商业、金融、大型建筑等行业领域纳入碳排放权交易市场相比，南宁市还未根据产业发展特点将食品加工、造纸、建材等传统优势产业中的高耗能企业纳入碳排放权交易市场。究其原因，主要是高耗能企业缺乏碳排放权市场交易基础知识、缺少碳排放权市场交易管理技术人才、对碳排放核算了解不够，行业内尚未形成碳排放知识培训和服务体系。

（五）民众节能降碳意识有待强化

民众的节能降碳意识有待强化，绿色生活水平有待提升。主要表现在以下3个方面。一是居民节能降碳还有很大的提升空间。统计数据显示，2020年南宁市城乡居民人均用电量约为948千瓦时，高于全国的783千瓦时，人均用电量处于较高水平。二是民众对于参与节能降碳的意义认识不够。不少民众认为碳达峰、碳中和是工业领域、交通领域、能源领域的相关工作内容，与自身生活无关，没有意愿参与节能降碳、实现"双碳"目标的行动当中，对碳达峰、碳中和的相关知识缺少主动了解意愿，没有养成绿色生活和绿色交通出行习惯。三是一些民众对节能降碳的知识了解较少。大多数居民对节能降碳的认识和理解还处于字面意义上，对什么是节能降碳、如何开展节能降碳、以什么样的方法参与节能降碳知之甚少。

三　南宁市实现"双碳"目标的对策建议

（一）加强顶层设计，坚持系统谋划和重点突破相结合

一是稳步细化落实碳达峰碳中和工作实施方案。根据《南宁市完整准确全面贯彻新发展理念　做好碳达峰碳中和工作实施方案》确定的目标任务，抓实抓细重点领域行动措施。聚焦重点领域的"碳达峰十大行动"部署的 29 项重点任务，结合南宁市经济社会发展的阶段特征、产业基础及发展要求，对能源、工业、城乡建设、交通运输、科技创新等重点领域的碳排放、碳达峰相关指标、任务及措施进一步细化、实化、量化。坚持"项目为王"的根本原则，实行产业项目"双保障"，优先保障能耗强度低、产值效益高的高质量产业项目落地；同时，在符合行业能耗标准的前提下，保障部分传统优势工业的项目扩容和产业链拓展。综合考量南宁市经济社会发展水平及居民消费水平，分阶段有序实施能源、交通、建筑、社会生活等各领域的低碳转型具体行动措施，适度、稳步、有序推进"双碳"目标落实。

二是完善"双碳"工作领导体制机制。"双碳"工作是一项覆盖全社会各个行业领域及生活领域的系统工程，落实"双碳"目标，政府主导尤为关键。完善行业监管部门体制机制。健全完善生态环境、工信、住建、交通、自然资源、市场监督管理等行业监管部门及发展改革委的"双碳"工作职责清单和对应的专业技术工作标准体系，为统筹全市"双碳"工作提供技术支撑和行业指导。以"双碳"工作领导小组办公室为统筹，建立行业监管部门定期会议联系机制和不定期协商联系机制，构建高位推进、职责明晰、精准分工、衔接顺畅、考核科学的整体工作格局。完善属地管理责任机制。加快建立市、县（区）、乡镇（街道）、村（社区）四级属地管理体系，推动整个社会面上的"双碳"目标落实，依据监管部门组织架构，厘清生态环境、工信、住建、交通、自然资源、市场监督管理等部门在各级属地管理中的职责分工。同时，明确基层自治组织、社会公众、社会组织等主

动参与"双碳"工作的责任和义务，推动构建全社会共建、共治、共享的"双碳"治理格局。

三是健全重点耗能行业碳排放监测机制。完善重点耗能行业碳排放监测机制、精准摸底重点耗能行业碳排放整体情况是制定产业发展领域碳达峰、碳中和行动方案的重要前提。建立统一口径的行业监测机制。尽快整合统计部门、工业和信息部门、发展改革部门等对碳排放的现有监测系统，减少监测信息的交叉上报和统计，分行业领域统计上报生态环境部门，形成全领域自下而上的行业碳排放监测机制。梳理碳排放数据。通过完善行业碳排放监测机制，明确掌握南宁市碳排放数据及其影响情况，依托各级统计部门及第三方服务两大路径，对农副食品加工业，造纸和纸制品业，化学原料和化学制品制造业，非金属矿物制品业，电力、热力生产和供应业，以及木材加工和木、竹、藤、棕、草制品业等六大重点耗能行业碳排放情况进行摸底调查，为制定产业发展领域碳排放、碳达峰行动方案明确重点方向和抓手，同时为这些行业进入全国碳排放权交易市场做好准备。建立行业耗能及碳排放协同管控机制。尽快摸清南宁市重点耗能行业碳排放水平、技术改造潜力及减排潜力，建立行业耗能及碳排放协同管控机制，通过深入企业摸底排查、借鉴行业前沿技术，形成"一行业一策略"的降耗减碳技术改造机制，为重点企业提供降耗减碳技术改造参考方案。

（二）构建低碳产业体系，实现强产业与降碳共赢

一是做大产业增加值总量规模，着力完成能耗强度激励目标。做大产业增加值总量规模，即做大能耗强度"分母"，在能耗总量相同的情形下降低能耗强度。通过完成能耗强度激励目标，争取在"十四五"时期末免除能耗总量考核。加快发展电子信息、先进装备制造、生物医药三大重点产业，培育发展新能源汽车、新一代信息技术、高端铝加工、节能环保等战略性新兴产业集群，加快推动食品、造纸、家居等传统产业高端化、智能化、绿色化、服务化发展，推动全产业链优化升级，加快工业结构升级，支持万元工业增加值能耗低于控制目标的产业项目加快上马，进一步降低工业能耗

强度。

二是推动重点行业节能技改，实现节能低碳。"十四五"时期，应继续推动工业领域特别是重点耗能行业节能减排增效。针对重点用能企业，开展能源审计及节能诊断，对单位产品能耗达不到行业先进值的，责令制定节能改造计划，并限期完成节能技改。水泥、陶瓷、平板玻璃、合成氨等高耗能行业应通过节能技改达到标杆值要求。着力推进电力、水泥、陶瓷、制糖、造纸、石化等行业的节能技改及规模整合，推广应用高效节能环保技术，提升行业节能降碳总体水平。

三是着力打造循环经济产业链和循环经济园区。针对重点发展产业，着力延长产业链，并打造循环经济产业链，推进资源再生利用产业规范化、规模化发展，提高资源循环利用水平。深入实施绿色制造工程，紧紧围绕制造业资源能源利用效率和清洁生产水平提升，积极组织园区、企业对标创建绿色产品、绿色工厂、绿色园区和绿色供应链，加快构建高效、清洁、低碳、循环的绿色制造体系。扎实推动园区绿色化发展，重点推进一批专业园区进行循环化改造，加强废水、废气、固体废弃物等资源综合利用，推动再生循环资源加工利用行业发展。通过引进产业链协同项目，对引进项目与其他能耗强度低的项目进行"打包"管理。

（三）实施能源结构优化行动，促进能源体系低碳化

一是引导能源消费减量化。实施产业耗能低碳化攻坚行动，加强对清洁能源替代高碳能源的政策支持，加快产业发展领域增电、稳气、控油、减煤，以能源体系低碳化推进产业技术升级和产品升级，实现产业生态效益和经济效益"双提升"，推动产业结构高端化和能源结构低碳化。加强智慧设施建设，大力发展智慧能源和多能互补新业态，探索建筑用能的低碳循环模式，逐步提升清洁能源消费比重，创建绿色建筑低耗能、零耗能试点。加快城市交通体系低碳转型，加大新能源汽车推广力度，全面布局充换电设施建设，提高终端消费领域的电气化水平，实施氢燃料公交车和纯电动公交车示范工程，实现加氢制氢运氢一体化。加大倡导公共交通出行的政策支持力

度，优化公交系统和绿色出行条件，提高公交系统的便利度和可达性，倡导市民低碳出行，减少城市交通碳排放。创建超低能耗星级绿色建筑示范小区，促进市民生活耗能低碳化。

二是促进能源供给低碳化。加快城市新能源基础设施建设，分区域规划建设各类加氢站，构建布局合理的加氢供应网络；积极探索5G、充电桩、加氢站、数据中心、分布式光伏、储能等多功能综合一体站建设。加快可再生能源开发利用，支持新能源发电项目落地，开展分布式光伏试点示范；加强各类储电技术研究，探索多元储能、混合用电的智能供给模式。推进生物质能多元化利用，稳步发展城镇生活垃圾焚烧发电。完善垃圾分类利用体系，分类推进可回收垃圾的收置处理。在各产业园区全面实施低碳供能、循环用能建设行动，重点开展工业绿色低碳微电网建设，发展屋顶光伏、分散式风电、多元储能、高效热泵等。持续推广重点领域电能替代，支持企业对厂房进行低碳化耗能改造，在具备条件的行业和地区加快推广应用电窑炉、电锅炉、电动力设备，推进多能高效互补利用。构建服务现代能源发展的绿色金融体系，加大对节能环保、新能源、二氧化碳捕集利用与封存等的金融支持力度，完善绿色金融激励机制。

三是推进能源利用高效化。加快发展能源互联网，构建能源利用全生命周期监管体系。通过源荷储网互动、分布式和微网技术有效补充等手段，减少弃风弃光，实现对风电、光电大数据的全生命周期管理，提升可再生能源利用效率。探索运用建筑能源综合管控平台，实现对建筑耗能的大数据分析和智能化管理。将低耗能建筑改造融入老旧小区改造等城市更新项目，实现老旧建筑节能改造，提高能源利用效率。建设城市智慧能源管理数据平台，推进城市各个功能区域之间的多能互补、分时互补和区域互补。加快建设产业园区能源智慧管理系统，加快生产的绿色化、数字化、智能化转型，试点创建一批绿色工厂和智慧园区。

（四）实施"低碳城市"建设行动，建设低碳宜居绿城

一是完善"双碳"目标下的城市国土空间规划。加强对"低碳城市"

建设的前端管控，做好提升生态承载力的用地保障，切实与主体功能区规划相互衔接，明确生态保护红线和永久基本农田红线，合理确定城镇开发边界，坚持"两条红线"的底线思维，严格管控城市建设用地规模。同时，立足"双碳"目标，结合南宁市"中国绿城"的城市定位，全面调查与精准研判南宁市资源、人口、环境承载力，合理布局城市建设发展中的生态、生产、生活三大空间，针对城市新区建设、旧区更新及东部新城建设等分类进行低碳化建设安排，重点突出绿色低碳的城市规划建设理念，保障绿城升级建设项目的用地规划，确保城市发展实现生态和谐、生产兴旺、生活幸福的可持续发展目标。

二是整体推进"低碳城市"建设治理。在城市建设方面，尽早研究、出台、推广绿色能源、绿色建筑、绿色交通等引导政策和激励机制。在城市基础设施方面，推动城市新基建领域节能降碳，建设全面覆盖建成区范围的基础充电设施网络，大力推广合同能源管理模式，完善城市照明的智慧化用能管理。在城市建筑方面，以大型公共服务建筑体为试点，推广光伏发电与建筑一体化应用，持续推进建筑节能，积极推广近零能耗建筑、零碳建筑。支持地产企业大力发展绿色建造，推广绿色建材、装配式建筑和钢结构住宅，严格执行建筑节能强制性标准，推动新建建筑全面达到绿色建筑标准。在城市交通方面，支持公交、出租等交通运输企业进行交通工具低碳化更新，构建绿色低碳的城市公共交通服务体系。推进市区公园、滨江公园、街边绿地等重要节点的绿化改造和公园、绿道项目的建设，持续提升生态效益。在城市治理方面，加快建设"数字南宁"，提升城市智慧化水平。建设南宁市公共服务绿色低碳综合管理云平台，接入公共服务建筑能耗数据，融合建筑全生命周期碳排放监测体系、绿色低碳宣传窗口、专家智库，构建城市公共服务绿色低碳综合管理体系。创新城市治理重点领域的智慧化建设，持续打造扬尘治理、交通治理、社区治理等低碳智能的管理模式，推行城市楼宇、公共空间、地下管网数字化管理，持续推进海绵城市、国家生态园林城市等建设活动，提升城市生态系统的自我完善和防灾减灾功能，全面提升城市生态宜居水平。

（五）实施生态固碳增汇行动，夯实生态减碳基础

一是完善生态固碳管理体制机制。构建生态治理的相关配套机制，创新探索各领域固碳工作协调机制，推行"林长＋检察长"协作机制，制定考核评价等配套制度，保障固碳项目开发设计、计量监测、长效治理等工作的顺利开展，强化固碳增汇长效管理。借鉴先进省市工作经验，以实现森林面积和森林蓄积量"双增"为目标，研究出台《山水林田湖草系统碳汇提升行动方案》《关于试行"林长制"的若干措施》等法规性文件，构建山水林田湖草固碳生态产品试点的技术标准、价值实现机制，构建源头治理、全域覆盖的生态资源保护发展长效机制。

二是开展国土绿化精准提质行动。组织推进南宁市森林生态系统服务功能评估和生态系统固碳能力监测工作，建立生态系统固碳数据平台，评估生态系统固碳能力，分析南宁市城市森林碳汇对碳中和的时空阈值，构建城市森林碳汇生态核算评价体系，为城市森林"碳产品""碳交易"奠定科学基础。以市域范围内主要水系、山丘、通道为脉，统筹林业植被绿化和山水林田湖草系统修复治理，建设林业固碳增汇试点县区（基地），带动全市构建低耗水、高碳汇的植被生态系统。全面实施森林质量精准提升工程，积极争取抚育改造项目，根据对林木固碳能力的分析，对现有森林进行改培，着力提升森林的固碳质量。鼓励上林、马山等县打造固碳增汇示范项目。加快研发适用于南宁市的园林植物碳汇数据库，根据城市绿地植物种类和不同绿地结构布局的功能效益，试点开展道路绿化、小区绿化等"绿肺"功能布局和技术应用，打造"双碳"目标下的"中国绿城升级版"。

三是探索创新固碳产品和固碳技术。依托农业大市的基本实际，加快区域性生态农产品的固碳价值研究，精准布局低耗水、高碳汇的农产品种植产业。组建科技团队，加强人才储备，对农业产业链中的生态产品价值进行评估，核定生态农产品的固碳量，开发种植一系列"碳中和"生态产品，推动相关农业企业参与碳排放权交易，向碳排放需求方销售相应指标，变碳源为碳汇，推动农业固碳增汇的良性循环。加强与深圳市开展固碳技术研发应

用产业合作。进一步深化粤桂东西部协作背景下的节能降碳合作，借助深圳市固碳增汇技术科研平台，充分发挥南宁市生态资源优势，合作开展工业、农业及生态等多领域的固碳增汇技术研发及应用，借助外力积极抢占固碳增汇产业先机。

（六）实施"全民减碳"社会行动，形成绿色生活模式

一是培育"全民减碳"的自主意识。持续开展多样化、立体式的主题宣传活动。结合"六·五"世界环境日和全国低碳日，组织报纸、电视等新闻媒体针对绿色低碳工作开展各类形式的宣传教育和专题报道，结合南宁市垃圾分类、交通管理、扬尘治理、绿化建设等重要事项，在媒体上开设"全民减碳"工作的互动栏目，组织市民群众开展对环境保护、绿色交通、低碳生活等相关问题的讨论。持续开展"全民减碳"进家庭、社区、学校、机关、企事业单位等"五进"活动。以"双碳"目标为主题，聚焦"衣食住行用"5个方面，依托大众宣讲团，面向不同行业群体开展"双碳"知识线上线下专题讲座，组织市民及各行业代表参观"双碳"重点行业场所及绿色低碳建设示范点等，通过讲座学习和亲身体验，提升广大市民对"双碳"工作的重视度。持续加强"全民减碳"的榜样引领。结合南宁市创建文明城市、创建卫生城市等工作，开展"全民减碳从我做起"实践活动，举办以"全民减碳"为主题的征文大赛、摄影大赛和书画大赛等活动，奖励并推广一批优秀文化作品，营造"全民减碳、人人有责"的良好社会环境。

二是加快构建鼓励市民低碳行为的碳普惠机制。研究出台支持市民低碳行为的激励机制和激励措施，给予荣誉和奖励。加快推进"全民减碳"志愿工作服务体系建设，通过组建志愿者积分银行、建立志愿者星级奖励服务机制等方式，明确对市民低碳行为的奖励机制。以市民低碳出行、垃圾分类、"禁塑令"执行、企事业单位推动电能替代和节能减排等为切入点，为市民、小微企业建立"碳账户"，运用碳普惠机制，以积分兑换生活用品、再生产品、公交（地铁）免乘次数、共享单车免骑次数等形式实现对市民

低碳行为的有效激励。适时研究将市民低碳行为纳入诚信管理体系，将对市民低碳行为的奖励机制延伸到就业、住房、社保等领域。

参考文献

刘巍等：《"双碳"目标下青岛高新区低碳发展路径研究》，《中国环境管理》2021年第6期。

李政等：《"双碳"目标下我国能源低碳转型路径及建议》，《动力工程学报》2021年第11期。

陈吕军：《"双碳"目标指引中国工业园区绿色发展》，《中国环境管理》2021年第6期。

孙发平、王礼宁：《论青海实现"双碳"目标先行先试的战略导向与着力点》，《青海社会科学》2021年第6期。

黄炜：《碳达峰背景下浙江经济增长和碳排放脱钩》，《浙江经济》2021年第1期。

安琪：《"双碳"目标下我国居民绿色消费提升策略探讨》，《商业经济论坛》2022年第6期。

赵卫东、赵越：《工业领域实现"双碳"目标常见误区分析及对策建议》，《工业技术创新》2022年第1期。

吴琦：《"双碳"融入城市，推动高质量发展》，《环境经济》2022年第4期。

B.22
南宁市蔗糖产业链发展的对策

南宁市发展和改革委员会、南宁项目策划咨询集团有限责任公司联合课题组*

摘　要： 近年来，蔗糖产业的发展越来越受到国家的关注和重视。南宁市蔗糖产业综合实力强劲，排名全国前列，但产业链发展存在原料性产品比重高、精深加工水平较低、产业链短、附加值低等问题，产业的可持续发展受到威胁。本报告在分析南宁市蔗糖产业链发展情况的基础上，提出进一步推动南宁市蔗糖产业高质量发展需要聚焦糖业科技创新领域，乘势而上，找到新的增长点，在生产技术、产品品种以及蔗糖产业服务等领域积极创新，延长产业链，提升产业附加值。

关键词： 蔗糖　传统产业　产业链　高质量发展　南宁

2017 年，习近平总书记在视察广西时指出，要着力发展糖料蔗等大宗优势产品。① 2021 年中央一号文件明确指出，深入实施重要农产品保障战

---

* 课题组组长：兰捷，南宁市发展和改革委员会党组书记、主任。课题组成员：孙椿睿，南宁市发展和改革委员会党组成员、副主任；王荣姣，南宁市发展和改革委员会政策研究室主任；梁明铭，南宁市发展和改革委员会国民经济综合科一级科员；李盼盼，南宁市发展和改革委员会政策研究室工作人员；韦宇，南宁项目策划咨询集团有限责任公司董事长、总经理；张小玲，南宁项目策划咨询集团有限责任公司副总经理；方理，南宁项目策划咨询集团有限责任公司政策和发展研究中心经理；凌琼，南宁项目策划咨询集团有限责任公司政策和发展研究中心主管；彭舒芯，南宁项目策划咨询集团有限责任公司政策和发展研究中心研究人员。

① 《让"甜蜜事业"更甜蜜》，改革网，2021 年 3 月 10 日，http：//www.cfgw.net.cn/2021-03/10/content_24964316.html。

略，确保粮、棉、油、糖、肉等供给安全。李克强总理在 2021 年全国两会上会见广西代表和同年 9 月到广西考察时均表示国家将加大对糖业发展的支持。[①] 南宁市作为全国重要产糖区，糖业综合实力位于全区乃至全国前列，但是近年来，受多种因素影响，南宁市蔗糖产业可持续发展面临较为严峻的挑战。在现有基础上大力发展蔗糖产业链，保障国家食糖供应安全，既是贯彻落实中央领导同志对广西糖业发展重要指示批示精神的关键举措，也是对高质量发展传统优势产业的积极探索。

一 南宁市蔗糖产业链发展分析

（一）南宁市蔗糖产业链关键环节概况

1. 甘蔗种植环节

2021 年，南宁市甘蔗产量达 1050.00 万吨，分别占全国和全区的 9.8% 和 14.3%；崇左市 2614.16 万吨，分别占全国和全区的 24.5% 和 35.5%；来宾市 1066.25 万吨，分别占全国和全区的 10.0% 和 14.5%。与国内其他蔗糖主产区对比，广西遥遥领先，云南、广东的甘蔗产量分别排名第二、第三，云南甘蔗产量达 1583.90 万吨，其中产量最多的是临沧市，达 496.23 万吨；广东甘蔗产量达 1306.60 万吨，其中产量最多的是湛江市，达 1070.69 万吨。因此，以地级市为单位，南宁市甘蔗产量位居广西第三、全国第四，但南宁市和来宾市、湛江市产量差距较小。近年来，南宁市甘蔗产量基本维持在 1100 万吨上下，排名在全国第四左右，种植面积有萎缩趋势。

2. 制糖环节

目前，南宁市已基本形成具有较强竞争力的糖业生产体系。制糖方面，以"明阳""云欧"等为代表的蔗糖品牌质量长期保持全国领先水

---

① 《李克强在广西考察》，"央广网"百家号，2021 年 9 月 19 日，https：//baijiahao.baidu.com/s？id=1711292631242918018&wfr=spider&for=pc。

平；特色红糖、冰糖、液体糖浆、甘蔗浓缩汁、甘蔗醋饮料、糖果、药用糖等近20个产品实现了产业化生产，制糖工业总产值约为50亿元。但近些年，南宁市机制糖产量有所下降，2018/2019年榨季产量为102.03万吨，2020/2021年榨季产量为92.40万吨，降幅达9.4%。副产品综合利用方面，蔗渣浆生产绿色高档餐具，糖蜜生产附加值高的酵母、酵母提取物，滤泥生产有机肥料，蔗梢、蔗叶养殖等方面均形成一定规模，如侨旺公司生产的纸模制品远销海外。据统计，广西蔗渣的40%用于制浆造纸，60%用于糖厂锅炉燃烧发电。2021年，全区蔗渣综合利用产值达40.19亿元，比2016年的12.76亿元增长了约2.15倍；糖蜜多用于生产酵母和酒精，2021年糖蜜综合利用产值达35.17亿元，比2016年增长51.86%；广西糖厂滤泥产量约为140万吨/年，主要用于生产肥料，产业化利用率约为50%，2021年全区滤泥肥料产量为29.06万吨，实现工业总产值2.76亿元。① 技术方面，南宁市制糖自动化、智能化、数字化水平显著提升，糖厂技术装备和科技创新能力居全国、全区领先地位，南糖明阳糖厂、广糖良圻糖厂的智慧糖厂试点项目成效突出，泛糖科技"工业互联网+供应链协同解决方案"、云鸥物流公司"基于互联网+制糖供应链系统服务项目"在糖业供应链系统数字化建设方面成为典型项目。

3. 下游应用环节

据统计，我国年消耗食糖约1500万吨，用于工业消费的约占64%，用于民用消费的约占36%。碳酸饮料、冷饮、速冻食品、罐头、糖果、果汁饮料和乳制品七大类食品制造行业的用糖量占工业用糖总量的85%。② 南宁市在乳制品、果汁饮料、碳酸饮料、糖果和罐头等行业均有布局，2020年南宁市食品制造业及酒、饮料和精制茶制造业规上工业企业达89家，占全市规上工业企业总数的7.7%。

---

① 资料来源于邓延岗、雷承宝：《广西糖产业主要附加值产品现状及前景分析》。
② 《深度报告 | 2023年我国食糖消费市场调研分析报告》，泛糖科技网，2023年2月27日，https：//www.hisugar.com/home/articleContent？id=20230227709041010525214。

（二）南宁市蔗糖产业链发展的问题

1. 糖料蔗种植面积和产量萎缩，产业链可持续发展基础受到威胁

一是受限于地形地貌和小农生产模式，糖料蔗机械化收获推广程度较低，根据农业农村部对2021/2022年榨季广西甘蔗机收情况的调研，全区大中型切段式联合收获机大量闲置。机械化收获率低导致糖料蔗收割需要大量人力，而糖料蔗收购价格多年一直维持在500元/吨左右，蔗农从糖料蔗种植中获利较少，而种植香蕉、速生桉等作物或者外出务工能获取更高的收入，导致不少蔗农退出糖料蔗种植。对于糖厂而言，糖料蔗成本占食糖成本的70%以上，糖料蔗收购成本较高，广西食糖完税成本约为5500~6000元/吨，是巴西的2~2.5倍，糖厂利润空间非常有限，难以再提高收购价格，这对于糖厂和蔗农来说是目前最难以解决的问题。二是广西农业条件较为恶劣，部分蔗区地形崎岖，缺水现象较为普遍，且部分散户倾向于选择自留种，良种推广程度有限，种植条件恶劣以及良种推广率不足导致在种植面积有限的情况下难以提高产量。三是种植面积不断萎缩，糖料蔗单产提高存在较大阻碍，导致糖厂"无蔗可榨"，产能利用率大幅下降，原本利润空间就有限的糖厂进一步捉襟见肘，可持续发展面临很大困境。以南宁糖业为例，其产能利用率从2017/2018年榨季的81.8%降低至2021/2022年榨季的68.9%，糖厂亏损较为严重，不得不转让子公司香山糖厂的股权。

2. 产业链各环节产品开发利用程度较低，附加值不高

南宁市蔗糖新品开发缓慢，原料性产品比重高、精深加工水平较低、产业链短、附加值低。一是蔗糖精深加工产品种类少，未能实现高附加值应用。南宁市蔗糖产业制糖板块以白砂糖、赤砂糖为主，缺乏高附加值的深加工产品。二是副产品综合利用率较低，使用价值未能充分挖掘。南宁市成规模的综合利用项目仅有甘蔗渣制浆、糖蜜生产酒精或酵母，副产品中多种可深度应用的营养成分尚未得到应用，如甘蔗渣中能提取木糖、阿拉伯糖等有效成分。据预测，若广西将锅炉燃烧蔗渣的20%用于生产木糖和阿拉伯糖，可增加产值150亿元以上；若将全区糖蜜用于生产酵母、酵母提取物等附加值更高的产品，可增加产值 40 亿元以上；若将全区甘蔗滤泥转向生产鱼饲料，可增加产值 20 亿元以上。[①] 同时，若南宁市能充分利用区位优势、科研优势、人才优势和产业优势，则将有更好的发展前景。三是下游应用工业水平不高，无法形成带动效应。南宁市工业基础较为薄弱，食品制造业规模较小，2023 年初南宁市在业的注册资本 1000 万元以上的食品制造业企业仅有 112 家，远低于南方地区食品加工业比较发达的广州市（266 家）、漳州市（497 家）。南宁本地企业消耗的食糖有限，就地转化率较低，大部分成品糖流向广东、福建等地。并且，用于食品工业的蔗糖主要是白砂糖等传统产品，制糖企业创新意愿不高，产业升级难度较大。

3.配套服务不优，对产业链提质发展支撑力度不足

一是糖业数字化建设对全产业链资源整合的支持有待加强。南宁市蔗糖产业在制糖生产、仓储物流数字化改造方面取得了一定成效，但在糖料蔗种、管、砍、运、收等关键流程和环节的数字化水平不足，体现为订单合同无纸化备案登记和地块采集数字化程度不高，导致基于地块采集数据的良种补贴发放效率和种植技术科学化水平较低。二是产业金融政策对产业链发展的支持力度不足。一方面，南宁市蔗糖产业的财政补贴主要来自上级资金，资金总量较少且部分资金到位慢，导致政策落实面临较大阻力；另一方面，信贷政策趋紧，糖企缺乏增信措施导致融资困难，在技改项目、新建项目及糖业产业链延伸项目上缺少必要的投入，难以进一步提升产业链的竞争力。三是品牌营销服务体系建设较为滞后，未能积极利用新媒体等现代营销手段推广南宁市蔗糖系列产品。

（三）南宁市蔗糖产业链发展方向分析

南宁市蔗糖产业发展停滞甚至不断萎缩的原因一方面与全国其他蔗区一样，面临自身农业条件不足和国外低价糖冲击的双重挤压；另一方面在

---

① 资料来源于邓延岗、雷承宝：《广西糖产业主要附加值产品现状及前景分析》。

于自身对蔗糖产业关注不足，支持力度不够大，对产业升级发展给予的引导不够。面对机遇与挑战，必须先找准南宁市发展蔗糖产业的定位。一方面，南宁市是首府城市，有其自身的城市定位和功能，在种植面积方面并不具备持续扩大的优势，因此在不适宜种植的区域，可以考虑在保证国家要求种植面积的基础上适当退出，在适宜种植的区域积极推进"双高"基地、智慧蔗田建设，并推广机械化手段，提高产量；另一方面，南宁市应在聚集大量糖业科技资源的同时吸引高水平糖业科技人才，聚焦糖业科技创新领域，乘势而上，找到互补的生产领域和新的增长点，在生产技术、产品品种以及蔗糖产业服务等领域积极创新，延长产业链，提升产品附加值。

二　南宁市蔗糖产业链发展的方向

根据南宁市蔗糖产业链发展现状和医药、食品市场发展趋势，南宁市蔗糖产业可考虑在以下方向推动产业链延伸发展。

（一）"蔗糖—特色糖—食品/医药"产业链条

近年来，食品工业对个性化、定制化原材料的需求日益增长，南宁市可以发展液体糖浆、可压缩糖和药用级蔗糖等，针对细分市场提供定制化、高标准产品，如部分烘焙企业和茶饮店更偏好使用液体糖浆或者颗粒更细的砂糖，但目前国内主要生产的是固体糖，需要重新融化后使用，增加成本；并且国产砂糖颗粒较大，无法满足一些特殊需求，为此近年来我国从非食糖主产国韩国进口细白砂糖近87.29万吨。可压缩糖可以用于压片糖果，药用级蔗糖是重要的药用辅料之一，目前国内需求较大，且价格比普通的食糖要高，市场前景较好，可以考虑在满足国内需求的情况下出口创汇。在中远期，南宁市可以逐步增加对创新技术要求较低的特色糖品种如风味糖浆、药用级蔗糖等产品的产量，并逐步培育具有本地特色的食品、医药企业，发展"蔗糖—特色糖—食品/医药"产业链条。

（二）"糖蜜—益生菌—功能性食品"产业链条

甘蔗糖蜜含有丰富的营养物质，适宜作为培养益生菌的基料，为发酵过程提供能源。目前，南宁市各糖厂的糖蜜主要销售给区内酵母和酒精制造企业，国内酵母和酒精市场竞争激烈且趋向饱和，利用糖蜜拓展生产益生菌可以避开酵母和酒精市场的激烈竞争，提高糖蜜的附加值。益生菌可以广泛应用于功能性食品和饮料、膳食补充剂、动物饲料，在保健食品、婴幼儿配方食品等特殊食品中的应用也日益普遍。2019年起，我国益生菌菌株产业增长率连续4年在20%以上，2022年的市场规模接近900亿元。益生菌的下游应用以冲剂、固体饮料、压片糖果等产品为主流，各大厂商还利用益生菌概念打造了多种新锐健康食品、生活用品等，应用前景广泛。在中远期，南宁市可考虑布局特殊益生菌和益生菌下游的益生菌饮料、果蔬酵素、益生菌压片糖果等功能性食品、饮料生产，发展"糖蜜—益生菌—功能性食品"产业链条。

（三）"糖副产品—木糖/木聚糖—甜味剂及益生元"产业链条

蔗渣、蔗叶、蔗梢中含有较为丰富的半纤维素，可以用于制备木糖，木糖可以被进一步加工制成精制木糖、木聚糖、低聚木糖、木糖醇等。低聚木糖、精制木糖和木糖醇等一系列产品可广泛用于乳制品、保健品、饮料、烘焙食品、功能性饮料、功能性食品等的生产，同时木糖醇可以代替蔗糖，广泛用于加工功能性食品如糖尿病患者食品等。据研究，2022年我国50岁以上糖尿病患者有将近1亿人，但国内糖尿病患者食品市场供给不足，仍有较大的上升空间。在中短期，南宁市可探索布局木糖/木聚糖系列产品，远期则可考虑布局甜味剂及益生元产业链条。

（四）"糖副产品—聚乳酸—生物基可降解塑料"产业链条

随着政策对不可降解一次性塑料餐具提出限制，可降解塑料迎来广阔的发展前景。在可降解塑料中，聚乳酸的工艺相对成熟，具有较高的经济效益，聚乳酸制品相较于传统纸制品耐受温度更高、稳定性更高，目前广泛应用于食品级包装及餐具、膜袋类包装品等领域。据统计，2021年，我国聚乳酸的平均成交价约在每吨2.5万~2.9万元，售价大幅高于传统塑料每吨0.55万~1.4万元的价格。预计到2025年，我国聚乳酸市场规模有望达到500亿元。目前，玉米为制作聚乳酸的主要原料，而将蔗糖副产品作为聚乳酸的生产原料既可降低成本，也可减少企业对玉米的依赖。目前，南宁市蔗渣主要用于造纸和锅炉发电，蔗叶综合利用率较低，还未能发挥更大的经济效应，可探索以糖副产品制造聚乳酸，发展"糖副产品—聚乳酸—生物基可降解塑料"产业链条。

三 南宁市蔗糖产业链发展的对策建议

（一）强化创新支撑，发挥糖业科技的引领带动作用

1.积极整合糖业关键技术领域创新资源，优化合作模式

一是组建由企业主导的蔗糖产业链技术创新联盟。由政府部门引导，以制糖龙头企业或者重要研发机构为核心，联合产业链上下游企业、高等院校、科研院所共同建立创新合作组织和利益共同体，围绕产业链关键共性技术难题，以项目制等方式合理调配创新资源，分工协作、联合攻关。二是深化企业与科研机构的合作，推动有关技术突破。发挥广西双新糖业科创研究院在整合政产学研、工农商贸资源要素上的平台优势，积极联合在邕蔗糖研究机构，与中国农业科学院、云南农业科学院等研究机构探索技术合作模式。三是打造蔗糖创新技术交易平台。探索在南宁市现有的科技创新平台中嵌入蔗糖创新技术交易模块，专门对接蔗糖生产领域的创新技术供需事宜。

2.利用创新优势积极探索蔗糖产业链新技术，做好技术储备

一是打造糖料蔗种植创新高地。集聚南宁市蔗糖科研资源，围绕节水抗旱轻简栽培技术、糖料蔗机械化种植技术、宿根蔗科学护理技术等领域，加强市级科研平台与在邕糖料蔗技术研发机构的合作。二是积极探索副产品生

产过程中创新技术的开发。探索提升糖蜜处理效率，如以酵母发酵工艺提升糖蜜食品级应用价值，避免外源添加漂白粉、甲醛等化学防腐剂，进一步生产高品质酵母、活性酶、益生菌等。改善蔗渣利用生态，以开发蔗渣中的木聚糖资源为重点方向进行技术探索，争取实现木聚糖产业化。探索利用蔗渣、蔗叶中的纤维素成分制造聚乳酸及生物基可降解塑料。实现滤泥高值化应用，积极推进滤泥中蔗蜡分离技术的应用和改进。三是探索蔗糖下游应用领域的创新突破。加强跨领域科研合作，探索蔗糖与生物医药、化工材料等领域的交叉应用，为蔗糖产品多元化、高值化生产进行技术储备。

3. 加强人才储备，积极引进和培养蔗糖高层次科技人才

一是持续提升相关创新人才的培养水平。加大在邕糖业企业与在邕蔗糖研究机构在人才联合培养上的双向合作力度，推动企业和科研机构互派人员参与重大科技项目，实现科研与育人并举、出人才与出成果并重。二是灵活引进和培育蔗糖产业链高层次科技人才。以"揭榜挂帅"制为突破，建立蔗糖产业链人才需求库，探索采用"人才+项目"的方式，柔性引进市外创新型人才团队。三是有针对性地加大对重点领域技术人才的帮扶和奖励力度。

（二）扩大糖业生产创新技术应用范围，驱动传统环节提质增效

1. 积极扩大糖料蔗生产关键技术应用范围

一是加快农机农艺改进。在积极推广良种繁育的基础上，加快农机农艺配套栽培技术（如适合丘陵山地的甘蔗机械化种植技术等）推广，促进农机农艺融合，为快速、大范围推广机械化奠定基础。二是积极推进糖料蔗种、管、砍、运、收等关键流程和环节的数字化改造，奠定良种补贴和种植技术的科学化实施基础。三是持续推进良种繁育工作。积极争取政府相关项目资金，加强甘蔗良种研发，持续加大力度推广宜机高产高糖品种，争取在农业条件受限的情况下提高糖料蔗产量。四是探索蔗地合法有序向种植大户、家庭农场和农民合作社流转模式，并争取获得上级政策支持，促进集中连片甘蔗生产，培育壮大代耕代管、统防统治等生产性服务组织，以提供高效的专业化服务。五是坚定不移地推动"双高"基地建设。

2. 推动蔗糖生产技术改造与工艺改良

一是推动糖厂增加预除杂系统。突破机收蔗进料槽技术、清洁生产技术难题，解决机收蔗进料杂质多等问题，促进机械化收获的推广并降低人工成本，为糖厂争取利润空间。二是将制糖"一步法"改为"二步法"。对糖厂进行从"一步法"到"二步法"的技术改造，糖料蔗供应不足时，可以考虑进口原糖供部分糖厂生产，提高设备利用率；通过"二步法"调控蔗糖产品的种类和品质，为产品多样化和深加工打好基础。三是持续对糖厂进行"三化"（自动化、智能化、数字化）改造。支持和引导"三化"改造程度较低的糖厂开展液压翻板卸蔗、成品糖自动装缝包、机器人抓包码垛等自动化改造，持续推进糖厂全流程智能化生产和控制系统的使用。

（三）打造多元应用场景，延长蔗糖产业链

1. 构建多元化的精深加工产品体系

一是鼓励规模较大的糖厂丰富食糖产品种类。鼓励南宁糖业等糖企向生产特色糖、功能糖、营养糖、药用级蔗糖等方向转变，重点开发用途广泛、市场容量较大的甘蔗糖浆、红糖等产品；探索开发高标准砂糖，以满足个性化、定制化需求，提升产品附加值。二是各制糖厂可以依托较近的下游产业形成各有侧重的副产品加工布局。例如，武鸣区、隆安县、横州市等地距离食品加工产业集聚园区较近的糖厂可以选择以饮料、食品生产用产品为主要加工方向，提高食糖就地转化率。三是探索巩固产业链原料基础。探索集合区内如崇左、来宾和柳州等地的蔗糖及糖副产品的生产渠道和模式，回收综合利用率较低的糖厂的蔗糖或糖副产品，为精深加工奠定原料基础，并在此基础上逐步形成规模。

2. 推动下游工业产业链延伸

一是迎合食品、饮料消费新风向，打造多元化的下游产品。依托本地龙头餐饮企业大力发展本地特色肉制品、休闲食品、特色酱料、水牛奶等，同时探索引进不同种类的业务，拓展不同产品领域。二是发展精细化工产业，补齐促进蔗糖精深加工产品多元化应用的产业链环节。可以重点发展蔗糖酯

等食品添加剂，提取糖蜜中的有机酸，推动蔗糖产业向食品加工、饲料加工方向发展，进一步朝高分子材料方向延伸。三是朝加工益生菌及益生菌消费产品方向延展产业链条。探索引进相关企业布局生产糖蜜酵母、益生菌等，扩大糖蜜的应用范围并提高其附加值。四是提高滤泥的利用效率。积极利用滤泥制造饲料或生物有机肥料，推进绿色生态养殖、种植循环发展。

3. 探索向生物医药产业应用领域推进

一是重点布局药用辅料生产环节，打通蔗糖产品在制药领域的应用链条。重点引进药用级蔗糖制品、纤维素类衍生物等蔗糖相关产品生产线，探索布局下游制药企业，如在西药方面重点引进抗生素生产龙头企业，拓展蔗糖及糖副产品在抗生素培养方向上的应用；在中成药方面重点引进中药饮片生产龙头企业，提升蔗糖及糖副产品在中药片剂、药丸方面的应用。二是探索蔗糖在高值生物医用材料领域的应用。可借助蔗糖及糖副产品的高值化应用研究，探索发展医用技术，聚焦纤维素等天然高分子材料、聚乳酸等人工合成高分子材料等医用材料的进口替代需求，重点引进下游生物医用高分子材料、生物衍生材料、医用敷料龙头企业，为木聚糖、聚乳酸、蔗糖水凝胶、右旋糖酐等相关精深加工产品打开本地市场。

（四）提升产业链配套服务水平，打造蔗糖产业链供应链融合发展环境

1. 提升全流程数字化水平

一是推动糖业云平台向蔗糖产业链云平台发展。积极争取广西糖业大数据云平台在南宁试点建设蔗糖产业链云平台，在南宁糖企试点推动糖企自动化、智能化改造项目，与广西泛糖产品现货交易平台深度合作，向蔗糖精深加工产品订单交易应用延伸。二是推动蔗糖物流智能化改造。依托广西糖业大数据云平台搭建覆盖各糖料蔗种植基地、蔗糖企业与下游产业园区的智慧物流系统，应用5G、物联网等新兴技术，结合农产品溯源、订单农业，对实体产品生产进行全生命周期的追踪，提升蔗糖产业链供应链的物流效率。三是构建蔗糖产业链平台化发展生态。支持糖业龙头企业联合互联网企业、服务类企业，充分利用广西糖业大数据云平台等现有资源建设具备信息共

享、交易结算、物流配送、融资服务等多种功能的平台，形成蔗糖产业链平台化发展生态。探索建设蔗糖"虚拟"产业园，将与蔗糖产业链相关的企业、要素、数据进行整合并上云，催生糖业数字经济新业态、新模式。

2. 打造蔗糖产融创新高地

一是打造中国—东盟大宗商品交易白糖集散地。在五象新区打造中国—东盟大宗商品交易白糖集散地，根据白糖实体产业需求，不断优化金融产品和交易、交割制度。积极拓展南宁市在白糖期货交易服务方面的业务领域，提高南宁市在白糖期货交易领域的话语权。二是建立蔗糖科技金融服务中心。联合蔗糖产业链技术创新联盟和国家开发银行广西分行等金融机构，争取建设国家级蔗糖科技金融服务中心，进一步探索建立东盟蔗糖科技金融服务区域中心。

3. 做强南宁蔗糖品牌

一是建立蔗糖品牌"护城河"，打造南宁城市名片。将蔗糖打造为南宁城市名片（如推动南宁产白砂糖、红片糖、黑糖积极申请地理标志产品），结合产品溯源系统建设，打造从糖产品到种植源头可追溯的高端蔗糖精深加工产品品牌。二是打造绿色科技蔗糖品牌。大力推广甘蔗绿色生产技术，研究制定一批地方标准和企业标准，建设一批甘蔗绿色发展标准化试验区。鼓励高品质、绿色健康、富有科技感的蔗糖品牌进行创新。加大蔗糖精深加工产品在食品、化工、医药等领域的应用力度，打破蔗糖产品只有白砂糖、红糖等传统糖产品的思维定式。三是采用多种创新宣传方式打响蔗糖品牌，潜移默化地提升"南宁糖"的品牌形象。支持南宁市龙头糖企和产业链下游龙头企业打造蔗糖宣传窗口，鼓励通过微产品、微电影、微旅游等多种创新形式，联合各标志性窗口打造"甜蜜之旅"等主题旅游线路，在线上线下进行大力宣传。

B.23
南宁市发展"网红"经济的路径

南宁市发展和改革委员会、南宁项目策划咨询集团有限责任公司联合课题组*

摘　要： 互联网和数字经济的快速发展催生了"网红"经济，为城市消费复苏和经济发展带来巨大红利。本报告将2016~2021年的南宁与长沙的主要消费指标进行了对比，并对长沙市发展"网红"经济的经验做法进行了分析。针对南宁市发展"网红"经济面临的话题度不足、支撑力不强、新鲜感不够、辨识度不高等亟须解决的问题，建议南宁市从加强顶层设计、培育新兴消费业态、推动文旅产业高质量发展、转变城市营销理念等方面持续发力，探寻发展"网红"经济的路径，推动"网红"经济高质量发展。

关键词： "网红"经济　"网红"城市　长沙　南宁

　　互联网和数字经济的快速发展催生了以"网红"城市为代表的城市竞争新模式。随着长沙的"走红"，"网红"城市带来的强大传播红利和"打卡"效应，为长沙文旅产业发展和消费复苏注入强大活力。深入研究长沙发展"网红"经济的经验做法，对南宁将消费留在本地具有重要意义。

---

* 课题组组长：兰捷，南宁市发展和改革委员会党组书记、主任。课题组副组长：孙椿睿，南宁市发展和改革委员会党组成员、副主任；韦宇，南宁项目策划咨询集团有限责任公司董事长、总经理。课题组成员：王荣姣，南宁市发展和改革委员会政策研究室主任；刘巧，南宁市发展和改革委员会政策研究室副主任；刘柏秀，南宁项目策划咨询集团有限责任公司副总经理；李晚心，南宁项目策划咨询集团有限责任公司政策和发展研究中心副经理；莫冬妮，南宁项目策划咨询集团有限责任公司政策和发展研究中心研究人员；周泽钰，南宁项目策划咨询集团有限责任公司政策和发展研究中心研究人员；韦晓霏，南宁项目策划咨询集团有限责任公司政策和发展研究中心研究人员。

一 2016~2021年南宁与长沙主要消费指标对比

截至2021年底，长沙常住人口仅比南宁多140.6万人，但长沙的社会消费品零售总额是南宁的2倍多，城市消费能力远远高于南宁。通过对比2016年和2021年的数据发现，短短5年时间，长沙在人均可支配收入、接待旅游人数等指标与南宁差距不大的情况下，通过打造"网红"城市推动社会消费能力高速增长，2021年在新冠疫情冲击下成功扛住经济下行压力，实现社会消费品零售总额5111.60亿元，增速高达14.4%，与南宁的差距不断扩大（见表1）。

表1 2016年和2021年南宁与长沙主要消费指标对比

主要消费指标	2016年			2021年		
	长沙	南宁	长沙/南宁(%)	长沙	南宁	长沙/南宁(%)
常住人口（万人）	859.00	787.00	1.09	1023.90	883.30	1.16
人均可支配收入（万元）	3.78	2.29	1.65	5.56	3.27	1.70
社会消费品零售总额（亿元）	3481.98	1846.54	1.89	5111.60	2364.20	2.16
接待旅游人数（亿人次）	1.25	0.96	1.30	1.82	1.37	1.33
旅游总收入（亿元）	1534.80	918.67	1.67	1926.44	1529.14	1.26

资料来源：南宁、长沙历年统计年鉴。

二 长沙发展"网红"经济的经验做法

"网红"长沙的崛起，既是利用新媒体开展城市营销的胜利，也是丰富高质量消费产品供给、营造优质消费环境等多种因素共同作用的必然结果。

一是善于开展城市品牌塑造和主题推广工作。《长沙市"十四五"文化和旅游融合发展规划（2021—2025）》明确提出，将"山水洲城、快乐长沙"作为长沙"城设",支持企业孵化培育城市 IP 并开展城市主题推广。围绕城市 IP 谋划消费产品,依托橘子洲、湖南卫视等知名城市 IP,策划橘子洲音乐焰火晚会、马栏山视频文创产业园等文旅消费项目。借助新媒体和社会力量开展城市营销,2021 年长沙市委宣传部联合湖南广电新闻中心推出的《送你一支浏阳河 奋斗的你最青春》宣传片,用"城市巨幕 KTV"的形式邀请橘子洲游客参与互动。长沙天心区政府联合天心区国资公司成立了湖南天鑫优服企业服务有限公司,并成功联合长沙文和友等"网红"品牌策划推出"不超级文和友"等热门项目。

二是主动做好顶层设计和服务。出台前瞻性产业培育政策,先后出台了《关于大力发展"她经济"的若干意见》《关于支持"品牌首店"入驻雨花区的若干措施(试行)》《关于加快推进夜间经济发展的实施意见》《长沙市推进会展业高质量发展的若干措施》等政策文件,鼓励各类新兴业态蓬勃发展。引导消费产业集聚,截至 2021 年,长沙五一商圈拥有商业街 20 多条、商业网点 2 万多个,商业综合体占全市的 2/3 以上,构成了"一圈多点"的吃喝玩乐购产业链。助力企业打造品牌,长沙质量强市工作领导小组办公室牵头编印《长沙市品牌建设政策汇编》《长沙品牌质量手册》,组织开展长沙"品牌建设年"活动并根据政策对获奖企业进行奖励。据统计,近年来长沙每年投入品牌建设资金超 1 亿元,全市质量品牌保有量达 754 个。① 塑造良好的消费环境,通过建立湖南首个夜间经济服务中心、制定推出《夜市商户经营手册》、试点双休日和节假日期间免费开放机关单位地上停车位、建立"公安+商铺+社会""三位一体"防护体系等举措,营造便利的消费环境。

三是大力培育新兴消费业态。以科学规划、精细管理护航夜间经济,推进重要商圈、地标建筑夜景亮化并形成联动组团,科学引导夜间经济向商业中心区、有消费传统的区域集中,推出湘江水上旅游航线、全国首个非遗夜市和 500 多家夜间文娱场所。以首店经济拓展消费新版图,出台《长沙市芙

① 资料来源:湖南省市场监督管理局。

蓉区关于支持长沙国金中心招大引强的若干措施》等政策，为在长商场引入品牌首店提供政策支持。据不完全统计，2021 年长沙引进品牌首店达 146 家，成为全国首店最密集的十大城市之一。① 以"她经济"探寻消费新视角，在全国率先出台《关于大力发展"她经济"的若干意见》，提出打造更多女性消费场景。2022 年妇女节期间，长沙九龙仓时代奥莱推出"花 young 女神"女性主题沙龙，推动商场客流比平时增长 1.5 倍以上，销售同比增长 98%。②

四是着力打造本土消费特色。以特色化改造带动传统商场消费，2018 年以来，长沙认真落实时任市委书记胡衡华关于"精细化、景观化、人性化、时尚化"的商圈提质改造要求。目前，长沙国金中心（以"商业+文化"为卖点）、万家丽广场（以"长沙最大体量购物中心+传统文化"为卖点）、海信广场（以超级文和友、Zoolungzoolung 动物主题公园等"网红"项目为卖点）等主要商场已形成特色鲜明的差异化发展格局。引入社会资本打造高质量娱乐项目，先后推出湘江欢乐城冰雪世界（世界最大的室内冰雪乐园）、梅溪不夜城（对标大唐不夜城打造的国潮创意夜市）、华谊兄弟电影小镇（拥有密室大逃脱公馆）等多个切合时下消费热点的大型娱乐项目。鼓励企业开发富有"长沙味"的周边产品，黑色经典、茶颜悦色等长沙本土"网红"品牌结合当下年轻人消费需求积极开发各类特色伴手礼。以茶颜悦色为例，已开发的周边产品有 100 多个品种，2021 年销售额超过 10 亿元。③

五是释放本地居民和外地游客消费活力。控房价、提收入，让本地居民愿意消费。2018 年以来，长沙通过出台"6·25"反炒房 9 条政策以及实施"限房价、竞地价"等举措，在控房价方面取得显著成效并获住建部表扬推广。据统计，在 38 个核心城市中，长沙的家庭居住负担指数最低，越来越鼓的钱包为长沙人消费提供了足够的底气，2021 年长沙人均消费支出在全国 35 个城市中位列第七（中部城市第一）。④ 打造亲民饮食消费路线，让外

① 资料来源：长沙发布公开报道。
② 资料来源：《潇湘晨报》公开报道。
③ 资料来源：长沙市商务局。
④ 资料来源：贝壳研究院《2021 新一线城市居住报告》。

地游客放心消费。茶颜悦色、文和友等热门"网红"品牌大部分产品在 30 元以下，据 2022 年大众点评发布的长沙"必吃榜"，长沙上榜美食人均消费为 71 元（南宁为 84 元），长沙美食低廉的价格让全国各地游客均能放下顾虑安心消费、充分体验。

三 南宁发展"网红"经济亟须解决的问题

近年来，借助抖音等新媒体的东风，南宁的知名度不断提升，2020 年南宁城市形象短视频在抖音的播放量突破 30 亿次，[①] 位列全国第十，并成功培育了轩妈、阿嬷手作等一批本土"网红"品牌。但整体来看，南宁"网红"经济正处于萌芽阶段，仍存在一些问题。

（一）话题度不足，城市营销未适应新的传播规律

一是缺乏鲜明的城市品牌，概念化的城市宣传模式对年轻消费者的吸引力不足。长期以来，南宁一直以"中国绿城"等概念化的宣传模式为主，不符合短视频标签化的传播规律，对年轻消费群体的吸引力不足。抖音大数据显示，2022 年上半年，在抖音搜索"长沙旅游"的 30 岁以下用户占比高达 78%，而南宁仅为 64%。[②] 二是把握热度开展城市宣传的能力较弱。近年来，南宁曾因"电动车"等话题在抖音走红，但由于政府未乘势而上开展城市营销，使话题流量没有转化为城市宣传流量。南宁官方在抖音上发起的"老友南宁"话题相关视频播放量仅为 136.5 万次（南宁"电动车"相关视频播放量约为 4000 万次）。[③] 三是宣传方式不够丰富。目前，南宁仍采用由政府主导的广告、标语等宣传方式，对短视频、电影、综艺、纪录片等多种形式的宣传手段利用不足。

---

① 资料来源：抖音、头条指数与清华大学国家形象传播研究中心城市品牌研究室联合发布的《短视频与城市形象研究白皮书》。
② 资料来源：抖音大数据平台巨量算数。
③ 资料来源：抖音 App。

（二）支撑力不强，"网红"城市构建要素保障不足

一是消费业态顶层设计不优，规划布局与城市规划融合度不足。现有消费业态集聚度不足，朝阳商圈、万象城商圈行业格局分散、品牌雷同度高、整体规模偏小。新兴消费缺乏全市层面统筹考虑和规划，部分项目与城市交通规划、城镇化规划匹配度不高。例如，五象楞塘村夜市起初由民间自发形成，后由于道路施工问题而被迫关闭，原有商户分流后仍面临夜市摊位不足、附近居民投诉严重、交通便利度不高等问题，夜市人气大不如前。二是物价与居民收入倒挂。2016～2021年，南宁的居民消费价格指数总体高于长沙（见图1），但南宁的人均可支配收入却远低于长沙（见图2），收入与物价的倒挂让南宁居民的消费潜力难以释放。三是产业发展要素不足。南宁针对新兴消费业态的支持政策较为滞后、不够细化，缺乏具备从设计产品到打造周边业态的整体运营经验的高素质人才。

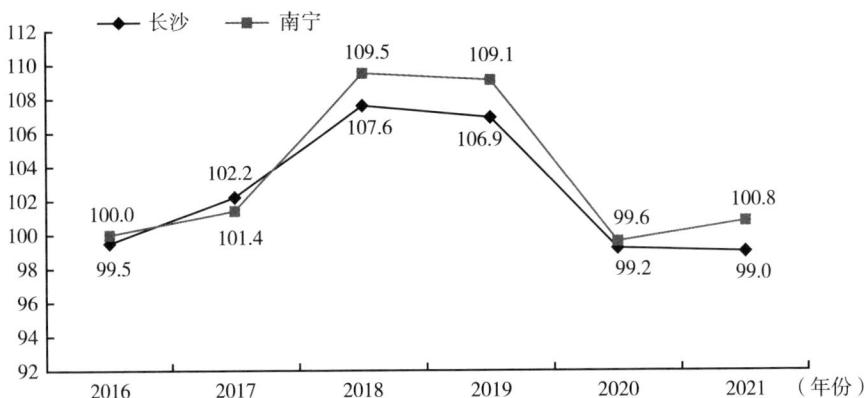

图1　2016～2021年南宁与长沙居民消费价格指数对比

资料来源：南宁、长沙历年统计年鉴。

（三）新鲜感不够，业态不契合消费者需求

一是消费业态相对单一。南宁的夜间经济同质化严重，仍停留在餐饮、购

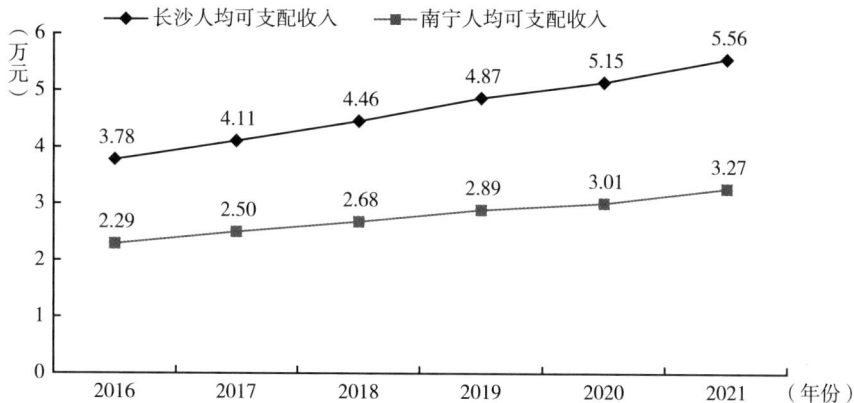

图 2　2016~2021 年南宁与长沙人均可支配收入对比

资料来源：南宁、长沙历年统计年鉴。

物等传统领域，夜间展览、夜游节庆、夜间文旅演出等业态规模偏小，缺乏地域特色鲜明的消费场景和有代表性的夜间项目。新兴消费业态培育不足，对市内露营、冰雪运动、小众服饰①、脱口秀等新兴消费需求的敏感性和引导性不足，新兴消费业态仍处于市场自发生长阶段。二是重点商圈定位雷同。万象城、航洋城、百盛综合体等重点商圈品牌重合、业态相似，难以满足不同人群的消费需求。三是本土品牌的知名度不足。复记老友、甘家界等传统老字号品牌的知名度有待提升，阿嬷手作、轩妈等新晋"网红"品牌并未如茶颜悦色、超级文和友一样带来"打卡"效应，阿嬷手作深圳、上海分店的热度比南宁总店更高。

（四）辨识度不高，文旅产业缺乏南宁特色和吸引力

一是文旅融合理念相对滞后。南宁市虽然于 2016 年出台了《关于促进旅游与相关产业融合发展的实施意见》，但并未编制专项规划，在完善空间布局、培育产业体系、优化市场环境等方面与长沙②相比理念较为滞后。二

---

① 小众服饰：指 lolita、汉服、JK 制服、古着等。
② 2021 年，长沙针对文旅融合专门出台了《长沙市"十四五"文化和旅游融合发展规划（2021—2025）》，提出深挖长沙独特文化价值体系、塑造长沙文旅 IP 的理念，并将大力开展城市主题推广列为重点任务。

是高质量文娱项目数量少。缺乏与"中国绿城""壮乡首府"等城市品牌相对应的精品文旅项目,现有娱乐项目规模小、数量少、质量不高、噱头不足、分布不均,让外地游客在南宁有种"无处可玩"的感受。三是旅游文创产品的文化挖掘力度不足,各景区旅游纪念品差异性不大、附加值不高,甘家界等本土品牌开发的周边产品种类较少,旅游纪念品及伴手礼市场参差不齐、缺乏辨识度,对游客消费的吸引力不足。

四 南宁市发展"网红"经济的路径

(一)加强顶层设计,优化"网红"城市发展环境

一是出台南宁市打造"网红"城市"1+N"政策。"1"即南宁市打造"网红"城市、支持新型消费产业发展的总体指导意见,"N"即围绕支持首店入驻及营运、整合及优化城市旅游路线、鼓励重点商圈引进品牌首店或潮店、加强商业网点和商圈规划布局统筹、建立差异化老字号企业支持政策、与行业协会联合加强产业宣传等方面出台细化支持措施。

二是厚植大众创业、万众创新的沃土。优化现有初创人员培训方式,在现有 SYB 创业培训的基础上,引导、鼓励定点培训学校主动吸纳社会上具有创业意愿和相应条件的人员开展创业培训。加大初创企业补贴力度,探索将取得南宁市创业培训结业证书的人员列入初创企业补贴对象范围,并针对夜间经济、"网红"潮店等新业态适度提高创业企业补贴标准。组织初创企业资本对接会,由人社部门牵头,筛选市内具有发展潜力及融资需求的优质初创企业,通过企业路演、机构交流等形式,定期组织企业与创投机构、金融机构开展融资对接会。

三是支持本土消费企业打造品牌。加强品牌建设政策引导,梳理国家、自治区及南宁市支持企业打造品牌的相关政策,形成政策汇编并通过公开发布形式主动向社会公布。创新品牌建设服务机制,依托市产投

集团成立消费产业发展运营公司并推出消费企业服务平台，为在邕消费企业提供项目策划、市场资源对接、信贷融资、人力资源管理等全生命周期服务。鼓励南宁市老字号品牌与新兴"网红"品牌成立企业联盟，通过产品捆绑销售、品牌跨界合作等方式，引导餐饮、文旅、商贸等消费行业实现资源共享。充分发挥政府的引导作用，通过发布消费券、举办政企及企企交流会、推广生活性平台及新媒体等方式，为优质本土消费企业引流。

四是加大城市品牌推广和人才培养力度。支持南宁本土平台企业整合文旅、消费资源，充分发挥平台企业对本土优质旅游消费资源的宣传作用。建立南宁新兴消费产业人才资源库和合作企业库，实施文旅企业倍增发展计划，积极为文旅企业提供创业孵化和金融服务等支持，鼓励小型文旅企业朝"专精特新"方向发展。推行"城市文旅合伙人"计划。开展"南宁年度网络红人""文化名家工作室"等评选活动，依托驻邕高等院校、职业学校、科研院所和大中型企业，建立健全多层级、多类型、多模式的人才培训体系，加强文旅融合、城市品牌策划包装。

（二）培育新兴消费业态，打造多样化"网红"经济

一是发展多样化夜间经济。以发展东盟美食为重点擦亮夜食招牌，引导东南亚餐饮业态在东盟商务区集聚，引进东南亚知名品牌餐厅，着力打造东盟特色美食一条街。打造夜间文创经济，依托大树生活节、青秀区创意生活节聚集文创艺术工作者，打造原创卖场、艺术展览、艺术分享会、文创市集等文创产业。丰富夜间主题沉浸体验场景和业态，利用东盟商务区、五象总部基地的高楼、灯光打造"赛博朋克"特色街区。以剧场、艺术馆、Livehouse、24小时书店等新业态为重点，丰富沉浸式剧场、乐队现场等体验场所。探索延长漓江书院、万方书店以及夜间博物馆和科技馆的开放时间，开展文物绘本涂色、传统非遗技艺体验、博物馆里寻宝夜宿等活动。

二是培育都市深度户外游，打造户外休闲经济。充分利用现有资源，培

育壮大溯溪①、路亚②、探洞③、浆板、骑行等新兴户外活动。把握城市骑行新潮流，规划连接邕江、孔庙、青环路、古城路、思贤路、水街等沿江路及老城区的"城市骑行+Citywalk④"路线。依托大明山、下水源等自然山水资源，培育露营、皮划艇等户外深度体验活动。盘活大明山、六景霞义山滑翔伞基地等现有休闲旅游资源，培育滑翔旅游。支持体育场馆多功能使用，发展极限飞盘、腰旗橄榄球、陆地冲浪板、迷你排球等时下新兴的运动项目，支持成立各种运动俱乐部、社群。

三是聚焦年轻人消费需求，打造"网红"街区和品牌经济。打造"网红"品牌集聚区，将南宁水街、中山路美食街、"三街两巷"历史文化街区等老字号品牌发源地打造为南宁老字号品牌集聚区，将康乐青山·江畔小镇、南宁之夜等基础较好的新兴消费集聚区打造为"网红"样板街区。依托东盟博览会等展会活动定期举办邕系美食推广活动，通过美食擂台、厨艺比拼、厨艺表演、精品桂菜品尝、非遗美食制作等活动，打响"美食南宁"品牌。唤醒"老南宁"品牌意识，建立南宁老字号品牌名录，推动老字号品牌入驻重要商圈及旅游景区，设立直营店、集成店、"快闪店"等业态，将老字号品牌培育成新的消费热点。助力"网红"品牌成为"长红"品牌，重点支持阿嬷手作等具有市场影响力的新晋"网红"品牌提质扩容，加强新晋"网红"品牌与城市的营销捆绑，推动"网红"品牌推出"南宁独有"产品。

四是利用传统民俗节庆打造节庆经济。以"文化+节会"方式突出"壮乡"文化，如依托横州茉莉花节策划民族服饰赏花活动，穿插古法制茉莉花香膏、投壶、手作永生花等活动，创新茉莉文化、壮文化、那文化等传统

---

① 溯溪：是从登山运动中独立出的一项户外探险项目，指沿着峡谷溪流逆流而上，克服地形上的各处障碍，最终到达顶点的探险活动。

② 路亚：取名来源为 Lure 的音译，是一种模仿弱小生物引发大鱼攻击的新式钓鱼方法。路亚起源于国外，在欧洲非常盛行，目前在我国逐渐成为钓鱼界新潮流。

③ 探洞：洞穴探险，也叫洞穴探索，泛指进入地表下的洞穴空间内部进行探索及探险的活动。

④ Citywalk：一种新兴旅游方式。指的是几个人一起在专业讲述员的带领下，有计划地进行城市行走或城市漫步，从历史、地理、人文、风俗等各方面感受一座城市鲜活的生命力。

文化的表达方式。还原端午、中秋等传统节庆文化，加强对中秋青秀山花灯节等特色节日的宣传，将节日 IP 化、人格化，把传统文化元素融入可触摸、可亲近、能体验、能参与的各类文化旅游活动之中。积极打造本地音乐节品牌，将绿野音乐节对标草莓音乐节、迷笛音乐节，邀请知名乐队，提升全国曝光度和接纳度。

（三）推动文旅产业高质量发展，提升辨识度和吸引力

一是根据不同目标群体的消费需求推出多样化的文旅产品和旅游路线。将"南宁夜游图鉴"向美食、购物、观光等多个方向拓展，梳理推出一批"必吃""必住""必玩""必购""必看"的高质量文旅消费项目。科学统筹南宁文旅项目、交通、特色美食、住宿等各类资源，围绕年轻群体、中老年群体等不同消费群体，策划推出"网红打卡"路线、家庭亲子游路线、休闲康养路线等多样化的主题旅游路线，并在抖音、小红书等平台进行推广。

二是推动现有商业综合体错位发展，打造智慧商圈体系。明确重点商业综合体的发展方向，如万象城以"中高端购物+文化展览"为重点，积极引进品牌走秀、时尚展览、室内剧场（脱口秀）等业态；航洋城以"生活服务+特色展览"为重点，依托邻近会展中心的优势，重点引进综合类大型亲子体验项目、24 小时书店、动漫周边、电竞等业态；百盛综合体则以"网红潮店+老南宁特色"为重点，重点引进国潮品牌、音乐酒吧、特色餐饮、小众服饰、买手店、非遗体验等业态。设立特色化发展基金鼓励商业综合体进行特色化改造，出台南宁市支持商业综合体错位发展的指导性意见，明确市内重点商业综合体的发展定位、重点引进业态、补助标准等。在南宁产业高质量发展基金中设立商业综合体特色化发展基金，扶持商业综合体引进特色业态项目。推动构建智慧商圈体系，推动现有商圈与零售、餐饮、文化、旅游、体育、娱乐等业态协同发展。优化商圈布局，推动商业综合体与周边步行街等业态连成一片，逐步构建线上线下互动、服务体验融合、商旅文体协同、便捷化智能化的智慧商圈体系。

三是通过挖存量和促增量，打造一批高质量文娱项目。推动广西艺术中心、广西体育中心、南宁国际会展中心等地标式建筑向公众免费开放。通过在南宁大桥、南宁图书馆、广西艺术中心等特色建筑布置"网红"打卡点、"网红"展览等方式，推动广西艺术学院、广西文学艺术界联合会等在地标建筑、特色建筑举办艺术演出、展览等活动，打造常态化的展览演出模式，吸引本地居民及游客"打卡"。挖掘现有项目的"网红"潜力，通过改造特色建筑，引入"网红"咖啡店、古着买手店、特色酒吧、音乐俱乐部等新兴业态，提升消费者的参与感，盘活民歌湖、邕江夜游等存量消费项目。积极促进社会资本投资大型文旅项目，转变"搞文旅项目就是搞房地产"的传统思路，着力优化社会资本投入文旅产业的政策环境，积极引入国内有实力、有丰富运营经验的社会资本和民营企业，打造精品化、专业化、具备区域影响力的高质量文旅项目。

四是将城市文化融入文创产品设计，提升文创产品附加值。鼓励老字号企业开发特色品牌商品，推动甘家界等老字号与"网红"品牌联名推出新产品。丰富文创产品类型，可以利用广西传统节日开发节日装饰、礼服、首饰、器物等，如推出朱瑾花团扇、油纸伞、南宁地标建筑立体拼图等具有互动性的文创产品。积极鼓励在邕艺术院校、协会等团体以及社会各界人士参与南宁本土文创产品的开发。

（四）转变城市营销理念，引入社会力量做好城市品牌推广

一是构建"政府+专业宣传顾问"的城市营销模式。由市委宣传部、文广旅局等相关部门牵头，组建由内部专业团队和外部咨询顾问（包含自媒体、广告传媒、旅游、投资、公共服务顾问等）共同组成的南宁城市品牌推广协调小组，负责整体统筹、推进城市品牌营销工作。下设综合办、城市规划组、旅游组、投资组、宣传组等多个小组，通过实时监测、收集社会热点，将热点融入城市营销。建立务实清晰的工作机制，促进专业对接、精细植入、有效传播。

二是打造鲜明立体的城市名片。将"老友南宁"作为南宁城市名片和

整体宣传理念，进一步发扬"能帮就帮，敢做善成"的"南宁精神"。探索将城市名片与热门 IP 相结合，加强"电动车""南普""老友粉""南宁酸嘢"等城市热门标签与"中国绿城""壮乡首府"等城市名片的内在关联。在抖音、微博等新媒体围绕城市特色设置"15 秒认识南宁""电车带你游南宁"等挑战话题及"南宁食咩嘢""最 ging 南宁夜生活"等相关话题，有意识地进行城市形象选题策划，形成有规模、成系列的专题策划，深入挖掘南宁特色景观及其背后故事，打造立体饱满的城市形象。

三是塑造与传播规律相适应的营销理念，利用新媒体做好城市营销工作。主动适应新时期城市宣传突出趣味性、接地气的要求，在思维上以对话替代宣传，在内容上以故事替代信息，在叙事上以演艺替代复述，并通过在宣传视频中植入城市音乐、本地美食、独特景观景色、政府形象等元素，立体呈现城市形象。[①] 正视"网络红人"的传播效应，积极邀请"康仔农人""阿基基米德"等"网络红人"参与城市宣传。参考《守护解放西》《去有风的地方》等影视综艺对城市文化的宣传作用，积极邀请各类综艺、电影在南宁取景拍摄，并将南宁特色、老友文化融入节目，打造立体化的传播矩阵。参考纪录片《寻味顺德》拍摄南宁美食纪录片，介绍老友粉、扣肉糯米饭等特色美味，发展城市"打卡"经济。

---

① 据《短视频与城市形象研究白皮书》统计，包含当地特色美食、独特景观、政府正面形象等内容的视频更容易成为"爆款"视频。

B.24
南宁市发展露营经济的对策

南宁市发展和改革委员会、南宁项目策划咨询集团有限责任公司联合课题组*

摘　要： 近年来，露营旅游休闲行业快速发展，露营从一项小众户外运动发展成风靡全国的休闲活动，成为文旅消费复苏"新顶流"。本报告在梳理南宁市露营经济发展现状的基础上，针对南宁市露营经济的顶层设计、产业链构建、消费模式等方面展开分析，提出推动南宁市露营经济由市场自发向政府引导转型、由单纯户外游向多元深度游转型、由短期游向长期游转型、由单一产业经济向多种业态经济转型的"四个转型"思路。同时，在加强行业顶层设计、推动露营相关产业链发展、完善"露营+"场景和产品体系、优化露营经济发展环境、加大宣传力度、鼓励行业发展等方面提出推动南宁市露营经济实现转型发展的对策建议。

关键词： 露营经济　新消费业态　南宁

　　近年来，露营旅游休闲行业快速发展，露营从一项小众户外运动发展

---

　*　课题组组长：兰捷，南宁市发展和改革委员会党组书记、主任。课题组成员：孙椿睿，南宁市发展和改革委员会党组成员、副主任；刘巧，南宁市发展和改革委员会政策研究室副主任；韦宇，南宁项目策划咨询集团有限责任公司董事长、总经理；刘柏秀，南宁项目策划咨询集团有限责任公司副总经理；莫冬妮，南宁项目策划咨询集团有限责任公司政策和发展研究中心研究人员；方理，南宁项目策划咨询集团有限责任公司政策和发展研究中心经理；朱晓丹，南宁项目策划咨询集团有限责任公司政策和发展研究中心研究人员；周泽钰，南宁项目策划咨询集团有限责任公司政策和发展研究中心研究人员；彭舒芯，南宁项目策划咨询集团有限责任公司政策和发展研究中心研究人员。

成风靡全国的休闲活动，已成为无数市民"家门口的诗与远方"和文旅消费复苏"新顶流"。2022 年 11 月 7 日，国家体育总局、文化和旅游部等 8 部门联合制定的《户外运动产业发展规划（2022—2025 年）》14 次提及"露营"，明确提出优化露营产品供给。2022 年 11 月 13 日，文化和旅游部等 14 部门联合印发首部关于露营旅游发展的专项指导意见——《关于推动露营旅游休闲健康有序发展的指导意见》（以下简称《指导意见》），指出要顺应人民群众旅游休闲消费体验新需求，扩大优质供给，推动露营旅游休闲健康有序发展。深入研究露营经济，借助露营消费的东风加速推动相关产业及业态在本地布局，对南宁促进和扩大消费具有重要意义。

一 露营经济总体发展情况

根据《指导意见》，露营旅游休闲是在户外使用自备或租赁设备，以休闲游憩、运动娱乐、自然教育等为主要目的，在有明确范围和相应设施的营地场所驻留的活动。露营经济则是围绕露营旅游休闲产生的相关消费。

（一）露营经济发展趋势

据统计，2021 年中国露营经济核心市场①规模达 747.5 亿元，② 同比增长 62.5%，带动市场③规模为 3812.3 亿元，预计 2025 年中国露营经济核心市场规模将上升至 2483 亿元，带动市场规模将突破万亿元。截至 2022 年 11 月，露营相关企业约有 6.87 万家，其中，2021 年至 2022 年上半年新增露营相关企业 3.75 万家，④ 占总量的 54.6%。露营快速发展带动相

---

① 核心市场：指帐篷、睡袋、露营炉具等与露营旅游休闲活动直接相关的消费市场。
② 资料来源：艾媒咨询。
③ 带动市场：指与露营旅游休闲相关消费行为间接关联，或通过露营旅游休闲消费行为后向拉动产生的消费市场，如交通运输、商贸旅游等。
④ 资料来源：企查查。

关经济及产业迅速增长，以露营经济相关上市公司营业收入为例，户外用品上市公司牧高笛 2022 年前三季度实现营业总收入 11.58 亿元，增长60%。

（二）露营产业链情况

露营产业链上游主要包括营地选址、建设、运营及原材料供应，代表企业有大热荒野、嗨 King、ABC Camping Country 等；中游由露营活动相关装备及服务的生产商组成，包含露营硬件设备、露营食品、衍生产品①等，代表企业有浙江自然、牧高笛、探路者、三夫户外等；下游主要为露营相关消费场景及宣传等服务的提供商，包含淘宝、拼多多等线上销售平台以及迪卡侬等线下销售渠道，携程、马蜂窝等在线旅游平台，小红书、微博等大众社交媒体平台，或专做露营相关内容的旅游 App、专业型露营分享社区等垂直社交平台，如觅野 CAMP、野地游小程序等。露营作为一种旅游新业态，产业带动作用很强，有助于拉动经济增长、促进产业融合发展（见图 1）。

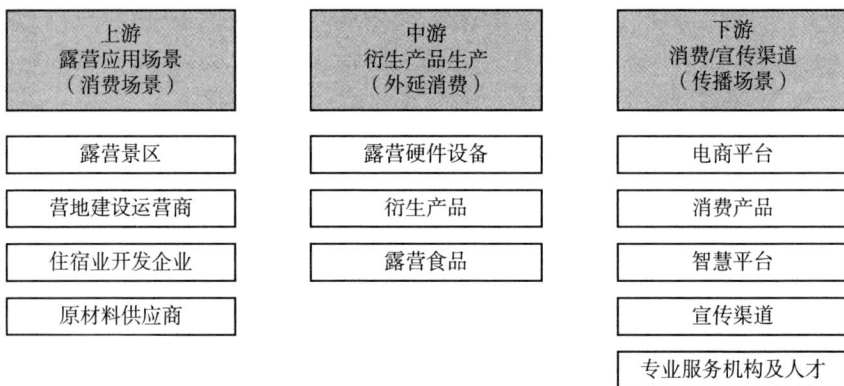

上游 露营应用场景 （消费场景）	中游 衍生产品生产 （外延消费）	下游 消费/宣传渠道 （传播场景）
露营景区	露营硬件设备	电商平台
营地建设运营商	衍生产品	消费产品
住宿业开发企业	露营食品	智慧平台
原材料供应商		宣传渠道
		专业服务机构及人才

图 1　露营产业链

资料来源：根据公开资料整理。

---

① 衍生产品：包括露营装备、服饰、智能产品等。

二 南宁市发展露营经济的基础

（一）南宁发展露营经济的条件优势

南宁位于北回归线以南，地理位置优越，阳光充足，夏长冬短，全年平均气温 21.8 度，拥有"中国绿城"的美誉，具备发展露营经济的天然优势。南宁是国家全域旅游示范区、首批国家文化和旅游消费试点城市，文化旅游资源丰富，全市拥有 6 个广西全域旅游示范区、广西特色旅游名县，82 家国家 3A 级及以上旅游景区，具备发展露营经济的自然资源基础。南宁旅游总人数和旅游总消费多年排全区首位，是国内"睡得最晚"的城市之一。2021 年，南宁接待游客 1.37 亿人次，旅游总收入达 1529.14 亿元，夜游、夜娱、夜购、夜宵构成了南宁丰富的夜生活，"三街两巷"和邕江南岸片区入选首批国家级夜间文化和旅游消费集聚区，具备发展露营经济的消费基础。

（二）南宁露营经济发展现状

当前，露营已成为南宁市民周末、节假日出行的主要选择之一，露营消费已悄然成势。

一是出台相关政策支持露营经济发展。《南宁市人民政府办公室关于加快发展夜间经济的实施意见》提出，利用园博园、青秀山旅游资源，打造户外露营活动场所，开展帐篷节等夜游节庆活动，支持建设民宿、木屋、汽车营地等多元化的住宿设施；《南宁市全域旅游促进条例》提出，鼓励和支持旅游经营者按照相关标准建设汽车旅游营地、露营地。这为露营经济的发展营造了良好的政策环境。

二是营地数量迅速增长并培育了一批本地企业。据不完全统计，南宁市区及周边县区共有约 120 个露营地，其中，12 个露营地由国有企业或景区运营管理，其余皆由民企、私人运营或处于无人管理状态。[①] 目前已初步形

---

① 资料来源：根据公开资料整理。

成良庆大王滩水库区域、武鸣大明山区域、上林下水源区域以及邕江两岸和各大公园等露营集聚区。截至2023年2月，南宁市露营相关企业（企业名称、经营范围包含"露营"字眼）共有1057家，1年内增加了416家，并且孵化了野行野宿、青芒露营等具有代表性的本土营地建设运营企业。①

三是露营拉动相关产业发展，带来新的经济增长点。户外露营相关产品消费持续火热，带动户外装备、防晒产品以及卡式炉、预制菜、速食等露营相关配套产品消费快速增长。南宁市内多家销售户外用品的商店出现了帐篷脱销的现象，以迪卡侬南宁民族东店为例，对比2021年同期，2022年清明和"壮族三月三"假期期间露营产品的整体销量增长了约5倍，露营车、天幕等配套产品销量增长超10倍。2022年春节期间，南宁旅发青山下CAMP和南宁旅发邕江畔CAMP户外露营基地累计接待约1600人次。顶蛳山汽车营地半年游客接待量达6万多人次，营业额达120多万元。

三　南宁市发展露营经济存在的问题

整体来看，南宁露营经济目前处于发展较为粗放的初级阶段。

一是顶层设计不完善。缺乏全市产业发展规划及行业准入标准，企业自行选址建设营地容易引发耕地、林地等土地占用合规性问题；未针对营地的开发建设及日常运营建立监管体制；未建立露营经济相关统计指标体系并统一纳入旅游业数据统计，露营经济效益未能充分显现。

二是产业短链、缺链。南宁露营产业目前主要集中在营地建设运营以及相关消费等上游环节，帐篷、服饰、露营衍生产品等产业链中游露营装备生产制造环节及下游宣传运营环节的企业少、产业基础薄弱。

三是产品主题和消费模式单一。现有露营产品多以烧烤聚会、拍照、简单活动为主，且以传统露营场地门票收益为主要收入，缺乏专业人才，跨界融合和资源整合不足，拉低了营地的复购率。部分营地重营销、轻内容，宣

---

① 资料来源：企查查。

传仅凭借"打卡""出片"等特点，变成一次性"网红打卡地"，产业消费未能形成良性循环。

四是露营体验有待提升。营地运营服务管理能力参差不齐，收费管理混乱；垃圾收储、污水排放等配套基础设施建设不完善，安全监管、应急处理等关键环节未建立相应的规范和标准。同时，游客的绿色露营意识宣传有待增强。

四 南宁市发展露营经济的对策建议

借鉴杭州、湖州等国内露营经济头部城市的经验做法，推动南宁市露营产业实现"四个转型"：一是由市场自发向政府引导转型；二是由单纯户外游向多元深度游转型；三是由短期游向长期游转型；四是由单一产业经济向多种业态经济转型。特提出以下对策建议。

（一）加强行业顶层设计

一是推动行业聚集性发展。将现有营地划分为经营性营地和公共营地两大类，并做好分类管理。合理安排营地空间和配套设施用地，统筹纳入市级详细规划，需要独立占地的公共和经营性营地建设项目应当纳入国土空间规划。扩大高质量营地供给，在符合城市管理要求的前提下盘活闲置公共空间、建设公共营地，评估现有自然保护区、景区的生态环境承载力，合理划定露营休闲功能区，鼓励在水域、森林、山地等优势地区及其他有条件的户外空间增设专门的公共露营区域。支持经营性营地项目建设，鼓励国有企业与社会资本合作开发、建设、运营营地，推动良庆大王滩水库区域、武鸣大明山区域、顶蛳山汽车营地等现有营地做大做强。

二是出台露营经济相关标准及专项政策。出台南宁市露营营地健康发展指导意见，针对营地选址建设、运营管理、安全应急管理、设施管理、游玩管理等方面明确标准和要求，并明确各部门管理职责。针对露营消防、卫生、食品、环保、防灾等重点方面，出台营地景区化安全方案、营地景区化管理办法等相关细则，引导行业规范发展。制定营地星级评价标准，针对营地建设、运营管理以及安全应急等方面制定市级标准，由行业主管部门牵头组建评定委员会，定期对现有营地开展评定及授牌工作；建立露营及户外运动产业统计制度和标准指标体系，包含露营服务、露营及相关产品制造、露营场地设施建设等产出指标，逐步形成全面、准确、及时的统计与数据发布机制。

三是加强露营日常安全管理。由文旅、市政园林部门联合安全管理部门定期开展安全风险评估，结合营地星级评价标准，对安全考评不合格的营地给予警告、通报批评、降低或取消星级等处理。针对节假日、重大活动制定落实营地防汛工作方案和应急预案。加大对游客安全防范知识的宣传力度，增强游客的防灾避灾意识，引导游客主动防范与规避风险。

（二）推动露营相关产业链发展

一是鼓励发展露营食品产业。借助南宁打造预制菜产业集聚区的契机，依托中国—东盟粮食物流（预制菜）产业园、优食智谷（南宁）产业园、龙光东盟生鲜食品智慧港，鼓励营地企业与南宁本地预制菜企业合作。将南宁市 2022 年十佳预制菜企业纳入露营合作企业名单，开发露营预制菜品，开展"预制菜进露营地"活动。组织相关部门联合开展"露营+预制菜直播节"，组织本土预制菜企业、露营装备企业、旅行社参与活动，推广柠檬鸭、螺蛳鸭脚煲、卤味等本土桂系预制菜品，融合露营和预制菜两大新风口，打通露营食品的供需通道，促进预制菜销售以及预制菜精深加工产业高质量发展。

二是大力发展露营硬件设备产业。依托南宁东部新城新能源汽车产业园、伶俐工业园区新能源汽车及配套产业园，鼓励汽车企业打造适合中短途露营的新能源汽车，鼓励配置外放电、自带拖车钩等功能。研发新能源房车，举办以露营房车为主题的大型专业展览会，与国际汽车展览组委会合作，组织国内房车及露营相关企业打造房车露营展区，推广房车露营文化，拓宽房车使用场景，发掘全新的旅游生活方式。

三是鼓励发展露营衍生产品装备制造产业。聚焦新能源电池产业，依托比亚迪70GWh电池项目、弗迪45GWh动力电池及储能系统项目、多氟多20GWh锂电池项目，打造以磷酸铁锂电池为主的户外电源生产线，培育户外便携式储能设备，智能充电换电设备以及垂钓、露营乃至家庭应急储电设备企业，打造电池行业新的增长点。依托本地企业多丽电器，壮大本土电器制造产业，推动投影仪、电水壶、烧烤炉等电器产品精细化、功能多样化，适配家用、户外露营、自驾游等多种场景。依托南宁轻工纺织产业，引进牧高笛、泰普森、浙江自然等加工贸易企业，建设帐篷、天幕、露营服饰生产线。

四是培育露营专业服务机构及人才。培育露营产业咨询培训、规划设计等专业机构。支持旅行社开发露营旅游休闲产品，开展露营俱乐部业务，强化互联网平台等渠道的分销和服务能力建设。健全露营专业人才教育培训体系，重视对管理人才的引进，搭建露营管理人才交流平台，加大对领军人才、急需紧缺人才的培养力度，打造与行业发展相适应的高素质人才队伍。

（三）完善"露营+"场景和产品体系

一是通过"露营+"模式丰富露营场景。探索发展"营地+景区""露营+体育""露营+研学/教育""露营+演艺""露营+休闲娱乐"等模式，推动露营在产品业态、体验玩法、场景设计与运营模式等方面与其他户外活动或旅游消费业态融合发展。

中   专栏   "露营+"模式

"营地+景区"：在南宁市内及周边景区内建设露营地，依靠原有基础设施、风景和知名度优势，开发景区新玩法，提高景区创收能力。

"露营+体育"：引入户外体育运动项目，融合滑翔、跳伞、高尔夫、登山、划艇等户外运动，依托武鸣大明山滑翔伞基地、六景霞义山滑翔伞基地等，吸引户外爱好者。同时，引导体育社会组织下沉露营等活动，联动契合活动主题的品牌生产商、经销商配套开展户外用品促销活动。

"露营+研学/教育"：开展研学露营，通过深入学习自然、文化知识，体验独特的自然学习环境。依托素质教育、户外生存教育等方式提升孩子的学习能力。

"露营+演艺"：融合音乐节、演唱会、文化市集、艺术活动等，结合南宁绿野音乐节，促进多种露营模式融合发展。

"露营+休闲娱乐"：融合滑草、徒步、摄影等露营活动，结合武鸣大明山滑翔伞基地举办的南宁大型热气球露营节，增加星空音乐会、篝火晚会、烟花派对、露天电影等玩乐活动。

二是推动露营经济与乡村振兴融合发展。探索露营与"农文旅"联合发展。把露营地纳入乡村旅游规划，支持各县（区、市）通过出租、入股、合作等方式盘活闲置土地资源并建设一批露营地、民宿，培育一批乡村露营重点村、示范县，整合生态、文化、旅游资源，促进"农文旅"联合发展。试点开展营地合作开发。以武鸣和上林为试点，引入专业运营商并引导它们与村集体合作，形成"保底租金+流水分成"模式。由村集体成立公司，与专业运营公司合作开发营地。村集体负责基础建设，专业运营商负责营地软装，将基建投入预算按年分摊，每年分摊的费用则作为合作的保底租金，梯度设置流水分成。同时，由村集体为专业运营商提供物业服务，收取管理费用。

三是根据不同目标群体的消费需求，推出多样化的露营产品和旅游路线。科学统筹文旅项目、营地、交通、特色民宿等各类资源，围绕不同消费群体的需求，策划推出多样化的露营游玩路线，让露营以旅游产品的身份成为旅游线路中的一个组成模块。例如，可以针对旅游目的地的露营地定制路线，面向旅游休闲人群，同时承接企业团建、品牌活动等；针对年轻人小众群体，推出高品质、专业化的"户外探险+野外露营"路线，以满足探险旅游、极限运动爱好者的个性化需求；针对家庭出游群体，策划"研学体验（各大景区）+市内便携式露营"等家庭亲子游路线；针对"网红打卡"群体，结合高端民宿、酒店，策划特色"网红营地打卡（艺术营地）+精致露营"路线。

（四）优化露营经济发展环境

一是培育露营以及户外运动市场主体。培育南宁市本土露营企业，鼓励本土营地建设运营企业发展壮大，引导营地规模化、连锁化经营，孵化优质营地品牌，培育龙头企业。鼓励企业在营地运营、装备研发设计、生产制造等领域加强协作，进一步提升核心竞争力。加大初创企业补贴力度，针对露营经济、户外运动新业态，适度给予创业补贴。

二是完善露营相关基础配套服务建设。依托互联网平台打造南宁露营电子地图和官方小程序，建立露营"一站式"数字化服务平台，提供营地"一站式"数字化服务，整合并发布露营相关配套服务信息，进一步优化农村公路网络。优化营地周边基础设施建设，鼓励通过打包方式加强对经营性营地周边道路等公共基础设施及其他经营性项目的管理，通过 PPP 等方式统筹解决项目建设资金。

三是加强各级职能部门对营地建设的审批和监管。在管理方面，对营地的适用范围、职责分工、立项审批、开业验收、运营监管、责任追究等进行规范。加大对营地新业态的监管力度，优化项目审批流程，解决办证难的问题，让营地按照有关标准、要求建设运营。同时，联合文旅、公安、消防、规划等部门开展验收，督促各级职能部门加大对营地的检查和监督力度。

（五）加大宣传力度，鼓励行业发展

一是成立露营相关行业协会。支持南宁旅游协会成立露营分会，充分发挥协会承上启下的作用，不定期举办露营行业论坛、政企交流会、专题宣传推广活动。通过市文旅部门与协会共同发布官方认定的优秀营地名单，遴选运营管理规范、服务设施完善、交通便利、环境优美的高品质营地，针对营地的风格、价格、适合出行人群等方面进行分类推荐，为营地引流。

二是联合政府部门、企业、院校及各类社会团体力量。利用东南亚国际旅游美食节、青秀区创意生活节等文化旅游节的影响力，由文旅部门联合企业、行业协会开展露营与旅游融合发展推广宣传活动。鼓励在邕院校联合社

会企业成立露营培训学院，邀请行业主管部门和平台机构定期面向露营从业人员和露营爱好者开展专业培训。鼓励本地露营企业与牧高笛、三夫户外、大热荒野等知名露营服务商、品牌商合作，打造露营文化节，组织露营装备展览、露营集市等，在推广露营专业装备的同时宣传南宁露营品牌。

三是做好新媒体营销推广。由政府联合行业协会、露营企业，组织博主在小红书、抖音、微信公众号等主流新媒体平台发布"种草"式推文；利用年轻群体在短视频社交平台上的活跃度，积极进行植入性营销，拉近与年轻群体的距离，提高南宁露营经济的影响力。拍摄露营宣传纪录片并在各类媒介投放，推出房车自驾、城市露营、郊野露营等不同旅行专栏，并在日常宣传中加强培育都市户外穿搭文化、户外运动文化、野外生存文化等，持续拓展消费者的视野，将场景内容打造成常态，形成南宁露营旅游休闲文化。

四是构建新用户获取方式。鼓励将露营场所拓展到南宁市区购物中心，打造沉浸式露营主题消费场所，在"家门口"体验露营新玩法。让未参与过露营的客户对营地情况及活动形式有所了解，引导潜在客户参与露营体验活动，使年轻群体形成"露营+"户外社交圈子，加快"入圈"进程。

B.25
南宁市优化营商环境支持民营企业
改革发展的对策

中共南宁市委政策研究室（改革办）课题组 *

摘　要：　良好的营商环境是促进民营经济高质量发展的沃土。近年来，南宁市在政策环境、市场环境、法治环境、亲清政商关系、创新环境的建设与优化上下功夫，持续为民营企业发展注入动力。同时，问卷调查结果显示，政策服务、法治保障、市场环境建设等方面的效果与民营企业预期仍有一定差距。建议从提高政策科学性精准性、维护市场秩序、保护民营企业合法权益等方面入手，多方协同，持续构建良好的营商环境，助力民营企业高质量发展。

关键词：　营商环境　民营企业　改革发展　南宁

党的十八大以来，中共中央、国务院高度重视营商环境建设，习近平总书记先后做出一系列关于优化营商环境工作的重要指示，强调"营商环境只有更好，没有最好"①。近年来，南宁市把支持民营企业发展摆在重要位

---

*　课题组成员：梁智忠，中共南宁市委政策研究室（改革办）主任、市委副秘书长（兼）；蔡慧，中共南宁市委改革办专职副主任、市委政策研究室三级调研员；周玲，中共南宁市委党校经济学教研部主任、副教授；王文俊，中共荆门市委党校教务处主任；周志超，中共南宁市委党校经济学教研部副主任、副教授；邱健，桂商总会执行秘书长；罗必敬，中共南宁市委政策研究室督察科科长；方梅，中共南宁市委政策研究室协调科四级主任科员；黄韬，中共南宁市委政策研究室协调科四级主任科员。

① 《营商环境只有更好，没有最好》，"光明日报"百家号，2023年5月16日，https：//baijiahao. baidu. com/s? id＝1765981538605055042&wfr＝spider&for＝pc。

置，持续深化"放管服"改革，出台《南宁市营造更好发展环境支持民营企业改革发展实施方案》等政策文件，拿出助力企业降本减负、转型升级的实招硬招，助力民营企业营商环境持续优化。

一 优化营商环境支持民营企业改革发展的重要性和紧迫性

营造更好的营商环境，对进一步激发民营企业的活力和创造力、促进民营企业持续健康成长、推动经济高质量发展意义重大。

一是增强南宁城市综合竞争力、更好地履行重大使命的迫切需要。良好的营商环境是企业投资兴业的土壤，也是城市的核心竞争力。资源总量是有限的，哪个地方营商环境好，资源就会流向哪个地方，企业等市场主体也会纷纷前往投资，如合肥市凭借良好的创新创业环境，吸引了大批龙头企业和重大项目落户，成为新兴产业集聚的"产业名城"，仅用 10 年就迈入了"万亿元俱乐部"。反之，不仅吸引不来新项目、新技术，原有的一些企业和项目也有可能转移出去。当前，南宁作为面向东盟的枢纽城市，影响力日益提高，被赋予了建设中国—东盟跨境产业融合发展重要平台、更好地服务构建中国—东盟命运共同体的重大历史使命。但南宁仍属于后发展、欠发达地区，人才、资金、项目、产业仍不足，城市综合竞争力和区域辐射带动力仍偏弱。要在日益激烈的区域竞争中赢得主动权、履行好重大使命，必须用营商环境的新面貌来激发发展新活力、形成竞争新优势，使南宁成为优质资源流入地，吸引更好的项目落地、集聚更多的民营企业，从而提升南宁对东盟国家产业链供应链的整合能力，形成跨境产业分布和产业转移梯度中心，进一步增强南宁的综合竞争力。

二是激发民营市场主体活力、稳住首府经济大盘的现实举措。营商环境的好坏直接影响市场主体的兴衰。近年来，南宁的营商环境大幅改善，各类市场主体迅猛发展，尤其是民营企业快速发展，民营经济成为支撑首府经济发展的活跃力量。2021 年，南宁市非公经济市场主体达到 82.22 万户，占全市市场主体总数的97%，贡献了全市64.2%的税收，创造了75.54%的进口总值和97.50%的出口总值，吸纳了94.9%的新增就业人员，量多面广的民营企业在繁荣市场经济、促进对外贸易、扩大社会就业等方面扛起了"顶梁柱"。2022年南宁市地区生产总值同比增长1.4%，低于全国、全区水平；同时，受需求收缩、供给冲击、预期转弱三重压力及新冠疫情等超预期因素影响，中小微民营企业盈利水平持续走低、经营问题尤为突出，企业家投资信心不足，生存发展面临严峻挑战。当前，经济下行形势越是严峻，越要优化营商环境，只有解决好民营企业的生存发展问题，帮助民营企业纾困解难，为各类市场主体投资兴业营造稳定、公平、透明、可预期的良好环境，稳住民营企业的信心，才能有效夯实稳增长基础，守住首府经济发展的元气。

三是提升民营企业竞争力、促进民营经济创新发展的必然要求。营商环境是涵养企业发展和创业创新的土壤，相较于国有企业，民营企业创新发展更依赖营商环境。南宁市民营经济市场主体不断壮大，发展领跑全区，但整体竞争力和发展潜力明显不足，总体上"小、弱、散"的现象突出。行业头部民营企业较少且实力不强，如在2021年广西民营企业500强排名前二十的顶级民营企业中，南宁市仅上榜3家，其中排名最靠前的企业在第6位，年营收仅为147.88亿元；高技术企业数量较少，大部分企业没有核心技术，且技术创新投入较少；大部分中小企业处于产业链价值链低端位置，尚未在行业或行业细分领域形成特色产业集群，缺乏"抱团取暖"、抵御风险的能力。这就迫切需要持续优化营商环境，激发创新创业活力，引导民营企业自身不断改革、积极创新、规范经营、练好内功，推动南宁市民营经济整体能级跃升。

二 优化营商环境支持民营企业改革发展的举措及成效

（一）营造务实有效的政策环境

一是释放税费政策红利。优化税费"减免退缓"流程，开展系统智能识别、自动推送组合式办税服务，推出电子税务"自动计算、一键享受"功能，变"人找政策"为"政策找人"，帮助纳税人无感办税。打造研发费用加计扣除"红绿灯"畅通行服务"2.0版"，实施"一户式"全流程闭环管理，并拓展受惠企业范围。利用"老友e税通"等平台讲解税费政策，提供全天候"办问协同"线上服务，派出专员跟踪辅导，及时发现和妥善解决问题。提高"银税互动"名单企业的纳税信用等级，2020~2021年"银税互动"累计授信超过5万笔，授信金额约为660亿元；累计放款超过6.9万笔，放款金额约为688亿元，惠及市场主体超过5.6万户。2020~2021年，南宁市由税务部门征收的税收和非税收入累计新增减税降费分别为71.71亿元、68.33亿元；2022年1~4月（税款所属期），全市由税务部门征收的税收和非税收入累计新增减税降费58.6亿元。

二是降低生产经营成本。降低用地成本，引导民营企业提高项目与政策的结合度，加强国有建设用地使用权招标拍卖挂牌出让活动竞买人信用管理，实行用地预申请制度，创新"弹性年期"和"先租后让"等模式，保障土地要素供给。降低用电成本，落实支持性两部制电价等政策，深化电力市场改革，试点打造"获得电力"示范区域，对工程项目实行"临电共享"租赁模式，压缩办电时间50%以上，节省办电成本20%以上，2021年电价平均下降约4.25分/千瓦时。截至2022年5月，全市有1658家用户获参与电力直接交易准入资格。降低用工成本，阶段性降低失业、工伤保险费率，2022年1~5月为企业降低用工成本约3.6亿元。出台相关政策，明确餐饮、零售、旅游、民航、公路、水路、铁路运输等5类特困行业以及产业链供应链受困的制造业企业可缓缴企业养老、失业、工伤保险费用。截至2022年5月，298家特困企业缓缴企业养老、失业、工伤保险金额超过1563万元。降低物流成本，市区内道路货运企业营运车辆免费通行，执行高速公路差异化收费，鼓励水运堆场减免长期客户堆存费和降低15日以下堆存费、船代货代收费标准。

三是着力化解融资难题。扩大金融产品有效供给，搭建民营小微企业首贷续贷、股权融资等多元融资服务平台，截至2022年5月，融资服务平台累计帮助 3352 家中小微企业融资超过 117 亿元。深入实施"桂惠贷"，2021 年 1 月至 2022 年 5 月累计投放约 2.6 万笔，金额达 854.11 亿元，投向民营企业的 业务量占比超过 96%、额度占比约为 63%，为民营企业减少融资成本约 11 亿 元。引导 51 家金融机构上线 140 款金融综合服务产品，截至 2022 年 5 月，已 对接金融需求 212 笔，授信金额达 190.22 亿元。加大民营企业直接融资帮扶 力度，落地深圳、上海、北京等地证券交易所资本市场服务广西基地，对优 质民营企业上市（挂牌）开展"组团式"服务和"一对一"辅导，华蓝集团 成为创业板注册制改革后广西首家上市企业，创广西资本市场"多项第一"。 截至 2022 年 5 月，累计新增 3 家上市（挂牌）企业，其中 2 家为民营企业。 加大民营企业融资增信支持力度，落实政府性融资担保风险分担、代偿补偿、 业务奖补等机制，2020~2021 年政府性融资担保平均年化费率降至 1% 以下， 创新推广"科创担""工信担""专精特新担"等产品，2020 年 1 月至 2022 年 5 月为中小企业、"三农"主体节约融资担保成本超 2 亿元。

（二）构建公平竞争的市场环境

一是进一步放开民营企业市场准入。坚持"非禁即入""非限即入"原 则，落实放宽市场准入"负面清单"，破除市场准入不合理限制和隐性壁垒， 全面落实"全国一张清单"管理模式，并在全区率先制定"发展机会清单"， 向社会动态发布发展机会信息。提供企业开办便利服务，开办企业时间压缩 至 0.5 个工作日，中国（广西）自贸区南宁片区提速至 2 小时办结，实现新 设企业"开办即开户"。加强招投标监管，清理整合招投标制度规则，落实公 平竞争审查工作责任，保障民企招投标平等地位。保障不同所有制企业获得 资源要素的平等机会，落实保障民营企业与国有企业在土地供应、政府采购、 项目申报、资质许可等方面享受同等待遇的政策制度，支持民营企业获得科 技项目立项。

二是进一步加强市场监管。建立完善守信联合激励和失信联合惩戒制 度，实现信用信息"一网归集、互联共享"，在全国首创电子诚信卡守信激 励模式，用好信用修复机制和异议制度，对列入"红名单"的企业实施

"绿色通道"等便利服务措施,对列入严重失信行为名单的企业依法予以限制。治理垄断性或不规范中介,实行收费清单动态管理,规范涉企中介收费和审批过程中的服务费,清理强制性重复鉴定评估。优化监管方式,推进"双随机"抽查检查和结果公示、信息共享工作,实施包容审慎监管,最大限度地给予当事人自我改正、落实主体责任的机会。

(三)打造优质高效的法治环境

一是健全执法司法平等保护机制。挂牌督办涉企重大案件,开通经济犯罪案件企业报案"绿色通道",建立涉企案件快侦快破工作机制;通过案件督办、协调等执法监督方式,督促政法机关落实对民企的平等保护。加强企业家信用修复管理,对于经营失败无偿债能力但无故意规避执行情形的企业家,及时将其从失信被执行人名单中移除;对于已经履行生效法律文书义务的当事人,及时屏蔽其失信信息。

二是提高司法审判和执法效率。查处侵害民营企业合法权益的行为,依法打击制假售假、串通投标等犯罪行为,加强涉企行政非诉执行监督,设立全国首个中小微企业合法权益联动保障中心。健全知识产权侵权惩罚性赔偿制度,推进知识产权民事、行政和刑事案件审判"三合一"试点改革,建立健全多元化技术事实查明机制,设立知识产权审判庭、巡回法庭,构建"捕、诉、监、防、服""五位一体"的知识产权检察工作新模式。落实"少捕""慎诉""慎押"的司法理念,依法行使不起诉裁量权,推进认罪认罚从宽制度在涉民营企业案件中的运用。推进"挂案"清理,防止因诉讼拖延企业生产经营。

三是保护企业及企业家合法权益。保障民营企业家人身和合法财产安全,对于涉及查封、扣押、冻结等措施的,履行审批程序,依法界定企业法人财产性质。制定公安行政检查法定清单,依法慎用强制措施和侦查手段,依规依纪依法、从轻从宽处理积极配合调查的民营企业家。开展涉政府产权纠纷问题专项治理行动,建立产权保护协调工作机制,推进涉政府产权纠纷问题调处工作。加强涉案企业财物保值保管工作,规范财产保全、财产处置的审查办理程序，灵活运用"活封"、财产置换等执行措施，实施执前当事人自行处置财产机制，准许被保全企业以保险保函置换被查封存款。

（四）建立亲清政商关系新生态

一是拓宽政企交流沟通渠道。在涉企政策制定过程中广纳民营企业家意见，邀请行业协会商会及区内专家开展调研咨询，充分听取相关意见建议。建立"问策于企、问计于企"工作制度，党政主要负责同志定期召开民营企业座谈会，跟踪落实有关问题。政府部门主动服务企业，在全区率先打造"政策找人"的政策兑现综合服务平台，建立"千警入企"联系机制和工业振兴特派员联系服务企业制度，提供预约上门、延时办理等行政审批服务，及时回应民营企业的意见建议。

二是重视培养民营企业家。建立完善支持优秀企业家在群团组织中兼职的制度，2022 年共有 15 名民营企业家兼任南宁市工商联副主席，15 名民营企业家兼任南宁市商会副会长，部分民营企业家在广西（南宁）青年联合会兼职。加强对年轻一代民营企业家的教育培养，实施企业家人才"领航计划"，培训民营企业家、创新型企业家，举办"企业传帮带、共育产业林"活动，定期开展龙头标杆企业管理经验学习观摩活动。

三是净化政企交往氛围。贯彻执行容错纠错办法及政商交往"负面清单"，建立完善正向激励、负面清单与容错纠错办法相结合的机制，对于因法律法规未明令禁止、政策界限不明确等情形出现工作失误或过失的，给予容错纠错。查处涉企管理服务不规范行为，严肃查处不作为、慢作为、乱作为，尤其是以权谋私、"吃拿卡要"等行为，跟踪督办企业反映的问题。

四是推进政府履约践诺。考核政府履约和守诺服务，将"完善投标和履约担保机制""'三企入桂'项目协议履约率"分别纳入年度县（市、区）及开发区推动高质量发展绩效和综合绩效评价指标。对政府严重失信违约行为责任人依法追责，推动党委（党组）主要负责同志履行好政策兑现和履行承诺第一责任人责任。依法补偿政府因法定事由改变约定对民营企业造成的损失，建立政府规划调整、政策变化造成民营企业合法权益受损的补偿救济机制。

（五）营造鼓励改革创新的良好氛围

一是扶持民营企业转型升级。对于符合条件的民营企业实施创新支持举措，落实扶持科技企业孵化平台建设管理、推进个体工商户转型升级等政策，按照"科技型中小企业—高新技术企业—瞪羚企业—独角兽企业"梯级培育体系推动创新型企业发展，基本形成"专精特新"企业梯度培育格局。畅通民营企业市场化退出渠道，坚持运用市场、经济、法律手段落实民营企业破产和重整制度，提高注销登记便利度，采取关闭、撤销等方式，依法依规处置民营"僵尸企业"。

二是培育引进产业人才。开通高层次人才职称申报"绿色通道"，创新出台《南宁市高层次人才举荐制实施细则》，经认定的 A 类、B 类高层次人才可举荐同行业内同类别或以下类别的人才。资助创新创业领军人才及其团队项目，为高层次人才提供购房、子女入学、医疗就诊等服务保障。

三是支持民营企业参与重大项目建设。完善民营企业参与国家和自治区重大战略实施机制，推动民营企业投资项目列入区、市统筹推进的重大项目，支持其开展项目建设。比如，着力保障广西弗迪年产 45GWh 动力电池及储能系统项目、海天调味品生产基地建设项目等重大项目用林、用地指标。吸引民间资本参与建设高质量项目，搭建国有企业和民营资本合作平台，制定南宁市 PPP 奖惩举措，优化 PPP 项目推进流程，引导民营企业参与首府建设。

三 优化营商环境举措效果与民营企业预期差距分析

课题组通过组织不同管理层级的民营企业代表开展座谈访问和问卷调查，了解民营企业对 2020 年至 2022 年 5 月南宁市优化营商环境举措的评价，共回收有效问卷 306 份。

问卷结果显示，73.53%的民营企业认为南宁市营商环境"大幅改善""有一定程度改善"，超过六成的民营企业认为行政审批效率（68.89%）、部门服务意识和服务态度（63.56%）等方面有明显提升。从行业领域看，制造业细分行业的满意度总体排名靠前。在参与调查的18个行业中，以木材家具（55.15%）、金属化工（50.73%）、生物医药（49.70%）、设备制造（45.95%）为代表的制造业民营企业的满意度排名靠前，旅游娱乐（28.33%）、教育培训（27.50）和住宿餐饮（25.25%）民营企业的满意度排名靠后（见图1），这反映出近年来南宁市优化营商环境的改革举措在不同行业的落实成效差距较大，制造业民营企业的获得感明显高于生产性、生活性服务业民营企业。从经营规模看，年营业收入高的民营企业满意度相对较高。年营业收入10亿元以上的民营企业满意度最高（52.65%），年营业收入1000万~5000万元的民营企业满意度最低（34.88%）（见图2），这反映出初具规模的成长型民营企业对获得政策关注的需求度更高。从经营状况看，盈利水平与满意度呈正相关关系。经营良好、盈利水平高的民营企业的营商环境满意度较高，经营困难、亏损严重的民营企业的营商环境满意度较低，这在一定程度上反映出具有竞争力的民营企业在市场上获取资源的能力较强，生存状况不好的民营企业对政策的依赖度更高。

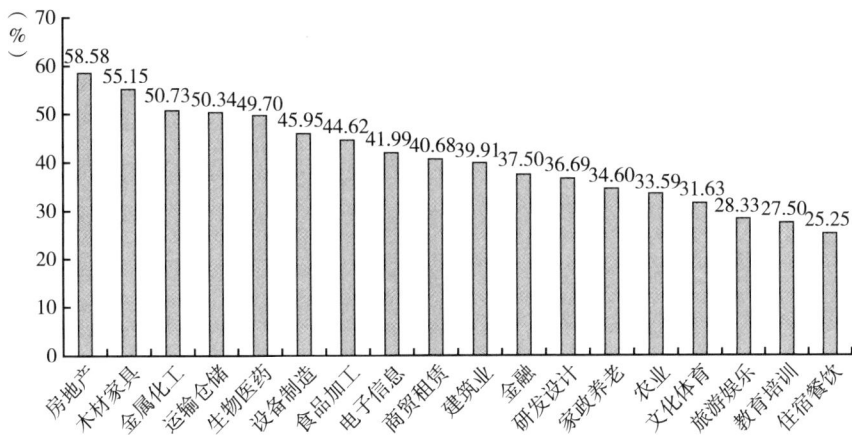

图1　18个行业的民营企业满意度

资料来源：课题组整理。

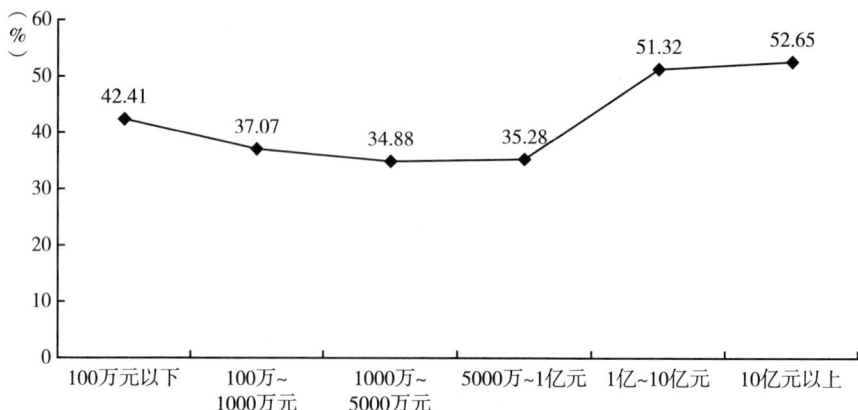

图2 不同营收水平民营企业的满意度

资料来源：课题组整理。

但是，民营企业对政策环境、市场环境、法治环境、亲清政商关系、推动企业改革创新措施5项关键指标的满意度整体偏低（见图3），并认为部分问题尚未得到充分解决，这反映出南宁市优化营商环境各项举措的落实成效与民营企业的预期存在较大差距。

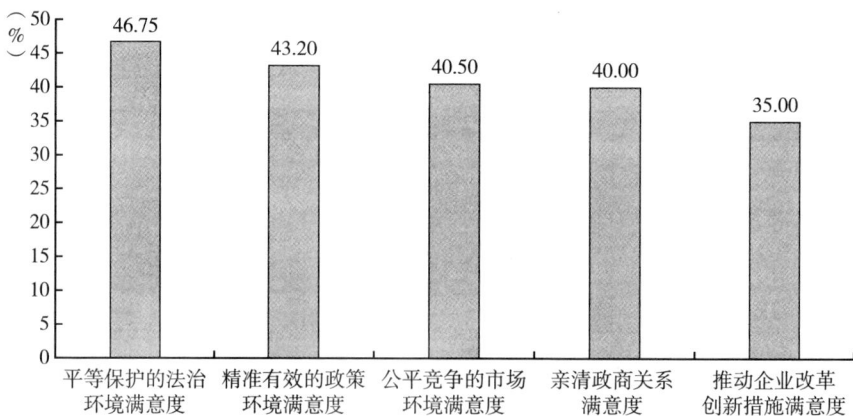

图3 关键指标满意度

资料来源：课题组整理。

（一）政策服务实效需要进一步提升

南宁市持续出台了一系列优化营商环境、助力民营企业发展的政策措施，尤其是针对疫情影响制定出台了一揽子扎实稳住经济的政策措施，及时为民营企业提供政策支持，但民营企业对务实有效的政策环境的满意度仅为43.20%，只有减税降费政策落实（53.59）、水电气等服务政策落实（53.93%）2个指标的满意度超过50%，民营企业对降低交通运输成本、用地等服务保障、清理拖欠账款等方面的满意度不高（见图4）。

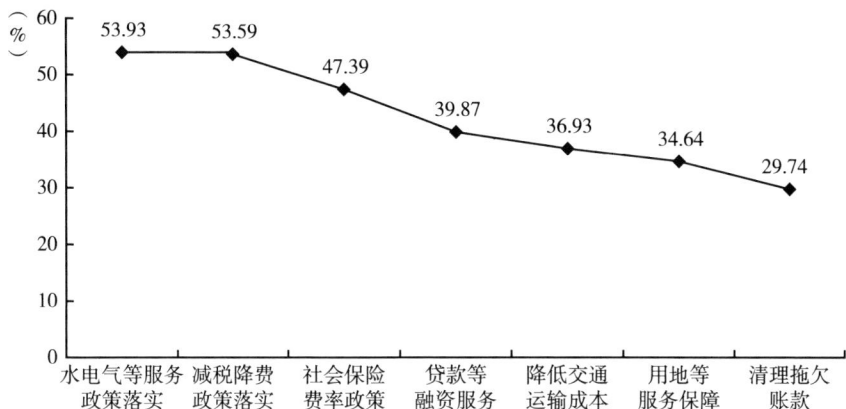

图 4　政策环境具体指标满意度

资料来源：课题组整理。

减税降费政策落实方面，民营企业对行政事业性收费减免、税务检查入户执法和征税行为影响企业正常运行等方面的问题反映较多，66.01%的民营企业希望进一步减税降费。水电气等服务政策落实方面，69.93%的民营企业认为水价成本不变，26.14%的民营企业认为水价成本增加；57.84%的民营企业认为气价成本不变，39.54%的民营企业认为气价成本增加；在2021～2022年南宁工商业电价较外地偏高的情况下，56.21%的民营企业认为电价没有增加运营成本，但17.65%的民营企业认为存在转供电加价行为，仅有15.36%的民营企业表示能在符合条件的情况下参与电力市场交易，这说明电力市场化改革力度仍需加大，以扩大企业参与覆盖面和交易规模。降低运营成本方面，交通运输成本、员工工资支出成本、员工社会保险成本是民营企业减负降本时关注的三大方面。其中，68.83%的民营企业认为交通运输成本增加，62.74%的民营企业认为员工工资支出成本增加，41.50%的民营企业认为员工社会保险成本增加，54.90%的民营企业希望减轻社保负担。融资服务方面，民营企业对贷款等融资服务的满意度较低，57.52%的民营企业希望能获得更完善、更有力的金融支持，但目前民营企业融资方式选择比较单一，大多数民营企业认为直接向银行贷款（71.57%）是最有效的融资方式，其次是利用小微企业首贷续贷中心融资（44.12%），其他融资方式则尚未充分发挥作用（见图5）。用地等服务保障方面，70.26%的民营企业认为用地政策宣传解读方面做得较好，但招拍挂程序更加公开透明、用地过程监督更加有效、土地供应更加快捷高效仍是民营企业的殷切期盼。

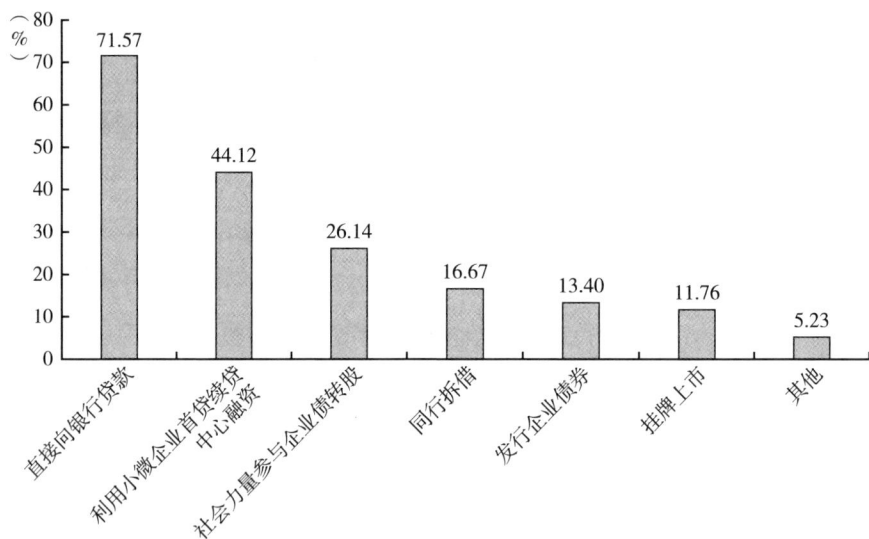

图5 民营企业融资方式

资料来源：课题组整理。

上述问卷结果说明，当前支持民营企业发展的政策的科学性和精准度还不够，服务落地的"最后一公里"问题仍然存在。其主要原因有以下几个。一是制度设计针对性不强，涉企政策顶层设计不够完善，对产业长远发展规划、行业企业特点、政府财政状况等因素考虑不足，导致出现部分政策门槛过高或过低、覆盖面不合理、可操作性不强等问题，中小微民营企业和个体工商户难以享受惠企政策。二是对上级政策的深度研究及创新落实不足，部分政策出台后，有关部门未对推行中遇到的难以界定或存在争议的问题进行充分调研讨论和及时回应，部分上下级部门、城区之间对政策执行缺乏一致性，贯彻落实上级政策时创造性、灵活性不够，且实施过程中政府部门间问题反馈机制不健全，导致政策效果打了折扣。三是政策落实不到位，研发奖补资金、房租水电减免补贴、人才支持等惠企政策未完全落实，由于财力有限等原因，县（市、区）政策落实不到位的现象尤为严重。四是解读指导质量不高，部门发布各类惠企政策后，存在被动等待企业问询的现象，仅有少数发展良好的大中型民营企业得到上门服务，一些针对民营企业业务办理的集中培训和解读指导缺乏实操性。

（二）市场环境建设需要进一步优化

民营企业对降低市场准入门槛等7个市场环境具体指标的满意度均较低（见图6），大多数民营企业认为不合理限制和隐性壁垒存在、不同所有制企业获得资源要素机会不均、企业信用监管机制作用发挥不足等影响了公平竞争，这说明民营企业对获得公平竞争机会的期望度很高，市场环境建设仍有很大的改善空间。不合理限制和隐性壁垒方面，招投标领域中仍然存在税费缴纳地限定等壁垒条件，地方保护主义在某些行业较为严重，这既不利于建设统一大市场，也会使本地民营企业逐步丧失改革创新动力；不同所有制企业获得资源要素机会方面，民营企业的融资难度、融资综合成本明显高于国有企业，在市场准入、竞标、土地、人才等方面难以跟国有企业做到真正平等，竞争中性原则落实不到位；企业信用监管机制作用发挥方面，现行规章制度对民营企业失信行为的规范和约束力度不足，工信、税务、质监、法院、社保等机构的信用信息衔接不充分、监管效率不够高，相关部门对民营企业信用修复的宣传、指导及后续跟踪服务不到位，没有引起市场主体对失信后果的足够重视。

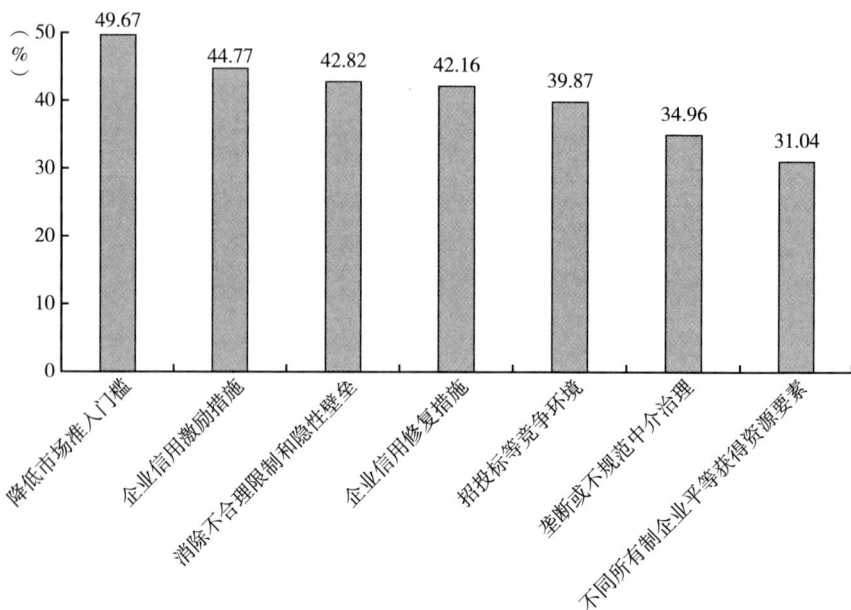

图6　市场环境具体指标满意度

资料来源：课题组整理。

（三）法治保障作用需要进一步增强

南宁市聚焦全力保护市场主体合法权益，规范监督执法，创新探索商事纠纷多元化解机制，维护市场秩序，着力提供更有效的司法服务，但民营企业对法治环境的满意度仍较低，43.14%的民营企业希望政府能进一步营造公平的法治环境。在6个具体指标中，只有合法财产保护、知识产权保护的满意度较高，行政执法和司法审判效率的满意度较低（见图7）。23.20%的民营企业经历过市场监管不当、司法执法不公问题，这些问题需引起重视。

例如，42.25%的民营企业遭遇过多头执法、重复执法，40.85%的民营企业经历过以罚代管、一事多罚，30.99%的民营企业因遇到违规检查而影响正常生产，36.62%的民营企业曾受到涉企案件久拖不立、久审不结、久结不执的困扰，这些现象对营商环境造成了负面影响。

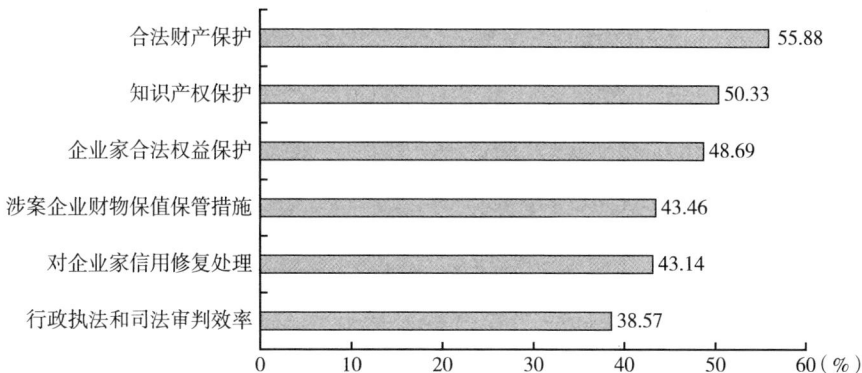

图7　法治环境具体指标满意度

资料来源：课题组整理。

造成这些现象的主要原因有以下几个。一是短期内难以大幅提高司法效率。目前，涉企案件立案、诉讼、执行周期较长，"案多人少"依然是司法效率低的症结所在，法院办案系统智能辅助功能仍然偏弱，智慧法院建设水平和应用能力有待提高，仲裁、调解的社会接受度不高，案件"繁简分流"效果不够明显。二是选择性执法、以罚代管时有发生。个别部门及执法人员的执法意识和服务意识不强，选择性执法、突袭式执法、以罚代管不同程度地存在，自由裁量权使用不当。三是对涉案民营企业发展的保障服务不足，"最大限度地减少对企业经营的影响"的办案理念薄弱，对涉案民营企业财物保值保管不精细，存在简单地就案办案、未充分考虑市场主体的实际运营情况等现象。

（四）亲清政商关系需要进一步改进

南宁市建立健全服务企业"直通车"、营商环境监测点、工业振兴特派员等一系列促进政企沟通对接的制度机制，进一步畅通了民营企业表达诉求和反映问题的渠道，但民营企业对亲清政商关系的满意度较低，对企业参与涉企政策制定、政府诚信履约情况等7个具体指标的满意度均较低（见图8）。

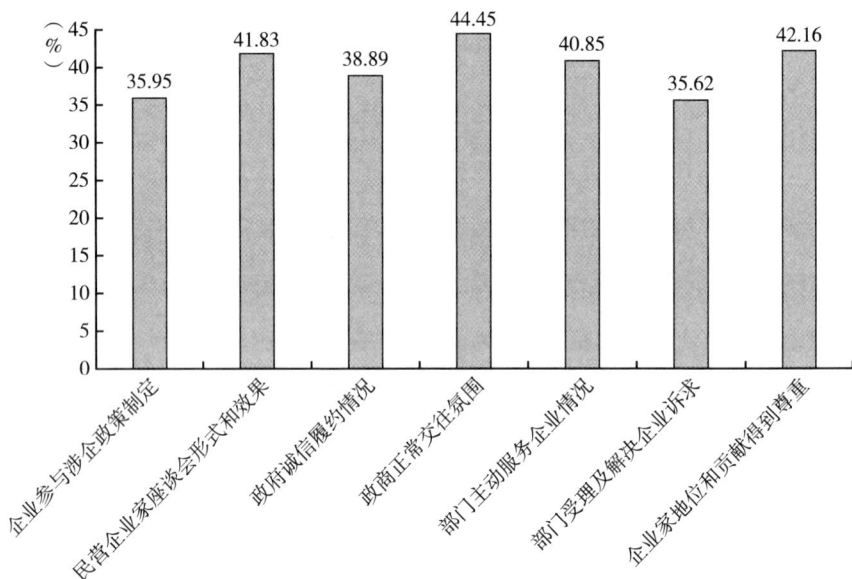

图8 亲清政商关系具体指标满意度

资料来源：课题组整理。

政府诚信履约方面，民营企业对税收优惠（50.29%）、金融支持（46.86%）、人才引进（42.86%）、研发投入（40.00%）、用地保障（30.86%）等政策落实问题比较关注。服务企业机制方面，民营企业在投资（8.50%）、司法指导和调解服务（7.19%）等方面获得的支持较少。政府业务办理方面，民营企业认为奖补政策申报（43.46%）、行政审批（41.18%）、纠纷诉讼处理（35.95%）等3项业务花费时间较长。政企互动方面，民营企业认为政府交流平台（25.82%）、12345热线（24.84%）、茶叙会（16.67%）等的应用效果不达预期，还存在不清楚政商交往边界（43.79%）、不懂如何与政府打交道（50.65%）、找领导熟人办事成了"潜规则"（49.02%）等突出问题。入企检查和参与政策制定方面，83.66%的民营企业认为近几年政府部门进行各类检查的次数与往年相比没有增加；43.14%的民营企业认为检查次数减少了，有效地减轻了企业负担；70.59%的民营企业曾参与政府涉企政策的调研、座谈或修订工作，参与次数3次或以上的民营企业达到30.39%，有29.41%的民营企业表示未曾参加。

以上数据说明当前政企沟通对接制度机制设计与运作同民营企业现实需要存在差距，主要表现为以下几点。一是部分政企沟通流于形式，未能解决实际问题，政企沟通效果不理想，部分民营企业反映的问题或提出的建议没有得到及时解决和反馈，民营企业对各类调研座谈活动的热情不足。二是"亲""清"可操作性不足，不管是民营企业，还是政府部门，具体接触中依然存在"亲""清"边界难以界定的顾虑，一些干部为避免不必要的麻烦，干脆舍"亲"而保"清"，选择"躺平"。三是干部服务民营企业的能力有待提高，向国家争取政策支持的能力不足，申报或参与国家重大项目缺乏主动性，对民营企业创新产品的帮扶力度不够。四是民营企业家"以关系做生意"的思想较为严重，"找领导熟人办事"依然是主流思想，大量民营企业认为遇到问题找关系解决最有效，影响亲清政商关系建设。

（五）鼓励创新发力点需要进一步聚焦

南宁市通过实施创新激励、加强人才引进等措施，鼓励引导民营企业改革创新，促进民营企业健康发展，但民营企业对推动企业改革创新措施的满意度较低，是5个关键指标中满意度最低的一项，扶持企业转型升级措施、惠企政策享受门槛设置等6个具体指标的满意度也均较低（见图9）。

在调研中发现，部分民营企业在发展模式、开拓创新等方面还不能完全适应新形势的要求，民营企业市场竞争力不足。民营企业普遍反映扶持创新政策落实方面的突出问题有：获取信息的渠道不通畅（62.75%）、申报路径流程不清晰（45.75%）、缺乏申请填报指导（44.12%）、评选认定程序公开透明度不够（37.91%）、奖补资金不到位且兑现周期长（34.31%）、部门理解执行上级政策效率较低（24.51%）。同时，民营企业希望在创新

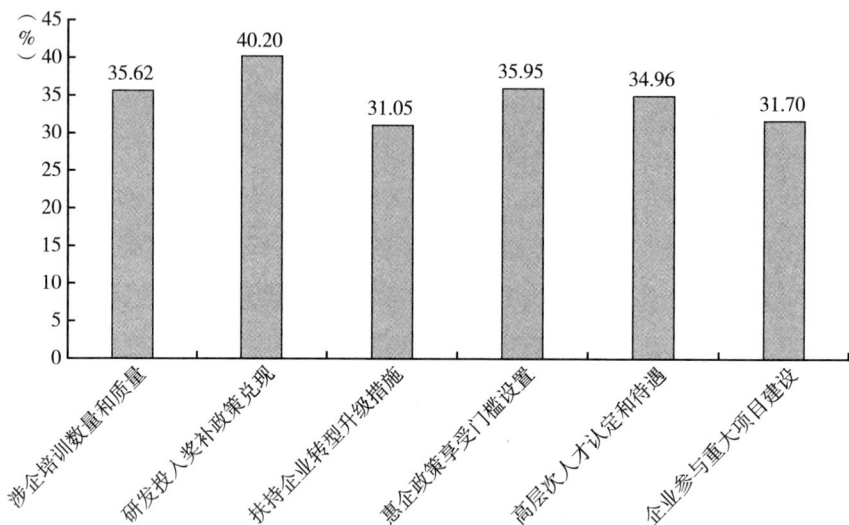

图9　推动企业改革创新措施具体指标满意度

资料来源：课题组整理。

产品政府优先或推荐采购、上下游企业配套招商、推介展销平台搭建等方面得到政府多种形式的支持，以实现转型升级。

此外，调研发现，南宁市民营企业家对客观环境的要求较高，但自身能力建设尚未同参与营商环境优化形成良好互动，主要表现为以下几点。一是对环境认知与适应不足，部分民营企业家的思维没有随外部环境的变化而更新，未能及时调整企业发展战略、管理方法和组织形式，存在将经营问题简单归因于政府支持不够的倾向。二是使命感和角色意识不强，部分民营企业家更多考虑自我价值的实现，考虑回报他人和社会的较少，一些小微民营企业缺乏长远发展战略思维，"小富即安"思想比较普遍，参与首府经济社会建设的主动性未被充分调动。三是对优化营商环境的认知理解有偏差，部分民营企业家将自身置于营商环境优化之外，未考虑本地经济发展实际水平，对奖补政策投放强度的理解存在偏差，对短时间内难以发生根本性改变的产业发展环境、城市建设水平等缺乏客观公正的评价。

四　优化营商环境支持民营企业改革发展的对策建议

（一）增强政策科学性精准性，支持民营企业提质增效

加强营商环境政策创新和制度供给，注重政策落地的实效性和精准度，打造更优的营商环境"政策高地"。一是增强政策制定的适用性。完善政策顶层设计，加强对上级政策的研究，强化部门间协调配合，梳理政策制度间的关联，查遗补漏、纠错纠偏。政策设计突出民营企业"需求导向"，在进行政策摸底调研的基础上，充分考虑多种因素，结合本地实际，扩展扶持政策内容，完善配套政策和服务，提高政策的科学有效性。二是提高企业使用政策的便利度。完善政策落实系统一体化服务平台，深度整合现有涉企扶持政策，在更大范围内推广类似南宁"智慧人社"系统中"免申即享"的经办模式，降低民营企业政策获取成本。出台的惠企政策应附有"流程图"，明晰申报路径，促进线上线下精准直达。三是注重政策落实情况追踪。继续完善现有政策追踪和绩效考评机制，将相关部门落实惠企政策情况与绩效考核挂钩，对政策执行不到位的相关责任人进行约谈、通报和问责，尤其是对民营企业关注度高、敏感度高的政策落实情况进行追踪和及时评估，并依实际情况适时调整。

（二）维护市场秩序，拓展民营企业发展市场空间

保障民营企业公开、公平、公正参与市场竞争，打破各类"卷帘门""玻璃门""旋转门"，降低创业营商的制度性交易成本，为民营企业发展腾出市场空间。一是进一步推进政府行为公开透明。各级政府的各类补贴、工程项目或采购内容等，应使用多样化的信息公开渠道，必要时附以操作步骤和流程；强化公开时效，对确定为主动公开的信息，严格按照法定时限予以公开；对政府信息公开申请，严格按照法定时限予以妥善答复。二是严格落实竞争中性原则。落实公平竞争审查制度，部署清理现行涉企政策中有违民

营企业发展一致性原则的规定，完善"负面清单"。在政府采购、招投标等重点领域，高度关注市场主体的平等性。加大对典型案例的宣传力度，提升民营企业的预期，有效助力建设全国统一大市场，保障民营企业能够公平、充分、有效地参与市场竞争。三是推动民营企业信用监管制度的落实完善。完善部门间信用信息平台功能，健全落实民营企业信用"红名单""黑名单"制度，对"红名单"民营企业进行有效激励，对"黑名单"民营企业进行交易机会限制约束，对新业态、新产品进行包容审慎监管。注重引导和支持民营企业自主修复信用，建立有利于促进自我纠错、主动修复的社会鼓励与关爱机制，加强对信用修复民营企业的后续培训与监管，让民营企业尽快回归正常经营轨道。

（三）保护民营企业合法权益，提振民营企业改革发展信心

坚持平等保护的价值取向，持续完善和落实惠企纾困司法政策，依法为民营经济发展提供有力支持，增强民营企业家的安全感和投资兴业的信心。一是创设提高司法效率的多元化路径。加强法官队伍建设，加大对智慧法院建设的支持力度，探索建立全市统一的"网上法院"，实现从受理审核到跟踪执行的全过程信息化司法服务，适当向诉讼参与人开放办理环节查询服务功能。进一步拓宽分层次、多途径、高效率、低成本的纠纷解决渠道，把非诉讼纠纷解决机制放在前面，从源头上减少诉讼增量。二是提升行政执法的效能。通过自查、群众举报、媒体曝光和明察暗访等方式，从严从快处理侵害民营企业利益的执法问题。压缩自由裁量权空间，细化执法边界，提高规章制度的可操作性。强化交流反馈，对未造成安全生产事故、未造成社会恶劣影响的民营企业轻微违规行为，实行一定尺度的宽容执法。三是保护涉案民营企业的合法权益。做好案件前期摸排工作，在办案中充分了解掌握涉案民营企业的生产运营实际状况，审慎评估采取查封、扣押、冻结措施的后果，慎重发布影响涉案民营企业生产经营或重大商业项目建设的案件信息，防止查办案件导致民营企业经营困难甚至项目搁浅。

（四）构建亲清政商关系，打造民营企业健康发展生态

廉洁守法、公平公正行使权力，坦荡真诚同民营企业接触交往，主动服务、靠前服务，促进非公有制经济健康发展。一是以问题为导向，增强政企沟通的"实效"。领导调研、部门座谈或会议应有较为鲜明的主题，更加聚焦产业发展实际和专业领域的问题，做到无事不扰民营企业，对民营企业反映的问题加快督办落实和及时反馈。二是建立"亲不逾矩、清不疏远"的政商生态。完善政商交往细则和"负面清单"，健全干部考核激励机制，建立无作为惩戒警示制度，公正客观地进行考核和选拔任用，让敢于担当的干部能够消除顾虑，破解因怕担责而慵懒无为的困局。三是提升政府服务企业的能力和水平。领导干部要树立全程服务的理念，学习借鉴"企业吹哨，部门报到"等工作机制，提升服务企业的能力和实效。对重大项目要"大胆想""努力争"，积极争取上级支持，在重大项目中让民营企业有更多参与机会。建设"服务专员"队伍，创造性实施"一企一策"及"精准滴灌"式服务。四是提高政府履约能力。制定清欠账款时间计划，规范新项目审批管理，确保落实项目资金到位，严防发生新的拖欠问题。对不诚信履约给民营企业造成损失的，依法追责并探索公开致歉制度。

（五）鼓励引导民营企业加强创新，增强民营企业发展内生动力

推动创新创业服务升级，持续优化首府创新生态环境，激活民营企业创造力。一是减轻民营企业转型升级压力。探索建立专业服务机构对民营企业的专业扶助机制，指导民营企业建立现代企业管理制度，帮助"瞪羚企业"、"专精特新"中小企业等市场主体通过完善管理尽快实现能级跨越。鼓励天使投资、风险投资基金支持民营企业创新创业，完善"众创空间—孵化器—加速器—产业园"孵化链条，提升创新创业载体的专业化服务能力。完善城市发展机会清单推介机制，打破城市发展信息壁垒，引导民营企业向适应首府发展需要的产业布局，推动民营企业依托其技术和产品深度参与经济社会建设，降低民营企业转型升级的路径选择风险。二是推动民营企

业大胆创新。系统梳理民营企业在享受政策过程中遇到的痛点、堵点和难点，健全民营企业获得创新资源的公平性和便利性措施。激励和引导民营企业加大研发投入力度，推动研发费用加计扣除、高新技术企业税收优惠、科技创业孵化载体税收优惠、技术交易税收优惠等普惠性政策"应享尽享"。促进科技成果在本地转化，积极引进优秀技术转移机构并建立常态化技术转移服务机制，探索建立以创新成果转化成效为导向的政产研合作研发评价奖补制度，帮助有科技成果转化能力和完整销售平台的民营企业更为便利地接触和购买新技术、新专利。三是支持民营企业创新产品拓展市场。探索打造市级新技术、新产品宣传推介平台，定期帮助民营企业集中展示推介新技术、新产品，为其对接投资机构、开拓市场提供服务。改进政府采购机制，完善创新技术类产品采购考核制度，提升中小民营企业参与政府采购的主动性和积极性，推广使用其新技术、新产品。

（六）教育培养民营企业家，助力提升民营企业社会效益

培育造就一支具有家国情怀、治企有方、兴企有为的民营企业家队伍，引导民营企业家当好国家政策法规的执行者、企业深化改革的践行者。一是积极开展民营企业家精神宣传教育。开展民营企业家精神培育活动，动员商协会组织带领民营企业家多到先进发达地区学习，既要关注产业发展经验，又要在企业精神塑造上向先进地区看齐。邀请民营企业家参与各种政府经济工作会议，了解区情市情，提高民营企业家到社会主义学院培训的频次，考虑给予党员民营企业家走进党校学习的机会，让民营企业家的思想行为与党委、政府同频共振。二是营造尊重和激励民营企业家的社会环境。利用主流媒体大力宣传民营企业家的创业创新故事，多树立正面典型形象。对民营企业家给予更多肯定和鼓励，完善支持民营企业专注品质提升、创新发展的政策体系，营造鼓励创新、宽容失败的政策环境和社会氛围。三是对优秀民营企业家给予适当的社会荣誉激励。推荐优秀民营企业家成为"两代表一委员"候选人或中央、自治区荣誉称号候选人，给予履行社会责任、服务重大活动的民营企业家荣誉激励，进一步提高民营企业家的政治地位和社会荣誉感。

社会科学文献出版社

皮 书

智库成果出版与传播平台

❖ 皮书定义 ❖

皮书是对中国与世界发展状况和热点问题进行年度监测，以专业的角度、专家的视野和实证研究方法，针对某一领域或区域现状与发展态势展开分析和预测，具备前沿性、原创性、实证性、连续性、时效性等特点的公开出版物，由一系列权威研究报告组成。

❖ 皮书作者 ❖

皮书系列报告作者以国内外一流研究机构、知名高校等重点智库的研究人员为主，多为相关领域一流专家学者，他们的观点代表了当下学界对中国与世界的现实和未来最高水平的解读与分析。截至2022年底，皮书研创机构逾千家，报告作者累计超过10万人。

❖ 皮书荣誉 ❖

皮书作为中国社会科学院基础理论研究与应用对策研究融合发展的代表性成果，不仅是哲学社会科学工作者服务中国特色社会主义现代化建设的重要成果，更是助力中国特色新型智库建设、构建中国特色哲学社会科学"三大体系"的重要平台。皮书系列先后被列入"十二五""十三五""十四五"时期国家重点出版物出版专项规划项目；2013~2023年，重点皮书列入中国社会科学院国家哲学社会科学创新工程项目。

皮书网

（网址：www.pishu.cn）

发布皮书研创资讯，传播皮书精彩内容
引领皮书出版潮流，打造皮书服务平台

栏目设置

◆ **关于皮书**

何谓皮书、皮书分类、皮书大事记、
皮书荣誉、皮书出版第一人、皮书编辑部

◆ **最新资讯**

通知公告、新闻动态、媒体聚焦、
网站专题、视频直播、下载专区

◆ **皮书研创**

皮书规范、皮书选题、皮书出版、
皮书研究、研创团队

◆ **皮书评奖评价**

指标体系、皮书评价、皮书评奖

◆ **皮书研究院理事会**

理事会章程、理事单位、个人理事、高级
研究员、理事会秘书处、入会指南

所获荣誉

◆ 2008 年、2011 年、2014 年，皮书网均
在全国新闻出版业网站荣誉评选中获得
"最具商业价值网站"称号；
◆ 2012 年，获得"出版业网站百强"称号。

网库合一

2014 年，皮书网与皮书数据库端口合
一，实现资源共享，搭建智库成果融合创
新平台。

皮书网

"皮书说"
微信公众号

皮书微博

权威报告·连续出版·独家资源

皮书数据库

ANNUAL REPORT(YEARBOOK)
DATABASE

分析解读当下中国发展变迁的高端智库平台

所获荣誉

- 2020年，入选全国新闻出版深度融合发展创新案例
- 2019年，入选国家新闻出版署数字出版精品遴选推荐计划
- 2016年，入选"十三五"国家重点电子出版物出版规划骨干工程
- 2013年，荣获"中国出版政府奖·网络出版物奖"提名奖
- 连续多年荣获中国数字出版博览会"数字出版·优秀品牌"奖

皮书数据库　　"社科数托邦"
微信公众号

成为用户

登录网址www.pishu.com.cn访问皮书数据库网站或下载皮书数据库APP，通过手机号码验证或邮箱验证即可成为皮书数据库用户。

用户福利

- 已注册用户购书后可免费获赠100元皮书数据库充值卡。刮开充值卡涂层获取充值密码，登录并进入"会员中心"—"在线充值"—"充值卡充值"，充值成功即可购买和查看数据库内容。
- 用户福利最终解释权归社会科学文献出版社所有。

数据库服务热线：400-008-6695
数据库服务QQ：2475522410
数据库服务邮箱：database@ssap.cn
图书销售热线：010-59367070/7028
图书服务QQ：1265056568
图书服务邮箱：duzhe@ssap.cn

社会科学文献出版社 皮书系列
SOCIAL SCIENCES ACADEMIC PRESS (CHINA)
卡号：288854627623
密码：

S 基本子库
SUB DATABASE

中国社会发展数据库（下设 12 个专题子库）

紧扣人口、政治、外交、法律、教育、医疗卫生、资源环境等 12 个社会发展领域的前沿和热点，全面整合专业著作、智库报告、学术资讯、调研数据等类型资源，帮助用户追踪中国社会发展动态、研究社会发展战略与政策、了解社会热点问题、分析社会发展趋势。

中国经济发展数据库（下设 12 专题子库）

内容涵盖宏观经济、产业经济、工业经济、农业经济、财政金融、房地产经济、城市经济、商业贸易等 12 个重点经济领域，为把握经济运行态势、洞察经济发展规律、研判经济发展趋势、进行经济调控决策提供参考和依据。

中国行业发展数据库（下设 17 个专题子库）

以中国国民经济行业分类为依据，覆盖金融业、旅游业、交通运输业、能源矿产业、制造业等 100 多个行业，跟踪分析国民经济相关行业市场运行状况和政策导向，汇集行业发展前沿资讯，为投资、从业及各种经济决策提供理论支撑和实践指导。

中国区域发展数据库（下设 4 个专题子库）

对中国特定区域内的经济、社会、文化等领域现状与发展情况进行深度分析和预测，涉及省级行政区、城市群、城市、农村等不同维度，研究层级至县及县以下行政区，为学者研究地方经济社会宏观态势、经验模式、发展案例提供支撑，为地方政府决策提供参考。

中国文化传媒数据库（下设 18 个专题子库）

内容覆盖文化产业、新闻传播、电影娱乐、文学艺术、群众文化、图书情报等 18 个重点研究领域，聚焦文化传媒领域发展前沿、热点话题、行业实践，服务用户的教学科研、文化投资、企业规划等需要。

世界经济与国际关系数据库（下设 6 个专题子库）

整合世界经济、国际政治、世界文化与科技、全球性问题、国际组织与国际法、区域研究 6 大领域研究成果，对世界经济形势、国际形势进行连续性深度分析，对年度热点问题进行专题解读，为研判全球发展趋势提供事实和数据支持。

法律声明

　　"皮书系列"（含蓝皮书、绿皮书、黄皮书）之品牌由社会科学文献出版社最早使用并持续至今，现已被中国图书行业所熟知。"皮书系列"的相关商标已在国家商标管理部门商标局注册，包括但不限于LOGO（❈）、皮书、Pishu、经济蓝皮书、社会蓝皮书等。"皮书系列"图书的注册商标专用权及封面设计、版式设计的著作权均为社会科学文献出版社所有。未经社会科学文献出版社书面授权许可，任何使用与"皮书系列"图书注册商标、封面设计、版式设计相同或者近似的文字、图形或其组合的行为均系侵权行为。

　　经作者授权，本书的专有出版权及信息网络传播权等为社会科学文献出版社享有。未经社会科学文献出版社书面授权许可，任何就本书内容的复制、发行或以数字形式进行网络传播的行为均系侵权行为。

　　社会科学文献出版社将通过法律途径追究上述侵权行为的法律责任，维护自身合法权益。

　　欢迎社会各界人士对侵犯社会科学文献出版社上述权利的侵权行为进行举报。电话：010-59367121，电子邮箱：fawubu@ssap.cn。

社会科学文献出版社